中华民国教育法规选编

（修订版）

宋恩荣 章咸 选编

江苏教育出版社

图书在版编目(CIP)数据

中华民国教育法规选编/宋恩荣,章咸编.—2版(修订版).—南京:江苏教育出版社,2005.4
ISBN 7-5343-0841-0

Ⅰ.中... Ⅱ.①宋...②章... Ⅲ.教育法令规程-汇编-中国-民国 Ⅳ.D929.6

中国版本图书馆 CIP 数据核字(2005)第 040190 号

编 辑 说 明

一、为适应新时期国家全面立法的需要,向国家各级立法机构及各级教育行政部门提供历史参照;为适应法制史、教育史及中华民国史研究与教学的需要,向高等院校及研究机构有关人员提供参考资料,特编辑出版《中华民国教育法规选编》。

二、《中华民国教育法规选编》取材的标准,首先着眼于有关法规在当时教育变革与发展中的重要作用与历史性意义,同时兼顾当前现实的教育改革与发展的借鉴价值。

三、《中华民国教育法规选编》曾于1990年7月出版。这次修订时,删去了前后内容重复的法规或有关条款,重新增补了部分有较大价值的法规。并对前版的错漏进行了更正。书中资料分别来源于:南京临时国民政府、北京国民政府、南京国民政府各个时期的教育部公报、大学院公报、教育法规汇编、中国教育年鉴等,个别资料来源于当时国民政府与教育部的档案资料。

四、为便于读者了解中华民国自1912年至1949年38年间教育法规的概貌,特整理了《中华民国重要教育法规览目》附于书后。本次修订时又参考丁致聘编《中国近七十年来教育记事》(国立编译馆,1935年版)、中央教育科学研究所编《中国现代教育大事记》(教育科学出版社,1988年版)、舒新城编《中国近代教育史资料》(人民教育出版社,1961年版)、陈学恂编《中国近代教育史教学参考资料》(人民教育出版社,1986年版)、多贺秋五郎编《近代中国教育史资料》(文海出版有限公司,1976年版)等资料加以订正补充。

五、《中华民国教育法规选编》按内容分类编排,同类按公布时间顺序排列。修正公布的法规按最后一次修正公布时间排列。

六、在本书修订过程中,除主编外,宋青、田祺、李琪瑞、胡开亮、马文瑛、宋勇、刘红梅等参加了部分资料的搜集、整理、选编、校改、修订、打印工作。

编者
2003年3月

目 录

一 宗旨、方针

教育宗旨令(1912年9月2日 教育部公布) ………………………… 1
学校系统令(1912年9月3日 教育部公布) ………………………… 1
注重德育整饬学风令(1913年6月 大总统袁世凯颁) ……………… 3
教育部整理教育方案草案(1914年12月 教育部公布) ……………… 3
颁定教育要旨(1915年1月 大总统袁世凯颁) …………………… 16
特定教育纲要(1915年1月 大总统袁世凯颁定) ………………… 23
学校系统改革案(1922年11月1日) ……………………………… 32
中华民国教育宗旨及其实施方针(1929年4月26日 国民政府公布) …… 35
中华民国训政时期约法之国民教育专章(1931年6月1日 国民政府公布)
……………………………………………………………………… 37
三民主义教育实施原则(1931年9月3日 第三届中央执行委员会第17次常
务会议通过) ……………………………………………………… 38
中国国民党第五次全国代表大会宣言(节录)(1935年11月23日) ……… 50
《中华民国宪法草案》之教育专章(1936年5月5日 国民政府公布) …… 51
《中华民国宪法》之教育文化专节(1947年1月1日 国民政府公布) …… 52

二 教育组织

教育部官制(1914年7月11日 大总统公布) ……………………… 54

学务委员会规程(1915年12月15日　教育部公布)…………………… 56

教育厅暂行条例(1917年9月6日　教育部公布)…………………… 57

教育厅署组织大纲(1917年11月8日　教育部公布)………………… 57

教育部分科规程(1918年12月7日　教育部公布)…………………… 58

教育调查会规程(1918年12月30日　教育部公布)………………… 60

大学院组织法(1927年7月4日　国民政府公布)…………………… 61

大学区组织条例(1927年7月　国民政府公布)……………………… 62

国立音乐院组织条例(1928年2月　大学院公布)…………………… 63

教育部农业教育委员会章程(1937年2月8日　教育部公布)……… 64

全国义务教育委员会组织规程(1937年6月28日　教育部修正公布)…… 65

教育部训育研究委员会规程(1938年3月10日　行政院核定)…… 67

教育部工业教育委员会章程(1938年6月1日　教育部公布)……… 68

中央建教合作委员会组织规程(1938年6月17日　行政院核定)…… 69

教育部教科用书编辑委员会章程(1938年8月10日　教育部公布)…… 70

教育部音乐教育委员会章程(1938年9月10日　教育部修正公布)…… 71

教育部边疆教育委员会章程(1940年5月8日　教育部修正公布)…… 72

教育部美术教育委员会章程(1940年12月10日　教育部公布)…… 73

国立礼乐馆组织规程(1942年12月28日　行政院训令)………… 74

教育会法(1944年10月31日　国民政府修正公布)………………… 75

教育部国民体育委员会组织条例(1945年6月9日　国民政府公布)…… 81

教育部国语推行委员会组织条例(1945年6月9日　国民政府公布)…… 82

教育部中华交响乐团组织规程(1945年8月14日　教育部公布) ………… 83

教育部中华教育电影制片厂组织规程(1945年8月14日　教育部公布)
　…………………………………………………………………………… 84

教育部电化教育工作队组织规程(1945年8月14日　教育部公布) …… 86

国立编译馆组织条例(1945年10月12日　国民政府修正公布) ……… 87

教育部医学教育委员会组织条例(1945年10月16日　国民政府公布) … 88

教育部训育委员会组织条例(1945年10月16日　国民政府公布) …… 90

教育部国民教育辅导研究委员会组织条例(1945年10月17日　国民政府
　公布) …………………………………………………………………… 91

国立北平研究院组织条例(1945年10月17日　国民政府公布) ……… 92

国立中央图书馆组织条例(1945年10月　国民政府修正公布) ……… 93

教育部教育研究委员会组织条例(1945年10月　国民政府修正公布) … 94

教育部组织法(1947年2月12日　国民政府第十次修正公布) ……… 95

教育部基本教育研究实验委员会组织规程(1948年5月3日　教育部公布)
　…………………………………………………………………………… 99

三　通　则

审定教科用图书规程(1912年9月　教育部公布) …………………… 100

视学规程(1913年1月20日　教育部公布) …………………………… 101

地方学事通则(1915年1月　教育部公布) …………………………… 102

劝学所规程(1915年12月15日　教育部公布) ……………………… 104

高中以上学校军事教育方案(1929年1月29日 国民政府修正公布) …… 105

各省教育经费须保障其独立(1929年2月18日 行政院训令) …… 106

宗教团体与兴办教育事业办法(1929年4月 教育部公布) …… 106

检定考试规程(1930年12月27日 考试院公布) …… 107

地方教育经费保障办法(1931年5月9日 行政院训令) …… 109

县长市长(行政院直辖市除外)办理教育行政暂行考成规程(1931年5月31日 教育部公布) …… 110

省市督学规程(1931年6月16日 教育部公布) …… 112

儿童节纪念办法(1931年8月18日 教育部公布) …… 113

教育部督学规程(1931年8月31日 教育部公布) …… 115

整顿教育令(1932年7月22日 行政院训令) …… 116

中国童子军总章(1933年9月28日 第四届中央执行委员会第九十次常务会议修正) …… 118

私立学校规程(1933年10月19日 教育部修正公布) …… 125

先师孔子诞辰纪念办法(1934年7月5日 第四届中央执行委员会第128次常务会议通过) …… 132

限制宗教团体设立学校令(1934年9月3日 教育部训令) …… 133

高等考试教育行政人员考试条例(1935年8月5日 考试院修正公布) …… 133

普通考试教育行政人员考试条例(1935年9月3日 考试院修正公布) …… 135

青年训练大纲(1938年2月23日 教育部通令) …… 136

中等以上学校导师制纲要(1938年3月28日 教育部颁发) …… 142

实施导师制应注意之各点(1938年3月28日 教育部训令) …… 143

私人讲学机关设立办法(1939年6月1日 教育部公布)······145

训育纲要(1939年9月25日 教育部颁发)······146

国民体育实施方针(1941年2月24日 教育部公布)······160

稽核各省市国民教育经费暂行办法(1941年3月15日 教育部公布)······161

国民体育法(1941年9月9日 国民政府修正公布)······163

教育部督学服务规则(1943年2月29日 教育部公布)······164

教育部各项专门教育委员会会议规则(1943年3月15日 教育部公布)
······166

学校造林办法(1943年6月14日 教育部、农林部会令公布)······167

教师节纪念办法(1943年11月8日 教育部颁发)······168

学生自治会规则(1943年11月22日 教育部公布)······169

教育部著作发明及美术奖励规则(1944年7月7日 教育部公布)······172

学校卫生设施标准(节选)(1944年7月 教育部修正公布)······174

教育部部务会议规则(1944年10月3日 教育部公布)······176

教职员学生义务劳动实施办法(1944年10月19日 教育部公布)······177

教育部处务规程(1945年9月19日 教育部修正公布)······177

各级学校学年学期假期办法(1945年10月8日 教育部公布)······192

教科图书标本仪器审查规则(1947年2月12日 教育部公布)······193

印行国定本教科书暂行办法(1947年2月13日 教育部公布)······194

国立学校暨学术机关聘用外籍人员规程(1947年2月14日 教育部公布)
······195

捐资兴学褒奖条例(1947年6月26日　国民政府修正公布)……………… 196

四　国民教育

(一) 幼稚园、小学教育

普通教育暂行办法(1912年2月　教育部公布)…………………………… 199

小学校教则及课程表(1912年11月　教育部订定)……………………… 200

半日学校规程(1914年2月20日　教育部公布)………………………… 206

预备学校令(1915年11月　教育部公布)………………………………… 207

国民学校令(1916年10月　教育部修正公布)…………………………… 209

高等小学校令(1916年10月　教育部修正公布)………………………… 215

乡村小学充实儿童学额办法(1931年4月29日　教育部颁发)………… 217

繁盛都市推广小学教育办法(1931年4月29日　教育部颁发)………… 218

今后中小学训育上应特别注重之事项(1932年6月3日　教育部颁发)… 220

幼稚园小学课程标准施行办法(1932年10月　教育部公布)…………… 222

幼稚园课程标准(1932年10月　教育部公布)…………………………… 223

小学课程标准总纲(1932年10月　教育部公布)………………………… 234

小学法(1932年12月　国民政府公布)…………………………………… 238

小学公民训练标准(1933年2月　教育部公布)………………………… 240

扩充小学之经济法(1933年4月　教育部通饬)………………………… 259

初等教育辅导研究办法大纲(1935年3月7日　教育部颁发)………… 260

学校附设小学教育通信研究处办法大纲(1936年5月23日 教育部颁发)
··· 262

小学规程(1936年7月 教育部修正公布)······································ 263

小学普遍课外运动试行办法(1937年1月8日 教育部颁发)··············· 273

国民教育实施纲领(1940年3月21日 教育部公布)···························· 273

幼稚园设置办法(1943年12月20日 教育部公布)······························ 278

国民学校法(1944年3月15日 国民政府公布)·································· 280

强迫入学条例(1945年2月17日 国民政府修正公布)························ 283

(二) 义务教育

实施义务教育暂行办法大纲(1935年5月28日 行政院修正通过)········ 285

实施义务教育暂行办法大纲施行细则(1935年6月14日 教育部公布)
··· 286

一年制短期小学暂行规程(1935年7月8日 教育部公布)·················· 292

短期小学制实验办法(1935年11月5日 教育部训令)······················ 293

市县划分小学区办法(1935年11月11日 教育部公布)······················ 294

各省县市等筹集义务教育经费暂行办法大纲(1935年11月13日 教育部
　训令)··· 295

各省市义务教育师资训练班办法(1936年8月4日 教育部颁发)········ 296

各省市教育行政机关订定简易小学办法应行注意之点(1937年2月23日
　教育部训令)··· 297

健全各级义务教育行政组织各点(1937年5月6日 教育部颁发)········ 298

实施巡回教学办法(1937年6月1日　教育部公布)……298

改良私塾办法(1937年6月1日　教育部公布)……300

二年制短期小学暂行规程(1937年6月18日　教育部公布)……303

二年制短期小学课程标准总纲(1937年6月18日　教育部公布)……305

县市义务教育视导员规程(1937年7月1日　教育部公布)……307

省市义务教育视导员规程(1937年7月1日　教育部公布)……309

学龄儿童强迫入学暂行办法(1937年7月17日　教育部公布)……311

小学增设儿童义务随习班办法(1938年12月10日　教育部公布)……315

五　中等教育

中学校令(1912年9月28日　教育部公布)……317

中学校令施行规则(1912年12月2日　教育部令)……318

中学法(1932年12月24日　国民政府公布)……325

中学学生毕业会考委员会规程(1933年12月2日　教育部公布)……326

省市中学师范教育研究会办法大纲(1935年3月7日　教育部公布)……328

中等学生毕业会考规程(1935年4月6日　教育部修正公布)……328

中学学校特种教育纲要(1936年4月　国民政府颁行)……331

初级中学童子军管理办法(1937年1月4日　教育部颁发)……336

中等学校强迫课外运动试行办法(1937年1月6日　教育部颁发)……343

国立中学课程纲要(1938年2月25日　教育部颁发)……344

国立中学增设职业科办法(1938年12月26日　教育部颁发)……348

高中各科课程标准"目标"(1940年7月—1941年5月　教育部修正公布)
　　…………………………………………………………………………… 349

初中各科课程标准"目标"(节选)(1940年7月—1941年12月　教育部修正
　　公布)………………………………………………………………………… 354

中等学校各科教学研究会组织通则(1941年5月22日　教育部公布)…… 359

县市立中等学校设置办法(1942年5月19日　教育部公布)…………… 361

中等学校导师制实施办法(1944年6月8日　教育部公布)……………… 364

中等学校行政组织补充办法(1946年3月11日　教育部修正颁发)……… 365

中学规程(1947年4月9日　教育部修正公布)…………………………… 367

六　高等教育

专门学校令(1912年10月22日　教育部公布)………………………… 383

大学令(1912年10月24日　教育部公布)……………………………… 384

专科学校组织法(1929年7月26日　国民政府公布)…………………… 385

大学规程(1929年8月14日　教育部公布)……………………………… 386

专科学校规程(1931年3月26日　教育部公布)………………………… 390

大学组织法(1934年4月28日　国民政府修正公布)…………………… 395

私立专科以上学校补助费分配办法大纲(1934年5月18日　教育部公布)
　　…………………………………………………………………………… 397

大学研究院暂行组织规程(1934年5月19日　教育部公布)…………… 399

学位分级细则(1935年5月23日　教育部公布)………………………… 400

学位授予法(1935年4月22日　国民政府公布)……401

大学及独立学院各学系名称(1939年9月4日　教育部公布)……403

大学及独立学院教员人数暂行标准(1942年7月20日　教育部颁发)……403

国立专科以上学校教员支给学术研究补助费暂行办法(1943年10月30日　教育部公布)……409

专科以上学校导师制实施办法(1944年9月8日　教育部公布)……410

专科以上学校学生学籍规则(1947年3月27日　教育部修正公布)……411

大学法(1948年1月12日　国民政府公布)……417

专科学校法(1948年1月12日　国民政府公布)……420

七　师范教育

师范教育令(1912年9月29日　教育部公布)……423

高等师范学校规程(1913年2月　教育部公布)……424

师范学校规程(1916年1月　教育部修正公布)……427

女子高等师范学校规程(1919年3月12日　教育部公布)……440

师范学校法(1932年12月17日　国民政府公布)……443

师范学校学生毕业会考规程(1935年4月6日　教育部公布)……445

师范学院辅导中等教育办法(1940年7月21日　教育部公布)……448

教育部设置师范学院初级部办法(1941年8月6日　教育部公布)……448

师范学校(科)学生实习办法(1941年12月6日　教育部公布)……450

师范学校辅导地方教育办法(1943年5月12日　教育部公布)……454

树立社会风气倡导师范教育实施要点(1943年10月2日 教育部公布)
………………………………………………………………………… 456

全国师范学校学生公费待遇实施办法(1944年10月 行政院公布)…… 457

师范学院学生教学实习办法(1944年12月30日 教育部公布)………… 458

师范学校毕业生服务规程(1946年2月15日 教育部修正公布)……… 460

改进师范学院办法(1946年12月9日 教育部修正公布)……………… 464

师范学校规程(1947年4月9日 教育部修正公布)…………………… 466

师范学院规程(1948年12月25日 教育部修正公布)………………… 483

八 职业教育

实业学校令(1913年8月4日 教育部公布)………………………… 488

实业学校规程(1913年8月 教育部公布)…………………………… 489

职业学校法(1932年2月17日 国民政府公布)……………………… 496

各省市县教育行政机关暨中小学施行升学及职业指导办法大纲(1933年
  7月4日 教育部颁发)………………………………………………… 498

职业补习学校规程(1933年9月6日 教育部公布)…………………… 500

各省市县推行职业教育程序(1933年10月3日 教育部颁发)………… 503

各省市教育行政机关设置职业指导组暂行办法(1935年11月30日 教育
  部训令)…………………………………………………………………… 504

各省市推行职业补习教育办法大纲(1936年2月5日 教育部颁发)…… 506

职业学校与建设机关协作大纲(1936年3月26日 教育部颁发)……… 508

创设县市初级实用职业学校实施办法(1938年7月5日　教育部颁发) ·················· 508

各省市实施分区辅导职业学校办法大纲(1939年2月15日　教育部颁发) ·················· 511

教育部协助职业学校生产资金暂行办法(1940年5月23日　教育部颁发) ·················· 513

公私营工厂矿场农场推行职业补习教育并利用设备供给职业学校学生实习办法纲要(1941年8月4日　农林部、经济部、教育部公布) ·················· 513

短期职业训练班实施办法(1945年7月20日　教育部公布) ·················· 515

工业职业学校学生利用工厂设备实习办法(1945年12月27日　教育部颁发) ·················· 516

实业机关或职业团体办理职业学校或职业训练班奖励办法(1946年4月3日　教育部公布) ·················· 517

职业学校规程(1947年4月9日　教育部修正公布) ·················· 518

九　社会教育

通俗教育研究会章程(1915年7月　教育部公布) ·················· 531

通俗教育讲演规则(1915年10月　教育部公布) ·················· 533

通俗教育讲演所规程(1915年10月　教育部公布) ·················· 533

露天学校简章及规则(1916年3月　教育部转发) ·················· 535

劳工教育实施办法大纲(1932年2月1日　教育部实业部公布) ·················· 536

各省市失学民众强迫入学暂行办法(1937年8月4日　教育部公布) ·················· 539

修正民众学校规程(1939年5月17日 教育部令)……541

各级学校办理社会教育办法(1943年12月21日 教育部公布)……544

省市立艺术馆规程(1944年9月25日 教育部公布)……546

补习学校法(1944年10月7日 国民政府公布)……550

全国各县市普及教育文化事业实施办法(1944年11月22日 教育部公布)……551

普及全国图书教育办法(1944年11月22日 教育部公布)……552

教育部教育播音办法(1945年8月11日 教育部公布)……554

推行家庭教育办法(1945年8月17日 教育部公布)……555

家庭教育实验区设施办法(1945年9月10日 教育部公布)……557

促进注音国字推行办法(1945年10月4日 教育部公布)……560

补习学校规则(1946年3月2日 教育部公布)……561

科学馆规则(1946年7月6日 教育部公布)……567

民众教育馆规程(1947年4月1日 教育部修正公布)……569

十 边疆教育 华侨教育

(一) 边疆教育

蒙藏学校章程(1913年2月 教育部公布)……575

推进边疆教育方案(1939年4月 第三次全国教育会议决议案)……577

边远区域劝学暂行办法(1940年7月27日 教育部公布)……580

各边远省份边地教育委员会组织纲要(1941年3月13日 教育部颁发)
.... 583

边地教育视导应特别注意事项(1941年4月 教育部通令) 584

划一国立边地中等学校各项章则办法(1941年6月 教育部颁发) 586

边远区域师范学校暂行办法(1941年6月 教育部公布) 589

边疆学生待遇办法(1944年6月2日 教育部公布) 594

边疆初等教育设施办法(1945年9月13日 教育部公布) 596

教育部设置边疆教育督导员办法(1945年11月13日 教育部公布) 599

国立各级边疆学校教员服务奖励办法(1946年3月23日 教育部公布)
.... 600

国立边疆文化教育馆组织条例(1946年6月5日 国民政府公布) 601

(二) 侨民教育

侨民中小学校董会组织规程(1933年2月20日 教育部、侨务委员会修正
公布) 602

侨民教育实施纲要(1933年4月 教育部、侨务委员会公布) 604

侨民中小学规程(1934年2月20日 教育部、侨务委员会修正公布) 606

侨民学校立案规程(1934年3月20日 教育部、侨务委员会修正公布) 612

资助侨民学校教员出国旅费及代办出国手续暂行办法(1945年11月28日
教育部公布) 614

回国升学华侨学生奖学金办法(1946年4月19日 教育部公布) 615

十一　留学教育

选派留学外国学生规程(1916年10月18日　教育部公布)……………617

选派留学生应注重理工二科(1929年1月16日　教育部训令)………620

派遣公费留学生对于留学国语言文字须严加考试(1930年2月11日
　　教育部训令)………………………………………………………621

国外留学规程(1933年6月30日　教育部修正公布)…………………621

教育部复试各省市考选国外留学生办法(1933年9月7日　教育部公布)
　　………………………………………………………………………627

限制留学暂行办法(1938年6月17日　教育部颁发)……………………627

大学教授副教授自费出国进修办法(1944年4月1日　教育部颁发)……628

教育部国外留学生奖助金办法(1944年6月1日　教育部颁发)………629

教育部在国外各大学设置中国文化奖学金办法(1944年6月1日　教育
　　部颁发)………………………………………………………………630

专科以上学校教员应约出国讲学或研究办法(1945年11月15日　教育
　　部公布)………………………………………………………………631

南洋学生奖学金办法(1947年3月11日　教育部公布)…………………632

国外留学规则(1947年4月　教育部公布)………………………………633

十二　教职员

大学教员资格条例(1927年6月15日　教育行政委员会公布)…………636

小学教员薪水制度之原则(1928年7月30日　大学院颁发)……………638

中等学校教职员服务及待遇办法大纲(1932年11月4日　教育部公布)
　……………………………………………………………………639

各省市职业学校职业学科师资登记检定及训练办法大纲(1933年10月
　3日　教育部颁发)…………………………………………………641

小学教员检定规程(1936年12月　教育部公布)……………………643

国立中学教职员暂行服务细则(1938年3月3日　教育部颁发)………646

大学及独立学院教员聘任待遇暂行规程(1940年8月　教育部公布)…649

教育部设置部聘教授办法(1941年6月3日　行政院通过)……………650

国立音乐院附设音乐教员讲习班简章(1941年8月　教育部公布)……651

教育部奖励师范学校教员进修及学术研究暂行办法(1941年12月9日
　教育部颁发)…………………………………………………………653

教育部给予中等学校教员奖助金办法(1942年11月14日　教育部颁发)
　……………………………………………………………………655

教育部奖励中等学校教员休假进修办法(1942年11月17日　教育部颁发)
　……………………………………………………………………656

奖励师范学校教员学生研究实施要点(1943年10月2日　教育部颁发)
　……………………………………………………………………658

国立中等学校教职员薪级表(1943年10月12日　教育部颁发)………659

教育部设置优良中心国民学校国民学校校长教员奖励金办法(1943年
　10月24日　教育部颁发)……………………………………………659

大学及独立学院教员资格审查暂行规程施行细则(1943年11月4日
　教育部修正公布)……………………………………………………661

学校教职员退休条例(1944年6月22日　国民政府公布) ……………… 662

学校教职员抚恤条例(1944年6月22日　国民政府公布) ……………… 665

教员服务奖励规则(1945年6月29日　教育部修正公布) ……………… 667

国民学校教职员任用待遇保障进修办法(1946年1月5日　教育部公布)
…………………………………………………………………………… 669

中学及师范学校教员检定办法(1947年4月9日　教育部修正公布) …… 672

十三　抗战教育

总动员时督导教育工作办法纲领(节录)(1937年8月27日　教育部公布)
…………………………………………………………………………… 681

战时各级教育实施方案纲要(节录)(1938年3月30日　中国国民党临时全
　国代表大会通过) ………………………………………………………… 681

抗战建国纲领(节录)(1938年4月1日　中国国民党临时全国代表大会通过)
…………………………………………………………………………… 683

收复区各县市国民学校教员登记甄审训练办法(1945年12月1日　教育
　部颁发) …………………………………………………………………… 684

收复区专科以上学校教员职员甄审办法(1945年12月21日　教育部颁发)
…………………………………………………………………………… 685

收复区专科以上学校毕业生甄审办法(1945年12月27日　教育部公布)
…………………………………………………………………………… 686

收复区专科以上学校肄业生学业处理办法(1945年12月27日　教育部
　公布) ……………………………………………………………………… 687

修正收复区中等学校学生甄审办法(1946年1月24日　教育部公布) …… 688

修正收复区中等学校教职员甄审办法(1946年1月24日 教育部公布) 689

收复区专科以上学校处理办法(1946年2月9日 教育部公布) 690

中等以上学校战时服役学生复学及转学办法(1946年2月22日 教育部颁发) 691

国立专科以上学校战区学生还乡转学办法(1946年3月26日 教育部颁发) 693

留日学生召回办法(1947年1月8日 教育部公布) 694

抗战期间留日学生甄审办法(1947年1月8日 教育部公布) 694

十四 附 录

中华民国重要教育法规览目 696

宗旨、方针

教育宗旨令

1912年9月2日 教育部公布

兹定教育宗旨,特公布之。此令。

注重道德教育,以实利教育、军国民教育辅之,更以美感教育完成其道德。

中华民国元年九月初二日部令第二号。

《教育法规汇编》,教育部总务厅文书科编,
1919年5月

学校系统令

1912年9月3日 教育部公布

兹定学校系统,特公布之。此令。

学校系统表

初等小学校四年毕业,为义务教育,毕业后得入高等小学校或实业学校。

高等小学校三年毕业,毕业后得入中学校,或师范学校,或实业学校。

初等小学校及高等小学校设补习科,为毕业生欲升入他校者补修学科,兼为职业上之预备,均二年毕业。

中学校四年毕业,毕业后得入大学,或专门学校,或高等师范学校。

大学本科三年或四年毕业,预科三年。

师范学校本科四年毕业,预科一年;高等师范学校本科三年毕业,预科一年。

实业学校分甲乙二种,各三年毕业。

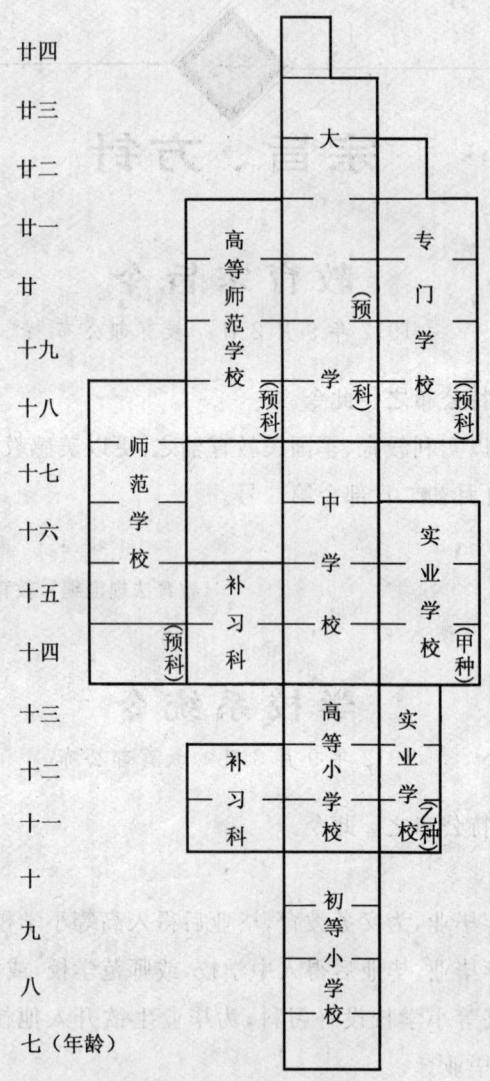

专门学校本科三年或四年毕业,预科一年。
前图中年龄系略示标准,其限定某年龄人某种学校。
各学校修业期限有随宜增减者,详见各学校令及规程。
中华民国元年九月三日部令第七号。

《教育杂志》第四卷第七号。
又见《教育法规汇编》第四类学校通则,1919年5月

注重德育整饬学风令
1913年6月　大总统袁世凯颁

国于天地,必有与立,治乱之原、文野之判,觇国者一视乎教育程度以别等差。环球各国,各有所以立国之故;国体有专制共和之分,而教育本原,首重道德,古今中外,殆有同规。前清末造,学风之衰,论者多归咎于以利禄为诱,无异科举,以故奖励争优,学年求短,恶习濡染,人不自知。民国建造,百度维新,本大总统深维治国大纲,必以教育全国人民合于共和资格,为凡百建设之本,视之至重,故责之弥严。乃考察京外各学校,其管理认真日有起色者实不多见,大都敷衍荒嬉,日趋放任,甚至托于自由平等之说,侮慢师长,蔑弃学规,准诸东西各国学校取服从主义,绝不相同。倘再事因循,不加整饬,恐学风日坏,污俗随之,关系于世道人心者至大。爰特剀切申明:凡各学校教职员学生,须知共和国体,必养成人民优美高尚之风,而后自由平等,方能以法律为范围;况学生在校最重服从,讵可任其嚣张败坏规则?著教育部行知京师各学校校长,并督饬各省教育司长,凡关于教育行政,一以整齐严肃为主。学生有不守学规情事,应随时斥退,以免害群而示惩儆。

《教育杂志》第5卷第4号,1913年7月

教育部整理教育方案草案
1914年12月　教育部公布

凡一国政治之改革,不可不随以教育之革新,政治在于整理现在,教育在于整理未来,此定例也。前清之季,政治纠纷已达其极,所谓兴学者亦若莫名其所以然,上作而下不应,一也;有其名而无其实,二也;举一而漏百,见小而遗大,三也;民国仍之,弊亦相等。窃谓居今而言教育,非施以根本治疗不可;爰本斯旨,先立我国今日之教育方针,以概整理方案之凡焉。

第一,变通从前官治的教育,注重自治的教育。教育本为地方人民应尽之天职,国家不过督率或助长之地位。英为立宪祖国,教育甚盛,以学官之外含有自治的精神也。我国教育放任诸民者数十百年,民久不知兴学为何事,一旦鉴于列强之盛衰,知无学不足以立国,国家收回教育权,欲以制度划一之,文书督促之,民间阒然弗相感应;欲立一校,动需国帑,否则终于无成。其结果,人民即学有一长,非赖国家之代为谋,即不能有所自见。是皆偏于官治之病,而未鼓舞其自治心,故父兄视子弟之就学与否漠不相涉,子弟就学亦不知所以自效于国家,此习未除,教育终无良果。今后方针注重自治的教育者,国家根本在于人民,唤起人民的责任心,而后学务能起色也。

第二,力避从前形式的教育,注重精神的教育。教育者教人之所以为人也,在孔谓之成己,成己必自诚始;诚者非局于外象,而在发展内部之精神。从前教育有所谓泥古之弊,泥古陷于形式也;又有所谓醉新之弊,其陷于形式亦同。所恶于形式教育者,应有尽有,不事深求;机械之作用日深,斯理性之会通日鲜;学科之排列,教材之增减,以及身心之修养,在有其精神所寄。如以不求甚解,出之则外形或有可观,而精神云亡,育成废材,不啻为阱于国内。今后方针注重精神的教育者,发扬人间固有之心灵,求能成己以适用于社会也。

第三,摈弃从前支节的教育,企图全部的教育。教育范围最广,包举无遗;欲图学务之刷新,不能不谋全部之改善。前清未立中小学,先办大学,不特倒置,亦嫌骈枝;其后办理学务,类多头痛医头,脚痛医脚,支离破碎,成效难期。民国成立,于学校教育以外,加入社会教育,纲领已举;然学校教育,于普通则以推广改良为要,于专门则以实施为要,于实业则以利用为要;社会教育则在预为倡率以开其端,此非同时并举不可。今后方针注重全部的教育者,一子错则全局皆非,互相关联,未可以顾此失彼也。

本上要旨,谨列整理方案三十则如下:

(一)确定义务教育年限,明白宣示,使地方知建学为对于国家之责任。

教育子弟,父兄事也,国家何以必以权力干涉之,且使地方团体负担之?盖自国家主义盛行,以民力之厚薄为国力强弱之比例差;国有一人不学,则失一人之用,故国家恒视就学儿童为国家之一分子,蕲有以浚发其智德,以张内治而御外侮。德败于法,厉行强迫教育而国强;法亦如之,故经败衄而终振。征诸世界各邦,必以国家能履行义务教育而后称为有教育之国,其通例也。顾欲国家主义之贯彻,非可求诸私塾,必在乎公共教育;而公共教育又非必悉需国帑经营也,恒以地方团体担负之。盖国家者集合各地方而成,国家事业合官治自治二者而成,人民向学为国家第一之生命,则各地方岂宜膜视?故各国小学经费,居自治费之大半;日本地方学事通例暨小学校令,一则曰应办之国家教育事务,再则曰执行国家之教育事务;是地方兴学,实既负法律上不可逭之责任矣。吾国兴学已十余年,尚无义务教育之规定;民国元年教育部所定学校系统,虽称小学校四年为义务教育,然究未以命令特别颁布,不足耸动全国之观听,以故人民视学务为官吏考成,上作而下不应;即有应者亦多视为慈善事业,不知对于国家负有何等之责任;教育凝滞,此为一大原因。故宣示义务教育年限,为今日第一之亟务。

此项拟请大总统以命令明白宣示,确定初等小学四年为义务教育,再由部拟订地方学事通则通饬办理。

(一)各县暂就原有区画,分为若干学区,于一定期限内必须设置学校。

小学发达,根本在于地方自治之发达,国民自治力薄弱者,小学教育亦难振兴,此固兴学之一大原则。我国数年以来,兴办小学,适与此原则相反:国家知富强莫先于教育,教育莫先于小学;中央以是责之省,省以是责之县;县奉文书筹款若干,办一二小学斯已矣,镇乡莫应也。即有应者,或踊跃于先而竭蹶于后,或敛财其实而办学其名,病在无办学机关以经营之。一县之大,其耳目之所周者有限,未可以坐谈学务也;故自治会成立前,必先分画学区。其分画标准,以前清城镇乡自治区域为率,过大者得设分区,每区设学董一员及学务委员若干员,以当整理董率之任。其设置方法:(1)凡学区内居户周密,满五百户以上者,设多级小学校,满二百户以上者设单级小学校。(1)不满二百户之村集,得设联合小学校;若高等小学校,则以区内筹有的款,不分减初等小学之财力者得设之,由学务区发达,期渐形成一自治区;培学务人才,即以养成自治人才也。

此项拟于地方学事通则规定之。

(一)各地方固有学务存款,及关于学务特别捐,均作为学务基本金,不得挪用。

吾国学校，不惟私立者每致旋兴旋仆，即公立之学校亦往往因经费告竭而停办；推究其故，设立之初类涉铺张，未遑立久远之规，经常之费；望梅止渴，来源一涸，便尔中辍，而各地方固有存款亦复不知爱惜，随时腾挪，不顾其后；体查各地方教育状况，类多有初鲜终，其弊坐此。查各国学校皆积有基本金，甚或规定每年节存几分之几，以期基本金渐次增加，学校岁入基本子金必占一部分，故学校鲜有动摇之患。窃谓吾国宜亦仿行，即定教育基本金保存法，各学校亦规定每年节存若干，提作基本金；一以渐收撙节之效，一以提倡储蓄之风，亦维持目前教育现状之一法也。

此项拟由部定教育基金保存法通饬办理。

（一）各县小学，均令就地筹款开办，以养成人民之自觉力。

学款之缩减，至今日而极矣；虽然，地方无筹款兴学之责任，国家虽縻亿万之金钱，于事无济。今规复固有学款之外，尤当规定凡在地方学区内居住流寓，有不动产或营业所入足以维持生活而有余者，对于该地方全县或本区公用之学校，及其他教育事业，均负设立及维持之义务。若本地方原有公款公产，应先行收入充用。先之以劝导，继之以奖励，庶人知兴学为地方之责任，即划定地方税时，学款亦不至漫无着落，此实根本之计画也。

此项拟于地方学事通则规定之。

（一）中小各学校修身国文教科书，采取经训，以保存固有之道德；大学院添设经学院，以发挥先哲之学说。

经籍浩穰，儿童脑力有限，与其全经课读，不若择要征引，循序指导，浅深各有所得，前已由部呈请注重道德教育，拟于中小学校修身及国文教科书内采取经训，务以孔子之言为旨归，奉大总统批示，转饬各属遵行在案。惟是圣贤微言大义，散见群经，经数千年之硕学名儒讨论，蔚然成为国学；发挥光大，后起之责，又未便废弃弗讲，贻讥忘祖。查欧洲大学，神学且列为专科，何况吾国经学义旨渊博，炳若日星乎！拟请于大学院内添设经学院，敦聘经师表章六艺；在中小学义取实践，养成日用之知能，在大学重在研究，阐发高深之学理，此所谓并行不悖者也。

此项拟由部修订规程分别饬办。

（一）各学校宜注重训育，以孔子为模范人物，不宜偏重知识一方面。

学校教育知识固重，而道德尤要，盖道德为事，首贵实践，自应注重训练，俾能身体力行。吾国数千年来信仰之笃，足以为道德上之模范人物者，实为孔子。本部前已标明采取经训以孔子之言为旨归，今当令各学校阐明新旨，济以严肃之训育，端趋向而正人心，庶学风可以一振。

此项拟由部通饬办理。

（一）各学校宜注重学生之个性陶冶。

学生禀赋不同，个性各异，苟不审其短长，因材陶冶，则教育实效终不可期。如轻躁者必教以真挚，傲慢者必矫以谦恭，孤僻者必导以同情，因循者必振以立志；故个性陶冶要旨有二：一、善导个性，应其禀赋而施以学术；二、个性固重，亦宜采人之长，补己之短，以期造就中和之人。

此项拟由部通饬办理。

（一）各学校宜养成学生之自动力暨共同习惯。

自动力为人间才智之本原，共同习惯为社会生活之要素；国家必有自立之民，而后元气充实，精神盛强，亦必有共济之民而后团结坚固，足以御外侮而伸国威。今国人于此二者实为最乏，故学校教育尤不可不加之意；养成之法，一宜废除注入教授，在引其自行观察及追求之兴趣；一宜使之尊重共同道德及秩序，以生其公共心，庶将来立身有所贡献于社会。

此项拟由部通饬办理。

（一）各学校宜置国文于科学的基础之上，格外注重，尤以适用为主。

中国国文受八股策论之余毒，蔓衍流传，至今未息，其下者并求完篇句而不能；其弊常于今日之学生入学校肄业者见之，此非学生之过，其教师教法不良之过也。今凡担任国文教授者，对于此着，首宜有自觉心，格外注重养成有条理之思想，并置国文于科学的基础之上，不可厘而二之；庶各科知识既有收容，而国文之根本观念，亦能明确措诸实用，方得因应咸宜之妙。

此项拟由部通饬各学校遵照办理。

（一）各学校宜就设置性质，力求达到目的，不得徒为上级学校之预备。

凡设一学校，必具有独立之性质，与其所欲达之趋向。如中学校宗旨在完足普通教育,非专为大学专门之预备而设也;小学校宗旨在养成国民智识技能,非专为中等教育之预备而设也。乃今之学校职教员,见教育统系形式上之联属,辄生误会,往往不顾本校性质纯为上级学校预备起见,故教材过多,勉强注入,易伤脑力;而教材又不切于民生日用,使生徒毕业者举其所学,与社会不相入,致无以发展其本能;是之谓知有人才教育,不知有国民教育,斯实昧教育之原则也。今当本斯意旨,通饬各学校职教员破除成见,所有教法切按本校性质,勿徒驰域外之观;补偏救弊,是又今日所不宜缓者矣。

此项拟由部通饬办理。

(一)各学校校长教员,务期久任以完成训育之作用。

凡一校校风之养成,至近当期诸数年,决非一旦夕所能奏效;故职教员之与生徒,当如父兄之与子弟,久与相处,心性既孚,训言易入。若朝退一人,暮进一人,则精神教育必难征诸实现。英国教员位置不定,转徙无常,谈教育者称为缺点,起视吾国殆有甚焉。各地方职教员更调频仍,类鲜终岁之留,贤者无以见功,不肖者易于藏拙;甚或精神不属,视同传舍,此教育家所诮为机械的教育者也。拟自今以后,由部咨令各省长官转饬所属,遴择职教员,务须慎之于始,不得时时更易,致无以收熏陶之效。

此项拟由部另订教员任用法以图救济。

(一)小学教授概用学级担任,以贯达教授统一之旨。

小学教员必以曾受师范教育者充之。师范教育必授以普通科学及各科教授法者,即以师范生毕业后,其力足以担任小学各科教授为原则;今之小学校间有深明此理设学级主任者,然其数不多见,往往科各异人;其弊也彼此不相谋,浅深不一贯,教授亦徒劳而无功。夫小学各科不在专精之研攻,而在教授力之普及,故惟学级担任,乃能萃一人之精神贯注于全级,谋所以熔铸之;分科担任,在中等以上学校可以施行,若在小学则欲求教授上之统一,断自学级担任始。

此项拟由部订定小学教员服务规程,通饬各小学校遵照办理。

(一)初等小学校教科书,于一定期限内,国定制与审定制并行。

小学校本旨之能贯彻与否,视教科书之编纂能否适宜为断,国定教科书利在整齐统一,而弊在杜绝竞争,进步迟缓。审定之制,民间按法编辑,国家居于监督指导之地位,固属弊少利多;然书肆印行,往往居奇,价难从廉,文化幼稚之国民转因此而阻向学之志。今除高等小学暨中学师范教科书,仍专采审定制外,初等小学校教科书拟由部编成课本,任民间翻印为用,并定翻印方法,以防纸质粗劣各弊;一面使民间编成善良教科书呈部审定。国定教科书与审定教科书并行于社会间,听人民之自择,庶穷僻之壤以其书美价廉,教授儿童,亦知改用教科书,所谓《三字经》《千字文》者,可渐期绝迹;推广教育,刷新文化,似无善于此者。

此项拟由部编定教授要目并教科书编纂纲要后,即行着手。

(一)对于私塾采奖进主义,期渐同化于学校。

时贤对于私塾教育之主张,约分为二:一放任说,以私塾亦足补小学所不及,听之可也;一排斥说,谓非全废私塾,小学难望起色;是皆趋于两极端之论断。夫自行政方面言之,果其所授为不良之教育,影响于国民者至巨,在理不能置若罔闻;然苟可以设法改良,俾其渐就范围,足为异日代用小学之备,又何必遽行废止,转使社会有格不相通之疑,地方有猝难设学之叹?故私塾教育,其应在禁止之列者,当以不能改良为断;其法先行调查,并分发改良私塾说明书及讲演劝导各类浅说,由各区学董制表调查塾师数及私塾数,一面咨行各省巡按使,查照部发改良私塾办法,通饬各县办理,并饬委县知事充甄录塾师监试官,及委派考试委员。甄录科目,以国文为主要,或就经义历史发为各条问题,不得偏举一论一说。其成绩最优者许充小学代用教员,次者得入塾师传习科;传习方法分为三种:一定期传习,在所内直接教授之;一通信传习,为略远而未能直接听讲者设之;一巡回传习,联络数乡,由担任之教员巡回传习,周而复始。

此项拟由部订定改良私塾办法代用小学规程,及塾师传习所规程,以便进行。

(一)小学校设补习科,责成实行,以图国民教育之补充。

部章初等小学毕业,未能入高等小学者,得入补习科;高等小学毕业,未能入中学者亦然。然各学校附设补习科,以栽培此项学生,殊不多觏。固由社会冷眼以相观,亦由学校提倡之不力。夫国民知识之浅深,与其教育年限长短为正比例;贫民子弟果无力更受较深之学问,国家自宜代谋简便方法,俾于知能上得铢寸之益,斯国度有日新之机。

兹拟由部通饬各属斟酌情形,就于原校加设此科,庶于补充国民教育不无裨益。

此项拟由部另定补习科规程通饬办理。

(一)设法优待小学教员,使各尽心于职务。

昔德师丹之役,大将毛奇归功小学教育;日战胜俄,日皇至宴犒小学校长。盖国民教育,小学教员尸之,实无异一国命脉操于小学教员之手;论者谓将士牺牲生命以捍卫国家,教员牺牲精神以教育国民,语其功效无可轩轾;惟小学教员位置甚低,禄入又微,不惟社会所轻视,亦易为政府所淡忘。夫以责任之重而待之也薄,视之也轻,人谁思奋?虽教员乐育为怀,本无求于外;而为国家计,岂宜无所报酬。查各国对于小学教员,有年功加俸法,有退隐料、遗族扶助料之规定,体恤教员无微不至,其用意至为深远,窃谓吾国亦宜仿行;但使小学各教员安心立命,群以教育国民为天职,而国家已隐受其福矣。

此项拟由部订定小学教员年功加俸法,暨小学教员退隐费、遗族扶助费施行各规程,责成地方官办理。

(一)师范学生采严格训育主义,俾将来克尽教师之天职。

所谓师范者,必具可为人师之模范也;自教育学发达,乃知即为人师亦有其必须之学与术,最要者莫过于教师人格之养成;学科讲授犹偏于知的方面,必也修养情意,甄陶品性,俾对己有自治力,对人有责任心,然后出任教师,克尽天职,此严格训育之要旨也。

此项拟由部通饬办理。

(一)师范教员宜舍去局部的见解,每岁课暇,于其师范区内巡回视察,以为指导改良之准备。

师范学校教员,闭户而谈外国教育学理,于其本国或本区域内教育之情形,暗然无所闻知,则所养成之生徒,必为机械的无用之人物,或措诸实际格格不复相入,此吾国师范学校之通病也。今宜定为令,凡师范学校校长暨担任教育科目之教员,每年课余有视察本区内教育情况之义务,归时有提出报告开会研究之义务,其旅行费由学校支出之。本其所得,参以世界之教育学理,而后有最新而又适切之教育讲演,养成真正之师范生;所谓舍去局部的见解者此也。

此项拟由部通饬办理。

（一）高等师范学校之设置采集中主义；师范学校之设置采分立主义。

所谓集中者，国立是也；国立之数不一，地点亦不从同，而无分省界则一。其收容学生，必以全国中等教员需要之多寡为标准，经费概由国家负担之。就现势而论，其应行注意者约分三类：(1)国立北京武昌两校，应切实整理以期完备；(2)广州成都省立之高等师范，应认为国立，并查核成绩督促进行；(3)南京西安长春三校，应克期筹备以次成立。而认为国立之校，办法必分两种：(1)校长由部委派，现任校长由省聘委者，均由部分别加饬委任；(2)科目编制教授等项均由部考核。高等师范学校为培成中等教员之机关，不可不出以慎重；师范学校义取多培小学教员，故以各省分立为宜，经费由省负担之。其应行整理者：(1)入学资格之改订，以收入高等小学毕业生为原则；(2)教员资格之检定；师范学校教员凡未经高等师范毕业者，由部检定之，其余则于师范学校规程中更订之，以期完善。

此项拟由部分别修订规程，通饬办理。

（一）师范生用特别养成法，以供目前小学教员之用。

查各省师范学校，推广建设之处尚属不多，而小学教员需人，不能不兼筹速成之法；除由各省斟酌财力，分年扩充师范学校外，可由一县或联合数县设立小学教员讲习所以应急需，其经费即以县款支给之。此项讲习所之目的，专养成初等小学教员为主，办法分正教员讲习科及副教员讲习科二种，视地方情形得设一科，或并设之；庶小学逐渐推广，教员无缺乏之虞矣。

此项拟由部订定小学教员讲习所规程，通饬办理。

（一）中学教育图贯通根本之旨趣，准予变通课程时间。

中学之旨趣有二：(1)以中学教育为一阶段，养成克自树立之人才；(1)以中学教育为对于高等专门教育而言，所受教育适为其预备。然现今中学制度，欲求其注重所在，不复可得；一炉熔冶，相抵必至于相销。查前清改订学校章程，曾经参仿德制，分中学为文实二科；嗣以各校力难兼营，期年复辍。夫德国中学制度之所长，不在于一校中设二科，而在因二科之性质分立两校，故设备费省，即中学之旨趣各能贯通。今着手改革，拟暂缓制度上之变更，先于中学课程标准中示以指针。各中学校有偏重文科者，准予变通增加文科钟点，如国文、历史、地理等，报部核准；偏重实科者，准增加实科钟点,如理、化、博物等,亦经部准而后行之。俟实施有效,再行详细考订规程,或采德制分立两校,为根本之改革;庶于中等教育克副其实。

此项拟由部修订中学课程标准,加以说明通饬办理。

(一)预储实业教员,以植实业教育之基础。

欲求小学之完善,在于师范生之养成;欲求实业教育之发达,亦在于实业教员之培植。甲种实业学校为数无多,教员之取材尚易,但其实习科目,均须雇聘具有实地经验之员充当教员或场师助手等,以资熟练;乙种实业学校意在遍设,非先培此项教员不可。今宜就各省现设之实业专门学校,或甲种实业学校内附设乙种实业教员讲习科,其名额多寡,视地方之需要定之,以为派遣各县充当实业教员之备。

此项拟由部订定甲乙种实业教员养成所规程,以资办理。

(一)甲乙种实业,须体察地方情形,以定校数与设立之科目。

甲种实业学校用费较巨,以省立为宜;各道力能自设者,准其酌量设立;乙种实业学校,每县中如有合格教员,至少须设一所,尤宜奖劝以图发达。至于科目,近时实业学校类有徒事铺张之弊,不特设备费巨,抑亦实际无裨;今宜特定甲乙种实业学校,须体察地方需要情形,择实业内一科或二科设立之;其尚非要需者,从缓设置。但求培一人,社会得一人之用,科目之多寡,固与实事无关也。

此项拟由部修定甲乙种实业规程,通饬办理。

(一)女子教育注重师范及职业,并保持严肃之风纪。

普通教育之中,女子教育亦属重要;我国女学幼稚,数年以来各省渐知兴办女学,而无一定陶成之方针,影响所施,流弊滋大。今且勿骛高远之谈,标示育成良妻贤母主义,以挽其委琐龌龊或放任不羁之陋习。本此主义,而女子中等教育应注意者两事:(1)使知从事于教养,此于女子师范学校养成之;女子师范学校每省须设一所,注重体育及初等小学之训练教授各方法,严定管理规程,修养其心身;校中并附设初等小学蒙养院等,以资练习;要旨在发挥其特性,俾能以致密之理想、耐劳之习惯指导儿童,积渐诱进,以尽教育家之天职。(1)使知从事于职业,此于女子职业学校养成之,每省至少亦须设立一所。所谓职业者,以家政为重,兼及手工图画刺绣造花各科,养优美之本能,知劳动为神圣,一扫从前褊隘恬嬉之弊,庶家庭社会两受其益。至于女子小学，除初等可男女同校外，女子高等小学依于地方情形多设为是；女子中学则由省酌设之，但宜保持严肃之风纪，发达特赋之天才，俾社会知家庭教育之改善在于女学之昌明，而不以兴女学为病，斯得其道矣。

此项拟由部分别修订规程，通饬办理。

（一）大学校单科制与综合制并行。

大学校为全国最高学府，其目的在培成富有理想之人物，以与世界之学术相应。以今日北京大学言之，学科设备诸未完全，欲言扩张，又多限于财力；以全国之大，无完善之大学不可也，大学不能多设尤不可也。变通之道，在于减设科目，萃力经营。吾国大学专采综合制，故每办一校必设多科，博而不专，斯力难兼及；今宜略为变通，兼用单科制度，凡大学令中所举文理法医农工各科，办其一者准称大学。其前经设立多科者，亦从其便；国家择其需费较巨之科力求设备完美，如文科法科等则听民间之私立而严格监督之；或各省互相联合创立公立大学，视其财力，考其学程，足以符大学之本旨者，准予设立，以广人才。费省则易举，科少则专精，异日之贡献于社会者为益较溥，此必然之理也。

此项拟由部修订大学令及大学规程通饬办理。

（一）专门法政教育，官治与自治人才并重。

今日之专门法政教育，纯一官吏之养成所也；法政教育决非以造成官吏为惟一之目的，在兼养成地方公民，克举自治行政之实。执是以论，则现今受法政教育若犹病其少，不病其多。何以故？萃而为官吏则见多，分而任地方自治之事则异常见少也。自今法政教育之整理，除育成官治人才外，以多储自治人才为要义；凡其学资不足为官，其讲授之目的在于输入法政知识者，任其设立讲习科或补习科，养成公民之资格；而正当之法政教育，则注重裁判实习、国会实习等，俾进而在位则能自效其力，退而在野则能有益于乡；此专门法政教育设施之要旨也。

此项拟由部通饬办理。

（一）专门实业及其他特种教育，以克应社会需要为主。

专门实业教育，具体的言之，受农业教育者不适用于国中之农业界，受工商业教育者不适用于国中之工商界，受医业教育者不能使一国医学之进步改良，其他特种专门教育亦复类是。此项学生多供职于官商以自活,甚且弃其所学而嬉焉,则所育成皆废材也。今欲求根本解决,一在于社会之自觉,一在于办学者克应社会之要求。社会自觉此资本家企业家等所有事也,部中只能任其提倡之责;至于应社会之要求,则真今后办专门实业及其他特种学校者所宜措意矣。今日专门实业学校,无论为农为工为商,其能相地方之要需设置科目者盖寡;病在应有尽有,不顾社会之所求者如何,致其养成学生亦竟见弃于社会。实事求是,在于兴办切要之科,不必各科咸备;如其地方有宜蚕者,农业学校专办蚕科可也,有宜林者专办林科可也;其地方有宜窑者工业学校专办窑科可也,有需邮电学生者则加设邮电科亦可也;推之为商为医及其他特种教育,皆求适应社会之所需,栽培有用人才,不可学成而转形无用;庶社会有各方知识之输入,而积渐求进,此类学校亦有刷新之机;此专门实业及其他特种学校设施之要旨也。

此项拟由部通饬办理。

(一)选送游学生由中央制定画一之方法,以求实效。

游学生派送之目的,在求外国高深之学术,促进本国之文明,启发社会各方之知识。吾国游学生之寡得其用者,一误于选派时无一定之方针,再误于回国时以考试为荣典;始基不慎则所供不足以应求,取士无方斯所学仍归于无用。今先改订选送方法,各省游学经费每岁划出若干,并定东西洋游学生定额若干,各有缺额者一律由部选送。选送目的有二:一视全国何项人才缺乏而选送之,一视地方特别情形为欲增加某项人才而选送之;学成之后,要宜各得其用,不可徒导其猎官,尤不可以豢养为事,使之志惰气昏,寂然无所闻见于世。又游学生回国后,经历社会修养有得者,尤宜续送留学,以资深造;一以探索高深之学理,拨十得五,已足造福于国家;一以肆应社会之要需,用人惟材,便能增益其学术;此派遣留学生之要旨也。

此项拟由部修订外国游学生规程,通咨各省照办。

(一)学艺的社会教育,以广施教化,增进全国国民之学艺为目的。

学艺的之社会教育,约分为二:(1)以增高审美思想为主,如设美术馆、美术展览会、改良文艺音乐演剧等属之;(1)以奖励事物研究为主,如设博物馆、图书馆、动植物园等属之。顾欲兴办兹事,非另筹的款不为功;当此财力支绌之时,虽未能一一实施,国家要当划定可能之范围以为之备。约举其要,如京师图书馆及历史博物馆亟应完成,各省图书馆已有者应谋扩充,未有者亟宜设立。至于学术,则宜设译书局编译重要图书,以为灌输文明之备;音乐演剧则宜设会研究,先禁绝其坏乱风俗之旧说部及歌曲,然后进求新事物之输入。社会文化,随人心寄托之深浅而殊,循是不变,迁流所及,不知胡底;此不能因费绌而辍然不办者也。

此项应办之事甚多,举要言之,则有下之数种亟应筹款成立:

(一)通俗的社会教育,以补充群众道德及常识为目的。

社会教育范围至广,即学校以外之教育无不包含之,今姑以程度为区别标准,于学艺的之外则有通俗的,其数最多,其自然之势力及习惯足以影响国家者至巨;各国谈教育者莫不注意乎是。就应行设施者言之:(1)通俗教育。此以狭义解释,乃对于有限的社会人类而施教育者,如设露天学校、公众补习所、少年育德会、女子育德会、小学教育品陈列所、理学试验所等属之;(1)通俗讲演。无论男女老幼,集为一团,而施以必不可少之道德及常识之谈话;其效力较广,其讲演亦贵普及。讲演分为二种:1.普通讲演,如讲明国体及一切关于公德私德之谈话,无论何时何地均可行之。1.特别讲演,有因地而异者,如在监狱工场军营等是;有因时而异者,如遇国家事变发生特别宣讲是;又有巡行讲演团,期散布其说于各地者,现今国民知识幼稚,此为最要。(1)通俗书报报章,与单行书本,在社会之势力,无论何人均认识之。顾所编者不以教育之眼光,专投社会之所好,则伤风败俗之事,即以此为之媒。故一方严行取缔,一方审定改良。或设通俗阅书报社,或设通俗图书馆,或设巡行文库(其法于各县设通俗文库总部一所,采集人民必须通晓之图书输送城镇乡各支部,再由支部转送于村落阅览所,限定日期阅毕,由各处送回本部收存),是为今日之亟务。三者之外,其他足为通俗的社会教育之补助者,如改良小说,改良留声机片,改良俚俗图书,改良词曲风谣及玩具等,不一而足;然未敢罗举以推行者,一因乏款,一因着手伊始,势须先设通俗教育研究会,或事调查,或事编辑,或事讲演,以为推行之备。

此项拟由部分别修订各种规程,先由京师试办,推及各省。

《教育公报》,第八册,1915年1月

颁定教育要旨

1915年1月　大总统袁世凯颁

　　凡一国之盛衰强弱,视民德、民智、民力之进退为衡;而欲此三者程度日增,则必注重于国民教育。盖在闭关之世,帝王专制愚民之术,未尝不可为天下雄。迨者万国交通,文明日启,举一切政教艺术乃至琐琐日用之微,无不由科学发明,分功并进,举全国之心思才力奔凑于一途。纵言之,则自家庭教育以至学校教育,层递而日新;衡言之,则自社会教育以至世界教育,周流而无极。无人不学,无时不学,无地不学。故能合群进化,蔚为大观。若以蒙昧柔靡之民,当生存竞争之世,其亦殆矣。

　　吾国开化最先,钟毓独厚,远溯成周学制,人人有士君子之行,渺矣不可复追。秦汉以后二千余年,未与外国文明相接触,新知莫启,旧学又荒,过渡时期,方针不定。本大总统在前清从政,即以废科举、设学校为先。蓝缕初开,设施未竟,形式或是,精神则非。重以政体革新,神州云扰。民国成立,荏苒三年,财政困难,未遑兴作,根本大计,缺焉莫修。顾念治国犹治家然,家虽贫子孙愈不可以不读书,国虽弱人民愈不可以不求学。东西各国,专门纪述,著作如林;识字人民,十得八九。返观吾国,则出版之书大都稗贩专利之品,寥若晨星;甚至高才无升学之途,童卯鲜求师之地。固由公家竭蹶,补助无资。然中养不中,才养不才,微独处高明之地者宜然,凡为公民皆与有责焉者也。

　　本大总统既以兴学为立国要图,今兵气渐销,邦基粗定,提倡斯旨,岂容踌躇。矩矱本诸先民,智慧求诸世界。使中华民族为大仁、大智、大勇之国民,则必于忠孝节义植其基,于智识技能求其阙,尚武以备军人资格,务实以儆末俗虚浮,矢其忠诚,以爱国为前提,苦其心志,以猎官为大戒,厚于责己,耻不若人,严则如将领之部其弁兵,亲则如父兄之爱其子弟。此本大总统对于学校之精神教育,尤兢兢于变化气质,而后种种学业乃有所施也。

　　文明各邦皆厉行义务教育制度,其学区分配,即就各区内学龄儿童人数分担其延师设学之赀。吾国亦定初等小学四年为义务教育年限,但国民罕知义务,往往放弃其青年可贵之光阴。今将以教育普及为期,必使人人有自治之精神而去其依赖之性质。即私家学塾,但能合乎教授管理之法,亦当与各学校受同一之制裁。而入手办法则有二端:师范者中小学所从出,宜极力整顿以造就良师;课本者各学校所通行,宜从速编订以画一学制。着教育部切实筹办,并将义务教育原理分投演说;俟物力稍有余裕,即将各级学校依次扩充。《记》曰:"学然后知不足,知不足然后自反也。"创巨痛深之后,宜有坚苦卓绝之儒。凡我士民,当效阳明、夏峰、习斋、刚主之身体力行,而兼以各国理化博物等名家之深思好学,精诚所至,金石为开,痛惩虚侨自大之风,以不学无术为深耻。庶几胜残去杀,礼让彬彬,利国福民,跂予望之。

爱国(诚心爱国勿破坏)

国借人而成立,人借国而保护,未有国能无人而强,人能离国而立者;乃近观吾国人之心理、之行为,若有与此原则不甚相合者。破坏之说,虽不如往时之冲口而出;而遇有一事刺激其脑筋,关系其利害,则必凭其意气,极图抵抗,逞一时之热度。思潮所及,有奔突,无控止,有迸发,无回旋,有私愤,无公理,健者躁进,懦者盲从,黠者鼓吹,愚者附和;若必将当前之秩序,一切之机关,尽行摧毁而破坏之,而后乃快其心;此则是非之不明,利害之不辨,实爱国心之薄弱有以致之也。尝谓破坏之派别有二:一为有形之破坏,一为无形之破坏。兹先言其有形者。赣宁乱后,各省暴徒乘机起事,谋复祖国,扰害治安,不绝于耳。若辈亡命,以其穷无复之身,迫而为铤而走险之举,残凶狠毒,固无足怪;而一般青年,被其诱引,供其指使,蹈汤赴火,甘之如饴。彼独非中国之人乎!殊令人百思而不得其解也。夫不破坏不建设,此前数年之语。积重难返之世,诚非有一度之廓清,莫能获百年之平治。今非其时矣!民国肇造,百度刷新,举向所祷祀以求者,悉已如愿以偿,方且拱护之不遑,何忍卤莽于一掷!乃若建树,则利济之道亦多端矣;果其蒿目时艰,立志济物,不存苟安之心,不为无用之学,研求政术,探讨艺数,或朋侪讲习,或传诸其人,下开士民之风气,上备国家之任使,藏器待用,何患无时;即使不乐仕进,而出其才智保安乡里,为郑司农,为田子春,于人有济,即于国有裨,岂必铁血始为事功,岂必牺牲始谓志士耶!至于无形之破坏,则防不胜防,御无可御,社会乃成为习惯,个人乃仗为长技,此尤可为痛哭流涕长太息者也!举一事于己不利益,则多方掣肘冀其无成。闻一议非己之意见,则故意刁难,使归消灭。或托之舆论,或假之他人,武器运以和平,戎机伏于谈笑,言举斯心,充类至尽,足以为乱贼而有余,陷国家于破灭。夫国基新造,群擎众举,或冀奠安;一或乖难,危险曷极!譬彼哺婴,方须咻噢;譬彼种树,方待滋溉,春蘖新萌,黄瓜屡摘,倘有知虑,独能无惕于心乎!故当今日时局,惟以万众一心,全体一致,激发天良,真诚爱国,为第一义。富于财者,爱之以金钱;饶于才者,爱之以学问。有形之破坏,凡一切邪说暴行,足以启作乱之渐者,拒之勿听,避之若浼,恶之若鹰鹯之逐鸟雀。无形之破坏,凡一切私心恶习,足以贻曋事之咎者,有则改之,无则加勉,视之如饥渴之于饮食。内外同心,上下同力,中华民国庶有赖乎!人之处室也,欲蔽风雨,御盗贼,则必高其栋宇,厚其垣墉,以为非如此不足以相卫。国者,卫身家之栋宇垣墉也;而乃任其飘摇,加之荡析,宁非悖乱!宁非大愚!传曰:"皮之不存,毛将焉傅。"愿我国人仔细思之!

尚武

国何以强,强于民;民何以强,强于民之身;民之身何以强,强于尚武。尚武之道分之为二:曰卫身,曰卫国;合之为一,卫身即卫国,卫国即卫身也。何谓卫身?风寒暑湿,有时为病,莫不求医;然医于既病之后,毋宁医于未病之先,未病而医,莫若尚武。今有壮健之夫,与一文弱之士,同处于酷暑或严寒之地,披烈风,冒甚雨,蒙犯霜雪,其感受一也;而文弱者必病,甚至于死,壮健者纵病而不为灾,且未必病,何也?虽间由禀赋使然,实则尚武与不尚武之别也。故今之言国民教育者,于德育智育外,并重体育;使幼稚从事游戏,活泼其精神;稍长进习兵操,锻炼其体格;极至掷球角力,习为常课,运动竞走,时开大会,凡所以图国民之发育者无所不至,此民之所以能卫其身也。何谓卫国?吾国古者寓兵于农,有事为兵,无事为农,蒐苗狝狩,乘农隙以讲武事,已隐寓全国皆兵之意。近世东西各国,尤通行征兵之制,凡为国民皆应服当兵之义务,平时按年充役,年满退伍,各自营业,战时召集以御外侮,无民不兵,无兵非民,风气所树,遍国中莫不以充兵为乐,战死为荣。推原其故,因其幼在学校,已习闻忠勇爱国之训;长入社会,又养成坚忍耐劳之风,所谓少成若天性,习惯成自然,非一朝一夕之故,其由来者渐,此民之所以能卫其国也。要之国必有民,民各有身;已身之性命财产,即国家之性命财产也。民未有不思卫其性命财产者,欲卫性命财产,必先为国。国者,凡民性命财产之总寄也。欲卫国必各卫身,身者,一国性命财产之分寄也。故曰卫国即卫身,卫身即卫国也。卫身卫国,罔不本乎尚武。凡我国民,其可以奋而兴矣。或曰:好武之民不靖,不靖则乱。不知尚武云者,乃炼其坚实之体格,非逞其血气之作用也。乃驱之勇于公义,非纵之习于私斗也,是又不可不辨。

崇实

医之为道,空者实之。治国亦然,吾今实业衰颓,财政匮乏,军备单弱,一切之病在空。顾此乃空之现象,非空之根本患处;穷究根本患处之所在,莫甚于学术不实。世界列强,实业由衰颓而发达,财政由匮乏而整理,军备由单弱而扩充,凡今所见为衰颓者匮乏者单弱者,英美俄法德日数十年前殆亦同此现象。彼何以治,我何以不治,盖学术为之也。吾国学术,推孔孟为极,则绅绎其书,体国经野之道,无非布帛菽粟之言。末流递降,汉尚训诂,晋尚老庄,唐尚词章,宋尚性理,明清尚帖括,愈变愈空,由支离破碎以至于浅薄虚浮;治身犹病不足,何以治国!科举既废,学校代兴,此为以实易空之转机,而又有蹈袭皮毛之弊。默察世界学术之趋势,而求与为平进,不得不唤起全国人民之自觉心,相率趋于崇实之一途。崇实之道,分两项言之:一曰物质之实,若数学科、理化科等,皆国民知识技能必需之学科也;不得徒事纸上之研究,必验之实际,以为利用厚生之道。一曰精神之实,若政治学、法律学、教育学等,皆立国之大本大原也,不得徒为理论之竞争,必体察国俗民情以定实地施行之准则。不特此也,世界之进化,实物质与精神互为鼓荡推移。瓦特之汽机,就物质上发明之学也;百折不回,必成一器以尽汽机之用,则由精神锻炼而出也。达尔文之进化论,就精神学上推演之学也;即物穷理,必举一例以明进化之原则,由物质经验而来也。自今以往,讲物质之学,必寄以精神;讲精神之学,必本于物质。以真挚之心理,倡为朴茂之学风;以朴茂之学风,蒸为纯厚之俗尚。浮华既去,贞固不挠,由是职务安而实业兴,物产丰而财政裕,经费充而军备足;合民族之实心,结成国家之实力,斯与列强并驾齐驱而无可乘虚抵隙之处。富强之道,具在于是,期共勉之!

法孔孟

吾国人诵法儒言,盖无不知孔子之为圣矣。而圣学之传,颜曾子思而外,厥惟孟子。吾人去圣既远,舍诵法其言外,殆无以想见其人。孔孟之言,载于《论语》及《七篇》者,至赅且备;其于近世治世修身之要,引信致用,亦未尝不与西哲相合,而厘然有当于人人之心。今观《论语》五十八章中,凡言仁者一百有八。而孟子则言仁必兼言义。宋儒以仁为心德,义为事宜,盖自修齐以至治平,悉为此二者之所贯注。今之言群学者,以爱为合群之大力。而凡国家之所谓治法,社会之所谓秩序,一切上下兴革,乃至处世程轨,皆须视时势所需要而为之,是有其宜与不宜又可知也。仁义二字,大言之则其量无穷,其用无极;小言之则一匹夫之存心,一日用之处事,皆足自尽。故孔子曰:"博施而济众,尧舜其犹病诸!"又曰:"我欲仁,斯仁至矣。"孟子亦以为能充其端,足保四海,苟不充之不足以事父母,是则我国民所当自奋者也。且孔子身当衰周之时,虽心怀用世,而其言则曰:"不仁者不可以久处约,不可以长处乐。"又以不好犯上作乱为为仁之本。又曰:"君子思不出其位。"是知心存利济,随在皆足以自施,所谓天下之事虽匹夫与有责者,此真共和国民之真精神也。至孟子生当战国,其时处士横议,生民倒悬,尤甚于春秋;故专言仁不足以救其失,而必兼言义。其言曰:"仁,人心也;义,人路也。"又曰:"仁,人之安宅也,义,人之正路也。"其称孔子则曰:"进以礼,退以义。"其教人则曰:"君子以仁存心,以礼存心。"言义又兼言礼者,古时礼本谓法,即指当代之一切典章法律言。故周官经世之书,而称之曰《周礼》。至于节文仪式之事,今世所名为礼者,古但曰仪,故十七篇冠昏丧祭之节,则曰《仪礼》。是知以礼即守法,存心以仁,处事以义,而又申之以守法,斯又法治国民之真模范也。吾国民诵习孔孟之言,苟于其所谓居仁由义而求得共和法,治国为人之真谛;将见朝野一心,共图上理,由是扬国粹而跻富强,其道又奚待外求哉。

重自治

今人皆知地方自治,不知地方者,受治之客体,其主体仍在乎人;未有人人不能自治,而地方可以自治者。欲求人之能自治,必先求人人各有自治力。其力维何?一曰自营,一曰自助,要莫不皆由教育养成之。北美合众国,共和国之新兴而最强盛者也,其国民之能独立自营,久为世界所推许;原其所以致此之故,亦以美为盎格鲁索克逊民族,其风习得于祖国之英人为多。近世法儒狄慕兰论英美民族优胜之理,详哉言之,其书具在,可复按也。盖英人以爱自由,而又重保守之精神,故本之为学,则尚思考而戒空谈;以之处事,则尊秩序而谋进步。论其教育制度,国家之有成文规律颁布,迄今尚未称完备,而其教育事业之由历史的发达者,下自小学，上至大学，悉以私立学校居其多数。试据其联合王国之教育统计表而观，每岁支出之全国教育费数，几与国防费之额相等；要其五千六百余万磅中，其出于私费者盖已三千二百万有奇，不可不谓其地方自治力之雄厚而热心教育者之多也。更考其教育宗旨，第就小学教育言，必先涵养其读书求学之趣味，使各自努力，以为其发达智识之基；不特陶冶品性，即训练道德，除秩序勤勉服从诸项外，更以养成节俭为先；是可知蒙养始基，即为后此伟大国民之本，而凡百事业乃由此群力而兴。夫所谓自营者，非谓徇私忘公为肥家润身之计；所谓自助，亦非离群众独立无汛爱济众之心也。盖人人有资生之能，不必依赖而自活，斯遇事有强立之力，不待督责而自兴；惟其然，故成效益宏，而所受之教育，益足以见诸事实，以是因果相生，蒸为国力，斯诚足树自治之极轨，宏强国之远谟矣。吾国民苟能以英为范本，其重思考爱秩序之心，群趋于戒空言求进步之实，行见生聚教训，起而自谋，因以富国强民，教育事业之发达，岂必俟诸十年以后哉！

戒贪争

人有竞争，方可向上；国有竞争，始能进步；学问因竞争而益修明；艺术因竞争而愈发达；是竞争者国家进化必由之道也。虽然，有责任之竞争，固可使国家进化，无责任之竞争，反足使国家退化。何以言之？譬如为农夫者，各治其田，不惜勤劳，不惮寒暑，分别土性，选择谷种，日夜孜孜以求将来收获盛者，此农夫之竞争于野也。为工商者，各治其业，精制器物，熟练技艺，计物价之涨落，供社会之需求，以逐什一之利者，此工商之竞争于市也。官吏则鞠躬尽瘁，思称其职，以竞争于仕途。军人则服从命令，奋不顾身，以竞争于战事。政客竞争于政策，而以社会国家为前提。士人竞争于精勤，而以道德学术为标准。他如女子则勉为贤妻良母，以竞争于家政。诸如此类竞争，皆为有责任竞争，谓之文明竞争；国家有此文明竞争，而后国家日趋于进化。其或为农者不知土性，不辨谷种，恶劳好逸，肥料不储，而乃舍其田以芸他人之田。为工商者，拙于技艺，昧于市情，不计需用之缓急，不察本利之盈虚，而惟作伪欺人，以希意外之利。官吏则热心爵禄，奋力钻营。军人则怯于公战，勇于私斗。一般政客，排斥异己，假公济私。凡属士人，竞尚虚名，分党立派。至女子更舍家政而谈国政，徒事纷扰，无补治安。诸如此类竞争，皆为无责任竞争；此无责任竞争，名之曰贪争。国家有此贪争,而后国家日趋于退化。由是言之,国家进化退化,全凭国民竞争结果如何。苟竞争而出于国民责任心也,则竞争愈烈,国家愈安如泰山;苟竞争而不出于国民责任心也,则竞争愈烈,国家愈危如累卵。远溯美国离英独立,因竞争得成功。近观墨西哥革命维新,因竞争反遭失败。成败之机,间不容发。一言蔽之,亦视国民之竞争有无责任心而已。我民国自成立以来,国民竞争心异常发展,其能尽本职负责任,从事文明竞争以促国家进化者固不乏人;而不尽本职,不负责任,妄冀非分,流于贪争,以速国家退化者亦复不少。自今以后,深愿我政界、学界、军界、农、工、商界以及女界诸国民,须为利己利人利社会国家计,其各尽心责任,切戒贪争。

戒躁进

我国自共和改建以还,人心之趋向,事业之缔造,非失于幻想,即涉诸躁进;微独实鲜有济,衡诸理亦靡通。于是社会陵夷,倾覆迭遭,穷源竟委,谁司其咎!粤稽《周官》,司徒掌邦教,敷五典,抚兆民;抚者驯也,驯兆民,使从容渐渍,复其自然之性,故能熙熙皞皞,比隆唐虞。比者一般国民,醉溺共和之美名,莫识自由之真相。士鲜力学,俗耻安贫,普通之常识尚缺,骤跻专门;贾竖之旧染未除,滥膺民社,秩序荡然,等威莫辨。今欲求救济之方,首在涤除躁进之污俗,而以渐进主义树之标的,使人知所向往。兹约分两端言之:一、国家政治,宜渐进而不宜躁进也。夫政治自有政治上之常轨,而躁进则或逸出于轨道之外。越之沼吴,十年生聚,十年教训。日本维新垂五十年。欧美列强之建国,其间明主贤相之经营惨淡,远者百年,近亦数十年。可知富强非旦夕可期,文化必百年而后成。惟土耳其之青年陆军,不忍忿忿之心,轻启外衅,而疆土日削。墨西哥以革党之躁动,政府与人民屡相冲突,而国势日即于危亡,此则国家政治上躁进之险象,尤愿我国民互相警惕而引以为殷鉴者也。二、个人学术与出处宜渐进而不宜躁进也。《学记》曰:"比年入学,中年考校,一年视离经辨志,三年视敬业乐群,五年视博习亲师,七年视论学取友,谓之小成;九年知类通达,强立而不反,谓之大成。"近年学校制度科目微有不同,而限定学成之年则古今如一,是学业自有一定之阶级而不可轻躁从事也。太公望勤身苦志,八十相周,九十治齐。孔子言忠信,行笃敬,而屈于委吏乘田。老聃以道德著闻,而终其道于柱下。诸葛以管乐自期,而躬耕于畎亩。以上数子者,其心志苦,其筋骨劳,其体肤或不免于冻馁困乏，其所立者若德若言若功因以不朽。彼屈子之忠，贾生之才，非不著也；而或议其量浅才疏，致莫展其用，此则关于个人之学业与出处，其一进一退不可以轻躁出之者也。推之农不服先畴之畎亩，而助长以望有秋；商不循族世之所鬻，而株守以求利；工不用高曾之规矩，而率尔以操觚；是犹南辕北辙，未知其可。由是观之，躁进之念，中于个人，必失其业而丧其身；中于国家，必覆其邦而倾其族，可不慎欤？而今而后，冀我国民勿造次以将事，勿因循而失机。度德而处，勿强不知以为知。量力而行，勿强不能以为能。莘莘学子，四民表率，尤宜同履法度，勿躐等以求名。凡百有司，允宜揣摩社会习惯，勿肆意妄行而削足适履，勿徒骛虚声而刻舟求剑，行见贵贱明，等列辨，少长顺，不待序爵序事序齿以纳之轨物之中，而自然同出于渐进之一途，国家其庶有豸乎。

《大总统颁定教育要旨》，单行本

特定教育纲要

1915年1月　大总统袁世凯颁定

甲　总　纲

一、施行义务教育，宜规画分年筹备办法，务使克期成功以谋教育之普及。

说明　义务教育，顷已明颁命令，各省应即遵照施行。惟以全国幅员之广，人口之众，风气未开，民力未逮；倘无一变通而有标准循序渐进之办法，遽欲全国学龄儿童同时就学，势固甚难，即绳以功令，亦恐难以遍喻。如听其自然进步，则于义务之旨不符，使煌煌命令等诸具文，尤非国家兴教劝学之本意。计惟有用分年筹备之法，筹备应以若干年为期，由教育部详细筹画妥定办法，年定进程，分期筹备，举凡学龄之调查（调查学龄儿童，易起乡民之误会。近日浙江已见风潮，应由地方官委任自治团体，于调查户口时，注意于每户及岁儿童有无入学，另立表格填注，既不惹乡民之疑义，并可为统计之根基），入学之督促，学校之设置，师资之造就，经费之筹集，无不按期备办，依限观成。另定官吏及自治机关办学考成法，以寓奖劝，统由教育部规定妥协后呈候施行。

二、兴学由造就师范编辑教科书入手,应由教育部通行各省按照各地方所需教员之数分期造就,并由部编辑小学中学教科书以确定全国教育之基础。

说明 按义务教育规制颁行之后,全国小学入学人数骤增,所需教员甚伙;非预为造就,必致因师资缺乏,以不合格之教员充数,灰向学之心,阻学务之进步。应由教育部咨行各省巡按使按照各地方历年所需教员人数,分期造就,管理教授,一切务须完善。至教科书系达教育目的之要具,如与教育宗旨不相呼应,即不能达到目的。应就现在部设之编审处,按照学生迅速编辑中小学教科书。其教科书内容,务与国家教育宗旨相合。其参考各书,为学校所需而坊间所不备者,亦应一并编辑以为改良教育之准备。

三、申明教育宗旨,注重道德、实利、尚武,并运之以实用以命令颁布。

说明 现时教育最大之缺点有四:一不重道德,二不重实利,三无尚武精神,四不切实用。教育部前颁教育宗旨,注重道德、实利、军国民、美感各教育,惟未标明实用主义。且部令虽颁,国内并未奉行,教育迄今无一定趋向。是宜重加规定,以道德教育为经,以实利教育、尚武教育为纬;以道德实利尚武教育为体,以实用主义为用(实用教育,以各学校注重理、化、博物等实科之实验为始;尚武教育,以自初等小学注重体育卫生,加以军队束伍进退之法为始),特下命令,颁布宗旨。更由教育部派视学随时至各地方视察,实际能否履行,据以考定成绩;庶几教育有一定之趋向,不致纷歧错误。

四、改革小学中学学制,改初等小学校为二种:一名国民学校以符义务教育之义,一名预备学校专为升学之预备。中学校分为文科、实科,以期专精深造。

说明 按中国普通教育,采日本单一之制,小学只有一种。在只求识字之平民子弟与有志深造之士族子弟,受同式之教育,于人情既有未顺,于教育实际亦多违碍。如施行义务教育规制以后,小学难以遍求完善,尤必因此横生阻力。是宜取法德制,分小学为二种:一国民学校,即现在之初等小学,分为多级、单级、半日各种,四年毕业,为纯受义务教育者而设,办理可从简便。一预备学校,与初小相似,四年毕业,为志在升学者而设,办理须求完备,较之现行单一制颇为便利。又现行中学校学制,各科并重,自初小高小以至中学课程,迭次圆周,既嫌复汛,而于造就社会中坚之人物与高等教育之预备,均有不能独到之处。现宜取法德制分为文科、实科二种,或分校,或一校兼备二科,视生徒之志愿以入学,不特适于天性,且学科有所偏重,造诣自有专长,将来毕业后出任事业,能力较优,自足为社会之中坚人物,即升入专门大学亦易深造,较现制实为便利。

五、各地方固有学款,宜分别保存,不得移作他用,并将国家地方税项查明厘定,确定学款支出范围,以防混淆。在两税未分以前,暂照各地方习惯,以部款、省款、县款三种支配之。

说明 按各国办学经费,向视学校之种类性质,有国税支出、地方税支出之别。改革以来,各地方固有学款,半充他项行政之用,固由财政紊乱竭蹶,两税不分,致遭侵夺,亦由前此办学所用经费,不分国家地方税项,一并开支,界限既淆,自易摇动。现在财政既有统一之望,其旧有学款属于地方税范围者,应即保存,不得移作他项行政经费之用,由教育部与各省巡按使妥商办理,另由财政部将国家地方两税查明厘定,俟税则划分后,按其行政性质分别支出,彼此不相侵夺。其学校经费,应由国家支出或补助者,由教育部与财政部随时商订办理。两税未分以前,仍听各省按照习惯办法,划定部款、省款、县款之范围,以为将来划分支出之准备。惟在部款支出范围,有愿以省款支办,及在省款范围愿以县款支办者,悉听其便。

乙　　教育要言

一、各学校均应崇奉古圣贤以为师法,宜尊孔以端其基,尚孟以致其用。

说明 学堂崇奉圣贤,非为宗教之信仰,实以为师法之极则。孔子道大,无所不包。孟子开端即言义利之辨,因战国时人人竞利,乃反复言义以药之,正与今日人心知有权利,不知有义务责任,后先一辙。故尊孔并应尚孟,以其时代俗尚相近。读孟子一书,实不啻为学生现身说法,不仅为道统所关也。且孔孟当道德横流之际,皇皇言仁义,百折不挠,绝无利己之见存;其爱国热诚,允足风示万世,学校生徒,尤当识此崇奉之意旨。

二、中小学教员宜研究性理,崇习陆王之学,导生徒以实践。教科书宜采辑学案,以明尊孔尚孟之渊源。

说明 乙项首条,既明示尊孔尚孟之主旨。然欲明尊孔尚孟之历史,则道统源流,不可不知。宋明学案等书,于师传之系统,学说之异同,言之綦详。其中学派歧出,求其适用于今之时势,莫如宋陆象山明王阳明两先生,其学近于孟子,主张力行致知之说,务实务用。当今学子义利之辨不明,为世道隐忧,允当力崇陆学,奉为圭臬。阳明专以致良知为主,令学者自求创解,不落窠臼,尤属哲学家特识,观其功业炳蔚,足证学有实用。日本王学最盛,东乡大将谓一生得力于王学,洵非虚语,可见王学确有可崇可佩之价值。中小学教员,虽不足语于性理精深之学,但既职普通教育,不可不于知行之说稍稍讲求,以指导受学之国民而励之于实践。至教科书如历史国文等科,亦宜将宋明学案选择,编为课目,以明道统之源流。讲求心性之学,实教育国民必不可少之趋旨也。

三、道德教育,以高尚涵养德性之法,宜师英美;以严重锻炼德行之法,宜师德国;以期其调和发达。

说明 欧美教育道德之方法,随种性而各异。英美民族高尚优美,故其教德利用感化主义。德国民性浑朴,故其教德利用严格主义。以中国现时社会人心论:教德之方,宜取法于德;以民性论,仍宜兼师英美,两派互用,庶可调和发达。

四、中学小学修身科国文科,应将诚心爱国尽责任重阅历之积极行为,与勿破坏、勿躁进、勿贪争之消极行为,编入德目,重量教授。一面准此以为训练,俾在受学时期养成其意志与惯性,以资涉世处事时之应用。

说明 诚心、爱国、尽责任、重阅历、勿破坏、勿躁进、勿贪争诸端,均系处世必需之志行,必须在学校中平素养成。应将以上各项,定为德目,编入修身国文教科书中。一面注重教授,确定其意志,一面照此训练,使其志行合一,实于日后处世关系甚巨。

五、各学校教员宜注意学生之个性陶冶,奖掖其良知良能,并养成其自动力暨共同习惯。

说明 不问学生之性质如何,惟施以同一之教法;不策励学生之自勤自勉,惟以注入教授养成其依赖性;不在学校中养成共同之习惯,使为将来处世共业之先例。

此皆近日学校教育之缺点,害及身心而后日殊费矫正者也。司教职者,一方宜用注入教育,造成为器使之人物;一方又宜用自然教育,陶冶其个人之特性;是在教职员平日研究生理心理各学及各教育家学说而应用之,自得其道。又学生在学时,固在教育之善诱善导。使其有迎刃而解之领悟。尤宜励其自动力,为将来自进深求之先机,故养成自动力,亦属教育要道。又国内社会旧习,于共同作业之一切美行,均甚缺乏;故共同事业之进行,动生障碍,学校亟宜养成其共同习惯,以树其基础。以上三端,均由教育部切饬励行随时考察。

六、明示教育趋向,使人人知求学系造就本身能力,用以开发社会无穷事业,非仅供官吏一部分之用。凡从前入学专以干禄之恶习,切宜破除,以养成国民独立之精神。各学校均用此著为校训。

说明 此项由教育部通饬各省学校,著为校训,令职教员举其事实理由,时时为学生讲演,并由教育部严定限制学校职教员及毕业生服官之法以助达其目的。

丙 教 科 书

一、中小学教科书于一定期限内编定颁发,国定制与审定制并行。

说明 前清学部编有教科书,以编订之员并非师范出身,多半不适于用,转不如商务文明两局之易于风行;故纯用国定制,亦有流弊,必兼采审定制为善。

二、中小学校均加读经一科,按照经书及学校程度分别讲读,由教育部编入课程,并妥拟讲读之法,通咨京外转饬施行。各学校应读之经如下:

小学校: 初等小学,《孟子》;高等小学,《论语》。

说明 按小学课程,向有修身一科以教德行。惟为教授及训练时间所限,教科书不能多编课目,实际不能收德育之效。《论语》《孟子》,于家庭社会国家之道德行为无不具备。故国民小学,应于修身一科外,另设读经一科以补其不足。惟经义深奥,《论语》又较《孟子》义理稍深。初等小学学生在七八岁时,颇难理解,应在第三四学年讲读《孟子》。其年龄在九岁以上者,仍应于第一二学年讲读,由教育部规定二种课程,听各地方酌量情形办理。高等小学学生,知识稍增,自第一学年起,即读《论语》。但各校不得借口读经,锐减各科教授时刻。现在小学校因课程时间少,颇失社会信用，既加读经一科，可将他科时刻略减，而另加读经时刻。其读经时刻多少，以毕业时读完《论》《孟》两书为准。

中学校：《礼记》，节读，如《曲礼》《少仪》《大学》《中庸》《儒行》《礼运》《檀弓》等篇，必须选读，余由教育部选定；《左氏春秋》，节读，其读经时刻多少，如上同一规定。

说明 按中小学读经一事，久为今时新旧学者主张之争点；以儿童心理及教材排列与夫道德实用而论，经书诚有不能原本逐读之理由。但为道德教育计，为保存民族立国精神计，经书亦有宜读之理由。现在删经编经之事既不能行，惟有仿照外国宗教科办法，列为专科。《论语》《孟子》，仍读原本。《礼记》《左传》，可从节读。其讲授之法，亦应参考外国教授宗教之法，曲为解释，以期与现今事实上不生冲突，而数千年固有道德之良将及沦丧之时，要可借此重与发明，以维持于不敝。应由教育部妥拟教授读经之法，总期得教德与保存民族精神之益，而救济以上所指之困难，以免徒增赘疣，毫无实益。

三、中小学校国文教科书除编定者外，应读《国语》《国策》，并选读《尚书》，以期养成政治知识。

说明 处今列强竞争之世界，为国民者，不可不具政治之智识，尤不可不具通权达变之政治思想。中小学国文一科，实为输入此种知识之捷径。《尚书》《国语》《国策》，不特文词古朴精微，可为文范；而经权正诡，无所不具，尤足发达思想。应由教育部通饬中小学校于编定国文教科书外，多读《国语》《国策》，并选读《尚书》。中学以上，并应于每日学科之暇，多阅史鉴，以增其政治之知识。所谓良教育，系造成有机的国民，非造就器械的国民也。

丁　建　设

一、各县暂就原有区域划分为若干学区，于一定期限内，必须设置若干初等高等小学校。

二、各县两等小学均令就地筹款开办。但向由省款或县款支给早经成立，暨体察情形必须由官款补助者，不在此限。

三、私塾取奖进主义，得就其程度高下，受两等小学同一之待遇，期于同化于学校。

四、自中学以至大学,均就目前财力可及,与国内所需要,酌量设校,其区划如左:

中学校 应就现时已设之校,每县或数县一所,由省款暨县款支出。

说明 旧制一府一直隶州,必有中学一所,间有州县设立者。现在府直隶州区域消灭,旧制组合上颇生摇动,且小学发达后,入中学者多。旧制办法,诸事未便。现在以县为中学学区,每县设中学一所。其一县入学人少者,可由各省酌量情形,联合数县设立一所,逐渐扩充。

师范学校 每道各设一所,或两道合设一所,由省款支出。

说明 师范学校为造就小学教员之所,与中学校、师范学校、中等实业学校均属于普通教育。应归地方筹款设置。现已规定义务教育之制,小学需用教员必多,各地方亟应酌计所需教员人数及早筹设。查各省除直隶江苏等省师范学校,均在四校以上,平均每道有一校以上。其余各省,并无标准办法,设校甚少,成绩亦逊,不足为扩充小学之准备。现应暂以道为师范学区,每区设师范一所,辖县较多者亦可增设。其西北东北省分丁口及小学稀少之处,可令两道合设一所。

女子师范学校 注重女子职业,并保持严肃之风纪。京师设一所,由部款支出。每省设一所,由省款支出。

高等师范学校 应由教育部统筹全国定为六师范区,于其区内就适宜地点各建一校,其经费由部款支出。

说明 高等师范学校为造就师范学校中学校教员之所。属于高等教育,业由教育部划归国立。前经拟定全国划为五学区,每区设校一所,地点为北京、江宁、武昌、成都、广州五处。现除北京武昌二校先后成立外,其成都、江宁、广州三处,应就原有省校即速筹办。惟五校尚觉不敷,可在西北或东北省分各增一学区,多设一校,应由教育部择定。

实业师范学校 每省一所,省款支出,如有繁盛商埠财力易集者,得酌量添设。

说明 中等实业学校所需教员,与中学校不同。高等师范及专门实业毕业者,未必尽合教员之选。现拟提倡实业教育,自宜先从造就师范入手,应由各省先设实业师范一所。其繁盛商埠财力充裕者,并得酌量添设。其设科以能补工业专门农业专门学校所不及者为主。

中等实业学校 每县或数县一所,省款及县款支出。其设科以克应本地方需要为主。

说明 一国实业之用途,需要高等技艺之处少,需要中等技艺之处多。故实业目的上之经营,中等急于高等学校,其一端也。实业学校,分甲乙二种,又分农业、工业、商业、实业补习、蚕业、森林、兽医、水产、艺徒、女子职业各种类,均属职业教育,为振兴普通实业之主要准备,亟宜即速设立。应由各省酌量各地方财政,分别甲乙两种,一县或数县设校一所,甲种者至少每道必设一所,其设科种类不必求全,以本地方物产制造之所宜及所需要为主。

专门农工商医学校 除京师仍旧办理外,其各省省会及商会繁盛之区,得按照地方需要,酌量添设,由部款或省款支出,并奖励地方公立或私立。

说明 以上四种专门学校,均与民生有关,自应按照地方需要,广为设立。现在各省所办专门学校及其设科,于上列四种,是否与地方需要相应,及有无轻重失宜之弊;应由教育部派员切实查明,通盘筹画,设法整理。其为地方所切需而并未设置学校者,应由部设,或咨行各该省巡按使设立。其地方公团及私团,有愿设立上列四种学校者,亦应力为提倡,暂勿过量干涉。惟于资格关系,宜严认定之法,以防幸取。

大学校 全国定为四区,就适宜地点建设,由部款支出。

说明 大学为最高教育机关,除法商大学外,如文理工医农大学,均应由国家设置。现拟将全国划为四大学区,每区设大学一所,每校分科,暂不必六科皆备,以互相辅益为主。六科之中,应以理工医农为先,文商次之,法又次之。

法政学校 每省设一所,由省立或地方公立,以养成自治人才为主,科目偏重自治,程度略逊专门。教授理论之外,兼以多知事实为主。毕业后,不得与以预高等文官考试及充当律师之资格。其各省旧有之专门法政学校,暂勿扩充班次。京师现设之法政专门学校,一仍其旧。

说明 法政教育,原以造就官治与自治两项之人才。乃改革以来,举国法政学子,不务他业,仍趋重仕宦一途,至于自治事业,咸以为艰苦,不肯担任。故仕途则日见拥杂,政治受不良之影响,自治则人才缺乏,毫无着手之方。时弊如斯,故法政教育亟应偏重造就自治人才,而并严其入宦之途。一以促自治事业之发展,一以防仕途之嚣杂,应由教育部妥定办法,通咨各省施行。

五、经学院,宜于大学校外独立建设,按经分科,并佐以京师图书馆以期发明经学之精微。

说明 经学与各种科学不同,教授法亦异,如在大学校内文科大学添设一类;管理教授殊难与各科大学一致进行。故经学院必须独立建设,专以阐明经义发扬国学为主,按照各经种类,分立科门。其通习课程,参照文科大学办理,并将京师所设图书馆大加扩充以资参考,由教育部详拟办法呈候核办。

六、国立文科大学,宜注重研究中国文学、哲学、史学,并佐以考古院以发扬国学之精神。

说明 按中国经史百家以及历代性理各籍,多属于文学、哲学、史学三科范围。此种属于精神科学,于表彰固有之文化,发扬民族之精神,均有密切关系。近日学子,厌弃旧学,丧失独立之精神,足为人心世道之忧;亟应极力提倡古学,发展固有文化,始足维持独立之精神,奠国基于不敝。查北京大学校中文科大学,向有中国文学、哲学、历史学三类,所以研究国学,阐扬旧化。应由教育部督饬该科大学学长,延聘中外通儒,将以上三类学术发幽阐微,表显其科学之价值,关于设备调查之事,不妨宽筹经费切实办理。一面在京师组织考古院,凡关于考古之资料广为搜集,勿使散失。一经用科学研究法研究之后,中国数十纪之文化,或可借此表彰,其于保存国粹,发明国学精神,所关匪细。

七、提倡各省各处设立经学会,以为讲求经学之所,并冀以养成中小学校经学教员及升入经学院之预备,由教育部通咨办理。

八、各省公立私立各学校,宜严加取缔,除中小学校外,凡办理不得法者,得改设或撤废之。就其固有基金提充上列各校建设之用,由教育部通咨办理。

九、高等专门以上学校招班,宜严定考试入学之法,不得随意变通招考,致紊学系,由教育部通咨各省转饬遵照。

戊 学位奖励

一、学位除国立大学毕业,应按照所习科学给与学士、硕士、技士各字样外,另行组织博士会,作为审授博士学位之机关,由部定博士会及审授学位章程暂行试办。

说明 按学位所以证明学问之成就,与科举出身视为授官之阶梯者,性质微有不同。故各国惟专门大学方有学位。其普通学校,只认为有普通之知识技能,不足以言学问,故不与以学位。现在国立大学已有学士学位之规定。其高等专门毕业取法日本制,不授学位,尚与事实相合。惟博士学位,尚未规定,现宜仿照东西各国成法,制定博士会章程,并组织博士会(此与学术评定会办法不同),作为审查学术及授与学位之机关,以期奖进高等之学术。

二、学位规定后,政府应颁布学位章服,以表彰其学迹。

《教育公报》,第九册,1915年2月

学校系统改革案

1922年11月1日

大总统令

兹制定学校系统改革案公布之。此令。

大总统盖印

国务总理　王宠惠

教育总长　汤尔和

中华民国十一年十一月一日

教令第二十三号

学校系统改革案

标准

(一)适应社会进化之需要。

(二)发挥平民教育精神。

(三)谋个性之发展。

(四)注意国民经济力。

（五）注意生活教育。

（六）使教育易于普及。

（七）多留各地方伸缩余地。

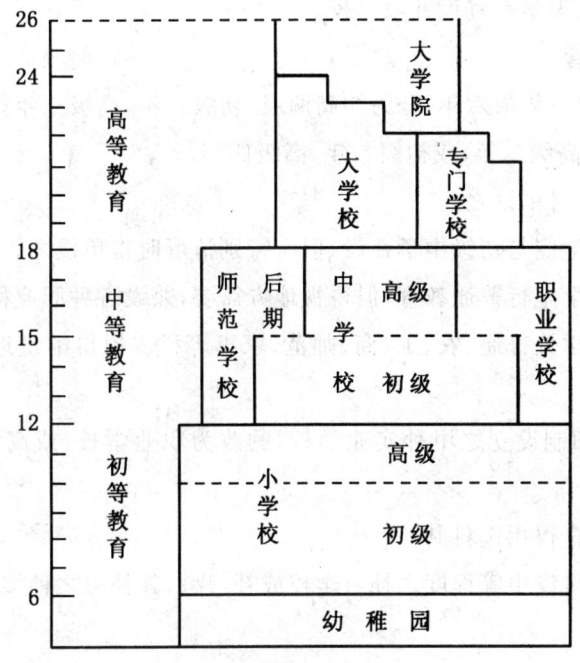

壬戌学制系统图

（本图上行之年龄表示各级学生入学之标准，但实施时，仍以其智力与成绩，或其他关系分别定之。）

说明

（一）初等教育

(1) 小学校修业年限六年。

（附注一）依地方情形，得暂展长一年。

(2) 小学得分初、高两级。前四年级为初级，得单设之。

(3) 义务教育年限暂以四年为准，但各地方至适当时期得延长之。

义务教育入学年龄各省区得依地方情形自定之。

(4) 小学课程得于较高年级，斟酌地方情形，增置职业准备之教育。

(5) 初级小学修了后，得予以相当年期之补习教育。

(6) 幼稚园收受六岁以下之儿童。

(7) 对于年长失学者宜设补习学校。

(二) 中等教育

(8) 中学校修业年限六年，分为初高两级：初级三年，高级三年。但依设科性质，得定为初级四年，高级二年，或初级二年，高级四年。

(9) 初级中学得单设之。

(10) 高级中学应与初级中学并设，但有特别情形时得单设之。

(11) 初级中学施行普通教育，但得视地方需要，兼设各种职业科。

(12) 高级中学分普通、农、工、商、师范、家事等科。但得酌量地方情形，单设一科，或兼设数科。

(附注二) 依旧制设立之甲种实业学校，酌改为职业学校，或高级中学农、工、商等科。

(13) 中等教育得用选科制。

(14) 各地方得设中等程度之补习学校或补习科，其补习之种类及年限视地方情形定之。

(15) 职业学校之期限及程度，得酌量各地方实际需要情形定之。

(附注三) 依旧制设立之乙种实业学校，酌改为职业学校。收受高级小学毕业生，但依地方情形，亦得收受相当年龄之修了初级小学学生。

(16) 为推广职业教育计，得于相当学校内酌设职业教员养成科。

(17) 师范学校修业年限六年。

(18) 师范学校得单设后二年或后三年，收受初级中学毕业生。

(19) 师范学校后三年得酌行分组选修制。

(20) 为补充初级小学教员之不足，得酌设相当年期之师范学校或师范讲习科。

(三) 高等教育

(21) 大学校设数科，或一科，均可。其单设一科者称某科大学校，如医科大学校,法科大学校之类。

(22) 大学校修业年限四年至六年。(各科得按其性质之繁简,于此限度内斟酌定之。)

医科大学校及法科大学校修业年限至少五年。

师范大学校修业年限四年。

(附注四)依旧制设立之高等师范学校,应于相当时期内提高程度,收受高级中学毕业生,修业年限四年,称为师范大学校。

(23) 大学校用选科制。

(24) 因学科及地方特别情形得设专门学校,高级中学毕业生入之,修业年限三年以上,年限与大学校同者待遇亦同。

(附注五)依旧制设立之专门学校,应于相当时期内提高程度,收受高级中学毕业生。

(25) 大学校及专门学校得附设专修科,修业年限不等。(凡志愿修习某种学术或职业,而有相当程度者入之。)

(26) 为补充初级中学教员之不足,得设二年之师范专修科,附设于大学校教育科,或师范大学校;亦得设于师范学校或高级中学,收受师范学校及高级中学毕业生。

(27) 大学院为大学毕业及具有同等程度者研究之所,年限无定。

(四)附则

(28) 注重天才教育,得变通年期及教程,使优异之智能尽量发展。

(29) 对于精神上或身体上有缺陷者,应施以相当之特种教育。

《新教育》第5卷第5期,1922年12月

中华民国教育宗旨及其实施方针

1929年4月26日　国民政府公布

甲　教育宗旨

中华民国之教育,根据三民主义,以充实人民生活,扶植社会生存,发展国民生

计,延续民族生命为目的,务期民族独立,民权普遍,民生发展,以促进世界大同。

乙 实施方针

前项教育宗旨之实施,应遵守下列之方针:

一、各级学校之三民主义之教育,应与全体课程及课外作业相贯连,以史地教科阐明民族之真谛,以集团生活训练民权主义之运用,以各种生产劳动的实习,培养实行民生主义之基础,务使智识道德融会贯通于三民主义之下,以收笃信力行之效。

二、普通教育,须根据孙总理遗教,以陶融儿童及青年"忠孝仁爱信义和平"之国民道德,并养成国民之生活技能,增进国民生产能力为主要目的。

三、社会教育,必须使人民认识国际情况,了解民族意义,并具备近代都市及农村生活之常识,家庭经济改善之技能,公民自治必备之资格,保护公共事业及森林园地之习惯,养老、恤贫、防灾、互助之美德。

四、大学及专门教育,必须注重实用科学,充实学科内容,养成专门知识技能,并切实陶融为国家社会服务之健全品格。(注)此款系经四全代表大会修正者。

五、师范教育为实现三民主义的国民教育之本源,必须以最适宜之科学教育及最严格之身心训练,养成一般国民道德、学术上最健全之师资为主要之任务。于可能范围内使其独立设置,并尽量发展乡村师范教育。

六、男女教育机会平等。女子教育并须注重陶冶健全之德性,保持母性之特质,并建设良好之家庭生活及社会生活。

七、各级学校及社会教育,应一体注重发展国民之体育,中等学校及大学专门,须受相当之军事训练。发展体育之目的,固在增进民族之体力。尤须以锻炼强健之精神,养成规律之习惯为主要任务。

八、农业推广。须由农业教育机关积极设施;凡农业生产方法之改进,农民技能之增高,农村组织与农民生活之改善,农业科学智识之普及,以及农民生产消费合作社之促进,须以全力推行,并应与产业界取得切实联络,俾有实用。(注)此款系经四全大会修正者。

《教育法规》,阮华国编,大东书局印行

中华民国训政时期约法之国民教育专章

1931年5月12日　国民会议通过
1931年6月1日　国民政府公布

第五章　国　民　教　育

第四十七条　三民主义为中华民国教育之根本原则。

第四十八条　男女教育之机会一律平等。

第四十九条　全国公私立之教育机关一律受国家之监督,并负责推行国家所定教育政策之义务。

第五十条　已达学龄之儿童应一律受义务教育,其详以法律定之。

第五十一条　未受义务教育之人民,应一律受成年补习教育,其详以法律定之。

第五十二条　中央及地方应宽筹教育上必需之经费,其依法独立之经费并予以保障。

第五十三条　私立学校成绩优良者,国家应予以奖励及补助。

第五十四条　华侨教育国家应予以奖励及补助。

第五十五条　学校教职员成绩优良久于其职者,国家应予以奖励及保障。

第五十六条　全国公私立学校应设置免费及奖金学额,以奖进品学俱优无力升学之学生。

第五十七条　学术及技术之研究与发明,国家应予奖励及保护。

第五十八条　有关历史文化及艺术之古迹古物,国家应予以保护或保存。

《中华民国法规大全》,第一册,商务印书馆,
1936年版,转引自《中国宪法类编》,
陈荷夫编,中国社会科学院出版社,
1980年12月版,第452—453页

三民主义教育实施原则

1931年9月3日
第三届中央执行委员会第17次常务会议通过

第一章 初等教育(幼稚园小学)

第一节 目 标

一、使儿童整个的身心融育于三民主义教育中。

二、使儿童个性、群性,在三民主义指导下,平均发展。

三、使儿童于三民主义教导下,具有适合于实际生产之初步的知能。

第二节 实 施 纲 要

一 课 程

一、应以三民主义重要的观念,为编订全部课程之中心。

二、应注重伦理知识及实践,以助长儿童忠孝仁爱信义和平之德性。

三、应注重自然科学之教授,以养成儿童爱好自然,利用自然,改造自然的兴趣,及破除对于自然现象一切的迷信。

四、应注重实际生活的知识和实习。

五、应酌量当地情形,制定特殊之课程或教材,以养成儿童适合于实际生活之初步技能。

二 训 育

一、根据中山先生遗教中合于儿童身心之发展事理,制成信条,以指导其整个的生活。

二、注重训育和课程之联贯,并谋学校训育与家庭社会相联贯。

三、由史地时事及各种纪念会之讲解,以启发儿童爱民族爱国家之精神。

四、由游戏、运动、学校卫生及课外作业的教导,以养成儿童对于筋肉运动的兴趣及生产的观念。

五、由日常生活实际知识之教导，以引起儿童好学的兴趣，并由童子军训练，以养成勇于从事，洁己奉公的精神。

六、由乐歌图画等，以陶冶儿童的情操，并使多于自然界接触，以养成审美情趣。

七、由团体运动集会等训练，以养成儿童守时重律的习惯。

八、于公共场所揭示有关公德之标语，以养成儿童注重公共卫生、爱护公物之美德。

九、由消费合作的训练及储蓄等事项之指导，以养成儿童节俭的习惯。

十、由民权初步的演习，使儿童略知四权之运用。

三 设 备

一、一切设备，均应含有三民主义的精神，且须与儿童生活相接近，尤宜注意与课程训育之联络。

二、一切设备，应多采用科学方法，并须具备清洁、整齐、经济三要件。

三、书籍之设备，除党义课程参考用书及学校必备之书籍外，应斟酌经济情形，尽量购置启发常识之书报，俾儿童阅读之余，兼可供附近民众浏览之用。

四、图表之设备，应多选孙中山先生遗教中足以激发儿童民族精神者，并多采用浅显警动之标语或图书，分期张挂，以资激励。

五、学校于可能范围内，应多购儿童读物，理科仪器，及设置学校园，增加学童实习的机会，并图教授和实物之联络。

第二章 中等教育（包括初中、高中及相当程度之学校）

第一节 目 标

一、确定青年三民主义之信仰，并切实陶冶其忠孝仁爱信义和平之国民道德。

二、注意青年个性及其身心发育状态，而予适当的指导及训练。

三、对于青年，应予以职业指导，并养成其从事职业所必具之知能。

第二节 实施纲要

一 课 程

一、全部课程的编制，应以三民主义为中心。

二、课程之教学,应与以训育的实施相关联。

三、学习之事项,应尊重个性,使之自由活动而发挥其特长。

四、理论之探讨,应与实际作业或实际生活相沟通。

五、注重童子军(初中)、军事训练(高中)及看护学习(女生)。

二 训　育

一、训育之实施,应根据团体化、纪律化、科学化、平民化、社会化的原则,使无处不含有三民主义的精神。

二、由国民道德之提倡,民族意识之灌输以养成青年爱护国家,发扬民族之精神。

三、由工艺课外作业及其他生产劳动的实习,以训练青年勤苦耐劳之习惯及爱好职业之心情。

四、由体操游戏竞技运动,以锻炼青年之强健的体格。

五、由自动的各种学术之研究,以养成青年潜心学问的兴趣。

六、一切训练,务使与实际生活相接触,并与家庭及社会之联络。

七、教职员均应负有训育之责,横的方面,应以青年全部生活为训育之对象;纵的方面,应顾及中学及小学训育事项之联络。

八、由指导学生组织自治会及其他各种集会,以训练青年四权之运用。

九、由指导参加或举办各种合作事业、社会事业,以训练青年协力互助的精神及服务社会之情意。

十、由家庭伦理观念之启发,以唤起青年对于家庭之责任,并革除其依赖家庭之心理。

十一、由课余娱乐之指导,以陶冶青年之优美情操。

十二、由生理卫生之讲授,以指示青年对于性的卫生之注意。

三 设　备

一、一切设备,应造成三民主义教育之环境,并须合于整洁实用等条件。

二、校训之制成,应根据或采用中山先生之遗训,并择录其嘉言懿行,制作标语,以资激励。

三、须充分购置和教授有关之仪器图书及有关党义之书报杂志及图表,以资教授研究及课外参考阅读。

四、关于童子军(初中)、军事训练(高中)、看护实习(女生)及各种团体运动之场所及器具,均应力求其完备。

五、学校图书馆运动场等设备,于可能范围内,应尽量开放,以供民众之利用。

第三章 高等教育

第一节 目标

一、学生应切实理解三民主义的真谛,并且有实用科学的知能,俾克实现三民主义之使命。

二、学校应发挥学术机关之机能,俾成为文化的中心。

三、课程应视国家建设之需要为依归,以收为国家储材之效。

四、训育应以三民主义为中心,养成德、智、体、群、美兼备之人格。

五、设备应力求充实,并与课程训育相关联。

第二节 实施纲要

一 课程

关于社会科学者

一、应以三民主义之精神,融贯东西文化之所长。

二、应以中山先生全部遗教,贯通教材,以建立三民主义的社会科学。

三、应精研学理之究竟,以期创造三民主义的文化价值。

关于自然科学者

一、应注重生产技术的知识和技能。

二、应以物资建设之完成为研究或设计之归结。

三、应彻底从事科学之研究,并致力于有益人类增进文明之发明发见。

关于党义课程者

一、应以阐扬孙中山先生全部遗教及本党政纲、政策及重要宣言为主要任务。

二、应以理论事实,证明三民主义为完成国民革命,促进世界大同之唯一的革命原理。

三、应依据三民主义,比较批判其他社会主义学说。

二 训 育

一、应依据孙中山先生的训导,以确立三民主义的革命人生观。

二、由军事教育、竞技运动等严格的训练,以锻炼强健的体魄及坚忍奋斗之精神。

三、励行学业考查并奖励创作以养成彻底研究的精神。

四、陶冶爱好自然的情绪及崇尚礼乐之美德,以养成优美刚健的人格。

五、应励行"节约运动",纠正浪费习气,以养成俭朴勤劳之平民生活。

六、由学生自治生活适切之指导,以养成有组织、有规律之习惯。

七、指导各种合作事业之实施,以养成互助合作的精神。

八、鼓励并指导各种服务团体之组织,俾得深入社会内层,从事民众智识之提高与社会利弊之兴革,以养成牺牲的习惯和知识分子应有的责任心。

九、使一律参加孙总理纪念周及其他革命纪念日,以增进爱护党国之精神。

三 设 备

一、设备之选择,应以实现三民主义及不背三民主义之精神为原则。

二、设备之布置,应以便于学生之学习,以引起自动研究之兴趣为原则。

三、设备之内容,应尽量充实,以为研究高深学术之依据,并尽量开放,以资社会的观摩。

四、关于社会科学之各学院或科系,应视其性质,分别设置三民主义,五权宪法,孙文学说研究室,以期建立三民主义的社会科学。

五、关于自然科学及应用科学之各学院或科系,应视其性质,分别设置有关实业计划之研究室,以期物质建设得以次第实现。

六、实验室、实习室以及其他作业场所,应尽量布置和党义有关的实验图表。

七、应尽量谋竞技运动,军事训练及与国术有关等器具之完整。

第四章 师范教育

第一节 目标

一、应根据三民主义的精神,并参照社会生活之需要,施以最新式科学教育及健全的身心训练,以培养实施三民主义教育师资。

二、学校应与社会沟通,并造成"教""学""做"三者合一的环境,使学生对于教育事业,有改进能力及终身服务的精神。

三、乡村师范教育,应注重改善农村生活,并适应其需要,以养成切实从事乡村教育或社会教育的人才。

第二节 实施纲要

一 课程

一、编制课程,宜顺应师资养成之年限及地方的需要。

二、各科教学应注意教材的运用和实习,以养成学生自编教材的能力和兴趣。

三、师范学校应酌加有关实施社会教育的课程,俾可兼备社会教育之师资。

四、乡村师范课程,应注重农业生产及农村改良教材。

五、女子师范课程,应兼重育婴知识及家政实习。

二 训育

一、根据本党师范教育宗旨,并采用党员训练方式,以指导其全部生活。

二、由思想上之诱导及各种纪念集会之剀切指示,以养成其对于三民主义之明确的认识和坚定的信仰。

三、指示教育救国之真义及中外大教育家献身教育事业的精神,以坚定学生尽瘁教育事业的志向。

四、由国民道德之提倡,民族意识之灌输,以唤起其爱护国家、发扬民族的精神。

五、由军事训练、运动竞技,以锻炼其健全的体格,规律的生活及坚苦耐劳的习惯。

六、由科学研究的实验和成绩考查的厉行,以养成其彻底探讨和精密观察的能力。

七、由各种节约运动及合作事业的指导，以养成其俭朴的习惯，合群的兴趣。

八、利用正常的娱乐及适度的郊外旅行，以陶冶其审美的情绪。

九、由家庭伦理观念之指导及勤劳操作之鼓励（对于女生尤应注意），以唤起其改进家庭生活之责任。

十、由学生自治会及其他团体事业之指导，以养成其运用四权之能力，和其他关于公民生活的准备。

三 设 备

一、一切设备应于可能范围内发挥三民主义的精神并合于质朴适用等条件。

二、一切设备应与训育及教学相关联，尤须与实验学校和实验区之设备，有相当的联络。

三、一切设备务求适应社会之需要，并酌量开放，以资民众的观摩或利用。

四、一切设备除遵照一般学校之设施外，应注意教育名家肖像之布置，并应将中山先生关于教育之遗教，制成校训及信条。

五、关于图书仪器设备，应注意党义及教育方面，并应多备儿童读物，以供学生研究之用。

第五章 社 会 教 育

第一节 目 标

一、提高民众知识，使具备现代都市及农村生活的常识。

二、增进民众职业知能，以改善家庭经济，并增加社会生产力。

三、训练民众熟习四权，实行自治，并陶铸其忠孝仁爱信义和平之国民道德，以养成三民主义下的公民。

四、注重国民体育及公共娱乐，以养成其健全的身心。

五、培养社会教育的干部人才，以发展社会教育事业。

第二节 实施纲要

一 民众学校

甲 课　程

一、应根据三民主义为编订全部课程及教材的中心。

二、适应当地需要及生产状况，以制定特殊课程及教材。

三、多采用爱国的教材，以启发民众爱国的思想。

四、成年班之课程，应注意职业常识。

五、儿童班之课程，应注意具体的事实，少采用抽象的理论。

乙 训　育

一、训育之实施，应依据三民主义的精神，养成公民应备的资格。

二、由职业之指导，以养成勤劳作业的习惯。

三、由物理常识之教学，以破除迷信而养成科学的思想。

四、培养学生爱护公共事业及养老、恤贫、除灾、互助等美德。

五、注意课外运动及游戏，以养成公民应有的健康体魄。

丙 设　备

一、应尽量搜集党义及帝国主义压迫中国史实之通俗图书。

二、应将当地职业用具及生产品，酌量陈列。

三、应利用旷土辟为体育场，并酌量购置运动器具。

四、应利用校舍隙地为娱乐场所，并酌量购置娱乐用具。

五、一切设备，适合经济、清洁、整齐诸要素。

二 图书馆博物馆阅报社等

甲 原　则

一、应聘请指导员恳切指导。

二、应力谋全体民众有求智均等机会。

三、应该设法联络学校教育，以收互相之效。

四、应力求阅览者之便利。

五、应利用讲演、竞赛等会,以引起阅览的兴趣。

乙 设 备

一、应力求内容之充实,并多备有关党义的书籍或资革命纪念之物品。

二、应适合当地文化和生产的要求。

三、应运用科学方法,有完善的布置。

四、宜多设各种标识。

三 公园电影院剧场等
甲 原 则

一、应斟酌当地民众智识程度及经济状况,力求通俗和普遍。

二、应以三民主义的精神,为陶冶民众情感的中心。

三、应力辟神道与迷信。

四、应利用标语图画,以培养民众公德。

乙 设 备

一、应有三民主义环境之设备。

二、应注意卫生的设备。

三、应依艺术法则,力图设备精美。

四、应多备含有三民主义精神及有俾于国民道德的材料。

五、应有浅显的文字说明或讲解。

四 公共体育场国术馆游泳场等
甲 原 则

一、应聘富于经验的指导员。

二、应多举行各种竞赛会,以引起民众练习的兴趣。

三、运动器械,以无代价供给民众为原则。

四、各场所开放时间,于可能范围内须无限制。

乙 设 备

一、运动器械力求完备。

二、一切设备,于可能范围内,须寓有党义意义。

三、应有救护之设备。

四、应设置合于卫生休息之所。

第六章 蒙藏教育

第一节 目 标

一、依遵中华民国教育宗旨及其实施方针,力谋蒙藏教育之普及与发展。

二、根据蒙古西藏人民之特殊环境,以谋蒙藏人民知识之增高,生活之改善,并注意其民族意识之养成,自治能力之训练及生产技术之增进。

三、依遵中山先生民族平等之原则,由教育力量力图蒙藏人民语言意志之统一,以期五族共和的大民族主义国家之完成。

第二节 实施纲要

一 课 程

一、各级学校之课程,应根据内地各级学校课程标准,并斟酌蒙藏情形编订之。

二、小学校之教科图书,用蒙汉文、藏汉文合编之。中等以上学校之教科图书,以用汉文编订为原则。

三、各级学校之教材,应特别注意下列各点:

(一)中国民族之融合历史;

(二)边疆和内地之地理的关系;

(三)帝国主义侵略蒙藏之历史及事实;

(四)蒙藏人民和国民革命的关系;

(五)蒙藏人民的地方自治和民权主义的关系;

(六)蒙藏人民经济事业和民生主义的关系;

(七)其他有关蒙藏人民特殊环境之教材。

二 训 育

一、各级学校之训育,应根据蒙藏民众之生活情况,参照内地学校之训育标准实施之。

二、各级学校训育之实施,应特别注意下列各点:

(一)以科学的常识,破除其对于自然界的迷信;

(二)唤起民族精神,以破除其部落思想;

(三)国际时事之讲解和团体生活之训练,养成爱国家,爱民族的精神。

三 设 备

一、各级学校之设备,应以合于三民主义精神及蒙藏各地之特殊环境为原则。

二、各级学校之设备,应特别注意下列各点:

(一)多备与蒙藏各地有关之各项书籍及图表;

(二)多陈列内地各种文物。

第七章 华 侨 教 育

第一节 目 标

一、根据中华民国教育宗旨及其实施方针,以谋华侨教育之统一和发展。

二、根据华侨之特殊环境,为提高华侨在国际上的地位,促进中外民族间之平等起见,应从教育方面力谋华侨民族意识之增进,华侨自治能力之训练与华侨生活之改进,及生产能力之养成。

三、根据华侨教育之实际状况,力谋华侨普通教育,职业教育,师范教育,社会教育及补习教育之改进和发展。

第二节 实 施 纲 要

一 课 程

一、同国内各级学校。

二、注意当地生活所必需之知识,以培植适于海外生存之能力。

三、此外应特别注意之点有七:

（一）国民移殖和民族主义之关系；

（二）华侨自治事业和民权主义之关系；

（三）华侨经济事业和民生主义之关系；

（四）华侨与国民革命之关系；

（五）各国殖民事业和华侨之关系；

（六）日本南侵和华侨生存之关系；

（七）世界弱小民族与三民主义之关系。

二 训 育

一、同国内各级学校。

二、务使学生了解当地之环境和自己地位，以期完成中华民族在海外发展之任务。

三、此外应特别注意之点有四：

（一）以中国固有文化陶冶其国民道德；

（二）注意体育锻炼，以期适于国外生存；

（三）多宣讲国内时事，以唤起其爱护祖国之精神；

（四）依切于三民主义及海外发展之具体事实，以唤起其对于个人、家族、社会、国家及国际间之应取态度。

三 设 备

一、同国内各级学校。

二、务求适合当地之环境。

三、此外应特别注意之点有五：

（一）多备有关本国文物之书籍图表及标本；

（二）多陈列国货标本；

（三）多备与华侨事业有关之各项书籍及图表；

（四）多陈列当地物产统计表及标本；

（五）多备当地历史、地理、政治、经济、法律、交通、工商等等各项书籍及图表。

第八章　关于派遣留学生者

第一节　目　　标

一、须根据三民主义的精神，融合东西文化之所长，以造成三民主义的新文化。

二、须切应中国学术上需要，以造成各种学术上专门人才。

三、须切应中国物质上需要，以造成各种社会事业的建设人才。

第二节　实　施　纲　要

一、公费留学生须大学生或专门学校毕业，素无违反三民主义之言论行动，并经考试合格，始得派遣。

二、私费留学生须高中以上学校毕业，素无违反三民主义之言论行动，并经考查合格，方得出国。

三、无论公费或私费留学生，出国以后，其学业状况及言论行动，应由各该主管机关，严加考核，其考核办法另订之。

《中华民国法规汇编》，第六册，立法院编，
1944年12月版，第8—20页

中国国民党第五次全国代表大会宣言（节录）
1935年11月23日

第三　弘教育以培民力

关于教育之发展与改进，本党历届大会决议已多，兹重申前议，更举要端，促政府之决心，集国民之意志。其第一、第二两款之为教育始基，更不待论。至审察国情，尤认为文事教育与武事教育应根源于同一之精神，而于国民基础训练，则两者尤宜并重，以复吾国固有之良规，而应现代国家之需要。概举其目，有如下列：

一曰，实行教科书之统一与改良，裁并不切实用之学科，充实必用学科之内容。

二曰，积极推行义务教育，改良中小学制度。小学应以不能升学之贫民能切实

致用为方针;中学应为升学与不升学两种学生同谋利益为前提;使贫寒子弟有普受教育之机会,学生获立身致用之实学。

三曰,充实师范教育之制度,推广师范教育之设置,注重于人格陶冶与爱国观念之坚定,以养成中小学健全之师资。

四曰,发展女子教育,培养仁慈博爱体力智识两俱健全之母性,以挽种族衰亡之危机,奠国家社会坚实之基础。

五曰,增加教育经费,奖设教育基金,同时以真实之努力与精密之注意,节制各级学校之浪费。

六曰,普遍推行国民训练,兴武教,重武德,以养成国民集团生活之习惯,健全国民身心之教育,培养社会组织之基干,造成国家独立自由之实力。

七曰,推行社会教育与成年补习教育,以教养卫三者一贯兼修之方法,沟通政教之关系,养成国民自救救国之能力。

《中国国民党历次代表大会及中央全会资料》下册,荣孟源,
光明日报出版社,1985年10月版,第294页

《中华民国宪法草案》之教育专章

1935年5月1日　立法院通过
1936年5月5日　国民政府公布

第七章　教　育

第一三一条　中华民国之教育宗旨,在发扬民族精神,培养国民道德,训练自治能力,增进生活知能,以造成健全国民。

第一三二条　中华民国人民受教育之机会,一律平等。

第一三三条　全国公私立之教育机关,一律受国家之监督,并负推行国家所定教育政策之义务。

第一三四条　六岁至十二岁之学龄儿童,一律受基本教育,免纳学费。

第一三五条 已逾学龄未受基本教育之人民,一律受补习教育,免纳学费。

第一三六条 国立大学及国立专科学校之设立,应注重地区之需要,以维持各地区人民享受高等教育之机会均等,而促进全国文化之平衡发展。

第一三七条 教育经费之最低限度,在中央为其预算总额百分之十五,在省区及县市为其预算总额百分之三十,其依法律独立之教育基金,并于以保障。

贫瘠省区之教育经费,由国库补助之。

第一三八条 国家对于下列事业及人民,予以奖励或补助:

一 国内私人经营之教育事业成绩优良者;

二 侨居国外国民之教育事业;

三 于学术技术有发明者;

四 从事教育,成绩优良,久于其职者;

五 学生学行俱优,无力升学者。

《宪法文选》,上海会文堂新记书局,1937年版,
转引自《中国宪法类编》,第470页

《中华民国宪法》之教育文化专节

1946年12月25日 国民大会通过

1947年1月1日 国民政府公布

第五节 教 育 文 化

第一五八条 教育文化,应发展国民之民族精神、自治精神、国民道德、健全体格、科学及生活智能。

第一五九条 国民受教育之机会一律平等。

第一六〇条 六岁至十二岁之学龄儿童,一律受基本教育,免纳学费。其贫苦者,由政府供给书籍。

已逾学龄未受基本教育之国民,一律受补习教育,免纳学费,其书籍亦由政府

供给。

第一六一条　各级政府应广设奖学金名额,以扶助学行俱优无力升学之学生。

第一六二条　全国公私立之教育文化机关,依法律受国家之监督。

第一六三条　国家应注重各地区教育之均衡发展,并推行社会教育,以提高一般国民之文化水准,边远及贫瘠地区之教育文化经费,由国库补助之。其重要之教育文化事业,得由中央办理或补助之。

第一六四条　教育、科学、文化之经费,在中央不得少于其预算总额百分之十五,在省不得少于预算总额百分之二十五,在市县不得少于其预算总额百分之三十五。其依法设置之教育文化基金及产业,应予以保障。

第一六五条　国家应保障教育、科学、艺术工作者之生活,并依国民经济之进展,随时提高其待遇。

第一六六条　国家应奖励科学之发明与创造,并保护有关历史文化艺术之古迹古物。

第一六七条　国家对于下列事业或个人予以奖励或补助:

一　国内私人经营之教育事业成绩优良者;

二　侨居国外国民之教育事业成绩优良者;

三　于学术或技术有发明者;

四　从事教育久于其职而成绩优良者。

《国民政府法规汇编》,第十九编,

转引自《中国宪法类编》,第 444—445 页

二 教育组织

教育部官制

1914年7月11日　大总统公布

第一条　教育部直隶于大总统,管理教育、学艺及历象事务。

第二条　教育部置总务厅及下列各司:普通教育司,专门教育司,社会教育司。

第三条　总务厅掌事务如下:

一、关于直辖学校及公立学校职员事项;二、关于学校卫生事项;三、关于学校图书馆、博物馆等修建事项;四、关于教育会议及教育博览会事项;五、关于本部经费并各项收入之预算、决算及会计事项;六、关于学校经费及稽核直辖各官署之会计事项;七、管理本部所管之官产官物;八、撰辑、保存、收发文件;九、编制统计及报告;十、记录职员之进退;十一、典守印信;十二、管理本部庶务及其他不属于各司之事项。

第四条　普通教育司掌事务如下:

一、关于师范学校事项;二、关于中学校事项;三、关于小学校及蒙养园事项;四、关于盲哑学校及其他残废等特种学校事项;五、关于与第一款至第四款各学校相等之各种学校事项;六、关于学龄儿童就学事项;七、关于检定教员事项;八、关于整理私塾事项;九、关于小学校基本金事项;十、关于地方学务机关设立变更事项。

第五条　专门教育司掌事务如下:

一、关于大学校事项;二、关于高等专门学校事项;三、关于与第一款第二款各学校相等之各种学校事项;四、关于实业教育事项;五、关于外国留学生事项;六、关于历象事项;七、关于博士会事项;八、关于国语统一会事项;九、关于医士药剂士考试委员会事项;十、关于各种学术会事项;十一、关于授与学位事项。

第六条 社会教育司掌事务如下:

一、关于通俗教育及演讲会事项;二、关于感化事项;三、关于通俗礼仪事项;四、关于文艺音乐演剧事项;五、关于美术馆及美术展览会事项;六、关于动植物园等学术事项;七、关于博物馆图书馆事项;八、关于各种通俗博物馆、通俗图书馆事项;九、关于公众体育及游戏事项。

第七条 教育部置总长一人,承大总统之命管理本部事务,临督所属职员,并所辖各官署。

第八条 教育总长对于各省巡按使及各地方最高级行政长官之执行本部主管事务,有监察指示之责。

第九条 教育总长于主管事务,对于巡按使及各地最高级行政长官之命令或处分,认为违背法令、或逾越权限者,得呈请大总统核夺。

第十条 教育部置次长一人,辅助总长整理事务。

第十一条 教育部置参事三人,承长官之命,掌拟订关于本部主管之法律、命令案事务。

第十二条 教育部置司长三人,承长官之命分掌各司事务。

第十三条 教育部置秘书四人,承长官之命掌管机要事务。

第十四条 教育部置视学十六人,承长官之命掌学务之视察。

第十五条 教育部置佥事二十四人,承长官之命分掌总务厅及各司事务。

第十六条 教育部置主事四十二人,承长官之命助理总务厅及各司事务。

第十七条 教育部置技正一人、技士二人,承长官之命掌技术事务。

第十八条 教育部因缮写文件及其他特别事务,得酌用雇员。

第十九条 本官制自公布日施行。

《教育公报》,第二册,1914年7月

学务委员会规程

1915年12月15日 教育部公布

第一条 学务委员会依《地方学事通则》第三条之规定,以自治区内之学务委员组织之。

第二条 学务委员于自治区内依照学区之分划,每学区各设一人,但经区董认为必要时得增设一人。

第三条 学务委员,依照《地方自治试行条例》第十一条第二项推选自治员之规定选任之。

第四条 学务委员辅佐区董办理本学区内教育事务。

第五条 学务委员会依区董之咨询及学务委员之提议,会议自治区及各学区之教育事务。

前项会议遇必要时,自治职员亦得列席。

第六条 学务委员会应由学务委员中推选主任一人,综理本会事务。

第七条 学务委员会之会所,应设于自治区办公处之所在地。

第八条 学务委员为名誉职,但依地方情形得酌给公费。

第九条 学务委员会之经费,由自治区经费支给之。

第十条 关于学务委员之奖惩事项,适用《地方自治试行条例》第三十六第三十七条之规定。

第十一条 本规程之施行细则,由教育总长定之。

附则

自治区内之学务委员,因员数过少,不适于委员会之组织者,其应会议事项,由区董及学务委员协议之。

自治区未成立地方之学务委员,由劝学所呈请县知事委任之。

学务委员会之经费,在自治区未成立地方,由县知事于地方公款内支给之。

本规程自公布日施行。

《教育法规汇编》,1919年5月

教育厅暂行条例

1917年9月6日　教育部公布

第一条　各省教育厅直隶于教育部,设厅长一人,由大总统委任,秉承省长执行全省教育行政事务,监督所属职员暨办理地方教育之各县知事。

第二条　教育厅分设各科,处理各项事务。

前项分科之多寡,视事务之繁简定之,但至多不得逾三科。

第三条　各科置科长一人,由厅长委任,承厅长之命掌理本科事务。

第四条　各科置科员,每科不得逾三员,由厅长委任,承长官之命助理各科事务。

第五条　教育厅设省视学四人至六人,由厅长委任,掌管视察全省教育事宜。

第六条　教育厅委任科长、科员及省视学,均须呈报教育总长并省长查核备案。

第七条　教育厅为缮写文件得酌用雇员。

第八条　教育厅处务细则暨各科员额分配俸给数目,由各该教育厅长按照本省情形详细拟订,呈请省长咨由教育总长核定。

第九条　本条例自公布日施行。

《教育公报》第4年第13期,1917年10月

教育厅署组织大纲

1917年11月8日　教育部公布

一、教育厅公署内设各科,拟分为第一科、第二科、第三科。

二、各科之职掌如下:

第一科　掌管印信,收发文件,办理机要文牍,整理案卷,综核会计庶务,编制统计报告,及不属于他科之各事项。

第二科　主管普通教育及社会教育。

第三科　主管专门教育及外国留学事项。

三、各科为办理收发、庶务、会计、统计事项,及遇有特别繁重事务时,得增设事

务员。

四、各厅仅设两科时,得以第三科事项归并第二科办理,并以事务员佐理之。

《教育法规汇编》,1919年5月

教育部分科规程

1918年12月7日　教育部公布

第一条　总务厅机关事务由秘书掌之,并分置编审处及文书、会计、统计、庶务四科。秘书承总长之命,得兼管本厅各科事务。

秘书所掌事务如下:

一、关于机要事项;二、关于记录职员进退事项;三、关于直辖学校及公立学校职员事项;四、关于教育会议事项;五、关于教育博览会事项;六、关于褒赏事项。

编审处所掌事务如下:

一、编纂教育公报及教育上必要之图书;二、审查教科书之图书;三、审查教育用品及理科器械;四、译述外国教育法令与学校章程及关于教育之书报。

文书科所掌事务如下:

一、收发各项公文函电;二、典守印信;三、撰拟不属于各科或各司之文牍;四、纂辑保存各项公文函电;五、编辑本国教育法令;六、管理部内参考用之图书。

会计科所掌事务如下:

一、管理本部所管经费之预算、决算及会计;二、稽核直辖各机关会计;三、管理本部直接收入及所管官产。

统计科所掌事务如下:

一、调查关于教育统计之各项材料;二、编制关于教育之各项统计图表。

庶务科所掌事务如下:

一、本部所辖学校图书馆、博物馆等修建事项;二、本部所置官物及建筑物等保管修建事项;三、调查公立私立学校图书馆、博物馆等之设置及图案事项;四、学校卫生事项;五、其他不属于各科或各司之事务。

第二条　普通教育司置第一科、第二科、第三科、第四科,分掌各项事务。

第一科所掌事务如下:

一、师范学校事项;二、高等师范学校事项;三、女子师范学校及高等师范学校事项;四、临时教员养成所及与养成教员相关事项;五、检定教员及关于服务事项;六、不属于他科所掌事项。

第二科所掌事务如下:

一、中学校事项;二、女子中学校事项;三、与中学校相当之各种学校事项。

第三科所掌事务如下:

一、小学校事项;二、蒙养园事项;三、特殊教育事项;四、调查学龄儿童就学事项;五、与小学校相当之各种学校事项;六、县学务机关设立变更事项;七、小学基金事项;八、奖励小学教员事项;九、整理私塾事项。

第四科所掌事务如下:

一、甲种、乙种实业学校事项;二、与实业学校相当之各种学校事项;三、养成实业教员事项;四、女子职业学校事项;五、实业补习学校事项。

第三条　专门教育司设置第一科、第二科、第三科,分掌各项事务。

第一科所掌事务如下:

一、大学事项;二、与大学相当之学校事项;三、学位及称号事项;四、博士会事项。

第二科所掌事务如下:

一、专门学校事项;二、与专门学校相当之学校事项;三、历象事项;四、不属于他科所掌事项。

第三科所掌事务如下:

一、外国留学生事项;二、国语统一会事项;三、医士、药剂士开业试验委员会事项;四、各种学术会事项。

第四条　社会教育司设置第一科、第二科,分掌各项事务。

第一科所掌事务如下:

一、博物馆、图书馆事项;二、动植物园等学术事项;三、美术馆、美术展览会事项;四、文艺、音乐等事项;五、调查及搜集古物事项。

第二科所掌事务如下:

一、厘正通俗礼仪事项;二、通俗教育及讲演会事项;三、通俗图书馆、巡行文库事项;四、通俗戏剧、词曲等事项;五、通俗教育之调查规画事项;六、感化院及惠济所事项;七、不属他科所掌事项。

第五条 本规程自公布日施行。

《教育法规汇编》,1919年5月

教育调查会规程

1918年12月30日 教育部公布

第一条 教育调查会隶属于教育总长,以调查审议教育上之重要事项为目的。

第二条 教育调查会对于教育总长之谘询,应陈述意见。

第三条 教育调查会关于教育上之重要事项,得建议于教育总长。

第四条 教育调查会设会长一人,副会长一人,会员三十人以内。遇有特别调查事项,得设临时会员。

第五条 教育调查会会员,由教育总长就具有下列各款资格之一者延聘或指派之。

一曾任或现任高级教育行政职务,具有教育上之经验者。二有专门学识、并于教育夙有研究者。临时会员由教育总长酌派。

第六条 会长及副会长由会员中公推四人,陈请教育总长指定之。

第七条 会长总理会务,并将议决事项报告教育总长。

第八条 会长及副会长于会议时得加入可否之数。

第九条 教育调查会议事规则由会长定之,但须陈报教育总长。

第十条 教育调查会会员为名誉职。

第十一条 教育调查会设干事五人以内,由教育总长委派教育部荐任官充之。

干事承会长之命整理庶务。

第十二条 教育调查会设书记若干人,缮写文件及掌管其他庶务。

第十三条 学制调查会规程自本规程公布后即行废止。

第十四条 本规程自公布日施行。

《教育杂志》，第十一卷第二号

大学院组织法

1927年7月4日 国民政府公布

第一条 中华民国大学院，为全国最高学术教育机关，承国民政府之命，管理全国学术及教育行政事宜。

第二条 本院设院长一人，综理全院事务，并为国民政府委员。

第三条 本院设大学委员会，议决全国学术上教育上一切重要问题。

第四条 大学委员会，由各学区中山大学校长、本院教育行政处主任、及本院院长所选聘之国内专门学者五人至七人组织之，以院长为委员长。

第五条 本院设秘书处，置秘书长一人，秘书若干人，承院长之命，办理本院事务。秘书长兼任大学委员会秘书。

第六条 本院设教育行政处，置主任一人，处员若干人，承院长之命，处理各大学区互相关联及不属于各大学区之教育行政事宜。

第七条 本院设中央研究院，其组织条例另定之。

第八条 本院得设劳动大学、图书馆、博物院、美术馆，观象台等国立学术机关，其组织条例另定之。

第九条 本院于必要时，得设学术上及教育行政上各项专门委员会，其组织条例临时订定之。

第十条 本院办事及议事细则另定之。

第十一条 本法自国民政府公布之日施行。

《大学院公报》一年一期。

另据《教育杂志》第十九卷第七号

大学区组织条例

1927年7月　国民政府公布

一、全国依现有之省份及特别区，定为若干大学区，以所在省或特别区之名名之，如浙江大学、江苏大学等。每大学区设校长一人，总理区内一切学术与教育行政事项。

二、大学区设评议会，为本区立法机关。

三、大学区设秘书处，辅助校长，办理本区行政上一切事务。

四、大学区设研究院，为本大学研究专门学术之最高机关。院内设设计部，凡省政〈府〉关于一切建设问题，随时可以提交研究。

附：大学行政系统表

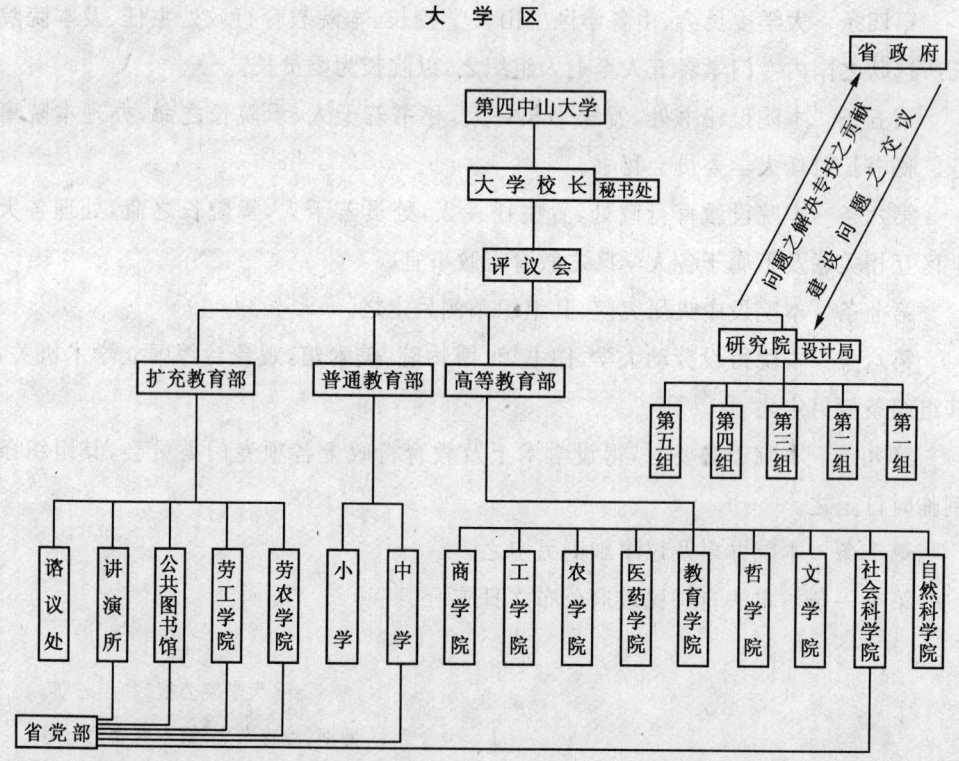

五、大学区设高等教育部，设部长一人，管理本部各学院、及其他大学、及专门学校、及留学事项。

六、大学区设普通教育部，设部长一人，管理区内公立中、小学校，及监督私立中、小学教育事业。

七、大学设扩充教育部，设部长一人，管理区内劳农学院及关于社会教育之一切事项。

八、大学区评议会、秘书处、研究院、高等教育部、普通教育部、扩充教育部之组织与职权，别定之。

九、本条例经国民政府核准后，暂在浙江、江苏等省试行之。

《国民政府公报》7号、8号
另据舒新城《近代中国教育史料》第四册，中华书局1933年3版

国立音乐院组织条例

1928年2月　大学院公布

第一条　性质　本院为国立最高之音乐教育机关，根据大学院组织法第八条之规定，直辖于大学院。

第二条　组织　由院长及教务事务二处组织之。

第三条　院长　大学院院长兼任本院院长，总理全院院务。

第四条　教务处　教务处设主任一人，由院长聘任，总理全院教务；分理论作曲、钢琴、小提琴及声乐四系；各系设系主任一人，由教授或副教授兼任，专管本系课程及教务。

第五条　事务处　事务处设主任一人，暂由教务主任兼理，总理全院事务，分文牍、会计、注册、庶务四课，每课设课员一人及书记若干人，处理各课事务。

第六条　教员　本院设教授、副教授、讲师、助教及导师若干人，分任各项课程。

第七条　会议　本院会议分三种：

一、院务会议　讨议本院组织、经费、及其他关于全院重要事项，由院长召集之；

二、教务会议　讨论本院教务,审查学生成绩,由教务主任召集之；

三、事务会议　讨论本院一切事务,由事务主任召集之。以上三项会议,其议事细则另定之。

第八条　委员会　本院为辅助教务处,事务处,各行政及计划得设下列各项委员会：

甲、校舍计划委员会；

乙、招生委员会；

丙、考试委员会；

丁、其他遇有必要时,得临时组织之。

以上各项委员会组织条例另定之。

《大学院公报》第一年第二期,大学院公报编辑处编,1928年2月

教育部农业教育委员会章程

1937年2月8日　教育部公布

第一条　本部为促进全国农业教育起见,依修正教育部组织法第五条之规定,设农业教育委员会(以下简称本委员会)。

第二条　本委员会承部长之命,执行下列任务：

一、规划各级农业教育方案。

二、拟定各级农业学校课程及设备标准。

三、筹议地方教建合作及农业推广事业。

四、建议农业教育兴革事项。

五、议覆部长交议事项。

六、其他关于农业教育设计事项。

第三条　本委员会由委员九人至十三人组织之,其人选如下：

一、本部令派二人；

二、实业部指定代表二人,由本部加聘；

三、本部聘农业专门人员五人至九人。

第四条　本委员会于必要时,得设各项专组,其规则另定之。

第五条　本委员会委员任期二年,但得连任。

第六条　本委员会设常务委员三人至五人,处理会务,由部长于委员中指派之。

第七条　本委员会设秘书一人,处理会中日常事务,由部长于常务委员中指派之。

第八条　本委员会视会务之繁简,得设干事、书记,办理技术、文书及缮写等事务,由本会呈请部长调用或委派之。

第九条　本委员会每年举行大会二次,每月举行常务委员会议一次,均由常务委员会召集,并互推一人为主席,必要时得开临时会。

第十条　本委员会开会,遇必要时得请专家列席讨论。

第十一条　本委员会议决事项,呈报部长核夺施行。

第十二条　本委员会委员及邀请参加会议之专家均为名誉职,但不住本京者,到会时得酌支旅费。

第十三条　本章程如有未尽事宜,得由常务委员会议议决,呈请部长核准修正之。

第十四条　本章程自公布日施行。

《教育法令汇编》第三辑,教育部编,正中书局,1939年11月4版,第1—2页

全国义务教育委员会组织规程

1937年6月28日　教育部修正公布

第一条　依照实施义务教育暂行办法大纲施行细则第二十七条之规定,由教育部组织全国义务教育委员会(以下简称本委员会)协助办理全国义务教育。

第二条　本委员会之主要任务如下:

甲　建议及审议推行义务教育之计划。

乙　审议关于义务教育之一切章则办法。

丙　审查义务教育经费事项。

丁　视察及考核各省市办理义务教育之成绩。

戊　调查及统计各省市办理义务教育之实况。

己　研究关于实施义务教育之问题。

庚　编辑关于义务教育之教材及书籍。

第三条　本委员会委员分下列二种。

甲　当然委员：

一　教育部部长。

二　教育部次长。

三　教育部参事一人。

四　教育部普通教育司司长及第四科第五科科长。

五　教育部督学一人至三人。

乙　聘任委员五人至九人，由教育部部长聘任。

第四条　本委员会设常务委员三人，由教育部部长指定之，并以一人为主任常务委员，处理日常事务。

第五条　本委员会设秘书一人，干事三人至九人，分任文书、编辑、研究、调查、及统计等事宜；另设义务教育视导员十五人至二十人，分驻各省市区视察及指导义务教育之实施，均由教育部部长派充之。

第六条　本委员会全体委员会议，每三个月开会一次，以教育部部长为主席，遇必要时得召集临时会议。常务会议集会时期，由主任常务委员定之。

第七条　本委员会于每学年度召集全体义务教育视导员开会至少一次，讨论全国义务教育之推行及视导等事宜，必要时得召集各省市义务教育委员会代表出席参加。

第八条　本委员会关于义务教育之建议，呈由教育部核定施行。

第九条　本委员会对于教育部主管义务教育司科，应取得适当之联络。

第十条　本委员会办事细则及义务教育视导员规程另定之。

(下略)

《教育法令汇编》,第三辑,教育部编,
正中书局,1939年11月版,第2—3页

教育部训育研究委员会规程

1938年3月10日　行政院核定

第一条　教育部为研究推进各级学校及社会教育训育实际问题起见,依照教育部组织法第五条之规定,设立教育部训育研究委员会(以下简称本会)。

第二条　本会之任务如下:

一、研究关于专科以上学校之训育实际问题;

二、研究关于中等学校之训育实际问题;

三、研究关于小学之训育实际问题;

四、研究关于社会教育之训育实际问题。

第三条　本会设委员七人至十一人,由本部聘任之,任期一年。

第四条　本部简任秘书各司长为当然委员。

第五条　本会设专任委员一人至三人,由部长于委员中指定充任之;须常川驻会办公。

第六条　本会设干事一人,由部员兼任之。

第七条　本会每月开会一次,由部长主席;遇必要时得开临时会。

第八条　本会研究结果及所拟计划等,由部长采择施行。

第九条　本会委员除专任委员外均为无给职,开会时得由本部酌送公费及旅费。

第十条　本会办事细则另定之。

第十一条　本规程自呈准之日施行。

《教育法令汇编》,第四辑,教育部编,
正中书局,1938年11月5版,第1—2页

教育部工业教育委员会章程

1938年6月1日　教育部公布

第一条　本部为促进全国工业教育起见,依修正教育部组织法第五条之规定,设工业教育委员会(以下简称本委员会)。

第二条　本委员会之任务如下:

一、规划各级工业教育方案;

二、拟订各大学或独立工学院工业专门学校及职业学校课程及设备标准;

三、筹议地方教建合作及工业推进事业;

四、建议工业教育兴革事项;

五、议覆部长交议事项;

六、其他关于工业教育设计事项。

第三条　本委员会委员人选如下:

一、本部主管司司长;

二、经济部及交通部主管司长及研究试验所长、军政部兵工署署长,由本部聘任;

三、国立大学或独立工学院院长,及国立工业专科学校校长;

四、本部聘工业专门人员十三人至十九人。

第四条　本委员会于必要时得设专组并得由本部聘请中外工业专家为顾问。

第五条　本委员会委员任期一年,但得连任。

第六条　本委员会设常务委员三人至五人,处理会务,由部长于委员中指派之。

第七条　本委员会设秘书一人,处理会中日常事务,由部长于委员中指派之。

第八条　本委员会视会务之繁简,得设干事、书记,办理技术、文书及缮写等事务,由本部委派或由本部指定职员兼任之。

第九条　本委员会每半年举行大会一次,每两月举行常务委员会议一次,均由常务委员召集,并互推一人为主席,必要时得开临时会。

第十条　本委员会开会,遇必要时,得请专家列席讨论。

第十一条　本委员会议决事项,呈请部长核夺施行。

《教育法令汇编》,第四辑,教育部编,
正中书局,1939年11月5版,第4—5页

中央建教合作委员会组织规程

1938年6月17日　行政院核定

第一条　教育部为促进教育与建设事业之联络沟通,供求需要,增加教育功能起见,组织建教合作委员会(以下简称本会)。

第二条　本会委员由教育部、内政部、军政部、财政部、经济部、交通部及航空委员会各派主管人员一人至三人充任之。

第三条　本会设主任委员一人,由教育部就其所派委员中指定之。

第四条　本会之任务如下:

一、各方需要技术人员种类及数量之调查登记;

二、依据上项调查结果,为各大学专科学校及职业学校设科设系之筹划;

三、训练方法之筹议;

四、与国防及生产建设机关之联络;

五、毕业生服务之分配;

六、技术人员之调查与登记。

第五条　本会每月开会一次,必要时,得开临时会,均由主任委员召集之。

本会开会时,得邀请专家列席讨论。

第六条　本会委员及列席人员,均无俸给,惟因公出勤及远道人员到会时,得酌支旅费。

第七条　本会议决事项,由教育部商同各关系部会施行。

第八条　本会设秘书一人,秉承主任委员处理一切会务,并得设干事一人或二人,由教育部调用之。

第九条　本会办公费,由教育部办公费内支给之。

第十条　本规程由行政院核准施行。

《教育法令汇编》,第四辑,教育部编,
正中书局,1939 年 11 月 5 版,第 6—7 页

教育部教科用书编辑委员会章程

1938 年 8 月 10 日　教育部公布

第一条　教育部为计划及实施中小学及民众学校教科用书之编辑起见,设立教科用书编辑委员会(以下简称本委员会)。

第二条　本委员会设委员十一人至十五人,由部长聘任或指派之,任期一年。

第三条　本委员会设主任委员一人,常务委员三人至五人,由部长于委员中指定充任之。

第四条　本委员会之任务如下:

一、拟订及审核教科用书及有关读物之编辑方针;

二、计划中小学及民众学校教科用书之编辑事项;

三、计划青年读物及民众通俗读物之编辑事项;

四、拟订本委员会各项章则事项;

五、其他部长交议事项。

第五条　本委员会设编辑若干人,编辑下列各项教科用书,由部长聘任或派充之。

一、编辑小学初级国语常识等,及小学高级国语史地等教科用书;

二、编辑初级中学及高级中学公民国文史地等教科用书;

三、编辑民众学校各种课本及民众通俗读物;

四、编辑中小学补充读物及其他青年读物。

第六条　本委员会为适应抗战时期需要,得将已审定之中小学及民众学校教科用书,重复检定之。

第七条　本委员会为便利编辑起见,于必要时得次第成立下列各组,每组各设

正副主任一人,由部长于委员或编辑中指定充任之。

一、中学教科用书编辑组;

二、小学教科用书编辑组;

三、民众读物编辑组;

四、青年读物编辑组。

第八条 本委员会全体会议及常务委员会议由主任委员召集之,于必要时,各级主任并得列席会议。

第九条 本委员会因缮写文件,得酌用书记。

第十条 本委员会委员均为无给职,但外埠委员到会开会时,得酌支旅费。

第十一条 本委员会议决事项,呈经部长采择施行。

第十二条 本委员会处理事务,依照教育部各委员会办事通则办理之。

第十三条 本章程由教育部公布施行。

《教育法令汇编》,第四辑,教育部编,
正中书局,1939年11月5版,第3—4页

教育部音乐教育委员会章程

1938年9月10日 教育部修正公布

第一条 教育部为研究改进并推广音乐教育起见,设立音乐教育委员会(以下简称本会)。

第二条 本会之任务如下:

一、音乐教育之设计;

二、音乐教材之整理审查与创制;

三、音乐教育之推广与实验。

第三条 本会设委员九人至十五人,由教育部部长就音乐专家、教育专家及教育部部员中聘任或指派之。

第四条 本会委员任期一年。

第五条　本会委员不能继续任事时,由教育部部长聘派相当人员补充之。

第六条　本会全体委员会议每月举行一次,由部长召集之。

第七条　本会委员为名誉职,但外埠委员到会开会时,得酌支旅费。

第八条　本会设秘书一人,干事一人至二人,由教育部部长指派部员兼任之。

第九条　本会议决事项,呈请部长采择施行。

第十条　本会处理事务,依照教育部各委员会办事通则办理之。

第十一条　本章程由教育部公布施行。

《教育法令汇编》,第四辑,
1939年11月5版,第5—6页

教育部边疆教育委员会章程

1940年5月8日　教育部修正公布

第一条　教育部为谋推进边疆教育,调整各机关对于边教之设施起见,依修正教育部组织法第五条之规定,组织边疆教育委员会(以下简称本会)。

第二条　本会委员,由教育部、蒙藏委员会各派主管人员二人,经济部、内政部、中央组织部、中央政治学校、中英庚款董事会各派代表一人,并由教育部聘请其他熟悉边疆教育情形之专家十二人至十六人充任之。

聘任委员任期一年续聘得连任之。

第三条　本会设主任委员一人,由教育部就委员中指定之。

第四条　本会之任务如下:

一、研究边疆教育之办理原则及各项实际问题;

二、筹拟并审议推进边疆教育各种方案;

三、建议调整各边疆教育事业机关;

四、建议调整各机关边教经费;

五、指导边疆青年升学及就业。

第五条　本会应事实上需要得分组研究。

第六条　本会每年于七月及十二月各开常会一次,遇必要时,得开临时会,均由主任委员召集。

第七条　本会委员均为无给职,但居住外埠者,到会开会时,得由教育部酌送川旅费。

第八条　本会议决事项由教育部商同各关系机关施行。

第九条　本会设秘书一人,秉承主任委员处理会中日常事务,并得设干事一人至二人、书记一人,均由教育部派充或指定职员兼任之。

第十条　本章程如有未尽事宜,得随时由本会呈请教育部修改之。

第十一条　本章程自公布日施行。

《边疆教育法令汇编》,第一辑,教育部
蒙藏教育司编印,1941年5月,第8—9页

教育部美术教育委员会章程

1940年12月10日　教育部公布

第一条　本部为促进并普及美术教育起见,依修正教育部组织法第五条之规定,设置美术教育委员会(以下简称本会)。

第二条　本会任务如下:

一、规划美术教育推进事项。

二、协助甄别美术教员事项。

三、拟订各级学校美术课程及设备标准事项。

四、审查美术作品及刊物事项。

五、研究美术学术事项。

六、调查并保管美术作品事项。

七、与国外交换美术作品事项。

八、协助举办美术展览会事项。

九、设计及制作美术物品(着重有关发扬民族意识之作品)事项。

十、协助指导美术团体及视察美术教育事项。

十一、其他有关美术教育设计事项。

十二、议复本部交议关于美术教育事项。

第三条　本会设当然委员及聘任委员二十五人至三十七人组织之,其人选如下:

甲、当然委员

一、本部高等教育司、普通教育司、社会教育司司长。

二、国立、省立及已立案之私立美术专科学校校长。

乙、聘任委员　由本部部长就美术专家中聘请之。

第四条　本会设主任委员一人,常务委员七人至九人,由部长于委员中聘任之。

第五条　本会设秘书一人,专门委员三人至五人,由部长任用之。

第六条　本会设绘画、雕塑、古物及应用美术四组,每组设主任一人,由部长指定委员分别兼任之。

第七条　本会得因实际需要,酌设干事、助理干事及书记,由部长任用之。

第八条　本会委员除兼任秘书专门委员及各组主任者外,均为无给职,但外埠委员来会出席会议时,得酌支旅费。

第九条　本会全体委员会议,每半年举行一次,常务会议每月举行一次,必要时得临时召集之。

第十条　本会决议事项,随时送请部长采择施行。

第十一条　本会各项事务,除遵照本部各委员会办事通则办理外,其办事细则另订之。

第十二条　本章程由教育部公布施行。

《艺术教育重要法令》,
教育部社会教育司编印,1942年1月

国立礼乐馆组织规程

1942年12月28日　行政院训令

第一条　国立礼乐馆隶属于教育部,掌礼制乐典之厘订及音乐教育事项。

第二条 国立礼乐馆承教育部之命得分别编审与教育有关之礼乐书籍图表及乐器。

第三条 国立礼乐馆设下列各组：

一、礼制组：掌礼制之厘订事项。

二、乐典组：掌乐典之编订及音乐教育事项。

三、总务组：掌文书总务出纳等事项。

第四条 国立礼乐馆于必要时得呈准设置与礼乐有关之各种专门委员会及音乐团队。

第五条 国立礼乐馆设馆长一人，简任综理馆务。

第六条 国立礼乐馆设编纂六人至八人，编审八人至十人，均由馆长聘任之并呈报教育部备案。

第七条 国立礼乐馆设组主任三人，分掌各组事务，由馆长就编纂中指定兼任之。

第八条 国立礼乐馆于呈准后得任用专门技术人员。

第九条 国立礼乐馆设组员五人至九人，由馆长委派之，必要时得酌用雇员。

第十条 国立礼乐馆置会计员、佐理员及雇员各一人，办理岁计及会计事项。

第十一条 国立礼乐馆办事细则另定之。

第十二条 本规程自公布日施行。

《教育法令》，教育部参事室编，1947年5月

教 育 会 法

1944年10月31日　国民政府修正公布

第一章　总　　则

第一条 教育会以研究教育事业，发展地方教育，并协助政府推行教育政令为宗旨。

第二条 教育会为法人。

第三条　教育会之主管官署在中央为社会部,在地方为省市县社会行政主管机关,教育部或各省市县教育行政主管机关为其目的事业主管官署。

第四条　教育会之任务如下:

一、关于地方教育之研究设计及建议改进事项。

二、关于增进人民生活上知识之指导事项。

三、关于地方教育之调查统计及编纂事项。

四、举办各种教育研究会议及学术讲演会。

五、举办各种教育事项,但须经主管教育行政机关之核准。

六、关于一般教育事项,得建议于教育行政机关。

七、处理各主管官署委办或咨询事项。

八、办理其他合于教育会宗旨之事项。

第五条　教育会不得为营利事业。

第六条　教育会分乡镇教育会、市区教育会、县教育会,市教育会及省教育会。下级教育会应受上级教育会之指导。

第七条　有下列情形之一时,教育部社会部得会同召集全国省市教育会联合会议:

一、教育部或社会部认为必要时;

二、经七省市以上教育会之提议时。

前项联合会议之代表人数,由教育社会两部会同定之。

第二章　设　立

第八条　同一区域内每级教育会以一个为限。

第九条　各级教育会之区域依其现有之行政区域,但乡镇教育会或市区教育会遇有特别事由时,经当地主管官署会商目的事业主管官署核准,得不依现有之行政区域设立之。

教育会区域依其现有之行政区域者,冠以该区域之名称;其不依现有之区域者,得另冠名称,呈请当地主管官署核定之。

第一〇条　乡镇教育会或市区教育会之设立,应有该区域内具有会员资格者二十人以上之发起；县市以上教育会之设立,应有直接下级教育会过半数之成立。

第一一条　教育会之组织,应由发起人向当地主管官署申请许可,经许可后,该主管官署应即派员指导。

第一二条　教育会经许可组织后,应即推定筹备员组织筹备会,呈报当地主管官署备案,并分呈目的事业主管官署。

第一三条　教育会章程应载明下列事项：

一、名称

二、宗旨

三、区域

四、会址

五、任务或事业

六、组织

七、会员入会出会及除名

八、会员之选任解任及其权利与义务

九、职员名额权限任期及其选任解任

十、会议

十一、会费之数额

十二、经费及会计

十三、章程之修改

第一四条　教育会于召开成立大会前,应将筹备经过连同章程草案呈报主管官署,并请派员监选。

第一五条　教育会组织完成时,应于十日内造具会员名册、职员略历册连同章程各一份,呈请当地主管官署立案,并应分呈目的事业主管官署备案。

第一六条　教育会经核准立案后,应由当地主管官署颁发立案证书及图记。

第三章　会　　员

第一七条　凡中华民国人民住居该区域内年满二十岁,具有下列资格之一者,得加入乡镇教育会或市区教育会为会员。

一、现任公立或已立案之学校教职员或社会教育机关职员,但职员以中等以上学校毕业者为限。

二、曾在公立或已立案之大学或独立学院教育科系或师范学院毕业者。

三、曾在师范专科学校或师范学校毕业者。

四、曾在公立或已立案之专科以上学校毕业,并从事教育事业一年以上者。

五、曾在公立或已立案之学校或社会教育机关服务三年以上者。

六、对于教育确有研究并有关于教育著作者。

第一八条　有下列情事之一者不得为教育会会员:

一、背叛中华民国者;

二、褫夺公权者;

三、禁治产者。

第一九条　上级教育会以其下级教育会为会员。

下级教育会于上级教育会大会时,各得派代表出席。

前项代表之名额,乡镇教育会或市区教育会二人,县教育会或市教育会一人,各由会员大会选举之,任期二年,期满应即依法改选,连选得连任。

第四章　职　员

第二〇条　乡镇教育会或市区教育会设理事三人至五人,候补理事一人或二人,监事一人,候补监事一人,由会员大会就会员中选举之,理事得互选一人为常务理事。

第二一条　县市教育会设理事五人至九人,候补理事一人至三人,监事一人至三人,候补监事一人,由会员大会选举之,并得由理事互选一人至三人为常务理事。

前项常务理事为三人时,得互选一人为理事长,监事为三人时,得互选一人为常务监事。

第二二条　省教育会或院辖市教育会设理事九人至二十五人,候补理事三人至七人,监事三人至七人,候补监事一人或二人,由会员大会选举之。

前项理事互选三人至五人为常务理事,必要时常务理事得互选一人为理事长,监事得互选一人为常务监事。

第二三条 上级教育会职员之候选人,不限于下级教育会出席之代表。

第二四条 上下级教育会职员不得互相兼任。

第二五条 各级教育会职员之候选人,以其所属乡镇教育会或市区教育会会员为限。

第二六条 教育会选举之职员为无给职。

第二七条 教育会职员任期二年,期满应即依法改选,连选得连任。

第二八条 教育会职员改选完成后,应于十日内造具职员略历连同会员增减名册,呈报当地各主管官署备案。各该主管官署应将改选总报告表分别逐级转报社会部及教育部备案,其整理与改组时同。

第二九条 教育会选举之职员,因有不得已之事由,得经会员大会议决准其辞职,其因职务上违背法令,营私舞弊,或有其他重大之不正当行为,得经会员大会议决令其退职,由主管官署将其解职。

第五章 会 议

第三〇条 教育会会员大会分定期会议及临时会议两种,由常务理事或理事长召集之。

前项定期会议每年一次。

第三一条 教育会会员大会之决议,以会员过半数之出席,出席会员过半数之同意行之。

第三二条 下列各款事项之决议,以会员过半数之出席,出席会员三分之二以上之同意行之。

一、修改章程

二、会员除名

三、职员退职

第三三条 教育会理事会议,县市以下教育会每月一次,省市教育会每两月一次,由常务理事或理事长召集之,必要时得开临时会议,监事会议县市教育会每两月一次,省市教育会每四月一次,由常务监事召集之,必要时得开临时会议。

第六章 经　　费

第三四条　教育会经费分下列两种:

一、会员入会费及常年费;

二、事业费。

前项事业费,经会员大会,或代表大会议决,得依法募集之,必要时亦得由中央地方政府补助之。

第三五条　各级教育会收支,应于每年度终了时呈报当地主管官署核销,并通告各会员。

第七章　解散及清算

第三六条　教育会违反法令,妨害公益,怠忽任务时,主管官署得分别施行下列之处分:

一、警告;

二、撤销其决议;

三、整理;

四、解散。

教育会经解散后,应即重新组织。

下级主管官署为第一项第三款或第四款之处分时,应经上级机关之核准。

第三七条　教育会解散时,其财产应由当地主管官署指派人员清算,其清算人有代表教育会执行清算一切事务之权。

第三八条　本法自公布日施行。

《教育法令》,教育部编,中华书局,
1947年7月版,第135—137页

教育部国民体育委员会组织条例

1945年6月9日　国民政府公布

第一条　教育部设国民体育委员会,其任务如下:

一、关于国民体育实施方案之计划推行事项;

二、关于国民体育之指导考核事项;

三、关于国民体育经费之审议事项;

四、关于国民体格之检查统计事项;

五、关于体育师资之训练检定事项;

六、关于体育学术之研究事项;

七、关于运动比赛之管理事项;

八、关于其他国民体育事项。

第二条　国民体育委员会置委员十三人至二十一人,其中一人至三人为常务委员,由部长就下列人员中分别聘请或指派充任之。

一、内政、军政、兵役、社会、军训各部及卫生署各一人;

二、对于体育有研究或贡献之人员五人至十三人,其中五人为专任;

三、教育部社会教育司司长及参事一人。

第三条　国民体育委员会委员任期一年,但得连任。

第四条　国民体育委员会全体委员会议每年举行一次,必要时得召集临时会议,开会时以教育部部长为主席,部长因事不能出席时,由常务委员互推一人为主席。

第五条　国民体育委员会置秘书一人,荐派;或由部长指定委员兼充之,秉承常务委员处理日常事务。

第六条　国民体育委员会设下列各组:

一、学校体育组;

二、社会体育组;

三、研究实验组。

各组各设主任一人,荐派;或由部长指定委员兼充,秉承常务委员办理各该组事务。

第七条 国民体育委员会设干事及助理干事各三人至五人，均委派，秉承主管人员之命，分任各组事务。

国民体育委员会得用雇员一人至三人。

第八条 国民体育委员会议决事项，送请教育部转呈行政院核准后，施行之。

第九条 国民体育委员会委员除专任者外，均为无给职。但举行会议时，非专任之聘任委员，得由教育部酌送旅费。

第一〇条 本条例自公布之日施行。

《教育法令》，教育部编，
中华书局，1947年5月版，第5页

教育部国语推行委员会组织条例
1945年6月9日 国民政府公布

第一条 教育部设国语推行委员会，其任务如下：

一 关于本国语言文字整理之审议事项。

二 关于本国语言文字标准书籍之编订事项。

三 关于本国语言文字资料之收集事项。

四 关于本国语言文字教学方法之实验改进事项。

五 关于统一中外译名音读标准之订定事项。

六 关于推行国语教育人员之训练事项。

七 关于国内不识字者及侨居国外人民语文教育之设计实施及视导事项。

八 关于边疆地方施行语文教育之设计事项。

九 其他关于语文教育事项。

第二条 国语推行委员会置委员十九人至二十七人，由教育部部长聘任之。

第三条 国语推行委员会置主任委员一人、常务委员一人至三人，由教育部部长就委员中指定之。

第四条　国语推行委员会全体委员会议每年举行一次,必要时得开临时会议,常务委员会议每月举行一次,均由主任委员召集并主席。

第五条　国语推行委员会得分组办事,每组置主任一人,由教育部部长指定委员兼任之。

第六条　国语推行委员会置编辑二人,荐任。干事、助理干事各一人至三人,委派。

第七条　国语推行委员会于讨论专门问题时得聘请会外专家参加。

第八条　国语推行委员会委员除专任委员外,概为无给职。但举行会议时,出席委员得由部酌送旅费。

第九条　本条例自公布日施行。

《教育法令》,教育部编,
中华书局,1947年5月版,第5页

教育部中华交响乐团组织规程
1945年8月14日　教育部公布

第一条　教育部为推广乐教以增进国民欣赏音乐之兴趣及中外艺术之沟通起见,特组织中华交响乐团(以下简称本团)。

第二条　本团之工作如下:

一、举行定期音乐演奏会。

二、举行定期国内外播音演奏会。

三、举行巡回音乐演奏会。

四、灌制留声机片。

五、改良中国音乐。

六、介绍世界音乐。

七、举办音乐训练班及合唱队。

八、出版音乐刊物。

第三条　本团设正副团长各一人，由教育部聘任之。团长综理团务，副团长襄助团长处理团务。

第四条　本团设指挥一人，由团长聘任之并呈报教育部备案。

第五条　本团设置下列各部：

一、演奏部　关于演奏、练习等事宜属之。

二、研究部　关于研究、编辑、出版及训练等事宜属之。

三、总务部　关于文书、会计、庶务等事宜属之。

以上各部设主任一人，由团长就团员中选任，呈报教育部备案。

第六条　本团设指导委员会，委员人选由教育部就有关机关及其他热心乐教人士聘任之，委员均为无给职。

第七条　本团设团员五十五人至六十六人。

第八条　本团设团务会议，由团长、副团长、指挥及各主任组织之。以团长为主席，讨论团务进行事宜。每月开会一次，必要时得召开临时团务会议。

第九条　本团工作计划及团员服务规则另定之。

第十条　本团工作计划及工作报告应按期呈报教育部审核。

第十一条　本规程所定聘派人员之等级由教育部拟订呈请行政院核定之。

第十二条　本规程自公布日施行。

《教育法令》，教育部编，中华书局
1947年5月版，第12—13页

教育部中华教育电影制片厂组织规程

1945年8月14日　教育部公布

第一条　教育部为推行电化教育，摄制国产教育影片起见，设立中华教育电影制版厂（以下简称本厂）。

第二条　本厂设总务、摄制、推广三股，会计、材料两室及编导委员会。分掌职务如下：

总务股　办理文书、事务、购置、出纳等事项。
摄制股　办理摄制、洗印、剪接、美术、置景等事项。
推广股　办理业务、发行、广告、出版、宣传等事项。
会计室　办理岁计、会计、事项。
材料室　办理材料收发保管事项。

第三条　本厂设厂长一人，承教育部之命综理厂务。副厂长一人，襄助厂长处理厂务。均由教育部派充之。

第四条　本厂置秘书一人，由厂长呈请教育部派充之，承厂长之命办理文牍及交办事务。

第五条　本厂各股及材料室置主任一人，均由厂长呈请教育部派充之，承厂长之命掌理各该股室事务。

第六条　本厂置办事员四人至六人，由厂长派充之，受各该股室主任之指挥，办理总务、推广两股及材料室事务。

第七条　本厂置技师十人至十二人，技术员十一人至十三人，由厂长派充之，受摄影股主任之指挥办理摄制事项。

第八条　本厂置编导委员五人至七人，由厂长呈请教育部派充之，办理编导委员会事务。

第九条　本厂置会计主任及会计佐理员各一人，均委任。雇员一人。依主计法规办理会计室事务。

第十条　本厂人事管理事务由厂长指定职员一人兼办之。

第十一条　本厂得酌用人员四人至六人。

第十二条　本厂办事细则另定之。

第十三条　本规程所定聘派人员之等级，由教育部拟订呈请　行政院核定之。

第十四条　本规程自公布日施行。

《教育法令》，教育部编，中华书局，1947年5月版，第13—14页。

教育部电化教育工作队组织规程

1945年8月14日　教育部公布

第一条　教育部为实验电化教育施教方法，改进电化教育事业起见，特组织教育部电化教育工作队（以下简称本队）。

第二条　本队设队长一人，主持队务，由教育部任用之。

第三条　本队设置总务、机务、教务三组，各组规定工作如下：

（甲）总务组　掌理文书、庶务、出纳等事宜。

（乙）机务组　掌理放映电影、幻灯、收听播音及各项机件使用、保管与修理等技术事宜。

（丙）教务组　掌理讲解影片、灯片，编辑教材，发贴广告，接洽施教及其他展览、歌咏、施教事宜。

第四条　本队总务组设事务员一人，机务组设技术员一人或二人，教务组设施教员二人或三人。秉承队长分别办理各该组事宜。另设助理员二人或三人，协助办理各组事务。事务员、技术员、施教员及助理员均由队长聘任之，并呈报教育部备案。

第五条　本队设会计室，置会计员一人，委任。由教育部会计处呈请依法任用，并依法受队长之指挥办理本队岁计、会计事宜。

第六条　本队施教区域由教育部按期指定之。

第七条　本队应按月编制工作报告呈报教育部备核。

第八条　本队办事细则另定之。

第九条　本规程所定聘派人员之等级，由教育部拟订呈请行政院核定之。

第十条　本规程自公布日施行。

《教育法令》，教育部编，
中华书局，1947年5月版，第14页

国立编译馆组织条例

1941年6月13日　　国民政府修正公布
1945年10月12日　　国民政府修正公布

第一条　国立编译馆隶属于教育部,掌理关于教科图书及学术文化书籍之编译事务。

第二条　国立编译馆编译下列各项图书:

一、关于各级学校教科及参考需用图书;

二、关于各国新近出版各种科学书籍,足资教育参考者;

三、关于阐明文化及高深学术者;

四、关于世界专门学者所公认,具有学术上之权威者;

五、关于内容渊博、卷帙浩繁,非私人短时期内所能完成者;

六、关于学术上之名辞;

七、关于边疆学校民众需要之边疆语文图书。

第三条　国立编译馆承教育部之命,得审查下列图书仪器标本:

一、关于中等以下学校应用之教科图书;

二、关于中等以下学校应用参考书籍及课外读物;

三、关于社会教育应用图书;

四、关于中等以下学校应用标本、仪器及其他教育用品;

五、关于其他有关教育专著。

前项审查办法由教育部定之。

第四条　国立编译馆设馆长一人、副馆长一人,均简任。

第五条　国立编译馆设编纂十人至十八人,编审七十人至九十人,干事十人至十五人,助理干事十人至十五人,并得设特约编审三人至五人。

前项编纂、编审,均应酌用精通边疆语文之人员。

第六条　国立编译馆得分组办事,每组设主任一人,由编纂兼任。

第七条　馆长综理馆务,副馆长襄助馆长处理事务,组主任承馆长副馆长之命分掌各组事务,编纂、编审及干事、助理干事承长官之命办理事务。

第八条　编纂、编审及特约编审均由馆长呈请教育部聘任,干事及助理干事由馆长委任,呈报教育部。

第九条　国立编译馆于必要时,呈准教育部得设置各种专门委员会,聘请学术专家充任委员。

第十条　国立编译馆设会计员一人,依国民政府主计处组织法之规定,办理岁计、会计、统计事项。

国立编译馆设人事管理员一人,依人事管理条例之规定,办理人事管理事务。

第十一条　国立编译馆因事务上之必要,得酌用雇员二十人至三十二人。

第十二条　凡国内学者自行编译之专著,合于第二条各款之规定,经国立编译馆审查合格者,由国立编译馆酌送酬金,其有重大之贡献者,得本人之同意,由国立编译馆付印发予版税及奖金。

前项版税、奖金、酬金规则,由教育部定之。

第十三条　国立编译馆每届年度终了应将全年工作概况及下年工作计划,分别造具报告书及计划书呈报教育部。

第十四条　国立编译馆办事细则,由国立编译馆拟订呈请教育部核定之。

第十五条　本条例自公布日施行。

《教育法令》,教育部编,中华书局,
1947年5月版,第7—8页

教育部医学教育委员会组织条例

1945年10月16日　国民政府公布

第一条　教育部设医学教育委员会,其任务如下:

一、关于医学,药学,护士,助产及卫生教育等各项教育计划之拟订事项。

二、关于医学,药学,护士,助产等学校及各级学校卫生科之课程设备之审拟事项。

三、关于医学,药学,护士,助产等学校及卫生人员训练机构立案备案之审查事项。

四、建议与医学教育有关之一切兴革事项。

第二条 医学教育委员会置委员二十七人至三十七人,由教育部部长就下列人员分别聘请或指派充任之。

一、卫生署及军政部军医署代表各一人。

二、国立大学医学院或独立医学院院长、国立医药专科学校校长。

三、第一条所列各专家九人至十五人,其中七人为专任。

四、教育部高等教育司司长,中等教育司司长及参事一人。

第三条 医学教育委员会委员,任期一年,但得连任。

第四条 医学教育委员会置常务委员三人至五人,处理会务,由教育部部长就委员中指定之。

第五条 医学教育委员会置秘书一人,荐派,或由教育部部长指定委员兼充之。

第六条 医学教育委员会设下列各组:

一、医学教育组;

二、药学教育组;

三、护士教育组;

四、助产教育组;

五、卫生教育组。

每组各置主任一人,荐派,或由教育部部长指定委员兼充之,办理各该组事务。

第七条 医学教育委员会置编辑三人至五人,荐派;干事一人或二人,委派;并得酌用雇员一人至三人。

第八条 医学教育委员会会议,每年举行一次,必要时得召集临时会议,开会时由教育部部长主席,部长因事不能出席时,由常务委员互推一人为主席。

第九条 医学教育委员会议决事项,送请教育部采择施行。

第一〇条 医学教育委员会得经教育部部长之核准,聘中外医学专家三人至五人为顾问,开会时得请其列席。

第一一条 医学教育委员会非专任之委员及顾问,均为无给职,开会时得酌送旅费。

第一二条 本条例自公布日施行。

《教育法令》,教育部编,中华书局,1947年5月版,第6—7页

教育部训育委员会组织条例

1945年10月16日 国民政府公布

第一条 教育部设训育委员会,其任务如下:

一、关于三民主义教导之研究事项。

二、关于训育计划之订定督导及考核事项。

三、关于训导人员之培养及指导事项。

四、关于军事教育、童子军教育之督导及考核事项。

五、关于学生自治团体之指导事项。

六、关于训育学术之研究事项。

第二条 训育委员会置委员七人至十三人,以一人为常务委员,由教育部部长就国立师范学院院长,师范学校校长,训育专家及教育部参事,司长中分别聘请或指派充任之。

前项聘请之教育专家以三人为专任委员。

第三条 训育委员会置秘书一人,由教育部部长指派部中职员兼任之。

第四条 训育委员会设下列三组:

第一组 办理训育工作之指导及训导人员之培养指导事项。

第二组 办理军事教育、童子军教育之督导及有关学生之服役事项。

第三组 办理学生自治团体之指导及学生身心发展状况之调查。

第五条 训育委员会置组主任三人,荐派;干事六人至九人,委派;并得酌用雇员一人至三人。

第六条 训育委员会会议,每半年举行一次,由常务委员召集,开会时并任主席。

第七条　训育委员会委员除专任者外,均为无给职,但开会时得酌送旅费。

第八条　本条例自公布日施行。

《教育法令》,教育部编,中华书局,
1947年5月版,第6页

教育部国民教育辅导研究委员会组织条例

1945年10月17日　国民政府公布

第一条　国民教育辅导研究委员会之任务如下:

一、关于各级国民教育研究会之筹组与考核事项。

二、关于各级国民教育研究会研究题材之编拟解答与实验事项。

三、关于砥砺国民学校,中心国民学校教员进修通讯事项。

四、关于辅导国民学校,中心国民学校教员福利事业之筹划事项。

第二条　国民教育辅导研究委员会置委员十一人至二十一人,由部长聘任,或就部员中派充之,并指定一人至三人,为常务委员。

第三条　国民教育辅导研究委员会,置秘书一人,荐派,或由部长就委员中指定之,秉承常务委员处理会中日常事务。

第四条　国民教育辅导研究委员会设下列三组:

第一组　办理各级国民教育研究会之筹组通讯,督导,考核等事项。

第二组　办理各级国民教育研究会研究题材之编拟,解答,实验等事项。

第三组　办理辅导国民学校,中心国民学校教员福利事业之筹划及其他事项。

第五条　国民教育辅导研究委员会,置组主任三人,荐派,干事十六人,助理干事五人,均委派,并得酌用雇员二人。

第六条　国民教育辅导研究委员会,每年举行全体委员会议一次,必要时得召集临时会议,均由常务委员召集并为主席。

第七条　国民教育辅导研究委员会委员,均为无给职。

第八条　本条例自公布日施行。

《教育法令》,教育部编,中华书局,
1947年5月版,第7页

国立北平研究院组织条例

1945年10月17日　国民政府公布

第一条　国立北平研究院隶属于教育部,为学术研究机关。

第二条　国立北平研究院设下列各研究所:

一　物理学研究所

二　原子学研究所

三　化学研究所

四　药物学研究所

五　生理学研究所

六　动物学研究所

七　植物学研究所

八　史学研究所

国立北平研究院于必要时得呈请教育部核准增设其他研究所。

第三条　国立北平研究院置院长、副院长各一人,均简任。秘书一人、研究员十六人至三十二人、副研究员十六人至三十二人、助理研究员二十四人至四十八人、编辑二人、助理员三十二人至六十四人,均由院长聘任。国立北平研究院各研究所各置所长一人,由研究员兼任。

第四条　国立北平研究院,置总干事一人,承院长之命处理全院行政事宜。干事二人至五人,分掌文书、庶务、出版、出纳等事宜,均由院长聘任。

第五条　国立北平研究院置会计主任一人,荐任。佐理员一人,委任。依国民政府主计处组织法之规定,办理岁计、会计、统计事务。

第六条　国立北平研究院,置人事管理员一人。依人事管理条例之规定,办理人事管理事务。

第七条　国立北平研究院,得派用技术职员八人至十六人、雇员十六人至二十四人。

第八条　国立北平研究院,得设通信研究员,并得聘请国内外有重要发明或贡献之学术专家为名誉研究员。

第九条　国立北平研究院为学术研究之必要,与国立中央研究院及其他学术机关随时取得联络。

第十条　国立北平研究院办事细则,由院拟订呈请教育部核定之。

第十一条　本条例自公布日施行。

《教育法令》,教育部编,中华书局,
1947年5月版,第8页

国立中央图书馆组织条例

1930年10月16日　国民政府公布

1945年10月　国民政府修正公布

第一条　国立中央图书馆隶属于教育部,掌理关于图书之收集、编藏、考订、展览及全国图书馆事业之研究事宜。

第二条　国立中央图书馆置下列各组:采访组、编目组、阅览组、特藏组、总务组。

第三条　国立中央图书馆设馆长一人,简任。组主任五人,编纂十四人,编辑十五人至二十五人,均聘任。干事二十五人至四十人,委任。

第四条　馆长综理馆务,各组主任编纂编辑承长官之命,分掌各组事务,干事承各组主任编纂之命,办理所任事务。

第五条　国立中央图书馆设会计室,置会计主任一人,荐任。佐理员二人,委任。依国民政府主计处组织法之办理岁计、会计、统计事务。

第六条　国立中央图书馆置人事管理员一人,佐理员一人,均委任。依人事管理条例之规定办理人事管理事务。

第七条　国立中央图书馆因事务之需要得酌用雇员四十人至五十人。

第八条　国立中央图书馆得在各地设立分馆,其组织另以法律定之。

第九条 国立中央图书馆设出版品国际交换处,办理出版品国际交换事宜。其办法由教育部拟订呈请 行政院核定之。

第十条 国立中央图书馆设图书馆事业研究委员会,由馆长及各组主任组织之。以馆长为主席研究图书馆之改进事宜。

前项委员会得由馆长聘请馆外专家三人至七人为委员,并呈报教育部备案。

第十一条 国立中央图书馆得聘请中外图书馆学及目录学专家一人至五人为顾问或通讯员。

第十二条 国立中央图书馆办事细则由馆长拟订呈请教育部核定之。

第十三条 国立中央图书馆每届年度终了应将全年工作概况及下年度工作计划分别造具报告书及计划书,呈报教育部备案。

第十四条 本条例自公布日施行。

《教育法令》,教育部编,
中华书局1947年5月版,第8—9页

教育部教育研究委员会组织条例

1945年4月14日 国民政府公布

1945年10月 国民政府修正公布

第一条 教育部设教育研究委员会,其任务如下:

一、关于教育制度之研究计划事项;

二、关于学生训导之研究计划事项;

三、关于学校行政之研究计划事项;

四、其他有关教育之研究计划事项。

第二条 教育研究委员会设主任一人,由教育部部长兼任之;委员二十五人至四十人,其中七人至十一人专任,余兼任;由教育部部长聘请下列人员充任之:

一、对于教育有研究或经验之国内学者二十人至三十二人;

二、在华从事教育多年著有成绩之外国学者五人至八人。

第三条　教育研究委员会开会时,教育部部长得指定参事、秘书、督学各一人及各司司长列席。

第四条　教育研究委员会开会时,由主任委员或其指定人员主席。

第五条　教育研究委员会设学制、课程、师资、行政四组,置组主任四人,秘书一人或二人,专员八人至十二人,均荐派;干事十二人至二十人,助理干事八人,至十六人,均委派。

前项职员得由教育部部长就部内职员中指派兼任。

第六条　教育研究委员会必要时得酌用雇员。

第七条　教育研究委员会办事细则由教育部定之。

第八条　本办法自公布日施行。

《教育法令》,教育部编,中华书局,
1947年5月版,第4—5页

教育部组织法

1928年12月7日　国民政府公布

1947年2月12日　国民政府第十次修正公布

第一条　教育部管理全国学术及教育行政事务。

第二条　教育部对于各地方最高级行政长官执行本部主管事务,有指示监督之责。

第三条　教育部就主管事务,对于各地方最高级行政长官之命令或处分,认为有违背法令或逾越权限者,得请由行政院院长提经行政院会议议决后,停止或撤消之。

第四条　教育部置下列各司处:

一、高等教育司;

二、中等教育司;

三、国民教育司;

四、社会教育司;

五、边疆教育司;

六、总务司;

七、国际文化教育事业处。

第五条　教育部于必要时,得置各委员会,其组织另以法律定之。

第六条　教育部经行政院会议及立法院之议决,得增置裁併各司及其他机关。

第七条　高等教育司掌下列各事项:

一、关于大学教育及专门教育事项;

二、关于各种学术机关之指导事项;

三、关于学位授予事项;

四、关于其他高等教育事项。

第八条　中等教育司掌下列各事项:

一、关于中等教育事项;

二、关于师范教育事项;

三、关于职业教育事项;

四、关于地方教育机关之设立及变更事项;

五、关于其他中等教育事项。

第九条　国民教育司掌下列各事项:

一、关于小学教育事项;

二、关于失学民众教育事项;

三、关于幼稚园教育事项;

四、关于其他国民教育事项。

第一○条　社会教育司掌下列各事项:

一、关于家庭教育及补习教育事项;

二、关于学校办理社会教育事项;

三、关于低能及残废者之教育事项;

四、关于文化团体之指导事项;

五、关于民众教育馆事项;

六、关于博物馆及科学馆事项;

七、关于图书及保存文献事项;

八、关于公共体育事项；

九、关于音乐、戏剧、电影、播音及其他美化教育事项；

一〇、关于其他社会教育事项。

第一一条　边疆教育司掌下列各事项：

一、关于地方各级边疆教育之计划考核事项；

二、关于部辖各级边疆学校之管理考核事项；

三、关于边疆青年入学之奖励指导事项；

四、关于边疆教育人才之储备训练事项；

五、关于边疆教育之调查研究事项；

六、关于其他边疆教育事项。

第一二条　总务司掌下列各事项：

一、关于收发分配、撰拟缮校、保存文件事项；

二、关于部令之公布事项；

三、关于典守印信事项；

四、关于编印公报及发行事项；

五、关于本部官产公物之保管事项；

六、关于款项之出纳规划事项；

七、关于本部庶务及其他不属各司处事项。

第一三条　国际文化教育事业处掌下列各事项：

一、关于国际文化团体合作事项；

二、关于国际间交换教授及学生事项；

三、关于国外研究及考察事项；

四、关于国外留学生选派及指导事项；

五、关于国际出版品交换事项；

六、关于其他国际文化教育事项。

第一四条　学校所用图书仪器及其他教育用品，由教育部审查核定，其办法由教育部定之。

第一五条　教育部部长综理本部事务,监督所属职员及各机关。

第一六条　教育部政务次长,常务次长,辅助部长处理部务。

第一七条　教育部设秘书六人至八人,分掌部务会议,编制报告及长官交办事务。

第一八条　教育部设参事三人至五人,撰拟审核关于本部之法案命令。

第一九条　教育部设司长六人,处长一人,分掌各司处事务。

第二〇条　教育部设督学三十人至四十人,视察及指导全国教育事宜。

第二一条　教育部设科长二十二人至二十四人,科员七十七人至一百二十五人,办事员二十一人至二十七人,承长官之命,分任各科事务。

第二二条　教育部设技士二人至四人,承长官之命,办理技术事务。

第二三条　教育部于必要时,得聘用专门人员二十至三十二人。

第二四条　教育部部长特任;次长,参事,司长,处长,秘书三人及督学四人简任;督学六人聘任;其余秘书,督学,科长荐任;科员,技士,办事员委任。

第二五条　教育部因事务上之必要,得酌用雇员。

第二六条　教育部置会计处及统计处,依国民政府主计处组织法之规定,分掌岁计、会计与统计事务。

会计处设会计长一人,简任;科长三人,荐任;科员二十四人至三十人,办事员四人至八人,委任;并得酌用雇员。

统计处设统计长一人,简任;科长三人,荐任;科员十五人至十八人,委任;并得酌用雇员。

第二七条　教育部置人事处,依人事管理条例之规定,掌理人事管理事务。

人事处设处长一人,简任;科长三人,荐任;科员十二人至十五人,委任;并得酌用雇员。

第二八条　教育部处务规程以部令定之。

第二九条　本法自公布日施行。

《教育法令》,教育部编,中华书局,1947年5月版,第3—4页

教育部基本教育研究实验委员会组织规程

1948年5月3日　教育部公布

第一条　教育部为设计指导全国各地基本教育之实验研究,以期改进本国基本教育起见,设置基本教育研究实验委员会(以下简称本委员会)。

第二条　本委员会之任务如下:

一　规划全国各基本教育实验区之设置与分布。

二　规划并支配各基本教育实验区担任研究实验之中心工作。

三　规划并支配各基本教育实验区担任研究实验所需之经费。

四　督导并考核全国各基本教育实验区之研究实验工作。

五　编辑关于基本教育之研究实验刊物。

六　办理与联合国文教组织之联络事项。

七　规划其他关于基本教育研究实验事项。

第三条　本委员会置委员四十一人至五十五人,由教育部部长聘任之。

第四条　本委员会置主任委员一人、常务委员七人至九人,由教育部部长就委员中指定之。

第五条　本委员会全体委员会议每年举行一次,常务委员会议每月举行一次。必要时均得举行临时会议。各项会议均由主任委员召集并为开会时之主席。

第六条　本委员会设秘书一人、干事三人、助理干事二人,依据常务委员会决议处理日常事务。由教育部派职员兼任,不另支薪。

第七条　本委员会举行常务委员会议时得邀请其他委员出席,举行全体委员会时得邀请会外专家参加。

第八条　本委员会常务委员会应将每次决议及每三个月之工作报告全体委员。

第九条　本委员会委员概为无给职。

第十条　本规程自公布日施行。

《教育通讯》,复刊5卷8期

三 通 则

审定教科用图书规程

1912年9月 教育部公布

第一条 初等小学校、高等小学校、中学校、师范学校教科用图书,任人自行编辑,惟须呈请教育部审定。

第二条 编辑教科用图书,应依据《小学校令》《中学校令》《师范学校令》。

第三条 教科用图书为初等小学校、高等小学校,编辑者得以教员用、学生用二种,呈请审定;为中学校师范学校编辑者,专以学生用一种呈请审定。

前项教员用图书,为记载教授书项之图书,或附属于该图书之挂图等类。

第四条 图书发行人,应于图书出版前,将印本或稿本呈请教育部审定。

如用印本呈请审定,由教育部将应修正者签示于该图书上,发行人应即照改,抽出重印,呈验核定,方作为审定图书。

如用稿本呈请审定,除签示修改照前项办理外,并须将拟用印刷之纸张款式及定价预先呈请核准发还付印,印成再行呈验核定,方作为审定图书。

第五条 凡呈请审查之图书,须每种同时呈出三部,但稿本不在此限。

第六条 图书不载定价者不予审查。

第七条 已经审定之图书,由教育部送登政府公报,宣布其书名、册数、定价,及某种学校所用,并发行之年月日、编辑人发行人之姓名等。

第八条 凡图书于前条宣布之事项,如有更改,发行人须于三个月内呈请教育部复核,再登政府公报宣布,逾期即失审定效力。

第九条 凡图书已经审定后,若变更其内容,发行人须于六个月内重呈审定,逾期即失审定效力。

前项变更内容,如增减页数字句,图画注释及换用纸张之类。

第十条　凡已经审定认为合用之图书,每册书面,准载明某年月日经教育部审定字样。于初等小学校高等小学校教科用图书,宜标明教员用学生用字样。

依第八第九条已失审定效力及未经审定者,不得记载教育部审定字样。

第十一条　违背前条第二项规定者,予以法律上相当之处罚。

第十二条　各省组织图书审查会,就教育部审定图书内择定适宜之本,通告各校采用,其规程另定之。

第十三条　教育部已审定之图书,各省图书审查会认为确有尚须修正之处,得报由省行政长官呈请教育部复核后,令该发行人于再版时遵照修改。

第十四条　本规程自公布日施行。

《教育杂志》,第四卷第七号,1912年10月

视　学　规　程
1913年1月20日　教育部公布

第一条　全国视学区划分为八:一、直隶、奉天、吉林、黑龙江。二、山东、山西、河南。三、江苏、安徽、浙江。四、湖北、湖南、江西。五、陕西、四川。六、甘肃、新疆。七、福建、广东、广西。八、云南、贵州。

蒙古、西藏暂作为特别视学区域,其规程别定之。

第二条　每区域派视学二人,视察该区域之普通教育及社会教育,并得酌派部员协同视察。

第三条　各区域视察,分定期及临时二种:定期视察,每年自八月下旬起,至次年六月上旬止。临时视察,依教育总长特别命令行之。

第四条　视学每年视察之区域,由教育总长临时指定。

第五条　有荐任文官资格而合于下列各项之一者,得任用为视学。

一、毕业于本国外国大学或高等师范学校,任学务职一年以上者。二、曾任师范学校中学校校长或教员三年以上者。三、曾任教育行政职务三年以上者。

第六条　视学应视察之事项如下：

一、教育行政状况。二、学校教育状况。三、学校经济状况。四、学校卫生状况。五、关于学务各职员执务状况。六、社会教育及其设施状况。七、教育总长特命视察事项。

第七条　前条第一款至第六款事项，视学应于出发之前公同研究，酌拟办法，呈教育总长核定。

第八条　视学遇下列各事项，得就主管者表示意见。

一、与教育法令抵触事项。二、部议决定事项。三、学校教授管理事项。四、社会教育设施事项。五、教育总长特命指示事项。

第九条　视学于所至各地方，应先与地方长官省视学及国立学校校长等接洽讨论，借知该地方学务已往之历史、现在之实况及将来之计划。

第十条　视学至各地方视察学校，毋庸向该校预期通知。

第十一条　视学遇必要时，得变更教授之时间。

第十二条　视学遇必要时，得试验学生之成绩。

第十三条　视学遇必要时，得调阅各项簿册。

第十四条　专门学校及其他特别事项，教育总长得派临时视学，或命该区域之视学兼司其事。

第十五条　第十条至第十三条，临时视学皆适用之。

第十六条　视学应依第六条第一款至第六款切实调查，随时报告，至视察完毕，除面陈概要外，应提出本年度之总报告书。

第十七条　本规程自公布日施行。

《教育杂志》，第五卷第三号，1913年6月

地方学事通则

1915年1月　教育部公布

第一条　自治区按照《地方自治试行条例》及关于教育之法令规程，办理地方教

育事务。

第二条 自治区为办理教育事务,得就各该区画分学区。

第三条 自治区为办理教育事务,应于各该区组织学务委员会。

第四条 自治区依地方情形,得联合二区以上设立学校,及办理其他教育事务。

前项联合事项,由县知事召集各关系自治区之自治职员协议定之;其有纷议者,由县知事决定之。

本条联合事宜,遇解散时,其因财产上之关系而生纷议者,适用前项之规定。

第五条 自治区依《国民学校令》第七条第二项之规定,应受邻近自治区之委托处理教育事务时,因偿付经费及其他必要事项而生纷议者,适用前条第二项之规定。

第六条 自治区内原有学款,及从前关于教育之公款公产,应一律定为该区教育基金。

前项原有学款,经行政长官提作他用者,应由县知事详明该管长官定期拨还,或另筹他款抵补。

第七条 自治区内教育经费,因追加或不足时,依照《地方自治试行条例》第二十七条第二项之规定,得增收公益捐。

第八条 自治区为办理教育事务,得置基本财产及积存款项。

前项基本财产及积存款项之管理处分,由自治会议或区董决定之,但须经县知事核准。

第九条 学校及关于教育设施所收之学费使用费,或补助捐助费,均得作为基本财产或积存款项。

第十条 本通则施行细则,由教育总长定之。

附则

本通则所规定之各事项,在自治区未成立地方,由县知事督率劝学所处理之。

京师地方及未设县治之行政区域,关于地方教育事务之处理,适用《国民学校令》第五十三第五十四条之规定。

本通则自公布日施行。

《教育法规汇编》,教育部总务厅文书科编,
1919年5月,第284页

劝 学 所 规 程

1915年12月15日　教育部公布

第一条　各县设劝学所,辅佐县知事办理县教育行政事宜,并综核各自治区教育事务。

第二条　劝学所设所长一人,由县知事详请道尹委任,并详由该管最高级行政长官咨报教育部。

第三条　劝学所设劝学员二人至四人,由县知事委任,详请道尹转报该管最高级行政长官;遇必要时,得置临时劝学员,由县知事就各区学务委员内委令兼充。

第四条　具有下列资格之一者,得充劝学所所长:

一、曾任地方教育事务五年以上者;一、曾任高等小学校校长三年以上者;一、曾在师范学校毕业,任教育职务一年以上者。

第五条　具有下列资格之一者,得充劝学员:

一、曾任地方教育事务二年以上者;一、曾任国民学校或高等小学校教员二年以上者;一、曾在师范学校毕业者。

第六条　劝学所所长受县知事之监督,指挥总理所内事务。

劝学员受所长之监督,指挥分掌所内事务。

第七条　劝学所视事务之繁简,得设书记一人至三人。

第八条　劝学所职员之薪俸公费,由县知事详请该管最高级行政长官定之。

第九条　劝学所经费,由县知事就地方公款项下自行筹支,仍详报主管长官查核备案。

第十条　自治区未成立地方,由劝学所依照《地方学事通则》处理其教育事务。

第十一条　本规则之施行细则,由教育总长定之。

第十二条　本规则自公布日施行。

《教育法规汇编》,1919年5月

高中以上学校军事教育方案

1929年1月29日　国民政府修正公布

第一条　凡大学、高级中学及专门学校、大学预科并其他高等以上学校,除女生外均应以军事教育为必修科目,其修习期间均定二年。

第二条　军事教育之目的在锻炼学生身心,涵养纪律、服从、负责、耐劳诸观念,提高国民献身殉国之精神,以增进国防之能力。

第三条　应受军事教育之学校,由教育部咨请训练总监部,考选正式陆军学校毕业成绩优良之军官充任军事教官,必要时加派军官或军士若干名补助之。

第四条　训练总监部派赴各校服务之军事教官,应受各该学校校长之指挥、监督,其服务条例另定之。

第五条　军事教育之时间如下:

一　每年度每星期实施三小时;

二　每年度暑假期间,连续实施三星期极严格之军事训练。

第六条　军事教育计划由训练总监部制定其要目,如另表。

第七条　军事教育经费,除教官旅费由训练总监部发给外,其薪俸杂费等均由各学校发给。

第八条　训练总监部须随时派员查阅各校军事教育实施之情况,必要时予以所要之指示(每年至少一次)。

第九条　军事教育成绩不良之学校,认为无进步希望者,训练总监部得撤回所派之教官,停止军事教育,并咨请教育部予该校以相当之处分。

第十条　其他细则由训练总监部、教育部协定之。

《中华民国法规汇编》第六册,立法院编译处编,
中华书局,1934年10月,第471—472页

各省教育经费须保障其独立

1929年2月18日　行政院训令

案据教育部呈称："为呈请通令各省保障教育经费独立事,窃查'保障教育经费独立',载在本党总理所手定之对内政纲第十三项。国民政府令第123号,并有'一切教育收入,永远悉数拨归教育机关保管,实行教育会计独立'之规定,是知各省政府对于各地方之教育经费,务宜特别注意。虽现时各地方教育经费,应占各该地方收入若干成分,尚未及分别确定;然各地方已经实行独立之教育经费,各省政府当加以保障,自无疑义。乃近顷各省政府有藉口财政不能统一,竟将已独立之教育经费,划归财政机关征收保管者。当此各省政费支绌之时,倘有挪移借拨情事,其影响于教育者,实非浅鲜。为此具呈仰恳钧院通令各省,在未经规定教育经费应占地方收入若干成分之前,凡既经独立之地方教育经费,概不得辄行变更原定办法,以资保障,是否有当,敬祈鉴核施行"等情;据此,除指令"呈悉。所请应准照办,仰候通令各省政府,查照地方教育经费独立定案,切实办理可也。仰即知照。此令。"除印发并分令外,合行令仰该部即便遵照此令。

《教育法令汇编》第一辑,教育部编,
商务印书馆,1936年第三版,第36页

宗教团体与兴办教育事业办法

1929年4月　教育部公布

查近年来各宗教团体以兴办教育事业呈报到部者,其所订规章,往往与本部公布之法令不合,推原其故,盖因宗教团体兴办教育事业,或为捐资设学以造就人才,或为集合徒众以研究传习其教义,此二者之目的本属不同,而主其事者,每思比附牵合,遂致名实混淆,诸多舛误。本部以为欲祛此弊,必先厘订名称,而后可循名以核实。兹特明定办法:(一)凡以宗教团体名义,捐资设立学制系统内之各级学校者,应遵照私立学校规程办理。其设立各种补习学校,或民众学校者,应遵照教育部所定关于是项之法令办理。（二）凡宗教团体为欲传播其所信仰之宗教,而设立机关,招致生徒者,概不得沿用学制系统内各级学校之名称。（三）凡宗教团体,集合会社研究教义,或其他学术者,得依照关于学术集会结社之手续办理。（四）上列第一及第三项,均应呈报教育行政机关。自经此次明白规定,嗣后各宗教团体兴办教育事业,务须认明宗旨,切实办理,免遭驳斥,其以前所兴办之事业有名称不合者,亦即分别改正,是为至要。

《教育法令汇编》第一辑,教育部编,
商务印书馆,1936年11月,第385页

检定考试规程

1930年12月27日　考试院公布

第一条　各种考试之检定考试除特种检定考试另行规定外,均依本规程之规定行之。

第二条　检定考试由考试院就下列人员组织检定考试委员会行之。

一　普通检定考试以省教育厅长或市教育局长为委员长,该省市所属中等以上学校教职员若干人为委员;

二　高等检定考试以省教育厅长或市教育局长为委员长,该省市区域内之大学或专科学校教职员若干人为委员。

前项之市为直隶于行政院之市。

第三条　有中等以上学校毕业之同等学力者,得应普通检定考试。

有大学或专科学校毕业之同等学力者,得应高等检定考试。

在中等以下学校肄业之学生非离校一年后,不得应检定考试。

第四条　普通检定考试分下列各种:

一　凡欲应行政人员、法院书记官、监狱官、教育行政人员之普通考试者,应试以国文、中外历史、中外地理、法制经济大意、伦理大意五科目;

二　凡欲应农业技术人员、工业技术人员、卫生行政人员之普通考试者,应试以国文、数学、物理、化学、博物五科目。

第五条 高等检定考试分下列各种：

一 凡欲应行政人员、财务人员、统计人员、会计人员、外交官、领事官之高等考试者，应试以国文、比较宪法、政治学、经济学、行政法、中外历史、中外地理七科目。

二 凡欲应司法官、监狱官、警察官之高等考试者，应试以国文、政治学、民法、刑法、中外历史、中外地理六科目。

三 凡欲应教育行政人员之高等考试者，应试以国文、教育原理、教育史、教育行政、中外历史、中外地理六科目。

四 凡欲应农林各科技术人员之高等考试者，应试以数学、化学、植物学、动物学、外国文五科目。

五 凡欲应理工各科技术人员之高等考试者，应试以高等数学、高等物理、高等化学、外国文四科目。

六 凡欲应医师、药师、卫生行政人员之高等考试者，应试以物理、化学、生物学、物理卫生学、外国文五科目。

第六条 前两条所未列举之普通考试或高等考试，其检定考试应试科目另定之。

第七条 检定考试为笔试仅举行一次，但得分场举行。

第八条 普通或高等检定考试及格者，由该检定考试委员会分别发给检定考试及格证书，并呈由考选委员会转呈考试院备案。得有前项普通或高等检定考试及格证书者，于每届各该考试时，有应试资格。

第九条 普通或高等检定考试不及格，而其所受检定之科目中有得六十分以上者，检定考试委员会应就各该科目发给及格证明书，呈由考选委员会转呈考试院备案。得有前项及格证明书者，于每届各该检定考试时，免除其业经及格科目之检定。

第十条 检定考试日期由考试院定之。

第十一条 本规程自公布日施行。

《中华民国之教育》，舒新城编著，
中华书局，1931年11月版，第10—11页

地方教育经费保障办法

1931年5月9日 行政院训令

案据教育部呈称："案查保障教育经费，为本党政纲之一，并经钧院迭令各省市遵照办理在案：惟以具体办法未经明定，各省市往往无从履行，年来各地方教育团体屡以经费不能整理保障，致使地方教育无形停顿呈诉前来，其因是发生纠纷来部呈诉者，亦数见不鲜；兹为确实保障地方教育经费起见，特制定地方教育经费保障办法，拟请钧院令行各省市政府切实遵照，是否有当，理合具文呈送鉴核"等情到院，查该部所拟办法，系为确实保障地方教育经费起见，自应照办，除指令并分令遵照暨呈报外，合行抄发原附办法，令仰遵照并转饬遵照。此令。

一 各省市及各县市政府对于现有之教育经费总额，应切实保障，不得任其短少。

二 自民国二十年起，各项新增地方捐税，由省市政府酌定提留若干成，作为地方教育经费。

三 各地方现有教育财产，应由各该地方教育行政机关，依据下列各项，切实整理之：

甲 旧有款产，应将确定数目，一律调查清楚，据实登记，并呈报主管政府备案。

乙 旧有田产，其有未缴清地价，以及未经承粮或溢丈之地，应即照章补缴升科，以免纠纷。

丙 旧有款产，由地方绅士私人保管者，应一律归还公家，设法生利。

丁 旧有田产税项，向由私人低价承包，于中取利得，其田产应撤回另行直接招佃，税款应撤销承包，另定征收方法，尽力剔除中饱。

戊 旧有款产，被私人侵占者，应一律查明追还。

四 现有教育经费必须用于教育事业，无论何人及何项机关，均不得挪借或移作别用。

五 在某项统征之捐税中，地方教育定案所占成数，永远不得减少。统征额数增多时，教育经费成数，应按照比例数同时增加。

六 政府不得已收用教育资产时，应按照时值，另行抵偿。

七 教育捐税,因特种关系,主管政府拟行变更时,如因捐率或办法变更而收入减少者,应由主管政府预先指定确实相当之款项抵补。

八 教育经费由财政局征收者,应按照所得数,随收随交当地教育行政机关,不得挪用延欠。遇必要时,教育行政机关得呈准主管政府派员协同财政局办理教育专款之征收事宜。

九 凡私人已捐出之教育资产,不得收回,并不得转移或抵押于他人。

十 私人或私法人侵占教育经费时,除由政府责令赔偿外,并得申请司法机关,依法惩办。

十一 教育经费收支及保管人员舞弊时,除撤职惩戒外,仍应责令赔偿。

十二 各地方政府及教育行政机关,对于教育经费,倘任意玩忽,致有损失时,应受相当之惩戒。

十三 教育行政机关及各级学校各种教育机关之岁出,应由主管政府或主管教育行政机关规定最严格之标准以示限制,严防浮开滥用。

十四 各地方政府应组织教育经费稽核委员会,稽核关于教育经费之预算、决算及一切账目。

《教育法令汇编》第一辑,教育部编,商务印书馆,
1936年10月第三版,第36—37页

县长市长(行政院直辖市除外)办理教育行政暂行考成规程

1931年5月31日 教育部公布

第一条 县长市长办理教育行政之考成,除法令别有规定外,依本规程行之。

第二条 县长市长办理教育行政之考成,每年一次。自就职之日起,满一年后行之。但经教育厅及民政厅认为必要时,得随时予以考成。

第三条 考成以奖励或惩戒行之。

第四条 奖励以下列各款行之:

一　嘉奖；

二　记功；

三　记大功；

四　奖状。

第五条　惩戒处分依下列各款行之：

一　申诫；

二　记过；

三　记大过；

四　减俸；

五　停职。

第六条　考成之事项如下：

一　筹划整理及保障教育经费之成绩；

二　办理义务教育之成绩；

三　办理社会教育之成绩；

四　学校数与学生数之增减；

五　学校内容之优劣。

第七条　应予以奖状之奖励者，由教育厅民政厅会呈省政府转咨教育部及内政部会同颁发。

第八条　应予以嘉奖记功记大功之奖励者，由教育厅会同民政厅以厅令行之。

第九条　应予以停职处分者，由教育厅会同民政厅详叙事实呈由省政府核定，并咨铨叙部教育部及内政部备案。

第十条　应予以减俸之处分者，由教育厅会同民政厅呈请省政府行之；并由省政府咨铨叙部教育部及内政部备案。

第十一条　应予以申诫记过记大过之处分者，由教育厅会同民政厅以厅令行之。

第十二条　本规程规定功过得互相抵销。其记功或记过二次者，得抵记大功或记大过一次。

第十三条　关于第四第五两条所列各款之详细办法，及第六条所列各款之标准，由教育厅会同民政厅拟订，呈请省政府核准，并转咨教育部及内政部备案。

第十四条　本规程由教育部内政部会同公布施行。

《教育法令汇编》第一辑，教育部编，

商务印书馆，1936年10月第三版，第120—121页

省市督学规程

1931年6月16日　教育部公布

第一条　各省教育厅设督学四人至八人由省政府荐任，行政院直辖市各市教育局设督学二人至四人，由市政府荐任或委任。承主管长官之命，视察及指导各该管区域内教育事宜。

第二条　有下列资格之一者，得任为督学。

一　国内外大学教育学院或文学院教育学系毕业曾任教育职务二年以上著有成绩者；

二　国内外专门以上学校毕业曾任教育职务三年以上著有成绩者；

三　高中师范科或师范学校毕业曾任教育职务七年以上著有成绩者。

第三条　督学应视察及指导之事项如下：

一　关于教育法令之推行事项；

二　关于地方教育行政事项；

三　关于地方教育经费事项；

四　关于学校教育事项；

五　关于社会教育事项；

六　关于义务教育事项；

七　关于地方教育人员服务及考成事项；

八　关于主管教育行政长官特命视察或指导事项。

第四条　督学视察地方教育除定期视察外，遇有特别事故时，得由主管教育行政长官临时派往视察。

第五条　督学在定期视察出发前,应就第三条所列各项,议定标准,制定表格,并加具说明,呈请主管教育行政长官核定。

第六条　督学视察各学校及其他教育机关时,得调阅各项簿册。

第七条　督学得随时至各校检查学生名额,及试验学生成绩。

第八条　督学为执行职务,遇必要时,得临时变更学校授课时间。

第九条　督学视察时遇有违反法令事件,应随时纠正之。

第十条　督学视察所至,得召集当地现办教育人员,开会征求意见及讨论进行方法。

第十一条　督学视察所至,得借住教育机关或公共处所,但不得受其供应。

第十二条　督学关于第三条视察及指导之事项,应详细报告主管教育行政长官,并由各该主管教育行政长官摘要汇送教育部。

第十三条　督学不得兼任学校或其他机关职务。

第十四条　督学视察区域及期间与其任务之分配,应由各该主管教育行政长官订定施行。

第十五条　督学办事细则及俸给旅费,应由各该主管教育行政长官订定,呈报教育部备案。

第十六条　各省市主管教育行政长官遇必要时,得聘任专门视察员。关于第六条至第十二条之规定,专门视察员皆适用之。

第十七条　本规程自公布日施行。

《教育法令汇编》第一辑,教育部编,
商务印书馆,1936年10月,第119—120页

儿童节纪念办法

1931年8月18日　教育部公布

一　宗旨　本节举行纪念,以鼓励儿童兴趣,启发儿童爱群、爱国、爱家庭之心理,并唤起社会注意儿童事业为宗旨。

二　办法

甲　各小学（幼稚园）应举行下列事项：

子　演讲本国革命先烈及古代伟人之儿时轶事（以阐明忠孝仁爱信义和平之道德为主），或世界上科学家发明家之儿时生活。

丑　表演足以启发儿童爱群、爱国、爱家庭的心理之游戏或短剧（特别注重亲子之爱）。

寅　印发关于儿童教育及卫生等有色画片。

卯　赠送儿童节纪念品（如文具、图书、用物等，限于本校或本园生）。

辰　本校或本园儿童恳亲会。

巳　本校或本园儿童健康比赛会或运动会。

午　本校儿童文艺成绩展览会。

此外并得举行各种足以引起兴趣之活动，如选举模范儿童等。

乙　各社会教育机关（如民众教育馆等）应举行下列事项：

子　召集儿童节纪念大会（鼓励当地民众携带儿童参加），并酌量举行儿童节纪念游行。

丑　公开展览关于本地儿童调查之各种统计图表。

寅　举行婴儿比赛，及儿童健康或儿童知能比赛，前数名酌赠奖品。

卯　演讲"为父母者之责任与义务"、"保胎、保产、保婴之常识"、"训练贤父良母之办法"及"社会救济孤贫儿童之必要"等。

辰　联络当地慈幼机关（如育婴堂、孤儿院等）及为儿童谋求幸福之团体，扩大关于儿童幸福及儿童救济的宣传。

巳　印发"儿童卫生"及"保胎"、"保产"、"保婴"等常识之传单，散发于为父母者。

午　表演关于儿童生活的电影或戏剧，欢迎儿童参观。

未　当地之美术博物馆等应特别为儿童开放，欢迎儿童参观。

申　提倡各家庭于是日夜家庭内举行下列事项：

一　亲族朋友儿童恳亲会。

二　举行贺节。成人送儿童以物品，大孩送小孩以物品（物品选用国货，以能引起儿童爱群及寓有科学意味者为主)。

　　三　备办特为儿童节蒸制之糕饼食品(此种食品设计应寓有教育意味),以点缀节令。

酉　提倡儿童从事下列适当之游戏：

一　放风筝；

二　打棒；

三　踢毽；

四　其他。

《教育法令》,教育部编,中华书局,
1947年5月版,第109—110页

教育部督学规程

1931年8月31日　教育部公布

　　第一条　本部依教育部组织法第二十条及第二十二条之规定,设督学四人至六人,内二人简任,余荐任,视察及指导全国教育事宜,并得酌派部员协同办理。

　　第二条　有简任或荐任文官资格且曾任教育职务二年以上者,得任用为简任或荐任督学。

　　第三条　督学应视察及指导之事项如下：

一　关于教育法令之推行事项。

二　关于学校教育事项。

三　关于社会教育事项。

四　关于地方教育行政事项。

五　关于其他与教育有关事项。

六　关于部长特命视察或指导事项。

　　第四条　地方教育之视察,分定期及临时两种：定期视察,每年两次,每次期间,自两个月至五个月；临时视察,依部长临时命令行之。

第五条 督学视察之区域及期间,与其任务之分配,由部长订定施行。

第六条 督学应就第三条第一款至第五款事项,于出发之前,随时研究讨论,拟订标准,制成表格,并加具说明,会同各主管司处呈请部长核定。

第七条 督学至各地方视察学校或其他教育机关,毋庸先期通知。

第八条 督学于所至地方,得与当地行政长官,省市县督学,公立学校校长及其他与教育有关人员接洽讨论,藉知该地方教育过去之历史,现在之实况,及将来之企画。

第九条 督学视察时,遇有违反教育法令事件,应随时纠正之。

第十条 督学遇必要时,得查点学生名额及试验学生成绩。

第十一条 督学为执行职务,遇必要时,得变更学校授课时间。

第十二条 督学视察学校及其他教育机关时,得调阅各项簿册。

第十三条 督学视察所至得借住教育机关或公共处所,但不得受其供应。

第十四条 督学关于第三条视察及指导之事项,应随时择要报告部长,俟视察完毕,除面陈概要外,应造具详细报告,并附改进意见,呈送部长核阅,并得呈请部长发交关系司处核议。

第十五条 遇有特殊情形,部长认为必要时,得聘任临时专门视察员。

关于第七条至第十四条之规定,临时专门视察员皆适用之。

第十六条 督学办事细则另定之。

第十七条 本规程自公布日施行。

《教育法令汇编》第一辑,教育部编,商务印书馆,
1936年10月第三版,第10—11页

整顿教育令

1932年7月22日 行政院训令

十余年来,教育纪律愈见凌替,学校风潮,日有所闻。学生对于校长,则自由选举,如会议之推举主席。对于教授,则任意黜陟,如宿舍之雇用庖丁。甚至散传单

以谩骂，聚群众以殴辱。每有要求，动辄罢课以相挟持；及至年终，且常罢考以作结束。弦歌停歇，黉舍骚然。谈者每扼腕而太息，国外将传播为笑柄。而此等事件，其关系方面，实为思想最优秀之知识阶级与爱国最热烈之求学青年。此而无法解决，则将何以言吏治之澄清，将何以责军纪之整饬！推原学潮发生之因，固有多种关系。迭年以来，政府方面因种种窒碍，致学款常有延稽。各级教育机关对于办学人员及教师之选择，亦每欠审慎。以致身为教师而操纵学生播弄风潮之事，数见不鲜。此固政府当局所引为深疚。两项情形，互为因果。教育行政不积极改良，学生之风纪将无法整顿。然学生之风纪不切实整顿，则洁身自爱者将皆视教育为畏途。办学与教师人选，将愈加困难。回溯历年之学潮，其最受牺牲者厥为学生。轻则旷误学业，辜负光阴；重则酿成惨案，丧失生命。青年血气方刚，思虑未熟，徒以风气所播，率而效尤，遂令其失足一时，遗恨千古，抚循陈迹，曷胜痛念。

更思师道本属尊严，教职向称清苦，从事教育者其工作备极烦劳，其报酬比较菁薄，所恃以聊自慰藉者，唯在学生之造就与地位之清崇耳。今若学校既罕成绩之表现，而个人复有受辱之危险，则凡自重自爱者皆将另图职业，远引以去，教育前途，岂复堪问。

尤念我国入学儿童，仅占人口百分之十七。至于大学学生，更不及全民总数万分之一。此少数学生，实为国民中最幸运之部分，而每年用以培植此极少数学生之教育经费，皆为父老之膏血。恃此艰难之经费，教养极少之学生，若不善为维持，国民教育即可完全破产，朽索六马，险迫眉睫。

政府有鉴于此，爰议定以最大之决心，励行整顿。对于经费决予宽筹，务期不致延欠，并于可能范围内逐渐求独立保障之实现。同一区内学院学系之重复，亦逐渐谋其合理化，集中力量，以图各校院之发展与充实。对于教育行政人员与教师，则饬各机关各大学慎重遴选，务求确能称职。

至于学生管理方针，亦决力矫宿弊，不事姑息放任，以逢长少数分子之嚣张。实行严格监督，以维持多数学生之安定。在此暑假期间，饬令各学校详慎审查，其有屡犯校规言行越轨者，宜分别惩戒。其有习气太深不堪栽成者，宜断然开除。若有狃于习气,违犯纪律,或企图作大规模之破坏行动者,则授权当地军警,严厉制止。学校当局,不得曲为回护。在政府当局,对于青年,自属期望殷切,深冀其努力造就,蔚为国用,决不愿峻法严绳,恝然舍弃。然积重必图所返,除暴即以安良。风气败坏,至于今日,倘再因循俯仰,坐令病毒日深,匪惟国民之戚,亦实学生本身之害。

全国教育界人士,对于教育状况,耳闻目睹,素称明切。而于积极整顿之必要,尤众口一词,倡之已久。所望合力匡济,广为解说,俾各方了解整顿之用意,为教育开发一线之生机。

政府职责所在,当努力执行,纵令遭若何之反对,任若何之劳怨,决所不愿。国难危急,时不我与,愿与我国人共图之。

《教育法令汇编》第一辑,教育部编,商务印书馆,
1936年10月,第30—31页

中国童子军总章

1928年5月31日　中央第一四二次常务会议通过
1933年9月28日　第四届中央执行委员会第九十次常务会议修正

第一章　总　纲

第一条　中华民国人民依照本总章所组织之童子军定名为中国童子军。

第二条　中国童子军以发展儿童作事能力,养成良好习惯,使其人格高尚,常识丰富,体魄健全,成为智仁勇兼备之青年,以建设三民主义之国家,而臻世界于大同。

第三条　中国童子军之训练原则如下:

一、中国童子军以忠孝仁爱信义和平为训练之最高原则。

二、中国童子军无论个人或团体,均不得以童子军资格或名义参加政治活动,但以公民资格依法参加者不限制之,并对个人所信仰之宗教不加干涉。

三、中国童子军应采用以儿童为本位之教育主张及近代科学教育之方法,根据

儿童生活、生理及心理之状态为实施训练之准绳,以养成其服务民族、国家及社会所需要之基本能力。

四、中国童子军训练,在由做而学,由学而做。故应尽量给予儿童与自然界及社会实际接触之机会,以培养其对人对物之各种生活技能及正当态度。

五、中国童子军训练在使儿童自知警惕以服务他人为最大快乐,并以"准备"、"日行一善"、"人生以服务为目的"三语为铭言。

第二章　中国童子军誓词及规律

第四条　中国童子军誓词如下:

某某誓遵奉　总理遗教,确守中国童子军之规律,终身奉行下列三事:

第一　励行忠孝仁爱信义和平之教训,为中华民国忠诚之国民。

第二　随时随地扶助他人,服务公众。

第三　力求自己智识、道德、体格之健全。

第五条　中国童子军规律如下:

一、诚实　为人之道首在诚实,无论做事、说话,居心均须真实不欺。

二、忠孝　对国家须尽忠,对父母应尽孝。

三、助人　竭己力扶助他人,每日至少行一善事,不受酬、不居功。

四、仁爱　待亲戚朋友须亲爱,待众人须相善,对无害于人之生物须爱护。

五、礼节　对人须有礼貌,凡应对进退,均应合乎规矩。

六、公平　明事理、辨是非,待人公平,处事和平。

七、服从　对于团体纪律须确实遵守,对于国家法令需确实服从。

八、快乐　心常愉快,时露笑容,无论遇何困难,均应处之泰然。

九、勤俭　好学力行,刻苦耐劳,不浪费时间,不妄用金钱。

十、勇敢　义所当为,毅然为之,不为利诱,不为威屈,成败在所不计。

十一、清洁　身体服装住所用具须清洁,言语须谨慎,心地须光明。

十二、公德　爱惜公物、保护公共利益,勿因个人便利妨害公众。

第三章 中国童子军类别

第六条 凡中华民国儿童年满十二岁,志愿接受童子军训练,而得家长许可者,均得加入为中国童子军。

第七条 中国童子军分为初、中、高三级,各级资格标准及专科标准另定之。

第八条 女童子军及幼童子军之组织及规程另定之。

第四章 中国童子军之编制及组织

第九条 中国童子军之编制如下:

甲 甲种编制

一、小队 凡有童子军六人至九人,得组织一小队,设正、副小队长各一人领导之。

二、中队 凡有童子军二小队或三小队,得组织一中队,设正、副中队长各一人领导之。

三、团 凡有童子军二中队以上者,得依法组织童子军团,设团长、副团长领导之。

乙 乙种编制

一、小队 凡有童子军六人至九人,得组织一小队,设正、副小队长各一人领导之。

二、团 凡有童子军三小队以上者,得依法组织童子军团,设团长、副团长领导之。

第十条 凡依法组织之童子军团,能有合格之团长,并保障至少有一年之费用者,即可依法请求登记为中国童子军团。

第五章 中国童子军服务员

第十一条 凡中华民国国民年满二十一岁,具有童子军之学识与经验,愿为童子军事业服务者,得依法请求为中国童子军服务员。

第十二条　中国童子军服务员,应按照其学识、经验加以检定,分为若干级。

第十三条　关于中国童子军服务员之各种规程另定之。

第六章　中国童子军管理机关之组织

第一节　中国童子军总会

第一项　会员

第十四条　下列各项人员经过正式之手续,得为中国童子军总会会员,其资格、责任及入会手续等另定之。

一　直接参加中国童子军事业者;

二　以精神与物质赞助童子军事业者;

三　热心社会事业,德隆望重,堪为儿童表率者。

第二项　会长及副会长

第十五条　中国童子军总会设正会长一人,副会长二人,由中国国民党中央执行委员会选任之。正会长之选任,以曾任国家最高职务者为限。

第十六条　正会长为中国童子军之最高荣誉领袖,其任务如下:

一　领导中国童子军。

二　领导本会会员发展各种事业。

三　对外代表总会及中国童子军。

四　检阅全国童子军。

五　赠给各种荣誉证章。

第十七条　副会长襄助正会长发展本会事业。

第三项　全国理事会

第十八条　中国童子军全国理事会之理事,由各省市童子军理事会就会员中各推选一人,教育部就会员中聘任十人充任之。

第一届全国理事会理事,由教育部就合于本总章第十四条所列举各项资格之一者中遴选十五人,呈请中国国民党中央执行委员会核准后聘任之。

第一届全国理事会理事任期为一年。

全国理事会理事选举规则另定之。

第十九条　全国理事会由理事中互选一人为理事长。

第二十条　全国理事会遵照中国童子军总章之规定,确定有关中国童子军计划、方针、规则、章程等。

第二十一条　全国理事会互推常务理事四人,辅助理事长处理会务。

第二十二条　全国理事任期定为三年,每年改选三分之一,每三年举行总选举,得连选连任。

第二十三条　全国理事会每六个月开会一次,有必要时,得由理事长召集临时会。

第二十四条　全国理事会理事不受俸给,并以不在童子军事业中担任有给职务者充任为原则。

第二十五条　全国理事会内设秘书处,秉承理事长暨常务理事之命,办理总会事务。

第二十六条　秘书处设主任秘书一人、秘书二人,及训育、组织、公用、总务四科主任秘书。秘书及各科主任,经常务理事之推荐,由理事长委任之。

第四项　荣誉评判委员会

第二十七条　中国童子军荣誉评判委员会,由理事长聘请热心童子军事业,并为国人素所景仰者五人至九人充任之。

第二十八条　中国童子军荣誉评判委员会,由荣誉评判委员会中互推一人为评判长。

第二十九条　中国童子军荣誉评判委员会,执行一切有关荣誉之审查与评判。

第三十条　中国童子军荣誉评判委员会,得视事务之轻重,由评判长召集临时会议或用通信法商定。

第二节　省市理事会

第三十一条　凡有十县以上成立中国童子军理事会之省份,即可成立省理事会,依照中国童子军总章之规定,负责推行该省童子军事业。

第三十二条　省理事会理事定为七人至十一人,除该省党部常务委员一人及教育厅厅长为当然理事外,余由全省服务员及县理事会代表,就本会会员中选举充任之。

省理事会理事任期二年,得连选连任。

第三十三条　省理事会设常务理事三人,由理事互选之。

常务理事任期一年,得连选连任。

第三十四条　凡有童子军团十团以上之市(行政院直辖),即可成立市理事会。依照中国童子军总章之规定,负责推行当地童子军事业。

第三十五条　市(行政院直辖)理事会理事定为七人至十一人,除当地党部常务委员一人及教育局局长或社会局局长为当然理事外,余由当地服务员及各团之代表就本会会员中选举充任之。

市理事会理事任期二年,得连选连任。

第三十六条　市(行政院直辖)理事会设常务理事三人,由理事互选之。

常务理事任期一年,得连选连任。

第三十七条　省、市(行政院直辖)理事选举规则另定之。

第三节　县市理事会

第三十八条　凡有中国童子军团七团以上之县或市,即可成立县市理事会。依照中国童子军总章之规定,负责推行当地童子军事业。

第三十九条　县、市理事会理事定为五人至七人,除当地党部常务委员一人及教育局局长或教育科科长为当然理事外,余由当地服务员及各团代表就本会会员中选举充任之。

县市理事会理事任期二年,得连选连任。

第四十条　县市理事会设常务理事一人或二人,由理事互选之。

常务理事任期一年,得连选连任。

第四十一条　县市理事选举规则另定之。

第七章 制服徽章及旗帜

第四十二条 中国童子军之制服、徽章及旗帜等之式样、质料、颜色等,均由总会分别规定之。

第四十三条 中国童子军之制服、徽章、旗帜等之使用,只限于中国童子军。

第四十四条 中国童子军各项徽章、奖状等,均由总会颁发之。

第四十五条 中国童子军之制服、徽章、旗帜等限用国货。

第八章 财　　务

第四十六条 中国童子军之经费,除由中央或地方补助者外,由每年登记费、会员费、捐款、售卖童子军刊物、用品之盈余及总会核定之其他收入支付之。

第四十七条 凡中国童子军无论何项需要,非得总会之批准不得举行募捐。

第四十八条 各级理事会之经济状况,除每年造具决算书报告上级机关外,并须在所在地公布之。

第九章 附　　则

第四十九条 本总章得于全国理事会开会中,以过半数之决议修改之。

但第一、二两章,第一、二、三、四、五五条,非经全国理事会开会时三分之二以上之出席,出席理事全体一致之通过,不得为修改之决议。

修改案决定后,应由理事会呈请教育部核准,如教育部不同意时,再交下一届理事会复议。

第五十条 本总章自公布日施行。

《中华民国法规汇编》第六册,立法院编译处编,
中华书局,1934年10版,第499—505页

私立学校规程

1933年10月19日　教育部修正公布

第一章　总　纲

第一条　私人或团体设立之学校，为私立学校，外国人设立之学校亦属之。

第二条　私立学校之开办变更及停办，须经主管教育行政机关之核准。

私立专科以上学校，以教育部为主管机关；私立中等学校（私立专科以上学校之附属中等学校同），以省市（行政院直辖市）教育行政机关为主管机关；私立小学及其同等学校（私立中等以上学校附设之小学及其同等学校同），以市（行政院直辖市亦在内）、县教育行政机关为主管机关。

第三条　私立学校须经主管教育行政机关立案，受主管教育行政机关之监督及指导。其组织课程及其他一切事项，均须遵照现行教育法令办理。

第四条　私立学校不得设分校。

第五条　私立专科以上学校，非遇必要时，不得设附属中等学校或附设小学。

第六条　外国人不得在中国境内设立教育中国儿童之小学。

第七条　私立学校校长均应专任，不得兼任其他职务。

外国人设立之私立中等以上学校，须以中国人充任校长或院长。

第八条　私立学校，不得以宗教科目为必修科，及在课内作宗教宣传。

宗教团体设立之学校内，如有宗教仪式，不得强迫或劝诱学生参加；在小学及其同等学校并不得举行宗教仪式。

第九条　私立学校办理不善或违背法令时，主管教育行政机关得撤销其立案或令其停办。其开办三年尚未立案者，主管教育行政机关得令其停办并撤销其校董会之立案。

第十条　私立学校之名称应明确标示学校之种类，不得以省市县等地名为校名并须冠以私立二字。

第二章 校 董 会

第十一条 私立学校以校董会为其设立者之代表。第一任校董由设立者聘请相当人员组织之。

设立者为当然校董。设立者人数过多时,得互推一人至三人为当然校董。

第十二条 校董会校董名额不得过十五人,应互推一人为董事长。

第十三条 校董会之组织及职权暨校董之任期及改选办法,应于校董会章程中规定之。

第十四条 校董会至少须有四分之一之校董,以曾经研究教育或办理教育者充任,现任主管教育行政机关及其直接上级教育行政机关人员,不得兼任校董。

有特别情形者得以外国人充任校董,但名额至多不得过三分之一,其董事长须由中国人充任。

第十五条 校董会设立后,须开具下列各事项,呈请主管教育行政机关立案。

一、名称;

二、目的;

三、事务所所在地;

四、校董会章程;

五、资产、资金或其他收入详细项目及其确实证明;

六、校董姓名、年龄、籍贯、职业及住址。

立案后,如第三、第五、第六各项有变更时,须于一个月内分别呈报主管教育行政机关备案。

第十六条 校董会呈请立案时,在私立专科以上学校校董会,应呈由该管省市(行政院直辖市)教育行政机关转呈教育部核办;在私立中等学校校董会,应呈由该管县市教育行政机关转呈教育厅或径呈该管市(行政院直辖市)教育行政机关核办;在私立小学及其同等学校校董会,应呈请该管市(行政院直辖市亦在内)县教育行政机关核办;转呈时对于前条所列各事项均须切实调查,开具意见,以备审核。

第十七条 已核准立案之私立中等学校校董会,应由该管省市(行政院直辖市)

教育行政机关转呈教育部备案,已核准立案之私立小学及其同等学校校董会,应由该管县市教育行政机关转呈教育厅备案。

第十八条 私立专科以上学校之附属中等学校及私立中等以上学校附设之小学暨其同等学校,应另设校董会,其呈请立案及备案手续,与普通私立中等学校及小学暨其同等学校同。

第十九条 校董会之职权以下列各项为原则,但因特别情形经主管教育行政机关核准者,不在此限。

一、关于学校财务,校董会应负之责任如下:

(1) 经费之筹划;

(2) 预算及决算之审核;

(3) 财务之保管;

(4) 财务之监察;

(5) 其他财务事项。

二、关于学校行政,由校董会选任校长或院长完全负责,校董会不得直接参预。所选校长或院长应得主管教育行政机关之认可,如校长或院长失职,校董会得随时改选之。

主管教育行政机关如认校董会所选任之校长或院长为不称职时,亦得令校董会另选之,另选仍不称职,得由主管教育行政机关暂行遴任,校董会发生纠纷以致停顿时,得由主管教育行政机关令其限期改组。遇必要时,得径由主管教育行政机关改组之。

私立专科以上学校之附属中等学校及私立中等以上学校附设之小学暨其同等学校,其校长由另设之校董会选任之。

第二十条 校董会须于每学年终结后一个月内,详开下列事项,连同财产项目分别径报或转报主管教育行政机关备案:

一、学校校务状况;

二、前年度所办重要事项;

三、前年度收支金额及项目;

四、校长、教职员、学生一览表;

第二十一条　主管教育行政机关每学年须查核校董会之财务及事务状况一次,于必要时,得随时查核之。

第二十二条　私立学校因事停办时,校董会应于十日内呈请主管教育行政机关派员会同清理其财产。清理了结时,由清理人呈报主管教育行政机关备案。

第二十三条　私立学校及其财产不得收归公有。但学校停办,校董会失其存在时,其财产得由主管教育行政机关处置之。

第二十四条　关于校董会债权、债务诸事项发生窒碍时,应归法院处理。

第二十五条　校董会自身之解散,须经主管教育行政机关之许可。

第三章　私立专科以上学校

第二十六条　私立专科以上学校之设立,应遵照下列规定程序办理:

一　呈报开办应于校董会立案后行之。凡非经主管教育行政机关核准开办者,不得遽行招生,呈报时应开具下列各事项,连同全校平面图及说明书,送呈查核:

（1）学校名称(如有外国文名称者亦应列入)及其种类;

（2）学校所在地;

（3）校地及校舍情形;

（4）经费来源及经常开办各费预算表;

（5）组织编制及课程;

（6）参考书或教科书目录;

（7）图书馆全部图书目录及实验室全部仪器、标本目录及其价值;

（8）校长或院长及教职员履历表。

二　呈请立案应于开办一年后行之。呈请时须开具下列各事项,送呈查核:

（1）开办后经过情形;

（2）前项第四款至第八款各事项;

（3）各项章程规则;

（4）学生一览表;

（5）训育实施情形。

第二十七条　私立专科以上学校,呈报开办及呈请立案时,应由该校校董会备具呈文及附属书类,呈由该管省市(行政院直辖市)教育行政机关转呈教育部核办,转呈时,对于前条所列各事项均须切实调查,开具意见,以备审核。

第二十八条　私立专科以上学校须具有下列各项,方得呈报开办：

一　大学或独立学院按所设学院或科之数目及种类,至少须有大学规程第十条所规定之开办费及每年经常费。

二　专科学校按所设专科之数目及种类,至少须有修正专科学校规程第十条所规定之开办费及每年经常费。

(附注)开办费及第一年经常费,均须以现款照数存储银行。

第二十九条　私立专科以上学校之立案,须具有下列各项：

一　呈报事项查明确实者；

二　对于现行教育法令切实遵守,并严厉执行学校章则者；

三　教职员合格胜任,专任教员占全数三分之二以上者；

四　学生入学资格合格,在校学生成绩良好者；

五　设备足敷应用者；

六　资产或资金之租息连同其他确定收入(学费收入除外)足以维持其每年经常费者。

第四章　私立中等学校及小学暨其同等学校

第三十条　私立中等学校及小学暨其同等学校之设立,应遵照下列规定程序办理：

一　呈报开办　应于校董会立案后行之,凡非经主管教育行政机关核准开办者,不得遽行招生,呈报时须开具下列各事项,连同全校平面图及说明书,送呈查核：

(1) 学校名称(如有外国文名称者,亦应列入)及其种类；

(2) 学校所在地；

(3) 校地及校舍情形；

(4) 经费来源及经常开办各费预算表；

(5) 组织编制及课程；

(6)教科书及参考书目录；

(7)图书、仪器、标本、校具及关于运动卫生各种设备及其价值；

(8)校长及教职员履历表。

二 呈请立案 应于开办一年后行之,呈请时须开具下列各事项送呈查核：

(1)开办后经过情形；

(2)前项第四款至第八款各事项；

(3)各项章程规则；

(4)学生一览表；

(5)训育实施情形。

第三十一条 私立中等学校呈报开办及呈请立案时,应由该校校董会备具呈文及附属书类,呈由该管县市教育行政机关转呈教育厅或(径)呈该管市(行政院直辖市)教育行政机关核办。转呈时,对于前条所列各事项,均须切实调查,开具意见,以备审核。在私立小学及其同等学校,应由该校校董会备具呈文及附属书类,呈请该管县市(行政院直辖市亦在内)教育行政机关核办。

第三十二条 私立中等学校及小学暨其同等学校须具有下列各项,方得呈报开办：

一 中学及高级职业学校 高级中学、初级中学及高级职业学校至少须有下表规定之开办费及经常费。惟第一年之经常费,至少须各有额定数目三分之二。又下表每校以开设三级,每级分两班为准,其每级仅设一班者,经常费得减三分之一。其高中与初中合办者,开办费得经主管教育行政机关核准,照下表酌减。

(表略)

二 初级职业学校

经费 有确定之资产或资金,其租息足以维持其每年经常费者；或另有其他确定收入,足以维持其每年经常费者。

设备 有自置或拨用之校舍、相当之校地、运动场、理科实验室、实习场所、标本、仪器、图书、校具各项者。

三 小学及其同等学校

经费 有确定收入,足以维持其每年经常费者。

设备 有相当之校地、校舍、运动场、校具、教具、图书各项者。

第三十三条 私立中等学校之立案,须具有下列各项:

一 呈报事项查明确实者;

二 对于现行教育法令切实遵守,并严厉执行学校章则者;

三 教职员之名额、资格及任务,均合于中学规程及职业学校规程所规定者;

四 学生入学资格合格,在校学生成绩良好者;

五 设备足敷应用者;

六 资产或资金之租息,连同其他确定收入(学费收入除外)足以维持其每年经常费者。

第三十四条 私立小学及其同等学校之立案,须具有下列各项:

一 呈报事项查明确实者;

二 教职员之名额、资格及任务,均合于小学规程所规定者;

三 设备足敷应用者。

第三十五条 已核准立案之私立中等学校,应由省市(行政院直辖市)教育行政机关转呈教育部备案;已核准立案之私立小学及其同等学校,应由县市教育行政机关转呈教育厅备案,核准备案后,其立案手续方为完成。

第三十六条 私立专科以上学校之附属中等学校,及私立中等以上学校附设之小学,暨其同等学校之呈报开办,呈请立案及备案手续,与普通私立中等学校及小学同。

第五章 附 则

第三十七条 未依照本规程完成立案手续之私立学校,其肄业生及毕业生,不得与已完成立案手续之私立学校学生受同等待遇。

第三十八条 本规程自公布日施行。

《教育法令汇编》第一辑,教育部编,商务印书馆,
1936年10月三版,第343—348页

先师孔子诞辰纪念办法

1934年7月5日　第四届中央执行委员会第128次常务会议通过

一　纪念日期　八月二十七日。

二　纪念日名称　先师孔子诞辰纪念。

三　孔子事略　先师孔子,名丘,字仲尼,鲁人。幼年即志于学。壮游四方,阐扬尧、舜、禹、汤、文武周公救世致治忠恕一贯之道。晚年复删诗书,定礼乐,赞周易,修春秋,垂法后世,为儒家之祖,历代尊为师表。国父　孙中山先生亦每推崇不置。先师生于民国纪元前2462年(周灵王二十一年),卒于同纪元前2390年(周敬王四十一年),年七十有三。

四　纪念仪式　是日休假一天。全国各界一律悬旗志庆,各党政军警机关、各学校、各团体分别集会纪念,并由各地高级行政机关召开各界纪念大会。

五　宣传要点:(一)讲述孔子生平事略;(二)讲述孔子学说;(三)讲述国父孙中山先生革命思想与孔子之关系。

附　先师孔子诞辰纪念秩序单:

一、全体肃立;

二、奏乐;

三、唱党歌;

四、向党国旗、总理遗像及孔子遗像行三鞠躬礼;

五、主席恭读总理遗嘱;

六、主席报告纪念孔子之意义;

七、演讲;

八、唱孔子纪念歌;

九、奏乐;

十、礼成。

《教育法令》,教育部编,中华书局,1947年版,第108—109页

限制宗教团体设立学校令

1934 年 9 月 3 日 教育部训令

查宗教团体兴办教育事业办法,前经本部制订于十八年四月布告并通令饬遵在案。嗣据浙江省教育厅呈请解释该办法第二项内"机关"二字之意义,经以"所谓机关二字之意义,系指教堂寺观或各教信徒因布道讲经而设立之会社讲习所旨在传习教义者而言"等语指令遵照。近查各宗教团体,仍有自立名目,设立机关。表面虽不沿用学校名称,实际仍是学校组织,殊属不合。兹再明白规定,凡宗教团体设立学校应遵照修正私立学校规程办事;如或设置机关传习教义,概不得沿用学校名称,并不得仿照学校规制,编制课程,招收学龄儿童及未满十八岁之青年,授以中小学应有科目,以杜假借而免混淆。

《教育法令汇编》,第一辑,教育部编,商务印书馆,
1936 年 11 月,第 385—386 页

高等考试教育行政人员考试条例

1935 年 8 月 5 日 考试院修正公布

第一条 凡教育行政人员之高等考试,除法律别有规定外,依本条例之规定行之。

第二条 中华民国国民有下列各款资格之一者,得应教育行政人员之高等考试:

一 公立或经立案之私立大学、独立学院或专科学校教育学、哲学、文学、史学、社会学各学科毕业,得有证书者;

二 教育部承认之国外大学、独立学院或专科学校教育学、哲学、文学、史学、社会学各学科毕业,得有证书者;

三 有大学或专科学校教育学、哲学、文学、史学、社会学各学科毕业之同等学力,经高等检定考试及格者;

四 有教育专门著作经审查及格者;

五　经同类之普通考试及格满四年者；

六　曾任教育行政机关委任官及与委任官相当职务三年以上，有证明文件者；

七　曾任中等以上学校教职员或在教育机关服务三年以上，有证明文件者。

第三条　第一试之科目如下：

一　国文、论文及公文；

二　总理遗教、建国方略、建国大纲、三民主义及中国国民党第一次全国代表大会宣言；

三　中国历史；

四　中国地理；

五　宪法（宪法未公布前考中华民国训政时期约法）；

六　社会学。

第四条　第二试之科目如下：

甲　必试科目：

一　教育原理；

二　教育行政及教育法规；

三　视学纲要；

四　各国教育制度；

五　民法。

乙　选试科目：

一　教育心理学；

二　社会教育；

三　乡村教育；

四　师范教育；

五　职业教育；

六　教育统计。

以上选试科目任选二种。

第五条　第三试就应考人第二试之必试科目及其经验面试之。

第六条 本条例自公布日施行。

《教育部公报》第七卷第三五、三六期合刊，
1935年9月8日，第4—6页

普通考试教育行政人员考试条例

1935年9月3日 考试院修正公布

第一条 凡教育行政人员之普通考试，除法律别有规定外，依本条例之规定行之。

第二条 中华民国国民有下列各款资格之一者，得应教育行政人员之普通考试：

一、公立或经立案之私立师范学校、高等中学、旧制中学或其他同等学校毕业，得有证书者；

二、有前款所列学校毕业之同等学力，经验定考试及格者；

三、有高等考试应考资格者；

四、曾在教育行政机关服务三年以上，有证明文件者；

五、曾任高级小学以上学校教职员或在教育机关服务三年以上，有证明文件者。

第三条 第一试之科目如下：

一、国文、论文及公文；

二、总理遗教、三民主义及建国方略；

三、中国历史及地理；

四、宪法（宪法未公布前考中华民国训政时期约法）。

第四条 第二试之科目如下：

甲、必试科目：

一、教育原理；

二、教育行政及教育法规；

三、视学纲要；

四、民法概要。

乙、选试科目：

一、教育心理学；

二、社会学；

三、各国教育制度；

四、教育统计。

以上选试科目任选一种。

第五条　第三试就应考人第二试之必试科目及其经验面试之。

第六条　本条例自公布日施行。

《教育部公报》,第七卷,第三十七、三十八期合刊,
1935年9月,第7—9页

青年训练大纲
1938年2月23日　教育部通令

甲　基本观念

一、人生观

子　目标

1. 认清生活之目的,为增进人类全体之生活。

2. 认清生活之意义,为创造宇宙继续之生命。

丑　实施要点

1. 征服自然利用万物　宇宙万物,皆为我而生,待我而用,故必须努力征服自然,尽量利用万物,以增进及充裕人类全体之生活。

2. 为主义民族国家而牺牲　一己生命并非唯一的生命,要将一己的生命溶汇于整个民族历史的生命之中,抱定在必要时牺牲小我以成大我,牺牲个人以复兴民族的决心。

3. 作事要有目的　作任何事要有目的有意义;有正当的目的,作事始能成功,所作之事,方有意义。

4. 要能自反自立自强　能自觉自反者始能进步；能自立自强者始能不亡。

二、民族观

子　目标

1. 认清中华民族为世界上最优秀民族之一。
2. 认清中华民族对于世界文化有其独特之贡献，应该发扬光大。
3. 认清中华民族为富有创造精神之民族。

丑　实施要点

1. 说明中华民族之特性及其成为世界上优秀民族之理由及例证。
2. 讲述中华民族固有文化的特点，阐发其优点，矫正其缺点。
3. 养成民族自信自尊的信念。

三、国家观

子　目标

1. 确立国家高于一切信念。
2. 认清个人与国家之关系。
3. 认清我国之现状及此后应努力之途径。

丑　实施要点

1. 讲清个人之存亡与国家之存亡相终始之意义及例证。
2. 说明现代公民对国家所应担负之基本责任。
3. 讲述先有义务始有权利之理论及例证。
4. 讲述我国历史地理，尤注意历来外患史实。
5. 讲述富于国家思想及民族意义之故事。
6. 讲述建设现代国家所必须具备之条件及中国目前之需要，并研究努力实现需要之方法。
7. 充分利用乡土教材并实地考察。

四、世界观

子　目标

1. 认清世界各国之现状。

2. 认清近代国际社会之性质。

3. 认清我国与世界各国之关系。

4. 认清我国在国际上所居之地位及对世界所负之使命。

5. 说明我国须先恢复自由独立与平等,始能促进世界于大同之意义。

丑　实施要点

1. 讲述近数十年来各国之状况,尤注重于军事、政治、外交、经济之动向及其原因。

2. 分析近代国际社会错综复杂之性质,以说明我国之国际地位。

3. 讲述我国近数十年来与外国交往之史实。

4. 说明我国恢复自由独立与平等的奋斗即为维持世界和平促进世界大同的努力。

乙　训练要项

一、信仰

子　目标

1. 信仰三民主义。

2. 信仰并服从领袖。

丑　实施要点

1. 阐发三民主义之精义　认清三民主义为广大精微之救国救民主义,为中国建国最高之理想,并说明其现代国际政治经济文化上所占之地位。

2. 讲述领袖之言行　激其信仰领袖服从领袖之情绪,使青年耳听心唯,时时刻刻心领袖之心,行领袖之行。

二、德行

子　目标

1. 发挥忠孝仁爱信义和平诸美德。

2. 实现领袖提倡礼义廉耻之意义。

3. 涵养公诚朴拙之精神。

丑　实施要点

1. 依照下列十二守则体会力行：

① 忠勇为爱国之本。

② 孝顺为齐家之本。

③ 仁爱为接物之本。

④ 信义为立业之本。

⑤ 和平为处世之本。

⑥ 礼节为治事之本。

⑦ 服从为负责之本。

⑧ 勤俭为服务之本。

⑨ 整洁为强身之本。

⑩ 助人为快乐之本。

⑪ 学问为济世之本。

⑫ 有恒为成功之本。

2. 遵照军人读训之精神自省自立：

① 实行三民主义，捍卫国家，不容有违背忽视之行为。

② 拥护国民政府，服从长官，不容有虚伪背离之行为。

③ 敬爱袍泽，保护人民，不容有倨傲粗暴之行为。

④ 尽忠职守，奉行命令，不容有延误怯懦之行为。

⑤ 严守纪律，勇敢果决，不容有废弛敷衍之行为。

⑥ 团结精神，协同一致，不容有散漫推诿之行为。

⑦ 负责知耻，崇尚武德，不容有污辱贪鄙之行为。

⑧ 刻苦耐劳，节俭朴实，不容有奢侈浮滑之行为。

⑨ 注重礼节，整肃仪容，不容有亵荡浪漫之行为。

⑩ 诚心修指，笃行信义，不容有卑劣诈伪之行为。

三、体格

子　目标

1. 健全的体魄。

2. 自卫卫国的技能。

丑　实施要点

1. 锻炼身体　体格之好坏,十分之七由于锻炼,故须养成恒心毅力及刻苦耐劳之体魄,始能历尽风霜,不避艰险,肩负对国家民族所应负之责任。

锻炼方法举例如下：

① 登山。

② 游泳。

③ 远足。

④ 拳术。

⑤ 竞赛。

2. 注意卫生。

① 饮食要有定时。

② 衣服要整洁。

③ 早睡早起,呼吸新鲜空气。

④ 多到野外与阳光接触。

3. 学习军事技能。

① 射击。

② 驾驶。

③ 骑御。

④ 露营。

⑤ 救护。

⑥ 侦察。

四、生活

子　目标

1. 军事化。

2. 生产化。

3. 艺术化。

丑　实施要点

1. 重秩序守纪律　一切行动务须要敏捷确实整齐严肃,力除浪漫懒惰颓唐之恶习。

2. 劳动与节俭　从事劳作,学习技能,以求增进生产;利用废物减少浪费,以求节省消耗。

3. 整齐与清洁　凡物整齐清洁者自然美观,故衣食住行全须整齐清洁,一洗污秽泄沓之恶习。

4. 简单与朴素　衣服什物,务求简单朴素,当知什物系为人所用,勿使人为什物所累。

五、服务

子　目标

1. 认清人生之目的,在于服务,不在夺取。

2. 认清服务社会为人类生存之基本义务。

3. 认清服务之精义在能彼此互助,祛除自私自利心,以社会福利为前提。

丑　实施要点

1. 在政府指导下协助民众组织,倡导生产能力的提高,参加各种宣传队或训练班,协助办义务教育、平民教育、及社会教育,以提高民众政治常识及生产能力之水准。

2. 参加各慈善团体救济灾难,参加战区服务,难民安抚,伤兵救护,及防空防毒消防等工作。

3. 协助军队保护地方,捍卫国家,帮助维护秩序,及必要时参加抗战等。

六、训练方式

1. 日常活动

子　小组集会　除讨论及研究政治、经济、社会问题及其应付之具体方案外,并联络感情,及练习四种之使用及组织能力之培养。

丑　野外远足及聚餐　除锻炼身体联络感情外,并练习各小组之间相互联络,俾一旦有事可随时在指定之地点集合。

寅　农村服务　使了解当地之稼穑情形与民间疾苦,除锻炼身体外,并应在政府指导下,教育训练民众,使其增加组织及生产之能力。

卯　救济服务　使练习各种救济事业,如防空防毒消防、水灾抢险、战区难民收容安置、伤兵看护等,以达到人生以服务为目的之意义。

辰　露营训练　使练习军旅习惯及集团生活,以为异日捍卫国家驰赴疆场之用。

巳　外省旅行　使了解本国各地之情形风俗,以消除隔阂,而资团结并认识吾国之境界,而起爱护及保卫之心志。

2. 教学课程（另订）

《教育法令汇编》第四辑,教育部编,正中书局,
1939年11月,第13—17页

中等以上学校导师制纲要

1938年3月28日　教育部颁发

一、本部为矫正现行教育之偏于知识传授而忽于德育指导,及免除师生关系之日见疏远而渐趋于商业化起见,特参酌我国师儒训导旧制及英国牛津、剑桥等大学办法,规定导师制,令中等以上学校遵行。

二、各校应将全校每一学级学生分为若干组,每组人数以五人至十五人为度,每组设导师一人,由校长指定专任教师充任之。校长并指定主任导师或训育主任一人,综理全校学生训导事宜。

三、导师对于学生之思想、行为、学业、及身心摄卫,均应体察个性,施以严密之训导,使得正常之发展,以养成健全之人格（训导纲要另定之）。

四、训导方式不拘一种,除个别训导外,导师应充分利用课余及例假时间集合本组学生举行谈话会、讨论会、远足会等,作团体生活之训导。

五、导师对于学生之性行、思想、学业、身体状况各项,应依照格式详密记载,每月报告学校及学生家长一次;其缴学校之报告,主管教育行政机关,得随时调阅之。

六、各级导师应每月举行训导会议一次,汇报各组训导实施情形,并研究关于训导之共同问题。训导会议由校长主席,校长因故不能出席时,得由主任导师或训育主任代表主席。

七、各组导师对于学生之思想与行为各项,应负责任。学生在校或出校后在学问或事业方面有特殊之贡献者,其荣誉应同时归于原任导师。其行为不检思想不正如系出于导师之训导无方者,原任导师亦应同负责任,其考查办法另订之。

八、导师认为学生不堪训练时,可以请求校长准予退训。其受退训之学生,得就本校导师中自选一人受其训导,如再经退训时,即由学校除名。

九、学生毕业时导师应出其训导证书,对于学生之思想、行为及学业各项,详加考语。此项证书在学生升学或就业时,其关系方面得随时调阅之。

十、本部指定督学随时视察各校导师制实施情形,专案报部。各省市教育厅局应派督学随时视察指导。

十一、各专科以上学校得依本纲要另订导师制施行细则,中等学校导师制施行细则得由各教育厅局依本纲要规定之。

十二、本纲要经呈行政院备案后施行。

《教育法令汇编》第四辑,教育部编,
1939年11月第五版,第17—18页

实施导师制应注意之各点

1938年3月28日 教育部训令

导师制纲要,本部已经制定,现颁发全国中等以上学校施行。惟此项训育制度,在我国新教育史上,系属首创;欲求推行尽利,则在实施以前,非有充分考虑不为功。故于颁发导师制纲要之时,更举述实施时应注意之各点,以备各校之参考。

本部创设导师制之宗旨,已于纲要中言其梗概。我国过去教育,本以德行为重,而以知识技能为次要。师生之关系,亲如家人父子;为师者之责任,非仅授业解惑而已,且以传道为先。自行新教育以来,最初各校犹列修身伦理为教科;而老师宿儒,流风未泯，人格熏陶，收效尚巨。迨至近十余年前，放任主义与个人主义之思潮，泛滥全国，遂影响于教育制度。修身伦理既不复列为教科，而教育功能亦仅限于知识技能之传授。师生之关系，仅在口耳授受之间。在讲堂为师生，出讲堂则不复有关系。师导既不讲，学校遂不免商业化之讥。凡此情形，不仅使教育失效，实为世道人心之患，早为有识者所深忧。本部为矫此弊失，复纳教育于正轨起见，爰参酌我国昔时师儒训导之旧法及欧西有名大学之规制，订立中等以上学校导师制度。其办法已于纲要中明白规定。但此制之能否成功，不全恃条文之规定，而系于实施之精神。如果各校无实施此制之决心，但知虚应故事，则纲要将成具文。如果决心实施，而考虑欠周，则流弊亦所不免。故于导师制施行之时，各校校长、导师、及学生家长，均应多加注意，并保持密切之合作。

  导师制之能否成功，大部分系于校长。于实施此制时，首宜由校长慎选导师，选择导师时，不应仅视其学问如何，尤应视其道德人格是否足为学生之表率。校长于选定导师以后，对于学生之分组，亦应考察各生个别情形，加以特别之注意。其年龄、学力、及品行相若者是否应分归一组，抑或于一组之内分派年龄长幼不同及学行优劣不同之学生，此须斟酌实际情形而决定。此等办法，涉近微妙，非可以公式规定，悉心体验，是在各校校长。校长对于各导师之施行训导，应随时加以协助与指导。遇有困难问题，应随时商讨解决，其在中等各校及中等以上女校，如教员及教职员人数不多，并得将每组学生人数较规定酌量增多。

  导师为直接实施训导之人，其重要更不待言。导师实施训导时，最应注意之点，为以身作则。古语谓："以身教者从，以言教者讼。"又谓："其身正，不令而行；其身不正，虽令不从。"为导师者，首宜谨饬言行，示学生以楷模。对于学生之训导，应依照本部颁发之训导标准，对于学生个性，亦应深加体察，其有特长者，应予发展之机会，勿令埋没于一般标准之下。导师对于学生之关系，虽应力求亲切，但仍须保持师道之尊严。各组导师，应彼此保持训导上之联络，不可各不相谋。导师对于学生家庭，尤须有密切之联络。导师训导学生，除对国家社会负责而外，对于学生家长，尤应负直接责任。除依纲要之规定，按期向学生家长报告学生在校情形而外，访问与通信，应随时行之。

学生家长对于导师制之推行，亦负有责任。盖导师制之目的，不仅为国家造就好公民，亦在为家庭培植佳子弟。过去学校与家庭之隔膜，将因导师制之施行而破除。凡为家长者，应将子弟之个性以及在家庭内之行为，随时报告导师，使导师于训导时得所依据，同时家长对于导师应致其尊敬。在昔日家塾制度中，西席为家庭之上宾，备受家长之尊崇与礼遇。今虽行学校制度，亲师之关系变更，但为导师者，如能尽心训导其子弟，家长亦应同样致其尊敬，固不应有今昔之别也。

各校校长导师，及学生家长，诚能依照以上指示各点，共助导师制之推行，则不特可免流弊，且将为学校训育开一新纪元，为社会道德立一新基础，本部有厚望焉。

《教育法令汇编》第四辑，教育部编，
1939年11月第五版，第18—19页

私人讲学机关设立办法

1939年6月1日　教育部公布

第一条　书院及类似书院之私人讲学机关，应具备下列条件，方得设立：

一、主持人在学术上有特殊贡献，资望品格为海内所崇仰者。

二、不违背三民主义者。

三、经教育部学术审议委员会投票通过者。

四、学生须大学毕业或具有同等学力者。

五、有充足之基金者。

第二条　私人讲学机关之学生概不给予资格。

第三条　私人讲学机关遇有特殊情形必须政府补助经费时，应遵照私立专科以上学校补助费支给办法呈请。

第四条　私人讲学机关，每年须将该机关状况呈报教育部，其应报之项目由教育部订定之。

第五条　私人讲学机关成绩优良愿改为私立专科以上学校者，得按照私立专科以上学校立案手续，请求立案并改称。

第六条 私人讲学机关设立后,本部将随时派员视察。其有违犯规定者,即予以取缔。

《教育法令》,教育部编,中华书局,
1947年5月版,第198页

训 育 纲 要

1939年9月25日 教育部颁发

中华民国教育所需之训育,应为依据建国之三民主义,与理想之人生标准(人格)教育学生,使之具有高尚之志愿,坚持之信仰,与智仁勇诸美德,在家为良善之子弟,在社会为有守之分子,在国家为忠勇守法之国民,在世界人类为维护正义促进大同之先锋,故必须依照学生在校之程度,作有系统有步骤之实施,并尽量要求家庭社会之合作,与教师之身体力行,以期达到同一之目的。兹将训育纲要及其实施要目述之于次:

一、训育之意义

训育之意义,在于陶冶健全之品格,使之合乎集体生存(民生)之条件,而健全品格之陶冶在于培养实践道德之能力,培养实践道德能力之道无他,好学、力行、知耻三者而已。好学而不惑,智者能之;力行而不忧,仁者能之;知耻而不惧,勇者能之。培智之道在于求真,求真则知益;行仁之道在于博爱,博爱则情厚;养勇之道在于自强,自强则意坚。而培养此三者,尤以意志之坚定为先,盖意坚而后力固,今之青年之大病在缺乏自动能力与劳动习惯,欲培养此能力与习惯,尤非先坚定其意志不可也,故意知情三者之发展与完整,为构成品格之要素,缺其一则不能全其功。过去各级学校对于学生意志之激勉,知识之传授,情感之陶冶,未能遂其平均之发展,是故道德式微,精神衰颓,青年心理,不流于浮夸,即趋于消沉,致此之咎,责在训育。考其原因,实由于师教之忽于德育指导。盖教育主要目的,在于养成完全之人格,否则纵有精深之智识,健强之体格,而无高尚之道德以正其用,于个人则为自私自利,以趋于自残,于国家则未获其益而适承其病。故训育在教育上之功能实为显示智育与体育之目的与意义,使之用得其当,以提高人生之价值,而为完成知识技能的教学效果之保证;而究其实践,则在使德智体三育能相互为用,以完成健全品格之基础者也。

二、道德之概念

训育既为培养实践道德之能力,故于训育实施之先,必须对于道德有明确之概念。过去言道德者,多着重于个人私德之修养,而忽于团体生活之训练;偏于静止工夫之修习,而忽于进取精神之培养;涉于因果报应之迷信,而忽于科学观念之启迪。忽于团体生活之训练,则社会日趋于散漫与无组织之状态;忽于进取精神之培养,则民族自缺乏蓬勃向上之热情;忽于科学观念之启迪,则民族之创造力量与一切文物无由彰明而光大,兹欲矫正道德之概念,必须先明道德之所以产生。

总理中山先生谓:"生存为进化之中心,民生为人类历史进化之中心。"盖人类历史愈进化,人与人间之关系愈繁复,则因共同生活所发生之问题亦愈增;于是制定各种制度,规范人类之行为,以为解决各种问题之准则。而道德亦为人类行为规范之一,是道德之产生,实起于民生(集体生存)之要求。道德既起源于民生,则民生之概念,即可以生活之目的与生命之意义确定之。生活之目的为何?曰"在增进人类全体之生活";生命之意义为何?曰"在创造宇宙继起之生命"。无团体生活之训练,不足以促人类全体生活之增进;无进取精神之培养,不足以谋宇宙生命之继续;无科学观念之启迪,不足以促进民族文物之彰明。是故人民生活之充实,社会生活之扶植,国民生计之发展,民族生命之延续,须赖团体的进取的科学的道德行为以完成。

道德的内容,不外修己与善群。善群为修己之表现,修己为善群之始基。就修己而言,养心,则以格物、致知、正心、诚意为尚;养身,则以勤四体、节饮食、慎起居为贵;治生,则以勤劳、俭朴、创造、服务为务。就善群而言,则以齐家治国平天下为的;对家族则为亲慈子孝,兄友弟恭,夫妇和顺,邻里敦睦;对社会则为信义谦和,博爱互助,尊贤敬长,怜孤恤贫,育幼乐群;对国家,则为忠贞公勇,明礼义,知廉耻,负责任,守纪律;对国际,则为平等互惠,和睦尚信,重义明耻;对万物则为同情博爱,创造善用。凡此诸端,均为人生应具之最低限度条件,互久而不变者也。惟自古昔圣哲,昭示德目,往往参差错纵,互有重复,今既时代变迁,名词亦随之而异,因是,总裁综合纲要订为党员守则,凡十有二,学子青年,尤当身体力行,为修己善群之始基。

1. 忠勇为爱国之本；
2. 孝顺为齐家之本；
3. 仁爱为接物之本；
4. 信义为立业之本；
5. 和平为处世之本；
6. 礼节为治事之本；
7. 服从为负责之本；
8. 勤俭为服务之本；
9. 整洁为强身之本；
10. 助上为快乐之本；
11. 学问为济世之本；
12. 有恒为成功之本。

苟人人能本此以行，父以之教子，师以之教弟，长官以之教属僚，将帅以之教士兵，则爱国、齐家、接物、立业、处世、治事、负责、服务、强身、快乐、济世、成功之道，各有所本。道德之概念必能复见彰明，而道德之标准亦随之而建立矣。

三、训育之目标

建国之事，虽云多端，简括之可分为四：曰管、曰教、曰养、曰卫。管之对象为事，其标的为政治建设；教之对象为道，其标的为文化建设；养之对象为人，其标的为经济建设；卫之对象为国，其标的为军事建设；治事之前提为自治，能自治乃可以治事；信道之前提为自信，能自信始足以信道；养人之前提为自育，能自育斯有以育人；卫国之前提为自卫，能自卫方克以卫国。管养卫皆达材之事，而信道则所以成德，教育既系应国家之需要以设施，故教育之标的即针对建国之四大需要，而为：1. 自信信道，2. 自治治事，3. 自育育人，4. 自卫卫国之四点。培植上述四者之知识，系属于教材与教法，至于坚强其信仰，锻炼其力量，则属于训育之功能。今后训育方面，务须训练青年具有：

1. 高尚坚定的志愿，与纯一不移的共信——自信信道（主义）；
2. 礼义廉耻的信守，与组织管理的技能——自治治事；

3. 刻苦俭约的习性，与创造服务的精神——自育育人；

4. 耐劳健美的体魄，与保卫卫国的智能——自卫卫国。

根据上列四目标，更为分别说明：

自信信道

民无信不定，古有明训。信以立己，则为自信，信以行道（行道释以今语，即为实行主义，在我国则为实行三民主义），则为共信，自信坚，便能自强不息，共信笃，便能舍生取义。自信与共信之动力，导源于立志。昔时我国教育系以立志为重，语云"士尚志"，大学所谓"知止"者，皆指立志而言，志向既立，行为则专，历艰险而不馁其气，临危难而不丧其守，朝斯夕斯，事无不成。所谓立志，岂特学生宜然，即人人均应以此为做人之鹄的。志有大小，随其智能而定，如农民之努力耕种，以增加其产量。工人悉心研究技艺，以发挥其效率，力之所注，心之所向，无非导源于立志。盖志者所以征人之目的，无目的之人生必难期事业之有成。学生为国家大业所赖以继承，民族未来光明所赖以创造，吾人对其志趣之定立，须有合理之指导。中山先生以青年要"立志做大事"谆谆告诫全国青年学生者，其意亦在此。立志之重要，不特在个人为急务，其于国家尤感其殷切。盖个人之志，所以决其一生之成就，而国家之志，则所以明一国之前途及其对于世界文化所负之责任。我国对于世界人类所抱之志愿，为实现三民主义之理想，进世界于大同之域，而其步骤则从建设三民主义之中国为入手。故灌输三民主义为教育青年者所应有之责任，而实行三民主义为全体青年应有之义务。吾国今日正在抗战建国之时期，训育之重心，必须与国家之文化政治经济军事种种建设相配合，而以国家至上民族至上为依归。建国方略、建国大纲、三民主义、及抗战建国纲领，为抗战建设之全部方案。总裁为执行方案领导建国之领袖。吾人必须竭尽忠诚，遵从努力，以期抗战必胜，建国必成。使民族生命延续不断，国民生计发展无穷，社会生存扶植有方，人民生活充实美满，以促进世界于大同。兹为明晰建国之目的与程序，以及应备之要素与动力起见，谨将总裁手订三民主义之体系与其实行程序表及前年庐山集训时手订之建国运动（第五项略加补充）列表如下，以明人人应有之共信。

苟人人在此共同目的之下，同心协力，各竭所能，各尽其职，则国家建设大业之完成,可计日而待。而此共信之建立,即为民族自信力之始基。共信不立,互信不生,团结不固,则是主义之共信(信道)实为民族统一团结之主要条件也。故自信以求事业之创造,信道以求建国之成功,是吾人所应努力以求其实现者一也。

关于自信信道之训练,应从本国地理说明吾国地大物博,无量宝藏,亟待开发,无数事业,亟待兴办,以引起青年前进向上之勇气,更应从中外历史说明前人成功之事迹,证明有志者事竟成,以示立志之重要;从本国实际情况及各国实例,说明三民主义之适合性与伟大性,及其对于世界所负之责任,以启发民族自尊心与自信心;从总理与总裁的革命史实与言行,以提高学生奋斗情绪;务期人人立志,并躬行实践,以促进民族之独立,民权之普遍,民生之发展,以底世界于大同。

自治治事

自制为自治之必备之条件,服务为治事应具之德性。有自制之能力,则能守纪律以去邪欲;有服务之美德,则能负责任以厌众望。学生自制能力之涵养,服务精神之锻炼,其达成之方法,有赖于教师率之以身教,树之以楷模,使其翕然而景从。如古时儿童随家长为洒扫、应对、进退之服习,使之孝于父母,友于兄弟,敬于长上,慈于少幼,信于朋友,睦于邻里戚族,言忠信,行笃敬,庶几生活中一切无往而不合乎礼义廉耻之道。今者,此种训练学校应负大半之责任。夫洒扫、应对、进退,不外为对事、对人、对物之训练。对事耐劳苦,必能历艰险而不避;对人能恭敬,必能处处和以受益;对物知辞让,必能临取与而不苟。处事而不逃避其艰险(义),待人而不怠慢其礼节(礼),接物而不苟且其取与(廉耻),则虽富贵不能淫其心,贫贱不能移其志,威武不能屈其节。如是,则外力不足以动其心,始可谓之具有自治之能力矣。管理人事,贵有条理,而条理实有赖于组织。维持组织之条件为"礼",谐和组织之条件为"乐",借以感化其性灵。礼则方而智,乐则圆而韵,礼乐之性质虽不同,而其助长治事之功用则一致,故以礼乐调协刚柔并济之组织,自必克奏庶事之肤功。今我国政制为民主集权制,人民对于治事之训练,必须合乎民权主义中关于"权""能"分使之原理,须知"政权"属于团体构成分子之全体,"治权"属于执行团体事务之职员,职员之选任,应以贤能为标准;但能者须知自身为公仆,不能凭借威势以凌众。政权之行使,须以信任为前提,不可妄作无理之干涉,以阻事务之进行。且对事务之治理,务须顾及上下左右前后之关系,上应严明以驭下,下应服务以事上,前应以善传于后,后应以美彰于前,左应以和交于右,右应以顺交于左;必也上下层层节制,左右分工合作,前后步伐整齐,然后关系分明,事乃协治。大学之以"所恶于上,毋以使下;所恶于下,毋以事上;所恶于前,毋以先后;所恶于后,毋以从前;所恶于右,毋以交于左;所恶于左,毋以交于右"为絜矩之道者,其意即在此。自治则丝毫不苟,治事则有不紊,是吾所应努力以求其实现者二也。

关于自治治事之训练,以个人生活言之,应从洒扫应对进退之习练始,以养成恻隐辞让羞恶是非之心为依归,使自身一言一行,莫不合乎忠孝仁爱信义和平八德,礼义廉耻四维。以集体生活言之,应从学校内部各种组织——如学生自治会、演说会、辩论会、座谈会、游艺会、音乐会、弈棋会、服务团等组织——锻炼治事驭人之能力,发扬服务自动之精神,并以民权初步之方式实习四权之行使,而使民权主义早日实现。

自育育人

昔人训练学子,每以"忠恕"二字为教,"尽己之谓忠,推己及人之谓恕",故律己惟求其严,待人力求其厚,为至高无上之道德,总理中山先生亦以"人生以服务为目的,不以夺取为目的"为训,亦无非欲使一般受学青年减少自私之欲念,增强创造之能力,激发爱人之热忱,涵养助人之德性。盖今日我国之社会经济情形,尽是大贫与小贫,学生如不能发挥创造之能力,从事物资之开发,以裕国民之生计;而误解求学为升官发财之途径,徒以个人之享受为务,则于国家将无由完成现代工业化之建设,于社会则更为增加剥削负担之苦痛,国计民生交受其累,教育而得如此之结果,岂非作茧自缚害国而速亡乎。夫小学、中学、大学为一县、一省、一国之人民出其财力所办理者,其学生既受多数人民之供养以成其学,自应以充实创造之能力,发挥服务之宏愿,为多数自身无求学机会之人民解除其生活上所感一切痛苦,为其应有之信念。负有教育责任者,对此观念,务当随在激劝,随时提示,使学生了解求学之机会得之自谁,求学之责任应为谁负,而后饮水思源得以坚定其先公后私,厚人薄己之认识,而增强其创造服务之精神于无穷。我国历史上人物,可为后世楷模者至多,如颜回之乐道忘贫,不以"一箪食一瓢饮"而改其乐;"禹思天下有溺者,由己溺之也",故其治水,"八年于外,三过其门而不入"。凡此乐道忘忧之研究兴趣,公而忘私之服务精神,实足提倡模仿今后德育训练,若不自此公的观念培养学生之研究兴趣与服务精神,而但造成好以学者自命专谋个人享受之分子,则教育难见其功效,无功效之教育,纵能发达,其如国家之贫弱,民生之凋敝何!

过去多数未受教育之青年,原可以自力维持其生活,及受教育以后,仅至对其个人之生活亦无法以维持,自育不得,安能育人。考其原因,由于现时学校设备,每易造成极端享受之环境。校舍堂皇,陈设华贵,消费设备,穷极奢侈,学生享受数年如此之生活,已成奢侈之习惯,一出校门,生活骤改,由俭入奢易,由奢入俭难,遂至灰心失望,怨天尤人,加以社会恶势力之引诱,不知不觉中感染卑劣之行为,为求一己生活享受之满足,因而忘其对人民对国家所应负之责任。今后之学校训育,务须注意学生之生活,不可使之与社会生活悬殊,减少其安乐之待遇,增进其勤苦之习性。然后能推其造福人群之宏念,宏大其服务创造之能力。而此种美德之养成,全赖学校训育之功。自奉力求俭约,赡人力求丰足,是吾人所应努力以求其实现者三也。

关于自育育人之训练,各级学校应指导学生利用假期从事社会调查,俾明民众之疾苦而增加其同情之心;切实推行劳动服务,以培养学生之服务精神;施行生产训练与随时领导学生参观工厂矿厂及农场,以启发学生对于工艺农业的兴趣,而增进其对于数理化应用之认识,同时使学生了解创物治事之艰难而知节俭,以励其廉;明了创业之急需与"有志竟成"之意义而知进取,以鼓其勇;讲述各国工农商各业发达之史实及其创业人物之传记,并授以建国方略之要义,以征建设国家之艰巨,以激发其迎头赶上之勇气,用以促进民生主义之完成。

自卫卫国

个人事业之成就,国家生存之保障,莫不出之于持久之奋斗。而奋斗之能持久则有赖于健全之体格。惟从一般统计数字观之,我国人民平均死亡率之低与健全体格之少,殊足惊人。而社会一般人观念之书生,辄于文弱二字为形容,甚至有以"手无抟鸡之力,肩无负担之能"为文弱书生写照者。社会优秀分子具如此羸弱之躯,不仅难于任重致远,抑且无以抵抗疾病之侵袭。自卫既不可能,将何以望其"执干戈以卫社稷"!

一般劳苦民众,其体格之不健全,或则由于营养之不良,或则由于劳动之过度,或则由于卫生常识之不足,但学生之起居作息,既有规定时间,学生饮食服用,亦有相当配备,且对学生卫生之知识,有生理卫生之教授,对于学生体格之锻炼,复有体育运动之设备,而学生体格备呈如此现象,宁非怪事!今后各级学校对于学生之健全问题,务须特别注重,对于起居之定时,饮食之清洁,寒暖之调适,动静之有节,应有专人负责,亲自检点。爱学生如子女,重体育如智育,则学生身体之健康,必可猛进而无已。同时对于学生忠勇爱国之精神,尤当特殊陶铸,导入正轨。军事管理务必严格执行,以养成其整齐、清洁、迅速、确实、勤劳、质朴之习惯,俾合乎新生活之规律。对于国耻之史事,亦应特别讲解;明耻所以教战,自尊乃能自强。人人具有健康之身体,不仅可以犯风霜以抗疾病,且可振奋精力以当大任。人人具有忠勇爱国之精神,不仅平时可以服兵役,可以执干戈以御侵略,且能扬国威以进大同。保健康以自卫,执干戈以卫国,是吾人所应努力以求其实现者四也。

关于自卫卫国之训练,各级学校除国术、体育、卫生、军事训练以外,如率领学生登高远足,驾车竞渡等,以锻炼其体格;注意饮食居住以及各种环境之清洁,以养成其卫生之习惯,规定起居时刻以调摄其精力;并随时讲解个人与国家之关系,以鼓励其忠勇,随时讲解国耻之历史与革命先烈之史实,以激发其雪耻奋斗之志愿,使其明了服兵役为国民人人应尽之义务,而乐于牺牲个人以谋国家之自由平等,以促民族主义之早日实现。

以上对于自信信道,自治治事,自育育人,自卫卫国四种目标之意义及其训练之方式,已有大体之说明,其工夫则如次述:自信信道为诚的工夫,自治治事为仁的工夫,自育育人为知的工夫,自卫卫国为勇的工夫。能诚乃能发生坚定的志愿与统一的信仰,信仰即是力量;能仁乃能发挥服务的精神,合群的习惯,与组织管理的技能,团结即是力量;能知乃能发展创造的能力与科学的方法,知识即是力量;能勇即能发扬奋斗的毅力与牺牲的精神,决心即是力量。人人有奋斗与牺牲之精神,则民族可以独立;人人有服务与团结之精神,则民权可以普遍;人人有创造与科学之精神,则民生可以发展;人人有真诚的自信与共信,则三民主义可以实现。而实现三民主义即为我国教育之终极目的也。

四、训育之实施

甲　小　学

1. 应根据孙总理遗教、幼童军训练法、新生活规律，及小学公民训练标准以制定训练儿童之具体方案。

2. 注意训育与教学之合一，并顾到生活及环境之实际情形，以谋学校与家庭社会之联系。

3. 小学全体教职员应共负训练之责任，务使随时随地注意儿童各种活动，直接间接引用小学公民训练规律和条目，指导儿童遵守。

4. 由历史地理之研习及各种纪念会之举行，以启发儿童爱国家民族之精神，并培育其热忱、负责、急公、好义诸美德。

5. 讲述国耻及民族先烈故事，以激发儿童雪耻图强之勇气，与忠勇牺牲之精神。

6. 由孙总理及蒋总裁言行之阐述，以树立儿童对领袖之尊崇与信仰，并培育其忠贞、服从、贡献、牺牲诸美德。

7. 由日常生活中实际知识之授与，以引起儿童好学兴趣及探讨科学之习惯，并培育其勤勉、精细、虚心、审问、慎思、明辨、有恒诸美德。

8. 由劳作教学、游戏运动、及课外作业之实施以启发儿童生产劳动之兴趣，并培养其敏捷、活泼、劳动、敬业之精神。

9. 由消费合作的训练及储蓄等事项之指导，以养成儿童节俭的习惯与互助合作的精神。

10. 由学校卫生及幼童军事训练以养成整齐、清洁、刻苦、耐劳之习惯。

11. 举行消防、急救、警报、灯火管制、交通管制、避难练习等特种训练，使儿童明白战时的状态，以便有所准备。

12. 由音乐、美术等之研习以陶冶儿童情操，并使多与自然界接触，以养成其审美观念。

13. 演习洒扫、应对、进退等，使儿童熟悉对人、处事、接物的礼节，以养成孝顺、敬爱、友恭、敦睦之情谊。

14. 指导儿童组织级会及自治团体,使儿童演习民权初步,略知四权之运用。

15. 由团体运动、集会等训练,以养成儿童守时间,守规律的习惯。

16. 布置适合卫生的环境,揭示有关公德之标语于公共场所,并指导实践方法,以养成儿童注意公共卫生爱护公物之美德。

附 小学公民训练标准

第一 目 标

根据建国需要,发扬固有道德及民族精神,制定本标准,训练儿童,以养成奉行三民主义的健全公民。其目标如下:

(一)关于公民的身体训练:养成运动卫生的习惯,快乐进取的精神,使能自卫卫国。

(二)关于公民的道德训练:养成礼义廉耻的观念,亲爱精诚的德性,使能自信信道。

(三)关于公民的经济训练:养成节俭劳动的习惯,生产合作的知能,使能自育育人。

(四)关于公民的政治训练:养成奉公守法的观念,爱国爱群的思想,使能自治治事。

第二 愿词及规律

(一)愿词(歌词)

我愿遵守中国公民规律,修成我的人品;

使我的身体强健,使我的道德增进!

我愿遵守中国公民规律,立定我的决心:

为大众生产服务,为国家奋斗争存!

我愿做一个中国的好公民,中国的好公民,

奉行三民主义,向大同的世界前进,前进!

(二)规律

1. 中国公民是强健的。我保持我的身体、衣服、饮食、住所等的清洁,并且注意营养,锻炼体格,遵守新生活的规律,使我的身体强健。

2. 中国公民是快乐的。我精神快乐,态度活泼,并且能和大家一同快乐。

3. 中国公民是勤劳的。我爱好学问,认真做事,愿意劳动,准备创造,并且有决心。

4. 中国公民是节俭的。我节省钱财,爱惜物品,并且注意储蓄。

5. 中国公民是诚实的。我说真话,干实事,不欺骗自己,也不欺骗别人。

6. 中国公民是敏慎的。我对于读书做事等一切举动,都力求敏捷。并且仔细地观察,精密地辨别是非。

7. 中国公民是负责的。我应当做的事情,一定去做,并且尽力做好;即使遇到了困难,也不放弃责任。

8. 中国公民是忠勇的。我努力职守,不怕一切困难,爱护国家,不顾一切牺牲。

9. 中国公民是孝敬的。我孝顺父母,尊敬师长,服从领袖,听从父母师长领袖的教训和遵守团体的决议。

10. 中国公民是仁爱的。我爱护兄弟姊妹,和睦邻里亲戚,帮助国内同胞以及国外的朋友,并且救助灾难残废,保护无害于人的动物。

11. 中国公民是守礼的。我不粗暴,不骄傲,无论对什么人,都有礼貌;并且遵守一切应守的礼节。

12. 中国公民是好义的。我热心公益,喜欢为公众服务,决不损害公物,妨碍大众。

13. 中国公民是廉洁的。我不取不应得的财物,不做损人利己的事情。

14. 中国公民是知耻的。我不让我自己和国家受到一点耻辱,如果受到了,一定想法洗刷。

15. 中国公民是生产的。我学习生产的知能,努力增进生产,为大众谋福利。

16. 中国公民是互助的。我帮助别人,并且和大众互相团结扶助,共同生产消费,以求达到共有、共治、共享的目的。

17. 中国公民是奉公守法的。我遵守团体的规则,国家的法律,并且尽应尽的义务,享应享的权利。

18. 中国公民是爱国爱群的。我爱护我的团体、我的国家和民族,决心为团体努力,为国家民族奋斗。

19. 中国公民是拥护公理的。我主持公道,同情弱小,愿为公理和平而抵抗强权。

20. 中国公民是信奉三民主义的。我遵行总理遗教,信仰并且实行三民主义。

乙 中等学校

1. 讲解三民主义之要义及孙总理与蒋总裁之言行,以确定并加强青年对三民主义之信仰,并以童子军誓词规律及青年守则,切实陶冶其国民应备之道德,发扬忠贞、公勇、服从、牺牲之精神。

2. 对于青年之训导,横的方面,应以其全部实际生活为对象,而以本身为出发点,贯通家庭、社会、国家、世界各方面之联络。纵的方面,应顾及小学与中学训育事项之联系与衔接。

3. 由家庭伦理观念之启发,以昭示青年对于家庭宗族之责任,并革除其依赖家庭之心理。

4. 由历史地理公民科及时事之讲解,灌输民族意识,树立"民族至上国家至上"之自信,使知如何爱护国家复兴民族,以尽其对国家民族之责任。

5. 由体操、游戏、竞技、爬山、游泳等运动,以锻炼其强健之体格,养成其敏捷活泼之习惯,并且在行动中训练其集体生活。

6. 由劳作课程生产训练与举办各种合作事业、社会事业,以训练青年刻苦、耐劳、勤俭、有恒之习惯,协同、互相之精神,与服务社会之热忱。

7. 指导组织学生自治会及其他各种集会,以训练青年四权之运用。

8. 由各种学术之自动研究及课余各项娱乐之指导,以养成潜心学问之兴趣,注意音乐歌唱,以陶冶优美之情操。

9. 切实施行军事管理及童子军管理,以养成青年简单、朴素、整齐、清洁、严肃、敏捷之生活,及负责任守纪律诸美德。

10. 师范学校并应指示教育救国之真义,及中外大教育家献身教育事业的精神,以坚定其学生尽瘁教育事业的志愿与乐育为怀的情操。

11. 职业学校并应特别注意建国方略中之物质建设一章之讲解,指示生产救国之真义与国防产业之重要,以增进学生创业精神与职业道德。

12. 女子学校并应特别指示妇女在家庭与社会上之地位,借以培养其对于改善家事之热忱,以为改善社会之始基。

附:中等学校训育科目系统表

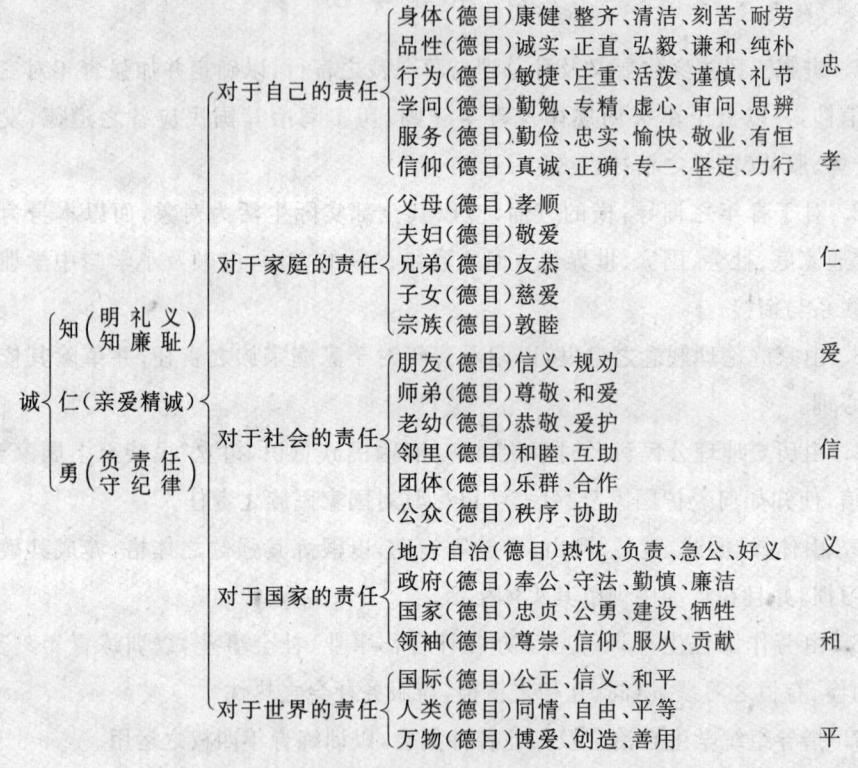

丙　专科以上学校

1. 由民族历史文化的特性,研究各种学说主义之各自适合性,归纳其结论于三民主义创见于中国之必然性及其适应性之理由,使学生切实理解三民主义之真谛,并依据孙总理蒋总裁之训示确立三民主义的革命人生观。

2. 由军事教育、竞技运动等严格的训练,以锻炼强健的体魄,及奋斗为国坚忍图强之精神。

3. 注意实际问题之调查与研究，切实了解建国方略建国大纲之内容，鼓励创造之志趣，以养穷理尽性的学术研究精神学以致用的建国责任之自觉。

4. 陶冶爱好自然的情绪，及崇尚礼乐之美德，以养成优美刚健之风格。

5. 厉行节约运动，纠正浮华习气，以养成俭朴勤劳之平民生活。

6. 对于学生自治团体及三民主义青年团之校内组织与以适切之指导，以养成有组织、有规律之习惯，及组织管理之能力。

7. 鼓励并指导社会服务及劳动服务，使学生深入社会内层，从事民众知识之提高，与社会利弊之兴革，以养成工作劳动的习惯，服务社会的热忱，与做事的责任心。

8. 指导学生从事各种合作事业，以养成互助合作的精神，及准备负荷对于社会国家以及世界人类责任。

丁　社会教育机关

1. 依据三民主义的精神与建国方略中社会建设之原理，养成公民应备的资格。

2. 宣扬社会忠孝仁爱信义和平种种实例，以明八德之真义。

3. 厉行新生活运动，以养成明礼义、知廉耻、负责任、守纪律之高尚的精神。

4. 由职业之指导，以养成勤劳作业的习惯。

5. 由理化常识之教学，以破除迷信，而养成科学的思想。

6. 由公共事业之爱护而积极参加养老、抚孤、恤贫、防灾、互助等社会工作，以培养其服务心与公德心。

7. 由尽力提倡业余各种运动及国术，以养成公民应有的健康体魄。

8. 在教育馆、图书馆、博物馆、美术馆、科学馆、公共体育场、国术馆、阅报馆、公园、电影院、剧场等有关社会教育机关及事业，应随时地充分表现整齐清洁质朴迅速的精神，并在思想上行动上养成崇礼爱乐的美德，使之增进集体生活的习惯与组织管理的能力。

戊　边疆学校及华侨学校

1. 边疆学校及边疆教育机关训育之实施,除参照内地各级学校及社会教育机关训育标准外,并应特别注意下列各点:

① 以内地固有之语文文化渐次陶冶边疆青年及儿童,力求语文与意志之统一。

② 阐发国族精神,泯除其地域观念与狭义的民族观念所生之隔阂。

③ 注意讲解民族融合史及边疆与内地地理经济等之密切关系,以阐明国内整个民族意志与力量集中之必要。

④ 维持其宗教信仰,并随时利用科学常识,以破除其有碍于智育体育进展之迷信习惯。

⑤ 由国际时事之讲解,与团体生活之训练,以养成其爱国家民族之精神。

⑥ 引证内地及边疆之礼俗,说明其利弊,使其知对于社会国家及国际间应有之态度。

2. 华侨学校训育标准,除适用国内各级学校训育标准外,并应特别注意下列各点:

① 提示我国固有文化,以启发华侨学生之爱国思想,并培养国民道德。

② 注意本国历史地理之教学,以坚定其国家民族观念。

③ 多讲国内时事,以激发其爱护国家之精神。

④ 指示侨民所在地人民风俗习惯之优点及缺点,以使其知所取舍。

⑤ 引证我国及所在地之道德规律,以训练其对于个人家庭社会国家及国际间应取之态度。

⑥ 提示祖国之需要与华侨之责任,以使其明了未来之使命。

阮华国编《教育法规》,大东书局印行

国民体育实施方针

1941 年 2 月 24 日　教育部公布

一、为达到充实人民生活之目的,应使国民普遍养成有益生活之运动习惯,从各种体育活动中产生活泼愉快之情绪，排除一切不正当之娱乐。

二、为达到扶植社会生存之目的，应积极鼓励民众体育团体之组织，提倡各种团体运动，使人人能从体育训练中，体会群体生活之意义与精神，发扬个人与社会之道德。

三、为达到发展国民生计之目的，应研究适宜之方法，训练手脑并用之能力及使肌肉神经之感应极度灵敏坚强运用自如，藉增工作与生产之效率。

四、为达到延续民族生命之目的，应强迫全民接受严格之体育训练，与讲求清洁卫生。一方面使国民机体发育完盛，疾病减少，从个人健康而进求民族健康；一方面使国民具有自卫之能力与技能，以保障民族之独立与生存。

五、国民体育之实施，应根据人才供求情形，广设专业训练机关，培养合格之干部人才，由中央依各地需要，统筹分发，使体育训练从学生、青年、军警、公务人员以逐渐普及于全民。

六、国民体育之实施，应根据事业计划，确定经常费用，逐渐完成独立预算，并以最经济之使用达到最宏大之效果。

七、国民体育之实施，应注意身心发育之程序，按期施以适当之训练，并遵照国民体育政策、国家需要，分别缓急，拟具具体计划，逐步实施。

八、国民体育之实施，应顾及地方特殊环境之要求，使各能充分发挥与利用。

九、国民体育之实施，应有整个之行政系统，严密管理，认真监督，并应列为重要施政纲要之一，使每一事业能收切实之效果。

十、国民体育之实施，应有充分之场地建设及训练工具。

《教育法令》，教育部编，中华书局，
1947年5月版，第92页

稽核各省市国民教育经费暂行办法

1941年3月15日 教育部公布

第一条 为谋各省市国民教育经费用途之切实及有效起见，特订定本办法。

第二条 凡中央补助各省市之国民教育经费,各省市县自筹之国民教育经费及各省市补助各县市之国民教育经费,均在稽核范围内。

第三条 各省市主管教育行政机关领到中央国民教育补助费及其自筹之国民教育经费,均应以各该省市国民教育经费专款名义,存储省市金库或国省市银行。

第四条 各省市国民教育经费如有下列事项时,教育部视察国民教育人员(下文简称视察员)应即呈请教育部核示办理。

一、未遵照核定之该省市,应筹国民教育经费,数额列入省市预算者或列入省市预算而未核准成立者;

二、未遵照核准之国民教育之计划及预算办理者;

三、支配用途不实在者;

四、不遵照核定经费预算发放国民教育经费者;

五、对于各县市国民教育补助费延期发放者;

六、擅自变更预算或将国民教育经费移充别用者;

七、遇有下列事实之一种,经部派视察员建议该省市主管教育行政机关而未得同意处置者:

(1) 有一县(市)不遵照核定应筹国民教育经费数额列入县(市)预算或列入预算而未经核准成立者;

(2) 有一县(市)未遵照核准之国民教育推行计划及预算办理者;

(3) 有一县(市)仅将上年度之教育经费改换项目未曾切实照额增筹国民教育经费者;

(4) 有若干中心国民学校与国民学校应自行筹集之经费未有办法筹集者;

(5) 所办事业多有不合规定或多数无成绩以致虚废经费者。

八、年度终结有结余之国民教育经费者;

九、其他。

第五条 各省市如发生第四条所列情事之一而部派视察员不立即报部核办者,由教育部予以相当处分。

第六条 省市主管教育行政机关按月将该省市国民教育经费之收支情形通知

部派视察员,部派视察员亦得随时向各该机关调阅有关国民教育经费之帐目及案卷。

第七条　各省对于各县市国民教育经费之稽核应由各省拟订详细办法呈经教育部核准后施行。

第八条　本办法由教育部颁布施行。

《教育法令》,教育部编,中华书局,
1947年5月版,第301—302页

国民体育法

1941年9月9日　国民政府修正公布

第一条　国民体育之实施,应依据中华民国教育宗旨及其实施方针,以锻炼国民健强体格,培养民族正气,达到全国国民具有自卫卫国之能力为目的。

第二条　中华民国国民不分性别年龄,应依据体格检查之结果,一律受适当之体育训练,于家庭、学校及机关团体中分别实施,由父母教师及主持人员负领导督促之责,以谋国民体育之均衡发展与迅速普及。

第三条　教育部主管全国体育行政,关于全国国民体育之设计指导与考核事项,会商有关机关办理之。

第四条　中央及地方各级教育行政机关应各设专管体育之人员,负办理及考核体育之责。

第五条　国民体育之实施方案,由教育部会同有关机关拟订,呈请行政院核定之。

第六条　各级体育行政人员、体育教师及体育指导之训练办法,由教育部及各地方教育行政机关规定之。

前项人员之训练,由各级师资训练机关、体育学校及适宜于是项训练工作之大学负责办理,其课程科目及教材纲要,由教育部定之。

第七条　体育教师及体育指导员之进修办法及各种保障办法,由教育部拟订,呈请行政院核定之。

第八条　国民体育实施之经费应列入各级政府预算。

第九条　依法成立之民众体育社团或体育会,经教育行政机关之指导与考核,其办理著有成绩者,得予以奖励或补助。

第十条　教育部为检讨国民体格进步状况,应订定国民体格检查办法。

第十一条　本法自公布日施行。

《教育法令》,教育部编,中华书局,
1947年5月版,第91页

教育部督学服务规则

1943年2月29日　教育部公布

第一章　总　　则

第一条　本部督学出外视导及在部工作,除依照本部分层负责办事细则之规定外,依照本规则办理之。

第二条　督学之视导分定期与特殊两种。定期视导又分分区与分类两种。每年一度行之。特殊视导依部次长临时命令行之。

第三条　督学视导之区域对象及期间与其任务之分配,由部次长核定施行。

第二章　视导前之准备

第四条　督学于出发前应拟订视导要项,制成表册,会同各有关司处会室呈请部次长核定。并得由部次长召集视导会议商讨视导规划及进行事项。前项视导会议各司处会室主管人员均应出席参加。

第五条　督学出发前应依派定之区域视导对象及时间,预计经过及所往地点,拟定视导行程及返部日期,呈候部次长核定。

第六条　督学出发前得领用密码电本、印电纸、护照及公用信纸、信封等件,前项密码电本、护照及用余印电纸返部时仍应缴回。

第七条　督学出发视导遇必要时,得呈准部长派书记一人随行佐理一切。

第三章　视导期间

第八条　督学到达视导目的地时应注意下列各项:

一、每至一地应与当地主管教育行政机关及其他与教育有关人员接洽讨论,并得参加各种教育集会,藉知当地教育过去之历史,现在之实况及将来之计划。

二、各种教育计划是否适合当地需要,及其实施状况是否与原定计划相符,应分别查核指导。

三、地方教育经费有无妥善之整理增加办法及其支配之是否适当,应详查报核。

四、调阅地方教育视导人员报告,应就其成绩最优、最劣者加以复核,必要时得会同地方教育视导人员及设有师范学院地方之辅导人员。对于成绩低劣者,拟具办法指导其改进并将成绩优良学校之事实尽量介绍。

五、视导完毕后,应约集当地主管教育行政机关及其他与教育有关各人员开会,商讨一切改进事宜。

六、关于各地教育实际材料及重要统计,应随时收集送部参考。

第九条　督学视导时应遵照部次长指示及根据向有关各部会搜集各项参考资料,阐扬三民主义,宣达国家教育政策及中央政情。

第十条　督学视导时遇有违反教育法令事件,应随时纠正报部备核。

第十一条　督学视导时为执行职务得查点学生名额及试验学生成绩,遇必要时并得变更授课时间。

第十二条　督学视导学校或其他教育机关时,得调阅各项簿籍表册。

第十三条　督学视导所至得借住教育机关或公共场所,但不得受其供应。

第十四条　督学到达及将往何地时,应填具在外动态报告表,快邮寄督学室登记,必要时得用专电报告。

前项报告表每周由督学室制成总表,呈阅并通知各司处会室。

第十五条　督学在外视导时,如因病或特别事故不能执行职务满三日以上者,应电部请假。

第四章 视导终了及在部期间

第十六条 督学视导情形应于视导终了时缮具详细报告及表册,并附改进意见及应行奖惩事项,送呈部次长核阅后,发交有关司处会室办理。遇有特殊事项得随时专案呈报。

前项报告及表册应于回部后一个月内办竣,并须本人签名盖章。如系机密事件应亲笔缮写。

第十七条 督学出外视导旅费报销,应于回部后十五日内办竣。其应支舟车食宿等费,依照国内出差旅费规则核实支给。

第十八条 督学视导终了回部时由部次长召集视导会议,各司处会室主管人员均应出席。

第十九条 督学视导终了回部后得视其视导期间之长短及路途之远近酌予休假。

第二十条 督学在部期间应组织小组会议商讨视导方法及其他教育上实际问题。

第二十一条 督学在部期间应在督学室办公。并随时与各司处会室取得密切联系,必要时并得由部次长派在有关各司工作。

第五章 附　则

第二十二条 本规则自公布日施行。

《教育法令》,教育部编,中华书局,
1947年5月版,第26—27页

教育部各项专门教育委员会会议规则
1943年3月15日　教育部公布

第一条 教育部为讨论各项教育问题藉谋改进起见,设置各项专门教育委员会。

第二条 各委员会会议(以下简称各会议)均每年开会一次,必要时得召集临时会议。

第三条 各会议由部长每一年或每二年聘定委员。其人数于聘请时分别核定之,并由部长指定本部参事一人及与会议事件有关系之司长、秘书、督学、科长出席会议。

第四条 各会议开会时由部长指定委员一人担任主席,或由部长或次长亲自任之。

第五条 各会议讨论事项分为下列四类:

一、部次长交议事件。

二、本部各司处室提议事件。

三、出席人员提议事件。

四、临时动议事件。

第六条 各委员会于会议闭幕期间得分别设置秘书或干事一人,由部长指定部员兼任之。办理有关该委员会经常工作,保管文件及开会通知、会场记录等事宜。

第七条 各会议议决事项送请教育部采择施行。

第八条 本规则自公布日施行。

《教育法令》,教育部编,中华书局,
1947年5月版,第23页

学校造林办法

1943年6月14日 教育部、农林部会令公布

第一条 教育部、农林部为倡导全国学校厉行造林特制定本办法。

第二条 全国各级学校均应造林,其面积大小依学校性质(如设有农林科之学校其面积应大)及学生人数而定。中等以上学校至少须有林地二十市亩,中心学校及国民学校造林则不限定亩数,但有特殊情形之学校得呈请缓办或变通之。

第三条 造林所需林地除本校原有荒山荒地外,得依森林法所定手续承领官荒。如附近无官荒时,得将公共团体所有荒山或私有荒山租用或依法征购之。

第四条 学校造林所需农具及租购林地等所需设备费,得呈请主管教育行政机关酌予拨给之。

第五条 学校造林所需树苗及种子,得请附近之中央或地方林业机关发给之。

第六条 凡设有农林科之学校须自辟苗圃至少五市亩,其未设农林科之学校除自行设圃育苗者外,得声请附近之中央林业机关或地方林业机关供给所需之苗木,但须于一年前将全校学生人数及需要苗木株数造表送请准备。

第七条 各级学校应于博物、劳作、农村经济、农村合作、农村建设及农艺实习等科目内,注意造林问题,阐明森林之直接间接利益及保护森林之要旨,以启发学生爱林思想并及造林与保护之方法等。

第八条 学校造林每学生至少一年须植树五株,关于营造技术得商请附近中央或省县林业机关指导之。

第九条 各学校学生造林得举行个人及班级造林竞赛列为学校工作竞赛之一种。

第十条 各学校每期毕业生得营造每班纪念林。

第十一条 学校所造林为学校资产之一,其林产物之收入为学校所有,作为补助经费。

第十二条 学生培植学校所造林之成绩,应列入有关某项学科成绩之一,其成活株在半数以上者始得及格,学校造林之成绩应列为学校考成之一。

第十三条 各级学校造林成绩应由主管教育行政机关随时派员视导考核。

第十四条 各学校每年实施造林办理情形、林木成活株数等,应于每年十二月呈报备核。

第十五条 本办法自公布日施行。

《教育法令》,教育部编,中华书局,
1947年5月版,第110—111页

教师节纪念办法

1943年11月8日 教育部颁发

第一条 教育部为鼓励教师服务精神,融合师生感情,唤起社会尊师观念,特规

定每年八月二十七日孔子诞辰为教师节。

第二条 教师节纪念,各级教育行政机关、学校及团体,应分别或联合举行仪式。前项仪式与孔子诞辰纪念合并举行。

第三条 各级教育行政机关为纪念教师节得举办下列事项:

一、表扬著有劳绩之优良教师(教育部以全国为范围,省市县教育行政机关以各该省市县为范围)。

二、提倡改善教师待遇。

三、发表奖学金得奖学生之名单(专科以上学校及国立各中等学校得奖学生,由教育部发表。省市县立及私立中等学校暨省市立小学得奖学生,分别由省市教育行政机关发表。乡镇中心学校保国民学校及私立小学得奖学生分别由县市教育行政机关发表)。

四、其他。

第四条 各级学校及教育团体为纪念教师节得举办下列事项:

一、讲演孔子及历代师儒之言行或关于教育之学术讲演;

二、恳亲会;

三、教师友谊会;

四、学生慰劳教师游艺会;

五、成绩展览会;

六、其他。

第五条 本办法自公布日施行。

《教育法令》,教育部编,中华书局,
1947年5月版,第109页

学生自治会规则

1943年11月22日 教育部公布

第一条 学生自治会以根据三民主义培养学生法治精神,并促进其德育、智育、体育、群育之发展为目的。

第二条 学生自治会为学生课外活动之唯一组织，以在学校以内组织为限，不得有校与校间联合组织，并不得以会参加校外各种团体组织或活动。

第三条 凡中等以上学校学生，不分性别，应一律参加本校学生自治会。

第四条 学生自治会之名称应冠以各校校名。学校设有分部、分校或分院，距离本校过远者得组织分部、分校、分院学生自治会。

第五条 学校校长及主管训导人员负学生自治会指挥监督之责。学生自治会之各种活动应由学校选聘教职员，分别担任指导。

第六条 学生自治会之组织应由学校训导处或教导处指定每年级或每院系学生二人至三人先成立筹备会，由筹备会于成立二星期内，登记会员，召开大会通过办事细则及选定职员，正式成立学生自治会。

第七条 学生自治会应于成立后两星期内，缮具办事细则及职员履历会员人数报由学校，转呈主管教育行政机关核准备案。

职员履历表式样如下：

职员履历表

一、会员号数；

二、姓名；

三、籍贯；

四、性别；

五、年龄；

六、学历；

七、现任职务；

八、是否中国国民党党员或三民主义青年团团员；

九、住址及通讯处。

第八条 学生自治会之权力机关为会员大会，在会员大会闭会期间为理事会。全校学生人数在五百人以上得以代表大会代替会员大会。代表大会由各年级或院系按照人数比例，选出代表，组织之代表，人数由各校自定。

第九条　理事会设理事十一人至十七人,候补理事三人至五人,并由理事互选常务理事一人至三人。

第十条　理事会之理事由各年级或各院系推举候选人三人至九人,提请会员大会按照规定名额选举之。任期定为半年,但得连任一次。

第十一条　理事会分设服务、学艺、健康、风纪、事务五部、各部设总干事一人,干事若干人。总干事由理事会推选理事兼任,干事由理事会指定会员充任。各部之任务如下：

一、服务部　关于学校服务、社会服务及生产劳动事项；

二、学艺部　关于学术研究、书刊出版及艺术表演事项；

三、健康部　关于卫生及体育活动事项；

四、风纪部　关于新生活规律之实践及秩序与纪律之促进事项；

五、事务部　关于文书、庶务、会计及会员之登记事项。

第十二条　学生自治会理事、总干事有下列各款情事之一者,应即解任：

一、有不得已事故,经会员大会议决,准其辞职者；

二、旷废职务,经会员大会议决,令其退职者；

三、违背校规,受学校惩戒、处分,经会员大会议决,令其退职或由学校令其退职者；

四、经学校核准休学或退学者。

干事之解任,除上列第四款外,由理事会决定之。

第十三条　学生自治会理事及总干事中途解任者,理事以得票较多之候补理事补充；总干事由理事会另行推定。均以补足前任之任期为限。学生自治会干事有解任者,其缺额由理事会另行指定其他会员充任之。

第十四条　会员大会于每学期之始及每学期之终各举行一次。遇必要时,经理事会之决议或会员四分之一以上之建议,经学校之允许,得由理事会召开临时大会。

第十五条　理事会每两星期开会一次。遇必要时,得由常务理事召开临时会。

第十六条　学生自治会举行各项会议时,均应先期请求学校派员指导。

第十七条　学生自治会之决议以在规定之任务范围以内为限,并不得干涉学校行政。有违反上项情形者,学校得撤销之。

第十八条　学生自治会会员在会务范围以内,具有选举、罢免、创制、复决之权。

第十九条　学生自治会如违背校规,情节重大时,学校得解散之。

第二十条　学生自治会之经费以会员会费充之。必要时,得请学校补助。

第二十一条　本规则自公布日施行。

《教育法令》,教育部编,中华书局,
1947年5月版,第82—83页

教育部著作发明及美术奖励规则

1944年7月7日　教育部公布

第一条　教育部对于著作、科学技术发明与美术作品之奖励依本规则办理之。

第二条　奖励之范围如下:

著作

一、文学(包括文学、论文、小说、剧本、词曲及诗歌)

二、哲学

三、社会科学

四、古代经籍研究

发明

一、自然科学

二、应用科学

三、工艺制造

美术

一、绘画(包括中、西画及图案等)

二、雕塑

三、音乐(包括乐具及乐理等)

四、工艺美术

前项奖励以本国学者于最近三年内完成者为限。

第三条　著作及发明有下列情形之一者不得请求奖励：

一、中小学教科用书

二、通俗读物

三、记录表册或报告说明

四、三人以上合编之著作

五、翻译外国人之著作

六、编辑各家之著作而无特殊之见解者

七、字典及辞书

八、讲演集

九、无正确学理根据及说明之发明

十、发明之程序不明或发明事项尚未完成者

十一、他人已经发现之事项

十二、无法试验或证实之发明事项

第四条　每年奖励种类及名额由教育部就第二条所列范围内酌定之。

第五条　著作发明及美术作品参加奖励之候选者，由教育部径行提出或由学术审议委员会推荐。原著作人、发明者或美术制作者亦得自行申请。但每人于每类中以参加一种作品为限。

前项推荐及自行申请之作品均须于每年三月一日起至九月底止呈送教育部。

第六条　申请奖励之著作暨科学发明之论文以用中文叙述并已出版者为原则，原稿如系用外国文字撰述者，须将全文译成中文。随缴其因印刷困难尚未出版之著作，以缮正本。申请奖励者字数须在五万字以上，但诗歌、词曲及科学发明论文不在此限。

第七条　申请奖励之发明必须详细叙明发明或发现经过，必要时并须呈缴图样及原发明品。

第八条　申请奖励之工业发明品以获得专利证书者为限。

第九条　参加奖励之候选者均须附具下列各件：

一、用中文叙述之说明书三份（式样附后）（略）。

二、原著作发明或美术制作(已出版之著作及发明中自然、应用科学二类论文须缴送三份,其尚未出版者须缴送原稿二份)。

三、介绍书须详载推荐人或介绍人对于该著作发明或美术作品之意见。

四、属于工业发明者之专利证书。

说明书及介绍书概不发还,除已出版之著作及科学发明论文留存一份备查外,其余各件于审查竣事后发还。

第十条　自行申请者之介绍书以具有下列资格之专家二人填具之:

一、曾任或现任专科以上学校校长、院长或教授担任有关该项著作或发明之科学者。

二、曾任或现任研究所之研究员,原系研究该项科学者。

三、对于该项科学确有研究已有重要著作者。

第十一条　参加奖励候选作品由学术审议委员会专门委员或另行聘请之专家,负初审之责。初审合格者,提交学术审议委员会大会决定其应否给奖及评定其等第。

第十二条　审查合格评定等第在奖励名额以内之各种著作发明及美术作品,每种均由教育部给予五千元以上之奖金。其得一等奖者授予学术奖状或艺术奖状,其余发给得奖证明书。

第十三条　申请奖励之著作发明及美术作品第一次未获奖金者,得将原作品详加修正再作第二次之申请。惟续请以一次为限并须将作品附缴。

第十四条　本规则自公布日施行。

《教育法令》,教育部编,中华书局,
1947年5月版,第61—62页

学校卫生设施标准(节选)

1936年7月　教育部公布

1944年7月　教育部修正公布

一、国民学校卫生设施标准(包括民教部学生)

甲　目标

（一）以教育方法培养学生卫生观念，并养成其卫生生活。

（二）利用简单之卫生设施，保障学生健康。

（三）以学生健康为中心，推动民众健康。

二、中心国民学校卫生设施标准（包括民教部学生）

甲　目标

（一）培养学生卫生习惯。

（二）利用现代科学医学的设施，预防学生疾病，增进学生健康。

（三）使学校卫生设施影响学生家庭，由学校与家庭联络协作，而促进学生卫生生活环境之实现。

（四）增进学生关于卫生之基本知能。

三、中等学校卫生设施标准

甲　目标

（一）利用教育方法，使学生明了人体结构与生活机能，培养卫生之正确观念，训练卫生生活，以增进教育效能。

（二）利用现代科学医学之设施，预防学生疾病，保障学生健康。

（三）使学校环境充分合于卫生条件，全校教职员及学生生活都有健康保障。

（四）使学生明了政府对于民众健康保障之设施，参加各种卫生活动，以增进将来赞助社会事业之兴趣。

四、专科以上学校卫生设施标准

甲　目标

（一）充实校内卫生设施，防治教职员学生及工友之疾病。

（二）改善校内环境卫生，以保障生活安全，增进个人健康。

（三）养成学生对于卫生之正确观念，以期由个人之努力，领导家庭社会促进民族健康。

《教育法令》，教育部编，中华书局，1947年5月版，第94—99页

教育部部务会议规则

1944年10月3日 教育部公布

第一条 本部部务会议每两周开会一次,于每间周星期五举行之。必要时得由部次长召集临时会议。

第二条 出席部务会议人员为部长、次长、参事司长、简任秘书、简任督学、聘任督学、训育委员会主任委员、国民体育委员会主任委员、战区教育指导委员会主任委员、医学教育委员会常务委员一人、特种教育委员会常务委员一人、教育研究委员会主任委员、会计长、人事处处长及统计长。

第三条 前条出席部务会议人员因其他公务不能出席时,得由与会议事件有关之秘书科长、督学或其他有关人员列席说明。

第四条 部务会议由部长主席,部长因事不能出席时由次长代理之。

第五条 部务会议讨论之事项如下:

一、本部工作方针及工作计划。

二、本部预算。

三、本部重要法规。

四、部长交议事项。

五、本部各单位提议事项。

六、临时发生重要事项。

第六条 各司处室会提出之议案及与议案有关之文件,应于开会前二日送秘书室。

第七条 部务会议由部长指定秘书担任记录,并于会议后将记录印送各司处室会查考。

第十八条 部务会议议决事项经部长核定后,主管各司处室会应即遵照办理。

第十九条 本规则自公布日施行。

《教育法令》,教育部编,中华书局,
1947年5月版,第23页

教职员学生义务劳动实施办法

1944年10月19日　教育部公布

第一条　本办法依国民义务劳动法第二十四条之规定订定之。

第二条　教职员学生合于国民义务劳动第一条之规定者,应依本办法征召服务。

第三条　教职员学生义务劳动之工作分配,由当地义务劳动主管机关依据劳动计划,会同教育当局及学校校长派定之。

第四条　教职员学生义务劳动,依国民义务劳动法第六条及第七条之规定,于暑假、寒假、春假及星期日或其他例假日举行。

第五条　各学校应于每学期开学后二周内,将员生名册送请县市政府核定公告并通知各该学校。

第六条　教职员学生曾于学校服义务劳动者,还原籍或他移时得凭证免除同年度之义务劳动。其已于原籍或其他地域服义务劳动者亦同。

第七条　各学校职员学生按服务人员之多寡,分别组织劳动服务总队或大队。

第八条　学校劳动服务队冠以学校名称。

第九条　本办法未规定事项悉依国民义务劳动法及国民义务劳动法施行细则行之。

第十条　本办法自公布日施行。

《教育法令》,教育部编,中华书局,
1947年5月版,第111页

教育部处务规程

1945年9月19日　教育部修正公布

第一章　总　　则

第一条　本规程依教育部组织法第二十七条制定之。

第二条　本部各职员应依本规程之规定执行职务。

第三条　各司、处、室、会职员名额由部长按照各司处室会事务之繁简酌定之。

第四条　各司、处、室、会科长官就其主管事务对于所属职员负指挥监督之责。

第五条　各司、处、室、科处理事务涉及其他司处室会科职掌者,应会商办理。各司、处、室会意见不同时,陈由部、次长核定之。科与科间意见不同时,由主管长官决定之。

第六条　所属机关学校经费之支配由主管司、主办总务司会核,或由总务司会同主管司签呈。

第七条　本部对外行文以本部名义行之。但各司、处、室、会就其主管事务如有查询接洽事件,得以各该司、处、室、会名义行之,但仍须呈送。

第八条　各司、处、室、会每星期应填工作报告表一次。

第九条　各司、处、室、会科职员处理事务得向主管长官陈述意见。

第十条　本部职员对于本部机密事务及未经公布之文件均应严守秘密。

第十一条　本部因事务上之必要由部长召集部务会议,会议规划另订之。

第十二条　各司、处、室、会因事务上之必要得各举行司、处、室、会会议。

第二章　职　　掌

第十三条　各司、处、室、会之职掌除本章规定者外,分别依照教育部组织法及各委员会组织条例之规定办理之。

第十四条　高等教育司置第一、第二、第三、第四四科。

第一科掌下列各事项:

一、关于专科以上学校之设立及变更事项。

二、关于专科以上学校之组织及行政事项。

三、关于高等教育经费之计划及支配事项。

四、关于专科以上学校之建筑设备事项。

五、不属于本司其他各科与高等教育有关之事项。

第二科掌下列各事项:

一、关于专科以上学校学生之学籍事项。

二、关于专科以上学校毕业生资格之审核事项。

三、关于专科以上学校学生学业成绩之复核事项。

四、关于专科以上学校毕业学生之实习及服务指导事项。

五、关于专科以上学校学生之免费、公费及奖学金事项。

第三科掌下列各事项：

一、关于专科以上学校之训育事项。

二、关于专科以上学校之课程及教材事项。

三、关于专科以上学校教员之资格审查及任用待遇之计划事项。

四、关于专科以上学校之体育卫生事项。

五、关于学术研究及奖励事项。

六、关于学术机关团体之指导事项。

七、关于学位授予事项。

第四科掌下各事项：

一、关于国外留学事项。

二、关于国外学术机关团体之联络事项。

三、关于国外教授之交换讲学及学生之交换留学事项。

四、关于中外图书文物之交换事项。

五、关于其他沟通国际文化事项。

六、关于侨民高等教育事项。

第十五条　中等教育司置第一、第二、第三、第四四科。

第一科掌下列各事项：

一、关于中学之设立及变更事项。

二、关于中学之训育事项。

三、关于中学之课程教材及设备事项。

四、关于中学教育经费之规划及支配事项。

五、关于中学用图书仪器及其他教育用品之审查核定事项。

六、关于中学教员任用之计划待遇事项。

七、关于中学教员之检定进修及临时训练事项。

八、关于中学之体育及卫生事项。

九、关于中学之军事训练及童子军教育事项。

十、关于中学学生之免费、公费及奖学金事项。

十一、关于侨民中学教育事项。

第二科掌下列各事项：

一、关于师范学校之设立及变更事项。

二、关于师范学校之训育事项。

三、关于师范学校之课程教材及设备事项。

四、关于师范学校经费之规划及支配事项。

五、关于师范学校用图书仪器及其他教育用品之审查核定事项。

六、关于师范学校教员任用待遇之计划事项。

七、关于师范学校教员之检定进修及临时训练事项。

八、关于师范学校之体育卫生事项。

九、关于师范学校之军事训练及童子军教育事项。

十、关于师范学校辅导地方教育事项。

十一、关于师范毕业学生之服务及指导事项。

十二、关于师范学生之待遇及奖学金事项。

十三、关于其他国民教育师资训练事项。

十四、关于侨民师范教育事项。

第三科掌下列各事项：

一、关于职业学校之设立及变更事项。

二、关于职业学校之训育事项。

三、关于职业学校之课程教材及设备事项。

四、关于职业教育经费之规划及支配事项。

五、关于职业学校用图书仪器及其他教育用品之审查核定事项。

六、关于职业学校教员任用待遇之计划事项。

七、关于职业学校教员之检定进修及临时训练事项。

八、关于职业学校之体育卫生事项。

九、关于职业学校之军事训练及童子军教育事项。

十、关于职业学校学生之免费、公费及奖学金事项。

十一、关于短期职业训练及职业补习学校事项。

十二、关于职业指导事项。

十三、关于推行职业教育与其他有关机关体育之合作事项。

十四、关于侨民职业教育事项。

第四科掌下列各事项：

一、关于各省市教育机关之设立及变更事项。

二、关于各省市教育行政制度之改进事项。

三、关于各省市教育行政计划及概算之汇核事项。

四、关于各省市教育工作报告之汇核事项。

五、关于各省市其他有关教育行政事项。

第十六条　国民教育司置第一、第二、第三三科。

第一科掌下各事项：

一、关于国民教育之计划设施事项。

二、关于学龄儿童失学民众之调查及入学事项。

三、关于地方机关与地方自治机关之联系事项。

四、关于中心学校国民学校教员之登记及任用待遇之计划事项。

五、关于中心学校国民学校教员之检定事项。

六、关于国民教育短期师资训练事项。

七、关于私塾之整理事项。

八、关于侨民小学教育事项。

九、其他有关国民教育之行政事项。

第二科掌下列各事项：

一、关于中心学校国民学校及幼稚园之课程、教材、训育及设备事项。

二、关于中心学校国民学校及幼稚园用图书仪器及其他教育用品之审查核定事项。

三、关于中心学校国民学校及幼稚园教员之进修事项。

四、关于中心学校国民学校及幼稚园之体育及卫生事项。

五、关于中心学校国民学校及幼稚园教学方法之改进测验事项。

六、关于国民教育师资短期训练班之课程及教材事项。

第三科掌下列各事项：

一、关于国民教育实施状况之视导事项。

二、关于办理国民教育成绩考核事项。

三、关于国民教育经费之计划及支配事项。

四、关于国民教育经费用途之考核事项。

五、关于各省市国民教育基金之筹集事项。

第十七条　社会教育司置第一、第二、第三三科。

第一科掌下列各事项：

一、关于社会教育行政计划及经费之规划支配事项。

二、关于民众教育馆事项。

三、关于注音符号及识字运动事项。

四、关于民众读物事项。

五、关于补习教育及巡回教育事项。

六、关于低能残废等特殊教育事项。

七、关于社会教育人员之训练登记及任用待遇之计划事项。

八、关于文化团体之指导事项。

九、关于精神总动员及新生活运动事项。

十、关于侨民社会教育事项。

十一、不属本司其他各科与社会教育有关之事项。

第二科掌下列各事项：

一、关于图书馆事项。

二、关于体育场及民众体育事项。

三、关于音乐、戏剧艺术及其他美化教育事项。

四、关于文献古物之调查保存事项。

五、关于改良礼俗及民众娱乐事项。

六、关于通俗演讲事项。

七、关于国民历史事项。

八、关于各级学校办理社会教育事项。

九、关于家庭教育事项。

十、关于展览事项。

第三科掌下列各事项：

一、关于电化教育工作队事项。

二、关于电化教育辅导处事项。

三、关于教育电影制片厂事项。

四、关于播音教育事项。

五、关于幻灯教育事项。

六、关于电化教育推广事项。

七、关于电化教育教材、教具之统筹编制与供应事项。

八、关于科学馆及博物馆事项。

九、关于通俗科学教育事项。

十、关于卫生教育事项。

第十八条　蒙藏教育司置第一、第二两科。

第一科掌下列各事项：

一、关于蒙藏暨其他边疆各种教育事业之计划与办及管理事项。

二、关于蒙藏暨其他边疆教育之调查及督导事项。

三、关于蒙藏暨其他边疆教育经费之规划及支配事项。

四、关于蒙藏暨其他边疆教育师资之培养事项。

五、关于蒙藏暨其他边疆学校教员任用待遇之计划及登记检定进修事项。

六、关于蒙藏暨其他边疆子弟入学升学补习之指导及奖励事项。

七、关于蒙藏暨其他边疆教育之实验事项。

八、关于其他蒙藏及边疆教育行政事项。

第二科掌下列各事项：

一、关于蒙藏暨其他边疆教育法案之编译事项。

二、关于蒙藏暨其他边疆教育图书之编译及审查事项。

三、关于蒙藏暨其他边疆地方乡土教材之收集研究及编译事项。

四、关于蒙藏暨其他边疆语文之研究整理及沟通事项。

五、关于蒙藏暨其他边疆语文图书之印刷保管及分配事项。

六、关于蒙藏暨其他边疆地方学术之考查事项。

七、关于其他有关蒙藏暨边疆教育之编译及研究事项。

第十九条　总务司置第一、第二、第三、第四四科。

第一科掌下列各事项：

一、关于文件之收发分配及撰拟缮校事项。

二、关于印信之典守事项。

三、关于档案之保管事项。

四、关于公报之编辑发行及其他部编刊物之发行事项。

第二科掌下列各事项：

一、关于本部官产官物之登记及保管事项。

二、关于本部之购置印刷及设备事项。

三、关于本部之建筑及修缮事项。

四、关于本部警卫及工役之管理事项。

五、关于本部消防及卫生事项。

第三科掌下列各事项：

一、关于本部经费之筹划分配事项。

二、关于各项教育经费之核发调节事项。

三、关于各项教育经费规划支配之建议事项。

四、关于本部所属各机关学校拨款项之审核事项。

五、关于本部所属各机关学校财务处理事项。

六、关于本部所属各机关学校主管人员交代事项。

七、关于各项捐款之支配拨解及债券之经募事项。

八、其他有关财务事项。

第四科掌下列各事项：

一、关于本部及所属机关学校款项之收支保管事项。

二、关于本部现金票据证券存款依据等件保管及移转事项。

三、关于现金出纳账国库银行往来账之登记事项。

四、关于现金收支表册之编造事项。

五、其他有关出纳事项。

第二十条　本部为收集资料供参考研究起见设教育资料研究室置第一、第二两组。

第一组掌下列各事项：

一、关于教育文字之撰拟与编纂事项。

二、关于教育政策之解释及政令之宣扬事项。

三、关于教育新闻之应答与发送事项。

四、关于本部刊物之审查与编印事项。

五、其他有关编辑事项。

第二组掌下列各事项：

一、关于教育资料之收集事项。

二、关于教育资料之编藏事项。

三、关于本部图书室事项。

四、其他有关资料事项。

第三章 文 书

第二十一条　本部一切文件之收发统由总务司第一科办理。

第二十二条　凡文件到部由总务司第一科收发人员拆封，摘由，编号，查明附件，注明日期，依次登记，加盖主办单位戳记。其须会核者，并加盖会核单位戳记，于每日上、下午登簿，分送各主办司处室会办理。速要文件应随到随送。

第二十三条　文件分配按照来文性质与各司处室会职掌而定。其性质关系两司处室会以上者，应就其侧重之方面决定之。

第二十四条　各司处室会收到文件，应另簿登记注明日期，随时送主管长官核阅后，发交承办人员办理。最要文件须候决定办法者，应先签呈请示后再行办理。

第二十五条　凡收到文件内附有银行支票、邮局汇票及代用现金之邮票或现金，收发人员于收到时应登入收款簿，送交总务司第四科随时签收并于正文上盖章证明。

第二十六条　密要电报及密要公文或来文封面署明长官亲启者，应由总务司第一科随时登簿。最机密件及亲启件送秘书室转呈部次长核阅后，由秘书室处理，或转送各司处室会办理。机密件得挂号，不录由，分送各司处室会办理。凡送各司处室会办理者，机密件由指定人员承办。最机密件由主管高级人员自行办理。

第二十七条　承办密要文件人员于收到文件时，应亲自签署于送件簿上，拟办逐级转送核阅，其须会核者应亲自或指定妥员转送之。

第二十八条　速件与密件及部次长交办急要文件，均应随到随办。文内原定有限期或批明有限期者，应于限期内办完。未有限期者，至迟不得逾三日。但须会商办理或须查阅参考材料未能于限期内办结者，应先具报送由秘书室转呈部次长核准。

第二十九条　各司处室会签呈及请示文件，内容涉及两司处室会以上者，应会签送由秘书室编号呈送部长批阅后，仍由秘书室发还处理。

第三十条　各司处室会办理文件除签呈及请示文件外，由承办人员拟稿逐级转陈核签。稿内如有删改处，应由删改人在删改处盖章。款项数字及重要计数字，均须用大写核签（包括会核）。完毕后分别特速件、速件、重要及普通文件用颜色不同之送稿簿。特速用红色簿上加白色签条，速件用红色，重要件用黄色，普通件用蓝色，送由秘书室转呈判行。密件应用木制送文匣送递并加固封。

第三十一条　凡外来有相互关连之文件应由主管之司处室会主稿核办，再送有关司处室会会核，不得先行送各司处室会先核，致有稽迟。

第三十二条　部长手谕交办事项，由次长交秘书室登记，送主管司处室会办理。其未经由次长转交者由秘书室录谕呈阅。

第三十三条　各司处室会签呈文件，如因急要经呈核阅或面奉批示办理者，应由经呈或奉谕之司处室会通知秘书室补行登记。

第三十四条　凡经部长判行公文稿其内容与送核原稿有变更时，应由秘书室送主管司处室会主管人及经办人阅后送缮。如与次长原批有出入时，应先呈次长阅后，交主管司处室会。如经交主管司处室会时，亦应即时呈报。

第三十五条　凡经次长批办或经办事项，如主管司处室会因事实需要请求变更原有办法时，须先呈请原经管次长再行转呈部长核定。

第三十六条　本部法令由参事室拟订者，分送各司处室会会核。由各司处室会拟订者，应送参事室及其他有关司处室会会核。重要者批交部务会议商讨，呈请部长核定。

第三十七条　本部法规之公布、修正、补充、解释由参事室、主办、有关司处室会会核。所属机关、学校、团体专案呈部规章之审核，由各司处室会主办，参事室会核。

第三十八条　各司处室会所拟通令、办法、计划、方案有涉及条规者，均应送参事室会核。

第三十九条　学校、社会教育机关及文化团体立案或备案文件暨内容，一部分属于规章或涉及法令之文件，由主管司处室会主办，参事室会核。

第四十条　关于捐资兴学之褒扬及奖励教育人员案件，由主管司处室会主办，参事室会核。

第四十一条　诉原案件由参事室主办，司处室会会核。

第四十二条　本部法令条规公布后，由总务司第一科油印分送各司处室会查考，并送三十份至参事室存编。

第四十三条 关于视察报告呈奉部长核示令饬机关学校遵办时，由主管司处室会主办，督学室会核。

第四十四条 各司处室会办理派员外出视察之文件，应送督学室会核。

第四十五条 关于经费文件由会计处主稿者，应先送总务司及有关司处室会会核。

由其他司处室会主稿者，应先送总务司会核再送会计处及有关司处室会会核。

第四十六条 人事处主办人事文件，应送有关司处室会会核其他司处室会办理，文件涉及人事者，应送人事处会核。

第四十七条 各司处室会对于本部所属机关学校及各省市教育厅局所发有关统计查报之表格，均应依照本部公务统计方案规定格式办理。其在公务统计方案以外应行调查事项，应先将表格送统计处审核以免重复。

第四十八条 各司处室会对于主管业务办理之经过及结果，暨各机关学校及各省市教育厅局呈送有关统计资料之审核意见，应照本部公务统计方案规定各项登记册籍格式经常登记送由统计处整理统计，以供设计与考核之应用。

第四十九条 各司处室会有关教育之资料文献，应送由资料室编藏。

第五十条 关于技术案件由技术人员办理呈由主管长官转呈部长核判。

第五十一条 各司处室会传递公文均应用条簿登记，由收到司处室会查明签收。

第五十二条 各司处室会关于办理文稿，应于收文总号码外加编分司处室会逐渐顺序号码，以便稽查。

第五十三条 拟稿员须署名稿面并摘由登记送稿簿，连同稿簿送主管长官审核署名后呈部长核定。

第五十四条 文稿呈经部长判行后发还，主办司处室会转送缮校盖印封发，并将原稿归档。

第五十五条 机密及最机密文件呈经部长判行后，由秘密室审察性质送总务司第一科指派人员缮校，或经行指定人员缮校。缮校毕由秘书室送印封固，或加盖漆印另编密号于文内及封面，交总务司第一科收发人员送发。前项原稿由秘书室审察性质，分别送总务司归档或由秘书室专档保管，经相当时期再送总务司归密档。

第五十六条　密要文件之涉及款项须签发汇票或现款者,由各司处室会或秘书室指定人员持稿向总务司第四科及会计处接洽办理之。

第五十七条　本部一切公文非经部长判行不得缮发,但最速件得提前缮正之。

第五十八条　应登公报文件由各司处室会主稿人员在稿面加盖拟登公报戳记,送总务司办理。

第五十九条　凡送发本部附近各机关公文,应加粘顺序编号之签收单,由收受机关盖章签字后掣回粘存,或由送达簿以代签单邮寄文件应将邮局单据粘存查考。

第六十条　本部每日收发文件由总务司第一科列表油印存查,并分送部次长及各司处室会查阅。

第六十一条　各司处室会处理事务须调阅书卷时,应用调卷条填写向总务司第一科调取,用毕后应即归档。

第六十二条　各司处室会对于拟存文件应签注缘由,送呈核定后送还原办司处室会登记,转送总务司归档。

第六十三条　本部公文处理之催查,由秘书室设置考查组办理之。

第四章　服务通则

第六十四条　本部新任人员于奉到部文后两周内,应到部供职。其有特殊原因不能按期到部者,应事前呈请。

第六十五条　本部新任人员到部时应检同履历表(随令附表)、证件及最近二寸半身免冠相片四张(不送铨叙人员只须二张),向人事处第二科报到。自报到之日起薪。

第六十六条　本部职员应照办公时间到部,不得迟到早退。每周纪念周及各种例会均须按时出席。

第六十七条　本部每日办公时间依照行政院之规定办理。

第六十八条　本部职员每日上下午到部时均应按时签到并注明到值时间。

第六十九条　总务司第一科收发缮校人员及总务司第二科人员,除办公时间外并应派员轮值。

第七十条 本部职员在办公时间除因公接洽外不得接见宾客。

第七十一条 各种例假循例休息,但遇有重要公事时得随时由部次长或主管长官召集处理之。

第七十二条 本部派赴各地公干及视察人员,出发及回部日期应由本人填具公出或回部销差报告单(单式另定),送由人事处登记呈阅。

第七十三条 各职员如有疾病或不得已事故必须请假时,除遵照国民政府公布之政府职员给假条例外,并应照本部职员考勤规则办理。

第七十四条 本部职员辞职经核准(免职、撤职、解聘雇者同)后,应依照规定办理移交,并自离职之日起停薪。

第七十五条 凡请假人员中途辞职未经核准擅离职守者,除由人事处呈请部长核示令饬追缴所借公物文卷及证章外,并应予撤职。但有特殊情形者不在此限。

第七十六条 本部及所属机关学校经费,由总务司第四科依照预算及请款手续领取。

第七十七条 关于款项收支应由总务司司长、第四科科长在会计处制具之传票上签名盖章,交还会计处记账保管。

第七十八条 本部收支款项总务司第四科非依会计处合法之传票,不得为出纳之执行。

第七十九条 本部各职员薪俸由总务司第四科按月造具薪俸表呈总务司司长,转呈部长批准后发放。勤务工资由总务司第二科造册领发,各职员及勤务领取薪俸工资时,应于收据上署名盖章以资证明。

第八十条 每日现金结存数目应由总务司第四科列表送请会计处会章,由总务司司长转呈部长核阅。

第八十一条 本部经收各款应分类置定账簿按日登记。

第六章 庶 务

第八十二条 本部一切公用物品由总务司第二科购办,其一次用费在五千元以上二万元以下者,须经总务司司长核定。二万元以上者由总务司司长转呈部长核定之。购办多量物品时应采用投标方法。

第八十三条　总务司第二科为预备支付五千元以下之用费,得向总务司第四科预领款项,领款时须由总务司第二科科长署名盖章,送呈总务司司长核定。

第八十四条　总务司第二科购置物品应预为计划并以购用国货为主。

第八十五条　总务司第二科购置一切物品应分别登入物品登记簿及财产登记簿。每届月终并应造具财产增加表及财产减损表,由会计处转报审计部备核。

第八十六条　总务司第二科应置备领物品单,分送各司处室会应用,各职员因公领用物品时应于领物单内填明种类数目,由主管长官复核后向总务司第二科领取。每月月终由总务司第二科按照各部分领用种类及数目编造统计,送总务司司长转呈部长核阅。

第八十七条　职员因公外出如因时间关系必须乘用部车时,应详填出勤事由,经主管司处室会主管长官通知总务司第二科办理。

第八十八条　本部警卫工役由总务司第二科管理,但关于调派及惩奖等事项须呈奉总务司司长核准。

第八十九条　本部员工公共福利事项之设计执行,由总务司第二科负责办理。

第九十条　本部所有财产、家具、机械、汽车等均由总务司第二科负管理之责。

第九十一条　本部办公处所及公产之清洁整理事项,由总务司第二科随时检查。

第九十二条　本部员工携带物品外出时,须经总务司第二科检验后发给放行证。

第七章　附　　则

第九十三条　关于会计事项依照本部会计处组织规程及办事细则办理。

第九十四条　关于统计事项依照本部统计处组织规程及办理细则办理。

第九十五条　关于人事之执行事项依照本部人事处组织规程及办事细则办理。

第九十六条　本规程自公布之日施行。

《教育法令》,教育部编,中华书局,
1947年5月版,第17—23页

各级学校学年学期假期办法

1945年10月8日 教育部公布

第一条 教育部为划一各级学校学年、学期、假期，特订定本办法。

第二条 各级学校以每年八月一日为学年之始，翌年七月三十一日为学年之终。

第三条 一学年分为二学期：以八月一日至翌年一月三十一日为第一学期，以二月一日至七月三十一日为第二学期。

第四条 各级学校除去暑假、寒假日数，每学期在学期内之日数依下列之规定：

一、专科以上学校第一学期一百四十三日，第二学期一百三十二日（闰年一百三十三日）。

二、中等学校第一学期一百四十八日，第二学期一百三十七日（闰年一百三十八日）。

三、小学第一学期一百五十六日，第二学期一百四十二日（闰年一百四十三日）。

第五条 各级学校暑假、年假、寒假、春假日数及起讫日期依下列之规定：

一、暑假 专科以上学校以六十九日为限（起七月四日讫九月十日）。中等学校以五十九日为限（起七月九日讫九月五日）。小学以四十九日为限（起七月十四日讫八月三十一日）。

二、年假 各级学校一律定为二日（起一月一日讫一月二日）。

三、寒假 各级学校一律定为二十一日（起二月一日讫二月二十一日）。

四、春假 各级学校一律定为一日（四月四日）。

第六条 各级学校关于国定纪念日之放假及举行纪念办法，另依中央之规定办理。

第七条 各级学校本校纪念日休假每年不得过一日。

第八条 各级学校于规定寒暑假满之次日，应一律开学办理注册等手续。专科以上学校不得逾七日。中等学校及小学不得逾三日，但新生得酌予延长。

第九条 各级学校假期起讫日期不得任意变更。但因各地气候及特殊情形者得经呈准后酌量移动之。

第十条 本办法自三十四学年度第一学期实施。

《教育法令》，教育部编，中华书局，
1947年5月版，第108页

教科图书标本仪器审查规则

1947年2月12日　教育部公布

第一条　学校用教科图书及标本仪器应经教育部审定，其未经审定发给执照或经审定已逾有效期间者，不得发售或采用。

第二条　呈请审查时教科图书之发行人或著作人应呈送稿本及印刷样张各二份，标本仪器之发售人或制作人应呈送样品二件，附具制作图样及说明书各二份，并均应注明制作人姓名及出品定价。

第三条　呈请审查时所有科学名称、外国人名、地名及其他专门名词应编中外名词相互对照表（名词之经教育部公布者应以公布者为标准），附于书后或标本仪器。

第四条　呈请审查时应呈缴审查费，其额数小学教科用书按全书售价之五十倍，中等学校教科用书按全书售价之四十倍，各种挂图按全国售价之三十倍，标本仪器按每件售价之二十倍。

第五条　教科图书、标本、仪器定价过高者，教育部得令其减低之，经审定后定价必须增加者应呈请核示。

第六条　呈请审查之教科图书、标本、仪器应行修正者，由教育部饬具呈人依照签注修正或改制（呈送之教科图书修正本或改编本，应于修改处加签载明前次稿本中原签册数、页数、行数、字数等），并应依照第二条之规定再送审查。

第七条　教科图书、标本、仪器审定后之印本或制品，应再呈送二份，经复核无误发给审定执照。

第八条　经审定教科图书、标本、仪器之下列事项由教育部于教育部公报公布之：

一、名称

二、册数或件数

三、定价

四、制作人姓名

五、送审者姓名

六、适用学校之种类

七、审定日期

八、执照号数

九、有效期间

第九条 经审定之教科图书应将审定执照影印于底封面,标本仪器应载明审定之年月暨执照号数。

第十条 教科图书、标本、仪器经审定后应予修正者,应依第二条之规定送请审核,其经教育部饬令修正者,应于三个月内为之,逾期撤消其审定。

第十一条 教科图书审定之有效期间,中等学校为三年,简易师范学校及小学各为四年,期间届满前四个月应再送审查并应按照第四条之规定另呈缴审查费。

第十二条 教育部认为应行审查之其他教育用品得适用本规则。

第十三条 发售人违反第一条之规定或不遵守禁止发行之命令者,予以行政处分或科以法律上之处罚。

第十四条 本规则自公布日施行。

《教育法令》,教育部编,中华书局,
1947年5月版,第112—113页

印行国定本教科书暂行办法

1947年2月13日 教育部公布

第一条 凡公私印刷机关印行国定本教科书,均应符合下列最低标准:

一、版面——小学及初中各册版式为横十三公分,直十九公分(俗称三十二开本)。

二、装订——以坚固为原则。

三、纸质——以用白色新闻纸为原则,但亦得采用当地国产优良纸张,惟须坚韧洁白,不妨害学生目力。封面用纸,尤须坚韧。

四、字体——小学低年级各册字体,不得小于四方公分(比照头号铅字大小)。中年级各册字体,不得小于二方公分(比照老三号铅字大小)。高年级及初中各册字体,不得小于一.五方公分(比照老四号铅字大小)。小学低年级各册用正楷手写体,制铜锌版翻成纸型印刷。小学中高年级及初中各册用各体清楚铅字排印。

五、插图——小学低年级各册插图,每课所占地位,不得少于课文之三分之一;中年级各册插图,每课所占地位,不得少于课文之四分之一。关于科学性质者,必须明了正确;关于文学性质者,必须宾主分明,人物生动。

第二条　公私印刷机关依照本办法印行国定本教科书,应先将样本三份呈送教育部审核,发给许可执照后方得印行。

第三条　公私印刷机关印行国定本教科书,应将各该书之许可执照用相版印于底封面。

凡不遵守前项规定者,各级学校不得采用,各地主管机关并应严予取缔。

第四条　本办法自民国三十六年七月一日起施行。

《教育法令》,教育部编,中华书局,
1947年5月版,第111—112页

国立学校暨学术机关聘用外籍人员规程

1947年2月14日　教育部公布

第一条　各国立学校暨学术机关聘用外籍人员除遵照行政院颁聘用外籍人员办法外,并依本规程之规定。

第二条　聘用外籍人员分下列各种:

一、讲座　学术权威、声望卓著、特聘来华讲学者属之;

二、教授及研究员　具有专门学识经验或技术,并为本国学术界所稀有、特聘来华担任教学研究及指导工作者属之；

三、教员及研究人员　学识经验合于副教授、副研究员以下各级教员及研究人员之标准、特聘来华担任相当工作者属之；

四、兼职人员　本人或其直系亲属原在中国，合于本条第一、二、三项之规定，应聘担任相当工作者属之。

第三条　聘用外籍人员，由学校或机关自行洽聘，呈报教育部备查。其聘用前条第一、二、三项人员，须由部补助经费者，应先呈部核定后再行洽聘。

第四条　聘用外籍人员之期限，除第二条第四项人员应比照本国同级人员办理外，余以三年为准。

第五条　外籍人员之待遇标准如下：

一、第二条第一、二、三项人员：

（子）薪俸　比照国内同级人员支给之，必要时，得酌量情形给予外汇津贴；

（丑）旅费　本人来回旅费，按照路程远近核实支给，至多不得超过美金二千元；有眷属同来者，亦得酌给旅费，不问人数多少，其总数不得超过美金二千元；

（寅）休假费　服务已满三年而仍继续应聘者，本人得返国休假六个月。已满六年而仍继续应聘者，得率眷属返国休假六个月。休假期内薪俸照给，其往返旅费得照本条丑项之规定。

二、第二条第四项人员其薪津、待遇与本国同级人员相同。

第六条　外籍人员之食宿与交通工具，均以自给自备为原则，其由聘方供给者，应就聘用学校或机关经常费内匀支，不得另请增加预算或补助津贴。

第七条　本规程自公布日起施行。

《教育法令》，教育部编，中华书局，
1947年5月版，第201页

捐资兴学褒奖条例

1947年6月26日　国民政府修正公布

第一条　凡私人或团体捐助公立或已立案之私立学校、图书馆、博物馆、美术馆、体育场、民众教育馆、或其他有关教育文化事业者,依本条例给予褒奖。

外国人捐资兴学者,得依本条例给予褒奖。

第二条　褒奖方法如下:

一、奖状分为四等,由省政府或直辖市政府给予之。

二、奖章分金质银质两种,由教育部给予之。

三、匾额由国民政府给予之。

第三条　捐资给奖标准如下:

一、捐资三十万元以上,不满五十万元者,给予四等奖状。

二、捐资五十万元以上,不满一百万元者,给予三等奖状。

三、捐资一百万元以上,不满二百万元者,给予二等奖状。

四、捐资二百万元以上,不满五百万元者,给予一等奖状。

五、捐资五百万元以上,不满一千万元者,给予银质奖章。

六、捐资一千万元以上,不满五千万元者,给予金质奖章。

七、捐资五千万元以上者,给予匾额。

第四条　凡依本条例第三条所定应给奖状者,由主管官署开具事实,检附捐资证件及受奖人履历,呈请省政府或直辖市政府核明给予。年终由省市政府分别汇报教育部、内政部备案。

第五条　凡依本条例第三条之规定,应给奖章者,由主管官署开具事实,检附捐资证件及受奖人履历,呈经上级机关,送由教育部会同内政部核呈行政院核准后,由教育部给予之。

第六条　凡依本条例第三条之规定应给予匾额者,由主管官署开具事实,检附捐资证件及受奖人履历,呈请上级机关送由教育部会同内政部核呈行政院转呈国民政府给予之。

第七条　侨居国外之中华民国人民,依本条例第三条所定应给奖状者,由当地使领馆开具事实,检附捐资证件及受奖人履历,报请侨务委员会会同教育部,内政部核办。

在未设使领馆地方,得由校长或学校董事长或其他侨民教育主管人员,呈请侨务委员会核明后,会同教育部、内政部给予之。

第八条　捐资在蒙古、西藏地方者,由蒙古各盟旗官署、西藏地方官署,依本条例之规定分别授奖,年终汇报教育部、内政部、蒙藏委员会备案。

第九条　凡已领有奖状或奖章,继续或于两地以上捐资者,得合计捐资数目晋奖,但以一次为限,一人不得同时给予两种奖状或奖章。

第十条　凡经募捐资超过本条例第三条各款所列数额十倍以上者,得比照同条规定给予褒奖,但募捐为其职务上应有之工作者,不适用本条例之规定。

第十一条　凡以不动产或国币以外之动产捐资者,应按当地时价折合国币计算。

第十二条　给予外国人之褒奖,由教育部会同内政部外交部核办。

第十三条　匾额奖章之款式由内政部定之。

第十四条　本条例自公布日施行。

《第二次中国教育年鉴》,教育部教育年鉴编纂委员会编,
商务印书馆,1948年12月版,第1594—1595页

四 国民教育

（一）幼稚园、小学教育

普通教育暂行办法

1912年2月　教育部公布

一、从前各项学堂，均改称为学校。监督、堂长应一律改称校长。

一、各府州县小学校，应于元年三月初四日（阴历壬子年正月十六日）一律开学。中学校、师范学校视地方财力，亦以能开学为主。

一、在新制未颁行以前，每年仍分二学期。阳历三月开学，至暑假为第一学期。暑假后开学，至来年二月底为第二学期。

一、初等小学校，可以男女同校。

一、特设之女学校章程，暂时照旧。

一、凡各种教科书，务合乎共和民国宗旨。清学部颁行之教科书，一律禁用。

一、凡民间通行之教科书，其中如有尊崇满清朝廷，及旧时官制、军制等课，并避讳，抬头字样，应由各该书局自行修改，呈送样本于本部，及本省民政司、教育总会存查。如学校教员遇有教科书中不合共和宗旨者，可随时删改，亦可指出，呈请民政司或教育会，通知该书局改正。

一、小学读经科，一律废止。

一、小学手工科，应加注重。

一、高等小学以上体操科，应注重兵式。

一、初等小学算术科，自第三学年起，应兼课珠算。

一、中学校为普通教育,文实不必分科。

一、中学校,初级师范学校,改为四年毕业。惟现在修业已逾一学期以上,骤难照改者,得照旧办理。

一、旧时奖励出身,一律废止。初、高等小学毕业者,称初、高等小学毕业生。中学校、师范学校毕业者,称中学校、师范学校毕业生。

《南京临时政府公报》第4号

小学校教则及课程表

1912年11月　教育部订定

教　则

第一条　小学校应遵《小学校令》第一条之宗旨教育儿童。

凡与国民道德相关事项,无论何种科目,均应注意指示。

智识技能,宜择生活上所必需者教授之,务令反复熟习,应用自如。

儿童身体,宜期其发达健全;凡所教授,必适合儿童身心发达之程度。

对于男女诸生,应注意其特性及将来生活,施以适当之教育。

各科目教授之目的方法,务使正确,并宜互相联络以资补助。

第二条　修身要旨在涵养儿童之德性,导以实践。

初等小学校,宜就孝悌、亲爱、信实、义勇、恭敬、勤俭、清洁诸德,择其切近易行者授之;渐及于对社会对国家之责任,以激发进取之志气,养成爱群爱国之精神。

高等小学校宜就前项扩充之。

对于女生尤须注意于贞淑之德,并使知自立之道。

教授修身,宜以嘉言懿行及谚辞等指导儿童,使知戒勉,兼演习礼仪;又宜授以民国法制大意,俾具有国家观念。

第三条　国文要旨,在使儿童学习普通语言文字,养成发表思想之能力,兼以启发其智德。

初等小学校首宜正其发音,使知简单文字之读法、书法、作法,渐授以日用文章,并使练习语言。

高等小学校,首宜依前项教授渐及普通文之读法、书法、作法,并使练习语言。

读本文章,宜取平易切用可为模范者,其材料就修身、历史、地理、理科及其他生活必需事项择其富有趣味者用之。

女子所用读本宜加入家事要项。

国文读法,宜就读本及他科目已授事项,或儿童日常闻见与处世所必需者,令记述之,其行文务求简易明了。

书法所用字体,为楷书及行书。

教授国文,务求意义明了,并使默写短句短文,或就成句改作,俾读法书法作法联络一致,以资熟习。

凡语言文字,在教授他科目时亦宜注意练习。

遇书写文字,务使端正,不宜潦草。

第四条　算术要旨,在使儿童熟习日常之计算,增长生活必需之知识,兼使思虑精确。

初等小学校首宜授十数以内之数法、书法及加减乘除,渐及于百数以内,更进至通常之加减乘除,并授小数之读法、书法及其简易之加减乘除,兼授本国度量衡币制之要略。

高等小学校首宜就前项扩充之,渐进授以整数、小数、诸等数、分数、百分数、比例,并得酌授日用簿记之要略。

算术宜用笔算及珠算。

教授算术,务令解释精审,运算纯熟,又宜说明运算之方法理由;在初等小学校,尤宜令熟习心算。

算术问题宜择他科目已授事项,或参酌地方情形切于日用者用之。

第五条　本国历史要旨,在使儿童知国体之大要,兼养成国民之志操。

本国历史宜略授黄帝开国之功绩,历代伟人之言行,亚东文化之渊源,民国之建设,与近百年来中外之关系。

教授本国历史，宜用图画、标本、地图等物，使儿童想见当时之实况，尤宜与修身所授事项联络。

第六条　地理要旨，在使儿童略知地球表面及人类生活之状态，本国国势之大要，以养成爱国之精神。

地理首宜授本国之地势、气候、区划、都会、物产、交通，以及地球之形状运动等，进授各洲地志之梗概，并重要各国之都会物产等，兼授本国政治经济上之状态，及对于外国所处之地位。教授地理，务须实地观察，示以地图、标本、影片、地球仪等物，使具有确实之知识，尤宜与历史理科所授事项联络，并使儿童填注暗射地图及习绘地图。

第七条　理科要旨，在使儿童略知天然物及自然现象，领悟其中相互关系及对于人生之关系，兼使练习观察，养成爱自然之心。

理科宜授习见之植物、动物、矿物及自然现象，使知重要之名称、形状、效用、发育及其相互关系，与对于人生之关系；进授物理化学上之重要现象，元素与化合物之性质，简易器械之构造作用，人身生理卫生之大要。

理科务授以适切于农工、水产、家计等事项，在教授动植物时，尤宜使知该物制造品之制法及其效用。教授理科务须实地观察，或示以标本模型图画等，并施简易实验。

第八条　手工要旨，在使儿童制作简易物品，养成勤劳之习惯。

初等小学校，宜授纸豆、纽结、粘土、麦杆等简易细工。

高等小学校首宜依前项教授，渐进授以竹木金属等细工。

教授手工，宜说明材料之品类、性质及工具之用法，其材料取适用于本地者。

第九条　图画要旨，在使儿童观察物体，具摹写之技能，兼以养其美感。

初等小学校首宜授以单形，渐及简单形体，并使临摹实物或范本。

高等小学校，首宜依前项教授，渐及诸种形体，并得酌授简易几何画。

教授图画，宜就他科目已授之物体及儿童所常见者，令摹写之，并养其清洁缜密之习惯。

第十条　唱歌要旨，在使儿童唱平易歌曲，以涵养美感，陶冶德性。

初等小学校宜授平易之单音唱歌。

高等小学校首宜依前项教授,渐增其程度,并得酌授简易之复音唱歌。

歌词乐谱宜平易雅正,使儿童心情活泼优美。

第十一条　农业要旨,在使儿童知农事之大要,养成勤勉利用之习惯。

视地方情形,授以农事或水产,或二者并授。

农事宜就土壤、水利、肥料、农具、耕耘、栽培及蚕桑畜牧等,择与本土相宜而为儿童所易解者授之。

水产宜就渔捞、养殖、制造等,择与本土相宜者授之。

教授农业,须与地理、理科所授事项联络,并就本土农业实地指示,使其知识确实。

第十二条　缝纫要旨,在使儿童习熟通常衣服之缝法、裁法,兼养成节俭利用之习惯。

初等小学校首宜授运针法,继授简易之缝法、补缀法。

高等小学校首宜依前项教授,继渐及通常衣服之缝法、裁法、补缀法。

视地方情形得兼授西式裁法、缝法及洗濯法。

缝纫材料,宜取常用之物,在教授时宜说明工具之用法、材料之品质及衣服之保存法、洗濯法。

第十三条　体操要旨,在使儿童身体各部平均发育,强健体质,活泼精神,兼养成守规律、尚协同之习惯。

初等小学校首宜授适宜之游戏,渐加普通体操。

高等小学校宜授普通体操,仍时令游戏,男生加授兵式体操。

视地方情形,得在体操教授时间或时间以外,授适宜之户外运动或游泳。

第十四条　商业要旨,在使儿童知商事之大要,养成勤勉信实之习惯。

商业宜就贸易、金融、运输、保险及其他商业要项,择与本土有关系,为儿童所易解者授之。

教授商业,须与国文、算术、地理、理科所授事项联络,兼授简易之商用簿记。

第十五条　英语要旨,在使儿童略解浅易之语言文字,以供处世之用。

英语首宜授发音及单词短句,进授浅近文章之读法、书法、作法、语法。

英语读本宜取纯正而有趣味者,其程度宜与儿童知识相称。

教授英语宜以实用为主,并注意于发音,以正确之国文译释之。

第十六条　教授各科时,常宜指示本国固有之特色,启发儿童之爱国心、自觉心,并引起其审美观念。

第十七条　初等小学校各学年教授程度,及每周教授时数,依第一表,缺手工、图画、唱歌、缝纫之一科目或数科目者,其每周教授时数,可分加于他科目,并可减少总计时数一小时或二小时。

第 一 表

教科目\学年	每周教授时数	第一学年	每周教授时数	第二学年	每周教授时数	第三学年	每周教授时数	第四学年
修　身	2	道德之要旨	2	道德之要旨	2	道德之要旨	2	道德之要旨
国　文	10	发音　简单文字之读法书法及日用文章之读法书法作法语法	12	简单文字之读法书法及日用文章之读法书法作法语法	14	简单文字及日用文章之读法作法语法	14	简单文字及日用文章之读法书法作法语法
算　术	5	20以内之数法书法及加减乘除	6	百数以内之数法书法及加减乘除	6	通常之加减乘除	5	通常之加减乘除小数之读法书法及其简易之加减乘除等（珠算加减）
手　工	1	简易细工	1	简易细工	1	简易细工	1	简易细工
图　画			1	单形　简单形体	1	单形　简单形体	男2 女1	简单形体
唱　歌	4	平易之单音唱歌 游戏	4	平易之单音唱歌 游戏　普通体操	1	平易之单音唱歌	1	平易之单音唱歌
体　操					3	游戏　普通体操	3	游戏　普通体操
缝　纫					1	运针法　通常衣服之缝法	2	通常衣服之缝法补缀法
总　计	22		26		男28 女29		男28 女29	

前项分加于他科目时数,在国文、算术,每科每周以一小时为限。

第十八条　高等小学校各学年教授程度,及每周教授时数,依第二表,加授商业者,可减去农业一科。

第 二 表

教科目\学年	每周教授时数	第一学年	每周教授时数	第二学年	每周教授时数	第三学年
修 身	2	道德之要旨	2	道德之要旨 民国法制大意	2	道德之要旨 民国法制大意
国 文	10	日用文字及普通文之读法书法作法	8	日用文字之普通文之读法书法作法	8	日用文字及普通文之读法书法作法
算 术	4	整数小数诸等数(珠算加减)	4	分数百分数(珠算加减乘除)	4	分数百分数比例(珠算加减乘除)
本国历史 地 理	3	本国历史之要略 本国地理之要略	3	本国历史之要略 本国地理之要略	3	本国历史之补习 本国地理之要略
理 科	2	植物动物矿物及自然现象	2	植物动物矿物及自然现象	2	通常物理化学上之现象元素与化合物简易器械之构造作用人身生理卫生之大要
手 工	男2女1	简易手工	男2女1	简易手工	男2女1	简易手工
图 画	男2女1	简单形体	男2女1	简单形体	男2女1	诸种形体
唱 歌	2	单音唱歌	2	单音唱歌	2	单音唱歌
体 操	3	普通体操游戏男兵式体操	3	普通体操游戏男兵式体操	3	普通体操游戏男兵式体操
农 业			2	农事　农事之大要 水产　水产之大要	2	农事　农事之大要 水产　水产之大要
缝 纫	2	通常衣服之缝法补缀法	4	通常衣服之缝法裁法补缀法	4	通常衣服之缝法裁法补缀法
英 语					(3)	读法　书法　作法　语法
总 计	30		男30女32		男30女32	

　　加授英语或别种外国语者,每周得减少他科目三小时,为其教授时数。

　　缺手工、唱歌、农业之一科目或数科目者,每周教授时数,可分加于他科目,并可减少总时数一小时或二小时。

　　前项分加于他科目时数,在国文、算术、英语,每科每周以二小时为限。

农业改为商业时,可授以商事之大要。

英语视地方情形,亦得自第二学年始。

(　)系随意科符号。

《教育杂志》第四卷第十号,1913年1月

半日学校规程

1914年2月20日　教育部公布

第一条　半日学校为幼年失学便于半日或夜间补学者设之。

第二条　专教女子之半日学校,称女子半日学校。

第三条　小学校得依本规程附设半日班,但男女同校之小学校,不适用之。

第四条　半日学校学生之入学年龄,自十二岁至十五岁。

第五条　半日学校学生入学程度为未入初等小学校者,但已入初等小学校而辍业者,亦得插入相当班次。

第六条　半日学校学科目及每周授课时数依下表之规定:

修身	一
国文	十二
算术	三
体操	二
总计	十八(各学年同)

半日学校每周授课在十八时以上者,得将各科教授时数酌量增加,并得依初等小学校课程加授他项科目,惟至多不得过三小时。

第七条　半日学校修业期限为三年。

半日学校每周授课至三十小时者,得酌量缩短年限为二年以上。

第八条　半日学校教科用书,由校长就教育部审定图书内择用之。在此项图书未审定以前,适用初等小学教科书。

第九条　半日学校除以上各条外,均适用部令关于初等小学校之规定。

第十条 本规程自公布日施行。

《教育法规汇编》，教育部编，

1919年5月第180—181页

预备学校令

1915年11月 教育部公布

第一条 预备学校以注意儿童身心之发达，施以初等普通教育，预备升入中学为本旨。

第二条 预备学校附设于中学校。

中学校附设预备学校，须经省行政长官之核定，并报教育总长认可。

第三条 预备学校修业年限，分为前后两期，前期为四年，后期为三年。

第四条 预备学校前期之教科目，为修身、读经、国文、算术、手工、图画、唱歌、体操，女子加课缝纫。其后期之教科目，为修身、读经、国文、算术、本国历史地理、理科、手工、图画、唱歌、体操，男子加课外国语，女子加课家事。

第五条 预备学校之教科图书，须用教育部所编行或经教育部审定者。

前项图书，关于同一教科目而有数种者，应由该校主任商承中学校校长择定之。

第六条 预备学校之入学儿童，适用《国民学校令》第二十三条及第二十七条之规定。

在国民学校毕业，或依照《国民学校令》第二十六条之规定，修毕国民学校之教科者，得入预备学校之后期第一学年。

第七条 预备学校之休业日，除日曜日外，每年不得过九十日。

第八条 预备学校应设备校地、校舍、校具及体操场、学校园。

第九条 预备学校一律征收学费。

前项征收学费规程，由教育总长定之。

第十条 担任预备学校前期或后期之全部教科者，为本科正教员；专任手工、图画、唱歌、体操、缝纫、家事、外国语之一科目或数科目者，为专科正教员；辅助正教员者为助教员。

第十一条　预备学校教员,须在师范学校或在教育总长指定之学校毕业,或经国民学校高等小学校教员检定委员会检定合格而受有许可状者。

第十二条　预备学校主任,得以本科正教员兼任之。

第十三条　预备学校主任之任用,由中学校校长陈请该管长官定之;其教员之任用,由中学校校长定之,但须报经该管长官之认可。

第十四条　预备学校教员之俸额,依照教育总长所规定之标准定之。

第十五条　预备学校主任及教员,认为教育上不得已时,得加儆戒于儿童,但不得用体罚。

第十六条　预备学校主任有违背教育法令或怠废职务,及有不名誉行为者,中学校校长应陈请该管长官予以惩戒处分。

预备学校教员有前项情事者,该校主任应报经中学校校长陈请该管长官予以惩戒处分。

该管长官认为必要时,虽未预前项陈报,亦得施行惩戒处分。

本条所称惩戒处分,为训戒、减俸、免职三种。

第十七条　预备学校主任或教员有不服该管长官所施之免职或停止职务等项处分者,得陈诉于上级长官。

第十八条　预备学校除本令所规定外,关于教则及编制等事项,由教育总长定之。

附则

第十九条　京师地方中学校附设预备学校,由京师学务局核定,转报教育总长;其关于第十三条及第十六条第一、第二、第三项情事,亦由京师学务局行之。

特别行政区域中学校附设预备学校,由该区域行政长官核定,转报教育总长。

第二十条　本令第十一条之施行期,视地方情形得展缓三年以内。

第二十一条　本令自公布日施行。

《教育杂志》第七卷第十二号,1915年12月

国民学校令

1915年7月　教育部公布
1916年10月　教育部修正公布

第一章　总　　纲

第一条　国民学校施行国家根本教育,以注意儿童身心之发育,施以适当之陶冶,并授以国民道德之基础及国民生活所必需之普通知识技能为本旨。

第二条　国民学校由自治区负担设立者,名区立国民学校;由私人之经费设立者,名私立国民学校。

第三条　蒙养园及类于国民学校之各种学校,适用前条之规定。

第二章　设　　置

第四条　自治区设立国民学校,其校数以足容本区学龄儿童为准。

第五条　自治区设立国民学校时,得于本区内划分学区。

第六条　区立国民学校之校数、位置,经自治会议及学务委员会之协议,由区董陈请县知事定之。

在单独制自治区,由区董咨询学务委员之意见,陈请县知事定之。

学务委员会之规程,别以教令定之。

第七条　自治区之一学区内,如有不能于通学适宜之地域成立一国民学校者,区董得令邻近学区处理其一部分就学儿童之教育事务。

邻近学区遇有不能处理前项教育事务时,县知事得令该区与邻近自治区组织学校联合,设立国民学校,或将一部分就学儿童之教育事务委托于邻近自治区。

前项学校联合及委托事项之解除或停止,须经县知事之认可。

第八条　地方自治试行条例第二条第六项缓设自治区地方,其就学儿童之教育事务,由县知事处理之。

第九条　自治区因特别情事,于应设国民学校之校数一时未能全设者,县知事得令该区暂以私立国民学校代用之,但须详经该管长官之认可。

代用国民学校规程,由教育总长定之。

第十条　私立国民学校之设置,须经县知事之认可,其废止及变更时亦同。

第十一条　蒙养园及类于国民学校之各种学校,适用前条之规定。

国民学校得附设蒙养园及类于国民学校之各种学校。

第三章　教科及编制

第十二条　国民学校修业期限为四年。

第十三条　国民学校之教科目为修身、读经（修正案删此二字）、国文、算术、手工、图画、唱歌、体操,女子加课缝纫。

遇不得已时,可暂缺手工、图画、唱歌之一科目或数科目。

第十四条　国民学校得设补修科。

关于补修科之细则,由教育总长定之。

第十五条　国民学校之教科目,除修身、读经（修正案删此二字）、国文、算术外,其他科目有因儿童体质所不能学习者,得免其学习。

第十六条　国民学校之增减科目,在区立者由区董报经县知事之认可,在私立者由设立人报经县知事之认可。

补修科之设置与废止,应照前项办理。

第十七条　国民学校之教科图书,须用教育部所编行或经教育部审定者。

前项图书,关于同一教科目而有数种者,应由县知事招集各校校长会议择定。

补修科所用教科图书,由各校校长择定。

第十八条　国民学校之休业日,除日曜日外,每年不得过九十日;补修科不在此限。

遇传染病预防或非常灾变时,区董得命临时闭校,但须陈报县知事。

除前项外,遇有急迫情事,校长得临时闭校,但须报由区董转陈县知事。

第十九条　关于国民学校教则及编制之细则,由教育总长定之。

第四章 设 备

第二十条 国民学校应设备校地、校舍、校具及体操场、学校园。

视地方情形,可暂缺学校园。

第二十一条 国民学校之校地、校舍、校具、体操场等,除非常灾变外,不得作为他用。

第二十二条 关于国民学校设备之细则,县知事依照教育总长所规定之程式定之。

第五章 就 学

第二十三条 儿童自满六周岁之翌日始,至满十三岁止,凡七年,为学龄。

儿童达学龄之日后,以最初学年之始为就学始期,以国民学校毕业之时为就学终期。

学龄儿童之父母或其监护人,自儿童就学之始期至于终期,有使之就学之义务。

第二十四条 学龄儿童如以疯癫、白痴或残废不能就学者,区董报经县知事认可后,得免除其父母或监护人之义务。

学龄儿童如以病弱或发育不完及其他不得已之情事,达就学期而未能就学者,区董报经县知事认可后,得展缓其就学。

区董认学龄儿童之父母或其监护人,实以贫困不能使儿童就学时,得照前项办理。

第二十五条 学龄儿童未经国民学校毕业而为人佣役者,其主人不得因其为佣而妨其就学。

第二十六条 学龄儿童之父母或其监护人,应令儿童就学于区立国民学校或代用国民学校;但经区董之认可,得令其在家庭或他处肄习国民学校之教科。

就学于国立或省道县立各学校之附属国民学校及在预备学校修业四年(修正案删"及在"以下十字)者,与就学于区立国民学校无异。

第二十七条 儿童年龄未达就学始期者,不得令入国民学校。

第二十八条　国民学校校长察知儿童中有患传染病或有可虞之情状者,或性行不良有妨他儿童之教育者,得停止其出席。

第六章　职　员

第二十九条　凡担任国民学校全部教科之教授者,为正教员。

因特别情事,正教员亦得不担任手工、图画、唱歌、体操、缝纫之一科目或数科目。

专任手工、图画、唱歌、体操、缝纫之一科目或数科目者,为专科教员。

辅助正教员者为助教员。

第三十条　国民学校教员,须在师范学校或教育总长指定之学校毕业,或经国民学校教员检定委员会检定合格,而受有许可状者。

国民学校教员检定规程,由教育总长定之。

第三十一条　遇有特别情事时,得以未受许可状者代用为国民学校助教员。

关于代用教员之细则,由教育总长定之。

第三十二条　国民学校校长,以正教员兼任之,但在四级以上之学校得变通之。

第三十三条　区立国民学校校长之任用,由区董陈由县知事定之;其教员之任用由校长定之,但须报由区董转陈县知事。

第三十四条　区立国民学校教员之俸额及其他给与诸费并支给方法,别以教令定之。

第三十五条　国民学校校长教员认为教育上不得已时,得加儆戒于儿童,但不得用体罚。

第三十六条　区立国民学校校长有违背教育法令或怠废职务及有不名誉行为者,区董应陈请县知事予以惩戒处分。

区立国民学校教员有前项情事者,校长得报由区董陈请县知事予以惩戒处分。

县知事认为必要时,虽未据陈报,亦得施行惩戒处分。

本条所称惩戒处分,为训戒、减俸、免职三种。

第三十七条　私立国民学校校长、教员,遇有前条第一项情事者,县知事得停止其职务。

前条惩戒处分之减俸,免职及本条之停止职务,应详报该管长官。

第三十八条 受国民学校教员许可状后,若犯下列各款之一,其许可状即为无效:

一、被处徒刑以上之刑未复权者;

二、失则产上之信用,被人控实,尚未清结者。

第三十九条 受国民学校教员许可状后,若有不正当行为,或其他玷污师资之行为,察其情状较重者,县知事得褫夺其许可状;但须详报该管长官。

第四十条 国民学校校长或教员,有不服县知事所施之免职或停止职务、褫夺许可状等项处分者,得陈诉于该管长官。

第七章 经 费

第四十一条 区立国民学校之经费,由自治区负担之,其概目如下:

一、设备费及维持费;

二、职员薪俸及其他给与诸费;

三、校内杂费。

关于学校联合及委托儿童教育事务之经费,适用前项之规定。

第四十二条 县知事认为自治区财力,于担任前条所列之经费有未足时,应由县予以补助。

第四十三条 缓设自治区地方,其就学儿童教育事务之经费有未足或不能负担时,应由县予以补助,或以县经费支给之。

第四十四条 地方最高级行政长官,认为县之财力不能担任第四十二、第四十三条之经费时,应由省或特别区域予以补助。

第四十五条 区立国民学校不征收学费,但视地方特别情形,经县知事之认可,得征收之。

征收学费之细则,由教育总长定之。

第四十六条 区立国民学校之学费,作为自治区之收入。

第八章 管理及监督

第四十七条 区董承县知事之指挥,管理本区之教育事务。

第四十八条 学务委员辅佐区董管理本学区之教育事务。

第四十九条 区立国民学校校长、教员所执行之教育事务,由县知事监督之。

第五十条 私立国民学校,由县知事监督之。

第九章 附则

第五十一条 本令第三十条之施行期,视地方情形得展缓三年以内。

第五十二条 自治区未成立地方,本令第五条划分学区事项、第四十一条担任经费事项,由县知事处理之。

自治区未成立地方,本令第六、第七条及第十六、第十八、第二十四、第二十六、第三十三、第三十六、第四十七条,所有属于区董之职务,由县知事遴委学务委员任之。

第五十三条 未设县治地方,关于就学儿童教育事务之处理,由地方长官咨陈教育总长定之。

第五十四条 京师地方就学儿童之教育事务,由教育部所属京师学务局处理之。

第五十五条 民国元年教育部颁行之《小学校令》关于初等小学校各条,自本令施行之日起即行废止。

从前设立之初等小学校,一律改称国民学校。

第五十六条 本令自公布日施行。

《教育公报》第二年第四期,1916年8月;
第三年第十一期,1916年10月

高等小学校令

1915年7月　教育部公布

1916年10月　教育部修正公布

第一条　高等小学校以增进国民学校之学业,完成初等普通之教育为宗旨。

第二条　高等小学校为县立,其校数及位置由县知事定之,但须经该管长官之认可。

县立高等小学校之经费由县经费支给之。

第三条　各自治区已设国民学校,于足容本区学龄儿童确有余款时,得设立高等小学校。

二自治区以上,依前项之规定,得联合设立高等小学校。

前二项高等小学校之经费,由自治区或关系自治区之经费支给之。

第四条　凡以私人之经费依本令规定所设立之高等小学校,称为私立高等小学校。

第五条　前二条高等小学校之设立、变更、废止,须经县知事之认可。

第六条　类于高等小学校之各种学校,适用前三条之规定。

第七条　高等小学校修业年限为三年。

第八条　高等小学校之教科目为修身(1915年7月公布令中有"读经"一科——编者)、国文、算术、本国历史、地理、理科、手工、图画、唱歌、体操,男子加课农业,女子加课家事。

视地方情形,农业可以从缺,或改为商业,并可加设外国语。

遇不得已时,手工唱歌亦得暂缺。

第九条　高等小学校之增减科目,在县立者由县知事定之,在区立或私立者由区董或设立人报经县知事之认可。

第十条　高等小学校得设补修科。

关于补修科之细则,由教育总长定之。

第十一条　高等小学校之教科图书,须用教育部所审定者。

前项图书,关于同一教科目而有数种者,应由县知事招集各校校长会议择定。

补修科所用科教图书,由各校校长择定。

第十二条　高等小学校之休业日,适用《国民学校令》第十八条之规定。

第十三条　高等小学校之教则,由教育总长定之。

第十四条　高等小学校之设备,适用《国民学校令》第二十至第二十二条之规定,但加课农业者应设农业实习场。

第十五条　高等小学校之入学儿童,以曾经国民学校毕业者为合格。

依照《国民学校令》第二十六条之规定修毕国民学校教科者,亦得入高等小学校。

第十六条　凡教授高等小学校之教科者,为本科正教员;专任手工、图画、唱歌、体操、农业、家事、外国语、商业之一科目或数科目者,为专科正教员;辅助正教员者为助教员。

第十七条　高等小学校教员须在师范学校或教育总长指定之学校毕业,或经高等小学校教员检定委员会检定合格,并受有许可状者。

关于高等小学校教员检定之细则,由教育总长定之。

遇有特别情事,高等小学校教员不敷时,得以未受许可状者代用为高等小学校助教员。

第十八条　高等小学校校长以本科正教员兼任之。

第十九条　高等小学校校长之任用,由县知事定之,并详报该管长官。其教员之任用,由校长定之,但须报经县知事之认可。

第二十条　高等小学校教员之俸额,由县知事依照教育总长所规定之标准定之。

第二十一条　高等小学校校长、教员,认为教育上不得已时,得加儆戒于儿童,但不得用体罚。

第二十二条　高等小学校校长有违背教育法令或怠废职务及有不名誉行为者,县知事应予以惩戒处分。

高等小学校教员有前项情事者,校长应详请县知事予以惩戒处分。

县知事认为必要时,虽未据前项详报,亦得施行惩戒处分。

本条所称惩戒处分,为训戒、减俸、免职三种。

第二十三条　私立高等小学校校长、教员,遇有前条第一项情事者,县知事得停止其职务。

前条惩戒处分之减俸、免职及本条之停止职务,应详报该管长官。

第二十四条　受高等小学校教员许可状后,若犯下列各款者之一,其许可状即为无效:

一、被处徒刑以上之刑未复权者;

二、失财产上之信用、被人控实尚未清结者。

第二十五条　受高等小学校教员许可状后,若有不正行为,或其他玷污师资之行为,察其情状较重者,县知事得褫夺其许可状,但须详报该管长官。

第二十六条　高等小学校校长或教员,有不服县知事所施之免职或停止职务、褫夺许可状等项处分者,得陈诉于该管长官。

第二十七条　高等小学校得征收学费。

征收学费规程,由教育总长定之。

第二十八条　本令第十七条第一项之施行期,视地方情形得展缓二年。

第二十九条　民国元年教育部颁行《小学校令》关于高等小学校各条,自本令施行之日起即行废止。

第三十条　本令自公布日施行。

《教育公报》第二年第四期,1915年8月;

第三年第十一期,1916年10月

乡村小学充实儿童学额办法

1931年4月29日　教育部颁发

一、乡村小学儿童名额,除有特殊情形,经主管教育行政机关许可者外,每一教室不得少于二十五人,其名额不足者,应设法充足之。

二、乡村小学校长教员,应劝导附近人民速送已届学龄之儿童入学。

三、乡村小学为应付特殊环境起见,得由校长商请校外热心教育人士为本校义务招生委员,调查本校四周一公里内之学龄儿童,并督促其入学。

四、乡村小学学额不足时,其附近一公里内,不得另设招收九周岁以上儿童之私塾。其有设塾影响于学校招生时,得由校长呈请主管教育行政机关勒令停闭之。

五、二所以上之乡村小学校舍邻近而学额均无法补足者,主管教育行政机关得酌量合并学校或学级。

六、乡村小学得减缩暑假或年假日期,酌放农忙假,其时期由各地方教育行政机关规定之。

七、乡村小学为减轻人民负担使其子女易于入学起见,得多设免费学额。并得由主管教育行政机关,酌给书籍用品,或购办书籍用品,以供贫苦儿童借用。

八、乡村小学应酌设补习班,招收十岁以上失学儿童入学补习。

九、本法如有不适宜于某一地方情形时,得由该地方教育行政机关另定办法,呈请主管教育行政机关核准,并汇报教育部备案。

《教育法令汇编》第一辑,教育部编,
1936 年 10 月版,第 290—291 页

繁盛都市推广小学教育办法

1931 年 4 月 29 日　教育部颁发

一、人口繁盛之都市,所有小学不足容纳本地方学龄儿童者,应依照本办法尽量推广之。

二、繁盛都市教育行政机关,应就本市发展状况及改造趋势,拟具推广小学教育办法,请由主管政府核定,纳入于整个的建设计划中。

三、各都市教育行政机关按照计划所定,得呈请主管政府核准,收用官荒或收买民地作为建设该市小学之基础。

四、各都市教育行政机关,得请主管政府劝令建筑大宗市房之私人,于建筑之时,依照小学校舍建筑最低限度标准建筑小学校舍,以便公私立小学赁用。

校舍建筑最低限度标准,由各该市教育行政机关拟订,会同工务机关,呈经主管政府核定后,汇送教育部备案。

前项私人建筑,以每满五十户建筑小学校舍一教室为原则。

五、校舍如不敷用而又不及建筑或无力建筑者,得商借庙宇、公所、宗祠等之余屋供用。

六、各都市教育行政机关,应参照下列各办法,宽筹兴办小学教育之经费。

　　甲、整理现有教育经费,剔除中饱,撙节浮滥;

　　乙、减缩本机关政费;

　　丙、中等以上学校已设而不甚需要者,得酌量收束或缩小,逐渐减削其经费;

　　丁、呈请主管政府指拨的款;

　　戊、酌量儿童家庭能力,增收学费;

　　己、其他。

七、现有小学,每级儿童名额,得扩充至五十人。

八、现有小学儿童名额不足之学级,应酌量采用复式或二部编制,两校以上名额不足之学级可合并者,并得合并之。

九、现有小学幼稚园及低年级,应酌采上下午半日学校制,以期多收学龄儿童。

十、现有小学儿童,应由主管教育行政机关,依全都市学区,就入学儿童住址分别支配于一区内各小学,勿任家近甲校之儿童,往乙校肄业,或家近乙校之儿童,往甲校肄业;并应调剂各校儿童数,勿使有多少不均之弊。

十一、小学招收新生,得由教育行政机关会同各学区小学教员,组织招生委员会,主持儿童入学试验,将收录者平均分配于各小学。

十二、现有小学于招收新生时,得于正取之外,定有备取名额,在开学两个月内,遇有正取生缺额时,应随时递补。

十三、现有小学在学期开始后未逾半学期时,各级如有缺额,遇有报考插班者,仍应酌量收录。

十四、现有市立公私立中学,应鼓励其节省费用,附办小学。

十五、劝导各商帮、各工会等,摊认捐款,兴办私立小学。

十六、奖励私人兴办小学。

十七、整顿境内私塾，训练塾师，改良私塾为代用小学。

十八、各都市教育行政机关，应依照本办法，拟具较详备之办法，呈由主管政府核准并汇送教育部备案。

《教育法令汇编》第一辑，教育部编，商务印书馆，
1936年10月版，第291—292页

今后中小学训育上应特别注重之事项

1932年6月3日　教育部颁发

一、训练目标

应发扬我民族固有美德忠、孝、仁、爱、信、义、和、平等，同时并应特别注意：

(1) 力戒懦怯苟安，养成勇敢奋斗之精神；

(2) 力戒倚赖敷衍，养成自立负责之能力；

(3) 力戒轻躁盲从，养成审核周密之思考；

(4) 力戒浪漫奢靡，养成刻苦勤朴之习惯；

(5) 力戒虚伪涣散，养成精诚团结之意志；

(6) 力戒自私自利，养成爱国爱群之观念。

二、训育责任

(1) 中小学各教职员均须切实同负训育责任，破除从前教学训育分裂之积习，各就本校训育与教学的关联方面预定整个的计划，以备分工合作。

(2) 各教职员均须对于此次国难经过有彻底的明了；并须以各种暗示的方法，时时提醒学生。

(3) 各教职员自身须过刻苦耐劳的生活，实行人格熏陶。

(4) 各教职员除于训练方面注意领导外，应充分利用教学机会(如上国语、算术、历史、地理、自然科学、社会、体育等课时)，增强学生对于雪耻救国的系统观念及动机。

(5) 中小学每晨必须举行早会，作短时间之训练，校长教职员学生均须出席。

三、环境设备

（1）中国与外国人口面积比较表，中国与外国人民教育程度比较表，中国与外国输出与输入货品比较表，中国与外国海陆空军比较表，其他各种比较表。

（2）国耻地图，国耻历史表解，国难中所受损失统计图表，国难发生地方前后比较详图，记载中日交涉之图籍，其他各种关于国难的材料。

（3）我国民族运动史事图，现代世界各民族运动史事图，此次国军及各地义勇军奋勇抗敌图，其他。

1、2、3项为惕励鼓舞必需之资料，如何搜集编制和设置，应与教学联络。

（4）宽大健身场所，军事训练用之器械（初中及小学应充实童子军训练之设备）理化仪器标本（能自制者须自制）。

四、实施方法

关于体育方面	（一）高中实施严格军事训练，注意野外实习，凡军训不及格者不得毕业。初中加紧童子军训练，小学注重童子军训练与健康运动。
	（二）注重各种团体运动及国术与各地固有游戏运动。
关于群育方面	指导学生组织自治团体，养成团体生活，并应注重严密组织，竭力限制个人自由。对于服从互助等习惯，尤须注意养成。
	须求国家与民族之自由，放弃个人之自由；若在团体中求个人之自由，就是自私自利。
关于智育方面	（一）注重科学研究、试验、竞赛及成绩展览。
	（二）辩论演讲及言论发表，须注意雪耻救国的事实。
	（三）各种研究会应侧重我国生产状况及国防设备各问题。
	（四）搜集衣食住行必需之本国物产，分别展览。
	（五）国货劣货鉴别方法的研究。
	（六）重要时事的报告和探讨。
关于德育方面	（一）实行刻苦耐劳生活，减少校内工役，一切劳作务须由教员学生共同任之。

(二）节省宴会茶点及零食费用。

（三）提倡爱用国货。

（四）严禁浪漫浮夸奢侈。

（五）宣誓雪耻救国，并训练学生，认定本人将来应为事业，作救国救民族之准备。

（六）重要集会时为国难死亡同胞默念志哀。

上列四项，系兼指中小学而言，除共同必须注意者外，各小学自应就儿童能力、兴趣，对于各种分量斟酌减轻，材料内容亦应就年级程度，分别深浅难易因势利导。即低年级与幼稚园儿童各种游戏活动，亦应酌加雪耻救国材料，以资陶冶。各级训练务须本此意旨，切实施行，尤须持久不懈，始终如一，振衰起废，端赖乎此。

《教育法令汇编》第一辑，教育部编，商务印书馆，
1936年10月版，第173—175页

幼稚园小学课程标准施行办法

1932年10月　教育部公布

一、本标准颁布后，全国各小学应即一律遵照施行。但经教育部核准备案的实验小学，或因地方特殊情形，由主管教育行政机关，呈经教育部核准备案的，得酌量变通办理。

二、各地方对于本标准如有意见，应随时报告教育部，作为修改时的参考材料。

三、各省市施行本标准如因师资欠缺，不免窒碍难行；应即改进师范教育，并给予现有小学教员以进修和研究的机会。例如：

（1）利用假期或晚间余暇，由各地方教育行政机关，召集各校担任某科目的教员，予以关于某科目的基本知识和技能，并授以教学方法。

（2）由小学教员组织关于某种学科的研究会，研究练习关于某学科的知识和技能。

四、本标准颁布后，关于幼稚园小学具体课程，如教材要目、教学实例等，除国

语、算术、社会各科的大部分,自然科的一部分,有教育部审定全国通用的教科书可资依据外,其余带有地方性及时间性而无教科书可资依据的,应由教育部指定若干省及行政院直辖市教育厅局,尽先延聘专家及实地研究者,组织委员会,各按时令及本地情形,分年分目,编成具体的教材要目、教学实例,适于乡村及都市的各二份以上,呈请教育部审核施行,并供各省市编订具体课程的参考。

五、本标准颁布后,关于地方性的补充教材,各县市教育局应即组织地方教材搜集委员会,依据本标准各科作业要项,搜集各地方实际应用的乡土教材,作为补充教材,呈请主管教育行政机关审核后,加入于具体教材要目中。

六、本标准各科各学年作业要项,都用"论理的方法"排列,所以往往以学科为本位,自成系统。课程的编订应依生活、时令,用心理的排列方法,并将需要的教材组织成相互联络的各个单元。

七、课程的编订,各省市应依据标准所含的弹性,订定完备的和简易的两种或两种以上,以便城市、乡村或办理完善和未臻完善的各式小学遵用。

八、南洋等处华侨小学课程,应由当地华侨教育管理者及华侨教育会,和华侨学校代表,根据本标准,斟酌地方情形,分别编订,呈请教育部审核备案。

《幼稚园小学课程标准》,教育部中小学课程标准编订委员会编,中华书局,1936年2月版,第9—10页

幼稚园课程标准

1932年10月　教育部公布

第一　幼稚教育总目标

(一)增进幼稚儿童身心的健康。

(二)力谋幼稚儿童应有的快乐和幸福。

(三)培养人生基本的优良习惯(包括身体、行为等各方面的习惯)。

(四)协助家庭教养幼稚儿童,并谋家庭教育的改进。

第二　课程范围

（一）音乐

（1）目标

（甲）满足唱歌的欲望。

（乙）启发并增进欣赏音乐的机能（包括口唱和乐器的两种）。

（丙）发达发声的官能，节奏的感觉，并训练节奏的动作。

（丁）发展亲爱、协同等的情感。

（戊）引起对于事物（如猫、狗、耕田、洗衣之类）的兴趣。

（2）内容大纲

（甲）以下各种歌词的听唱表演及欣赏：

  （子）关于家庭生活的；

  （丑）关于纪念和庆祝的；

  （寅）关于时令节日的；

  （卯）关于自然现象的；

  （辰）关于习见的动植物的；

  （巳）关于日常工作的；

  （午）关于爱国的；

  （未）关于社交的；

  （申）关于表演用的。

（乙）节奏的听和演作。

（丙）通常音乐（小锣、小鼓、小木鱼等都可应用）的欣赏和演作（如听音起、坐、立、行等）。

（丁）自然声音的欣赏和模仿（如鸟鸣、猫叫等声）。

（3）最低限度

（甲）唱歌的声音清晰，拍子大致无误。

（乙）对于简单的律动（快慢高低等），有辨别反应的能力。

（丙）明了四首以上歌词的意义，并能表演。

（丁）有独唱两首简单的歌词的能力。

(二)故事和儿歌

(1)目标

(甲)引起对于文学的兴趣。

(乙)发展想象。

(丙)启发思想。

(丁)练习说话,增进发表能力。

(戊)发展对于故事的创作能力,培养快乐、高尚、和爱等的情感。

(2)内容大要

(甲)以下各种故事的欣赏演习(如口述、表演、创作等):

  (子)童话;

  (丑)自然故事;

  (寅)历史故事;

  (卯)生活故事;

  (辰)民间传说;

  (巳)笑话;

  (午)寓言。

(乙)各种故事画片的阅览。

(丙)各种有趣味而不恶劣的儿童歌谣、谜语的欣赏、吟唱和表演。

(3)最低限度

(甲)能述说四则最简单的故事而意思很明了。

(乙)能创作一则最简单的故事而有明显的内容。

(丙)能作简单明白的应对。

(三)游戏

(1)目标

(甲)顺应爱好游戏的自然性向,而与以适当的游戏活动。

(乙)发展筋肉的连合作用,并训练感觉和躯肢的敏活反应。

(丙)训练互助、协作等社会性。

（2）内容大要

下列各种游戏的练习：

（甲）计数游戏（如抛掷皮球等，可兼习计数）。

（乙）故事表演和唱歌表情的游戏。

（丙）节奏的（例如听音而作鸟飞兽走等的游戏）和舞蹈的游戏。

（丁）感觉游戏（闭目摸索、听音找人等练习触觉、听觉、视觉等的游戏）。

（戊）应用简单用具（如秋千、滑梯等）的游戏。

（己）摹拟游戏（如小兵操、猫捉老鼠等的摹拟动作）。

（庚）我国各地方固有的各种良好的游戏。

（3）最低限度

（甲）能参加群儿的集合，成行成圈，而觉协调。

（乙）能使用园中所设备的游戏器具三种以上。

（丙）知道游戏的简要规则。

（四）社会和自然

（1）目标

（甲）引导对于自然环境和人民活动的观察和欣赏。

（乙）增进利用自然、满足生活、组织团体等的最初步的经验。

（丙）引导对于"人和社会自然的关系"的认识。

（丁）养成爱护自然物和卫生、乐群等的好习惯。

（2）内容大要

（甲）关于衣、食、住、行等生活需要、卫生方法，以及家庭、邻里、商铺、邮局、救火组织、公园、交通机关等社会组织的观察研究，与本地名胜古迹的游览。

（乙）日常礼仪的演习。

（丙）纪念日和节日（如元旦、国庆、总理忌辰诞辰、五九、五卅、儿童节以及其他令节）的研究举行。

（丁）身体各部的认识和简易卫生规律（如不吃担上的糖果，不吃杂食，食前必洗手，食后必洗脸，不随地便溺，不随地吐痰，不吃手，不用手挖耳揉眼，早睡早起，爱清洁等)的实践。

（戊）健康和清洁的查察。

（己）党旗、国旗、总理遗像……等的认识。

（庚）习见的鸟、兽、虫、鱼、花草、树木和日、月、雨、雪、阴、晴、风、云等自然现象的认识和研究。

（辛）月份、星期、日子和阴、晴、雨、雪等逐日天象的填记。

（壬）附近或本园内动植物的观察采集并饲养或培植。

（癸）集会的演习（以培养公正、仁爱、和平的态度精神为主）。

（3）最低限度

（甲）认识自己日常生活所用的主要衣、食、住、行各项物品。

（乙）略知家庭、邻里、商铺、工场、农田以及地方公共机关的作用。

（丙）知道四肢、五官的机能作用。

（丁）认识家禽、家畜及五种以上植物，并太阳、风、雨的作用。

（戊）认识总理遗像和党旗、国旗。

（己）对于师长、家长有相当的礼貌。

（庚）有爱好清洁的习惯。

（五）工作

（1）目标

（甲）满足对于工作的自然需要。

（乙）培养操作习惯，增进工作技能，并锻炼感觉能力。

（子）发育粗大的基本动作，以为后日精细动作发育的基础；

（丑）使关于身心的各种动作，常常有表演的机会。

（丙）训练关于群体的活动力。例如：

（子）自信、自重、坚忍、专心、勤奋、互助、热心、服务等的精神；

（丑）自动的能力；

（寅）领袖才和服从领袖的精神；

（卯）批评能力和接受批评的度量；

（辰）不浪费时间和材料的习惯；

（巳）遵守秩序的习惯；

（午）爱护公共的用具。

（丁）发展智力：

（子）锻炼思想；

（丑）培养发表、创造、建设的能力；

（寅）发展欣赏能力。

（2）内容大要

由儿童各随所好，实做以下范围内的任何工作：

（甲）沙箱装排——在沙盘或沙箱中，利用各种玩具、物品，堆装观察研究过的许多立体的东西，如村舍、城市、山景、园景、江河、动物场、植物园或其他模型等。

（乙）恩物装置——用大小积木等装置成房屋和其他建筑物等。

（丙）画图——自由单色画或彩色画，彩色画可用各种现成图物，使儿童自己设色；或用自己所制的图物，施以彩色。

（丁）纸工——用剪刀剪各种图形，或以纸折各种物体（如桌椅之类）；或将剪的、折的、撕的图形用浆粘在纸上；用纸条织成各种花纹。

（戊）泥工及纸浆工——用泥或纸浆做成模型，如鸡、狗、桃、李、杯、盘、糕、饼、舟车等类，并研究泥的性质等。

（己）缝纫——缝纫的动机，大概由玩弄玩偶而来，如装饰玩偶的房屋，或为玩偶做小衣服、小被、小窗帘等。这种工作，应由年龄稍大的担任，年龄较小的儿童，可用硬纸刺孔成为苹果、萝卜或猫狗之类，让他们用颜色线穿编。

（庚）木工——用简单木工器具，如锥、锯之类。并能计划做成几种简单的玩具模型（如床、桌、椅、秋千架等），而且知道做的方法和顺序（例如做一桌，知道四脚应一样长；桌面和脚的比例应相当；四脚应钉在桌面之下等）。

（辛）织工——能用最粗的梭，织线带等。

（壬）园艺——种菜、种豆、种普通花卉等。

（癸）其他——利用各种自然物及废物做成玩具、装饰品等。

（附注）以上各种工作，最好都有。但可视环境的情形而选择。

(3) 最低限度

（甲）能独做简单的工作而不求助于人。

（乙）能爱惜工具和材料。

（丙）能整理工具、材料、作品和安置工具、材料、作品的地方。

（丁）能保持地上的清洁。

（戊）能不弄脏身体和衣服。

（己）能用铅笔或蜡笔。

（庚）能用剪刀。

（辛）能选择颜色。

（壬）能排列图形。

（癸）能种活一两种蔬菜或花卉。

（六）静息

(1) 目标

（甲）直接的，满足精神健康。

（乙）间接的，增进精神活动的效率。

(2) 内容

（甲）静默　仿照蒙德梭利的办法，举行定时的静默。听得某种声音符号后（或振铃或用某种音调的声音），都须端坐；教师指导值日儿童取静牌（灰色黑字牌）竖在黑板边上，同时观察有无不静默的儿童。等到大家静了，然后叫大家闭起眼睛来。这时（子）或合掌把头垂下，支颐休息；（丑）或隐几而卧；（寅）或就桌而睡。教师退处一隅，两三分钟后，再作一种声音符号，使大家抬起头来。声音符号，行了一两个月后，也可以变换。有时可参入游戏的意味。时间可逐渐加长。例如教师于一室入静后，退到别一室去，隔二三分钟后，以和悦的声音，叫一个儿童的姓名。被叫到的儿童，便飞也似的跑到她的怀里，然后再叫别一个儿童的姓名，一一如法跑去，直到人走完了为止。这种游戏，或者可称为"飞燕归巢"，事前可向儿童说明。静息功课，在蒙氏儿童院中，每天不止一次，以在十时左右（吃小点者可在十时后）为最相宜。

（乙）静卧　凡行全日制的,最好为各个儿童备卧具,午饭后退休静卧。凡小儿童,应睡二小时以上;年龄较大的,睡一小时半。醒时不当扰及他人（按:英国新式幼稚园对于此点极为注重）。

（七）餐点

（1）目标

（甲）适应需要——儿童食量小,所以进食时间的距离须短。自早餐至午刻,有五时之久,中间一定需要少许饼饵之类充饥。

（乙）练习饮食时应有的礼节。

（丙）养成饮食应有的清洁习惯。

（丁）养成爱惜食物的习惯。

（2）内容

每日上午十时左右,每儿食适当的食品（山芋、饼干之类）,和饮开水一杯（经费宽裕者,可用牛奶代水,或吃水果少许）。

第三　教育方法要点

（一）以上所列各种活动（音乐、游戏、故事和儿歌、社会和自然、工作等）,于实际施行时,应该打成一片,无所谓科目。打成一片的方法,应该以一种需要的材料（应时的如三月的植树节,十月的国庆,秋天的红叶,冬天的白雪等;在环境内发现的如替玩偶做生日,公葬某种已死的益鸟,开母姊会等等）,做一日或两三日内作业的中心;一切活动都不离乎这个中心的范围。

（二）幼稚儿童每天在园的时间,全日约六小时。在都市有特殊情形的幼稚园,可用半日制,每日上午约三小时。中间除定时餐点、静息,和全日制的中午停止作业进午餐和定时静卧外,各种活动,不可呆板的分节规定（如每时应教何种功课）。但是教师应该胸有成竹,在繁重作业之后,引导儿童作轻便的活动;在桌间作业之后,引导儿童作户外的运动……并可相机在某种活动之后,间以几分钟的休息,以调节儿童的身心。

（三）各种作业,可由儿童各从所好,自由活动。但是团体作业,每日也应有一次,由教师用暗示法,吸引儿童共同操作;当团体作业时,如有少数儿童不愿参加,不必强迫。

（四）故事、游戏、音乐、社会和自然，大部分都可由教师引导，施行团体作业；工作则大部分应该由儿童个别活动，由教师个别指导。——此等活动，可将全部作业分为若干项目（例如图书、剪贴、积木……），由儿童分组合作，分工活动。但须注意二事：

（1）分组，以两三人为一组合作一事为最有效。

（2）分工，儿童往往未做完这事，又去做那事，或半途而废，或苟且塞责。教师应该训练他们，使他们有责任心。训练的方法，或用表记录，能够完成的，与以奖的符号，否则与以戒的符号；或对做完成的，表示好感，对未做完成的，表示冷淡。

（五）教师应该充分的预备，以免临时困难。预备的事项，应该随儿童活动的趋向而定。例如在国庆纪念的活动之前，教师对于儿童在国庆纪念的活动中，预料应有若干问题和事实发生，就应向这一方面搜集材料，准备技能……以便应付。

（六）教师所提出以引导儿童活动的材料，和指导儿童活动的方法，以及一切进行，……都须体察儿童的心理，切合儿童的经验。

（七）幼稚教育所用的材料，不是空话，而是日常可见可接触，至少可想象的实物、实事。幼稚教育所用的场所，不限于室内，而须以户外的自然界、家庭、村、市、工商业……为最好的活动的地方。

（八）幼稚园的设计教学，须注意下列各点：

（1）从儿童自由活动中，发现设计的题材（例如一个儿童在沙箱中栽种白菜，教师发现后，便可集合许多儿童设计种菜），这是设计教学中一个很好的机会，应该利用。

（2）在设计中应有的一切活动，应该早就体察儿童的能力，把儿童不能做、或做不成功的部分省去，以免儿童因不能做而废止，或因中途失败而懊丧。

（3）设计的材料，以易达目的易得结果的为最好。在一个设计中，又须分为许多小段落，每一小段落，有一小目的，可得一小结果；那么儿童照着做去，得达目的，得有结果，也自然发生兴趣而自肯努力了。——万一整个的设计，做到中途而多数儿童的兴趣已转移了，那么教师也可把这个设计放下，便从事于多数儿童兴趣所在的设计；等相当的时机到来，再行设法继续。

（九）教师是儿童活动中的把舵者，要使儿童跟着他的趋向而进行；在未达目的前，不要改变宗旨。所发的暗示，也当一贯而不杂乱；在儿童既反应而未到完成时，不可再有另一种的新暗示。

（十）教师是最后裁判者。儿童的问题，应由儿童自己解决。到儿童的确不能解决时，教师才可从旁启发引导。

（十一）教师应利用奖励，以鼓励儿童对于某种作业的兴趣。幼儿的奖励，以言语和玩具的赠与为最有效，标帜、符号等的奖励次之。奖励所应注意的：

（1）奖励不可常用，常用则滥而失效。

（2）在群众中优胜，固然当奖，个人前后比较而突然有进步的也应该奖励。

（十二）有几种技能，应该用"练习"的方法，使儿童纯熟。练习必须顾到的条件如下：

（1）时间应该短，以保持儿童对于练习的兴趣和注意。

（2）次数的分配，应该合于分布练习的原则（开始时每天在一定的短时间内连续练习，熟后乃间歇练习，纯熟后才停止）。

（3）练习所用的材料，须估计其有无真正价值；不必练习的，不可枉费工夫。

（4）练习的方法，须查考其是否最优良；误用了方法（例如不用实物，而练习抽象符号），也一定劳而无功。

（5）练习时不但要注意儿童所表现的成绩，并且要注意儿童所用的方法，是否合宜。不合的，一定要随时矫正。

（十三）园中的事务，凡儿童能做的，如扫地、揩桌子、拔草、分工管理园具等，应充分的由儿童去做。

（十四）每半年举行"体格检查"一次，每月举行"体高体重检查"一次，每日举行"健康并清洁检查"一次（法详小学卫生等科课程标准）。儿童身体上的缺陷和各种疾病，教师应该设法补救——教师不但应有母亲和师长的知能，并须具有看护的身手，治病的常识。

（十五）教师对于儿童的身体、性情、好尚，以及家庭、环境……都应注意。最好备一本小册子,将观察所得的记录起来,以为研究和施教的资料。

(十六)教师应该常常到儿童家庭去,或请家长到园中来……尽力联络感情,宣传幼稚教育和家庭教育的方法。

(十七)幼稚园除利用户外的自然和社会外,依下列标准设备一切:

(1)要合乎我国的民族性。我国的民族性是诚朴、坚忍,和欧美日本不同的;幼稚园的设备,不必过于华美,而须注意于坚固;不必多取洋式和舶来品,而须尽量中国化。

(2)要合乎当地社会情形。我国地方辽阔,都市、乡村、南方、北土、富饶地、贫瘠区……社会情形,各各不同。幼稚园的设备,应该多取当地常见的物品,而不和社会的实际情形分离。

(3)要适应儿童的需要。要体察儿童的生理状况、心理状态、生活情形,随其需要而设备:(甲)量,不宜太简陋,期够用;(乙)质,应便于儿童,以求适用。

(4)要不背教育的意义。积极方面要:(甲)可以发展儿童创造力和激引儿童想象力的;(乙)可由儿童自己使用并自己装置或拆开的;(丙)可以引起儿童的兴趣和美感的;(丁)可以引起儿童的情感的;(戊)可以发展儿童的智力的;(己)有益于儿童的身体的。消极方面要:(甲)有碍卫生的不取;(乙)容易发生危险的不取;(丙)儿童不感兴趣的不取;(丁)有损美观的不取。

(5)要利用废物、天然物和日用品。废物如旧书、旧报、破布、无用的玻璃片、玻璃瓶、布片、破碗片……天然物如果核、树叶、花瓣、种子、蛤壳、贝壳、鸟羽、石子……日用品如肥皂、洋烛……都可利用了做成教育用品、装饰品和作业材料等。这不但省钱,并可启发儿童的创造力。

《幼稚园小学课程标准》,
教育部中小学课程标准编订委员会,
1936年2月,第11—31页

小学课程标准总纲

1932年10月 教育部公布

第一 小学教育总目标

小学应根据三民主义,遵照中华民国教育宗旨及其实施方针,发展儿童身心,培养国民道德基础及生活所必需的基本知识和技能,以养成知礼知义爱国爱群的国民。

兹分析如下:

(一)培育儿童健康的体格;

(二)陶冶儿童良好的品性;

(三)发展儿童审美的兴趣;

(四)增进儿童生活的知能;

(五)训练儿童劳动的习惯;

(六)启发儿童科学的思想;

(七)培养儿童互助团结的精神;

(八)养成儿童爱国爱群的观念。

第二 作业范围

一、科目及每周教学时间总表。

分钟　　年级 科目	低年级		中年级		高年级
	一年级	二年级	三年级	四年级	
公民训练	60		60		60
卫 生	60		60		60
体 育	150		150		180
国 语	390		390		390
社 会	90		120		180
自 然	90		120		150
算 术	60	150	180	240	210
劳 作	90		120		150

(续表)

科目 \ 分钟 \ 年级	低年级		中年级		高年级
	一年级	二年级	三年级	四年级	
美 术	90		90		90
音 乐	90		90		90
总 计	1170	1260	1380	1440	1560
附 注	上列分数,都可以三除尽,便于以三十分或四十五分或六十分支配为一节。				

〔说 明〕

(1)公民训练和别种科目不同,重在平时的个别训练。表内所列的,是团体训练时间。

(2)各科目得依各地方情形,酌量分合。其办法如下:

(甲)社会、自然、卫生三科,在初级小学得合并为常识一科;

(乙)劳作科农事工艺作业,可单设一种,即以所设的一种命名某某科,其余必要的作业,并入于性质相类的各科中。——例如特设工艺科,以农事的园艺、家事等作业并入自然科中;

(丙)美术、劳作二科,在低年级,得合并为工作科。

(3)总时间为适中数,得依各地方情形,每周增多或减少九十分钟。

(4)时间支配,以三十分钟一节为基本。视科目教材的性质,分别延长到四十五分或六十分。

二、其余各种集团活动每周时间分数表

年 级	低年级	中年级	高年级
分 钟	180	270	360
附 注	朝会、周会、纪念周、课外运动、课外作业、儿童自治团体活动等集团作业都在内。		

〔说 明〕

(1)各种活动时间,得依各地方情形,斟酌规定。

(2)活动事项,依各学校的范围性质,分别设置。

第三　教学通则

一、每周作业时间,如排列时间表,应注意各科目的性质,务使其难易相间,心身均衡,时间长短适度,每周分布调匀……尤应注意于便于联络,易于教学。

二、各科教材的选择,应根据各科目标,以适合社会——本地的现时的——需要及儿童经验为最紧要的原则。

三、公民训练的指导,不在文字教学和理论的探讨,应就学校家庭及社会生活方面,指导儿童身体力行。

四、文字的教材,应一律用语体文叙述,不得用文言文。

五、教学时的说话和读文,均应用标准语或近乎标准语的口语。

六、教材的组织,应尽量使各科联络,成为一个大单元,以减少割裂、搀杂、重复等弊。

七、教员在教学之先,应有充分的准备,不但要十分了解所用的教材,并须预备教学的方案(至少应有简略的教案)、相当的教具。教学的环境,也须尽量使其良善。

八、教学应注重"做"。应适应儿童的心理,引起儿童的反应,指示活动所欲达到的目的,唤起儿童的兴趣,集中儿童的注意,因势利导以使儿童自发活动、自行试验,努力进行。要儿童"手脑并用","身体力行"的"做"去,这是教学唯一的最紧要的原则。

九、凡教材须令儿童反复练习的部分(例如文字的认识、记忆,写字的纯熟,地名、人名、年代等的熟习,算术的熟习,歌曲的熟习……),应该用"练习教学"的方法。必须顾到的条件如下:

(1) 材料要取儿童已经了解意义的;

(2) 时间要短,次数要多(例如写字,每天或每两天练习一次,每次时间不过十五分钟);

(3) 方法要采用试验已有成效的,并且要多变化(一次短时间内,也该用若干方法练习);

(4) 达到了预定的标准,方算成功;

(5) 应注意结果,先求正确而后迅速。

十、凡教材须令儿童精密思考的部分（例如各科中所发现的问题，历史事实的因果，日常生活中所发现的疑难……），应该用"思考教学"的方法。必须顾到的条件如下：

（1）要常用以下的步骤辅导儿童：

（甲）动作，

（乙）发觉困难，

（丙）审定困难的所在，

（丁）解决困难的种种方法，

（戊）选择一个最有效的方法实验，

（己）屡试屡验之后，再下断语；

（2）教员不宜性急，不宜代行，不宜专断，应该让儿童从容思考；

（3）应切实指导儿童如何去动作，如何搜集材料和整理材料；

（4）养成儿童尊重客观事实，而不固执己见的态度和习惯。

十一、凡教材须令儿童欣赏的部分（例如故事、诗歌、歌曲、美术品、自然风景等），应该用"欣赏教学"的方法。必须注意的条件如下：

（1）材料最好让儿童自己选择；

（2）宜用声调、态度等的暗示引起；

（3）用形容、比较等方法，补充儿童想象，引导儿童欣赏；

（4）在可能范围内，宜把美恶等各点，引导儿童比较研究，以增进儿童的欣赏能力。但仍应以引起儿童的情感的反应为原则，不宜令儿童过分的分析和批评，致失去欣赏教学的目的；

（5）要明了儿童个别的差异，不宜希望人人得到相同的结果。

十二、教材须令儿童发表的部分（例如故事的表演，工艺的制作，文章的创作，图画的制作……），应该用"发表教学"的方法。必须注意的条件如下：

（1）要预计儿童能否做得成功，选择能做的做；

（2）要取易得结果易达目的的题材；

（3）要有所欲达到目的和周详的计划；

(4) 在制作的时候,教员应设法鼓励儿童,酌量帮助儿童,以使儿童做成功,并且满意;

(5) 无论成绩好坏,一定要照着计划做下去,使有结果。

十三、教员对于儿童的成绩应该严密的注意。考查成绩和成绩的标准应取科学的方法。

十四、教员对于儿童的身体、个性、家庭、环境……都应该辨认清楚。要精密的观察,仔细的记载,对症发药的拟教育方案,严密的施教,严格的考查结果。……不但对于知识技能的增进要如此,关于公民训练的一切好习惯的养成,恶习惯的革除也应该如此。

十五、教学不限于科目,不限于学校。除了科目以外要教些什么,教室学校以外怎么利用等问题,须时时注意研究实施。

《幼稚园小学课程标准》,教育部中小学课程标准编订委员会编,
中华书局,1936年2月版,第33—41页

小 学 法

1932年12月　国民政府公布

第一条　小学应遵照中华民国教育宗旨及其实施方针,以发展儿童之身心,培养国民之道德基础,及生活所必需之基本知识技能。

第二条　小学修学年限六年,前四年为初级小学,后二年为高级小学。

初级小学得视地方情形,单独设立。

第三条　小学由市县或区坊乡镇设立之。其有特殊情形者,得由省设立之。

私人或团体,亦得设立小学。

第四条　小学由市或县设立者,为市立或县立。小学由区设立者,为区立小学,由坊或乡镇设立者,为坊立或乡镇立。小学由两区两坊或两乡镇以上设立者,为某某区某某坊或某某乡镇联立小学。由私人或团体设立者,为私立小学。

第五条　师范学校附设之小学,为师范学校附属小学。

第六条　小学之设立、变更及停办，在省行政区域内者，除省立小学外，应经该管县市教育行政机关核准，呈请教育厅备案。在直隶于行政院之市区域内者，应经市教育行政机关核准。

第七条　小学学级用单式编制，但有特殊情形者，得用复式编制。在初级小学，并得用二部或单级编制。

第八条　小学之教学科目及课程标准，由教育部定之。

高级小学应视地方情形，设置简易职业科目。

第九条　小学教科图书，应采用教育部编辑或审定者。

前项编辑或审定，并应注重各地方乡土教材。

第十条　小学得附设幼稚园。

第十一条　小学设校长一人，综理校务。

省立或直隶于行政院之市市立小学校长，由教育厅或市教育行政机关遴选合格人员任用之。

县市立、区立、坊立或乡镇立小学校长，由县市教育行政机关选荐合格人员，呈请县市政府任用之，并呈请教育厅备案。

私立小学校长，由校董会或设立人遴选合格人员聘任之，并呈请主管教育行政机关备案。附属小学校长，由主管学校校长聘请合格人员充任，并呈请主管教育行政机关备案。但私立学校之附属小学有特殊情形另设校董会者，由校董会聘任之。

第十二条　小学教员由校长聘请合格人员充任。如合格人员有不敷时，得聘任具有相当资格者充之。均应呈请主管教育行政机关备案。

小学教员之检定、任用、保障各规程，由教育部定之。

第十三条　小学校长、教员均应为专任，校长并应担任本校教课。

第十四条　小学得单独或联合设校医或看护，其有六学级以上者，得酌设事务员。

第十五条　初级或高级小学学生修业期满成绩及格，由学校给予毕业证书。

第十六条　小学不收学费，但得视地方情形酌量征收。在公立小学，每人每学期初级至多不得逾一圆，高级至多不得逾二圆。在私立小学，每人每学期初级至多不得逾三圆,高级至多不得逾六圆。

学生无力缴纳学费者,小学校长应酌量情形免除其学费之一部或全部。

第十七条　小学规程,由教育部定之。

第十八条　本法自公布日施行。

《教育法令汇编》第一辑,教育部编,商务印书馆,
1936年10月版,第267—268页

小学公民训练标准
1933年2月　教育部公布

第一　目标

发扬中国民族固有的道德。以忠孝仁爱信义和平为中心,并采取其他各民族的美德,制定下列目标,训练儿童,以养成健全公民。

一　关于公民的体格训练:养成整洁卫生的习惯,快乐活泼的精神;

二　关于公民的德性训练:养成礼义廉耻的观念,亲爱精诚的德行;

三　关于公民的经济训练:养成节俭劳动的习惯,生产合作的知能;

四　关于公民的政治训练:养成奉公守法的观念,爱国爱群的思想。

第二　纲要

根据目标,规定公民训练纲要。列表如次:

公民训练要目
- 关于体格的——强健、清洁、快乐、活泼。
- 关于德性的
  - 自制、勤勉、敏捷、精细、诚实。
  - 公正、谦和、亲爱、仁慈、互助。
  - 礼貌、服从、负责、坚忍、知耻。
  - 勇敢、义侠、进取、守规律、重公益。
- 关于经济的
  - 节俭、劳动。
  - 生产、合作。
- 关于政治的
  - 奉公、守法。
  - 爱国爱群、拥护公理。

第三　愿词及规律

根据目标纲要,规定中国公民规律,使教员易于指导儿童信守。

一　愿词

我愿遵守中国公民规律,使我身体强健,道德完全,做一个中国的好公民,准备为社会国家服务。

二　规律

(一)关于体格的

1　中国公民是强健的　我的全身各部分,都要锻炼强健。

2　中国公民是清洁的　我的身体、衣服、饮食以及我所在的地方,要保持清洁。

3　中国公民是快乐的　我的精神,要常常愉快,遇到了困难,也不丧气。

4　中国公民是活泼的　我要有饱满的精神,活泼的态度。

(二)关于德性的

5　中国公民是自制的　我要自己管束自己,摒绝恶习惯,养成好习惯。

6　中国公民是勤勉的　我读书、做事,都要刻苦、专心、努力,决不懈怠。

7　中国公民是敏捷的　我读书、做事、一切举动,都要迅速。

8　中国公民是精细的　我对于一切事物,要仔细地鉴别善恶,精密地判断是非。

9　中国公民是诚实的　我要说真话、干实事、能信托自己,也可以受别人的信托。对待朋友、尊长以及团体、国家都要忠实不贰。

10　中国公民是公正的　我要主张公道、正义,绝对不自私自利。也不因别人的地位势力而有所阿附。

11　中国公民是谦和的　我态度要和蔼。尊敬知识能力高出于我的人,对于无论什么人都要和气。

12　中国公民是亲爱的　我要孝父母、敬长辈、爱兄弟姊妹以及国内的同胞、国外的朋友。

13　中国公民是仁慈的　我是人类的同胞,物类的朋友。我要同情并帮助年幼的和力弱的以及劳动的和穷困的人;原谅无心伤害我的人;爱护无害于人的动物。

14　中国公民是互助的　我和我的朋友以及全国同胞,要守望相助,患难相救,疾病相扶持,遇事都要与人合作。

15　中国公民是有礼貌的　我对人家——尤其是弱者、老者、残疾、困苦的人，都要有礼貌。举止行动，力求合于礼节。

16　中国公民是服从的　我要服从父母师长的指导，和团体的决议。

17　中国公民是负责的　我应当做的事情，一定去做，并且要做得好，决不推诿敷衍，即使遇到了困难，也不放弃责任。

18　中国公民是坚忍的　我的意志要坚定，不顾一切的阻碍，力求贯彻自己的计划；无论如何吃苦，也能忍耐。

19　中国公民是知耻的　我要洗雪自己和国家的耻辱。临财毋苟得，临难毋苟免。

20　中国公民是勇敢的　我应该做的事情，要大胆去做，不怕一切困难、危险、失败。我要拒绝朋友的谄媚，敌人的讥诮恐吓。

21　中国公民是义侠的　我要时时准备帮助别人，济困扶危。在必要的时候，我不惜牺牲自己。

22　中国公民是进取的　我的学问、思想、行为、事业，都要向前猛晋，不愿落后。我充满着进步的希望。

23　中国公民是守规律的　我要遵守学校以及团体的各种规则和秩序。

24　中国公民是重公益的　我要尊重公共的利益，决不因自己的便利而损害公物，糟蹋公地，妨碍大众。

（三）关于经济的

25　中国公民是节俭的　我要撙节钱财，在不必用的时候，决不浪费，但是我不吝啬，也不贪得。

26　中国公民是劳动的　我要做劳动工作，求得做工的技能，将来因劳动而生活，不愿意不劳而获。

27　中国公民是生产的　我要学习生产的知能，增进社会生产的效率，为大众谋福利。

28　中国公民是合作的　我要与大众共有、共治、共享，生产、消费、贩卖，都要合作化，以求生活的圆满。

（四）关于政治的

29　中国公民是奉公的　我要尽国民应尽的义务,享我国民应享的权利,决不假公济私。

30　中国公民是守法的　我要遵守国家的法律决不违法玩法。

31　中国公民是爱国爱群的　我要爱护我的团体,尊敬我的国家,准备和同胞团结,为国族奋斗。

32　中国公民是拥护公理的　我要主持公道,同情弱小,准备为公理而抵抗横暴。

第四条　目分类表

一　中国公民是强健的：

第一二学年起

1　我不把不能吃的东西,放在嘴里。

2　我不用手指挖鼻孔,挖耳朵,擦眼睛。

3　我吃东西分量不过多。

4　我吃东西细细地嚼碎了才咽下去。

5　我在应当吃东西的时间吃东西。

6　我不吃不容易消化的食物。

7　我不多吃糖食。

8　我除饭食外,不多吃零食。

9　我穿衣服不太多。

10　我不穿太窄或太长大的衣服。

11　我每天大便有一定的时候。

12　我每天早睡早起,睡起都有一定的时间。

13　我睡觉的时候,头要露在被窝外面。

14　我用鼻子呼吸,嘴常常要闭着。

15　我坐立和走路的时候,都留意腰和背的正直。

16　我在下课的时候,做适当的游息。

第三四学年起

17　我在屋子里,要留心开关窗户,调换空气。

18　我要常常留心天气的寒暖而增减衣服。

19　我在食前或者食后,都不作剧烈的运动。

20　我每天要有适当的时间去运动。

21　我在天气好的时候,常常往户外散步游戏。

22　我不在光线不足或光线过强的地方看书。

第五六学年起

23　我每天要练习一种体操或国术。

24　我要用冷水洗脸。

25　我要听医生的指导种牛痘打防疫针。

26　我生病时听医生的说话。

27　我努力扑灭蚊蝇等害人的东西。

二　中国公民是清洁的:

第一二学年起

1　我身边要常常带手帕。

2　我咳嗽或喷嚏的时候要用手帕掩住口鼻。

3　我不用衣袖抹嘴脸。

4　我要常常洗指甲剪指甲。

5　我的手和脸要常常保持清洁。

6　我不吃不清洁的东西。

第三四学年起

7　我饭后一定要漱口。

8　我常常留心使头发清洁。

9　我要多洗澡。

10　我每天早晚一定要刷牙齿。

11　我洗脸一定用自己的手巾。

12 我的图书用品，要安放得整齐。

13 我的帽鞋衣服，不用时要收拾好。

14 我的服装要常常保持清洁雅观。

15 我的屋子要常常保持清洁。

16 我要留心保持公共地方的清洁。

17 我不随地吐痰。

18 我在便所里大便小便并且留心保持用具的清洁。

19 我不随地抛弃纸屑果壳。

三 中国公民是快乐的：

第一二学年起

1 我喜欢听笑话，说笑话。

2 我对人家要常常面带笑容。

第三四学年起

3 大家快乐的时候，我也要快乐。

4 我做事要很高兴，很有乐趣。

5 我要利用空闲时间，做正当的娱乐。

第五六学年起

6 我喜欢种植花卉，布置庭园。

7 我喜欢欣赏山水风景和美术品。

8 我喜欢欣赏音乐戏剧。

9 我遇到困难，不垂头丧气。

10 我在烦躁的时候，不随便生气。

11 我要从日常生活中找到乐趣。

四 中国公民是活泼的：

第一二学年起

1 我遇见了生人，要不畏缩，也不羞涩。

第三四学年起

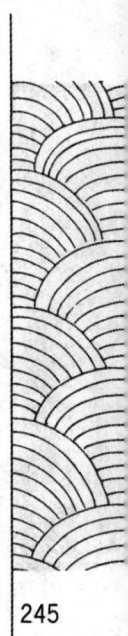

2　我在没有事的时候,要活泼泼地去游息。

第五六学年起

3　我在大庭广众间,不失平时活泼的态度。

4　我做事的时候,要有充满活泼的精神。

5　我要留意练习,使各种官能活泼而不呆钝。

五　中国公民是自制的:

第三四学年起

1　我不轻易向人家借东西。

2　我不向人家借钱。

3　我不到不正当的场所去玩。

4　我没有得到允许,不动别人的东西。

第五六学年起

5　我不作不正当的娱乐。

6　我不唱卑劣的歌曲。

7　我自己不高兴的时候,不拿别人出气。

8　我要控制我的脾气。

9　我要摒除不良的嗜好。

10　我不因羡慕人家好东西而强要家长购置。

11　我要遏止不正当的欲望。

12　我在危险的时候,要力持镇静。

六　中国公民是勤勉的:

第一二学年起

1　我要自己穿衣服脱衣服。

2　我自己能作的事,一定要自己做。

3　我要收拾保管我自己的一切东西。

第三四学年起

4　我做事的时候,要专心。

5 我要用功修习一切功课。

6 我要尽力做轮值的事情。

7 我没有特别事故,一定不请假。

第五六学年起

8 我缺了课要赶快补习。

七 中国公民是敏捷的:

第三四学年起

1 我收发用品,要快而整齐。

2 我要把教师所指定的功课,赶紧做完。

3 我每天应该做完的事,一定做完。

4 我遇见车马及一切危险,要敏捷的避免。

5 我做事要迅速而有效力。

第五六学年起

6 我在应对的时候,也要敏捷。

7 我阅读图书,力求迅速。

八 中国公民是精细的:

第三四学年起

1 我要仔细地观察事物。

2 我不盲从,不随声附和。

3 我不信鬼神。

4 我选择品行好的人做朋友。

第五六学年起

5 我做事不草率。

6 我在做事之前,先要预定计划。

九 中国公民是诚实的:

第一二学年起

1 我借了人家的东西,要如期归还。

2 我拾到别人遗失的东西，想法送还他。

3 我损坏了东西要自己承认或赔偿。

4 我不说谎话不骗人。

第三四学年起

5 人家有事问我，要恳切地回答他。

第五六学年起

6 我做事要切实。

7 我和人家约会，一定准时践约。

8 我不掩饰自己的过失。

十　中国公民是公正的：

第三四学年起

1 我自己不愿做的事，不叫别人去做。

第五六学年起

2 我不讲私情，不做假见证。

3 有人被人家欺侮，我要主张公道。

4 我看见别人失败，一定不讥笑他。

5 我对于和自己不同的意见，也要尊重。

6 我对于别人正当的建议，要牺牲个人的成见。

7 我参加各种比赛，要保持公正的态度。

十一　中国公民是谦和的：

第三四学年起

1 我说话要轻而和气。

2 我对人要和颜悦色。

第五六学年起

3 别人和我争论，我心平气和地回答他。

4 我对于人家的正当的指导或责备要乐于接受。

5 我要宽恕人家无心的错处。

6　我受了师长等的奖誉,要不骄傲。

十二　中国公民是仁慈的

第一二学年起

1　我要爱护花木。

第三四学年起

2　我要爱护有益于人类的动物。

3　我在拥挤的地方,一定要让年老年幼的先走先坐。

第五六学年起

4　我爱护弟妹和年幼的同学。

5　我要帮助残弱和贫苦的人。

十三　中国公民是亲爱的：

第一二学年起

1　我要孝顺父母家长。

2　我对待兄弟姊妹要亲爱和睦。

第三四学年起

3　我对同学要亲爱和睦和兄弟姊妹一样。

4　我对别人,不厌恶不鄙视。

十四　中国公民是互助的：

第三四学年起

1　我看见同学有危险的举动立刻劝止他。

2　我要随时随地帮助他人。

第五六学年起

3　我要救护有疾病的人。

4　我每天要做一件有益于人的事。

5　别人有过失,我能婉言规劝他。

6　我和同学朋友,要常常互相策励。

7　别人有困难的时候,我要设法救济。

十五 中国公民是有礼貌的：

第一二学年起

1　我出外和回家，一定告诉家长。

2　我遇见老师和尊长，一定行礼。

3　我每天第一次遇见熟人，一定招呼。

4　我的头发要时常整齐。

5　我穿衣的时候，要把钮扣扣好。

6　我不打人也不骂人。

7　我说话的时候，要留心不喷吐沫。

8　我不在路上吃东西。

9　我笑的时候，要留心不露牙龈。

10　我受了别人的赠品，要表示感谢他。

第三四学年起

11　我要感谢扶助我的人。

12　我要是得罪了人家要道歉。

13　我静听别人对我说的话。

14　我和长者在一起，要替他服务。

15　我不打断人家的说话。

16　我不扰乱别人的作业。

17　我不站在妨碍人家的地方。

第五六学年起

18　我进别人的屋子，要轻轻地敲门，没有得允许，不随便进去。

19　我不私自开看人家的信札，包裹或抽屉。

20　我尊敬社会上有劳绩的人。

21　我和别人并行的时候，要让年老或年幼的人，靠里边走。

22　我和别人并行的时候，常常留心同步伐。

十六 中国公民是服从的：

第一二学年起

1　我听从父母和师长的训导。

第三四学年起

2　我听从维持秩序的人的指导。

第五六学年起

3　我服从领袖的指导。

4　我服从团体的决议。

5　我尊重大多数人的意见。

6　我受了训戒不恼恨要反省并且改正过失。

十七　中国公民是负责的：

第五六学年起

1　我答应做的,一定要做到。

2　我说要做的,要尽力去做。

3　我应当做的事,一定去做,并且要做得好。

4　我做事遇到了困难,不推诿,不敷衍。

十八　中国公民是坚忍的：

第三四学年起

1　我做事要能耐劳苦。

第五六学年起

2　我做事要有毅力,坚持到底非成功不丢下。

3　我受了屈辱,要忍耐地设法伸雪。

4　我受了降级等的处分,要不灰心,坚忍地用功。

5　我遇到了痛苦或困难,不畏缩,不懊悔。

6　我要意志坚定,贯彻自己的计划。

十九　中国公民是知耻的：

第三四学年起

1　我不私用公共或别人的物件。

2 我有了过失,要悔悟,要改正。

第五六学年

3 我不取非分的钱财,不受非分的奖誉,不贪非分的便宜。

4 别人无理侮辱我,要和他讲理,不随便忍受。

5 我受了耻辱,要努力洗雪。

6 我要爱惜名誉,不做不名誉的事,不说不名誉的话。

7 我要知道国家的耻辱,就是自己的耻辱。

8 我牢记国耻事实,时时准备雪耻。

9 我遇到了患难,要挺身而出,不规避,不苟免。

10 人家有不名誉的事实,我不耻笑他。

11 我要自修以止谤,力行以雪耻。

二十　中国公民是勇敢的:

第一二学年起

1 我在黑暗里,不害怕。

2 我吃了小亏不哭,也不告诉父母师长。

第三四学年起

3 别人有危险的时候,我立刻去救护他。

4 我做事要勇往直前。

第五六学年

5 我不怕一切困苦。

6 我受了不正当的攻击,不灰心,不屈服。

7 我不受强暴的威胁。

8 我拒绝别人家的谄媚。

二十一　中国公民是义侠的:

第五六学年

1 别人有急难的时候,我要竭力帮助。

2 我扶助别人要牺牲自己。

二十六　中国公民是劳动的：

第三四学年起

1　我早上起身,亲自折叠被褥。

2　我愿意并且很高兴的做洒扫等事。

3　我喜欢做家庭中的一切事。

第五六学年

4　我不规避校内的各项操作。

5　我不轻视劳动的工作。

6　我不轻视或侮谩做劳动工作的人。

二十七　中国公民是生产的：

第五六学年起

1　我量力帮助父母做生产的工作。

2　玩具用品,能够自制的,我一定想法自己去做。

3　我喜欢饲养家禽家畜和蜂蚕等物。

4　我要利用空地,栽种花草蔬菜。

二十八　中国公民是合作的：

第三四学年起

1　我要参加学校内的合作组织。

2　我遇事都要与人合作。

第五六学年

3　我热心参加社会的合作运动。

4　我与人合作的时候,要牺牲自己的成见。

二十九　中国公民是奉公的：

第三四学年起

1　我不放弃选举权,并且自由选举我所佩服的人。

2　我热心参加学校内的各种团体组织。

3　应当出席的会议,我都出席。

第五六学年

4　社会团体委托我做的事情,我一定热心去做。

三十　中国公民是守法的:

第三四学年起

1　我遵守公共的规则。

2　我爱护法律赋与公民的自由和权利。

第五六学年

3　我遵守国家的法律。

4　我对于应尽的义务不推诿,法定的权利不放弃。

三十一　中国公民是爱群爱国的:

第一二学年起

1　我敬重党旗国旗。

2　我唱党歌或国歌时,一定立正脱帽。

3　我听见国旗升落的信号,一定起立致敬。

第三四学年起

4　我爱用本国货。

5　我尊重校徽。

第五六学年

6　我不做损害学校团体或社会国家的事情。

7　我爱护自己的学校和团体。

8　我愿意牺牲自己,爱护国家。

9　我常常看报,留心公众的事情。

三十二　中国公民是拥护公理的:

第五六学年

1　我用全力拥护公理。

2　我同情于受强暴压迫的人们或国家。

3　我厌恶一切违反公理的事件。

4　我对任何人任何国，都依着公理平等看待。

第五　实施方案要点

一　公民训练，应分两方面实施：

1　公共的训练

甲　在各科教学时间　由各教员间接的指导儿童；或直接根据纲要条目，加以申说。

乙　在随时随地　由各教员注意儿童的各种活动，直接间接引用规律和各条目指导儿童遵守。

丙　在某一时期　随儿童公共的需要，或发现儿童公共的缺点时期，择定适当的条目，为训练的中心，用种种方法作公共的训练时期，以一周至二周为度。

丁　在每星期间　愿辞在每星期纪念周时，全体宣读；或将辞意编成歌曲吟唱。又每星期也可择定一个适当的条目，特加注重，作为公共的训练。但切不可流于叫口号贴标语的形式。

戊　在每周六十分钟特定时间　把六十分钟分作三次，间日教学，或分作六次逐日指导。在每次特定时间，由教员将偶发事项引用条目，加以申说。如举行训练周，就应注重和中心条目有关系的条目。

2　个别的训练　可酌量全校师生的多寡，分成若干组或若干团，每一教员负一组或一团的个别训练责任。对本团的儿童，用种种方法督导他实践条目，自行检察，并注意考查成绩。

二　各校应设一公民训练委员会，共同议定公民训练的组织系统和公民训练的具体方法。全体教员，都须参加。

三　各校在每学期开始时，应将训练条目，分别阶段，印成小册或活页，由各组或各团分发儿童，使儿童明了本学期内应该注意的事项，并得反省的机会。

四　各阶段训练条目，由各校自行排列次序，分成四个小阶段，平均支配于各年级儿童，实行训练，作为四学期之用。

五　儿童每学年做得到的训练条目，以后仍须继续训练和考查。

六　训练条目，各地方主管教育行政机关得辅导各校根据事实的需要，酌量增减或更改阶段。

七　各校教员,应利用机会,根据本标准,用暗示的方法,和儿童共同拟定条目,并讨论实现各种条目的方法,以避免强制的方式。

八　公民训练考查法,除各教师平时视察记载外,各组或各团,应每星期或每月定期举行考查,把训练条目使儿童自己反省或共同批评,并利用比赛及名誉奖励等,以增进训练的效率。

九　考查公民训练的成绩,应编制儿童反省记载表、教师观察记载表、一组或一团比较表和报告家长用表等,使师生及家长对于公民训练的成绩,可以一目了然。

十　公民训练,专重实践,不用教科书。

十一　公民训练,注意人格感化,教师须以身作则。

十二　学校环境应根据中国公民规律加以适当的布置和设备。例如合于健康原则的设备等,能使儿童于不知不觉中,受到良好的环境训练。

十三　公民训练,应多用积极的活动,使儿童潜移默化,养成种种良好的习惯,切忌用消极的压制方法,造成儿童有所异而不敢的虚伪态度。

十四　个别的训练比公共的训练尤为重要,所以儿童个性及其能力体力、家庭状况、社会环境、与公民训练有关系的,都须精密检验和调查。

十五　公民训练须与家庭联络,使家长常把子女的特性报告学校,学校方面,也定期把考查成绩报告家长,以求互相合作。

十六　团体组织的训练,如关于自治组织及其他学术、健康、艺术、交际等集团活动,应随时予以充分的训练的机会。

十七　应酌量各年级儿童的能力,随时使儿童参加社会活动,以帮助社会事业的进行。例如举行灭蝇运动、户口调查等。

十八　较高年级,应随时训练儿童调查并判断自己各种团体组织及社会环境中各种事业的优点和劣点,并计划如何改进。

《教育法令汇编》第一辑,商务印书馆,
1936年10月版,第280—290页

扩充小学之经济法

1933年4月 教育部通饬

查小学为一切教育之基础至关重要,近年各省市小学虽渐有增加,然为数至仅,其距教育普及之目的尚远,据十八年度统计,全国小学仅二十一万二千三百余所,而全国学龄儿童凡四千一百四十四万一千余人,已入初级小学者仅七百十一万八千余人,计失学儿童竟达百分之八十二以上,殊堪惊愕,通都大邑,尤多失学儿童,穷乡僻壤,更不待言,至各省市已设立之小学,编制上、方法上亦多不经济之处,未能适合于今日中国之特殊情况,非将现有小学在不增经费、不增师资原则之下,力事扩充发展,并利用至无可利用为止,殊无以节浪费而收近功,为此通令各省市除小学教育已臻普及之各地方外,其余各省市县一面应视各该地方之需要酌量添办,并积极进行短期小学;一面就现有小学及设备较完全之小学,除因地方需要仍用全日制外,应尽量改为半日,或间时二部制、半日二部制,每教室可收容两班儿童,分上下午两部,教学间时,二部制施行于教室,场地较为宽广之学校,可利用教室及其他场所,同时收容两部儿童,一部在教室教学,一部在其他场所,自动作业或游戏间时,互易其地位及作业,如此各校教员俸给稍事增加,所收容之儿童较之现时可增多一倍,即无异于增设一倍之小学,收效之宏不言可喻,我国此时小学师资、经费、校所、教室俱感缺乏,勉图教育普及,自不得不迁就事实别寻途径。一年短期小学及小学之有初级四年制,均系变通办法,小学六年毕业方为正轨,然欲循此正轨以行,尤非采用二部编制之原则不为功,各该省市应于本年暑假前,筹备采用此等二部制,自二十二年度起,切实施行,以期广招儿童,而宏教育效能,仰即遵照,并转饬所属一体遵照。

《中华民国法规汇编》,立法院编,中华书局,
1934年10月版,第六册,第九编教育,第60页

初等教育辅导研究办法大纲

1935年3月7日　教育部颁发

第一条　本大纲根据小学规程第十三章各项之规定订定之。

第二条　各省市为督导初等教育研究改进起见,应分别组织下列各项初等教育研究会。

一、全省市(行政院直辖市)初等教育研究会。

二、省分区初等教育研究会。

三、县市初等教育研究会。

四、学区初等教育研究会。

第三条　全省市初等教育研究会,研究改进全省市初等教育,以下列人员组织之:

(1) 省市教育厅局长、主管科科长、督学及地方教育指导员(或辅导员);

(2) 省市教育厅局长临时聘任之教育专家;

(3) 省分区或市学区初等教育研究会之代表。

前项省分区初等教育研究会代表各出七人至十一人,由各省分区初等教育研究会推举或由省教育厅指派之。市学区初等教育研究会代表,各出三人至五人,由市学区初等教育研究会推举之。

第四条　全省初等教育研究会,至少每年开会一次,全市初等教育研究会至少每半年开会一次,以省市教育厅局长或其代表为主席。

第五条　各省教育厅,应划分全省每五县至七县为一省分区,各设省分区初等教育研究会,研究改进本省分区初等教育,以下列人员组织之:

(1) 省督学(由省教育厅指定一人);

(2) 本分区地方教育指导员;

(3) 本分区内师范学校校长、主任、教员及教育科教员;

(4) 本分区内师范附属小学校长、主任、教员及幼稚园主任;

(5) 本分区内省立小学校长、主任、教员及幼稚园主任;

（6）本分区内各县市初等教育研究会之代表。

前项各县市初等教育研究会代表各出五人至十一人，由各县市初等教育研究会推举之。

第六条　省分区初等教育研究会，至少每半年开会一次，以省教育厅指定之省督学或省立师范学校校长或附属小学校长或省立小学校长为主席。

第七条　各省县市内，应各设全县市初等教育研究会，研究改进本县市初等教育，以下列人员组织之：

（1）县市教育行政长官；

（2）督学及指导员；

（3）县市之师范学校校长、主任、教员及教育科教员、师范附属小学校长、主任教员及幼稚园主任；

（4）各学区初等教育研究会之代表。

前项各学区初等教育研究会代表各出一人至五人，由各学区初等教育研究会推举之。

第八条　县市初等教育研究会，至少每半年开会一次，以县市教育行政长官或督学为主席。

第九条　县市各学区内应设学区初等教育研究会，研究改进本学区初等教育，以下列人员组织之：

（1）教育委员；

（2）本学区小学校长、教员、幼稚园主任及教员。

第十条　各学区初等教育研究会，至少每两月开会一次，以主管教育行政长官所指定之本学区小学校长或教育委员为主席。

第十一条　省县市初等教育研究会，附设于省县市教育行政机关内；省分区初等教育研究会，附设于省教育厅指定之省立师范学校，或附属小学或省立小学内；学区初等教育研究会，附设于市县教育行政机关指定之市县立小学内。但开会时得另择地点。

第十二条　省分区及学区初等教育研究会所在学校，为区内之辅导研究中心，应充分以研究所得供给区内小学参考实施。

第十三条　各级初等教育研究会之研究问题，应以小学行政、课程、教学方法、训练方法等为限。并得利用各种集团活动（如成绩展览会、运动会、各种竞赛会、参观团）所发生之问题，以为研究中心。

第十四条　省分区以下各级初等教育研究会开会时，应由上级教育行政机关派员列席指导。

第十五条　各级初等教育研究会之研究报告，应送请上级教育行政机关备案。

第十六条　上级教育行政机关，得提出关于初等教育之问题，令由各级初等教育研究会研究具报。

第十七条　教育部于必要时，得召集全国各省市初等教育研究会代表，举行全国初等教育研究会，研究改进全国初等教育。其规程于召集该项会议时另定之。

第十八条　各级初等教育研究会组织规程，由省市教育行政机关订定，呈请教育部备案。

第十九条　本大纲颁布前各省市已成立初等教育研究会或类似之组织者，应遵照本大纲改组。其认为不能改组者，得呈请教育部审核决定之。

第二十条　本大纲自公布之日施行。

《教育法令汇编》第一辑，教育部编，
1936年10月版，第308—310页

学校附设小学教育通信研究处办法大纲

1936年5月23日　教育部颁发

一、为改进小学教育，便利小学教员进修起见，下列各校应附设小学教育通信研究处（下简称通信研究处），指导小学教育研究进修。

甲、师范大学

乙、大学教育院系或独立之教育学院。

丙、著有成绩之省市立师范学校及附属小学。

丁、著有成绩之省市立小学。

丙丁两种,由主管教育行政机关指定之。

二、通信研究处之任务如下:

甲、用通信方法征集小学教育实际问题,加以研究解答;

乙、解答小学教员书面提出有关小学教育之实际问题;

丙、视小学教员之需要,分别科目,用通信方法,指导现任小学教员进修;

丁、发行通信研究刊物。

三、通信研究处之组织,由主办各校自定之。但应有专究初等教育人员三人以上主持其事。问题并应由教员提供学生研究,作解答之准备,然后由主持者会议决定解答之。

四、进修学员之成绩,应规定期限,予以考试。及格者,给予证明文件,俾作为进修成绩之一种。

五、主办通信研究之各校,应将通信研究处组织规则,主持人员姓名,经历,及小学教员进修学程等,径呈或转呈教育部备案。

六、本大纲由教育部通令施行。

《教育法令汇编》第二辑,教育部编,
1937年1月,第68—69页

小 学 规 程

1936年7月 教育部修正公布

第一章 总 纲

第一条 本规程根据小学法第十七条之规定订定之。

第二条 小学为施行国民义务教育之场所,其实施方针根据小学法第一条之规定。

第三条 小学收受六足岁至十二足岁之学龄儿童,修业年限六年。

第四条 为推行义务教育起见,各地并得设简易小学及短期小学。

简易小学办法由各省市教育行政机关订定,呈请教育部核准备案。

短期小学依照教育部短期小学规程办理之。

第五条 小学学年学期及休假日期依照修正学校学年学期及休假日期规程之规定办理之。

第二章 设置及管理

第六条 各县市为推广设立小学,便于管理起见,应依照修正市县划分小学区办法划分学区。

第七条 师范学校及训练师资之专科以上学校所附设之小学,除供师范学校学生实习外,其性质与单设之小学同。

第八条 各省市或训练师资之专科以上学校为试验教育而设之小学,称某某实验小学。

第九条 省立小学以所在地地名名之。县市以下公立小学以区域较小之地名为校名,一地有立别相同之公立小学二校以上时,得以数字之顺序别之。私立小学应采用专有名称,不得以地名为校名。

第十条 小学由各级教育行政机关分别管辖之,其范围如下:

(一)省立小学、省立实验小学及省立师范学校附属小学,由省教育厅管辖;

(二)市立小学、市立实验小学、市立师范附属小学及市内之私立小学,由市教育行政机关管辖;

(三)县、区、乡、镇设立之小学及县境内私立小学,由县教育行政机关管辖;

教育行政机关以外各机关所特设之小学,由所在地主管教育行政机关监督指导之。

第十一条 小学应于每学期开始后一个月内,将全校组织概况、学级编制、教职员名册、儿童名册等呈报主管教育行政机关核准备案。

第十二条 省立小学及国立专科以上学校之附属小学与实验小学应于每学期开始后一个月内,将本学期儿童名册、上学期毕业儿童名册等,报告所在地县市教育行政机关存查。

第十三条　实验小学应将实验计划及结果按年呈报主管教育行政机关转呈教育部。

第十四条　非中华民国之人民或其所组织之团体，不得在中华民国领土内设立教育中国儿童之小学。

第十五条　私立小学之设置，除依据小学法及本规程之规定外，应遵照修正私立学校规程办理。

第三章　经　　费

第十六条　小学开办费，其校舍建筑及设备两项应为六与四或七与三之比。

第十七条　小学经常费支配应以如下之百分比为原则：

教职员俸金约百分之七十；

图书、仪器、运动器具、教具等设备费，及卫生费约百分之十五；

实验文具水电薪炭等消耗费约百分之九；

旅行保险等特别费约百分之三；

预备费约百分之三；

前项预备费非经主管教育行政机关核准，不得动用。

第十八条　小学经费标准，由各省市教育行政机关订定，呈请教育部备案施行。

第十九条　小学经费之开支，应力求撙节核实。其公开审核等办法，由各省市教育行政机关订定，呈报教育部核准施行。

第四章　编　　制

第二十条　小学学级应于儿童入学时依其年龄智力等分别编制。

第二十一条　小学学级编制依小学法第七条之规定。其学额每学级以四十人为原则，至少二十五人。

第二十二条　初级小学之二部编制，视学校情形得分半日制或间时制。

第五课　课　程

第二十三条　小学教学科目及每周教学时间列表如下：

年级＼科目（分钟）		公民训练	国语	社会常识	自然常识	算术	劳作工作	美术	体育唱游	音乐	总计
低年级	一年级	60	420	150		60	150		180		1020
	二年级					150					1100
中年级	三年级	60	420	180		180	90	90	120	90	1230
	四年级					210			150		1290
高年级	五年级	60	420	180	150	180	90	60	180	60	1380
	六年级										

说　明

一、公民训练与其他科目不同，重在平时训练。表内所列为团体训练时间，每日以十分钟为准（并入朝会等集会中）。

二、低中年级常识科，包括社会、自然及卫生之知识部分（卫生习惯部分纳入公民训练）。

三、四年级起算术科加教珠算。

四、高年级社会科得分为公民（公民知识）历史地理三科。时间支配，公民三十分钟，历史九十分钟，地理六十分钟。

五、高年级自然科包括卫生之知识部分（习惯部分纳入公民训练）。

六、低年级工作科包括美术劳作作业。唱游科包括体育音乐作业。

七、总时间各校得依地方情形每周减少三十或六十分钟。

八、时间支配以三十分钟一节为原则。视科目性质得分别延长至四十五或六十分钟。

第二十四条　小学课程应依照教育部规定之课程标准，其教学应依照课程标准之总纲、教学通则及各科教学要点等规定实施。

第二十五条　各地方乡土教材由学校或当地主管教育行政机关编辑，呈请上级教育行政机关审定之。

第二十六条　小学供儿童阅读之各种读物,应为语体文。小学教员并应以国语为教授用语。

第二十七条　小学教材要目其全国通用部分,由教育部依照课程标准之规定另订之。其地方特殊部分,由各省市主管教育行政机关订定,呈请教育部备案施行。

第二十八条　实验小学为便利教学起见,得将各科教材组织为联合之各个单元,不分科目,总合教学。但须另编要目呈请主管教育行政机关备案。

第六章　训　育

第二十九条　小学训育应以公民训练为中心,由教员利用儿童课内外各种活动,并联络家庭及本地公共机关加以积极之指导。

第三十条　小学为训练儿童团体生活,应作种种集团活动,并得指导儿童组织简单易行之自治团体。

第三十一条　小学为便利个别训育起见,得施行训导团制,小学教员均负直接训育儿童之责任。

第三十二条　小学为增进教训效率起见,应随时联络儿童家长,讨论关于教训等之实际问题。

第三十三条　小学儿童不得施以体罚。

第三十四条　小学公民训练标准及实施办法依照教育部之规定。

第七章　设　备

第三十五条　小学校址应择便于儿童通学之地点,并须有善良之环境。

第三十六条　小学校舍建筑应质朴坚固,适于教学管理及卫生,并应采用本国材料。

第三十七条　小学应有运动场、工场或农场校园,其面积均须足敷应用。

第三十八条　小学儿童所用桌、椅,宜适合儿童身长之比例。

第三十九条　小学应参照学校卫生设施方案,力求充实关于卫生及运动之设备。

第四十条　小学关于图书仪器教具等设备,应力求充实。

第四十一条　小学应备有关于教学训育等各种重要簿籍图表。

第四十二条　小学设备标准由教育部另定之。

第八章　成绩考查

第四十三条　小学儿童学业成绩考查,除平时考查外,并分别举行临时试验、学期试验、毕业试验。

第四十四条　临时试验由教员于每月月终举行之,每学期内至少须举行三次。

第四十五条　学期试验由教员于学期终举行之。但将届毕业之一学期免除学期试验,而以平时成绩为学期成绩。

第四十六条　毕业试验由小学校长会同各科教员于修业期满时举行之。

第四十七条　小学儿童学业成绩计算方法,体育考查方法,及儿童升级留级办法,由省市教育行政机关订定,呈请教育部核准备案。

第四十八条　小学儿童之操行成绩,以公民训练之成绩为准。

第九章　入学及毕业

第四十九条　小学儿童入学年龄为六足岁,但有特别情形者,得展缓至九足岁。

第五十条　小学各学级遇有缺额,在每学期开学后两个月内,应随时收受插班生。

第五十一条　小学儿童因身体或家庭之特殊情形,得请求休学一学期,或一学年,期满复学。

第五十二条　小学儿童因身体或家庭之特殊情形,经学校调查属实者,得准予转学或退学。

第五十三条　小学儿童,修业期满试验成绩及格,依照小学法第十五条之规定,由学校给予毕业证书。

第十章　学费及其他费用

第五十四条　小学不收学费,但得视地方情形依照小学法第十六条之规定,呈请主管教育行政机关核准酌量征收之。

前项征收学费之小学,应设置百分之四十以上之贫寒儿童免费学额。

第五十五条　小学不得以收费免费为编制学级标准。

第五十六条　小学必需之学用品等,得由学校发给,或由学校或地方教育行政机关组织消费合作社,以极低廉之价格售诸儿童。

第五十七条　小学除有特别情形,呈经主管教育行政机关特别核准,得向较殷实之儿童家庭募集图书、建筑临时捐外,不得向儿童征收任何费用。

第十一章　教　职　员

第五十八条　小学设校长一人,每学级设级任教员一人,并得酌量情形添设专科教员。但平均每两学级之教员人数,应以三人为度。

第五十九条　小学应单独或联合设校医或看护。其有六学级以上者,得酌设事务员,但须呈请主管教育行政机关核准。

第六十条　小学教职员应在学校或学校所在之区域内居住。

第六十一条　小学校长综理全校事务,除担任教学外,并指导教职员分掌校务及训教事项。

第六十二条　凡具有下列资格之一者,得为级任教员或专科教员:

一　师范学校毕业者;

二　旧制师范学校本科或高级中学师范科或特别师范科毕业者;

三　高等师范学校或专科师范学校毕业者;

四　师范大学或大学教育学院教育科系毕业者。

第六十三条　小学级任及专科教员无前条所列资格之一者,应受主管教育行政机关所组织之小学教员检定委员会之检定。

小学教员检定规程及小学教员检定委员会组织规程另定之。

第六十四条　具有第六十二条资格之一或经检定合格之教员服务二年以上具有成绩者,得为小学校长。

第六十五条　小学教员由校长依小学法第十二条之规定,于学年开始一月前聘任之。初聘以一学年为原则，以后续聘任期为二学年。聘定后应即呈报主管教育行政机关备案。遇有不合格者，主管教育行政机关得令原校更聘。

第六十六条　小学因地方特殊关系，无从延聘第六十二条所规定资格或已受检定之教员时，得以具有小学教员检定规程所规定之试验检定资格之一者为代用教员，但应呈请主管教育行政机关核准。具有第六十二条资格之一或经检定合格之教员，服务未满二年者，遇该地方合格校长不敷任用时，得任为代理校长。

第六十七条　具有第六十二条资格之一或经检定合格之小学教员，得声请主管教育行政机关予以登记。

前项登记之声请，主管教育行政机关不得拒绝。

第六十八条　经登记之小学教员，主管教育行政机关，应于每学年开始两个月前，公布其姓名、学历、经历一次，但遇人数过多时，得分期公布之。

小学聘请教员，除因特殊情形，经由主管教育行政机关许可者外，应以登记公布者为限。

第六十九条　主管教育行政机关，为调整师资起见，得遵照修正师范学校规程第九十三条之规定，将所属师范学校毕业生分配于各地方，由小学校长尽先聘用之。

第七十条　小学教员经校长聘定后，中途如有自请退职事情，须商请校长同意或得有替人后，方得离校。

第七十一条　小学教职员之俸给，应根据其学历及经验而为差别，但至少应以学校所在地个人生活费之两倍为标准。

第七十二条　小学教职员俸金以月计者，每年作十二个月计算。

第七十三条　小学教职员在校时间每日八小时。任课时间每日至多二百四十分钟。

第七十四条　小学女教职员在生产时期内，应予以六个星期之休息。其代理人之俸金，应由学校呈请主管教育行政机关另行支给。

第七十五条　小学教员继续在一校任职满十年得休假一年，从事研究考查，将其成绩送由原校转呈主管教育行政机关。前项休假教员仍支原俸，但以不兼任任何有给职务者为限。

第七十六条　小学教职员之俸给等级表、年功加俸办法，由省市教育行政机关规定，呈请教育部备案施行。

第七十七条　小学教职员养老金及恤金办法，依照国民政府公布之学校教职员养老金及恤金条例办理。

第七十八条　小学教职员不随校长或主管教育行政人员之更迭为进退，非有下列情形之一者，不得解职：

（一）违犯刑法，证据确凿者；

（二）行为不检或有不良嗜好者；

（三）任意旷废职务者；

（四）成绩不良者；

（五）身体残废或身有痼疾不能任事者。

第七十九条　小学教员非有第七十八条各款情形之一而被解职者，得声叙理由，呈请主管教育行政机关查明纠正。

第八十条　小学教员因故解职后，应由校长声叙理由呈报主管教育行政机关存案备查。

第八十一条　小学教员进修确有成绩者，应予加俸或其他奖励，其进修及奖励办法，由各省市教育行政机关订定办法，呈请教育部核准施行。

第八十二条　幼稚园主任及教员之任用待遇及保障，适用本章各条之规定。

第十二章　辅导研究

第八十三条　小学教员应参加本校及本地关于教育研究之组织，研究儿童生活所表现之事实及教训方法。

第八十四条　小学有教员五人以上者，应组织教育研究会，研究改进校务及教学训育等事项。以本校全体教员为会员。每月至少开会一次，以校长为主席。

第八十五条　小学在一学区内，应联合组织本区小学教育研究会，研究改进本区小学教育。以学区内全体小学教员及本区教育委员为会员，每两个月至少开会一次，以主管教育行政机关所指定之本区小学校长或教育委员为主席。

第八十六条　小学在直隶于行政院之市或县市内,应联合组织全市或全县市小学教育研究会,研究改进本地方小学教育。以主管教育行政机关所指定之各学区小学代表等为会员。每半年至少开会一次,以市县教育行政长官或督学为主席。

第八十七条　小学在五县市至七县市内,应组织省分区小学教育研究会,研究改进本省分区小学教育。以省教育厅所指定之各县市小学代表为会员。每年至少开会一次,以省立师范学校校长或附属小学校长或省立小学校长或省督学为主席。

第八十八条　小学在全省应组织全省小学教育研究会,研究改进全省小学教育。以省教育厅所指定之省分区小学代表及省教育厅厅长、主管科长、督学等为会员,每两年至少开会一次。以省教育厅厅长或其代表为主席。

第八十九条　教育部得召集全国各省市小学代表及初等教育主管人员,开全国小学教育研究会,研究改进全国初等教育。其规程于召集该项研究会时另定之。

第九十条　各省得由省教育厅指定省分区内之省立小学或省立师范学校附属小学为该省分区之中心小学。各市县教育行政机关得指定各学区内之一小学为中心小学。

前项中心小学,应充分以研究所得供给该省分区或该学区内之小学参考实施。

第九十一条　幼稚园主任及教员及与小学教育有关系之教育人员,均得参加小学教育之研究。

第九十二条　各种小学教育研究会,应由各级教育行政机关负辅导之责。

第九十三条　省市以下小学教育研究会组织规程,由省市教育行政机关订定,呈请教育部备案。

第十三章　附　　则

第九十四条　本规程于必要时,得由教育部修改之。

第九十五条　本规程自中华民国二十五年七月二十四日修正公布施行。

《教育法令汇编》第二辑,教育部编,
1937年1月,第58—64页

小学普遍课外运动试行办法

1937年1月8日　教育部颁发

一、小学课外运动,低级在下午二时半起,中高级在下午三时起(夏季及春末秋初,得变通之),儿童须一律参加,以半小时至一小时为度;但依年级高下得酌量增减十分至二十分钟。

二、早操或课间操于晨间或上午课间举行,以十分钟为度,师生须一律参加。

三、课外运动时,应依儿童能力、性别等,分为若干组,每组并选定一人为组长,予以练习,领导儿童活动。

四、运动场场地宽广,设备充足者,各组儿童在规定时间内同时出场运动;场地狭小,设备不足者,各组得依排定时期轮流出场运动。其不出场运动之组,得分别作童子军,儿童自治团体等课外集团活动。

五、各级各组儿童课外运动项目,应由体育教员将体育课中已教学纯熟之方法,依各组之能力与需要等妥为规定,以利实施。

六、各级课外运动项目,应呈送主管教育机关核定。

《教育法令汇编》第二辑,教育部编,
1937年1月,第69页

国民教育实施纲领

1940年3月21日　教育部公布

第一章　总　　则

第一条　教育部为谋全国国民教育之迅速普及起见,依照县各级组织纲要,保国民学校及乡(镇)中心学校之规定,订定本纲领,以便国民教育之实施。

第二条　国民教育分义务教育及失学民众补习教育两部分,应在保国民学校及乡镇中心学校内同时实施,并应尽先充实义务教育部分。

全国自六足岁至十二足岁之学龄儿童除可能受六年制小学教育者外,应依照本纲领受四年或二年或一年之义务教育;全国自十五足岁至四十五足岁之失学民众,应依照本纲领分期受初级或高级民众补习教育,但得先自十五足岁至三十五足岁之男女实施,继续及年龄较长之民众,其十二足岁至十五足岁之失学儿童,得视当地实际情形及其身心发育状况,施以相当之义务教育或失学民众补习教育。

第三条 国民教育之实施,应遵照中华民国教育宗旨及其实施方针,注重民族意识,国家观念,国民道德之培养及身心健康之训练,并应切合实际需要,养成自卫自治之能力,授以生活必需之知识技能。

第二章 施行程序

第四条 国民教育之普及以五年为期,自民国二十九年八月起至民国三十四年七月止分三期进行。

一、自民国二十九年八月起至三十一年七月止为第一期,在本期内各乡(镇)均应成立中心学校一所,至少每三保成立国民学校一所。在本期终了时,须使入学儿童达到学龄儿童总数百分之六十五以上,入学民众达到失学民众总数百分之三十以上。

二、自民国三十一年八月起至三十三年七月止为第二期,在本期内,保国民学校数应逐渐增加,或就原有之国民学校增加班级,在本期终了时,须使入学儿童,达到学龄儿童总数百分之八十以上,入学民众,达到失学民众总数百分之五十以上。

三、自民国三十三年八月起,至三十四年七月止为第三期,保国民学校应尽量增加,以期达到每保一校为目的,或就原有之国民学校增加班级,在本期终了时,须使入学儿童,达到学龄儿童总数百分之九十以上,入学民众达到失学民众总数百分之六十以上。

其有特殊情形之省市国民教育普及期限,得呈准中央缩短或延长之。

第五条 乡(镇)及保在第一期内,应先就当地原有之公立小学及单独设立之民众学校改组为中心学校及国民学校,但改组时,至少应维持其原有之学级,其未设有学校者,应依前条之规定分期筹设。

当地原有之私立小学,得维持其原状,但当地因经费关系,不能设置学校者,得指定私立小学,并补助其经费,作为代用中心学校或国民学校。

当地改良之私塾,得由国民学校指定代办一年或二年结束之班级,当地各机关团体附设之民众学校,仍应继续办理。

第六条　各省市应于本纲领实施后,六个月内,将所属地方各保学龄儿童数,及失学民众数调查完竣,造具统计表册呈报教育部。

第七条　各省市应于本纲领实施后四个月内,核定所属地方分期推设国民学校计划,在第二期内须使国民学校平均分配于每三保及二保内。

第八条　各省市应于本纲领实施后六个月内,依据全省市筹集经费,造就师资,分期增设国民学校及设置中心学校之计划,拟就全省市整个实施计划,呈报教育部。

第三章　学 校 设 施

第九条　国民学校以每保设立一所为原则,称某保国民学校,保之人口稠密,面积不及四方里者,或一村一街之自然单位,不可分离者,得就二保或三保联合设立一所,称某某保联立国民学校。

保之面积过于辽阔而村庄疏散者,其国民学校得分设班级于各村庄或设巡回教学班。

第十条　每一乡(镇)应设中心学校一所,称某乡(镇)中心学校,兼负辅导本乡(镇)各保国民学校之责。

乡(镇)内已设有中心学校之保或各保距离中心学校不足三里者,不另设国民学校,其应就学之儿童及失学民众,即入中心学校肄业。

第十一条　保国民学校及乡(镇)中心学校均应设置小学部及民教部。

国民学校之小学部,以完成四年制小学为原则,但为迅速普及义务教育起见,得办理一年或二年结束之班级,民教部以办理初级成人班及初级妇女班为原则,乡(镇)中心学校之小学部以办理六年制小学为原则,民教部以办理高级成人班及高级妇女班为原则。

第十二条　保国民学校及乡(镇)中心学校校长在教育经济发达之地方,应由县政府遴选具有修正小学规程第六十四条规定资格之人员任之。

第十三条　乡（镇）中心学校应专设教导主任一人，除主持本校教导事宜外，并应协助校长辅导各保国民学校关于教导之一切事宜。

保国民学校于可能范围内，亦应增设教导主任一人，主持校务。

第十四条　保国民学校及乡（镇）中心学校小学部，应遵照修正小学规程及有关小学教育法令办理，民教部应遵照修正民众学校规程及有关之民众教育法令办理。

第四章　经费筹集

第十五条　保国民学校之经费，应以由保自行筹集为原则，不足时，应由县市经费项下支给之。

第十六条　保国民学校应由保在一定期限内筹集相当之基金，为扩充学校设备之用，基金筹集办法另定之。

第十七条　乡（镇）中心学校之经费，其校长教员之薪给，由县市经费项下开支，办公费及设备扩充等费，应由所在地方自筹之，并应参照保筹集基金办法筹足基金。

第十八条　保国民学校教员之薪给至少以学校所在地个人食衣住等生活费之两倍为标准。校长并应酌量提高乡（镇）中心学校教员之薪给，以得与保国民学校校长同额为原则，校长并应酌量提高。县教育经费之支配，及保国民学校基金之筹集，其薪金支出部分，均应依照此项标准。

第十九条　各县市筹设国民学校及中心学校经费不足时，应由省在省经费及中央拨助之经费项下，酌予补助之。

第二十条　训练师资之经费，应由省市在省市经费及中央拨助经费项下动支。

第二十一条　贫瘠省份及其他有特殊情形之省市，推行国民教育，得由中央酌量增加其补助经费。

第五章　师资训练

第二十二条　各省市将原有小学及单独设立之民众学校改组为中心学校暨国民学校之前，应调集准备任为中心学校及国民学校校长人员，施以一个月至三个月之短期训练。

第二十三条　各省市应于本纲领实施后六个月内,举行各县小学教员及民众学校专任教员总登记及检定,检定不及格而其学力尚可胜任者,得分别予以三个月至六个月之短期训练,作为代用教员。

第二十四条　各省市应确切统计所属地方,所需中心学校及国民学校师资数量,依照部颁师资训练办法,订定分区分期训练师资计划,呈部核定后实施。

第二十五条　各省市分期训练师资,中心学校校长教员以由师范学校及特别师范科训练为原则,国民学校教员以由简易师范学校及简易师范科训练为原则。

第二十六条　各省市办理上列二十二条及二十三条各项师资训练之主任人员,由教育部会同内政部及中央训练团调集,施以相当时期之训练。

第二十七条　各省市训练师资办法另订之。

第六章　校舍设备

第二十八条　乡(镇)中心学校,及保国民学校之校舍,除改组者仍用原有校舍外,其新设者,应充分利用当地公所祠庙,及其他公共房屋,并得借用民房。

第二十九条　乡(镇)中心学校及保国民学校之未有适当校舍者,应在四年内择定相当地址,计划建筑正式校舍,其建筑费以由乡(镇)保自筹为原则,其不能自筹者,由县市政府统筹之。

第三十条　乡(镇)中心学校之校舍,应在乡(镇)公所邻近。保国民学校之校舍,应在保办公处邻近,校舍建筑标准另订之。

第三十一条　乡(镇)中心学校及保国民学校之教室及课桌,以小学部与民教部合用为原则。

第三十二条　乡(镇)中心学校应备之图书仪器标本模型,及各项教学用具,应分别设置完全,保国民学校,得较中心学校酌量减少,其标准另定之。

第三十三条　乡(镇)中心学校应设备简单之诊疗室,保国民学校应设备简单之药箱,以便应急治疗之用。

第七章 强迫入学及缓学、免学

第三十四条 在所设乡（镇）中心学校及保国民学校，已足收容当地学龄儿童，及失学民众之地方，应由乡（镇）公所及保办公处，实行强迫学龄儿童及失学民众入学，凡应入学而不入学者，应对其家长或保护人或本人予以一定期限必须就学之书面劝告，其不受劝告者，得将姓名榜示示警，其仍不遵行者，得由县市政府处以一元以上五元以下之罚锾，或以相当日期之工作抵充，并仍限期责令入学。

第三十五条 学龄儿童及失学民众之有疾病，或有其他一时不能入学原因者，得由家长或保护人或其本人请求缓学，其有痼疾不堪受教育者，得请求免学。

第三十六条 强迫入学及缓学、免学之详细办法另定之。

第八章 考成及奖惩

第三十七条 各省市主管教育行政长官办理国民教育之成绩，应由教育部于每年度终了时，依照考成办法严加考核，分别奖惩。

第三十八条 各县市主管推行国民教育之长官及科长督学等，应由省教育厅，依照考成办法，于每年度终了时，严加考核，提请省政府分别奖惩。

第三十九条 区乡（镇）保各级负责推行国民教育人员，及中心学校与国民学校校长，应由省教育厅订定考成办法。于每年度终了时，严加考核，分别奖惩。

第四十条 本纲领公布后，各地方依照实施时，以前颁布之实施义务教育暂行办法大纲及施行细则，实施失学民众补习教育办法大纲及施行细则，均停止适用。

第四十一条 本纲领由教育部呈准行政院备案后公布施行。

《教育法令汇编》国民教育部分，湖南省政府教育厅编印，
1947年5月，第1—5页

幼稚园设置办法

1943年12月20日 教育部公布

第一条 幼稚园之设置除法令别有规定外，依本办法之规定。

第二条　幼稚园收受四足岁以上至六足岁以下之儿童，必要时得呈准主管教育行政机关收受未满三足岁之婴儿予以保育。

第三条　幼稚园附设于国民学校、中心学校或小学，并得单独设置。

第四条　幼稚园由市县政府视地方需要及经济能力设置之，但各级师资训练机关及私人亦得设置之。

第五条　幼稚园之单独设立者，应以地名人名或切合于幼稚教育意义之词语命名。

第六条　幼稚园之设立，应由设立者开具下列各事项呈请主管教育行政机关核准。

（一）名称。

（二）主持人员姓名及资历等。

（三）园址（附平面图及面积、地质环境状况、饮料水质等说明书）。

（四）园则（包括儿童之额数、班数及入园年龄，儿童入园出园之手续，入园费及保育费额并免费学额，保育项目，保育时期及每期日数，每周时数，每日出园入园时间等）。

（五）设备。

（六）经费及维持方法。

（七）开办日期。

此项各款变更时应呈请主管教育行政机关核准备案。

第七条　幼稚园之停办，应先由设立者声叙停办之缘由及日期，并停办后儿童之处置方法，呈请主管教育行政机关核准。

第八条　幼稚园之儿童数以一百二十人为限，但必要时得呈准主管教育行政机关增至二百人。

第九条　幼稚园之编制应按儿童之年龄智力分组，视儿童多寡合并或分别保育，但一教员应保育之儿童数不得超过二十人。

第十条　幼稚园得视地方情形分别为半日制、上下午半日二部制或全日制。

第十一条　幼稚园儿童之活动项目应遵照幼稚园课程标准之规定，幼稚园课程标准由教育部另定之。

第十二条　幼稚园之各项活动应充分应用乡土材料。

第十三条　幼稚园对于儿童应顺应其个性依照其身心发展之程序施以适当之

保育,不得授以读书写字等类于小学功课之事项或使为过度之工作。

第十四条　幼稚园之保育应注重养成良好习惯,不得施行体罚及足使儿童感觉痛苦之苛罚。

第十五条　幼稚园应联络并协助家庭对于儿童作一致之保育。

第十六条　幼稚园园址应择便于幼稚儿童来往之地点,并须有善良之环境。

第十七条　幼稚园园舍建筑以平房为原则,应有保育游戏工作、午睡及其他必要之园舍,并须有游戏及自由活动之园庭。

供保育应用之园舍每幼儿一人至少应占有六方尺以上之地位,游戏园庭每幼儿一人至少应占有三十六方尺以上之地位。

第十八条　幼稚园应设有保育用具各种游戏运动器具,各种玩具,各种积木,各种挂图,各种乐器,各种卫生设备及黑板桌椅沙盘等。

第十九条　幼稚园设备标准由教育部另定之。

第二十条　幼稚园儿童受保育期满,得由园给予幼稚园受保育期满证明书。

第二十一条　幼稚园得视地方情形每期向儿童酌收入园费及保育费,其额数呈由主管教育行政机关核定之(额数变更时亦同),并应为贫寒优秀儿童设置免费额,其额数呈准主管教育行政机关定之。

《教育法令》,教育部编,中华书局,
1947 年 5 月版,第 287—288 页

国民学校法

1944 年 3 月 15 日　国民政府公布

第一条　国民学校实施国民教育,应注意国民道德之培养及身心健康之训练,并授以生活必需之基本知识技能。

第二条　前条国民教育,为六岁至十二岁之学龄儿童,应受之基本教育,及已逾学龄未受基本教育之失学民众,应受之补习教育。

第三条　国民学校,应每保设置一所,但地方有特殊情形者,得增设之,或联合

数保共设一所。

第四条　一乡镇内之国民学校,应以一校为中心国民学校,设于乡镇适当地点,兼负辅导各保国民学校之责。

乡镇区域辽阔,或国民学校校数较多者,得增设中心国民学校。

第五条　国民学校分设儿童教育及失学民众补习教育两部,均分高初两级。儿童教育之修业年限初级四年,高级二年;失学民众补习教育,初级四个月至六个月,高级六个月至一年。

中心国民学校之儿童教育,高初两级合设。各保国民学校,设初级,必要时并得设高级。但失学民众补习教育,均设高初两级。

第六条　私人或团体得设立小学,办理国民学校之儿童教育,其规程由教育部定之。

私立小学成绩优良者,得指定为代用国民学校,其规程由教育部定之。

第七条　师范学校附属小学,办理国民学校之儿童教育及失学民众补习教育。

附属小学校长,由主管学校校长聘请合格人员充任,并呈请主管教育行政机关备案。

第八条　国民学校及中心国民学校,均得附设幼稚园。

第九条　国民学校及中心国民学校学生修业期满,成绩及格,由学校分别给予毕业证书。

第十条　国民学校及中心国民学校用单式编制,但有特殊情形者,得用复式及单级或二部编制。

第十一条　国民学校及中心国民学校之教学科目及课程标准由教育部定之。

第十二条　国民学校及中心国民学校,应采用教育部所编辑或审定之教科图书。

第十三条　国民学校及中心国民学校,隶属于各县(市)政府、院辖市主管教育行政机关,但应与乡(镇)公所保办公处密切联系。

第十四条　国民学校及中心国民学校,各置校长一人,综理校务。中心国民学校校长兼负辅导各保国民学校事宜。

国民学校及中心国民学校校长,由县市政府或院辖市主管教育行政机关遴选合格人员委任之。

第十五条　中心国民学校置教导主任一人，秉承校长主持本校教导事宜，并协助校长辅导各保国民学校之教导事宜。中心国民学校教导主任由校长遴选合格人员聘任之。

第十六条　国民学校之学级数达六学级以上者，亦得置教导主任一人，秉承校长主持本校教导事宜。

国民学校教导主任由校长遴选合格人员聘任之。

第十七条　国民学校及中心国民学校之教员，由校长遴选合格人员聘任之，应呈请主管教育行政机关备案。

前项合格人员不敷时，得遴聘具有相当资格者为代用教员，并应呈请主管教育行政机关备案。

第十八条　国民学校及中心国民学校教职员，应协助乡镇公所及保办公处训练民众，推进地方自治。

第十九条　国民学校及中心国民学校之经常费，由主管教育行政机关统筹支给之。

国民学校及中心国民学校之开办，设备等费，除由主管教育行政机关筹给外，得由乡（镇）保筹给之。

第二十条　国民学校及中心国民学校，应会同乡（镇）公所或保办公处筹集基金，以其孳息补充学校经费及设备费用。

前项筹集基金办法，由教育部会同内政部、财政部拟订，呈请行政院核定之。

第二十一条　国民学校及中心国民学校，均不得收取学费或杂费。

第二十二条　关于学龄儿童及失学民众之强迫入学，另以法律定之。

第二十三条　国民学校及中心国民学校教职员之检定、任用、待遇、保障、进修办法，由教育部定之。

第二十四条　国民学校及中心国民学校规则，由教育部定之。

第二十五条　本办法自公布日施行。

《教育法令汇编》国民教育部分，湖南省政府教育厅编印，
1947年5月，第10页

强迫入学条例

1944年7月18日　国民政府公布
1945年2月17日　国民政府修正公布

第一条　学龄儿童之强迫入学，依本条例之规定。

第二条　各县为办理强迫入学事宜得设置县强迫入学委员会，由县长教育科科长督学各乡镇长会同县公民代表组织之，以县长为主任委员，教育科科长为副主任委员。

第三条　各乡镇得设置乡镇强迫入学委员会，由乡镇保长、乡镇公所文化股主任，各乡镇保中心国民学校、国民学校校长会同乡镇内公民代表组织之，以乡镇长为主任委员。

第四条　各县应督令各乡镇保长会同国民学校教员就本保内各户调查学龄儿童人数造具清册。

中心国民学校或国民学校应按本保内学龄儿童人数预定设立班级数，每班学额以五十人为度。

中心国民学校或国民学校设立班级数办法确定后，由保长会同中心国民学校或国民学校校长通知本保内各户户长令儿童入学。

各保内国民学校或中心国民学校校长应于开学前会同保甲长分别通知各户应行入学之儿童督令入学。

第五条　各保学龄儿童清册应造具三份，一份存保办公处，一份存乡镇强迫入学委员会，一份交与本保内国民学校或中心国民学校。

第六条　本乡镇强迫入学委员会应将各保所送之学龄儿童清册，统计全乡镇学龄儿童总数，及已入学人数呈报县政府备案。

第七条　各县政府应将各乡镇所报学龄儿童之总数，及已入学人数统计其结果呈报省教育厅备案，省教育厅根据各县所报人数统计全省学龄儿童之总数及已入学人数呈报教育部备案。

第八条　学龄儿童之强迫入学依下列程序办理。

劝告　凡应入学而未入学之学龄儿童应由保长会同中心国民学校或国民学校校长用书面或口头劝告其父母或监护人限令入学。

警告　父母或监护人经劝告后如仍不遵限令其子女或受监护人入学者，得于劝告期限届满五日内将其姓名榜示警告并仍限期入学。

罚锾　榜示警告后仍不遵行者，得于限满七日内经乡镇强迫入学委员会议决，处以十元以下之罚锾，仍限期入学并汇报县政府。

第九条　已入学之儿童如不经学校之许可中途停学或任意缺课者，应由学校及强迫入学委员会共同劝导督促，如不遵从得依前条罚锾之规定处罚其父母或监护人。

第十条　学龄儿童如因疾病经指定医师证明一时不能入学并经当地强迫入学委员会证明属实者，得准其缓学，但健康恢复时仍应入学。

第十一条　学龄儿童如因痼疾或肢体残废经指定医师证明不堪入学并经当地强迫入学委员会证明属实者，得准其免学。

第十二条　凡已入学或已届入学期限之儿童，如随同其父母或监护人迁移时，应由保长报告乡镇强迫入学委员会，通知该儿童所迁往地点之强迫入学委员会执行强迫入学或转学事宜。

第十三条　市之学龄儿童强迫入学准用本条例之规定。

第十四条　失学民众之强迫入学得准用本条例之规定办理。

第十五条　本条例施行细则由教育部定之。

第十六条　本条例自公布日施行。

《教育法令》，教育部编，中华书局，
1947年5月，第288—289页

（二）义 务 教 育

实施义务教育暂行办法大纲

1935年5月28日　行政院修正通过

第一条　兹遵照第四届中央执行委员会第五次全体会议议决实施义务教育标本兼治等案，制定本暂行办法大纲，其目的在使全国学龄儿童（指六岁至十二岁之儿童而言）于十年期限内逐渐由受一年制二年制达于四年制之义务教育。

第二条　义务教育之实施，应注重实际生活之教育，分三期进行。

一　自民国二十四年八月起至二十九年七月止为第一期，在此期内，一切年长失学儿童及未入学之学龄儿童至少应受一年义务教育，各省市应注重处理一年制之短期小学。

二　自民国二十九年八月起至三十三年七月止为第二期，在此期内，一切学龄儿童至少应受两年义务教育，各省市应注重办理二年制之短期小学。

三　自民国三十三年八月起为第三期，义务教育之期间定为四年。

第三条　前条规定期限，遇经费充裕时得减缩之。

第四条　全国各省县市应划分为若干小学区，准备实施义务教育。

第五条　义务教育之施行，除办理短期小学外，并应施行下列各事项。

一　推广初级小学。

二　充实原有学级之学额。

三　厉行二部制。

四　改良私塾。

五　试行巡回教育。

第六条　义务教育经费，以地方负担为原则，但对于边远贫瘠省份，及其他有特殊情形之省市得由中央酌量补助之。

第七条　关于义务教育之实施，中央及地方主管教育行政机关，均应特设义务教育委员会协助推行。

第八条 在学校数量已足容收当地学龄儿童之地方,凡身体健全之学龄儿童,均应入学,违者政府得采取必要之行政处分,强迫入学,在第一期内对于年长失学之儿童亦同。

第九条 教育部于本暂行办法大纲施行届一年后,应根据各地实施情况,拟定义务教育法草案,呈由行政院核转立法院审议公布。

第十条 本暂行办法大纲施行细则,由教育部根据本大纲订定施行。

第十一条 本暂行办法大纲由行政院核准施行并呈报国民政府备案。

《教育法令汇编》第一辑,教育部编,商务印书馆,
1936年10月版,第297—298页

实施义务教育暂行办法大纲施行细则

1935年6月14日 教育部公布

第一章 总 则

第一条 本施行细则,根据实施义务教育暂行办法大纲第十条订定之。

第二条 全国学龄儿童除入普通小学者外,在实施义务教育第一期内(即民国二十四年八月至二十九年七月)应依本细则受一年短期小学教育;在第二期内(即民国二十九年八月至民国三十三年七月)应依本细则受二年短期小学教育。

第三条 义务教育应遵照中华民国教育宗旨及其实施方针切合实际生活之需要,并应注重民族意识与国家观念之养成。

短期小学课程为国语、常识、算术及公民训练,在第二期内程度应略提高,并得酌增其他科目。

第四条 短期小学不收学费。

第五条 短期小学学生课本,由学校免费供给。

第二章 强迫入学及缓学免学

第六条 在普通小学及短期小学已足收容当地学龄儿童之地方,凡身体健全之学龄儿童,应由所在地办理义务教育之机关,依其年龄及家庭状况,督令入普通小学或短期小学。

凡应入学而不入学者,应对其家长或保护人,予以一定期限必须就学之书面劝告。其不受劝告者,得将其姓名榜示示警。其仍不遵行者,得由县市教育行政机关请由县市政府处以一元以上五元以下之罚锾。并仍限期责令入学。

前项罚锾,仍作办理义务教育之用。

第七条 学龄儿童之有疾病或其他一时不能入学之原因者,得由其家长或保护人具结请求缓学;其有痼疾不堪受教育者,得由其家长或保护人具结请求免学。

第八条 在实施义务教育第一期内,学龄儿童除依本细则第十条受一年短期小学教育者,应认为已完成其义务教育外,其曾入普通小学肄业二年者,以曾受义务教育论。

在实施义务教育第二期内,学龄儿童除依第十一条受二年短期小学教育者,应认为已完成其义务教育外,其曾入普通小学肄业三年者,以曾受义务教育论。在实施义务教育第一第二两期内,学龄儿童之已在私塾或家庭受有与义务教育程度相当之教育者,经当地普通小学或短期小学考查及格,予以证明书,以曾受义务教育论。

第三章 施行程序

第九条 各省应于民国二十四年度,令饬所属县市,依原有乡村城镇之人口,制定小学区以为施行义务教育开办短期小学之单位。每一小学区,平均以约有人口一千人为准。行政院直辖市亦同。

每五小学区至十小学区内,须逐渐设置普通小学一所。

第十条 各省市在实施义务教育第一期内,为供给儿童受一年之义务教育起见,应举办下列各事:

一 广设短期小学 限令各小学区就预定设校地点,设置一年制之短期小学,招收九足岁至十二足岁之失学儿童,此项小学以采用二部编制为原则,每日上下午各教学半日,或全日间时教学至少各授课三小时或四小时,修业年限一年。

乡村短期小学,得放农忙假,但应缩短其他假期,以补足修业时数。普通小学及其他学校与公共机关内,并得附设前项短期小学班。

二 改良私塾 限令各地将原有私塾整理改良,一律依照短期小学或普通小学课程办理,改称改良私塾;其较优者,得径改为短期小学或普通小学。

三 试行巡回教学 得令各地方设置巡回教育,以时轮往穷乡僻壤交通不便利处,教授失学儿童;其程度与短期小学同。

各省市为推行义务教育之便利,除上列各项办法外,并得采用其他适宜之方法。

第十一条 各省市在义务教育实施第二期内,应将各学区内所有一年制之短期小学,逐渐悉改为二年制短期小学,招收八足岁至十二足岁之失学儿童,仍以采用二部编制为原则,修业年限二年。

前条(二)(三)等款所规定之办法均应继续办理。

第十二条 各省市于届义务教育实施第三期(民国三十三年八月起)时,应将各地之二年制短期小学,逐渐改为四年制之普通小学。第十条(二)(三)等款所规定之办法仍继续办理。

第十三条 在义务教育实施之第一、第二各期内,各省市除办理第十、第十一两条之短期小学外,并应同时办理下列各事,以推广普通小学教育:

(1)酌量增设普通小学;

(2)限令普通小学酌采二部制;

(3)充实原有普通小学之学额;

但原有普通小学不得改为短期小学。

第十四条 各省市应依照第十条至第十一条之规定,施行义务教育;务使在义务教育实施第一期之末年,曾受一年短期小学教育或相当教育之儿童,至少达到学龄儿童总数百分之八十。在第二期之末年,曾受二年短期小学教育或相当教育之儿童,至少亦达到学龄儿童总数百分之八十。

第四章 师　资

第十五条　各省市应自实施义务教育第一期开始以后,在省市立或县立初高级中学及师范学校内,广设短期小学师资训练班,招收相当于初级中学毕业程度之学生,予以短期之师范训练。其课程以研究小学教材及教学方法为中心。

训练期满,考试及格,予以证明书,准其充任短期小学教员。

第十六条　各省市在第一期内,得招考文清理通,常识丰富,有志为短期小学教员人员,考试及格,予以证明书,准其充任一年制短期小学教员。

各省市并得斟酌情形,令各公务人员为短期小学服务。

第十七条　各省市应各按本省市小学师资之需要,推广师范学校,简易师范学校,简易师范科等,以培养小学师资;同时应设法给予短期小学教员及不合格之小学教员以进修之机会,并逐渐遵照小学教员检定规程检定之,俾依照检定取得资格。

第十八条　各县市应在县市立初级中学或县立师范学校或规模较大之县市立小学内,设置塾师训练班,招收私塾教师,予以短时期之训练,专授短期小学课程之教材及教学方法,训练期满,考查及格,给以证明书,准其充当改良私塾之教师。

第五章　校舍设备

第十九条　各小学区新设之短期小学,得充分利用当地原有公所,祠庙等房屋,并得借用或租用民房。其无可利用或租借者,得暂建极简单之棚舍应用。

第二十条　各学区应在十年内,择定相当地点,筹备另建普通小学正式校舍。不能自筹建筑费者,得由县市政府协助之。

第二十一条　短期小学设备参照普通小学设备办理。其桌椅等均得较小学为减等。

第二十二条　各小学区应在十年内筹足设备经费,以备改短期小学为普通小学时一切设备之用。

第六章　经　费

第二十三条　义务教育经费,其在市区者,由政府统筹;其在省区之各县市,以省县酌量分担为原则。中央并得酌量省市情形补助之。

对于边远省份及贫瘠省份之义务教育经费,中央得予以特别补助。

第二十四条 省市义务教育经费,应按照地方情形,或在省市教育经费项下及在省市总收入项下提出若干成,或指定专款充之。

第二十五条 县市义务教育经费,应按照各地方情形,或指定学产,或指定特种捐税收入充之;并得劝导人民尽力捐助。

第七章 机 关

第二十六条 义务教育之实施:中央由教育部主办之,各省市由省市主管教育行政机关主办之,各县市由主管教育行政之科局主办之。

第二十七条 各级主办义务教育机关,均应组织义务教育委员会,襄助办理义务教育。教育部应设置全国义务教育委员会,其规程以部令定之。各省市应设置省市义务教育委员会,以省市主管教育行政机关长官为委员长,并由省市政府约聘教育界富有资望之人士若干人为委员,其组织规程,由省市主管教育行政机关定之,并呈报教育部备案。

各县市应各设县市义务教育委员会,其组织规程由各省教育厅呈准省政府定之。

第二十八条 各级义务教育委员会之主要任务如下:

一、全国义务教育委员会

(甲)建议及审议推行义务教育之计划;

(乙)审议关于义务教育之一切章则办法;

(丙)考核各省市办理义务教育之成绩。

二、省市义务教育委员会

(甲)拟具全省市义务教育推行计划;

(乙)监督省市义务教育经费及中央给予该省市义务教育补助费之保管与用途;

(丙)拟具分年训练师资办法;

(丁)考核各县市办理义务教育成绩。

三、市县义务教育委员会

（甲）拟具全县市义务教育推行计划；

（乙）监督各县市义务教育经费及上级政府给予各该县市义务教育补助费之保管与用途；

（丙）审核所属义务教育经费之预算及决算；

（丁）考核所属办理义务教育成绩。

第二十九条　关于市县各小学区义务教育事务，由县市教育行政机关就每五小学区至十小学区指派学董一人主办之。其任务如下：

一　宣传义务教育工作之重要；

二　拟具本学区义务教育实施计划；

三　筹划经费；

四　编制预算；

五　调查学龄儿童；

六　筹设学校；

七　强迫学龄儿童入学；

八　督促私塾改良。

县市教育行政机关认为有必要时，得酌置指导或助理人员，指导或襄助学董，办理事务。

第八章　惩　奖

第三十条　义务教育办理之状况，于地方行政人员考绩时，应视为特别注重事项办理。

第三十一条　人民捐助办理义务教育经费者，得照捐资兴学奖励办法从优奖励之。

第三十二条　关于推行义务教育之惩奖办法，由教育部另定之。

第九章　附　则

第三十三条　本细则由教育部公布并呈请行政院备案施行。

第三十四条　本细则公布后,教育部前所颁布之第一期实施义务教育办法大纲暨短期义务教育实施办法大纲,均即废止。

《教育法令汇编》第一辑,教育部编,商务印书馆,
1936年10月版,第298—302页

一年制短期小学暂行规程

1935年7月8日　教育部公布

第一条　本规程依照实施义务教育暂行办法大纲第二条之规定订定之。

第二条　在第一期实施义务教育期间,各省市县均应注重办理一年制短期小学(以下简称短期小学)。

第三条　各县市乡缺乏学校之小学区,应尽先监量设置短期小学,以期教育易于普及。

第四条　短期小学独立设置,并得附设于普通小学及其他学校或公共机关内。

第五条　每五小学区至十小学区内之短期小学,应利用一普通小学为中心小学;各短期小学,均应受其指导。

第六条　短期小学招收年满九足岁至十二足岁之儿童。

第七条　短期小学不收学费,所有书籍用品,概由学校供给。

第八条　每一短期小学,以同时招收学生二班为原则。每班学生以五十人为限,其编制采用半日二部制,分上下午教学;教室敷用者,或采用全日二部制,间时教学。

第九条　短期小学每班每日授课三小时至四小时,每小时以四十五分钟计算。课程为国语、算术、公民训练及体育四种,每日授课时间如下表,其标准另定之。

国语——每日至少二小时。

算术——每日约半小时。

公民训练——每日约十分钟。

体育——每日五分钟至十五分钟。

第十条　短期小学之教员以每两班设置一人为原则。

第十一条　附设于普通小学之短期小学，应尽量利用原校之教员。

第十二条　本规程自公布日施行。

《教育法令汇编》第一辑，教育部编，商务印书馆，1936年10月三版，第302—303页

短期小学制实验办法

1935年11月5日　教育部训令

一　为改进短期小学之各种办理方法以利实施起见，应由国内师范大学、大学教育学院、独立教育学院、省市立各种师范学校之附属小学或实验小学及其他具有实验能力之小学实验之。

前项短期小学实验班，每校至少设置一班。

二　实验事项如下：

(1) 部颁一年制短期小学暂行课程标准及课本之实验修订；

(2) 理想的一年制短期小学课程标准及课本之实验编订；

(3) 短期小学教学方法；

(4) 二年制短期小学课程课本及教学方法；

附普通小学二部编制等之实验。

三　前条(2)(4)两项，由师范大学、各大学教育学院或独立教育学院之附属小学或实验学校实验之；(1)(3)各项及附项，由各省市立师范学校附属小学或省立实验小学实验之。

但省市立师范学校附属小学或省立实验小学有志实验前条(2)(4)两项者，得请由主管教育机关转呈教育部核准施行。师范大学、大学教育学院及独立教育学院之附属小学或实验学校有欲同时实验(1)(3)各项者同。

四　凡实验第二条(2)(4)两项者，均须拟具计划，呈由教育部核定后行之。

五　其他教育机关有志进行第二条(1)(3)各项及附项之实验者，须拟具计划，

请由省市义务教育委员会核定后行之。

六　实验者必须于民国二十五年暑假前,拟具第一次报告,陈报主管教育行政机关,汇送教育部。

七　实验结果成绩优良者,得由教育部酌予奖励。

《教育法令汇编》第一辑,教育部编,商务印书馆,
1936年10月版,第306—307页

市县划分小学区办法

1935年11月11日　教育部公布

一　各市县应遵照实施义务教育暂行办法大纲施行细则第九条之规定,划分全市县为若干小学区,以为实施义务教育之最小单位。

二　小学区之划分,应视户口之疏密,与地势交通等相互之关系,并参酌各地方自治组织情形定之。

三　小学区之范围,以每区约有人口一千人为准。但城市中人口繁密之地方,得变通之。

四　偏僻之农村与其他农村相隔距离过远,而人口不满一千者,亦得划为一小学区。

五　每一小学区设学董一人,由主管教育行政机关就本地负有资望人员遴选委任之,并得视事务之繁简,酌设助理人员以资助理。

六　各市县为管理便利起见,应就原有自治区,联合五小学区至十小学区,设一联合小学区。

七　每一联合小学区设教育委员一人,由主管教育行政机关遴选本学区内优良之小学校长兼任之。

八　偏僻农村之小学区,得采用巡回教学或其他方法,以教授失学儿童。

九　各县市划分小学区完成时,应将办理情形,详报省教育厅,以凭审核。

十　各省市于办理全省全市划分小学区完成时,应将办理情形,详报教育部,以凭审核。

十一 本办法自公布之日施行。

《教育法令汇编》第一辑,教育部编,商务印书馆,1936年11月版,第307页

各省县市等筹集义务教育经费暂行办法大纲

1935年11月13日 教育部训令

一 本办法大纲根据实施义务教育暂行办法大纲第六条及施行细则第六章之规定订定之。

二 各省县市各小学区内之义教经费,应视其设校之数量定需要经费之多寡,由各县市就地自筹半数以上为原则。

三 各省县市各小学区内之义教经费,应由县市教育行政机关核实列入县市预算内。其在预算公布后增加者,应依进加预算手续补列,并受地方财务机关之管理监督。

四 各省县市各小学区内义教经费之收支,务须绝对公开,并应于每学期终了时在该小学区内公开俾众周知。

五 各省县市筹集义教经费应以下列各项为范围:

(一)县市政府呈准省府指定学产之收入;

(二)县市政府呈准省府指令合法捐税及附加捐税之收入;

(三)县市政府乡镇或学区内整理原有学产增加之收入;

(四)热心公益人士对于义教经费自愿之捐赠;

(五)县市或乡镇由人民自动公议依法呈准分担之捐款。

六 各省县市乡镇新增义教经费之所入,其来源之性质属于全县市者,应就全县市统筹支配,其属于一乡镇或一学区者,应即支用于该乡镇或学区。

七 各行政院直辖市增筹义教经费办法,准用本大纲关于省或市之规定。

八 本办法呈由行政院核准施行。

《教育法令汇编》第一辑,教育部编,商务印书馆,
1936年10月版,第40页

各省市义务教育师资训练班办法

1936年8月4日 教育部颁发

一、各省市为训练义务教育师资起见,应于二十五年度起由各省市教育厅局举办义务教育师资训练班(实施义务教育暂行办法大纲施行细则第十五条之规定包括在内)。

二、义务教育师资训练班,各省应斟酌情形或集中举办,或按照原有师范区域行政督察区分区举办。各行政院直辖市至少应举办一所。

三、各省市义务教育师资训练班经费得由各省市呈准教育部在中央拨给之义务教育经费项下动支,但不得超过拨给总数百分之十。

四、义务教育师资训练班之主任人员,由各省市尽先就曾经参加部办义务教育干部人员讲习班之人员中派充之。

五、义务教育师资训练班应招收初级高级中学及师范学校或同等学校毕业生之尚未就业者,甄别训练,其训练期间分别定为三个月至六个月。

六、义务教育师资训练班,除讲授关于义务教育之法令以及办理小学与短期小学之方法与教学法外,并注重民族意识之训练,军事训练,农村经济与公共卫生常识。

七、义务教育师资训练班学生修业期满,经考核及格者,给予毕业证书。

八、义务教育师资训练班毕业生,应由各省市教育厅局尽先派充义务教育各项师资,或办理地方义务教育行政人员。

九、各省市举办义务教育师资训练班,遇必要时,教育部得派员辅导之。

十、本办法自公布之日施行。

《初等教育法令汇编》,庐山暑期训练团编印,
1937年7月,第417—418页

各省市教育行政机关订定
简易小学办法应行注意之点

1937年2月23日 教育部训令

查修正小学规程第四条规定："为推行义务教育起见,各地并得设简易小学及短期小学",原条第二项规定："简易小学办法由各省市教育行政机关订定呈请教育部核准备案"各等语;兹为各省市订定是项简易小学办法便利起见,特拟定"各省市教育行政机关订定简易小学办法应行注意之点"九项,令发该厅局,盼即遵照办理。此令。

各省市教育行政机关订定简易小学办法应行注意之点:

一 简易小学以初级小学为限,修业年限得定为三年。

二 简易小学收受自六足岁起至十二足岁止之学龄儿童,其入学年龄不得超过十二岁。

三 简易小学名称,应参照修正小学规程第九条办理,在小学之上各加"简易"二字,以资辨别。

四 简易小学之课程,应参照修正小学规程第五章第二十三至二十七条之规定,得照正常小学减少科目时间。

五 简易小学之训育,应参照修正小学规程第六章第二十九条至三十四条办理。

六 简易小学之设备,得较正常小学量为简省。

七 简易小学不得征收学费。

八 简易小学之校长教职员,除依照修正小学规程第六十二、六十三、六十四条之规定任用外,凡具有小学代用校长或代用教员或具有短期小学校长教员之资格者,亦得正式任用。

九 简易小学其余各事项,得参照修正小学规程其余各条办理。

《教育法令汇编》第三辑,教育部编,正中书局,
1939年11月版,第53—54页

健全各级义务教育行政组织各点

1937年5月6日　教育部颁发

查各级义务教育行政组织健全与否,对于推行义务教育,影响至钜。兹为增进各级义务教育行政效率,并健全其组织起见,分别指饬如下:

一　各省市教育厅局,应专设一科办理义务教育行政事宜,如与初等教育合设一科,则应增设义务教育股,以专责任。

二　各县市教育局或教育科,至少应确定科员一人,专办义务教育行政;县学区之义务教育行政,应责成各该区教育委员负责办理;联合小学区之义务教育行政,应责成各该区学董负责办理;小学区之义务教育行政,应责成各该区助理学董负责办理,以利进行。

以上各点,于文到之日,盼即遵照办理,并转饬所属一体遵照办理。此令。

《教育法令汇编》第三辑,教育部编,正中书局,
1939年11月版,第54页

实施巡回教学办法

1937年6月1日　教育部公布

第一条　本办法根据实施义务教育暂行办法大纲第五条第五项及施行细则第十条第三项之规定订定之。

第二条　各地方有下列情形之一者,得在二个以上之地点,设置巡回教学班,由一个教员巡回施教:

(一)区域辽阔,村落星散,交通不便,儿童不易集中者。

(二)地方贫瘠,人口稀疏,无力设置学校者。

(三)附近学校学额已满,无力扩充,失学儿童未能尽量容纳者。

(四)儿童因交通及生活或职业关系,不能全日或半日就学者。

第三条　巡回教学班分下列二种:

（一）长期集合者　每乡村或每一适中地点设置一班,学额须在十五人以上。每班儿童数不满二十人者,一教员至少教学二班。儿童全日或上下午半日在校,教员来校时,由教员直接教学或考核;教员离校时,由导生领导自动学习。

（二）临时集合者　每乡村或每一适中地点设置一班,学额约五人至十五人,一教员至少教学三班。平时儿童各自分散至规定时间集合,由教员来班教学,或由导生领导学习。

第四条　实施巡回教学,应先调查当地情形及设班地点,并确定设班办法及施教时间与次数。

第五条　巡回教学以每班每日均得巡回施教一次为原则;但得视当地情形,采用间日巡回施教制。其每班施教时间之长短,视路途远近及班数多寡酌定之。

第六条　巡回教学班之课程,以依照短期小学班课程办理为原则;但得视地方需要,参照普通初级小学课程办理。

第七条　实施巡回教学区域内之学董、助理学董、保甲长及热心教育之人士,均应协助巡回教员筹借公共房屋或民房为设班处所。

第八条　巡回教学班之桌椅等设备,以由儿童家庭各自借出或借用公共原有物件为原则,不拘形式。遇必要时,得酌量购置。

第九条　巡回教学班遇必要时,得采用巡回教学车或教育箱等工具。

第十条　巡回教学班之教员,应遴选教学成绩比较优良者充任之。于实施巡回教学前,并须予以相当训练。

第十一条　巡回教学班应各训练年长优秀学生为导生,于教员不出席时,领导儿童自习,并协助教员处理教学及训育上之事务。

第十二条　巡回教学班之教员,对于儿童学业,应注意考核,并须于每学期终了时,举行学期测验。

第十三条　巡回教学班施教结束之期间,以所采课程教学完毕为标准。结束时考查成绩及格者,得给予证明书,以曾受短期义务教育论。

第十四条　巡回教学班经费,于各县市义务教育经费项下拨充之。

第十五条　本办法由教育部公布施行。

《教育法令汇编》第三辑，教育部编，正中书局，
1939年11月版，第64—65页

改良私塾办法

1937年6月1日　教育部公布

第一章　总　则

第一条　本办法根据实施义务教育暂行办法大纲第五条及施行细则第十条第二项之规定订定之。

第二条　凡私人或私人联合设立之私塾，均应依照本办法改良之。

第三条　行政院直辖市及县市教育行政机关为私塾之主管机关，应负责直接监督管理私塾之责。

第四条　私塾之命名，称为某某私塾；其已改良者，称为某某改良私塾。均应制牌悬挂，以示公开。

第五条　私塾在不妨碍公私立小学招生之范围内，得招收学龄儿童或年长失学之儿童，参照短期小学或普通小学课程教学。其有招收年长失学儿童，予以就业准备，补习一科或二科者，得作为补习生。

第六条　私塾学年学期及休假日，得依照修正学校学年学期及休假日期规程办理。但得由主管机关酌量当地情形，另行规定。其每年开学日数，至少须满二百四十日。

第七条　各省市主管教育行政机关，对于改良私塾，应认为推行义务教育之一重要事项，负督促改良之全责；并以改良私塾事项，列为所属教育行政机关办学考成之一。

第八条　县市教育行政机关应秉承省教育行政机关切实办理改良私塾事项。

第二章　设立变更及调查登记

第九条　现有或新设立之私塾，均须于每学期开学前，填具"设立私塾表"，请求

主管机关核准设立发给设塾许可证。其表式及许可证式样,由省市教育行政机关制定之。

第十条　主管机关每学期开始前,应将所辖区域内私塾调查登记完毕,核给设塾许可证。县市并应于学期终了前,汇报省教育厅备案。

第十一条　私塾经核准设立后,如有移迁塾址或自行停办情事,应呈报主管机关备案。其业经停办之私塾,应将许可证缴销。

第十二条　主管机关举办私塾调查登记事项,得指派各学区教育委员或中心小学及规模较大之小学校长教员就近办理,并得联络全县市警察与自治机关人员协助办理。

第十三条　许可设立私塾,以具备下列各项条件为原则:

(一) 不违背中华民国教育宗旨及其实施方针者。

(二) 塾师文理清通,常识丰富者。

(三) 塾舍宽敞,光线空气充足,并有空场足资学生活动者。

(四) 能遵用教育部审定之教科书者。

(五) 收容学龄儿童及失学儿童,不妨碍当地小学学额之充实者。

第三章　课程与教训管理

第十四条　私塾课程,分为基本的与补充的两种。基本课程为:一、国语(包括读书、作文、写字),二、常识(包括社会、自然、卫生),三、算术(包括笔算与珠算),四、体育。补充课程,得依地方需要,由塾师自定之。

前项基本课程所占分量,以百分之六十为原则。

第十五条　主管机关应依照上项基本课程及补充课程,并斟酌当地情形,订定课程简表,发交各私塾实施。

第十六条　私塾内基本课程所用之教材图书,如非教育部审定或编辑者,主管机关应即纠正之。

第十七条　私塾得视学生之年龄程度及其家庭状况编级教学。教学时须以引起儿童学习之兴趣为主,并须注重理解,不得专重背诵。

第十八条　私塾训育应以部颁小学公民训练标准为标准，须注重积极诱导方法，绝对禁用体罚。平时并须指导儿童作课外活动，以养成儿童运动及守纪律之习惯。

第十九条　塾师平日应指导儿童注重塾内塾外之清洁，卫生日并须施行清洁检查，以养成儿童清洁卫生之习惯。

第四章　塾师训练与辅导研究

第二十条　主管机关应于寒暑假期或相当时期，举行塾师训练班或讲习班。其讲习学科，除国语、算术、常识外，并须注重公民训练、科学常识与各科教学法之实际研究。

第二十一条　塾师训练班或讲习班，应委托县市立初级中学或县市立师范学校或规模较大之县市立小学举办之。其训练或讲习总时期，共计至少为三个月；并得依塾师就训或讲习之便利，分期分区举行。

第二十二条　主管机关平时对于境内私塾，应注意下列事项：（一）介绍进修读物，（二）令塾师参加当地小学研究会，（三）指派塾师在附近小学作艺友，（四）指派塾师参观优良小学。

第二十三条　主管机关视导工作，应列视导私塾一项；其专设有义务教育视导人员者，应以视导私塾为其主要工作之一。

第二十四条　主管机关对于所辖私塾，应随时加以辅导，由主管人员、教育委员、中心小学或优良小学教职员等组织辅导网；其辅导方法，由主管机关订定实施，在县市并应呈报省教育厅备案。

第二十五条　主管机关对于私塾认为有成绩优良或办理合法者，其塾师得酌量免受训练或讲习。

第五章　奖惩及取缔

第二十六条　主管机关对于所辖私塾，除已核准改称改良私塾者外，其成绩较优者得酌改短期小学、简易小学或代用小学。

第二十七条 主管机关对于已核准改称改良私塾及改为短期小学、简易小学或代用小学之私塾,得由义务教育经费项上酌予补助。

第二十八条 主管机关对于所辖区域内私塾有下列各项情形者,应先予以警告或令其改进,其有屡诫不悛者,得取缔之。

（一）不遵令登记者。
（二）违反三民主义者。
（三）塾师身心缺陷或有不良嗜好者。
（四）墨守成法不接受改进之指导者。
（五）指定在假期训练或讲习而不到者。
（六）塾舍简陋妨碍儿童之卫生者。

第六章 附 则

第二十九条 本办法于必要时得由教育部修改之。

第三十条 本办法由教育部公布施行。

《教育法令汇编》第三辑,教育部编,正中书局,
1939年11月版,第65—67页

二年制短期小学暂行规程

1937年6月18日 教育部公布

第一条 本规程依照实施义务教育暂行办法大纲第二条之规定订定之。

第二条 在第二期实施义务教育期间,各省市县应注重办理二年制短期小学,但在第一期内办理一年制短期小学已有相当成效,或有特殊需要之地方,得提前办理二年制短期小学。

第三条 二年制短期小学招收八足岁至十二足岁之失学儿童。

第四条 二年制短期小学毕业程度,应相当于小学初级第三学年修业期满之程度。

第五条　二年制短期小学如有需要,得同时酌量开办二年级班次,招收附近地方一年制短期小学修业期满尚须继续入学之儿童,并得附设一年制短期小学班。

第六条　二年制短期小学,除独立设置外,得在普通小学及其他学校或公共机关内附设班级。

第七条　在联合小学区内指定为中心小学之普通小学,各短期小学,均应受其指导。

第八条　二年制短期小学不收学费,所有书籍用品,概由学校供给。

第九条　二年制短期小学在人口密集、失学儿童众多之地方,以每校同时招收学生二班为原则;每班学额,在城市约四十人至五十人,在乡村不得少于三十人;人口稀少学额不足时,应依照实施巡回教学办法,分设巡回教学班。

第十条　二年制短期小学,得酌量情形,采用二部编制及复式编制。

第十一条　二年制短期小学教学科目为:公民训练、国语、常识、算术、工作、唱游等六种,课程标准另定之。

第十二条　二年制短期小学假期,以与普通小学一致为原则;在乡村地方,得酌量情形,免去星期例假,缩短寒暑假,另放农忙假、赴集假等;每年上课日数,不得少于二百日。

第十三条　二年制短期小学采用二部编制者,直接教学及自动作业时数,应妥为支配;直接教学时数,每日至少须二小时。

第十四条　二年制短期小学教材,应以采用部编课本为原则;各地方为适应需要起见,得酌量编订乡土补充教材。

第十五条　二年制短期小学之教员,采用二部编制者,以每两班设置一人为原则;并得训练程度较优之学生为导生,协助教员维持风纪,并领导学习。

第十六条　附设于普通小学之二年制短期小学班,应尽量利用原校之教员及设备。

第十七条　二年制短期小学学生修业期满考查成绩及格者,给予修业期满证明书。

第十八条　二年制短期小学校舍,应在适中地点建筑,或利用原有公共场所,由学校所在地之学董及助理学董负责筹划。

第十九条　二年制短期小学在原设地方已届结束时,得迁移至其他适当地方办理;如原设地方需要将二年制短期小学提前改为普通小学时,应由地方自筹经费接办。

第二十条　本规程由教育部公布施行。

《教育法令汇编》第三辑,教育部编,正中书局,
1939年11月版,第55—56页

二年制短期小学课程标准总纲
1937年6月18日　教育部公布

一　教育目标　二年制短期小学教育遵照实施义务教育暂行办法大纲施行细则第三条之规定,以"切合实际生活之需要,并应注重民族意识与国家观念之养成"为主旨,其目标列举如下:

（一）培养国民应具之善良品性。

（二）养成人生必需之卫生习惯。

（三）养成爱护国家观念与复兴民族意识。

（四）养成生活所必需之基本知识与技能。

（五）养成劳动精神与审美兴趣。

二　教育程度　二年制短期小学毕业程度,应相当于小学初级第三学年修业期满之程度。使学生毕业后,能认识约略二千二百个单字,能阅读浅易语体文,能写作浅易实用文,能计算日常生活上之数量,并具有国民必要之基本常识与技能。

三　教学科目　二年制短期小学教学科目,为公民训练（包括卫生习惯部分）,国语（包括注音符号、读书、说话、作文、写字）,常识（包括社会、自然及卫生知识部分）,算术（包括笔算及珠算）,工作（包括劳动及美术）,游唱（包括体育及唱歌）六种。

四　时间之支配　二年制短期小学各学科每周教学时间,支配如下表:

科 目 \ 分钟 \ 年级		第 一 年	第 二 年
公 民 训 练		60	60
国语	读　书	450	450
	作　文	60	90
	写　字	90	90
常　识		180	180
算　术		180	210
工　作		60	90
游　唱		120	120
总　计		1200	1290

（说明）

1. 公民训练重在平时个别的训练,表内所列,系团体的训练时间。
2. 每日课后,得支配自习及课外运动时间,但至多不得过六十分钟。
3. 如实行二部制教学,应将各班直接教学时间及自动作业时间,支配妥当;如实行半日二部制教学,得将直接教学时数,酌量减少。
4. 各科目教学时间支配,以三十分钟一节为原则,视科目性质得分别延长至四十五分或六十分。

五　教学材料　二年制短期小学教学材料,应注意下列要点:

（一）各科教材应以切合实际生活、培养民族意识及国家观念为主旨,作扼要精粹之选择。

（二）各科教材之编制,应以心理的原则为经,论理的原则为纬。

（三）各科教材一律用语体文叙述,所用字汇,以日常生活所常需要者为主体。

（四）国语教材,一方面应注意民族意识及国家观念之培养,一方面须以儿童实际生活为背景,充分顾及儿童阅读的能力与兴趣。

（五）常识教材,一方面应注意民族的及民生的需要,一方面须注意教材本身之普遍性与实践性;其编制应与国语教材密切联络。

（六）算术教材,宜采用笔算珠算混合编制。

（七）公民训练，各地方应根据社会环境及儿童生活上之需要，订定条目，认真实施。

（八）工作教材，宜以与本地之生产特产有关者为主。

（九）游唱以游戏及基本运动为主，乡间得以爬山、散步、农田操作等运动代替；唱歌可利用本地流行含有教育及富有兴趣之歌曲，并得以本地流行之乐器为辅唱教具。

（十）各科教材，除部编课本外，各地方得自编补充教材。

六　教学方法　二年制短期小学各科之教学方法，应注意下列要点：

（一）各科教学，均应切实注意实际上之应用，对于日常生活所必需及适应本地社会特殊需要之知能，尤应使儿童获得充分之理解与实习。

（二）教学时说话与读文，均应用标准语或近于标准语之普通语。

（三）教学时应注重学生旧有经验之唤起，与学习兴趣之激发。

（四）教学方法应着重启发问答式。

（五）学生学习能力，各参差不齐，应试行分组或分团教学，并得训练程度较优之学生，领导学习，作教员之助手。

《教育法令汇编》第三辑，教育部编，正中书局，
1939年11月版，第56—58页

县市义务教育视导员规程

1937年7月1日　教育部公布

第一条　县市教育局或县市政府教育科设义务教育视导员若干人，分区视导全县市义务教育，其视导区得按照县市内自治区或行政区或原有学区划定之。

第二条　县市义务教育视导员，以原有区教育委员或中心小学校长充任为原则；其未设上项人员或已设而员额不足分配之县市，应以县市督学、指导员、教育局科内适当职员及优良小学校长等，兼任义务教育视导员，由县市政府给予义务教育视导员名义。

前项县市教育局科内适当职员兼任义务教育视导员者，以担任县市政府所在地

之视导区为原则；中心小学校长或优良小学校长兼任义务教育视导员者，以担任学校所在地之视导区为原则。

第三条　县市义务教育视导员，对于所担任视导区内之各种实施义务教育之小学（以下简称各种义务小学），应作个别详细视导，每一学期每校至少应视导两次以上。

第四条　县市义务教育视导员，除视导区内各种义务小学外，对于区内实施义务教育一切事宜，应负主持督策之责。

第五条　县市义务教育视导员除视导区内义务教育外，并得兼视导区内之初等教育、民众教育、及其他特殊教育事项。

第六条　县市义务教育视导员，每学期开始及终了时，均应召集区内各种义务小学校长及区内推行义务教育人员或办理民众教育人员，商讨关于全区义务教育或民众教育之推行及改进事宜。

第七条　县市义务教育视导员，对于教育部及省市教育厅局义务教育视导员到达区内视导时，应报告区内义务教育及初等教育或民众教育概况，并领导上项人员前往各处视导。

第八条　县市义务教育视导员，其驻区办事处所：由原有区教育委员充任义务教育视导员者，以原有办公处所或县区署为办事处；由教育局科内适当职员兼任者，以原有教育局科为办事处；由县市督学或指导员兼任者，以县区署或地点适中之小学为办事处；由中心小学校长或优良小学校长兼任者，以各该原校为办事处。

第九条　县市义务教育视导员之视导费用，除由原有教育委员或县市督学、指导员充任者，以原有之视导经费支用外，其由教育局科内适当职员或中心小学优良小学校长兼任者，其视导费用，得列入县市教育经费或义务教育经费预算内，酌量动支。

第十条　县市义务教育视导员办事细则应由各省教育厅按照本规程各条之原则及各该省内县市教育实际情形分别拟订，呈请教育部核定施行。

第十一条　本规程由教育部公布施行。

《教育法令汇编》第三辑，教育部编，正中书局，
1939年11月版，第9—10页

省市义务教育视导员规程

1937年7月1日　教育部公布

第一条　省市教育厅设义务教育视导员若干人，视导及推进全省市义务教育事宜。

第二条　省市义务教育视导员，于指定之视导区内常川驻扎；其视导区得按照省行政督察区或师范区划定之。

第三条　省市义务教育视导员分区视导之任务如下：

一　关于义务教育法令之推行事项。

二　关于县市实施义务教育之计划事项。

三　关于县市义务教育之设施及改进事项。

四　关于县市义务教育经费之筹措及支配事项。

五　关于各种实施义务教育之小学（以下简称各种义务小学）及省市款补助小学经费收支之稽核事项。

六　关于各种义务小学及省市款补助小学教师工作之考查及指导事项。

七　关于县市义务教育委员会之工作事项。

八　关于县市义务教育视导人员之视导进行事项。

九　关于改良私塾事项。

省市义务教育视导员除履行上述任务外，并得兼理各地方初等教育、民众教育、及其他特殊教育视导事务。

第四条　有委任以上文官之资格，并具有下列各项之一者，得任用为省市义务教育视导员：

一　曾任县市教育视导职务五年以上著有成绩者。

二　曾任县市教育局科长职务五年以上著有成绩者。

三　曾任小学校长或民众教育馆长五年以上著有成绩者。

四　曾任推行义务教育或民众教育职务三年以上著有成绩者。

五　对于初等教育、义务教育、或民众教育有专著发表，经主管教育行政机关认为确有价值者。

第五条　省市义务教育视导员,由省市义务教育委员会遴选合于前条资格之人员,呈请省市教育厅局任用之。

第六条　省市义务教育视导员,除常川驻区视导外,其余时间应在省市义务教育委员会或省市教育厅局内办公。

第七条　省市义务教育视导员在驻区视导期间,应参加区内县市义务教育委员会会议,商讨关于推进各该县市义务教育事宜,必要时得商请县市义务教育委员会,召开临时会议,藉便列席。

第八条　省市义务教育视导员在视导期间,应与视导区内县市视导义务教育人员取得适当之联络,每学期在一县市视导前后,均应召集县市义务教育视导人员开会,商讨并计划一切关于视导进行及县市内义务教育改进事宜。

第九条　省市义务教育视导员视导时,除有必须普遍或详细视导之县市或县市内某一区域外,得根据县市视导人员之报告,加以抽查;但每一县市所有之各区域,每一学期内均应普遍到达。

第十条　省市义务教育视导员,对于视导各种义务小学及省款补助小学等,如认为办理不合或欠完善时,应随时指导纠正;但对于县市义务教育行政事项之较为重要者,应专案呈请省市教育厅局核办。

第十一条　省市义务教育视导员,于教育部义务教育视导员到达视导时,应报告本区内各县市义务教育概况,或召集视导区内各县市视导人员之代表一人或二人,商讨关于本区内视导进行事宜。

第十二条　省市义务教育视导员,每学期出发视导前,应拟具视导计划;视导完毕,应编制视导报告,呈由省市义务教育委员会转呈教育厅局核定施行。

上项视导报告于每学期终了,应由教育厅局摘要录送教育部备案。

第十三条　省市义务教育视导员遇有召集开会或抄缮事项,得商请驻在区行政机关或县市教育局科之职员,予以帮助。

第十四条　省市义务教育视导员之薪俸及川旅费,除原有省市视导人员兼任义务教育视导者,应由省市原有教育行政经费支给外,其专任义务教育视导员之薪俸川旅等费,应列入省市义务教育实施计划及预算内,呈请教育部核定。

第十五条　省市义务教育视导员,得商拨行政督察专员公署或师范学校内房屋,为驻区办事处所。

第十六条　省市义务教育视导员办事细则,应由省市义务教育委员会依照本规程拟订,呈由省市教育厅局转报教育部备案。

第十七条　本规程由教育部公布施行。

《教育法令汇编》第三辑,教育部编,正中书局,
1939年11月版,第8—9页

学龄儿童强迫入学暂行办法

1937年7月17日　教育部公布

第一条　本办法根据实施义务教育暂行办法大纲施行细则第二章第六、七、八条之规定订定之。

第二条　学龄儿童及失学儿童之强迫入学年期,应依照实施义务教育暂行办法大纲第二条(一)(二)(三)项之规定进行。

第三条　各省县市暨行政院直辖市(以下简称市)施行强迫入学办法时,应先依照调查学龄儿童办法,将各该市县之学龄儿童及失学儿童调查竣事,依据实施。

第四条　学龄儿童之强迫入学事宜,应由市县长督策全市县教育行政人员,各种实施义务教育之小学(以下简称"各种义务小学")及小学校长,及自治警察等人员等,协同办理。

第五条　各市县应就自治区、或行政区、或原有学区,分区设置强迫入学委员会,由区长、区教育委员会同区内党务、自治、警察人员、中心小学及小学校长等之代表组织之;以区长或区教育委员为主席委员,主持全区强迫入学一切事宜,并督同区内各学董、助理学董、乡长、镇长、坊长、保长、甲长及小学、各种义务小学校长等(上项人员以下简称"强迫入学执行人员"),分别执行各联合小学区或小学区内强迫入学一切事宜。各区强迫入学委员会名称以数字定之,称为某某市或县第几区强迫入

学委员会。

分区设署县份,如遇县政府所在地之分区不设区长或区教育委员时,上项主席委员应由县教育局科内主管义务教育行政人员充任之。

第六条　各市县应设置全市或全县强迫入学委员会联合会,商讨关于联络、督促、计划全市县各区强迫入学一切事宜,由市县长、教育局长或科长会同全市县党务、自治、警察人员之代表,及各区强迫入学委员会之代表组织之;以市县长为主席委员,主管教育局长或科长为副主席委员。其名称,称为某某市或县强迫入学委员会联合会。

第七条　各市县分区强迫入学委员会,均直属于市县政府,其组织及施行细则,由省市教育行政机关拟订,呈请省市政府核定,咨报教育部备案。

第八条　分区强迫入学委员会之办公处所,除市县政府所在地之分区得设于市县政府外,其余各区,得视地方情形分设于各区内自治、警察机关,及中心小学或小学等处。

第九条　分区强迫入学委员会之办公费用,得由市县原有公款或地方公款与地方自筹之义务教育经费内酌量动用。

第十条　各市县于施行强迫入学办法之先,应由分区强迫入学委员会督同区内所有强迫入学执行人员,普遍宣传,广为布告,务使当地民众彻底明了强迫入学之意义,以免发生阻碍。

第十一条　施行强迫入学办法地方之学龄儿童及失学儿童,除已核准缓学免学者外,应于各种义务小学及小学开学时,分别由各该学童家长或保护人遣送入学,如不遵从,应强迫令其入学。

第十二条　各市县分区强迫入学委员会,应依据已调查竣事之小学区学龄儿童调查表册,执行强迫入学或缓学免学等事宜。

前项学龄儿童之调查表册,除市县应存有全市县表册一份,分区强迫入学委员会应存有各该区内之表册一份外,其各联合小学区或小学区内之各种义务小学及小学,并应存有各该区内学龄儿童之表册一份,以便当地强迫入学执行人员按照执行。

第十三条　学龄儿童之强迫入学,除应依照实施义务教育暂行办法大纲施行细则第六条之规定外,对其家长或保护人并依照下列程序办理:

（一）劝告　凡应入学之儿童而不入学,逾各种义务小学及小学开学期十日以上者,由联合小学区或小学区内强迫入学执行人员,劝告其家长或保护人限于十日内,必须令其儿童入学。

（二）榜示姓名　经劝告后,仍不遵限令其儿童入学者,得于劝告限满七日内,将其姓名榜示,并仍限于十日内入学。

（三）罚锾　榜示姓名后,仍未遵行者,得于限满七日内,由当地强迫入学执行人员,报经分区强迫入学委员会呈请市县政府处以一元以上五元以下之罚锾,并仍限于十日内入学。

（四）征工　无力缴纳罚锾者,得按罚锾数目,代以相当之征工日数,并仍限于十日内入学。

第十四条　已入学之儿童无故旷课者,对其家长或保护人之处罚标准如下:

（一）入学后旷课一周以上者,罚金半元或征工两日;

（二）入学后旷课两周以上者,罚金一元或征工四日;

（三）入学后旷课三周以上者,罚金一元半或征工六日;

（四）入学后旷课一月以上者,罚金二元或征工八日;

（五）旷课二月以上者,处罚及征工之标准,以次类推。

第十五条　已入学之儿童如不经学校之许可无故退学者,应比照上两条之规定标准分别处罚,仍督令其入学。

第十六条　已入学之儿童如有中途辍学或任意缺课情事,应由各联合小学区或小学区内之强迫入学执行人员共同劝导督促,如不遵从得比照第十四、十五两条之规定标准处罚。

第十七条　前列各条之罚锾,应由当地强迫入学执行人员缴送各该分区强迫入学委员会保管;其被征工者之姓名及日数,并应由当地强迫入学执行人员报告分区委员会登记。

第十八条　各市县于施行强迫入学办法时,应由省市教育行政机关制发三联单据式样,每一联内应具列被处罚人姓名、处罚事由、及罚锾数额、征工日数、及强迫入学执行人员签名盖章处等栏。应用时,以最末一联填给被处罚人,中间一联填存于小学区内之义务小学或被处罚人有关系之义务小学,其存根一联,则由强迫入学执行人员填送分区强迫入学委员会,以资查考。

市县政府应按照前项式样,印就空白三联单据本,并加盖印信,填明号数,发交各区强迫入学委员会应用。

第十九条 学龄儿童之有疾病或有其他原因一时不能入学者,应依照实施义务教育暂行办法大纲施行细则第七条之规定,分别请求缓学或免学:

(一) 凡学龄儿童体弱,或发育不完全,经指定医师证明并经当地强迫入学执行人员证明属实者,得准其缓学;但经过相当时期,儿童身体状况认为足以入学时,仍应督令入学。

(二) 凡儿童身有痼疾或肢体残废,经指定医师证明不堪入学,并经当地强迫入学执行人员证明属实者,得准其免学;如当地或邻近各地有特殊教育机关,得将上项儿童送入肄业。

第二十条 依照实施义务教育暂行办法大纲施行细则第八条,凡已受教育或依法请准缓学或免学之儿童,应由各联合小学区或小学区内强迫入学执行人员填发证明书。

第二十一条 施行强迫入学地方,如应入学之儿童较多,为当地小学或各种义务小学不能收容时,上项学校,应尽量推行二部制或扩充学级学额及其他收容学童之方法,以资补救。

第二十二条 凡已入学或已届入学期限之儿童,如随同其家长保护人或雇主迁移时,各联合小学区或小学区内强迫入学执行人员,应告分区强迫入学委员会,函致该学龄儿童所迁移地之强迫入学委员会执行强迫入学或转学事宜。

第二十三条 各地如有流动居民时,应举办流动短期小学,随从流动居民,以教养其儿童,或施行分期就学制。

第二十四条 学龄儿童之家长或保护人,如确系赤贫,无力令其儿童入学者,应予以下列各项之救济,使得有就学机会:

（一）应依照各级学校设置免费学额及公费学额规程，给予贫苦儿童以免费学额或公费学额，使之就学。

（二）地方如有公款，应拨给若干，在当地各种义务小学及小学内设置贫苦儿童公费学额。

（三）在工厂或农田工作之学龄儿童，厂主或雇主有令其入半日二部制学校之义务，不得扣减其全日或全月全年之工资。

（四）就地方慈善人士或慈善机关劝募捐款，为贫苦儿童就学时衣食之用。

（五）以强迫入学各项罚锾，作为补助贫苦儿童入学之需。

（六）由地方筹建工厂，施行半工半读制，收容当地贫苦儿童入学工读。

（七）对于赤贫之学龄儿童，由学校贷款与其家长或保护人，经营小规模之商工业，其办法由各市县教育行政机关斟酌情形，订定施行。

（八）各种义务小学或小学之就学时期及上课时间，应按照当地学龄儿童之生活环境，酌予伸缩，使贫苦儿童于帮助家庭工作或农田工作之余，仍得有就学机会。

第二十五条　本办法由教育部公布，并呈请行政院备案施行。

《教育法令汇编》第三辑，教育部编，正中书局，
1939年11月版，第58—61页

小学增设儿童义务随习班办法

1938年12月10日　教育部公布

第一条　教育部为谋义务教育迅速普及，使失学儿童尽受教育，在学儿童多得益友，因而提高国民程度起见，订定小学增设儿童义务随习班（下简称随习班）办法。

第二条　各小学除充实学额并充分设置短期小学班外，均应设置随习班，鼓励在校儿童，各率邻近已届学龄而尚失学之儿童至少一人，于每星期指定之时间，到校入班受课。

第三条　随习班之上课期间，定于星期三、六下午或星期日上午，平时由学校支配课业，在家自习。自习时间，每日以两小时为度。

第四条　随习班之编制，应依程度分级，每级并应分组，每组以七人至十人为原则。

第五条　随习班之课业，除由教员直接教授外，并应训练原在本校之优秀儿童为各组之导生，辅导各组儿童在校学习，并定期往其家庭指导自习。

第六条　随习班之修业期限，以修毕一年或二年制短期小学课程为度。修业期满成绩及格，由各县市义务教育委员会发给证明书。其优秀者，应随时补入本校原有相当学级为正式生，俾有深造之机会。

第七条　入随习班之儿童，免收一切费用，其课业用品由学校或原在本校之儿童借用，或由学校发给。

第八条　各校应充分训练原在本校儿童，对于随习班儿童，不得歧视，并应予以辅导学习及借用课业用品等之协助。

第九条　随习班儿童在校受课时，各校应尽量利用学校空余场所，分组由导生领导学习，并由教员巡回指导。如在星期三、六下午，人数过多，场所不敷用时，得酌量停止本校原有小学正式班级课业，借用其教室。但停止课业之班级，其被指定之导生，仍须入学。

第十条　担任随习班教学之教员，应视其授课之多寡，酌加薪俸。

第十一条　本办法由教育部公布施行。

《教育法令汇编》第四辑，教育部编，正中书局，1939年11月版，第98页

五 中等教育

中学校令

1912年9月28日　教育部公布

第一条　中学校以完足普通教育、造成健全国民为宗旨。

第二条　专教女子之中学校称为女子中学校。

第三条　中学校定为省立,由省行政长官规定地点及校数,报告教育总长。教育总长认为必要时,得命各该省增设中学校。

第四条　省立中学校经费以省经费支给之。

第五条　各县于设立法令所定应设学校外尚有余力时,得依本令之规定,或一县或联合数县设立中学校,为县立中学校。

第六条　私人或私法人得依本令之规定设立中学校,为私立中学校。

第七条　中学校之设立、变更、废止,须经教育总长认可。

第八条　中学校修业年限定为四年。

第九条　中学校之学科目与其程度,及教科书之采用,别以规程定之。

第十条　中学校之编制及设备事项,别以规程定之。

第十一条　中学校学生入学资格,及关于转学退学事项,别以规程定之。

第十二条　中学校教员以经检定委员会认为合格者充之。

第十三条　中学校校长教员之俸给,依部订规程之标准,由省行政长官定之。

第十四条　中学校征收学费额,依部订规程之标准,由校长定之;其有因特别理由免收或减收学费者,必经省行政长官许可。

私立中学校征收学费额,由设立人定之,报告于省行政长官。

第十五条　本令第四条、第十二条、第十三条之施行期,别以部令定之。

第十六条　本令自公布日施行。

《教育杂志》第 4 卷第 8 号，1912 年 11 月。

又见《教育法规汇编》，1919 年 5 月版

中学校令施行规则

1912 年 12 月 2 日　教育部令

第一章　学科及程度

第一条　中学校之学科目为修身、国文、外国语、历史、地理、数学、博物、物理、化学、法制、经济、图画、手工、乐歌、体操。

女子中学校加课家事、园艺、缝纫，但园艺得缺之。

外国语以英语为主，但遇地方特别情形得任择法、德、俄语一种。

第二条　修身要旨在养成道德上之思想情操，并勉以躬行实践，完具国民之品格。

修身宜授以道德要领，渐及对国家、社会、家庭之责务；兼授伦理学大要，尤宜注意本国道德之特色。

第三条　国文要旨在通解普通语言文字，能自由发表思想，并使略解高深文字，涵养文学之兴趣兼以启发智德。

国文首宜授以近世文，渐及于近古文，并文字源流文法要略及文学史之大概。使作实用简易之文，兼课习字。

第四条　外国语要旨在通解外国普通语言文字，具运用之能力，并增进智识。

外国语宜首授以发音拼字，渐及简易文章之读法、书法、译解、默写，进授普通文章及文法要略、会话、作文。

第五条　历史要旨在使知历史上重要事迹，明于民族之进化，社会之变迁，邦国之盛衰，尤宜注意于政体之沿革与民国建立之本。

历史分本国历史，外国历史。本国历史授以历代政治文化递演之现象与其重要

事迹。外国历史授以世界大势之变迁,著名各国之兴亡,人文之发达及与本国有关系之事迹。

第六条　地理要旨在使知地球之形状、运动,并地球表面及人类生活之状态、本国外国之国势。

地理宜授以世界地理之概要、本国地理及有重要关系之外国地理并地文要略。

第七条　数学要旨在明数量之关系,熟习计算,并使其思虑精确。

数学宜授以算术、代数、几何及三角法。

女子中学校数学可减去三角法。

第八条　博物要旨在习得天然物之知识,领悟其中相互关系及对于人生之关系。

博物宜授以重要植物、动物、矿物、人身生理卫生之大要,兼课实验。

第九条　物理、化学要旨在习得自然现象之知识,领悟其中法则及对于人生之关系。

物理、化学宜授以重要现象及定律,并器械之构造、作用,元素与化合物之性质,兼课实验。

第十条　法制经济要旨在养成公民观念及生活上必需之知识。

法制、经济宜授以现行法规及经济之大要。

第十一条　图画要旨在使详审物体,能自由绘画兼练习意匠,涵养美感。

图画分自在画、用器画。自在画以写生画为主,并授临画之法,又使自出意匠画之。用器画当授以几何画。

第十二条　手工要旨在练习技能,使制简易物品,养成工作之趣味,勤劳之习惯。

手工宜授以天然物之模造及简易日用器具、各种细工,并示以材料之性质及工具之保存法。

女子中学校手工应以编物、刺绣、摘棉、造花等为主。

第十三条　家事园艺要旨在习得理家及治圃之知识,养成勤俭整洁之习惯。

家事园艺宜授以衣食住及侍病、育儿、经理家产、家计、簿记并栽培、莳养等事,兼得实习烹饪。

第十四条　缝纫要旨在习得缝纫之知识技能,养成节俭利用之习惯。缝纫宜授以普通衣服之缝法、裁法、补缀法。

第十五条　乐歌要旨在使谙习唱歌及音乐大要,以涵养德性及美感乐歌。先授单音,次授复音及乐器用法。

第十六条　体操要旨在使身体各部分平均发育,强健体质,活泼精神,兼养成守规律、尚协同之习惯。

第 一 表

学科\学年	修身	国文	外国语	历史	地理	数学	博物	化学物理	经济法制	图画	手工	乐歌	体操	总计
第一学年	一	七	七	二	二	五	三	/	/	一	一	一	三	三三
第二学年	一	七	八	二	二	五	三	/	/	一	一	一	三	三四
第三学年	一	五	八	二	二	五	二	四	/	一	/	一	三	三五
第四学年	一	五	八	二	二	四	/	四	二	一	/	一	三	三五

第 二 表

学科\学年	修身	国文	外国语	历史	地理	数学	博物	化学物理	经济法制	图画	手工	园艺家事	缝纫	乐歌	体操	总计
第一学年	一	七	六	二	二	四	三	/	/	一	/	/	一	一	二	三二
第二学年	一	六	六	二	二	四	三	/	/	一	/	/	一	一	二	三三
第三学年	一	五	六	二	二	四	二	四	/	一	/	一	一	一	三	三四
第四学年	一	五	六	二	二	四	/	四	二	一	/	一	一	一	三	三四

体操分普通体操、兵式体操两种。兵式体操尤宜注意。

女子中学校免课兵式体操。

第十七条　中学校各学年各学科目,每周教授时数依第一表。女子中学校依第二表。但遇不得已时,校长得通计各科历年教授时数,就各学年变通增减。每周至少须满三十二小时,至多不得过三十六小时。

第十八条　中学校教科用图书由各省图书审查会选定之。

第二章　学年学期休业日教授日数及典礼日

第十九条　学年学期休业日,别以规程定之。

第二十条　除休业日外,每学年教授日数应在二百二十日以上。但因第二十一条情事特别休业者,不在此限。

试验及修学旅行,不计入前项教授日数中。

第二十一条　遇有传染病、非常灾变及其他特别情事,得临时休业。但须呈由省行政长官,报告教育总长。

第二十二条　典礼日之仪式,依仪式规程行之。

第三章　编　　制

第二十三条　中学校之学生数须在四百人以下,但有特别情事得增至六百人。

第二十四条　学级当以同学年之学生编制之。

一学级之学生数须在五十人以下。

第二学年以上各学年之学级数不得超过第一学年之学级数,但有特别情事者受省行政长官认可者,不在此限。

第二十五条　修身、乐歌及体操,得合异学年或异学级之学生同时教授。

第二十六条　省立中学校校长由省行政长官任用,教员由校长任用,但需呈报省行政长官。

县立中学校校长由县知事呈请省行政长官任用,教员由校长任用,但需呈由县行政长官转报省行政长官。私立中学校校长由设立人任用,但须呈报省行政长官。

第二十七条　凡四学级之学校,应有教员八人以上。如学级增多,则每增一学级平均应加一人半以上。

第四章　设　　备

第二十八条　中学校校地,须具有相当之面积,并须于道德及卫生上均无妨害。

第二十九条　中学校应备各室如下:

一、普通教室。

二、博物、物理、化学、图书等特别教室。

博物、物理、化学之特别室得便宜兼用。

三、礼堂。

四、图书室、器械标本室。

五、事务室、教员预备室、学生休息所及其他必要诸室。

第三十条　中学校之有寄宿者，当设自修室、寝室、学监室、膳堂、应接室、浴室、盥漱室、疗养室等。

第三十一条　体操场分屋外、屋内二处，屋内体操场视地方情形得缺之。

第三十二条　中学校应设学校园，但视地方情形得暂缺之。

第三十三条　中学校应设下列各表簿：

一、关于中学校之法令。

二、学校日记簿。

三、学则、课程表、教科用图书分配表、校医诊察表。

四、职员名簿、履历簿、考勤簿、担任学科及时间表。

五、学生学籍簿、出席簿、请假簿、身体检察表、操行考查簿。

六、试验问题簿、学业成绩簿。

七、资产簿、器物簿、消耗品簿、银钱出纳簿、经费之预算决算簿、图书、器械、标本、模型等簿。

八、往来文件簿。

第三十四条　中学校之学则应规定事项如下：

一、学科课程、教授时数。

二、修业毕业事项。

三、休业日。

四、学生入学退学及惩戒事项。

五、学费及其他收费事项。

六、管理学生事项。

七、寄宿舍事项。

八、其他必要事项。

第三十五条　视地方情形得设校长、教员、学监等住宅。

第三十六条　校地如须变迁,应由省行政长官核定,报告教育总长。

第五章　设立、变更及废止

第三十七条　设立中学校,依中学校令第七条呈请教育总长认可时,须开具事项如下:

一、名称。

二、位置。

三、学则。

四、学生定额。

五、学生纳费额。

六、开校年月。

七、经费及维持之方法。

八、校长、教员之姓名及履历。

前项第二款位置应加具图说,备载校地之面积、地质,校舍及各场所之区域、面积并附近状况,饮用水之性质。

第三十八条　中学校变更或废止,依中学校令第七条,呈请教育总长认可时,须详具理由及处置学生之方法。

第三十九条　私立中学校改为县立中学校,私立或县立中学校改为省立中学校时,均由省行政长官核定,仍应声明事由,报告教育总长认可。

第四十条　中学校报告教育总长时,在省立者由省行政长官报告;在县立或私立者,由县行政长官呈由省行政长官报告。

第六章　入学、转学、退学及惩戒

第四十一条　学生入学期须在学年开始三十日以内,但遇有缺额时,得在第二或第三学期开始十日内招考插补。

第四十二条　中学校入学资格,须在高等小学校毕业及与有同等学力者。

如具有第一项第一种资格者,超过定额时,应行入学试验。其试验科目为国文、算术二科。

凡具有第一项第二种资格者,必须行入学试验。其试验科目为国文、算术、历史、地理、理科等,以高等小学校毕业程度为标准。

第四十三条　学生因特别事故自请退学未满一年仍欲回校者,准免入学试验,惟应编入本学年以下之级。

第四十四条　学生因正当事故愿转学于他校经校长认可者,应授以在学证书及成绩表,令呈验于转入之校。

中学校收受转学生,以有缺额时为限。转学生如未呈验前校所给在学证书及成绩表,不准入学。

转学生须受编级试验,合格者始编入相当之学级。

第四十五条　凡未修毕一学年之课程及受学年试验不及格者,应停其升级。

第四十六条　学生修毕中学校课程试验合格者,应授以毕业证书。

第四十七条　学生犯下列各款之一,校长得命其退学:

一、性行不良难望悛改者;

二、成绩过劣难期造就者;

三、陆续旷课至百日以上者;

四、无正当事故接续旷课至一月以上者。

凡因前项事故退学者,除第三款外不得援第四十三条之例再请回校。

第四十八条　学生自请退学者,受校长许可。

第四十九条　学生有不正当行为,校长得加以儆戒。

第七章　学　　费

第五十条　中学校之学费额,别以规程定之。

第五十一条　私立中学校之学费额,由设立者定之。

第八章　附　　则

第五十二条　本规则自公布日施行。

《教育部编纂处月刊》,教育部编,第二卷第二册,1912年3月第8—20页

中 学 法

1932年12月24日　国民政府公布

第一条　中学应遵照中华民国教育宗旨及其实施方针,继续小学之基础训练,以发展青年身心,培养健全国民,并为研究高深学术及从事各种职业之预备。

第二条　中学分初级中学、高级中学,修业年限各三年。初级中学、高级中学得混合设立之。

第三条　中学由省或直隶于行政院之市设立之,但按照地方情形有设立中学之需要而无妨碍小学教育之设施者,得由县、市设立之。私人或团体亦得设立中学。

第四条　中学由省、市或县设立者,为省立、市立或县立,中学由两县以上合设者,为某某县联立中学,由私人或团体设立者,为私立中学。

第五条　中学之设立、变更及停办,由省或直隶于行政院之市设立者,应由省、市教育行政机关呈请教育部备案,其余呈由省、市教育行政机关核准转呈教育部备案。

第六条　中学之教学科目及课程标准,由教育部定之。

中学应视地方需要,分别设置职业科目。

第七条　中学教科图书,应采用教育部编辑或审定者。

第八条　中学设校长一人,综理校务,省立中学,由教育厅提出合格人员经省政府委员会议通过后任用之;直隶于行政院之市市立中学,由市教育行政机关选荐合格人员呈请市政府核准任用之;县、市立中学,由县、市政府选荐合格人员呈请教育厅核准任用,除应担任本校教课外,不得兼任他职。

前项中学校长之任用,均应由省、市教育行政机关按期汇案呈请教育部备案。

私立中学校长,由校董会遴选合格人员聘任之,并应呈请主管教育行政机关备案。

第九条　中学教员由校长聘任之,应为专任;但有特别情形者,得聘请兼任教员,其人数不得超过教员总数四分之一。中学职员,由校长任用,均应呈请主管教育行政机关备案。

第十条　中学校长教员之任用规程,由教育部定之。

第十一条　高级中学入学资格,须曾在公立或已立案之私立初级中学毕业,其在初级中学毕业生人数过少之地方,得招收具有同等学力者,但不得超过录取总额五分之一;初级中学入学资格,须曾在公立或已立案之私立小学毕业或具有同等学力者,均应经入学试验及格。

第十二条　初级或高级中学学生修业期满,成绩及格,由学校给予毕业证书。

第十三条　中学规程由教育部定之。

第十四条　本法自公布日施行。

《教育法令》,教育部编,中华书局,
1947年5月版,第205页

中学学生毕业会考委员会规程

1933年12月2日　教育部公布

第一条　本规程根据中学学生毕业会考规程第三条之规定订定之。

第二条　中学学生毕业会考委员会,由省市区教育行政机关组织之。

第三条　中学学生毕业会考委员会,设委员六人至十二人,由各省市区教育行政指派或聘请之,以各该机关长官为委员长。

其分区举行会考者,应设主试委员,主持一区之会考事宜。并得指派邻近县市教育行政机关人员,帮助办理。

第四条　中学学生毕业会考委员会,设置命题委员及监试委员,分任命题及监试事宜。

前项委员均不得以参加会考学校之教职员充任。

第五条　中学学生毕业会考委员会,设职员若干人,由各省市区教育行政机关长官,就各该机关及直辖机关职员中派充之,均为无给职。

第六条　中学学生毕业会考委员会,应於会考日期一个月前组织成立,并於会考事宜结束时撤销之。

第七条　中学学生毕业会考委员会之聘任委员,得酌送津贴。

第八条　凡下列各事项,须经毕业会考委员会议决后,由委员长决定行之。

一、各项试验规则之拟定;

二、参加会考学生学校毕业成绩之审查;

三、参加会考各生之毕业留级补考之决定;

四、会考成绩计算及揭示事项;

五、其他关于会考之重要事项。

会考事务除上列事项外,概由委员长指挥委员会职员办理之。

第九条　毕业会考委员会会议,由委员长召集之并为主席。

第十条　中学学生毕业会考命题委员,由省市区教育行政机关聘请富有学识及教育经验者充任之。

第十一条　命题委员之职权为撰拟各科试题,加倍拟撰,由委员长选定;拟订标准答案,并兼任评阅会考试卷。

命题委员对于命题应负保守秘密之责。

第十二条　毕业会考各科目试题之内容,应遵照下列标准:

一、应依据部颁课程标准之各科教材大纲(对于未实行新颁中学课程标准之年级,应依据暂行标准中各科之毕业最低限度)。

二、应包括各科目教材之全部。

三、应注重各种教科书中之教材;并避免隐僻含糊之题目。

四、命题除外国语外,限用中文。

每科限定回答之题数,应估计该科会考之时间。

第十三条　关于会考命题及印刷等事项之关防,应由委员长负责。

第十四条　委员会办事细则,由各省市区教育行政机关订定之。

第十五条　本规程自公布之日施行。

《教育法令》,教育部编,中华书局,1947年5月版,第229页

省市中学师范教育研究会办法大纲

1935年3月7日　教育部公布

一、各省市(直辖市)教育行政机关设置中学师范教育研究会,以成绩优良之中学及师范学校校长、省市教育行政机关主管人员及中学师范教育专家组织之。

二、研究会之研究范围,以关于中学及师范学校之课程、教学、训育、经费支配及校务管理等实际问题为限。

三、上述各项研究问题,由下列三方面提出之:

1. 教育部;
2. 各省市教育行政机关;
3. 各会员或各中学及师范学校。

四、会员应按问题之性质分组研究,提出具体方案,经大会通过后,送由省市教育行政机关转送呈部核定施行。

教育部于必要时,得召集各省市研究会代表,举行中学及师范教育讨论会。

五、研究会分组研究,或开会讨论,或通信研究,得自行决定之。

六、各省市研究会至少每学期举行大会一次,其日期由省市教育行政机关规定之。

七、研究会会员不另支津贴补助等费,但会所地点以外之会员开会时,得核实支给旅费。

八、本大纲自公布之日施行。

《教育法令》,教育部编,中华书局,
1947年5月版,第224页

中学学生毕业会考规程

1933年12月2日　教育部公布
1935年4月6日　教育部修正公布

第一条　各省市区教育行政机关,对于所属各中学应届毕业之学生,经原校考查毕业成绩及格后,举行毕业会考。

第二条 省县市内公立及已立案之私立中学,其毕业会考由各省教育行政机关组织委员会办理之。

市(行政院直辖市)区(特别行政区)内公立(省立者除外)及已立案之私立中学,其毕业会考由各该市区教育行政机关组织委员会办理之。

第三条 中学学生毕业会考委员会规程另以部令定之。

第四条 会考各科暂定如下:

一、高级中学:公民、国文、算术、物理、化学、生物学、历史、地理、外国语。

二、初级中学:公民、国文、算术、理化(物理化学)、生物(动物、植物)、史地(历史、地理)、外国语。

第五条 参加会考之学校,其应届毕业学生之第三学年第二学期之学期考试,应在会考日期前二星期内举行。

第六条 各地在举行会考一个月前,应由各校将应届毕业学生之照片名册,呈报主管教育行政机关。其各科毕业成绩表,并应于会考开始日前呈报。

第七条 毕业会考各科成绩考核办法,应以学校各科毕业成绩(即三学年成绩之平均数)占十分之四,会考各科成绩占十分之六,合并计算之。前项成绩,均以百分法计算,并应以六十分为及格标准。

第八条 各地毕业会考应在每年六月最后一星期及一月第一星期内举行;会考地点,由主管教育行政机关决定公布施行。其区域较广学生较众之地方,为学生便利计,应分期会考,惟仍须遵照规定之日期举行。会考所用题材,由会考委员会之命题委员拟定,其试卷由主管教育行政机关制备,并加弥封。

第九条 毕业会考各科均须及格,始得毕业。其毕业证书经省市教育行政机关验印,并加盖"毕业会考及格"图记后,由学校发给之。

第一○条 会考三科以上不及格者,应令留级。其因故不能留级者,得由原校给予修业证明书,载明毕业会考各科成绩,并加盖"毕业会考不及格"图记。

第一一条 会考有一科或二科不及格者,准其继续参加下两届各该科会考两次,及格后,方得毕业。如仍有科目不及格时,应考试全部会考科目。

会考时,凡对于应考科目之全部或一部,因故不克与考者,其缺考科目以不及格论。

第一二条　会考有一科或二科不及格,而志愿即行升学者,得由主管教育行政机关核发投考升学证明书,载明毕业会考各科成绩,准其先行投考升学。经录取后,作为试读生。俟参加各该科会考及格,得有毕业证书后,始准其参与所升学校之毕业考试。

第一三条　会考一科或二科不及格学生如赴他省市升学或服务者,得由该生该原校呈请主管教育行政机关转请该生升学或服务所在地主管教育行政机关准其参加当地毕业会考,补行各该科考试。

第一四条　各省市区教育行政机关,应于会考后二星期内公布会考结果,并发给毕业会考及格证明书。

第一五条　会考结束时,应以学生个人为单位,将其所得毕业会考各科成绩之平均数,分列等第揭示之。同时并应以学校为单位,将各校应届毕业学生人数,与参加会考人数之百分比,列为甲、乙、丙、丁四等,再以各校会考及格学生成绩之平均数,分列为甲、乙、丙、丁四等揭示之。

第一六条　各校学生毕业名次,须由主管教育行政机关依各生各科毕业会考成绩排列之。

第一七条　各省市区教育行政机关,在举行中学毕业会考之前,应将会考地点、委员会委员名单、及举办手续,呈报教育部备案。并应于结束后一月内,将学生会考成绩及参加会考学校等第暨办理经过呈报备案。

第一八条　各省市区教育行政机关办理会考,关防务须严密,如有泄漏试题或其他舞弊情事,应依法惩办。

第一九条　各省市区教育行政机关,对于参加会考各生之学校毕业成绩应严加考核,如发现舞弊情事,应否认其成绩之全部或一部,并惩戒其负责人员。

第二〇条　各省教育行政机关对于所属各初级中学应届毕业之学生,如有特殊困难情形时,经呈准教育部后,得就全省初级中学抽取一部分举行会考,但此项抽考之学校数,须占全省初中校数半数以上。

《教育法令》,教育部编,中华书局,
1947年5月版,第228—229页

中等学校特种教育纲要

1936年4月　国民政府颁行

为谋切合国难时期需要起见,兹订定中等学校特种教育纲要。本纲要共分四章:一、精神训练纲领,二、体格训练纲领,三、特殊教学纲领,四、劳动服务纲领。

第一章　精神训练纲领

精神训练为一切教育之基础,过去中等学校,偏重知识教育,忽略精神训练;今后为增进青年之人格修养与其对于民族、国家之责任心,各校应力矫前此之缺失,注意下列各要项之实施:

一、厉行训教合一。训育职务应由校长及多数教职员共同担任,不可仅由一、二训育人员负责。

二、注重学生团体生活。各校教职员应于平日积极指导学生团体之组织与其活动。

三、施行军事管理与童子军训练。各校学生应厉行新生活规律,养成整洁、敏捷、确实、互助、合作、负责、耐劳诸种习惯。为达此种目的,高中及同等学校均应实行军事管理;初中及同等学校均应实行童子军训练。

四、注重人格感化。各校教职员一切言行,须力为学生表率,以收人格感化之效。校长教职员及全体学生并应一律穿着制服。

五、举行特别演讲。各校应利用假期、纪念周及其他课外时间,随时约请校内外人士,对于青年修养、国内外政治情状作有系统之演讲,使学生对于国难真相获得深刻之认识,对于人格修养树立坚定之信仰。

六、改善学校环境。各校应改善一切环境布置,使能惕励学生志气并适合训育及教学上之设施。

七、训育组织。依据以上一、二、三诸款之原则,各校应成立下列之组织:

1. 训育指导委员会。各校设训育指导委员会，由校长、各主任、军事教官、童子军教练员、体育教员、校医及若干专任教员组织之。以校长为主席，训育主任或教导主任为副主席，主持全校训育事宜。

2. 青年训练团。各校应将全校学生编制为一团，称某某学校青年训练团。高初中合设之校团之下设二分团（军训分团及童子军分团）。分团分为若干中队，以学级为单位分别编配之。各中队分为若干小队（每小队六人至十人）。团设团长一人，由校长任之。副团长一人，由训育主任或教导主任任之。分团长各一人，由军事教官及童子军教练员任之。各中队设中队长一人，各小队设小队长一人，指定学生任之，负传达意思、报告事项及纠察风纪之责。各小队设值日生一人，由学生轮流任之，协助小队长整理任务。

高初中分设之校，不设分团，但增设副团长一人，由军事教官或童子军教练员任之。

团长依据训育指导委员会之决议执行全团训管事宜。副团长或分团长辅助团长执行任务。中队长及小队长各秉承其上级之指示执行任务。

各中队设指导员一人，由专任教员任之。指导各该队中队长、小队长执行任务，并与学生共同生活；凡学生课业自习及课外活动等，均由指导员督促指导。

第二章　体格训练纲领

中等学校应注重体育，体育成绩不及格者不得升级或毕业。校内之卫生设施及设备应力求改善。对于学生尤应定期举行健康检查，以为施行体格训练之准则；并注意身体缺点与疾病之防治。此外高级中学及师范学校、高级职业学校，均须实行军事训练。初级中学、简易师范及初级职业学校均须厉行童子军训练。

一、军事训练

此项训练除应遵照《修正高中以上学校军事教育方案》及其他各种规章施行外，并须注意下列各要项：

（甲）　关于军事训练设备，除由政府供给者外，其应由各校自备者，各校务须迅速完成部颁最低设备标准。

（乙）　高中及其同等学校实行军事管理，军事训练服装即为学生制服。

（丙）　军事后方勤务，如防空、警卫、救护、民众组织、粮食管理及交通运输等项，应由各校军事教官，就本地环境酌量举行演习。

（丁）　实施女生军事看护训练时，须与当地医院及卫生机关密切联络。

二、童子军训练

此项训练应注意下列各要项：

（甲）　初级中学一律实施童子军训练，并以童子军军服为学生制服。

（乙）　初级中学童子军训练除授二级课程外，并得授专科课程（课程另发）。

（丙）　童子军教练员须专任。如师资缺乏时得聘请体育教员曾受童子军训练者兼任。女童子军以聘请女教练员担任为原则。

（丁）　各校对于童子军设备及活动费用，应列入正式预算内，其设备并须依照部颁童子军设备标准办理（标准另发）。

三、体育

各类中等学校除依照部颁体育课程标准及各级学校体育教授细目实施体育教学外，并须注意下列各要项：

（甲）　各校体育应特别注重爬山、长跑、游泳、障碍赛跑、球类运动等项目。

（乙）　各校体育设备应依照部颁体育设备标准积极设置（标准另发）。

（丙）　各校对于体育设备经费，应列入正式预算内。

（丁）　各校体育授课时间不得少于部颁修正教学时数表之规定；此外每周并须酌定课外运动时间，督令全体学生参加以期普及。

（戊）　在无室内运动场设备之学校，除学校当局或体育教员认为气候恶劣确属有碍学生健康，得暂停体育课业外，无论雨雪寒暑或场地潮湿，均应照常举行。

（己）　每日应举行早操十五分钟，操时宜举行跑步一次，跑步时间，视学生年龄、体力而增减。教职员亦应努力参加。

四、卫生教育与健康检查

（甲）　各校应遵照《中等学校卫生教育实施方案及设备标准》切实施行及设置（《中等学校卫生教育实施方案及设备标准》另发）。

（乙）　各校长应负责推行全校之卫生教育事宜，并得指派教员负其专责。

（丙）　各校对于学校卫生设施经费应列入正式预算内。

（丁）　各校对于学生健康问题应尽量与家庭联络，务使各生家长明了卫生教育之意义，以取得其同情与合作。

（戊）　各校应定期举行学生健康检查。在检查时所发觉学生身体缺点及早期疾病，务须设法矫治以免危害未来之健康。

（巳）　全校教职员及学生均应按期施行各项预防及接种，并须遵照学校传染病管理办法办理。

第三章　特殊教学纲领

一、中学及师范学校

中学及师范学校之特殊教学，除业经于修正课程标准内归纳于正课教材大纲者外，其为现有各科目所不能容纳者，依下列规定，设置课外分组教学科目。

甲　各校设置下列课外分组教学科目时须注意次列诸事项：

(1) 须力避妨及学生之基本训练与健康；

(2) 须于设置后立即报告主管教育行政机关(该机关如认为有不当时，得纠正之)；

(3) 在尚未实施修正教学时数表(二十五年二月公布)之高初中各年级，应于图画、音乐、公民、国文等科，每周总共酌减二小时或三小时。在施行修正教学时数表之高初中各年级，则在课外规定每周约二小时或三小时。师范学校则应于图画、音乐、国文及教育科目，每周总共酌减约二小时或三小时，移充课外分组讲习之用。高中及同等学校仅得于第二学年或第三学年设置下列分组教学科目(因第一年有军训及集中军训之故)。

乙　课外分组教学之科目。

课外特殊教材之教学，以军事后方勤务为主，可分为防空、警卫、救护、民众组织、粮食管理、交通运输、工程等组。各校应就设备人才及环境需要情形，选设一组或数组。每一学生在初中或高中全肄业期间内至少须各选习一组。每组修习期间为一学期或一学年，其详由各校酌定。但无论如何每一学生每周修习时间应以二小时至三小时为度。各组讲习之内容暂定如下：

（1）防空组　注重灯火管制、警报信号、交通管制、避难统制等项。

（2）警卫组　注重警察、消防、斥堠、保卫、侦辑等项。

（3）救护组　注重急救、看护、担架、防毒、公共卫生等项。

（4）民众组织组　注重宣传组织、救济、印刷、慰劳、金融统制、募集物品、各项调查、紧急集合等项。

（5）粮食管理组　注重粮食调查、粮食运输、粮食制造、战时粮食统制等项。

（6）交通运输组　注重邮电、通讯（电话、电报机等之使用）、驾驶、管理车辆、牲口、船只、辎重运输等项。

（7）工程组　注重修筑桥梁及道路、掘壕、筑垒、掘井、掘地窖及其他土木工程。

二、职业学校

一般职业学校应一面各就其原有科目，注重与非常时期需要有关之教材或技能（例为工业职业学校机械科之注重简易军械构造修理及其零件配置、汽车引擎之构造与修理。电机科之注重电信、电话、无线电、电网之装置及整理。农业职业学校农作科之注重组织农民及推广农业等等）；一面并应各依其设备、人才及环境之需要，准照以上关于中学及师范学校课外教学分组之规定，设置课外分组教学科目一组或数组，令学生每人至少选习一组。每人每周之教学时数以三小时为度。此项时间得酌减其他原有科目之时间充之。

第四章　劳动服务纲领

各类中等学校除训练学生担任校内各种服务（如校舍清洁、校园作业等等）外，并须利用假期及星期日之一部分时间使学生实行劳动服务。兹将各校实施劳动服务时应行注重事项规定为下：

一、各校实施劳动服务时，应注重养成敏捷、确实、负责、合作与刻苦耐劳之精神，并注重组织能力与做事方法之培养。

二、各校实施劳动服务时，应明令全体学生参加。对于怠惰不肯参加者，得依照情节分别予以儆告、记过、扣分或其他必要之制裁。

三、全体教职员凡年在五十岁以下者,均应参加劳动服务,以为学生之表率。

四、各校训育指导委员会(详见第一章精神训练纲领第七款)应于每月下旬确定下月内劳动服务计划,于寒暑假、春假之前确定假期内劳动服务计划。

五、劳动服务为各校青年训练团(详见第一章精神训练纲领第七款)工作之一部分,关于服务之编制及指导均得适用该团之规定,有必要时得由训育指导委员会酌量变通之。

六、各校于学生参加服务之前,应予学生以必要之指导与准备。

七、各校对于当地公益事业、各项建设工作以及军事后方勤务,如植树、清洁运动、防疫、防火、调查户口、新生活运动、识字运动、防空救护等事项,指导学生积极参加。

八、于某次劳动服务完了之后,各校指导人员应予学生以适当之批评,促其注重。

九、各校对于学生劳动服务之成绩,应详加考核并于呈报各生学业成绩时一并呈报。

十、教职员及学生参加劳动服务时间应穿着制服。

《国民政府档案卷宗》五 14337

初级中学童子军管理办法

1937年1月4日 教育部颁发

第一章 总 则

第一条 初级中学及同等学校,对于学生,不分年级,均实施童子军管理。须使遵守中国童子军誓词、规律及铭言,并履行中国童子军宣誓。

第二条 学生起居上课,均以号音为准。

第三条 每日早晚,全体学生须举行国旗升降典礼,由校长主席,其仪式照规定办理。

第四条　通学外宿学生,早晚须参加升降旗典礼;但学生有特别情形,经校长许可者,得免参加。

第五条　教职员应协助校长以身作则,督导学生,促其实行本办法。

第六条　学生对校长以下师长及职员行礼时,概行童子军敬礼。

第七条　为促进童子军管理之效率起见,团长以下各级职员,应随时对学生施行服装、用品、勤务诸检查,予以矫正及奖惩。

第二章　组　　织

第八条　凡组织童子军之学校,须呈报中国童子军总会核编团次,其团旗印信,由中国童子军总会颁发之。

第九条　初级中学及同等学校童子军团之组织,以学校为单位,依照中国童子军团组织规程组织之。

在男女同校之学校,女生应另行编制,附设女童子军团,由中国童子军总会另颁附设团旗印信。

第十条　童子军团之中队组织,须按年级编为若干中队,由该年级主任教师担任教练员,协助训导该年级所编之中队。

第十一条　童子军应组织团部,校长为团长,主持童子军训练及管理一切事宜。

第十二条　训育人员、童子军教练员为副团长,襄助团长负责办理童子军管理事宜。

第十三条　小队长指定学生任之,负传达命令、报告事项及纠察团员风纪之责。

第十四条　关于童子军训练及管理之一切命令及通告,均以团长名义行之。

第十五条　训育人员、童子军教练员,承团长之命令,办理关于管理学生事宜。

第十六条　各职员对于童子军管理上,如有改进意见时,得商请团长裁酌施行。

第十七条　本组织中所有职员,均以义务为原则,不另支薪俸。

第三章　服　　装

第十八条　服装以朴素为主,为求整齐划一起见,其质料颜色用国产褐黄色斜纹布或呢。

第十九条　服装之式样，依照下列之规定。

（甲）　式样（冬夏季同）

（一）衣用衬衫式，裤为短裤或马裤式。

（二）有边褐色黄盆帽（布或呢）。

（三）黄皮腰带（中有童军徽之铜扣）。

（四）黑色布运动鞋、黑色树胶运动鞋或黑色皮鞋。

（五）黑色袜。

（六）褐黄色大衣（布或呢）。

（乙）　帽徽及肩章

（一）帽章用高级童子军徽章，放于帽前。

（二）军籍章及肩章等，照规定。

第四章　请　　假

第二十条　凡学生请假者，无论特假、事假、病假，务须依据确实事由，按照请假手续办理，并先将事由缮具报告，请值日生转呈团长核准。对于患病之学生，并应即报告校医诊治。

第二十一条　病假三日以上者须呈缴医生证明书，始准请假。

第二十二条　学生因事故离校者，所有领用各物，须检交小队长妥为保管，如不按照规定以致遗失时，须负赔偿之责。

第五章　外　　出

第二十三条　学生出外，须整齐服装，端正仪容，行进时靠右边路走，不许食物吸烟，坐车遇拥挤时，对年老及妇孺应让位。

第二十四条　途遇师长时，应行行进间敬礼；遇见同学或他校着规定服装之童子军，亦宜互相敬礼，由先见者行之。

第二十五条　途遇师长，如右手提物时，须先将物置于左手，然后行举手注目礼；如两手均提物时，则可立正行注目礼，俟其行过后，再继续前进。

第二十六条　如在二人以上行进遇见师长时，则由先见者呼"敬礼"口令。

第六章　食堂规则

第二十七条　学生闻开饭号音时，即到指定集合地点，由值日生按顺序带入食堂，不得争先及喧扰。

第二十八条　团长以下长官到食堂时，由值日生发"立正"口令，全体肃立，俟长官答礼后，由值日生再发"坐下"口令，各生俟闻"开动"口令时，方可就食。

第二十九条　进食堂后，按各人规定位置就坐，不得紊乱秩序。

第三十条　食时须闭口细嚼，勿作声，勿太快，并不得讲话敲碗争闹。

第三十一条　饭菜如有不适宜之处，各学生不得开动烦啧，由值日生报告团部处理之。

第三十二条　学生不得自备私菜。

第三十三条　用膳完毕后，由值日生发"立正"口令，俟长官答礼后，依顺序赴指定集合地点解散。

第三十四条　寝室须整齐清洁，简单朴素，合于新生活标准。

第三十五条　每早起床后，即将内务按照规定形式整理完善；点名时，须迅赴指定地点集合。各级长官，须随时检查其被褥，劝诫学生，爱惜身体。

第三十六条　寝室内外，不得随地吐痰及抛掷零星物品，尤不得任意污损墙壁，敲订挂物与在窗上晒衣物等，浴室厕所，尤须保持清洁。

第三十七条　一切用品，须依照规定妥置，不得擅自变更及随意置放，如小说画片及其他非应用物品等。

第三十八条　各生床位已经编定后，不得私自调换。

第三十九条　昼间除病假者外，不得在寝室内展开被毯及随意坐卧。

第四十条　在寝室内不得唱歌喧扰。

第四十一条　寝室值日生每日须按照规定时间，展开窗户，打扫清洁，以重卫生。

第四十二条　如有学生临时疾病不能起床者，须于点名前，由值日生报告长官请假。

第四十三条 教师上教室时,由值日生呼"立正"口令,各人按原来位置立正,非有命令,不得稍息,长官出室时同。

第八章 教室规则

第四十四条 学生闻上课之号音,即由值日生带入教室,检查人数,学生不得无故缺席或迟到。

第四十五条 教师上教室时,由值日生呼"立正"口令,报告人数后,再发"坐下"口令。

第四十六条 如遇教师垂询时,学生应即起立作答,学生如有质疑时,须俟教师或教练员讲毕后,始得起立询问。

第四十七条 下课时由值日生呼"立正"口令,俟教师或教练员出室后,再行依次离座,不得争先恐后,纷扰喧哗。

第四十八条 学生听讲时,必须端正严肃,振作精神,专心听讲,不得谈笑顾盼及阅看教科以外之书籍,并不得随意吐痰。

第四十九条 学生上教室时,应按各人位置就座,不得随意离座,如有特别事故,须报告教师许可后,方可离开。

第五十条 教室除规定之用品外,不得携带其他物品,考试时不得有夹带情弊。笔记及试验报告按时呈交。

第五十一条 教室清洁由值日生督饬工役扫除之,于必要时并得轮派学生服务。

第九章 操场规则

第五十二条 凡各班学生闻预备号音时,按照规定之服装及其应带物件,预为准备,以待教练。

第五十三条 凡学生在已整顿队伍后方至操场者,作为迟到论。

第五十四条 上操时如有不守纪律或不听命令者,除由教练员惩罚外,并呈请团长处分。

第五十五条　闻上操号音，各生应速赴指定地点集合，由值日生检查人数，将不到之学生注入名册内，教练员莅场时，值日生即报告人数，如团教练或中队教练时，须由值日中队长或小队长综合报告。

第五十六条　稍息时不准谈笑或移动地位、叉腰、背手等姿势。

第五十七条　操作时如有不得已亟须离场时，可候稍息，先呼"报告"，再申明理由，得教练员许可后，始得离场。

第五十八条　如教练员指派学生充当指挥或其他勤务时，不得违拗推诿。

第五十九条　教练完毕，闻"解散"口令，各生均向教练员敬礼后解散。

第六十条　解散离场时，不得喧哗，仍须保持严肃，徐步离场。

第十章　野外规则

第六十一条　野外学习，须严守纪律，不得中途落伍逃归。

第六十二条　未经许可，不得购买食物。

第六十三条　闻集合号音，应即迅速集合。

第六十四条　野外规则，除上述各条外，余参照操场规则。

第十一章　值日勤务

第六十五条　为养成学生服务之经验及练习勤务起见，由各学生轮流充任之。

第六十六条　值日生应照以上各章所规定之规则，切实执行。

第六十七条　已轮派之值日生如因事不能执行其任务时，须先请同学代理，并报告长官。

第六十八条　将届轮派之值日生，如因故不能充任时，须先请同学代理，并报告长官。

第六十九条　值日生交代后，应同至长官前报告移交：

1. 传达命令及报告；
2. 督促各生实行各种规则；
3. 操课时检查学生人数向教练员报告；

4. 检查服装及用品；

5. 受长官之指挥，负各种勤务之分配。

第十二章 风纪守卫

第七十一条 凡遇临时集会，为维持会场秩序，应由学生轮流派充风纪守卫，以优良学生为守卫长，集会结束后即撤消之。

第七十二条 守卫专为维持纪律，掌内外之警戒而设；凡不遵守纪律或服装不整齐者，均应随时纠正之。

第七十三条 守卫一律穿童子军服装。

第七十四条 守卫未经许可，不得擅离岗位。

第七十五条 学生外出，无值日官准假条者，得阻止之。

第七十六条 外来宾客，须和颜悦色询其事由，按照会客手续，请其暂候。但会长官者，须经本人之许可，方得引入；会学生者，须照规定时间，方得准入，否则一律阻止之。

第七十七条 劝散会外闲杂人等于适当距离以外，对于清洁卫生，须竭力负责保持。

第七十八条 巡查会内外附近有无事件发生，如遇火警及紧急事故，须迅速报告长官。

第七十九条 守卫无论昼夜，所持木棍，不得离手，并须振作精神，端正姿势，尤不准有坐卧及唱歌等事情。

第八十条 守卫对于礼节，须极端注意，凡长官出入，或队伍出入，外来长官出入，部队经过，一律须持棍立正敬礼。

第八十一条 守卫换班时，须由守卫长监督交代，互相敬礼。

第八十二条 凡携带物品出外，须持有放行单，并查验其放行单与物件相符，然后放行，否则报告守卫长处置之。

第八十三条 学生如有疾病，须先向值日生报告，由值日生转报长官，登记受诊名册内，每日按照规定时间地点，依次就诊。

第八十四条　凡临时发生急病或重病者,应随时报告长官请求就诊。

第八十五条　就诊时,由长官或值日生召集,携带受诊名册,整队率往诊断室,静候呼名受诊,不得争先恐后;诊断单,仍由值日生取回名册,率领而退,并将名册交团部,检查诊断结果及人数。

第十四章　附　　则

第八十六条　本办法如有未尽事宜,得斟酌学校情形,参照中国童子军总会各项规则办理。

第八十七条　本办法自公布之日施行。

《教育法令》,教育部编,中华书局,
1947年5月版,第225—228页

中等学校强迫课外运动试行办法

1937年1月6日　教育部颁发

一、课外运动,在下午三时以后举行;学生须全体参加,一律强迫,每生每日至少应有二小时以上之运动。早操或课间操于晨间或上午课间举行,以十五分钟为度。学生须一律参加。

在冬季严寒或日短及雨季之时,早操得改为课间操。

二、各校编排课程表时,每日下午三时以后,不得授课。

三、关于课外运动,若学校场地设备充足者,全校学生同时出场运动;场地狭小设备不足者,将全校学生分组轮流出场运动。当一组运动时,并指定他组学生以适当课外作业,如音乐、园艺、劳作及短途校外旅行等。凡学生皆须于事前择定运动项目,由体育教员分配妥当,按时作各项活动,并应将体育正课中所授之项目,择要同时练习之。

课后运动之种类,应按学生之年龄性别体力与需要规定之。其详细项目,由各校订定送呈主管教育机关核定。

课外运动之项目,应含有相当之运动量,其不能激起生理作用者不得列入。

四、男女同学之学校,女生除早操课间操得与男生合并教授外,课外运动,应与男生分别练习之。

五、各校试行强迫课外运动,应各订定详细计划与组织,呈请主管教育机关核定。

《教育法令汇编》第二辑,教育部编,
1937年1月版,第48页

国立中学课程纲要

1938年2月25日　教育部颁发

壹　总　纲

一、国立中学课程分精神训练、体格训练、学科训练、生产劳动训练及特殊教学与战时后方服务训练五项。

二、学科训练集中于每日上午,生产劳动训练及特殊教学与战时后方服务训练排列于下午,精神及体格训练均分别于晨间及下午举行之。

贰　精神训练

三、依据中华民国教育宗旨及其实施方针,以实施三民主义教育为训育之最高原则,以实践新生活为其入手方法。

四、每晨举行升旗礼(四月至九月晨五时半举行,十月至三月晨六时半举行),下午举行降旗礼(四月至九月下午五时半举行,十月至三月下午五时举行),全校员生均须一律参加。升降旗后,由校务委员、校长、各主任轮流训话,每次约三十分钟为限。

五、每周日曜日上午七时举行。总理纪念周,就总理遗教、三民主义、建国方略、建国大纲、军治及政治经济上重要事项、国际形势及我国与各国之关系,由主要教职员或特聘专门人员分别为有系统之讲述。各日曜日应充分利用,作为会操、旅行、劳动或服务日。

六、初中实施童子军管理,高中实施军事管理,学生须一律着制服。

七、各级学生约以十人至十五人为一组,分成若干组,每组设导师一人,由该校教职员分别担任,指导学生之思想、学业、行动等。

八、导师及教职员须与学生共同生活,实践新生活规律。

叁　体格训练

九、初中各年级实施童子军训练,高中各年级实施军事训练,其时间支配于下午。

十、每晨升旗训话后,举行早操跑步,下午练习课外运动,均作为体育正课之一部分,严格且普遍实施。

十一、利用环境,多为爬山、游泳、露营、及远足等练习,以养成坚强体魄与军事训练之基本技能。

十二、田径赛及球类等之课外运动,可酌依体育课程标准实施,但设备及运动服装,须力避浪费金钱。

肆　学科训练

十三、为实施总纲所举各项训练以适应国家需要起见,初高中师范及职业各科之教学科目及时数,应依照下列规定分别变更之。

十四、各科主要学科之教学时间,每周至多不得超过二十四小时,均应排列于上午。

十五、各科教学目标及教材内容,除遵照课程标准之规定外,应视实际需要尽量补充与国防生产有关之教材。

十六、初中上午之教学科目为:(1)公民,(2)国文,(3)算学,(4)历史,(5)地理,(6)自然,(7)英文;下午之教学科目为:(1)体育及童子军,(2)劳作与生产劳动,(3)音乐,(4)图画。

公民科须于三民主义、建国方略、建国大纲、国民天职、国家民族之认识、本国政治经济及社会情况、国际形势及我国与各国之关系等项,特加注意。

国文应酌选发挥民族意识民族道德之文字,及历史上成仁取义之模范人格之传记为教材。

历史地理须注重本国部分,外国史地可酌量减少,历史教学须于本国史上过去之光荣,抗战民族英雄,及甲午以来日本侵略中国之史实等项,特别注重。地理须注意历代疆域之沿革、总理实业计划、现时国防形势、与各战区地域之认识,对于学校所在地及学生家乡之乡土情形,亦应比照研究。

自然科可采用混合制,并以观察实验,与学理互相参证。

英文应注重基本训练,为学生将来阅读西书之准备。

体育与童子军可合并教学,上操之外,应注重军事化之精神。

劳作与生产劳动训练合并实施,在可能范围内,应使学生学习木工及种植。

音乐可略去乐理,注重歌唱;在集合时,须练习军歌及激发志气陶冶性情之歌唱。

图画应注重基本练习及自然写生;在可能范围内,应令学生学习初步机械画及图案画。

十七、高中上午之教学科目为:(1)公民,(2)国文,(3)算学,(4)英文,(5)历史,(6)地理及地质,(7)物理,(8)化学,(9)生物;下午之教学科目为:(1)体育与军事训练,(2)工艺与农艺,(3)音乐,(4)图画及测绘。

公民、国文、历史、地理、音乐各科教学注重之点,同于初中。

地质于基本知识外须注意当地之地质及矿产。

化学于基本知识外,须注意农业化学、肥料及矿物等。

物理于基本知识外,须注意机械之简单原理及水力学水利学等。

生物须注重当地主要农产及畜牧之概况与改进。

工艺于可能范围内应学习翻砂打铁及金工。当地手工业应注意学习及改良。

农艺应就当地情形注意实地种植及研究改良。

图画应注重应用及战时宣传品之练习,初步测量绘图工作,应在可能范围内,使学生学习之。

十八、师范科教学总时数须酌量减少,其主要学科之教学时间,应比照高中,排列于上午。公民、国文、历史、地理各科教学注重之点与高中同。教育学科可酌量合并，并得略减其时数，民众教育应作为必修科，下午课程，应比照高中尽量排列。

伍　生产劳动训练

十九、国立中学各科各年级学生均须受生产劳动训练，其初中劳作科教学，可并入此项训练。

二十、生产劳动训练须令每一学生就农业及工业范围内尽量学习，务求确实娴熟，以期养成劳动习惯，增进生产能力。

二十一、农业生产训练须就作物、畜牧、园艺、育蚕、酿造及农村合作等科，分别设施。

二十二、工业生产训练如一时无机械设备，得先就当地主要之手工业训练之。

二十三、凡校内之清洁整理及校外附近之环境卫生，均应由全体学生分组轮流担任。

二十四、生产劳动训练时间，除星期日得特别指定外，平均每日至少以一小时为度。

陆　特殊教学与战时后方服务训练

二十五、各年级学生除实施上列各项训练外，并应依照部颁中等学校特种教育纲要，高中以上学校学生战时后方服务组织与训练办法大纲，及中国童子军战时后方服务训练办法大纲，分别在教师指导下，施行特殊教学，与战时后方服务训练。

二十六、凡施行战时后方服务分组训练时，各组教材内容含有专门知识技能者，宜延聘专门人员或当地关系机关之技术人员分别教学，并指导实习。

二十七、战时后方服务各组，得在教师指导下举行研究会及讨论会。

二十八、战时后方服务各组，在校外附近应举办义务教育及社会教育等服务工作，服务时须与当地有关机关取得密切联络。

二十九、战时后方服务各组除服务外，并应注意社会调查工作，俾于本国情形、民众生活、社会环境有正确之认识。

三十、前项特殊教学与后方服务及社会调查等工作，除星期日得特别指定外，平均每日约以一小时为度。

《教育法令汇编》第四辑,教育部编,
1938年11月版,第71—73页

国立中学增设职业科办法

1938年12月26日　教育部颁发

一、凡国立中学未设职业科或虽设科而学生不多者,均应依照本办法,筹划设置或充实内容。

二、职业科之设置,以不需多量及特殊设备,而切合于地方或抗战建国之需要者为限。

三、职业科训练目标,以培养学生有一技之长,足以参加社会生产工作,或独立经营。

四、职业科设置范围,暂定如下:

1. 学校附近有生产或国防建设机关者,应与之密切联络,即设置此项学科,以供给学生实地练习,并可聘请该项机关技术人员担任实习指导。

2. 如学校附近并无生产及国防建设机关者,其设科可就农工商生产经济方面斟酌决定。农业科目如作物、养殖家禽家畜、养蜂、蚕桑、酿造、种植蔬菜瓜果等。工业科目除当地主要之手工艺外,如简易金工、棉织、漂白、染色以及日用竹木用具之制造等。商科如簿记、会计、打字、文书等。

五、各校收容职业科学生,除由教育部分发登记之战区学生外,并应就本校学生施行职业指导,如志愿学习职业者,可准其改科,惟应以高初中一年级学生为限。

六、职业科经费支配,每一高初学级平均以月支三百元为度。其设备费视设科情形酌定之。

七、各科师资除聘请有相当资历人员外,并应多聘各业原有熟练技能之技匠,充当工作指导员。

八、各校职业科之实习设备,应尽量供给高初中学生生产劳动训练之用。

九、各校应遵照以上各项规定，拟具实施办法，于本学期结束以前送部核定。

《教育法令汇编》第四辑，教育部编，
1939年11月版，第73—74页

高中各科课程标准"目标"
1940年7月—1941年5月　教育部修正公布

高级中学公民课程标准（节选）
1940年7月　修正公布

第一　目标

（一）使学生认识中华民族之构成因素及其固有道德与国际之关系，以养成其伟大之民族意识。

（二）使学生明了政治制度、宪法运用、法律常识以及中国国民党之政纲、政策，以培养其使用民权之能力。

（三）使学生习得国民经济之常识，本国农、工、商业及资源之情形，以启发其正确之民生观念。

高级中学国文课程标准（节选）
1940年7月　修正公布

第一　目标

（一）除继续使学生能自由运用语体文外，并养成其用文言文叙事、说理、表情、达意之技能。

（二）培养学生读解古书、欣赏中国文学名著之能力。

（三）陶冶学生文学上创作之能力。

（四）使学生能应用本国语言文字，深切了解固有文化，并增强其民族意识。

高级中学数学课程标准(节选)
1941年5月　修正公布

第一　目标

(一)充分介绍形数之基本观念,使学生认识二者之关系,明了代数、几何、三角等科呼应一贯之原理,而确立普通数学教育之基础。

(二)切实灌输说理推证之方式,使学生认识数学方法之性质。

(三)供给学生研究各学科所必需之数学知识,以充实其观察自然及社会现象之能力。

(四)继续训练学生计算及作图之技能,使其益为丰富敏捷。

(五)注意启发学生之科学精神,养成学生函数观念。

(六)数理之深入与其应用之广阔,务使成相应之发展,俾学生愈能认识数学本身之价值,及其与日常生活之关系,油然而生不断努力之志向。

高级中学历史课程标准(节选)
1940年9月　修正公布

第一　目标

(一)叙述中华民族之起源、形成及其疆土开拓之经过,而各支族在血统上与文化上之混合情形及其相互依存之关系,尤应加意申述,使学生对于中华民族有整个之认识与爱护。

(二)叙述我国历代政治、文化、经济、社会之变迁,尤其足以影响于现代社会生活之史迹,应特别注重,藉以明白我国现状之由来,而于古代之光荣与近世外力之压迫,以及三民主义之历史背景,尤应从详申述,以启示学生复兴民族之途径,及其应有之努力。

(三)叙述上古以来世界各主要民族之演化,与各国政治、文化、经济、社会之变迁,及其相互间之影响与关系,使学生对于世界有正确之认识,而近世科学之功能、帝国主义之发展、民族运动之大势以及现代国际问题之由来,尤应充分说明,以策励学生研讨世事,探求科学,而努力于抗战建国之大业。

高级中学地理课程标准(节选)
1940年9月 修正公布

第一 目标

(一)以六大区域为讲授单位,使学生进一步明了本国地理状况,以养成其爱护国土之观念。

(二)详述总理实业计画及国防计画,使学生明了各区各省之物产交通与国防形势,及今后应如何加以开发改进。

(三)叙述各洲各国之地理关系,使学生进一步明了外国地理状况,及本国现在所处之国际地位。

(四)注重自然地理,使学生理解环境与人生之相互关系,以唤起其利用厚生之志趣,并培养其能力。

高级中学化学课程标准(节选)
1941年4月 修正公布

第一 目标

(一)使学生得有化学之根本知识;对化学有明确之观念。

(二)养成学生敏锐之观察力与精确之思考力。

(三)阐明化学与国防、工业、农业、医药、卫生、家庭等之关系,以及利用自然之方法,并特别注重实际应用能力之养成。

高级中学物理课程标准(节选)
1941年4月 修正公布

第一 目标

(一)使学生明了物理学中简单原理,并能应用以解决日常问题及说明常见现象。

（二）注重训练学生运用官能及手技，以培养其观察与实验之才能。
（三）使学生略知物理学与其他自然科学及国防生产之关系。

高级中学生物课程标准（节选）
1941年1月　修正公布

第一　目标
（一）使学生了解生物之基本组织及其生活作用。
（二）使学生了解生命现象与疾病的基本原理。
（三）使学生了解生物与民生、民族之关系及演进之现象。
（四）使学生获得采集、观察、实验、比较及推理事物之能力与兴趣。

高级中学矿物暂行课程标准（节选）
1941年1月　修正公布

第一　目标
（一）使学生获得矿物学之基本知识。
（二）使学生认识普通及重要之矿物，暨我国矿藏丰富及其分布情形。
（三）使学生明了矿物与国防工业之关系。
（四）培养学生研究矿物之兴趣，为进求深造之准备。

高级中学音乐课程标准（节选）
1940年9月　修正公布

第一　目标
（一）继续发展学生音乐之才能与兴趣。
（二）使学生能独唱、合唱较高深之歌曲。
（三）增加学生欣赏音乐之程度。
（四）涵养谐和、优美、雄壮、沈着之情感，并发挥仁爱、和平、大刚、中正之民族精神。

高级中学体育课程标准(节选)
1940年12月　修正公布

第一　目标

(一) 锻炼体格,使机体充分发育。

(二) 培养公民道德,发挥团体精神。

(三) 训练生活上及国防上之基本技能。

(四) 养成卫生习惯及注重卫生之态度。

高级中学劳作(男生)课程标准(节选)
1941年1月公布

第一　目标

(一) 使学生了解劳作在经济生活中之重要,及其与国防之关系。

(二) 使学生实地操作,引起其研究农工业之兴趣,及习得从事农工职业之基本技能。

高级中学劳作(女生家事)课程标准(节选)
1941年1月公布

第一　目标

(一) 使学生对于家事具有较完备之知识,较熟练之技能,及研究之兴趣与改进之志愿。

(二) 使学生能以科学及艺术理法谋家事之改良及家庭问题之解决。

(三) 使学生具有参加及督促家事之能力。

高级中学家事(看护包括军事看护)课程标准(节选)
1941年5月公布

第一　目标

(一) 使学生明了普通疾病之起因、症状、治理及其护理、预防之方法与技能。

（二）使学生对于公医制度及国内外医事卫生机关之组织，获得正确之认识。

（三）使学生了解吾国军医之组织与军护工作概要，并养成其对救护技术应用之能力。

（四）使学生对于本国及外国医护史及国内医护机关之状况，有相当之了解。

《修正初高级中学课程标准》，教育部颁行，正中书局，1946年6月，沪七版，第150—260页

初中各科课程标准"目标"（节选）

1940年7月—1941年12月　教育部修正公布

初级中学公民课程标准（节选）

1940年7月　修正公布

第一　目标

（一）使学生由实际生活，体验群己之关系，了解我国固有道德之意义，以养成修己善群之善良品性。

（二）使学生明了三民主义之要旨，国家民族之意义，以正确其思想，坚定其信仰。

（三）使学生认识政治之组织与运用，及研究地方自治之基本知能，以陶铸其健全之公民品格，而培植其服务地方自治之能力。

初级中学国文课程标准（节选）

1940年7月　修正公布

第一　目标

（一）养成用语体文及语言叙事说理表情达意之技能。

（二）养成了解一般文言文之能力。

（三）养成阅读书籍之习惯，与欣赏文艺之兴趣。

（四）　使学生从本国语言文字上，了解固有文化，并从代表民族人物之传记及其作品中，唤起民族意识与发扬民族精神。

初级中学数学课程标准（节选）
1941年5月　修正公布

第一　目标

（一）　使学生了解形与数之性质及关系，并知运算之理由与方法。

（二）　供给学生日常生活中数学之知识，及研究自然环境中数量问题之工具。

（三）　训练学生关于计算及作图之技能，养成计算准确迅速，作图精密整洁之习惯。

（四）　培养学生分析能力、归纳方法、函数观念及探讨精神。

（五）　使学生明了数字之功用，并欣赏其立法之精，应用之博，以启发向上探讨之兴趣。

初级中学历史课程标准（节选）
1940年9月　修正公布

第一　目标

（一）　叙述中华民族之演进，特别注意各支族间之融合与相互依存之关系，以阐发全民族团结之历史的根据，而于历史上之光荣，以及近代所受列强之侵略与其原因，尤宜充分说明，以激发学生复兴民族之意志与决心。

（二）　叙述中国历代大事，并略论文化之演进及其对于世界之贡献，使学生明了我先民之伟大，以养成继往开来之志操与自强不息之精神。

（三）　叙述世界各主要民族之演化及其在文化上之特点与其相互间之关系，以养成学生对于世界之认识，并特别注意国际现势之由来与吾国所处之地位，以启发学生对于抗战建国责任之自觉。

（四）　对于三民主义之历史根源与其必然性应郑重申述之，使学生有真切一贯之信仰。

初级中学地理课程标准（节选）
1940年9月　修正公布

第一　目标

（一）　使学生明了本国地理状况与总理实业计画纲要，以养成其爱国护土之观念与利用厚生之能力。

（二）　使学生明了外国地理概况，国际关系及本国现在之国际地位。

……

初级中学物理课程标准（节选）
1941年4月　修正公布

第一　目标

（一）　使学生了解常见之简单物理现象。

（二）　养成学生观察自然界事物之习惯，并引起其对于自然现象加以思索之兴趣。

（三）　注重练习学生运用官能及手技，以增进其日常生活上利用自然之技能。

初级中学化学课程标准（节选）
1941年4月　修正公布

第一　目标

（一）　引起学生对于自然现象有浓厚之兴趣，养成随时随地注意自然现象之良好习惯。

（二）　训练学生观察、考查、思想、尤其实际应用之能力，使受科学陶冶，能领会精勤、诚实、敏捷、组织等美德。

（三）　使知化学与衣、食、住、行及国防之关系。

初级中学博物课程标准(节选)

1941年1月 修正公布

第一 目标

（一） 使学生了解动植物之种类、形态、构造及生活现象。

（二） 使学生认识应用动植物，藉以了解其与国计民生之关系。

（三） 使学生明了矿物地质之大意及其与国防工业之关系。

（四） 培养学生有采集、观察、实验及研究博物之兴趣与能力。

初级中学生理及卫生课程标准(节选)

1941年1月 修正公布

第一 目标

（一） 使学生获得生理及卫生之科学知识。

（二） 使学生明了人体结构生理之作用及保健防病之方法。

（三） 使学生养成卫生习惯，以增进其身心之健康。

（四） 使学生对于卫生增进其兴趣及信心，以期由个人之努力，促进家庭学校社会之卫生。

（五） 使学生养成良好卫生态度，具有改进个人及社会生活之志愿，以期造成更健康之次代国民。

（六） 使学生略知看护与急救之简易方法。

初级中学英语课程标准(节选)

1941年12月 修正公布

第一 目标

（一） 使学生练习运用切于日常生活之浅近英语。

（二） 使学生建立进修英语之良好基础。

（三） 使学生从英语方面发展其语言经验。

（四）使学生从英语方面加增其研究外国事物之兴趣。

初级中学音乐课程标准（节选）
1940年9月　修正公布

第一　目标
（一）　发展学生音乐之才能与兴趣。
（二）　发展正确之唱歌方法，授以高尚乐曲。
（三）　灌输音乐知识，训练读谱能力。
（四）　训练听觉，养成其辨别音质、音高、强弱、节奏等能力。
（五）　涵养美的情感及融和、乐群、奋发、进取等精神。

初级中学体育课程标准（节选）
1940年12月　修正公布

第一　目标
（一）　锻炼体格，使机体充分发育。
（二）　培养公民道德，发扬团体精神。
（三）　训练生活上及国防上之基本技能。
（四）　养成卫生习惯及注重卫生之态度。

初级中学劳作（男生）课程标准（节选）
1941年1月　修正公布

第一　目标
（一）　使学生了解劳作与人生之关系，并培养其劳作之兴趣。
（二）　使学生实地操作，养成其勤苦、精确之德性与习惯。
（三）　使学生获得生活上必需之劳作知能，发展其创造之思想与能力。
（四）　使学生习得从事职业之基础训练，培养其从事生产事业之兴趣。
（五）　使学生了解劳作与国防之关系。

初级中学劳作(女生家事)课程标准(节选)

1941年1月 修正公布

第一 目标

(一) 使学生对于家事获得正确之认识及浓厚之兴趣。

(二) 使学生对于家庭中衣、食、住以及保健、护病、育儿、园艺、家庭管理等,获得必需之知识技能。

(三) 使学生养成家庭中应有的日常工作之良好习惯。

《修正初高级中学课程标准》,教育部颁行,正中书局,
1946年6月沪七版,第50—139页

中等学校各科教学研究会组织通则

1941年5月22日 教育部公布

(一)各校为促进教学研究,应依本通则组织各科教学研究会。

(二)各校各科教学研究会之组织,应依所设学科情形,分为一般的与专业的两种。

(甲) 一般的:

(1) 国文学科教学研究会;

(2) 算学学科教学研究会;

(3) 外国语学科教学研究会;

(4) 社会学科教学研究会(包括公民、历史、地理);

(5) 自然学科教学研究会(包括生理及卫生、博物、生物、矿物、物理、化学);

(6) 艺术学科教学研究会(包括图书、音乐);

(7) 劳作家事学科教学研究会(包括劳作、家事、军事看护);

(8) 体育学科教学研究会(包括体育、童子军、军事训练)。

(乙) 专业的:

(1) 教育学科教学研究会(师范学校得分组设置);

(2)技术学科教学研究会(职业学校得分组设置)。

(三)各科教学研究会之工作如下:

(1)课程标准实施结果之讨论;

(2)教学方法之研究;

(3)补充教材之选择;

(4)乡土教材之收集;

(5)教科用书及教育参考书之选定;

(6)每学期教学进展之预定;

(7)实验实习之规划及指导;

(8)教学及实验实习设备之规划;

(9)教员进修阅读图书杂志之报告及讨论;

(10)学生课外读物之调查及指导;

(11)学生课外作业之规划及指导;

(12)其他关于教学研究事项。

(四)各科教学研究会由校长(班主任)指定或由教员互选一人为主席,各该学科之教员均为会员,校长(班主任)及教务主任或教导主任亦须参加。

(五)各科教学研究会每月至少开会一次,必要时由主席召开临时会。

(六)各科教学研究会以分科举行为原则,但为谋各科教学之联络,亦得联合举行。

(七)各科教学研究会应与同地各中等学校取得联络,相互参观教学,交换研究意见。如本校该项学科教员人数较少,得与其他学科联合组织,或与同地学校联合组织之。

(八)各校各科教学研究会应于每学期开始时,拟订本学期研究计划,并于学期终了时,缮具研究报告,由校汇呈省或市教育行政机关审核,并作为学校考成之一项。

(九)各校一般学科教学之研究,由该区之中学教育研究会辅导之。各专业学科教学之研究,由各省教育行政机关指定该学区内之省立师范学校或职业学校辅导之。每学期或每学年,举行本学区各学校教育研究会一次,并得视需要情形,分科举行。在举行学区教育研究会时,应轮流举行各科教学示范(由辅导学校之教员担任或延请专家担任)及教学成绩展览会(每次一科或二科,不宜过多,俾能集中注意),以资观摩。

(十)各校研究结果应相互印送本省或市内各中等学校,或由省市教育行政机关汇编教育研究刊物,以供参考。其成绩特别优良者,由省市教育行政机关分别奖励学校及个人。

(十一)各省市教育视导人员,于观察时应参加各校教学研究会,听取各教员之意见,予以指导,并得由省市教育行政机关视需要情形,延请各科专家指导之。

《教育法令》,教育部编,中华书局,
1947年5月版,第223页

县市立中等学校设置办法

1942年5月19日 教育部公布

第一条 各县市中等教育应求中学师范职业三类学校之均衡发展,应适应社会各方面之需要。

第二条 各县市设置中等学校,应以开办初级中学简易师范学校及初级职业学校(或初级实用职业学校)为原则。

第三条 各县市开办中等学校,应由主管教育行政机关先就下列各点开具说明及办法呈送省教育厅核夺:

一、全县或市最近三年内逐年高小毕业生人数一览表,升学者总数及升入初级中学简易师范学校及初级职业学校人数调查表;

二、县或市境内如有公私立中等学校者,应报告各该校之办理情形及招生概况;

三、邻县境内如有公私立中等学校者,应报告各该校之办理情形及其与拟设之中等学校相距之路程;

四、县或市境内小学校数、学生数、经费数一览表及失学儿童数;

五、拟开办何种中等学校及拟设班级数;

六、该地方需要是项拟开办中等学校之情形；

七、经费来源及经常开办各费预算表；

八、校舍及各种设备与实地工作场所之计划；

九、开办后之扩充计划；

一〇、学生毕业后出路计划。

第四条 省教育厅审核县市所呈说明及办法，必要时得派员调查，审核结果，如合下列各点，应准各县市筹备设立：

一、该县市每年高小毕业生达到二百人以上，其升学情形有设立中等学校之必要者；

二、经费来源稳固，数额敷用，且不侵占当地固有教育经费妨碍国民教育及社会教育之发展者；

三、校舍及各项设备与实地工作场所足敷应用者。

第五条 各县市境内未设有中等学校呈请设立中等学校者，如在国民教育师资特别缺乏地方，应优先开办简易师范学校。

第六条 各县市已设有初级中学，但每年高小毕业生数超过于其收容量，同时县市财力充裕，应再筹设初级职业学校或简易师范学校。

第七条 省教育厅对于各县市呈请设立之中等学校，如认为与境内或邻境已设之公私立中等学校在性质数量或分布上有重复时，得限制或变更其设立。

第八条 各县市已设立之中等学校，如办理成绩不良者，应限制其再行增设中等学校。

第九条 各县市立中等学校应于省教育厅核准设立后六个月内开具下列各项，由县市政府呈报备案：

一、学校组织编制及各项章程规则；

二、校舍平面图；

三、开办费收支对照表；

四、课程表；

五、教科书及参考书目录；

六、图书仪具标本目录（如附属工场应开具器械目录）；

七、体育及卫生设备；

八、训育军训童军设备；

九、校长及教职员履历表。

第一〇条 省教育厅对于各县市中等学校之设置及班级数学生数，均应注意调整，使全省内各类中等学校有适当之配备与均衡之发展。

第一一条 各县市初中简师初职，每年招收学生数约须当于当地高小毕业生人数四分之三，其中初中应招人数约占招收总数百分之六十。

第一二条 省教育厅对于县市中等教育经费与其他教育经费，应斟酌情形，规定适当之比例。

第一三条 省教育厅对于县市立各类中等学校之开办费及经常费之数额，应斟酌地方情形规定标准，严格执行。

第一四条 地方贫瘠之县份，财力困难而有设立中等学校之必要时，其经常费得由县政府呈请省政府分别等级予以补助。

第一五条 省教育厅对于县市立中等学校之师资、教学设备及教科用书等，应统筹规划，分别予以协助充实。

第一六条 县市立初中或初职应设百分之二十至三十免费学额，百分之十至二十公费学额，以便利清寒优秀学生之升学，简易师范学生应一律由县市政府给予公费待遇。

第一七条 省教育厅应将核准备案之县市立中等学校转报教育部备案。

第一八条 县市以下各区区立中等学校之设立，视同县市立中等学校，须遵照本办法办理。

第一九条 本办法公布后，以前颁布之县市立中等学校程序，停止适用。

第二〇条 本办法自公布之日施行。

《教育法令》，教育部编，中华书局，1947年5月版，第222—223页

中等学校导师制实施办法

1944年6月8日　教育部公布

第一条　中等学校导师制之实施依本办法之规定。

第二条　各校应于每级设导师一人，由校长聘请专任教员充任之，各校专任教员皆有充任导师之义务。

第三条　各校应于每学期之始，由训导（教导）处拟定训导计划，并记载学生身体状况及学行成绩，分送各级导师，以作实施训导之参考。

第四条　各级导师对于学生之思想、行为、学业及身心摄卫，均应体察个性，依据训育标准表之规定及各该校训导计划，施以严密之训导，使得正常发展，以养成健全人格。

前项训育标准表另定之。

第五条　训导方式，除个别训导外，导师应充分利用课余及例假时间，集合本级学生举行谈话会、讨论会、远足会、交谊会以及其他有关团体生活之训导。

第六条　各级导师对于学生之性行、思想、学业、身体状况各项均应详密记载，并应针对学生缺点，提出改进意见，每学期报告训导（教导）处二次，并于可能范围内举行学生家庭访问及与学生家长或监护人通讯，训导（教导）处于每学期之终，根据考查结果及导师报告，通知学生家长。如平常发现学生不良之习性或其他特殊之事项，应即时通报。

第七条　各级导师应每月出席训导会议一次，汇报各级训导实施情形并研究关于训导之共同问题，训导会议由训导（教导）处召集校长主席，校长缺席时以训导（教导）主任主席。

第八条　导师训导成绩特别优异者，得由各该校校长详叙事实，报请各该管教育行政机关核予奖励。

第九条　本办法自公布日施行。

《教育法令》，教育部编，中华书局，
1947年5月版，第225页

中等学校行政组织补充办法

1946年3月11日 教育部修正颁发

查中等学校行政组织之各项人员，在修正中学、师范及职业学校各规程中，已有规定。惟各部分组织名称及范围，尚未规定，致各校于教导、教务、训育等部分，名称不一，内容繁简各异，分歧错杂，殊难增进行政效率，兹经规定中等学校行政组织之补充办法十一项如下：

一　八学级以下之中等学校设教导处，其下分设教务、训导、体育、卫生等组，并得酌设事务处。

二　九学级以上之中等学校得分设教务、训导、体育、事务四处。教务处分设教学、注册、设备三组。训导处分设训育、管理两组。体育处分设体育、卫生两组。如体育、卫生合组，得附设于训导处。事务处分设文书、庶务、出纳三组，职业学校得添设营业组。

三　处各设主任一人，各组设组长一人，主任及组长均由专任教员任之。但文书庶务出纳及营业等组长，得不由教员兼任。教务组长由教导处主任兼任，教学组长由教务处主任兼任，训育组长由训导处主任兼任。体育组长由体育处主任兼任。

四　训导处主任（或训育组长）或训导组长由主任导师兼任，体育处主任或体育卫生组长由体育教员兼任，管理组长由军事训练教官或童子军教练员兼任，卫生组长由校医或生理卫生教员兼任。

五　处设组员或干事若干人，秉承处主任及组长分掌或兼掌各组事务。书记若干人，办理缮写等事务。

六　八学级以下之中等学校设委任职会计主任（或会计员）一人，九学级以上之中等学校设委任职会计主任（或会计员）一人，助理员及雇员若干人，依主计法规之规定，办理岁计会计事宜。

公立中等学校之会计员，分别由其主管之教育行政机关专请主计机关依法委派之。

七　各组之职务如下：

1. 教学组掌管教学实施、研究、指导(包括升学就业指导实习指导等,会同训育管理体育卫生等组办理)等事项。本组职掌之指导事项,必要时得另设指导组办理。

2. 注册组掌管课表、学籍登记、成绩考查、出席、缺席等事项(会同教学、训育、管理等组办理)。

3. 设备组掌管教学、图书、实习、劳作等设备及整理保管等事项(会同庶务组办理)。

4. 训育组掌管训育实施及学生生活指导等事项。

5. 管理组掌管军事管理、童军管理等事项(会同训育注册等组办理)。

6. 体育组掌管体育及体格检查事项(会同教学训育等组办理)。

7. 卫生组掌管个人卫生、环境卫生、膳食、医术、治疗等事项(会同训育管理庶务等组办理)。

8. 文书组掌管文书及文件保管事项。

9. 庶务组掌管校舍、校具及庶务事项(会同设备组办理)。

10. 出纳组掌管现金、票据、契约、证券之保管及移转事项。

11. 营业组掌管工场农场等生产品之登记、销售、保管事项(会同各科主任办理)。

八 前条某组会同某组办理某项事务,仅略为举例,各组遇有关系事项,应密切联络,商洽办理,须避免无谓之书面往还。

九 在八学级以下之中等学校,第七条1至3三组事项由教务组办理,4、5两组事项由教导组办理,6、7两组事项由体育卫生组办理,8、9、10、11四组事项分别由主管之干事,秉承校长或事务处处主任办理。

十 九学级以上之师范学校因辅导地方教育,得于教务处下增设辅导组,其组长由教育学科教员兼任。不设辅导组者,此项辅导地方教育事项由教务组、教学组或指导组办理。

十一 两科以上之职业学校,得于教导或教务处下设置科主任,由各科职业学科教员兼任。

《教育法令》,教育部编,中华书局,1947年5月版,第212页

中 学 规 程

1935年6月21日　教育部公布

1947年4月9日　教育部修正公布

第一章　总　纲

第一条　本规程根据中学法第十三条之规定订定之。

第二条　中学为严格训练青年心身,培养健全国民之场所,依照中学法第一条之规定,以实施下列各项之训练:

一、锻炼强健体格;

二、陶融公民道德;

三、培育民族文化;

四、充实生活知能;

五、培植科学基础;

六、养成劳动习惯;

七、启发艺术兴趣。

第三条　中学分初级中学及高级中学,修业年限各三年。初级中学、高级中学合设者称中学,单设者称初级中学或高级中学。

第四条　初级中学学生在学年龄之标准,为十二足岁至十五足岁;高级中学学生在学年龄之标准,为十五足岁至十八足岁。

第五条　公立初级中学及高级中学得分别附设简易师范科及特别师范科。

第二章　设置及管理

第六条　省、市(指行政院直辖市)立中学之设立、变更及停办,应先由省市教育行政机关拟具计划或理由呈报教育部核准后办理;县市立及联立中学之设立、变更及停办,应先由主管教育行政机关拟具计划或理由呈报省教育厅核准后办理,并由厅报部备案。

私立中学之设立、变更及停办，应依照私立学校规程所规定程序经由省市教育行政机关核准后办理，并转报教育部备案。

公私立中学之设立、变更及停办，不依照前项规定程序办理者，上级教育行政机关得撤销之。

公私立专科以上学校附属中学之设置及管理，与公私立中学同。

第七条　省立中学以所在地地名名之，县市立中学径称某某县市立中学，一地有立别相同之公立中学二校以上时，得以数字之顺序别之，或以区域较小之地名为校名。联立中学称某某县联立中学，私立中学应采用专有名称，不得径以地名为校名。

第八条　公立初级中学及高级中学之分别附设简易师范科及特别师范科，以具有下列条件为限：

一、原有中学各年级已办齐，教学设备均完善者；

二、确有需要者；

三、经费系另行增筹，且足敷办理者；

四、经主管教育行政机关事先核准者。

第九条　公私立中学应于每学年第一学期开始后一个月内，开具下列各项径呈或转呈各该省市主管教育行政机关备案。

一、本学年新生、各级插班生、复学生、休学生、退学生及各级学生名册；

二、本学年校长、教职员学历、经历、职务、俸给、专任或兼任事项；

三、本年度经费预算；

四、本学年学则、校舍及设备之变更事项；

五、前学年各级学生学业成绩表；

六、前年度决算或收支项目。

前项第二款事项，应由省市教育行政机关汇报教育部，其第一、三、四、五、六各款事项并应造简表送部。

第十条　公私立中学应于第二学期开始后一个月内，开具下列各项径呈或转呈各该省市主管教育行政机关备案。

一、本学期新生、各级插班生、复学生、休学生及退学生名册；

二、本学期新任教职员学历、经历、职务、俸给、专任或兼任事项,去职教职员姓名及去职原因;

三、上学期各级学生成绩表。

前项第二款事项,应由省市教育行政机关汇报教育部,其第一及第三款事项并应造简表送部。

第十一条　公私立中学每届办理毕业,应于期前二个月造具应届毕业学生履历及历年各项成绩表,径呈或转呈省市教育行政机关核准后举行毕业考试或参加毕业会考。

第十二条　公私立中学每届办理毕业,应于期后一个月内造具毕业生毕业成绩表,径呈或转呈省市教育行政机关转报教育部备案。

第十三条　公私立中学每学期应由省教育行政机关派遣督学视察指导至少一次,并将其视察及建议事项,于视察完毕一个月内呈报教育部备核。

第三章　经　　费

第十四条　省(市)立中学之开办、经常、临时各费,由省(市)款支给之;县立或联立中学经费,由县或联立各县县款支给之;私立中学经费由其校董会支给之。

第十五条　县立中学如确因地方贫瘠及成绩优良,得受省款补助;私立中学非确属成绩优良,不得受公款补助。

第十六条　公款补助县立、私立中学之标准,由省市教育行政机关规定,呈报教育部备案。

第十七条　中学经常费之支配,俸给至多不得超过百分之七十,设备费至少应占百分之二十,办公费至多不得超过百分之十,其预算款式另定之。

第十八条　中学经费之开支,应力求撙节核实,并须将全部收支情形由经费稽核委员会为公开及缜密之审核,其审核办法由省市教育行政机关订定,呈报教育部核准施行。

第四章 编　　制

第十九条　初级中学及高级中学学生依课程进度各分为一年级、二年级及三年级。

第二十条　每学级学生以五十人为度，但至少须有二十五人。

第二十一条　中学各学科除体育及军事训练得采用其他分组方法教学外，均不得合班教学。

第二十二条　中学学生以男女分校为原则。

第二十三条　新开办之中学，第一年不得招收二年级以上学生，第二年不得招收三年级学生。

第五章 课　　程

第二十四条　初级中学之教学科目为公民、体育、童子军、卫生、国文、英语、数学、植物、动物、化学、物理、历史、地理、劳作、图画及音乐。

第二十五条　高级中学之教学科目为公民、体育、卫生、军事训练（女生习军事看护）、国文、英语、数学、生物学、化学、物理、中外历史、中外地理、论理、图画及音乐。

第二十六条　需要蒙、回、藏语或第二外国语之特殊地方所设立中学，其高级部之教学科目，得减去卫生、论理、图画及音乐。

第二十七条　中学为适应地方需要及实验教育起见，得设置职业科目，但须先将设置科目及设备状况，呈报教育部核准。

第二十八条　中学课程标准另定之。

第二十九条　中学教科书须采用教育部编辑或审定者，教员自编教材须适合部定课程标准，并须于每学期终，将全部教材送呈主管教育行政机关审核，转报教育部备案。

第三十条　各科教学应活用教本，采用地方性及临时补充之教材，并须注重实验及实习。

中学除外国语教本外，一律采用中文本教科书，不得用外国文书籍，中学教员一律用国语为教授用语。

第三十一条　教员对于学生性情应注意考察,并须启发其观察思考之能力及自动研究之精神。

第三十二条　中学最后年级学生,得利用假期为参观旅行,但不得妨碍课业时间,其费用由学生自行担负。

第六章　训　育

第三十三条　中学训育应遵照中华民国教育宗旨及其实施方针所规定,陶融青年"忠孝仁爱信义和平"之国民道德,并养成勇毅之精神与规律之习惯。

第三十四条　根据实施方针所规定劳动实习,中学学生除劳作科作业外,凡校内整理、清洁、消防及学校附近之修路、造林、水利、卫生、识字运动等项,皆须分配担任,学校工人须减至最低限度。

第三十五条　中学校长及全体教员均负训育责任,须以身作则,采用团体训练及个别训练,指导学生一切课内课外之活动。

第三十六条　中学每一学级,设级任一人,择该级一专任教员任之,掌理各该级之训育及管理事项。

第三十七条　校长及专任教员均以住宿校内为原则,与学生共同生活。

第三十八条　中学学生宿舍,须有教员住宿,负管理之责。

第三十九条　中学学生应照学生制服规程规定,一律穿着制服。制服之重制,须视一般学生穿着损坏情形,不得于每学期或每学年令学生新制。

第四十条　中学学生旷课及怠于自修或劳动作业等情,应于操行成绩内减算。

第四十一条　中学之训育标准另定之。

第四十二条　中学学生训育管理及奖惩办法,由各省市教育行政机关规定大纲,呈报教育部核定施行。各中学于其学则内根据是项大纲订定详细规则,呈请主管教育行政机关核定施行。

第七章 设　备

第四十三条　中学校址,须具有相当之面积,且其环境适合道德及卫生条件。

第四十四条　中学应具备下列各重要场所:

一、普通课室;

二、特别课室(物理、化学、生物、图画、音乐等教学用);

三、工场(尽先设置木工、金工场)、农场、合作社或家事实习室(视所设劳作科种类及学校环境备一种或数种);

四、运动场(如属可能,应备体育馆);

五、图书馆或图书室;

六、仪器、药品、标本、图表室;

七、体育器械室;

八、自习室;

九、会堂;

十、学生成绩陈列室;

十一、课外活动作业室;

十二、办公室(职员同室办公,并不得占用校内优良屋宇);

十三、学生寝室;

十四、教职员寝室(如属可能,应备教职员住宅);

十五、膳堂;

十六、浴室;

十七、储藏室;

十八、校园;

十九、其他。

第四十五条　校舍之建筑须坚固、朴实、适用,并应采用本国材料。

第四十六条　各科教学之仪器、药品、标本、图表、机械、器件等须具备足敷各科教学之用。

前项设备中之仪器、标本、图表等,其有能自制者,应尽量由教员学生共同制作。

第四十七条　中学图书馆之图书,须足供教员及学生参考阅览之用,其常供学生参考者,尤须备具多数复本。

第四十八条　中学应具备下列各表簿:

一、关于中学之法令统计等项;

二、学则(包含学校一切章程、规则、办法等);

三、各年级课程表、每学期各班每周教学时间表、各班教科用图书一览表;

四、教职员履历表、担任学科及教学时间表、教学进度预计簿、教学进度记录簿;

五、学生学籍簿、出席簿、请假簿、操行考查簿、奖惩登记簿、学业成绩表、身体检查表;

六、图书目录、仪器、标本、器械、药品目录;

七、财产目录;

八、预算表、决算表、各项会计表簿;

九、学校日记簿、各级日记簿;

十、各项会议记录;

十一、其他。

第四十九条　中学设备标准另定之。

第八章　成绩及考查

第五十条　中学学生成绩分学业、操行及体育成绩三项(童子军成绩应并入体育成绩中计算)。

第五十一条　考查学业成绩分列四种:

一、日常考查;

二、临时试验;

三、学期考试;

四、毕业考试或毕业会考。

中学学生毕业会考规程另定之。

第五十二条　日常考查之方式如下,各科依其性质酌用之:

一、口头回答;

二、演习练习;

三、实验实习;

四、读书报告;

五、作文;

六、测验;

七、调查采集报告;

八、其他工作报告;

九、劳动作业。

第五十三条　临时试验　由各科教员随时于教学时间内举行,不得预先通告学生,每学期每科至少举行二次以上。

第五十四条　学期考试　于学期终各科教学完毕时,就一学期内所习课程考试之;考试前得停课一日至二日,备学生复习。

第五十五条　毕业考试　于三学年修满后,就初中或高中所习全部课程考核之;考试前得停课三日至四日,备学生复习,其参加毕业会考之学生,得免除毕业考试。

第五十六条　各科日常考查成绩与临时试验成绩合为各科平时成绩,日常考查成绩在平时成绩内占三分之二,临时试验成绩占三分之一。

第五十七条　各科平时成绩与学期考试合为各科学期成绩,平时成绩在学期成绩内占五分之三,学期考试成绩占五分之二。

中学第三学年第二学期得免除学期考试,而以各科平时成绩作为学期成绩,但参加毕业会考之学生,仍须举行最后学期考试。

第五十八条　每学生各科学期成绩之平均,为该生之学期成绩;每学生一二两学期学期成绩之平均,为该生之学年成绩。

第五十九条　每学生各学年成绩平均与其毕业考试成绩,合为该生之毕业成绩,各学年成绩平均在毕业成绩内占五分之三,毕业考试成绩占五分之二。

第六十条　学生操行成绩或体育成绩不及格者,不得进级或毕业。

第六十一条　每学期各科缺席时数及该科教学总时数三分之一以上之学生,不得参与该科之学期考试。

第六十二条　无学期成绩之学科或成绩不及格之学科在三科以上之学生,或仅二科无学期成绩或不及格,但其科目在初中为国文、英语、数学、劳作四科中之任何二科,在高中为国文、英语、数学、物理、化学五科中之任何二科之学生,均应留级一学期,连续留级以二次为限,如本校无适当学级,可发给转学证书。

第六十三条　无学期成绩之学科或成绩不及格之学科仅有一科之学生,或虽有二科无学期成绩或不及格,但其科目非如前条之规定者之学生,均应令于次学期仍随原学级附读,一面设法补习各该科目,经补行学期考试成绩及格后,准予正式进级;如仍不及格,应于次学年仍留原年级肄业,但此项补考以二次为限,连续留级亦以二次为限,如仍不能进级,发给修业证书,令其退学。

第六十四条　毕业考试成绩内不及格学科在三科以上,或仅二科不及格,但其科目在初中为国文、英语、数学、劳作四科中之任何二科,在高中为国文、英语、数学、物理、化学五科中之任何二科之学生,均应令留级一学年(有春季始业学级之学校得留级一学期),但此项留级以二次为限,如仍不能毕业,发给修业证书,令其退学。

第六十五条　毕业考试成绩内有一科不及格,或虽有二科不及格,但其科目非如前条所规定者之学生,均应令补行考试二次,如仍不能及格,应照前条办法办理。

第六十六条　操行及体育成绩考查办法另定之。

第六十七条　学业成绩计算方法,由各省、市教育行政机关规定,呈报教育部核准施行。各中学为实验教育起见,得于主管教育行政机关规定计算方法外,采用其他方法,但须经转呈教育部核准施行。

第九章　学年学期及休假日期

第六十八条　学年度始于八月一日,终于次年七月三十一日。

第六十九条　一学年分为两学期,自八月一日至次年一月三十一日为第一学期或上学期,自二月一日至七月三十一日为第二学期或下学期。春季始业之学级以本学年第二学期为上学期,下学年第一学期为下学期。

各省应规定地点适当之省立中学校兼办春季始业学级。

第七十条　中学之休假日期另定之。

第七十一条　中学除法令规定之休假日期外,不得休假,每星期六下午,并不得停止授课。

第十章　入学转学休学复学退学及毕业

第七十二条　初级中学入学资格为小学毕业,高级中学入学资格为初级中学毕业,均须经入学试验。

中学收受同等学力新生之比额,高中至多不得超过录取总额百分之二十,初中至多不得超过百分之三十,应由各省市教育行政机关斟酌地方情形规定,呈报教育部备案。

初中入学试验,不得考试外国语。

第七十三条　中学学生于学期或学年终了,考试成绩及格,如必须转学他校,或有第六十二条规定情形,得请求学校发给转学证书。

第七十四条　中学第二学期以上之学级如有缺额,得于学期或学年开始前,收受插班生,此项插班生须有其他中学学期衔接之转学证书或成绩单,仍须经编级试验。

第七十五条　中学学生因身体或家庭之特殊情形,得请求休学一学期或一学年。

第七十六条　休学期满之学生,得请求复学,编入与原学期或学年衔接之学级肄业。

第七十七条　中学学生因身体或家庭之特殊情形,经保证人证明确属理由正当者,得请求学校准予退学。

第七十八条　经学校开除学籍之学生,不得发给转学证书及修业证书。

第七十九条　学生修业年限期满,毕业成绩及格或经会考成绩及格者,准予毕业,由学校给予毕业证书。

第十一章　征收费用及奖学金额

第八十条　中学征收学生费用种类如下：
一、学费；
二、图书费；
三、体育费。
前项图书费专为添购图书馆学生必需参考之图书，体育费专为供给学生运动、远足、旅行及卫生消耗，均不得移作别用。

第八十一条　私立中学备有宿舍者，对寄宿之学生得酌收寄宿费。

第八十二条　公立中学每年度（会计年度）应依照预算法规定期限，将全年度应向学生征收之一切费用，连同其他收入核实估计编列岁入概算，呈送主管教育行政机关层转最高核定机关核定，并依照公库法之规定随时缴库；如因购置图书及充实体育卫生设备而无固定经费可资办理者，得编具岁出概算，呈请核定，由库拨发，但其数额以不超过其所入为限。

第八十三条　私立中学所征收之学费、寄宿费，为其全部收入之一部分，统收统支。图书费、体育费，应分别造具收支清单，于每学期中公布之。并造具清单连同单据粘存簿专案报销。

第八十四条　中学学生用书及工作材料，应由学生自备或由学校或所在地教育行政机关组织学校消费合作社廉价发售。如由学校代办时，应按实价向学生征收。

前项工作材料必需采用国货，尤以本地产品为主。

第八十五条　中学学生制服应采用国货，如由学校代办时，应按实价向学生征收。

中学学生膳食如由学校代办，应核实收支。

第八十六条　各省、市中学征收第八十条所规定各种用费之实数，应由各省、市教育行政机关视地方生活程度，分别酌量规定呈报教育部备案，但公立中学每一学期征收该条规定各费之总数，在生活程度较高地方与生活程度较低地方各不得超过下列标准：

地方别 \ 数别 \ 学校别	初级中学	高级中学
生活程度较高地方	拾 元	拾陆元
生活程度较低地方	柒 元	拾 元

前表规定之总数内，图书费及体育费约共占四分之一，国立专科以上学校之附属中学征收学生费用，应依照所在之省、市教育行政机关规定中学征收费用标准办理。

第八十七条　县立中学征收各费，由县教育行政机关酌量规定，但不得超过主管省教育厅之规定标准。

第八十八条　各地私立中学征收各费，至多不得超过省、市主管教育行政机关规定公立中学征收各费之一倍。

第八十九条　私立中学如征收寄宿费，在生活程度较高地方，每学期至多不得超过八元；生活程度较低地方，每学期至多不得超过四元。

第九十条　私立中学寄宿学生中途退学者，其所缴寄宿费应酌量退还。

第九十一条　公私立中学除照规定征费外，不得征收任何费用。

第九十二条　中学应设置奖学金额，公立中学之奖学金额，由省、市、县教育行政机关规定办法，分别径呈或转呈教育部备案。私之中学之奖学金额，由各校自行规定，转呈教育部备案。

第十二章　教职员及学校行政

第九十三条　中学设校长一人，综理校务并须担任教学，其时间不得少于专任教员教学时间最低限度二分之一，并不得另支俸给。

第九十四条　公私立中学各科教员，由校长开具合格人员详细履历，径呈或转呈省、市教育行政机关核准后，由学校备具聘书于学年开始前二月或学期开始前，送达受聘教员，遇有不合格人员，主管教育行政机关应令原校更聘。

第九十五条　教员之初聘任期，以一学期为原则，以后续聘任期为一学年。

第九十六条　中学各学科均应聘请专任教员,如一学科之教学时数不足聘请一专任教员时,得与性质相近之学科时数合并,聘请专任教员;但如事实上确有困难情形,得聘请兼任教员,但以限于音乐、图画、劳作等科为原则。专任教员不得在校外兼任任何职务。

第九十七条　六学级以下之中学,其专任教员人数,平均每学级不得超过二人;七学级以上之中学,其专任教员人数,平均每两学级不得超过三人。

第九十八条　中学之兼任教员人数,不得超过全体教员人数四分之一。

第九十九条　初级中学专任教员,每周教学时数为十八至二十四小时,高级中学专任教员,每周教学时数为十六小时至二十二小时。

兼任主任及训育职务之专任教员,其每周教学时数得酌减;但不得少于规定最低限度三分之二,并不得另支俸给。

第一百条　专任及兼任教员均应轮值指导学生自习。

第一百零一条　专任教员每日在校时间至少七小时。

第一百零二条　中学设教导主任一人,协助校长处理教务、训育事项。六学级以上之中学,经主管教育行政机关之核准,得设教务、训育主任各一人,协助校长分别处理教务、训育事项。七学级以上之中学,得设事务主任一人,处理教务及训育以外之事务。

第一百零三条　中学设校医一人,会计一人,图书馆、仪器、药品、标本及图表管理员二人至三人,六学级以下之中学,设事务员及书记二人至四人,七学级以上之中学,每增二学级平均得增设事务员或书记一人。

第一百零四条　中学各主任皆由专任教员兼任,校医由校长聘任,其余职员由校长任用,均应呈报省、市教育行政机关备案。

省及直辖市立中学会计,由省、市教育行政机关指派充任。

第一百零五条　中学设置下列二种委员会:

一、训育指导委员会　由校长各主任各教员及校医组织之;以校长为主席,负一切指导学生之责,每月开会一次。

二、经费稽核委员会　由专任教员公推三人至五人组织之;委员轮流充当主席,负审核收支帐目及单据之责,每月开会一次。

第一百零六条　中学举行下列四种会议:

一、校务会议　以校长、全体教员、校医及会计组织之;校长为主席,讨论全校一切兴革事项,每学期开会一次或二次。

二、教务会议　以校长、各主任、各级任及校医组织之;校长为主席,校长缺席时,教导主任或教务主任为主席,讨论一切教学及图书设备购置事项,每月开会一次。

三、训育会议　以校长、各主任、各级任及校医组织之;校长为主席,校长缺席时,教导主任或训育主任为主席,讨论一切训育及管理事项,每月开会一次或二次。

四、事务会议　以校长、各主任及全体职员组织之;校长为主席,校长缺席时,事务主任为主席,讨论一切事务进行事项,每月开会一次。

第一百零七条　初级中学校长须品格健全,才学优良,且合于下列规定资格之一者:

一、国内外师范大学、大学教育学院教育科系毕业,或其他院系毕业,而曾习教育学科二十学分,均经于毕业后从事教育职务二年以上著有成绩者;

二、国内外大学本科、高等师范本科或专修科毕业后,从事教育职务三年以上著有成绩者;

三、国内外专科学校或专门学校本科毕业后,从事教育职务四年以上著有成绩者。

第一百零八条　高级中学校长须品格健全,才学优良,除具有前条规定资格之一外,并须合于下列资格之一者:

一、曾任国立大学文、理或教育学院或科系教授或专任讲师一年以上者;

二、曾任省及直辖市教育行政机关高级职务二年以上著有成绩者;

三、曾任初级中学校长三年以上著有成绩者。

第一百零九条　有下列情形之一者不得任用为中学校长:

一、违犯刑法证据确凿者;

二、曾任公务员交待未清者;

三、曾任校长或教育行政职务成绩平庸者;

四、患精神病或身有痼疾不能任事者；

五、行为不检或有不良嗜好者。

第一百一十条　高级中学教员须品格健全，其所任教科为其所专习之学科，且合于下列规定资格之一者：

一、经高级中学教员考试或检定合格者；

二、国内外师范大学毕业者；

三、国内外大学本科、高等师范本科或专修科毕业后，有一年以上之教学经验者；

四、国内外专科学校或专门学校本科毕业后，有二年以上之教学经验者；

五、有价值之专门著述发表者。

第一百一十一条　初级中学教员须品格健全，其所任教科为其所专习之学科，且合于下列规定资格之一者：

一、经初级中学教员考试或检定合格者；

二、具有高级中学教员规定资格之一者；

三、国内外大学本科、高等师范本科或专修科毕业者；

四、国内外专科学校或专门学校本科毕业后，具有一年以上之教学经验者；

五、与高级中学程度相当学校毕业后，曾任中等学校教员有三年以上之教学经验，于所任教科确有研究成绩者；

六、具有精练技能者（专适用于劳作科教员）。

第一百一十二条　有下列情形之一者不得任用为中学教员：

一、违犯刑法证据确凿者；

二、成绩不良者；

三、旷废职务者；

四、怠于训育及校务者；

五、患精神病或身有痼疾不能任事者；

六、行为不检或有不良嗜好者。

第一百一十三条　中学教员继续在一校任职满九年后，得休假一年，从事研究考查,并须将成绩送由学校径呈省市教育行政机关,或呈由县市教育行政机关转呈省教育厅备核。

前项休假教员,应仍支原俸,但以不兼任何有给职务者为限。

第一百一十四条　各省、市教育行政机关,应为中学教员力谋进修便利,订定办法,呈请教育部核准施行。

第一百一十五条　中学教员之检定、任用及保障,另以规程定之。

第一百一十六条　省、市、县立中学教员俸给等级表,年功加俸办法,由各主管教育行政机关规定,径呈或转呈教育部核准施行;私立中学参照各省、市公立中学情形,于其校章中规定之。

前项教员俸给等级表之最低级,应参照地方情形,以确能维持适当生活为标准。

第一百一十七条　中学女教职员在生产时期内,应予以六个星期之休息假,其代理人之俸给,应由学校呈请主管教育行政机关另行支给。

第一百一十八条　中学校长视专任教员进行三级至五级支俸,由主管教育行政机关或校董会定之。

第一百一十九条　中学教职员养老金及恤金办法,照国民政府公布之学校教职员养老金及恤金条例办理。

第十三章　附　　则

第一百二十条　本规程得由教育部于必要时修改之。

第一百二十一条　本规程于中华民国二十四年六月二十一日修正公布施行。

《教育法令》,教育部编,中华书局,
1947年5月版,第205—212页

高等教育

专门学校令

1912年10月22日 教育部公布

第一条 专门学校以教授高等学术、养成专门人才为宗旨。

第二条 专门学校之种类为法政专门学校、医学专门学校、药学专门学校、农业专门学校、工业专门学校、商业专门学校、美术专门学校、音乐专门学校、商船专门学校、外国语专门学校等。

第三条 国立专门学校统由教育部管辖。

第四条 各地方于应设学校外,确有余款,依本令之规定设立专门学校,为公立专门学校。

第五条 凡私人或私法人筹集经费,依本令之规定设立专门学校,为私立专门学校。

第六条 公立私立专门学校之设立、变更、废止,均须呈报教育总长得其认可。

第七条 专门学校学生入学之资格,须在中学校毕业或经试验有同等学力者。

第八条 专门学校得设预科及研究科。

第九条 专门学校之修业年限、学科、科目,别以规程定之。

第十条 公立私立专门学校教员之资格,别以规程定之。

第十一条 凡公立私立学校不合本令所规定者,不得称为专门学校。

第十二条 本令自公布日施行。

《教育杂志》第4卷第10号,1913年1月。

又见《教育法规汇编》,1919年5月。

大　学　令

1912年10月24日　教育部公布

第一条　大学以教授高深学术、养成硕学闳材、应国家需要为宗旨。

第二条　大学分为文科、理科、法科、商科、医科、农科、工科。

第三条　大学以文理二科为主；须合于下列各款之一，方得名为大学：一、文理二科并设者；二、文科兼法商二科者；三、理科兼医农工三科或二科一科者。

第四条　大学设预科，其学生入学资格须在中学校毕业，或经试验有同等学力者。

第五条　大学各科学生入学资格，须在预科毕业或经试验有同等学力者。

第六条　大学为研究学术之蕴奥，设大学院。

第七条　大学院生入院之资格，为各科毕业生或经试验有同等学力者。

第八条　大学各科之修业年限三年或四年，预科三年，大学院不设年限。

第九条　大学预科生修业期满、试验及格，授以毕业证书，升入本科。

第十条　大学各科学生修业期满，试验及格，授以毕业证书，得称学士。

第十一条　大学院生在院研究，有新发明之学理或重要之著述，经大学评议会及该生所属某科之教授会认为合格者，得遵照学位令授以学位。

第十二条　大学设校长一人，总辖大学全部事务；各科设学长一人，主持一科事务。

第十三条　大学设教授助教授。

第十四条　大学遇必要时得延聘讲师。

第十五条　大学各科设讲座，由教授担任之。

教授不足时，得使助教授或讲师担任讲座。

第十六条　大学设评议会，以各科学长及各科教授互选若干人为会员，大学校长可随时齐集评议会，自为议长。

第十七条　评议会审议下列诸事项：一、各学科之设置及废止；二、讲座之种类；三、大学内部规则；四、审查大学院生成绩及请授学位者之合格与否；五、教育总长及大学校长咨询事件。

凡关于高等教育事项，评议会如有意见，得建议于教育总长。

第十八条　大学各科各设教授会，以教授为会员；学长可随时召集教授会自为议长。

第十九条　教授会审议下列诸事项：一、学科课程；二、学生试验事项；三、审查大学院生属于该科之成绩；四、审查提出论文请授学位者之合格与否；五、教育总长、大学校长咨询事件。

第二十条　大学预科须附设于大学，不得独立。

第二十一条　私人或私法人亦得设立大学，除本令第六条、第十一条、第十七条第四款、第十九条第三款第四款外，均适用之。

第二十二条　本令自公布日施行。

《教育杂志》第4卷第10号，1913年1月。
又见《教育法规汇编》，1919年5月

专科学校组织法

1929年7月26日　国民政府公布

第一条　专科学校应遵照民国十八年四月廿六日国民政府公布之中华民国教育宗旨及其实施方针，以教授应用科学养成技术人才。

第二条　国立专科学校由教育部审察全国各地情形设立之。

第三条　专科学校由省政府或市政府设立者为省立或市立专科学校，由私人或私法人设立者，为私立专科学校。

前项专科学校之设立变更及停办，须经教育部核准。

第四条　专科学校设校长一人，综理校务。

国立专科学校校长由教育部聘任之，省立或市立专科学校校长，由省市政府请教育部聘任之。

第五条　专科学校设校务会议，其规则由学校自定，呈请教育部核准。

第六条　专科学校教员分专任、兼任两种,由校长聘任之,但兼任教员总数不得超过全体教员三分之一。

第七条　专科学校职员及事务员,由校长任用之。

第八条　专科学校入学资格,须曾在公立或已立案之私立中学毕业或具有同等学力,经入学试验及格者。

第九条　专科学校修业年限为二年或三年。

第一〇条　专科学校学生修业期满,考试及格,由学校给与毕业证书。

第一一条　私立专科学校校董会之组织及职权,由教育部定之。

第一二条　专科学校之规程,由教育部遵照本法另定之。

第一三条　本法自公布日施行。

《教育法令》,教育部编,中华书局,
1947年5月版,第144—145页

大 学 规 程

1929年8月14日　教育部公布

第一章　总　　纲

第一条　大学依大学组织法第四条之规定,分文、理、法、教育、农、工、商、医各学院。

独立学院依大学组织法第五条第二项之规定,得分两科。

第二条　大学依大学组织法第五条第一项之规定,至少须具备三学院,并遵照中华民国教育宗旨及其实施方针,大学教育注重实用科学之原则,必须包含理学院或农工医各学院之一。

第三条　大学或独立学院入学资格,须曾在公立或已立案之私立高级中学或同等学校毕业,经入学试验及格者。

大学或独立学院得酌收特别生,其具有前项学校毕业资格,于第一年内补受入

学试验及格者,得改为正式生。

第四条　大学或独立学院转学资格,须学科程度相同,有原校修业证明书,于学年或学期开始以前经试验及格者。但未立案之私立大学或独立学院学生,不得转学于公立及已立案之私立大学或独立学院。

大学各学院或独立学院各科最后一年级,不得收转学生。

第二章　学系及课程

第五条　大学各学院或独立学院各科,依大学组织法第六条之规定,得分若干学系。

第六条　大学文学院或独立学院文科:分中国文学、外国文学、哲学、史学、语言学、社会学、音乐学及其他各学系。

大学理学院或独立学院理科:分数学、物理学、化学、生物学、生理学、心理学、地理学、地质学及其他各学系,并得附设药科。

大学法学院或独立学院法科:分法律、政治、经济三学系,但得专设法律学系。

大学或独立学院之有文学院或文科而不设法学院或法科,及设法学院或法科而专设法律学系者,得设政治、经济二学系于文学院或文科。

大学教育学院或独立学院教育科:分教育原理、教育心理、教育行政、教育方法及其他各学系,大学或独立学院之有文学院或文科而不设教育学院或教育科者,得设教育学系于文学院或文科。

大学农学院或独立学院农科:分农学、林学、兽医、畜牧、蚕桑、园艺及其他各学系。

大学工学院或独立学院工科:分土木工程、机械工程、电机工程、化学工程、造船学、建筑学、采矿、冶金及其他各学系。

大学商学院或独立学院商科:分银行会计、统计、国际贸易、工商管理、交通管理及其他各学系。

大学医学院或独立学院医科不分系。

各学系遇必要时得再分组。

第七条　大学各学院或独立学院各科学生(医学院除外),从第二年起,应认定某学系为主系,并选定他学系为辅系。

第八条　大学各学院或独立学院各科,除党义、国文、军事训练及第一第二外国文为共同必修课目外,须为未分系之一年级设基本课目。

各学院或各科之课目分配及课程标准另定之。

第九条　大学各学院或独立学院各科课程,得采学分制。但学生每年所修学分须有限制,不得提早毕业。

聪颖勤奋之学生,除应修学分外,得于最后一学年选习特种课目,以资深造。试验及格时,由学校给予特种奖状。

第三章　经费及设备

第十条　大学各学院或独立学院各科开办费及每年经常费之最低限度(开办费包含建筑费、设备费等),暂定如下表。

凡性质相类之学院或科同时并设者,其开办费得酌减之。各学院或各科第一年之经常费,至少须各有额定数目三分之二。

第十一条　大学或独立学院须有相当校地、校舍、运动场、图书馆、实验室、实习室,及图书、仪器、标本、模型等设备。

大学各学院或独立学院各科之设备标准另定之。

第十二条　大学或独立学院每年扩充设备费,至少应占经常费百分之十五。

院别或科别	开办费	每年经常费
文学院或文科	100,000元	30,000元
理学院或理科	200,000元	150,000元
法学院或法科	100,000元	80,000元
教育学院或教育科	100,000元	80,000元
农学院或农科	150,000元	150,000元
工学院或工科	300,000元	200,000元
商学院或商科	100,000元	80,000元
医学院或医科	200,000元	150,000元

第四章 试验及成绩

第十三条 大学试验分下列四种：

一、入学试验；

二、临时试验；

三、学期试验；

四、毕业试验。

第十四条 入学试验由校务会议组织招生委员会,于每学年开始以前举行之,各大学因事实上之便利,得组织联合招生委员会。

第十五条 临时试验由各系教员随时举行之。每学期内至少须举行一次。临时试验成绩,须与听讲笔录、读书札记、及练习、实习、实验等成绩,分别合并核计,作为平时成绩。

第十六条 学期试验,由院长会同各系主任及教员于每学期之末举行之。学期试验成绩,须与平时成绩合并核计,作为学期成绩。

第十七条 毕业试验,由教育部派校内教授副教授及校外专门学者组织委员会举行之。校长为委员长。每种课目之试验,须于可能范围内有一校外委员参与,遇必要时,教育部得派员监试。

毕业试验即为最后一学期之学期试验。但试验课目须在四种以上,至少须有两种包含全学年之课程。

第十八条 毕业论文须于最后一学年之上学期开始时,由学生就主要课目选定研究题目,受该课教授之指导,自行撰述。在毕业试验期前,提交毕业试验委员会评定。

毕业论文得以译书代之。

第十九条 毕业论文或译书认为有疑问时,得举行口试。

毕业论文或译书成绩须与毕业试验成绩及各学期成绩合并核计,作为毕业成绩。

第二十条 农工商各学院学生自第二学年起,须于暑假或寒假期内在校外相当场所实习若干时期,无此项实习证明书者,不得毕业。

实习程序由各该学院自定,但须呈经教育部核准。

第二十一条　本章各条之规定,独立学院准用之。

第五章　专修科

第二十二条　大学各学院或独立学院各科得分别附设师范、体育、市政、家政、美术、新闻学、图书馆学、医学、药学及公共卫生等专修科。

第二十三条　各专修科以党义、军事训练、国文、外国文,为共同必修课目。

各专修科之课目分配及课程标准另定之。

第二十四条　专修科入学资格,须在高级中学或同等学校毕业,经入学试验及格者。

第二十五条　专修科之修学年限为二年或三年。但医学专修科于三年课目修毕后,须再实习一年。

第二十六条　专修科学生修业期满,考核成绩及格,由大学或学院给予毕业证书。

第二十七条　专修科得适用第十三条至第十七条之规定。

第六章　附则

第二十八条　私立大学或私立独立学院,除适用本规程外,并须遵照私立学校规程办理。

第二十九条　本规程由教育部根据大学组织法第二十五条之规定制定公布之。

第三十条　本规程自公布日施行。

《教育法令汇编》第一辑,教育部编,商务印书馆,1936年10月版,第124—126页

专科学校规程

1931年3月26日　教育部公布

第一章　总纲

第一条　专科学校之设立,应依照专科学校组织法第一条之规定,以教授应用

科学,养成技术人才。

第二条 专科学校修业年限为二年或三年,得由学校各依其种类分别自定之,但须呈经教育部核准。

医学专科学校修业年限,于三年课目修毕后,须再实习一年。

第三条 专科学校入学资格,须曾在公立或已立案之私立高级中学或同等学校毕业,或具有高级中学毕业同等学力,经入学试验及格者。

各校取录同等学力之学生,最多不得超过取录总额五分之一。

第四条 专科学校转学资格,须与学校性质相同,学科程度相等,有原校修业证明书,于学年或学期开始以前经试验及格者。但未立案之私立专门或专科学校学生,不得转学于公立及已立案之私立专科学校。

专科学校最后一年级,不得收转学生。

第二章 种类及课程

第五条 专科学校之种类如下:

甲类(设下列两种专科以上者,得称工业专科学校)

一、矿冶专科学校;

二、机械工程专科学校;

三、电机工程专科学校;

四、化学工程专科学校;

五、土木工程专科学校;

六、河海工程专科学校;

七、建筑专科学校;

八、测量专科学校;

九、纺织专科学校;

十、染色专科学校;

十一、造纸专科学校;

十二、制革专科学校;

十三、陶业专科学校；

十四、造船专科学校；

十五、飞机制造专科学校；

十六、其他关于工业之专科学校。

乙类（设下列两种专科以上者,得称农业专科学校）

一、农艺专科学校；

二、森林专科学校；

三、兽医专科学校；

四、园艺专科学校；

五、蚕桑专科学校；

六、畜牧专科学校；

七、水产专科学校；

八、其他关于农业之专科学校。

丙类（设下列两种专科以上者,得称商业专科学校）

一、银行专科学校；

二、保险专科学校；

三、会计专科学校；

四、统计专科学校；

五、交通管理专科学校；

六、国际贸易专科学校；

七、税务专科学校；

八、盐务专科学校；

九、其他关于商业之专科学校。

丁类

一、医科专科学校；

二、药学专科学校；

三、艺术专科学校；

四、音乐专科学校；

五、体育专科学校；

六、图书馆专科学校；

七、市政专科学校；

八、商船专科学校；

九、其他不属于甲乙丙三类之专科学校。

第六条　专科学校得依其种类，分别附设职业性质之高级中学。

第七条　专科学校课程，遇必要时得分若干组。

第八条　各种专科学校，以党义、军事训练、国文、外国文为共同必修科目。

各种专科学校之科目分配及课程标准另定之。

第九条　专科学校课程采学分制，但学生每学期所修学分，须有限制，不得提早毕业。

第三章　经费及设备

第十条　各种专科学校开办费及每年经常费之最低限度（开办费包含建筑费设备费等），暂定入下表：

类　　　别	开办费	每年经常费
甲类之一、二、三、四等项专科学校	二十万元	十万元
甲类五、六、七、九、十一、十五、十六等项专科学校	十五万元	八万元
甲类之八、十、十二、十三、十四等项专科学校	十万元	八万元
乙类之一、二、六、七、八等项专科学校	十万元	八万元
乙类之三、四、五等项专科学校	六万元	五万元
丙类之各项专科学校	六万元	五万元
丁类之医学专科学校	十五万元	十万元
丁类之药学专科学校	十万元	八万元
丁类之商船专科学校	十万元	六万元
丁类之三、四、五、六、七、九等项专科学校	六万元	五万元

各专门学校第一年之经常费至少须各有本表额定数目三分之二。至设立两科以上之工业、农业、商业各专科学校,其开办费及每年经常费之数目,应视其所设各科之数目及种类而定。如所设各科系性质相同者,得照本表额定标准酌量减少。

第十一条　专科学校每年扩充设备费至少应占经常费百分之十五。

第十二条　专科学校设备标准另定之。

第四章　试验及成绩

第十三条　专科学校试验分下列四种:

一、入学试验;

二、临时试验;

三、学期试验;

四、毕业试验。

第十四条　入学试验,由校务会议组织招生委员会,于每学年开始以前举行之。

第十五条　临时试验,由各科教员随时举行之,每学期内至少须举行一次。临时试验成绩,须与听讲笔录、读书札记及实习实验等成绩,分别合并核计,作为平时成绩。

第十六条　学期试验,由校长会同各教员于学期终举行之。学期试验成绩,须与平时成绩合并核计,作为学期成绩。

第十七条　毕业试验,即为最后一学期之学期试验,但试验科目须在五种以上,至少须有三种包含全学期之课程。毕业试验由教育部派校内教员及校长专门学者组织委员会举行之,校长为委员长。每种科目之试验,须于可能范围内有一校外委员参与。遇必要时教育部得派员监视。

第十八条　甲乙丙三种专科学校之学生,须于每年暑假或寒假期内在相当场所实习若干星期。无此项之实习证明书者,不得毕业。

实习程序由各校自定,但须呈经教育部核准。

第五章　附　　则

第十九条　私立专科学校除适用本规程外,并须遵照私立学校规程办理。

第二十条　本规程由教育部根据专科学校组织法第十二条之规定制定公布之。

第二十一条　本规程自公布日施行。

《教育法令汇编》第一辑，教育部编，商务印书馆，
1936年10月版，第145—146页

大学组织法

1929年7月26日　国民政府公布
1934年4月28日　国民政府修正公布

第一条　大学应遵照十八年四月二十六日国民政府公布之中华民国教育宗旨及其实施方针，以研究高深学术养成专门人才。

第二条　国立大学由教育部审察全国各地情形设立之。

第三条　由省政府设立者为省立大学；由市政府设立者为市立大学；由私人或私法人设立者为私立大学。前项大学之设立变更及停办，须经教育部核准。

第四条　大学分文、理、法、教育、农、工、商、医各学院。

第五条　凡具备三学院以上者，始得称为大学。

不合上项条件者为独立学院，得分两科。

第六条　大学各学院或独立学院各科，得分若干学系。

第七条　大学各学院及独立学院，得附设专修科。

第八条　大学得设研究院。

第九条　大学设校长一人，综理校务。国立、省立、市立大学校长简任，除担任本校教课外，不得兼任他职（本条国民政府二十三年四月二十八日修正公布）。

第十条　独立学院设院长一人，综理院务。

国立者由教育部聘任之，省立、市立者由省市政府请教育部聘任之，不得兼职。

第十一条　大学各学院各设院长一人，综理院务，由校长聘任之。

独立学院各科各设科主任一人，综理各科教务，由院长聘任之。

第十二条　大学各学系各设主任一人，办理各该系教务，由院长商请校长聘任之。

独立学院各系主任，由院长聘任之。

第十三条　大学各学院教员，分教授、副教授、讲师、助教四种，由院长商请校长聘任之。

第十四条　大学得聘兼任教员，但其总数不得超过全体教员三分之一。

第十五条　大学设校务会议，以全体教授、副教授所选出之代表若干人，及校长、各学院院长、各学系主任组织之，校长为主席。

前项会议，校长得延聘专家列席，但其人数不得超过全体人数五分之一。

第十六条　校务会议审议下列事项：

一、大学预算；

二、大学学院学系之设立及废止；

三、大学课程；

四、大学内部各种规则；

五、关于学生试验事项；

六、关于学生训育事项；

七、校长交议事项。

第十七条　校务会议得设各种委员会。

第十八条　大学各学院设院务会议，以院长、系主任及事务主任组织之。院长为主席，计划本院学术设备事项，审议本院一切进行事宜。各学系设系教务会议，以系主任及本系教授、副教授、讲师组织之。系主任为主席，计划本系学术设备事项。

第十九条　大学职员及事务员由校长任用之。

第二十条　大学入学资格，须曾在公立或已立案之私立高级中学或同等学校毕业，经入学试验及格者。

第二十一条　大学修业年限，医学院五年，余均四年。

第二十二条　大学学生修业期满，考核成绩及格，由大学发给毕业证书。

第二十三条　本法第三条第二项及第十三条至二十二条之规定,独立学院准用之。

第二十四条　私立大学或私立独立学院,校董会之组织及职权,由教育部定之。

第二十五条　大学或独立学院之规程,由教育部遵照本法另定之。

第二十六条　本法自公布日施行。

《教育法令》,教育部编,中华书局,
1947年5月版,第141页

私立专科以上学校
补助费分配办法大纲

1934年5月18日　教育部公布

一、教育部为奖助优良之私立专科以上学校发展起见,自民国二十三年度起,设置私立专科以上学校补助费额,其分配依本办法办理之。

二、补助费之给予,应以立案私立专科以上学校之办理成绩优良而经济困难,未得公私机关之充分补助者为限,同时注重理农工医之发展(每年至少应占全部补助费百分之七十),并酌量顾及地域之分配。

三、补助费总额定为全年七十二万元,约以百分之七十补助扩充设备,以百分之三十补助添设特种科目之教席。

四、补助费之给予,每次以一年为期,但中途经考核认为有违给予规定之条件时,得停止发给。

五、凡申请补助之私立专科以上学校,须具申请补助书,遵依教育部制定之项目详确填载,于每年四月底以前呈送教育部。民国二十三年度补助费之申请,至迟须于民国二十三年六月底以前将申请书送部。

六、补助费之给予,由教育部组织私立专科以上学校补助费审查委员会,审核决定。其组织及权限如下:

(1) 组织:

甲、设委员七人,内四人就部外专家中聘任。

乙、设秘书一人,指定委员一人兼任。

丙、凡在私立专科以上学校任有职务者不得充任委员。

丁、委员无给职,但开会或受本会委托执行视察或其它工作时,应给旅费。

戊、委员任期两年,得连任。

己、委员开会时之主席,由部就委员中每半年指定一次。

（2）权限：

甲、委员会审查各学校关于补助费申请,决定补助费之给予。前项决定教育部认为有修正必要时,得以书面提示理由移送委员会复议。

乙、关于本项补助之各种详细规章,得由委员会拟订送部决定施行。

丙、委员会执行职务时,除查询事件外,不直接对外收发公文。

七、补助费之分配,每年由教育部专案呈由行政院转报国民政府备案,并登公报。

八、本办法大纲自呈准公布之日施行。

申请补助书应叙明之事项：

一、申请之详细理由。

二、申请机关经费收支概况——应附送本年度详细预算,并摘记下列事项：

（1）学校收入

①学费②资产及资金③各项捐款④补助费（各项补助费应详细注明来源,如中央或地方政府机关庚款机关其他公共团体之类。）

（2）学校支出

①俸给费②办公费③设备费④特别费等。

三、请求补助院（或科）系之教学与设备概况。

（1）本学年教员人数及其主要教授姓名资历待遇。

（2）本学年各年级学生人数。

（3）本学年课程。

（4）图书价值。

（5）仪器机器价值及其主要仪器机器目录。

（6）房屋及其它设备。

四、申请补助教席时，应申叙教席设置之计划（其已预定人选者，并附述其姓名资历），与拟请补助之费额。

五、申请补助充实设备时，应申叙下列事项：

（1）申请补助图书费时，应记载拟请补助之费额。

（2）申请补助仪器、机器、扩充费时，应记载拟请补助之费额，并酌附拟购之机器仪器要目。

（3）拟添置其他设备时，应记载拟请补助之费额与其它必要之说明。

《教育法令》，教育部编，中华书局，
1947年5月版，第190—191页

大学研究院暂行组织规程

1934年5月19日　教育部公布

第一条　大学为招收大学本科毕业生，研究高深学术，并供给教员研究便利起见，得依大学组织法第八条之规定，设研究院。

第二条　研究院分文、理、法、教育、农、工、商、医各研究所，称文科研究所、理科研究所、法科研究所、教育研究所、农科研究所、工科研究所、商科研究所、医科研究所。凡具备三研究所以上者，始得称研究院，在未成立三研究所以前，各大学所设各科研究所，不冠用研究院名称。

第三条　各研究所依其本科所设各系分若干部，称某研究所某部（例如理科研究所物理部）。

各研究所依各大学经费师资与设备情形得陆续设立各部，或仅设置一部或数部。

第四条　研究院研究所暨研究所所属各部之设置，须经教育部之核准。

第五条　设置研究院研究所之大学，须具备下列条件：

一　除大学本科经费外有确定充足之经费专供研究之用；

二　图书仪器建筑等设备堪供研究工作之需；

三　师资优越。

第六条　大学研究院设院长一人，得由校长兼任。各研究所及所属各部各设主任一人。

第七条　招收研究生时，以国立、省立及立案之私立大学与独立学院毕业生经公开考试及格者为限。并不得限于本校毕业生。

在外国大学本科毕业者亦得应前项考试。

研究院各研究所或部于必要时停止招收研究生。

各大学依本规程所招收之研究生，应于取录后一个月内连同资格证件报部审核备案。

第八条　在学位法未颁布以前，各研究生研究期限暂定为至少二年。

期满考核成绩及格由大学发给研究期满考试及格之证书。

前项考试机关应有经部核准之校外人员参加，其详细规则另定之。

第九条　研究生应习之课程及论文工作由各校详细拟订，呈经教育部核定。

第十条　研究生不得兼任校内职务。

第十一条　研究生成绩优异者得给予奖学金，其名额及金额由各校自定之。

第十二条　独立学院得准照本规程各条之规定设置研究所。

第十三条　各大学或独立学院，在本规程公布前，已设置研究所者，应依本规程第四条及第五条之规定，呈部审核，经审核认可者，方得继续设立。

第十四条　本规程自公布之日施行。

《教育法令汇编》第一辑，教育部编，商务印书馆，
1936年10月版，第127—128页

学位分级细则

1935年5月23日　教育部公布

第一条　本细则根据学位授予法第二条之规定订定之。

第二条　文科学位分文学士、文学硕士、文学博士三级。

大学文学院或独立学院文科，设有政治学系、经济学系，及文科研究所设有政治学部、经济学部者，其学位之级数及名称应与法科同。

第三条　理科学位分理学士、理学硕士、理学博士三级。

第四条　法科学位分法学士、法学硕士、法学博士三级。

大学法学院，或独立学院法科设有商学系及法科研究所设有商学部者，其学位之级数及名称，应与商科同。

第五条　教育科学位分教育学士、教育硕士、教育博士三级。

第六条　农科学位分农学士、农学硕士、农学博士三级。

第七条　工科学位分工学士、工学硕士、工学博士三级。

第八条　商科学位分商学士、商学硕士二级。

大学商学院或独立学院商科设有经济学系，及商科研究所设有经济学部者，其学位之级数及名称应与法科同。

第九条　医科学位分医学士、医学硕士、医学博士三级。

第一○条　大学或独立学院及其研究院或研究所，设有特殊系部者，如对于该系部所授学位须用何项名称发生疑义时，应呈请教育部核定。

第一一条　各级学位证书，应载明受学位者在本科所属之系或研究所所属之部，学位证书格式另定之。

第一二条　本细则自公布之日施行。

《教育法令》，教育部编，中华书局，
1947年5月版，第182—183页

学 位 授 予 法

1935年4月22日　国民政府公布
1935年7月1日　施行

第一条　学位之授予依本法之规定。

第二条　学位分学士、硕士、博士三级。但特种学科得仅设二级或一级。前项分级细则，由教育部定之。

第三条　凡曾在公立或立案私立之大学或独立学院修业期满，考试合格，并经教育部复核无异者，由大学或独立学院授予学士学位。

第四条　依本法受有学士学位，曾在公立或立案私立之大学或独立学院之研究院或研究所继续研究两年以上，经该院所考核成绩合格者，得由该院所提出为硕士学位候选人。

硕士学位候选人考试合格，并经教育部复核无异者，由大学或独立学院授予硕士学位。

硕士学位考试细则，由教育部定之。

第五条　依本法受有硕士学位，在前条所定研究院或研究所继续研究两年以上，经该院所考核成绩合格，提出于教育部审查许可者，得为博士学位候选人。

第六条　具有下列资格之一，经教育部审查合格者，亦得为博士学位候选人。

一　在学术上有特殊之著作或发明者。

二　曾任公立或立案私立之大学或独立学院教授三年以上者。

第七条　博士学位候选人，经博士学位评定会考试合格者，由国家授予博士学位。

博士学位评定会之组织，及博士学位考试细则，由行政院会同考试院定之。

第八条　硕士学位及博士学位之候选人，均须提出研究论文。

第九条　本法施行前在公立或立案私立之大学或独立学院之本科毕业生，与依第三条受有学士学位者有同一之资格。

第十条　在经教育部认可之国外学校或其他学术机关得有学位者，得称某国或某国某学校某学位。

第十一条　名誉博士学位之授予，另以法律定之。

第十二条　本法施行日期，以命令定之。

《教育法令汇编》第一辑，教育部编，商务印书馆，1936年10月版，第129—132页

大学及独立学院各学系名称

1939 年 9 月 4 日　教育部公布

查各大学及独立学院所设学系,名称既多不同,隶属学院亦有岐异。本部于整理大学各学院课程之初,即将各学系名称及隶属学院问题征询各专家意见,并于举行大学分院课程会议时提出讨论。兹斟酌各方意见,将各学院所属各学系之名称分别规定如下:

一、文学院设中国文学、外国语文、哲学、历史学及其他各学系。

二、理学院设数学、物理学、化学、生物学、地质学、地理学、心理学及其他各学系。

三、法学院设法律、政治、经济、社会学及其他各学系。

四、农学院设农艺、森林、畜牧、兽医、蚕桑、园艺、植物病虫害、农业化学、农业经济及其他各学系。

五、工学院设土木工程、水利工程、机械工程、航空工程、电器工程、矿冶工程、化学工程、纺织工程、建筑工程及其他各学系。

六、商学院设银行、会计、统计、国际贸易、工商管理、商学及其他各学系。文学院或法学院亦得设置商学系。

七、凡各校单独设置某院之一二学系,而该院并未单独成立者,得附设于性质相近之学院。

八、两学门以上并合组成之学系,由各校院就合组情形拟订名称,呈部核定。

除分令外,合行令仰遵照。

《教育法令》,教育部编,中华书局,
1947 年 5 月版,第 144 页

大学及独立学院教员人数暂行标准

1942 年 7 月 20 日　教育部颁发

一、大学及独立学院教员人数,按各学系专任教员(指专任教授、副教授及讲师,

以下同)、共同必修科专任教员及助教三种订定之。

二、大学及独立学院除医学院外,各科系各专科教员人数,按各该学系分系必修及选修各分数暨实习或实验情形,参酌大学及独立学院聘任待遇暂行规程规定教授副教授及讲师每周授课时数(九至十二小时)订定之。

三、根据第二项所列标准规定大学各学院及独立学院专任教员人数如下:

(一)文学院按四系计算,得聘专任教员十六人至二十人;不达四系者比照递减。其人数如下表:

文学院各系专任教员人数标准表

系别	专任教员人数	备注
中国文学系	四—五	各院系共同必修国文科专任教员另行计算
外国语文学系	四—五	各院系共同必修外国文科专任教员另行计算
哲学系	四—五	各院系共同必修哲学科专任教员另行计算
历史学系	四—五	各院系共同必修历史科专任教员另行计算

(二)理学院按七系计算,得聘专任教员三十五人至四十二人;不达七系者比照递减。其人数分配如下表:

理学院各系专任教员人数标准表

系别	专任教员人数	备注
数学系	五—六	各院系共同必修数学科专任教员另行计算
物理学系	五—六	各院系共同必修物理学科专任教员另行计算
化学系	五—六	各院系共同必修化学科专任教员另行计算
生物学系	五—六	各院系共同必修生物学科专任教员另行计算
心理学系	五—六	
地理学系	五—六	
地质学系	五—六	各院系共同必修地质学科专任教员另行计算

(三)法学院按四系计算,得聘专任教员十七人至二十一人;不达四系者比照递减。其人数分配如下表:

法学院各系专任教员人数标准表

系　　别	专任教员人数	备　　注
法律学系	五—六	各学院共同必修法律科专任教员另行计算
政治学系	四—五	
经济学系	四—五	各学院共必修经济学科专任教员另行计算
社会学系	四—五	

（四）师范学院按九系计算，得聘专任教员四十人至五十人；不达九系者比照递减。其人数分配如下表：

师范学院各系专任教员人数标准表

系　　别	专任教员人数	备　　注
教育学系	八—十	内有本院各系共同必修教育学系及分配必修教育学科教员三至四人
公民训育学系	四—五	分系必修及选修学分中有可与教育系课程合并讲授者
国文学系	四—五	同上
英语学系	四—五	同上
数学系	四—五	同上
理化学系	四—五	同上
史地学系	四—五	同上
博物学系	四—五	同上
体育学系	四—五	同上

（五）农学院按八系计算，得聘专任教员三十三人至四十一人；不达八系者比照递减，其人数分配如下表：

农学院各系专任教员人数标准表

系　　别	专任教员人数	备　　注
农艺学系	五—六	内有本院共同必修科教员一人
森林学系	四—五	

(续表)

系　别	专任教员人数	备　　注
畜牧兽医学系	四一五	
蚕桑学系	四一五	
园艺学系	四一五	
植物病虫害学系	四一五	
农业化学系	四一五	
农业经济学系	四一五	

（六）工学院按九系计算，得聘专任教员四十六人至五十五人；不达九系者比照递减。其人数分配如下表

工学院各系专任教员人数标准表

系　别	专任教员人数	备　　注
土木工程学系	六一七	内有本院共同必修科教员一人
水利工程学系	五一六	
机械工程学系	五一六	
航空工程学系	五一六	
电机工程学系	五一六	
矿冶工程学系	五一六	
化学工程学系	五一六	
纺织工程学系	五一六	
建筑工程学系	五一六	

（七）商学院按六系计算，得聘专任教员二十五人至三十一人；不达六系者比照递减。其人数分配如下表：

商学院各系专任教员人数标准表

系　别	专任教员人数	备　　注
银行学系	四一五	
会计学系	五一六	内有本院共同必修科教员一人

(续表)

系　　别	专任教员人数	备　　　注
统计学系	四—五	
国际贸易学系	四—五	
工商管理学系	四—五	
商 学 系	四—五	

四、独立设置医学院,得聘专任教员二十二人至三十人。附设于工学院之医学院普通学科教员由他院或共同必修科教员兼任者,应酌量减少。

五、大学各学院及独立学院共同必修之国文、英文、数学、物理学、化学及生物学等科专任教员人数,规定标准如下:

（一）每学科每班学生人数以三十人至四十人为准。不足三十人者得开设一班；超过四十人以上,按上述标准增开班数。

（二）每学科每周达九小时至十二小时者,得聘专任教员一人,担任教学改卷及指导实验。

（三）如某科每周不及九小时者得与有关学科合聘专任教员或兼任教员。

六、大学各学院及独立学院其他共同必修科,均依照其课程种类分别于有关各该系专任教员名额外,加聘教员（未设有各该系者仍列入共同必修科内）,其人数规定如下:

（一）哲学系加聘共同必修科专任教员一人。

（二）历史学系加聘共同必修科专任教员一人至二人。

（三）地质学系加聘共同必修科专任教员一人。

（四）法律学系加聘共同必修科专任教员一人。

（五）经济学系加聘共同必修科专任教员一人。

七、大学各学院及独立学院之三民主义及体育教员,按照各学院班级人数,聘请专任教员。不足专任钟点,得聘兼任教员。其人数另行计算之。

八、大学各学院及独立学院之助教人数,按各学系实验实习及练习之实际需要,并参照各学系现有助教之平均数,规定名额如下:

各院系助教人数标准表

院别	系别	人数	备注
文学院	中国文学系	二一三	本院按四系计算得聘助教六人至十人,不达四系者比照递减
	外国语文学系	二一三	
	哲学系	一一二	
	历史学系	一一二	
理学院	数学系	三一四	本院按七系计算得聘助教二十四人至三十一人,不达七系者比照递减
	物理学系	四一五	
	化学系	四一五	
	生物学系	四一五	
	心理学系	三一四	
	地理学系	三一四	
	地质学系	三一四	
法学院	法律学系	一一二	本院按四系计算得聘助教六人至十人,不达四系者比照递减
	政治学系	一一二	
	经济学系	二一三	
	社会学系	二一三	
师范学院	教育学系	二一三	本院按九系计算得聘助教二十人至二十九人,不达九系者比照递减
	公民训育学系	一一二	
	国文学系	二一三	
	英语学系	二一三	
	数学系	三一四	
	理化学系	三一四	
	史地学系	二一三	
	博物学系	三一四	
	体育学系	二一三	
农学院	农艺学系	三一四	本院按八系计算得聘助教十七人至二十五人,不达八系者比照递减

(续表)

院别	系别	人数	备注
农学院	森林学系	二—三	
	畜牧兽医学系	三—四	
	蚕桑学系	二—三	
	园艺学系	二—三	
	植物病虫害学系	二—三	
	农业化学系	二—三	
	农业经济学系	一—二	

《教育法令》，教育部编，中华书局，
1947年5月版，第149—151页

国立专科以上学校教员支给学术研究补助费暂行办法

1943年10月30日　教育部公布

一、国立各专科以上学校教员除原有一切待遇外得支给学术研究补助费，俾便购置图书仪器文具，供参考研究之用。

二、国立各专科以上学校教员学术研究补助费由教育部呈请行政院另拨专款分别转发。

三、国立各专科以上学校教员支给学术研究补助费，应以专任并经教育部审查合格者为限，其人数并不得超过各该校院编制表规定之名额。

四、国立各专科以上学校教员学术研究补助费按照核定之等别及下列标准支给之：

（一）教授每人月支五百元；

（二）副教授每人月支三百八十元；

（三）讲师每人月支二百五十元；

（四）助教每人月支一百三十元。

五、国立各专科以上学校对于教员学术研究补助费,应先期造具请领名册呈请教育部核发其款项并应专户存储不得挪用,并于每月发款时应造册印领清册及收支对照表各三份呈报教育部审核。

附注：自三十五年七月份起第四项补助费支给标准改为教授五万元,副教授四万元,讲师三万元,助教二万元（原件如此——编者）。

《教育法令》,教育部编,中华书局,1947年5月版,第160页

专科以上学校导师制实施办法
1944年9月8日　教育部公布

第一条　专科以上学校导师制之实施,依本办法之规定。

第二条　各校（院）应将全校学生,按其所属院系（科）分为若干组,每组设导师一人,由校（院）长聘请专任教师充任之。每组学生人数由各校（院）酌定,但至多不得超过二十人。各校（院）专任教师皆有充任导师之义务,大学各学院院长、系（科）主任为各该院系（科）主任导师,负责领导各该院系（科）导师实施训导工作。

第三条　各校（院）应于每学期之始,由训导处拟定训导计划,并记载学生身体状况及学行成绩,分送各组导师,以作实施训导之参考。

第四条　各组导师对于学生之思想、行为、学业及身心摄卫,均应体察个性,依据训育标准表之规定及各该校（院）训导计划,施以严密之训导,使得正常发展健全人格。

前项训育标准表另定之。

第五条　训导方式除个别训导外,导师应分别利用课余及例假时间,集合本组学生举行谈话会、讨论会、远足会、交谊会以及其他有关团体生活之训导,各该院系（科）主任导师得参加该项团体生活之训导。

第六条　各组导师对于学生之性行、思想、学业、身体状况各项,均应详密记载,并应针对学生缺点,提出改进意见,每学期由各院系（科）主任导师汇集报告训导处

一次,并由训导处根据考察结果及导师报告通知学生家长。如平时发现学生不良习性或其他特殊事项,应随时通报。

第七条 各组导师认为学生不堪训导时,可商请各该院系(科)主任导师转请校(院)长,准予退训,由学校另行聘请导师训导,如再经退训时即由学校核予惩处。

第八条 各学院系(科)主任导师及各组导师应每月出席训导会议一次,会报各组训导实施情形,并研究关于训导之共同问题。训导会议由训导处召集校(院)长为主席,校(院)长缺席时,以训导长或主任为主席。大学如因学生人数过多,而设有训导分处者,分院每月举行训导会议,由训导分处召集该院院长为主席,院长缺席时,以训导分处主任主席。但全校训导会议,每学期至少须举行一次,各学院按照导师人数比例,推派代表参加。

第九条 导师训导成绩优良者,由教育部订定办法给予奖励。

第十条 本办法自公布日施行。

《教育法令》,教育部编,
1947年5月

专科以上学校学生学籍规则

1941年2月29日 教育部公布
1947年3月27日 教育部修正公布

第一章 总 纲

第一条 专科以上学校处理学生学籍暨学生休学、复学、退学、留级、转院、转系等事宜,及呈报学生成绩毕业等手续均依本规则办理。

第二条 专科以上学校新生入学资格及转学生转学资格,应分别依照大学规程、专科学校规程及大学研究所暂行组织规程之规定。

第三条 专科以上学校得酌收特别生,以边疆、华侨及外国籍学生为限。

第四条 专科以上学校招收新生转学生应于招考前三个月拟定,各科系招生名

额连同招生简章呈报教育部核准前，不得先行招生。

第五条　专科以上学校新生、转学生，入学注册时应呈缴保证书。保证人须具有正当职业并负学生在校期间之一切责任。

前项保证书由保证人签名盖章，载明详细住址及职业并粘贴学生相片。其表式由学校自定之。

第六条　专科以上学校对于学生学籍应有详细之登录，详填学生姓名、性别、年龄、籍贯、学历、所属院系科组、入学年月、教育部核定学籍情形及指令文号、每学期成绩、暨家长或监护人之姓名、住址等项，并粘贴学生相片，其表式由学校自定之。

第七条　专科以上学校学生学籍事宜，须由学校呈部核办，学生不得径呈教育部请求或申述。

第二章　新生　特别生

第八条　投考专科以上学校一年级新生，除第六章所规定之同等学力学生外，应缴验高级中学或同等学校之毕业证书或临时毕业证明书。投考五年制或六年制之专科学校或专修科者，应缴验初级中学或同等学校之毕业证书或临时毕业证明书。

前项毕业证书未经主管教育行政机关验印或有其他不合之处，不得认为有效。

第九条　师范学校或师范科毕业生投考专科以上学校者，除缴验毕业证书外，并应缴验服务四年期满证明书。

第十条　职业学校毕业生以投考与原习学科性质相近之科系为限，除缴验毕业证书外，并应缴服务四年期满证明书。

第十一条　专科以上学校录取之新生，其因病或其他特殊事故不能于该学期入学者，得呈请学校保留资格展缓入学，惟以一年为限。

第十二条　第三条所规定之特别生在第一学年内肄业，成绩及格者得呈请教育部改为正式生，不及格者得由校酌准留级肄业一年。留级肄业成绩仍不及格者，应令退学，由校发给成绩单及修业证明书。

第三章　转学　转院　转系

第十三条　专科以上学校学生转学,应于报名时呈验原校发给之转学证明书。原校所发修业证明书或成绩证明书仅为证明学生修业成绩之用,不得作为转学证件。

第十四条　专科以上学校学生转学须受编级试验,其科目由校参照部颁必修科目订定之。

第十五条　专科以上学校学生转学,以转入与原肄业院系科组性质相同者为原则。其因故须改入其他院系科组者,如编级试验及格而该院系科组所规定之科目在原校已修习及格,得编入与原肄业年级相衔接之年级肄业,否则其应修未修各科应令补修及格或酌量降低其年级。

第十六条　师范学院或师范专科学校学生以转学其他师范学院或师范专科学校为限。

第十七条　转学生经编级试验及格后其在原校修习之科目与部颁课程相符且成绩及格者转学学校应予承认。

第十八条　专科学校或专修科之肄业生不得转学于大学或独立学院。

第十九条　五年制及六年制专科学校不得招收高中及其同等学校肄业生或毕业生为转学生。

第二十条　大学或独立学院毕业生继续入本校之其他系科肄业者,经成绩审查合格得自第三年级第一学期起读其缺修必修科目者须补修及格。

前项毕业生继续入他校肄业者得采编级试验。

第二十一条　大学或独立学院学生转院限于第二年级开始以前,转系限于第三年级开始以前,均以一次为限,并须修满转入院系所规定之课程方得毕业。

第二十二条　专科学校学生转科组者得参照前条之规定办理。

第四章　休学　复学　退学

第二十三条　专科以上学校学生因故请求休学者,由校核准后得休学一学期或一学年,必要时得请求延长,但总共不得超过二学年。

第二十四条　休学生复学时应在原肄业之院系科组及相衔接之年级肄业，休学时学期成绩尚未结束者，复学时应仍编入原级。

第二十五条　休学逾期之学生请求复学时，应与转学生同受编级试验。

第二十六条　专科以上学校学生因故请求退学或转学者由校核准后得发给修业证明书（书式一，略）或转学证明书（书式二，略）。

前项转学证明书学生学籍未经核准者不得发给。

第五章　研　究　生

第二十七条　投考大学研究所之研究生应缴验大学或独立学院毕业证书。

第二十八条　研究生中途停止研究者不给证明文件。

第二十九条　研究生之招考入学注册等事项比照本规则有关各条之规定办理并应专案呈报。

第六章　同　等　学　力

第三十条　大学及独立学院招收同等学力学生，以不超过录取新生总额百分之五为限。

第三十一条　专科学校及大学或独立学院附设之专修科招收同等学力学生，以不超过录取新生总额百分之十为限。

第三十二条　非以同等学力资格录取之新生不得改为同等学力资格入学。

第七章　成　　绩

第三十三条　学生学业成绩分学期成绩及毕业成绩两种，均以六十分为及格。

第三十四条　学期试验成绩与平时成绩合并核计作为学期成绩。

第三十五条　各学期成绩毕业论文成绩与总考成绩合并核计作为毕业成绩。

第三十六条　学生学期成绩不及格科目之学分总数不满该学期修习学分总数三分之一，其不及格科目在五十分以上者，得予补考一次。补考成绩及格者概以六十分计算，不及格者应令重读。

第三十七条　学生学期成绩不及格科目不满五十分者,不得补考,应令重读。必修科目二种以上重读二次不及格者,应令退学。

第三十八条　学生学期成绩不及格科目之学分数达该学期修习学分总数三分之一以上者,不得补考。次学期修习学分并应减少四分之一。

前项学生次学期成绩不及格科目之学分数仍达该学期修习学分总数三分之一者,应令退学。

第三十九条　学生学期成绩不及格科目之学分数达该学期修习学分总数二分之一以上者,不得补考,应令退学。

第四十条　大学医学院、独立学院医科及医学专科学校之前期考试,其不及格之科目,应分别参照第三十六条至第三十九条之规定办理。

第四十一条　专科以上学校对于学生各项试卷成绩应妥为保存,以备教育部随时调阅或派员抽阅。

第四十二条　专科以上学校为提高学生程度得另订学业成绩考核办法,呈报教育部备案。

第四十三条　专科以上学校学生在肄业期间有违犯学校规则或其他违法不端情事者,应按其情节轻重予以申诫、记过、勒令退学或开除学籍之处分。

开除学籍应专案呈报教育部备案。

第四十四条　专科以上学校不得招收其他校院开除学籍之学生。

第八章　毕　业

第四十五条　专科以上学校毕业总考科目为各系科组各年级所习之主要专门科目三种,其平均成绩不及格者不得毕业。不及格之科目得补考一次,仍不及格者,得准参加下届毕业总考,但以一次为限。

第四十六条　毕业成绩及格者,得由校先行发给临时毕业证明书(书式三,略),俟正式毕业证书经部验印后再行换领。

第四十七条　学生毕业资格未经教育部核准备案者一律无效。在国民政府成立前未经前北京教育部核准,及国民政府成立后未经前大学院核准者,均比照前项规定办理。

第九章　呈报备案

第四十八条　专科以上学校应于每学期注册截止后十日内,将各院系科组各年级注册学生人数(见表式一,略)呈报教育部备案。

第四十九条　各校应于每学期终了后两个月内将各级肄业生学业成绩表(见表式二,略)呈报教育部备案。

第五十条　各校招收之新生、转学生、研究生、特别生及特别生之改为正式生者,应由校于学期开始后两个月内按照规定表式(见表式三,表式四,表式九,略)造具名册连同学历证件及学生相片分别呈报教育部备案。前项学生学历证件如未能如期缴集齐全得分两次呈报。先于规定期限内将名册送部,但学历证件至迟须于本学期结束前呈部审核。学生相片应粘贴成册,并于其下注明学生姓名。

第五十一条　各校如有休学、复学、转院、转系、退学学生时,应由校于本学期开始后两个月内按照规定表式(见表式五至表式八,略),造具名册分别呈报教育部备案。

第五十二条　各校应届毕业生应由校于举行总考前三个月依照规定表式(见表式十,略)造具名册,连同毕业试验委员会委员名单及考试科目表呈报教育部审核。

第五十三条　应受硕士学位考试研究生名册(见表式十一,略)及考试委员会委员名单呈报期限与前条同。

第五十四条　各校毕业生应由校于考试完毕后三个月内依照规定表式(见表式十二,略)造具名册,连同各生历年各科详细成绩表式(表式十四,略)、毕业证书及各生相片呈报教育部审核。

前项学生相片应粘贴成册,并于其下注明学生姓名。

第五十五条　研究生研究期满考试合格之论文(附提要一份)、试卷、名册(见表式十三,略)及各项成绩证书、相片等项呈报之期限与前条同。

第十章　年龄籍贯更名改姓

第五十六条　专科以上学校学生之姓名、年龄、籍贯,应以各生中等学校毕业证书所载者为准。

第五十七条　专科以上学校在校生及毕业生请求更名、改姓、冠姓或更改籍贯者,应依照规定手续呈经内政部核准后,呈请原校转呈教育部备案。

第十一章　附　　则

第五十八条　专科以上学校得酌收旁听生,旁听生无学籍。

第五十九条　本规则自公布日起施行。

《教育法令》,教育部编,中华书局,
1947年5月版,第162—164页

大　学　法
1948年1月12日　国民政府公布

第一条　大学依中华民国宪法第一百五十八条之规定以研究高深学术养成专门人才为宗旨。

第二条　国立大学由教育部审察全国各地情形设立之。

第三条　大学由省立者为省立大学,由直辖市设立者为市立大学,由私人设立者为私立大学。

前项大学之设立、变更及停办,须经教育部核准。

第四条　大学分文、理、法、医、农、工、商等学院。

师范学院应由国家单独设立,但国立大学得附设之。本法施行前已设立之教育学院,得继续办理。

第五条　凡具备三院以上者,始得称为大学。

不合上项条件者,为独立学院,得分二科。

第六条　大学各学院及独立学院,分设学系。

第七条　大学或独立学院各学系,办理完善成绩优良者,得设研究所。

第八条　大学置校长一人,综理校务,国立省立市立大学校长简任,私立大学校长由董事会聘任,呈报教育部备案。校长除担任本校教课外,不得兼任他职。

私立大学得置副校长一人,辅助校长处理校务。

第九条　独立学院置院长一人,综理院务,国立者由教育部聘任之,省立市立者由省市政府请教育部聘任之,私立者由董事会聘任,呈报教育部备案。院长除担任本院教课外,不得兼任他职。

第十条　大学各学院各置院长一人,综理院务,由校长聘任之。

第十一条　大学各学系各置主任一人,办理系务,由院长商请校长聘任之。

第十二条　大学教员分教授、副教授、讲师、助教四种,由院长系主任商请校长聘任之。

第十三条　大学设教务、训导、总务三处,置教务长、训导长、总务长各一人,秉承校长分别主持全校教务、训导及总务事宜,由校长聘任之,均应由教授兼任。

第十四条　大学各处得分设各组馆,各置主任一人,办理各组馆事务,由各处主管人商请校长任用之。

大学图书馆规模完备者,得置馆长一人,由校长聘任之。

第十五条　大学校长室得置秘书一人或二人,由校长聘任之。

第十六条　大学设会计室,置会计主任一人,佐理员及雇员若干人,依法律之规定办理岁计会计事宜。

前项人员之任用,私立大学暂不适用。

第十七条　大学得因教学实习及研究之需要,分别附设各种实习或实验机构,其办法由校拟订,呈请教育部核定之。

第十八条　大学各组馆及附设各机构,得各置职员若干人,由校长任用之。

第十九条　大学设校务会议,以校长、教务长、训导长、总务长、各学院院长、各学系主任及教授代表组织之,校长为主席。教授代表之人数,不得超过前项其他人员之一倍,亦不得少于前项其他人员之总数。

第二十条　校务会议审议下列事项:

一、预算;

二、学院学系研究所及附设机构之设立变更与废止;

三、教务训导及总务上之重要事项；

四、大学内部各种重要章则；

五、校长交议及其他重要事项。

第二十一条　大学设行政会议，以校长、教务长、训导长、总务长、及各学院院长组织之，校长为主席，协助校长处理有关校务执行事项。

第二十二条　大学设教务会议，以教务长各学院院长及各学系主任组织之，教务长为主席，讨论教务上重要事项。

第二十三条　大学各学院设院务会议，以院长及各学系主任及本院教授、副教授代表组织之，院长为主席，讨论本院学术设备及其他有关院务事项。

各学系设系务会议，以系主任及本系教授、副教授、讲师组织之，系主任为主席，讨论本系教学研究及其他有关系务要项。

第二十四条　大学各处分设处务会议，以各处主管人及各组馆主任组织之，各处主管人为主席，讨论各处主管重要事项。

第二十五条　大学得设训育委员会，以校长、教务长、训导长为当然委员，并由校长聘请教授三人至十五人组织之，校长为主席，训导长为秘书，规划有关训导之重要事项。

第二十六条　大学入学资格，应曾在公立或已立案之私立高级中学或同等学校毕业，或具有同等学力，经入学试验及格者。

第二十七条　大学修业年限，医学院五年，余均四年，但医学生及师范生须另加实习一年。

第二十八条　大学各学院附设专修科，招收高级中学或其同等学校毕业生，或具有同等学力者，修业二年，但应呈请教育部核准后设立之。

第二十九条　大学生修业期满，有实习年限者，并经实习完毕，经考核成绩及格，由大学发给毕业证书，除专修科外，分别授予学士学位。

第三十条　本法第三条及第十二条至第二十九条之规定，于独立学院准用之，但第十三条规定之三处主管人员在独立学院应称主任。

第三十一条　私立大学及独立学院董事会之组织，由教育部定之。

第三十二条　大学及独立学院规程,由教育部依本法拟订,呈请行政院核定之。

第三十三条　本法自公布日施行。

《教育部公报》第 20 卷第 1 期,第 1—3 页

专科学校法

1948 年 1 月 12 日　国民政府公布

第一条　专科学校依中华民国宪法第一百五十八条之规定,以教授应用科学养成技术人才为宗旨。

第二条　国立专科学校,由教育部审察全国各地情形设立之。

第三条　专科学校由省或直辖市设立者,为省立或市立专科学校,由私人设立者,为私立专科学校。

前项专科学校之设立变更及停办,应经教育部核准。

第四条　专科学校得就同一门类,分设若干科。

第五条　专科学校置校长一人,综理校务,国立专科学校校长由教育部聘任之,省立或市立专科学校校长由省市政府请教育部聘任之,私立专科学校校长由董事会聘任,呈报教育部备案,校长除担任本校教课外,不得兼任他职。

第六条　分科之专科学校,各科各置主任一人,综理科务,由校长聘任之。

第七条　专科学校教员,由校长聘任之。

前项教员经部审定合于教授副教授讲师资格者,得分别称教授副教授讲师。

第八条　专科学校设教务训导总务三处,分别置教务主任训导主任总务主任各一人,秉承校长主持全校教务训导及总务事宜,由校长聘任之,均应由教员兼任。

第九条　专科学校各处得分设各组馆,各置组馆主任一人,办理各组馆事务,由各处主任商请校长任用之。

第十条　专科学校设会计室,置会计主任一人,佐理员及雇员若干人,依法律之规定办理岁计会计事宜。

前项人员之任用,私立专科学校暂不适用。

第十一条　专科学校得因教学及实习之需要,分别附设各种实习或实验机构,其办法由校拟订,呈请教育部核定之。

第十二条　专科学校各组馆及附设机构,得各设职员若干人,由校长任用之。

第十三条　专科学校设校务会议,以校长、教务主任、训导主任、总务主任、各科主任及专任教员代表组织之,校长为主席。专任教员代表之人数,不得超过前项其他人员之一倍,亦不得少于前项其他人员之总数。

第十四条　校务会议审议下列事项：

一、预算；

二、科及附设机构之设立变更与废止；

三、教务训导及总务上之重要事项；

四、学校内部各种重要章则；

五、校长交议及其他重要事项。

第十五条　专科学校设教务会议,以教务主任及担任主要科目之专任教员组织之,教务主任为主席,讨论教务上重要事项。

分科之专科学校教务会议,以教务主任、科主任及担任主要科目之专任教员组织之。

第十六条　分科之专科学校设科务会议,以科主任及本科专任教员组织之,科主任为主席,讨论本科教学设备研究及其他事项。

第十七条　专科学校各处分设处务会议,以各处主管人及各组馆主任组织之,各处主管人为主席,讨论各处重要事项。

第十八条　专科学校得设训育委员会,以校长、教务主任、训导主任为当然委员,并由校长聘请担任主要科目之专任教员三人至十五人组织之,校长为主席,训导主任为秘书,规划有关训导之重要事项。

第十九条　专科学校入学资格,应曾在公立或已立案之私立高级中学毕业或具有同等学力,经入学试验及格者。

第二十条　专科学校修业年限二年,医科三年,但医学生及师范生应另加实习一年。

音乐艺术等学科宜提前修习者,得招收初级中学毕业生,修业年限五年。

第二十一条　专科学校学生修业期满,有实习年限者,并经实习完毕,经考核成绩及格,由学校发给毕业证书。

第二十二条　私立专科学校董事会之组织,由教育部定之。

第二十三条　专科学校规程,由教育部依本法拟订,呈请行政院核定之。

第二十四条　本法自公布日施行。

《教育部公报》第 20 卷第 1 期,第 2—3 页

师范教育

师范教育令
1912年9月29日 教育部公布

第一条 师范学校以造就小学校教员为目的。

专教女子之师范学校称女子师范学校,以造就小学校教员及蒙养园保姆为目的。

高等师范学校以造就中学校、师范学校教员为目的。

女子高等师范学校以造就女子中学校、女子师范学校教员为目的。

第二条 师范学校定为省立,由省行政长官规定地点及校数,报告教育总长分别设立。

县因特别情事,依本令之规定,由省行政长官报经教育总长许可,得设立师范学校,为县立师范学校。

两县以上联合设立师范学校者,亦须依前项之规定。

私人或私法人依本令之规定,经省行政长官报告教育总长许可,得设立师范学校,为私立师范学校。

高等师范学校定为国立,由教育总长通计全国,规定地点及校数分别设立。

第三条 师范学校经费,以省经费支给之。

高等师范学校经费,以国库金支给之。

本条第一项之规定,在第二条之第二、第三、第四项不得援用。

第四条 师范学校、高等师范学校之修业年限、学科目及程度,别以规程定之。

第五条 师范学校、高等师范学校之编制及设备,别以规程定之。

第六条 师范学校、高等师范学校学生入学资格及毕业后之服务,别以规程定之。

第七条 师范学校教员,以经检定委员会认为合格者充之。

第八条　师范学校校长教员之俸给，依部订规程之标准，由省行政长官定之。

高等师范学校校长教员之俸给，别以规程定之。

第九条　师范学校、高等师范学校学生免纳学费，并由本学校酌给校内必要费用。依前项规定外，得收自费学生。

第十条　师范学校应设附属小学校，高等师范学校应设附属小学校、中学校。

女子师范学校于附属小学校外应设蒙养园，女子高等师范学校于附属小学校外应设附属女子中学校，并设蒙养园。

第十一条　师范学校得附设小学校教员讲习科；女子师范学校，除依前项规定外，并得附设保姆讲习科。

高等师范学校、女子高等师范学校，得设选科、专修科、研究科。

第十二条　本令第二条之第五项，第三条之第一、第二项，及第七条，第八条之施行期，别以部令定之。

第十三条　本令自公布日施行。

《教育部编纂处月刊》第1卷第3册

高等师范学校规程

1913年2月　教育部公布

第一章　学　科

第一条　高等师范学校分预科、本科、研究科。

第二条　本科分国文部、英语部、历史地理部、数学物理部、物理化学部、博物部。

第三条　预科之科目为伦理学、国文、英语、数学、论理学、图画、乐歌、体操。

第四条　本科各部通习之科目为伦理学、心理学、教育学、英语、体操。

第五条　本科各部分习之科目如下：国文部：国文及国文学、历史、哲学、美学、言语学。英语部：英语及英文学、国文及国文学、历史、哲学、美学、言语学。历史地理部：历史、地理、法制、经济、国文、考古学、人类学。数学物理部：数学、物理学、化学、天文学、气象学、图画、手工。物理化学部：物理学、化学、数学、天文学、气象学、图画、手工。博物部：植物学、动物学、生理及卫生学、矿物及地质学、农学、化学、图画。各部可加授世界语、德语、乐歌为随意科。英语部可加授法语。

第六条　预科及本科各科目授业时间，由校长订定呈报教育总长。

第七条　研究科就本科各部择二、三科目研究之。

第八条　高等师范学校得设专修科。前项专修科于师范学校及中学校某科教员缺乏时设之。

第九条　专修科之科目及授业时间，由校长订定，呈请教育总长认可。

第十条　高等师范学校得设选科。前项选科为愿充师范学校及中学校教员者设之，其科目得选习本科及专修科中之一科目或数科目，但伦理及教育学均须兼习。

第二章　学额及修业年限

第十一条　预科本科学生之总额，须在六百人以下，研究科及专修科无定额。预科学生之定额一百五十人；本科每学级之定额：国文部、英语部、历史地理部各三十人；数学物理部、物理化学部、博物部各二十人；研究科及专修科之额数，由校长酌定呈请教育总长认可。

第十二条　高等师范学校之修业年限：预科一年，本科三年，研究科一年或二年，专修科二年或三年，选科二年以上、三年以下。

第十三条　本科第三年级学生，应令在附属中学校小学校实地习练；专修科选科生最后学生亦如之。

第三章　入学退学及儆戒

第十四条　预科及专修科入学资格，须身体健全、品行端正、在师范学校中学校毕业，或与有同等学力者，由行政长官保送，并由妥实之保证人具保证书，送校长试验收录。前项保送之人，非由师范学校及中学校毕业者，其试验科目之程度，应以师范学校中学校毕业为标准，并加口答试验。

第十五条　预科每年招生一次，专修科临时招生；其日期及额数，由校长酌定先期通告。

第十六条 预科均为公费生,但得酌量情形收录自费生。

第十七条 本科由预科毕业生升入。

第十八条 研究科公费生由校长在本科及专修科毕业生中选取之。在本国或外国专门学校毕业及从事教育有相当之学识经验者,经校长认可得以自费入学。

第十九条 专修科生及选科生之入学规则,由校长订定,呈请教育总长认可。

第二十条 学生犯下列各款之一,校长得命其退学:一、身体羸弱难望成就者;二、成绩过劣者;三、性质不良、不宜于教职者。

第二十一条 学生非有不得已事故经校长许可,不得任意退学。

第二十二条 学生违背校规,校长得施以儆戒。

第四章 学 费

第二十三条 公费生免纳学费,并由本学校给以膳费及杂费。前项费额,由校长预算呈请教育总长核定。自费生之人数及费额,由校长酌定,呈请教育总长认可。

第二十四条 专修科、选科生俱为自费,但专修科生亦得视特别情形给与公费。

第二十五条 学生因第二十条及第二十二条事故退学,或任意告退者,在公费生应令偿还学费及给予各费,在自费生应令偿还学费,但得酌量情形免其一部,或全免之。前项偿还学费之数,以专门学校学费为标准。

第五章 服 务

第二十六条 本科公费生之服务期,自受毕业证书之日起,以六年为限;但经教育总长特别指定职务,及服务于边远之地者,得减至四年。

第二十七条 专修科公费生之服务期,自受毕业证书之日起,以四年为限;但经教育总长特别指定职务,及服务于边远之地者,得减至三年。

第二十八条 本科专修科之自费生,其服务期限均视公费生减半。

第二十九条 本科及专修科毕业生,遇有特别情事不能依规定期限服务者,教育总长得酌量展缓,或免除之。

第三十条 本科及专修科毕业生,在服务期内有下列情事之一,在公费生应令偿还学费及给予各费,在自费生应令偿还学费,但酌量情形免其一部,或全免之:一、无正当事由而不尽第二十六、第二十七、第二十八条之义务者,二、因惩戒免职者,三、教员许可状被褫夺者,四、依第二十九条情事免服务者。

第三十一条 在服务期内愿入大学或高等师范学校研究科者,得呈请教育总长认可。

第三十二条 本科毕业生依第二十九条展缓服务期限,及第三十一条入大学或研究科之在学时期,均不得算入义务年限。

第六章 附属学校

第三十三条 高等师范学校,应设附属中学校及小学校。

第三十四条 附属中学校应遵照《中学校施行规则》办理,但每学级之学生数须在四十人以下。附属初等小学校应分设单级编制之学级、二学年以上合编之复式学级及一学年编制之单式学级,并酌用二部教授法。附属高等小学校得仅设一学年编制之单式学级。

第七章 附 则

第三十五条 本规程自公布日施行。

《教育法规汇编》,教育部总务厅文书科编,第230—234页

师范学校规程

1912年12月 教育部公布
1916年1月 教育部修正公布

第一章 教养学生之要旨

第一条 师范学校宜遵师范教育令之本旨,注意下列事项以教养学生。

一、健全之精神宿于健全之身体，故宜使学生谨于摄生，勤于体育。

二、陶冶情性、锻炼意志，为充任教员者之要务，故宜使学生富于美感，勇于德行。

三、爱国家、尊法宪，为充任教员者之要务，故宜使学生明建国之本原，践国民之职分。

四、独立博爱，为充任教员者之要务，故宜使学生尊品格而重自治，爱人道而尚大公。

五、国民教育趋重实际，宜使学生明现今之大势，察社会之情状，实事求是，为生利之人而勿为分利之人。

六、世界观与人生观为精神教育之本，故宜使学生究心哲理而具高尚之志趣。

七、教授时常宜注意于教授法，务使学生于受业之际，悟施教之方。

八、教授上一切资料，务切于学生将来之实用，以克副高等小学校令暨国民学校令并其施行规则之旨趣。

九、为学之道，不宜专恃教授，务使学生锐意研究，养成自动之能力。

第二章 预科及本科

第一节 学科及程度

第二条 本科分为第一部、第二部，但第二部视地方情形可以不设。

第三条 预科为欲入本科第一部者施必需之教育。

第四条 预科修业年限为一年。

本科第一部修业年限为四年。

本科第二部修业年限为一年。

第五条 预科之学科目为修身、读经、国文、习字、外国语、数学、图画、乐歌、体操。女子师范学校加课缝纫。

第六条 本科第一部之学科目为修身、读经、教育、国文、习字、外国语、历史、地理、数学、博物、物理、化学、法制经济、图画、手工、农业、乐歌、体操。

前项科目外，得加课商业；其兼课商业、农业者，令学生选习之。

视地方情形得缺农业。

第七条　女子师范学校本科第一部之学科目为修身、读经、教育、国文、习字、历史、地理、数学、博物、物理、化学、法制经济、图画手工、家事、园艺、缝纫、乐歌、体操。

视地方情形得加外国语为随意科。

家事园艺科之园艺得缺之。

第八条　修身要旨,在养成道德上之思想情操,勉以躬行实践,具为师表之品格,并解悟高等小学校及国民学校修身教授法。

修身首宜采取嘉言懿行,就学生平日行为,指示道德要领,渐及对国家社会家族之责务,兼授伦理学大要及教授法与演习礼仪法。

第九条　讲经要旨,在讲明吾国古先圣哲相传人伦道德之要,尤宜注意于家庭社会国家之关系,以期本经常之道,适应时世之需。

讲经宜先就《论语》《孟子》全文中之合于儿童心理,及其学年程度,简明诠释;次即节取《礼记》中之《曲礼》《少仪》《内则》《大学》《儒行》《檀弓》等篇,《春秋·左氏传》中之大事纪载,撮要讲解;并宜研究高等小学校及国民学校读经教授法;不得沿袭旧日强为注入之习。女子师范学校《春秋·左氏传》可略。

第十条　教育要旨在授以教育上之普通知识,尤当详于高等小学校及国民学校教育之旨趣方法,习其技能,并修养教育家之精神。

教育首宜授以心理学、论理学之要略,讲授教育理论、哲学发凡、教授法、保育法、近世教育史、教育制度、学校管理法、学校卫生及教育实习。

教育实习时,除各科教授外,凡关于管理等事项均应随时指导。

第十一条　国文要旨,在通解普通语言文字,能自由发表思想,兼涵养文学之兴趣,以启发智德;并解悟高等小学校及国民学校国文教授法。

国文首宜授以近世文,渐及于近古文,并文字源流、文法要略及文学史之大概,使熟练语言,作实用简易之文,兼课教授法。

第十二条　习字要旨,在练习书写,具端正敏捷之能力,并解悟高等小学校及国民学校习字教授法。

习字宜授以端正姿势及执笔运笔之法,习楷书、行书及草书;并练习记录与黑板写法，兼课教授法。

第十三条 外国语要旨，在习得普通外国语文以增进知识，并解悟高等小学校外国语教授法。

外国语首宜授以发音、拼字，渐及简易文章之读法、书法、译解、默写，讲授普通文章及文法要略、会话、作文，兼课教授法。

第十四条 历史要旨，在知历史上重要事迹，明于人群之进化、社会之变迁、邦国之盛衰，尤宜注意于政治之因革，与国家建立之本，并解悟高等小学校历史教授法。

历史分本国历史、外国历史，本国历史宜授以历代政治、文化递演之现象，与其重要事迹；外国历史宜授以世界大势之变迁，著名诸国之兴亡，人文之发展，及与本国有关系之事迹，兼课教授法。

第十五条 地理要旨，在知地球之形状、运动及地球表面与人类生活之状态，本国外国之国势，并解悟高等小学校地理教授法。

地理宜授以世界地理之概要，本国地理及有重要关系之外国地理，并略授地文学、人文地理，兼课教授法。

第十六条 数学要旨，在明数量之关系，熟习计算，兼使思虑精确，并解悟高等小学校及国民学校算术教授法。

数学宜授以算术、代数、几何、簿记要略及教授法。

第十七条 博物要旨，在习得天然物之知识，领会其中相互关系及对于人生之关系，并解悟高等小学校理科教授法。

博物宜授以重要植物、矿物及标本之采集制作法，人身生理卫生之大要，并教授法与教授时必需之实验。

第十八条 物理化学要旨，在习得自然现象之知识，领会其中法则及对于人生之关系，并解悟高等小学校理科教授法。

物理化学宜授以重要现象及定律，并器械之构造作用，元素化合物之性质，并教授法与教授时必需之实验。

第十九条 法制经济要旨，在养成公民观念及生活上必需之知识。

法制经济宜授以现行法规及经济之大要。

第二十条　图画要旨,在详审物体能自由绘图,练习意匠,涵养美感,并解悟高等小学校及国民学校图画教授法。

图画以写生画为主,兼授临画、想象画、图案、用器画及美术史之大要,并练习黑板画,兼课教授法。

前项美术史得暂缺之。

第二十一条　手工要旨,在具物体正确之观念,制作简易物品,以养成工作之趣味,勤劳之习惯,并解悟高等小学校及国民学校手工教授法。

手工宜授以天然物之模造及日用器具各种细工,并示以材料之性质,工具之保存法,兼课教授法。

女子师范学校手工,应兼授编物、刺绣、摘棉、造花等。

第二十二条　农业要旨,在习得农业之知识技能,以养成农作之趣味,勤劳之习惯,并解悟高等小学校农业教授法。

农业宜授以土壤、水利、肥料、农具、耕耘、栽培及蚕桑、畜牧、森林、农产制造、农业经济等事,并教授法。

视地方情形可加授水产。

第二十三条　家事园艺要旨,在习得理家及治圃之知识,养成勤俭整洁之习惯。

家事园艺宜授以衣食住及侍病、育儿、经理家产、家计簿记及栽培莳养等事,兼实习烹饪。

第二十四条　缝纫要旨,在习得缝纫之知识技能,养成节俭利用之习惯,并解悟高等小学校缝纫教授法。

缝纫宜授以普通衣服之缝法、裁法、补缀法及教授法。

第二十五条　乐歌要旨,在习得音乐之知识技能,以涵养德性及美感,并解悟高等小学校唱歌教授法。

乐歌宜先授单音,次授复音及乐器用法并教授法。

第二十六条　体操要旨,在使身体各部平均发育,强健体质,活泼精神,兼养成守规律尚协同之习惯,并解悟高等小学校及国民学校体操教授法。

体操宜授以普通体操、游戏及兵式体操,并教授法。女子师范学校免课兵式体操。

第二十七条　商业要旨，在习得商业之知识，并解悟高等小学校商业教授法。

商业宜授以商事要项、商业簿记、商业算术、商业地理及本地重要之商品并教授法。

第二十八条　预科及本科第一部各学科目、每周教授时数，师范学校依第一表，女子师范学校依第二表，但遇不得已时，校长得通计各科历年教授时数，就各学年变通增减，每周至少须满三十小时，至多不得过三十六小时。

在本科第四学年，得于第三学期酌减他项科目，增加实习时数，并得将本学年功课提前于第一、第二学期匀配教授完毕，即以第三学期专为实习之用。

第 一 表

学科目 \ 学年	预科	本科第一部			
		第一学年	第二学年	第三学年	第四学年
修　身	2	1	1	1	1
读　经	2	2	2	2	
教　育			3	4	实习 $\left.\begin{array}{c}3\\9\end{array}\right\}12$
国　文	10	5	4	3	3
习　字	2	2	1		
外 国 语	3	3	3	3	2
历　史		3	2	2	
地　理			3	2	
数　学	6	4	3	2	2
博　物		3	2	2	
物理化学			3	3	2
法制经济					2
图　画	2	3	3	3	3
手　工					
农　业				3	
乐　歌	2	2	1	1	1

（续表）

学科目＼学年	预科	本科第一部			
		第一学年	第二学年	第三学年	第四学年
体　操	4	4	4	4	4
总　计	33	34	35	35	35

缺农业者得酌增他科目时数。

视地方情形，得将手工、农业、商业之一科目增加二小时以内，但以不逾本条第一项规定之最多时数为限。

第 二 表

学科目＼学年	预科	本科第一部			
		第一学年	第二学年	第三学年	第四学年
修　身	2	1	1	1	1
读　经	2	2	2	2	2
教　育			3	4	实习 $\left.{3 \atop 9}\right\}12$
国　文	10	6	4	2	2
习　字	2	2	1		
历　史		2	3	2	
地　理		2	2	3	
数　学	5	3	3	3	2
博　物		3	2	2	
物理化学			3	3	3
法制经济					2
图　画	2	3	3	3	3
手　工					
家事园艺				4	4
缝　纫	4	4	2	2	2
乐　歌	2	2	2	1	1
体　操	3	3	3	3	3
外国语	(3)	(3)	(3)	(3)	(2)
总　计	32(35)	33(36)	33(36)	33(36)	34(36)

第二十九条　本科第二部学科目为修身、读经、教育、国文、数学、博物、物理、化学、图画、手工、农业、乐歌、体操。

第三十条　女子师范学校本科第二部学科目，为修身、教育、国文、数学、博物、物理、化学、图画、手工、缝纫、乐歌、体操。

第三十一条　修身依第八条教以道德要领，并演习礼仪法及教授法。

第三十二条　讲经依第九条以《论语》《孟子》为主，兼课高等小学校及国民学校读经教授法。

第三十三条　教育依第十条，兼课历史地理教授法。

第三十四条　国文依第十一条，以近世文为主，又令熟练语言，作实用简易之文，兼得教授法。

第三十五条　数学依第十六条，授算术及簿记要略，兼课教授法。

第三十六条　博物依第十七条，就天然物补习已得之知识，并授标本采集、制作法及教授法，与教授时必须之实验。

第三十七条　物理化学依第十八条就自然现象补习已得之知识，兼课教授法与教授时必须之实验。

第三十八条　图画依第二十条补习已得之知识技能，并练习黑板画，兼课教授法。

第三十九条　缝纫依第二十四条补习已得之知识技能，兼课教授法。

第四十条　手工、农业、乐歌、体操依第二十一、第二十二、第二十五、第二十六条，兼课教授法。

第四十一条　本科第二部各学科目、每周教授时数，师范学校依第一表（见下），女子师范学校依第二表（见下），但遇不得已时，得依第二十八条所规定，变通增减其时数。

第四十二条　师范学校教科用图书，由校长就教育部审定图书内择用之。

第二节　学年、学期、休业日、教授日数及典礼日

第四十三条　学年、学期及休业日，别以规程定之。

第四十四条　每学年教授日数，须在二百二十日以上；但因第四十三条情事特别休业者不在此限。试验及修学旅行,不计入前项教授日数中。

第 一 表

学科目 \ 学年	第一学年
修身	1
读经	2
教育	实习 7,8 } 15
国文	2
数学	2
博物	3
物理化学	
图画	3
手工	
农业	3
乐歌	2
体操	3
合计	36

第 二 表

学科目 \ 学年	第一学年
修身	1
读经	2
教育	实习 7,8 } 15
国文	3
数学	2
博物	3
物理化学	
图画	3
手工	
缝纫	2
乐歌	2
体操	3
合计	36

第四十五条　遇有传染病、非常灾变及其他特别情事,得临时休业,但须详由省行政长官报告教育总长。

第四十六条　典礼日之仪式,依仪式规程行之。

第三节　编制

第四十七条　师范学校学生之定额,须在四百人以下。

学级应以同学年之学生编制之。

一学级之学生数须在四十人以下。

第四十八条　修身、缝纫、乐歌、体操,得合异学年或异学级之学生同时教授。

外国语、法制经济、农业或商业,亦得合异学级学生同时教授,但其人数不得超过前条第三项之制限。

第四节　入学退学及惩戒

第四十九条　预科及本科入学之资格,须身体健全、品行端正,并具有下列各项学力之一者:

在高等小学校毕业,或年在十四岁以上与有同等学力者得入预科。

在预科毕业,或年在十五岁以上与有同等学力者,得入本科第一部。

在中学校毕业,或年在十七岁以上与有同等学力者,得入本科第二部。

第五十条　凡志愿入学者,须由县行政长官保送,并由妥实之保证人具保证书送校长试验收录;其在高等小学校毕业者,并呈验毕业证书。

前项试验科目,在高等小学校毕业生试国文、算术二科,非由高等小学校毕业者试国文、算术、历史、地理、理科等,以高等小学校毕业程度为标准。

入学后须试习四个月以内。

第五十一条　学生有缺额时,得以资格相当者补之,但须施行入学试验,并试习四个月以内。

前项规定,以预科及本科第一学年为限。

第五十二条　本科生修毕四学年课程、试验合格者,应授以毕业证书。

第五十三条　学生犯下列各款之一,校长得命其退学:

一、身体羸弱难望成就者;

二、成绩过劣者;

三、性质不良、不宜于教职者。

第五十四条　学生不得任意退学,但因特别事故、经校长许可者,不在此限。

第五十五条　校长认为教育上不得已时,得惩戒学生。

第五节　学费

第五十六条　公费生免纳学费,并由本学校给膳宿费。

前项费额,由校长预算详请省行政长官核定之。

各地方得酌量情形,减给前项费额之半数。

第五十七条　师范学校得收自费生,其人数、费额,由省行政长官核定之。

第五十八条　学生因第五十三条及第五十四条事故退学或自行告退,在公费者应令偿还学费及给予各费,在自费者应令偿还学费;但得酌量情形免其一部或全免之。

前项偿还学费之数,以中学校学费为标准。

第六节 服务

第五十九条 本科毕业生应在本省高等小学校及国民学校服务,其期限自受毕业证书之日起算:

第一部公费生七年,半费生五年,自费生三年;第二部生二年。

女子师范学校本科毕业生应行服务之期限:公费生五年,半费生四年,自费生三年;第二部生二年。

第六十条 本科毕业生有因特别情事经省行政长官认可者,亦得就职于他省或华侨所居地,但以教育事业为限。

第六十一条 在服务期限内,欲入高等师范学校更求深造者,省行政长官得允许之。

在前项学校修业时,得展缓其服务期限。如毕业时该校有应尽义务而其年限相当者,得免除本校之义务。

第六十二条 本科毕业生有特别情事不能服务者,省行政长官得酌量减免之。

第六十三条 本科毕业生在服务期限中有下列各款之一,在公费者应令偿还学费及给予各费,在自费者应令偿还学费,但得酌量情形免其一部或全免之。

一、无正当事由而不尽第五十九条第六十条之义务者;

二、因惩戒免职者;

三、依高等小学校令及国民学校令之规定,其许可状已失效力或受褫夺者;

四、依前条情事免服务者。

前项偿还学费之数,依第五十八条第二项。

第三章 讲习科

第六十四条 讲习科为既得高等小学校或国民学校教员许可状更求讲习者设之。

遇特别情形亦可为欲任国民学校教员者设讲习科。

欲养成手工、农业等专科正教员时，亦得设讲习科。

第六十五条　前条第二项讲习科，分为副教员讲习科、正教员讲习科。

副教员讲习科入学之资格，须身体健全、品行端正、在高等小学校毕业或与有同等学力者。讲习期一年以上。

正教员讲习科入学之资格，须身体健全、品行端正、有国民学校副教员许可状，或与有同等学力者。讲习期二年以上。

第六十六条　蒙养园保姆讲习科，为欲任保姆者设之。

第六十七条　讲习科之规程，由省行政长官定之。

第四章　附属高等小学校与国民学校及附属蒙养园

第六十八条　师范学校应设附属高等小学校及国民学校。

女子师范学校并应设附属蒙养园。

地方长官遇有特别情形，得以公立高等小学校及国民学校代附属高等小学校及国民学校，或以公立私立之蒙养园代附属蒙养园。

第六十九条　附属国民学校应并设单级编制之学级、二学年以上合编之复式学级及一学年编制之单式学级。

附属高等小学校应编制相当之学级，不适用前项规定。

第七十条　附属高等小学校及国民学校，应行二部教授，但视地方情形得暂缺之。

第七十一条　附属高等小学校及国民学校教员，须有正教员之许可状。

第七十二条　附属高等小学校及国民学校之学费，应以征收学费规程为标准，附属蒙养园之保育费由校长酌定。

第五章　设　备

第七十三条　师范学校校地须具有相当之面积；并须于道德及卫生上均无妨害。

设农业科者须有农事实习场，女子师范学校须有艺圃。

第七十四条　师范学校应设学校园,但视地方情形得暂缺之。

第七十五条　校舍宜朴雅坚固,并与教授管理卫生适合。

第七十六条　师范学校应备各室如下:一、普通教室;二、博物、物理、化学、图画等特别教室。博物、物理、化学之特别教室得便宜兼用;三、礼堂;四、图书室、器械标本室;五、事务室、教员预备室、学生休息所、自修室、寝室、学监室、浴室、疗养室及其他必要诸室。

第七十七条　体操场分屋内屋外二处。

屋内体操场视地方情形得暂缺之。

第七十八条　校具须备图书、器械、标本模型及其他用品。

第七十九条　师范学校应设下列各表簿:一、关于师范教育之法令;二、学校日记簿;三、学则、课程表、教科用图书分配表、校医诊察表;四、职员名簿、履历簿、考勤簿、担任学科及时间表;五、学生学籍簿、出席簿、请假簿、身体检查表、操行考查簿;六、试验问题簿、学业成绩表、实习教授批评案;七、资产簿、器物簿、消耗品簿、银钱出纳簿、经费之预算决算簿、图书器械标本模型等簿;八、往来文件簿。

第八十条　师范学校学则应规定之事项如下:

一、学科课程、教授时数;二、修业毕业事项;三、学年学期及休业日;四、学生入学退学及儆戒事项;五、学费及其他杂费事项;六、管理学生事项;七、寄宿舍事项;八、讲习科事项;九、附属高等小学校、国民学校及附属蒙养园事项;十、其他必要事项。

第八十一条　视地方情形,得设校长教员学监等住宅。

第八十二条　校地如须变迁,应由省行政长官报告教育总长。

第六章　职　　员

第八十三条　省立师范学校校长,由县行政长官任用;职教员由校长任用,但须详报省行政长官。

县立师范学校校长,由县行政长官呈请省行政长官任用;职教员由校长任用,但须详由县行政长官转报省行政长官。

私立师范学校校长及职教员,由设立人任用,但须详报省行政长官。

第八十四条　凡四学级之学校,应有教员十人以上;如学级增多,则每增一学级平均应加一人半以上。

第七章　设立变更及废止

第八十五条　设立师范学校,依师范教育令详请教育总长认可时,应开具事项如下:一、名称;二、位置;三、学则;四、学生定额,其有附属蒙养园者,并开具幼儿之定额;五、学级之编制,其有附属蒙养园者,并开具幼儿之级数;六、开学年月;七、经费;八、校长教员之姓名及履历。

前项第二款位置,应加具图说,列载校地面积、地质、校舍及各场所区域面积并附近状况、饮用水之性质。

第八十六条　师范学校变更或废止,须经省行政长官认可,并转报教育总长。

第八十七条　师范学校报告教育总长时,在省立者由省行政长官报告,在县立或私立者,由县行政长官详由省行政长官报告。

在特别行政区域所立师范学校,详由本区域行政长官报告。

第八章　附　则

第八十八条　本规程自公布日施行。

《教育公报》第二年第十二期,1916年1月

女子高等师范学校规程

1919年3月12日　教育部公布

第一章　学　科

第一条　女子高等师范学校设预科、本科。

前项预科本科外,得设选科、专修科、研究科。

第二条　本科分文科、理科、家事科。

第三条　预科之学科目及教授时数，由校长订定，呈请教育总长认可。

第四条　本科之学科目如下：

文科：伦理　教育　国文　外国语　历史　地理　家事　乐歌　体操

理科：伦理　教育　国文　数学　物理　化学　植物　动物　生理及卫生　矿物及地质　外国语　家事　图画　乐歌　体操

家事科：伦理　教育　国文　家事　应用理料　缝纫　手艺手工　园艺　图画　外国语　乐歌　体操

文科、理科、家事科之学科目得分数部学习。

前各项之学科目，校长认为必要时，经教育总长之许可，得增减之。

第五条　本科课程及教授时数，由校长订定，呈请教育总长认可。

第六条　专修科之学科目，由校长视所需要，临时订定，呈请教育总长认可。

第七条　研究科就本科各部之一科目或数科目专攻之。

第八条　选科除伦理、教育必须修习外，得选习本科或专修科之一科目或数科目。

第二章　学额及修业年限

第九条　预科、本科学生之总额，须在六百名以下，选科、专修科及研究科名额，由校长定之。

第十条　修业年限，预科一年，本科三年，研究科一年或二年，专修科、选科二年或三年。

第十一条　本科第三年级学生，应令在附属学校及蒙养园实地练习，专修科、选科生，最后学年亦如之。

第三章　入学退学及休学

第十二条　预科及专修科入学资格，须身体健全，品行端洁，在女子师范学校或中学校毕业者，由各省区长官送校试验收录。

除前项外,校长遇必要时,得另订试验条件,经教育总长认可招收学生。

第十三条　预科每年招生一次,专修科临时招生,其日期及额数,由校长酌定,先期通告。

第十四条　本科由预科毕业生升入。

第十五条　研究科由本科毕业生入之。但有相当学力者,经试验后,亦得入学。

第十六条　选科生入学资格,由校长定之,呈报教育总长。

第十七条　预科、本科及研究科,均为公费生,但得酌量情形,收录自费生。

第十八条　专修科、选科,均为自费生,但专修科生,亦得视特别情形,酌给公费。

第十九条　新招学生,应使试习四月,察其品行学力合格者,方得继续肄业。

第二十条　学生有成绩过劣,身体羸弱,及性质不宜于教职者,校长得命其退学。

第二十一条　学生非有不得已事故,经校长认可者,不得退学。

第二十二条　学生于一学年中因疾病或事故旷课至百日以上者,得命其休学,其休学期限,由校长定之。校长认为必须休学时,虽未旷课至百日以上,亦得依本条办理。

第二十三条　休学学生于休学期满时,应插入后一学年之学级。

第四章　学　　费

第二十四条　公费生免纳学费,并由本校支给膳费及杂费。

第二十五条　自费生应缴费额,由校长酌定,呈报教育总长。

第五章　惩　　戒

第二十六条　学生违背校规,校长得加以惩戒。

第二十七条　学生因违背校规而斥退或任意告退者,在公费生,应令偿还学费及所给各费,在自费生,应令偿还学费;但得酌量情形,免其一部或全免之。

前项偿还学费之数,以专门学校学费为标准。

第六章　服　　务

第二十八条　本科公费生之服务期,自受毕业证书之日起,以四年为限;但经教育总长特别指定职务及服务于边远之地者,得减至三年。

第二十九条 专修科公费生之服务期,自受毕业证书之日起,以三年为限;但经教育总长特别指定职务及服务于边远之地者,得减至二年。

第三十条 本科、专修科之自费生,其服务期限均为二年;但经教育总长许可,亦得减为一年。

第三十一条 本科及专修科毕业生遇有特别情事,不能依规定期限服务者,教育总长得酌量展缓或解除之。

第三十二条 本科及专修科毕业生在服务期内,有下列事项之一者,在公费生,应令偿还学费及所给各费,在自费生,应令偿还学费,但得酌量情形,免其一部或全免之:

一、无正当事由,而不尽第二十八第二十九第三十条之义务者;

二、因惩戒免职者;

三、依第三十一条情事,解除服务者。

第三十三条 在服务期内,有愿入研究科者,得呈请教育总长认可。

第三十四条 本科毕业生依第三十一条展缓服务期限,及第三十三条入研究科之在学时期,均不得算入服务年限。

第三十五条 本规程自公布日施行。

《教育法令选》下,教育杂志社编,商务印书馆,
1925年12月版,第64—70页

师范学校法

1932年12月17日 国民政府公布

第一条 师范学校,应遵照中华民国教育宗旨及其实施方针,以严格之身心训练,养成小学之健全师资。

第二条 师范学校,得附设特别师范科、幼稚师范科。

第三条 师范学校,修业年限三年,特别师范科修业年限一年,幼稚师范科修业

年限二年，或三年。

第四条　师范学校，由省或直隶于行政院之市设立之，但依地方之需要，亦得由县市设立，或两县以上联合设立之。

第五条　师范学校，由省市或县设立者，为省立、市立或县立师范学校，由两县以上联合设立者，为某某县联立师范学校。

第六条　师范学校之设立、变更及停办，由省或直隶于行政院之市设立者，应由省市教育行政机关，呈请教育部备案，由县市设立者，呈由省教育厅核准转呈教育部备案。

第七条　师范学校及其特别师范科、幼稚师范科之教学科目及课程标准实习规程，由教育部定之。师范学校应视地方需要，分别设置职业科目。

第八条　师范学校及其他特别师范科、幼稚师范科教科图书，应采用教育部编辑或审定者。

第九条　师范学校，得设附属小学，其附设幼稚师范科者，并得设幼稚园。

第十条　师范学校，设校长一人，总理校务。省立师范学校，由教育厅提出合格人员，经省政府委员会议通过任用之。直隶于行政院之市立师范学校，由市教育行政机关选荐合格人员，呈请市政府核准任用之。县市立师范学校，由县市政府选荐合格人员，呈请教育厅核准任用，除应担任本校教课外，不得兼任他职。

前项师范学校校长之任用，均应由省市教育行政机关按期汇案，呈请教育部备案。

第十一条　师范学校教员由校长聘任之，应为专任，但有特别情形者，得聘请兼任教员，其人数不得超过教员总数四分之一。师范学校职员，由校长任用之，均应呈请主管教育行政机关备案。

第十二条　师范学校校长教员之任用规程，由教育部定之。

第十三条　师范学校，及其幼稚师范科，入学资格，须曾在公立或已立案之私立初级中学毕业。特别师范科入学资格，应曾在公立或已立案之私立高级中学或高级职业学校毕业，均应经入学试验及格。

第十四条　师范学校及其特别师范科、幼稚师范科学生修业期满，实习完竣，成绩及格,由学校给予毕业证书。

第十五条　师范学校及其特别师范科、幼稚师范科,均不征收学费。

第十六条　师范学校规程,及师范学校毕业生服务规程,由教育部定之。

第十七条　本法自公布日施行。

《教育法令汇编》第一辑,教育部编,
1936年10月版,第196—197页

师范学校学生毕业会考规程

1935年4月6日　教育部公布

第一条　各省市区教育行政机关对于所属各类师范学校及师范科应届毕业之学生,经原校考查毕业成绩及格后举行毕业会考。

业经本部备案之私立各类师范学校及师范科,应参加各该省市师范学校学生毕业会考。

第二条　省县市内各类师范学校及师范科,其毕业会考由各省教育行政机关组织委员会办理之。

市(行政院直辖市)区(特别行政区)内各类师范学校及师范科(省立者除外),其毕业会考由各该市区教育行政机关组织委员会办理之。

第三条　师范学校学生毕业会考委员会规程适用中学学生毕业会考委员会规程。

前项会考委员会得与中学学生毕业会考委员会合并组织,其名称为某省(市或区)中学师范学生毕业会考委员会。

第四条　师范学校或师范科之毕业会考科目规定如下:

一　师范学校:公民、国文、算学、物理、化学、生物学、历史、地理、教育概论、教育心理、小学教材及教学法。

二　乡村师范学校:科目同师范学校,加试农村经济及合作、乡村教育。

三　简易师范学校:公民、国文、算学、理化(物理化学)、生物(动物植物)、史地

（历史地理）、教育概论、教育心理、小学教材及教学法。

　　四　简易乡村师范学校：科目同简易师范学校，加试农村经济及合作、乡村教育。

　　五　三年制及二年制幼稚师范科：公民、国文、算学、历史、地理、生物学、物理、化学、教育概论、儿童心理、幼稚园教材及教学法、保育法。

　　上列各类师范学校及师范科之会考科目，名称相同，内容程度相符者，得合并举行试验。

　　第五条　参加会考之学校，其应届毕业学生之最后学期考试，应在会考日期前二星期内举行。

　　第六条　各地在举行会考一个月前，应由各校将应届毕业学生之照片名册，呈报主管教育行政机关。其各科毕业成绩表，并应于会考开始日前呈报。

　　第七条　毕业会考各科成绩核算方法，应以学校各科毕业成绩（即各学年成绩之平均数）占十分之四，会考各科成绩占十分之六，合并计算之。

　　前项成绩，均以百分法计算，并以六十分为及格标准。

　　第八条　各地毕业会考应在每年六月最后一星期及一月第一星期内举行。会考地点，由主管教育行政机关决定公布施行。其区域较广学生较众之地方，为学生便利计，应分区会考，惟仍须遵照规定之日期举行会考，所用题材，由会考委员会之命题委员拟定，其试卷由主管教育行政机关制备，并加弥封。

　　第九条　毕业会考各科成绩均须及格，始得毕业。其毕业证书经省市教育行政机关验印并加盖"毕业会考及格"图记后，由学校发给之。

　　第十条　会考三科以上不及格者应令留级。其因故不能留级者，得由原校给予修业证明书；载明毕业会考各科成绩，并加盖"毕业会考不及格"图记。

　　第十一条　会考有一科或二科不及格者准其继续参加下两届各该科会考两次，及格后方得毕业。如仍有科目不及格时，应考试全部会考科目。

　　会考时，凡对于应考科目之全部或一部因故不克与考者，其缺考科目以不及格论。

　　第十二条　会考有一科或二科不及格者，准其暂行服务。俟参加各该科会考及格，得有毕业证书后，始得有正式服务之资格。

第十三条 会考一科或二科不及格学生，如赴他省市服务者，得由该生请原校呈请主管教育行政机关转请该生服务所在地主管教育行政机关，准其参加当地毕业会考，补行各该科考试。

第十四条 各省市区教育行政机关，应于会考后二星期内，公布会考结果，并发给毕业会考及格证明书。

第十五条 会考结束时，应以学生个人为单位，将其所得毕业会考各科成绩之平均数，分别等第揭示之。

同时并应以学校为单位，将各校应届毕业学生人数与参加会考人数之百分比，列为甲乙丙丁四等，再以各校会考及格学生成绩平均数，分列为甲乙丙丁四等揭示之。

第十六条 各校学生毕业名次，须由主管教育行政机关依各生各科毕业会考成绩排列之。

第十七条 各省市区教育行政机关在举行师范学校学生毕业会考之前，应将会考地点、委员会委员名单及举办手续，呈报教育部备案。并应于结束后一月内，将学生会考成绩及参加会考学校等第暨办理经过呈报备案。

第十八条 各省市区教育行政机关办理师范学校学生毕业会考关防务须严密。如有泄露试题，或其他舞弊情事，应依法惩办。

第十九条 各省市区教育行政机关，对于参加会考各生之学校毕业成绩，应严加考核，如发现舞弊情事，应否认其成绩之全部或一部，并惩戒其负责人员。

第二十条 第四条未列入之各种师范学校或师范科之应届毕业学生亦应举行会考，会考科目由主管教育行政机关比照第四条规定之。

第二十一条 本规程自公布之日施行。

《教育法令汇编》第一辑，教育部编，商务印书馆，1936年10月版，第220—222页

师范学院辅导中等教育办法

1940 年 7 月 21 日　教育部公布

一、为增进中等教育效率起见，各师范学院应依照师范学院规程第四条之规定，协助所划区内教育行政机关，研究辅导该区内中等教育。

各师范学院区内有师范学院两校以上时，由教育部分别指定各该师范学院实施辅导之区域。

二、师范学院辅导区域在两省市以上者，得先由其所在省市或邻近省市着手辅导，再及其他省市。

三、师范学院为实施辅导工作，应分别辅导区域内各省市教育行政机关，联合设置中等教育辅导委员会，其组织通则另订之。

四、师范学院须指导中等教育之实验，并须接受各机关学校咨询及委托研究有关中等教育之事项。

五、师范学院应于每学期开始时，与省市教育行政机关会同拟订研究辅导计划，呈请教育部核定施行。

六、师范学院每学期应将研究辅导工作报告教育部，并分函各省市教育行政机关备查，对于区内中等教育研究会并应密切联系。

七、各项辅导工作所需之经费，应由师范学院与省市教育厅局会商分担，编列预算。

八、本办法由教育部公布施行。

《教育法令》，教育部编，中华书局，
1947 年 5 月版，第 188 页

教育部设置师范学院初级部办法

1941 年 8 月 6 日　教育部公布

一、教育部为培养初级中学及简易师范学校（科）之师资，以适应各省需要起见

特令各师范学院设置初级部。

二、师范学院初级部分国文、史地、数学、理化，各科之科目表另定之。

三、师范学院初级部学生，概由教育部规定名额及学校，令各省市教育厅局保送。

四、师范学院初级部学生入学资格，必须具下列规定之一：

（一）师范学校或高级中学师范科毕业生服务期满者；

（二）师范学校或高级中学师范科毕业生服务满一年成绩优良志愿升入师范学院经主管教育行政机关核准者；

（三）高级中学及其同等学校毕业者。

师范学院初级部不招收同等学力学生。

五、各师范学院于奉命设立初级部后，应将开学日期随即函知指定保送学生之省市教育厅局。

六、各省市教育厅局于奉到命令后，应遵照规定名额，办理保送手续，被保送之学生，应于指定之学校所规定日期到校。

七、各省市保送师范学院初级部学生应举行考试，并检查体格及口试。考试科目为(一)公民(二)国文(三)数学(四)理化(五)史地等五科。

考试不及格与体格不健全及口试结果察其不宜于充当教师者，不得保送。

八、各省市保送学生除造具名册函送指定之学校外，并应检同名册一份，呈报教育部备案。

前项名册应载明学生姓名性别年龄籍贯学历经历考试成绩及拟入科别。

九、各省市保送之学生，其到校旅费由原保送之省市发给。

十、各省市保送之学生，师范学院应予以复试，复试科目与保送考试同。

十一、师范学院初级部学生，一律免收学膳费，并得酌给公费。

十二、师范学院初级部修业期间三年，期满考试及格经教育部复核无异者由院校授予毕业证书，并由教育部给予初级中学及同等学校某某科教员资格证明书。

十三、师范学院初级部学生，不得转学师范学院本科。

十四、师范学院初级部毕业生，概由原保送省市主管教育行政机关分发任用。

十五、师范学院初级部毕业生服务满三年成绩优良有志深造者,得应师范学院插班考试,插入师范学院四年级肄业。

十六、教育部认为必要时,得于国立大学设置师范专修科,比照初级部办理。

十七、本办法自公布之日施行。

《教育法规》,教育部编,
1942年11月版,第245—246页

师范学校(科)学生实习办法

1941年12月6日　教育部公布

一、为增进师范生实习效能并加强师范生专业训练起见,特订定本办法。

二、各师范学校(科)对于师范生之实习,应组织实习指导委员会,专负计划及指导学生实习之责。

三、实习指导委员会设委员七人至九人、名誉委员三人至五人。

四、实习指导委员应以师范学校校长、有关之各部主任、教育学科教员及附属学校校长、有关之各部主任为委员,师范学校校长、教务主任、附属学校校长为常务委员,并由师范学校校长聘请与实习有关之乡(镇)保长,中心学校、国民学校校长,民众教育馆馆长为名誉委员。

五、实习指导委员会职权如下:

(一)订定有关实习各项章则;

(二)订定有关实习各项应用表式;

(三)订定实习历,支配实习时间与事项;

(四)审核与实习有关各项报告;

(五)评核学生实习总成绩;

(六)处理其他一切有关实习之重大事宜。

六、实习包括参观、见习、教学实习及行政实习等项。

七、各项实习时间之支配,以参观及见习占十分之三,教学实习占十分之四,行

政实习占十分之三为原则。

八、师范学校除最后一学年规定实习时间外,其余各学年亦应于必要时随时举行参观。

九、实习机关除附属学校及指定之乡(镇)保外,其所在地之中心学校、国民学校及邻近之乡(镇)保与社会教育机关,可于商得其主管人员之同意后,派学生前往实习。

十、除附属学校外,其他实习学校之教职员及实习机关之职员,得由师范学校校长函聘为实习指导员。

十一、参观及见习之范围,包括:

(一)学校行政;

(二)教学及训导实施;

(三)社会教育事业;

(四)县及乡(镇)保教育行政;

(五)乡(镇)保一般自治及行政事务。

十二、参观前,须与被参观学校或机关先期接洽。参观时须由负责实习教师率领。

十三、参观前应分发表格或问题,令学生详阅,对于参观之目的及应加注意之点,必须使学生充分明了。

十四、参观教学,应看完一整个单元。

十五、参观时应随时笔记,参观后除填答表格问题外,应缴书面报告。

十六、每次参观后应开研究会一次。

十七、参观方式除普通参观外,应由附属学校特定各种示范教学供实习学生参观,并得于最后一学期内举行外埠参观。

十八、见习时由负责实习教师,负主持计划之责,使实习学生在实习学校或机关原负责人领导之下,参加各项实际活动,一面协助工作,一面实地学习。

十九、见习前,指导者对于见习之方法,应加以说明,并于见习时,随时注意观察。

二十、见习后,应具书面报告,并开研究会,讨论所遇困难及一切问题。

二十一、教学实习须有充分实习小学部与民教部各级各科教学之机会,并以普遍实习单式、复式单级等学级为原则。

二十二、教学实习时,应将实习学生就实习学级数分二人至五人为一组,并根据实习指导委员会规定之份量及实习学生分组性质,均匀支配实习科目,并指定相当时期,使各组均分别担负全学级教学之责。

二十三、实习学生应根据实习科目支配表,于实习前三日向原担任教师接洽教学进度状况及教材来源,以便准备。

二十四、实习学生于每次教学实习前,应编制教案,并由原担任教师审核。

二十五、学生实习时,指导者须在旁视察,并记录其缺点,以便开研究会时,提出讨论或加指示。

二十六、举行研究教学,由指定学生施教,指导员及全体实习学生列席参观研究,并于施教毕,举行教学研究讨论会。

二十七、教学实习后,应具书面报告,并开研究会。

二十八、为使养成娴熟的教学技能,各实习学生教学实习时,在附属学校实际担任教学之时数,不得少于一千八百分钟。

二十九、行政实习之范围包括:

(一)学校行政实习:

(1)教导行政实习;

(2)事务实习;

(3)学校办理社会教育实习;

(4)辅导国民学校实习。

(二)社会教育行政实习:

(1)民众教育馆等社会教育机关实习;

(2)社会教育事业之参与。

(三)地方自治及行政实习:

(1)地方教育行政实习;

(2)乡(镇)保自治及行政实习(教育行政、民政工作、生产事业、国民兵队)。

三十、行政实习前,指导者对于实习时应注意之点,须详加说明。

三十一、行政实习前,应先请原负责人讲述工作情形,实习者须尊重其意见,诚恳接受指示,对于地方习俗惯例,应作同情之理解,勿作恶意之批评。

三十二、行政实习时,如遇有困难问题,应随时询问。

三十三、行政实习后,应具书面报告,并开研究会,讨论实习时所遇之各项问题。

三十四、实习学生在教学实习及行政实习时,如认为应行变更其惯例或较重大之事项,须先得原负责人之同意。

三十五、于临毕业前,得举行集中实习二星期至五星期,在此期间所应授之其他各科,得预为提前授毕。

三十六、各项实习总时数,除应切实依照第七条所规定之比例外,更须将所规定时间尽量用于各种实习及批评研究会,而利用课外时间作事前准备及事后处理工作。

三十七、各项实习时,其原负责人即为该项实习学生之当然指导员。

三十八、各项实习时,指导者及学生均应就所规定之表格详细填载。

三十九、参观及见习成绩之考查,其标准分:(一)事前准备;(二)进行状况;(三)报告。

此项实习成绩,占实习总成绩百分之三十。

四十、教学实习成绩之考查,其标准分:(一)事前准备;(二)课间教学;(三)课后处理。

此项实习成绩,占实习总成绩百分之四十。

四十一、行政实习成绩之考查,其标准分:(一)事前准备;(二)行政处理;(三)报告。

此项实习成绩,占实习总成绩百分之三十。

四十二、各项实习成绩,先由指导人员考核,再由实习指导委员会评定。

四十三、学生实习成绩不及格者,不得毕业。

四十四、各师范学校(科)应依照本办法,参酌实际情形,订定实施细则,呈由各省市教育厅局转呈教育部(国立师范学校呈教育部)备案。

四十五、本办法由教育部公布施行。

《教育法令》,教育部编,中华书局,
1947年5月版,第252—253页

师范学校辅导地方教育办法

1943年5月12日 教育部公布

第一条 教育部为推行师范学校辅导地方教育起见,特制定本办法。

第二条 各师范学校辅导地方教育之区域如下:

一、国立师范学校 其辅导区域由所在地省市教育厅局指定之。

二、省立师范学校 其辅导区域为所在地之师范学校区,同区内有省立师范学校二校以上时,由教育厅指定其中一校负主持辅导之责。

三、市县立或联立师范学校(包括简易师范学校) 其辅导区域为所在地之各该市县,同一市县有师范学校二校以上时,由市县教育局科指定其中一校负主持辅导之责。

第三条 各师范学校辅导工作之分配与联系办法,由省市教育厅局拟订呈部备案。

第四条 各师范学校应设置地方教育辅导委员会,以校长、教导主任、教育学科教员、师范毕业生服务指导委员会委员及附属学校主管人员组织之,每月开会一次,校长为主席。

第五条 各师范学校地方教育辅导委员会,经主管教育行政机关之核准,得设置地方教育指导员,负出发各地指导之责。出发前应驻会研究地方教育情形;指导完毕后建议改进并得设置干事。

第六条 师范学校地方教育辅导委员会任务如下:

一、辅导区内各校改进事项,每学期举行一次。

二、指导区内各校教育实验事项,每学期应将实验结果呈报主管教育行政机关备案。国立师范学校应分报所在地省市教育厅局,如区内已设有国民教育示范区

者,应遵照部颁各省市筹设国民教育示范区要点办理。

三、设置地方教育通讯研究处,办理通讯研究事项,并遵照部分学校附设小学校教育通讯研究处办法大纲之规定办理。

关于各项问题之解答,应择要登入进修研究刊物。

四、举行专题讨论事项,应利用师范学校区辅导地方教育会议或假期讲习会,指定若干教员举行专题讨论会,讨论意见应编成专册供各校参考。

五、搜集或编辑乡土教材及其他补充教材事项,应按照部颁"如何搜集或编辑地方教材案"之规定办理。

六、开办假期讲习会及进修班事项,应遵照部颁"各省市小学教员暑期训练实施办法"办理。

七、发行教员进修刊物事项,定期或不定期。

八、其他有关地方教育辅导事项,如搜集优良事例、举行师范教学指导、实习、分析业务困难等。

前项师范学校地方教育辅导委员会之任务,凡有关国民教育辅导研究事项,应与省师范学校区国民教育研究会会商办理。

第七条　各校地方教育辅导委员会,每期举行地方教育辅导之前,应请各地方机关协助调查区内地方教育实际状况,以作辅导之依据。

第八条　各校地方教育辅导委员会辅导地方教育,应尽先辅导中心学校,并依部颁"乡镇中心学校设施要则"第十三条规定各事项,指导各中心学校,辅导国民学校。

第九条　各校地方教育辅导委员会,应会同师范学校毕业生指导委员会、各省师范学校区国民教育研究会,切实注意辅导区内初期服务之师范毕业生,使在服务时期得继续发展其学识,并增强其服务信念。

第十条　师范学校辅导地方教育,应照下列事项报告主管教育行政机关备案,国立师范学校并应分报所在地省市教育厅局:

一、地方教育辅导委员会组织人员履历一览表。

二、地方教育指导员履历一览表。

三、每年度辅导地方教育工作具体计划及辅导工作行事历。

四、每年度辅导地方教育经费概算，根据工作计划编制。包括(一)办公费，如文具、邮电、杂志等；(二)指导员薪俸、旅费；(三)事业费，如印刷、讲义、实验等。

五、每年度实施辅导地方教育工作报告。

第十一条　省市教育厅局对于各师范学校辅导地方教育，应充分予以协助，并督促其改进。

第十二条　省市视察人员视察地方教育时，应切实注意各师范学校辅导地方教育实施情形，并评定其优劣，报告省市教育厅局，以作填具"师范学校辅导地方教育实施成绩考核表"之依据。

第十三条　省市教育厅局审核各师范学校辅导地方教育工作报告，得择优分发各师范学校参考。

各师范学校亦得选择优良事例，互相通讯，以资观摩。

第十四条　各师范学校区每年至少应举行全区辅导会议一次，并得与省市师范学校区国民教育研究委员会联合举行。各省市每年至少应举行全省市辅导地方教育会议一次，并得与省市国民教育研究会联合举行。

第十五条　本办法自公布日施行。

《教育法令》，教育部编，中华书局，
1947年5月版，第247—248页

树立社会风气倡导师范教育实施要点

1943年10月2日　教育部公布

一、各省市每年举行推进师范教育运动周(三月二十九日至四月四日)期内，应由各级教育行政机关长官邀同地方人士举行师范教育座谈会，对师范学校教师表示敬意。

二、在举行推进师范教育运动周期内，各级教育行政机关长官应召集所在地师范学校学生致词嘉勉。

三、各中小学校于每年举行教师节(八月二十七日)纪念仪式时,应由学生家长代表,率同学生代表向教师行谢师礼。

四、各初级中学及中心学校将届毕业学生,应由学校实施教育指导,鼓励其升学师范及简易师范学校。

五、政府应联合各机关团体,于每年师范教育运动周时,发动社会人士募集师范生奖学金,并于师范学校招生时选送其子女学习师范教育。

《教育法令》,教育部编,中华书局,
1947年7月版,第247页

全国师范学校学生公费待遇实施办法

1944年10月　行政院公布

第一条　全国各级师范学校学生(包括简易师范)公费待遇依本办法之规定。

第二条　师范生公费待遇之项目如下:

(甲)应享受公费部分

一、师范生除保证金外免缴学费、宿费、及图书、体育、医药卫生等杂费。

二、膳食(包括主食费副食费)全部由学校供给,但主食费得依照规定数量拨发公粮。

三、所用各科教科书由学校供给。

(乙)得享受公费部分

一、制服应由学校供给,每三年每生发单制服二套,棉制服一套。

二、第三年依照规定外出之参观,用费由学校供给。

三、劳作、美术、理化、生物等科实习材料费由学校供给或酌予补助。

四、新生到校及毕业生经分派服务者应按程发给或补助旅费。

除前项各款规定外其清寒优秀者,得依照法令规定受领奖学金。

第三条　前条乙款得享受公费部分各款待遇由负担经费之各机关斟酌财力,一部或全部实施之。

第四条　师范生公费待遇所需经费，国立学校学生由中央负担；省级学生由省款负担；县级学生由县款负担，分别列入省县预算，唯新生到校旅费得酌由保送机关补助之。

第五条　师范生如有不遵照规定在学时中途离校或规避服务情事，得依照"修正师范学校毕业生服务规程"第三十二条之规定，追缴其在修业期间所享之一切公费，并没收其保证金。

上项追缴之公费及没收之保证金，分别由教育部及省市县主管教育行政机关每学期核实保存，留作下一期补充师范生公费之用。

第六条　本办法自公布日施行。

《教育法令》，教育部编，中华书局，
1947年5月版，第251页

师范学院学生教学实习办法

1944年12月30日　教育部公布

一、师范学院专业训练之教学实习一科目，须照本办法之规定办理。

二、教学实习分见习、试教及充任实习教师三部分。

三、教学见习在第三学年分科教材及教法一科目内行之；试教在第四学年教学实习一科目内行之，由各该科目教授担任指导。其试教时数，每生每周三小时。

四、充任实习教师于第五学年内行之，各校院应于各生第四学年业结束前三个月，会同所在区内省市教育厅局，拟将分发各生实习之学校名称（以本师范学院所在区内，办理成绩优良之公私立中等学校为限），各生担任之科目或职别连同各生姓名、性别、年龄、籍贯、肄业学系、入学年月暨部令核准文号，及以往七学期之学科、体育、操行等项成绩平均分数报部呈请分发充任实习教师。

前项实习教师亦得由本人接洽任教学校，但须呈报教育部核准，必要时并得由教育部酌予调整。

五、实习教师之待遇，在国立中学及师范学校，以国立中等学校教职员支薪标准之规定支高中专任教员最低级薪,在国立职业学校及省市立中等学校,应比照此项级俸标准办理,其他补助津贴与一般教师同。

六、实习教师每周教学时数,以各该校专任教员任课之时数为标准。

七、教育学系及公民训育学系学生,充任实习教师时,除担任教学工作外,须特别注重实习学校行政及学生训导工作。

八、实习教学须将所任教学科目编为教学预订表,并须按照教学程序逐周编为教案,逐日填写教学进度表。前项预订表、教案及进度表,均须于学期终结时汇集成帙,经原校指导实习教授、所在学校校长、教导主任及各该科目首席教师,加具考语签名盖章后,汇送各该校院批阅核定其教学成绩。

九、实习教师,须逐日详细记载本人之生活情形及服务观感,于实习期满后,径送各该校院。是项生活日记,应作实习成绩之一部分计算。

一○、实习教师,须遵照中央及所在省市之各项教育法令暨所在学校各项章则,认真服务,如因事或因病必须缺课或请假时,须照章请假补课,其缺课时数,应由所在学校切实统计,于每学期结束时通知原肄业师范学院。

前项缺课时数,应照在校受课之缺课扣分办法办理。

一一、实习教师应遵守校章,各校院对于充任实习教师各生操行成绩之评定,应参照原指导实习教授及所在学校校长之考语评定之。

一二、各师范学院对于实习教师及其服务之学校,应取得密切联系,实习教师应随时向院方报告生活暨实习情形及困难问题,由指导实习教授分别予以答复指导。

一三、实习教师,经任教满一年后,其服务成绩经由原校审核后,转呈教育部复核无异者,准予毕业并发给毕业证书及教师资格证明书。

一四、本办法有未规定各事项,由各师范学院斟酌实际情形决定之。

《教育法令》,教育部编,中华书局,
1947年5月版,第190页

师范学校毕业生服务规程

1942年3月22日　教育部公布

1946年2月15日　教育部修正公布

第一条　本规程依据师范学校法第十六条订定之。

第二条　各类师范学校及各种师范科(以下简称师范学校)毕业生之服务及督促考核等事项,均照本规程办理。

第三条　师范学校毕业生服务年限一律定为三年。

第四条　师范学校毕业生服务期内继续任职两校或两校以上者,其期限得合并计算。

第五条　师范学校毕业生在规定服务期内不得升学或从事小学教员(包括中心学校国民学校教员等)以外之职务。

第六条　师范学校毕业生由校将毕业证书呈报主管教育行政机关验印保存。俟服务期满,在证书上加注服务期满字样,发由原校转给。

前项师范学校毕业生服务成绩过劣,经主管教育行政机关考核确实者,得不发毕业证书。

第七条　主管教育行政机关对于师范学校毕业生服务事宜,应于主管科中指定专人办理,以专责成。

第八条　师范学校学生之学籍表,应呈送主管教育行政机关一份,以作为执行师范生服务时之准备(国立师范学校呈送教育部)。

前项各校学级表内学生有异动时,应由各该校随时呈报主管教育行政机关备案。

第九条　师范学校应组织师范生服务指导委员会(以下简称指导委员会),对学校负指导师范生服务事宜之全责。由校长遴选校内重要教职员五人至七人主持会务。以校长为主任委员,并呈报主管教育行政机关备案。

第十条　师范学校指导委员会负责指导师范生服务期间,自每一师范生入学时起至毕业服务期限届满为止。

第十一条　师范学校指导委员会依据师范教育法令及本规程之规定,处理关于师范生中途休学、退学、转学以及毕业后分配服务及指导服务等事宜。

前项分配服务事宜，学校并应遵照主管教育行政机关之统筹支配办法办理。

第十二条　教育行政机关关于所属师范学校学生将届毕业时期应预为计划分配服务处所，毕业后即派至预定处所服务。

第十三条　教育行政机关预行计划师范学校毕业生服务时，应以分配下列各处所为根据。

一、新设中心学校国民学校校长或教员；

二、改办中心学校国民学校校长或教员；

三、小学教职员缺额时之补充；

四、其他。

第十四条　师范学校每届毕业生于应届毕业一学期开始时，即须征询各应届毕业生服务志愿及地点，于毕业前三个月列表呈报主管教育行政机关，作为统筹分配服务之参考。

第十五条　各县市教育行政机关于每学期开始前三个月，应将需要补充中心学校国民学校教员数额列表呈报省教育行政机关备案，作为教育厅统筹分配服务之参考。

第十六条　各县市教育行政机关于接收省教育行政机关所分发之师范学校毕业生后，应予依据所报数额，妥为分配服务学校，并呈报省教育行政机关备案。

第十七条　师范学校毕业生被派至各县市服务时，应服从各该县市教育行政机关之支配与指导。各县市对于不服从支配与指导之师范学校毕业生，须呈请教育行政机关核办。

第十八条　师范学校毕业生有因特别情事须服务于其他省市或改派服务处所者，应请由原毕业学校核转省市教育行政机关核准，否则以擅自离职论。

第十九条　省市教育行政机关对于初期分配服务之师范学校毕业生应发给由到达服务机关之旅费，其每年应需经费列入省概算办理。

第二○条　县市教育行政机关应将省教育行政机关所分配之师范学校毕业生妥为分配服务处所。如人数临时有变动时，得随时予以适当处理，并呈请省教育行政机关备案。

第二一条　县市教育行政机关对于已分配服务处所之师范学校毕业生服务状况，每学期应列表报告省教育行政机关备案。

第二二条　师范学校毕业生有因身患疾病或其他故障不能服务时，得呈请省市教育行政机关酌量展缓其服务时期。但除痼疾或残废外，展缓时期不得超过二年。

前项疾病或其他故障应由毕业生呈请原毕业学校取具医生证明或查明故障之具体事实，呈报省市教育行政机关核办。

师范学校毕业女生不得因结婚请求展缓服务时期。

第二三条　师范学校毕业生服务期间，应于每学期结束时将本学期服务概况分别报告于原毕业学校及所在地之教育行政机关。所在地教育行政机关应考查其服务状况，其服务期满并无过失经省市教育行政机关查核属实者，给予毕业证书。

第二四条　师范学校毕业生在外省市服务者得请由主管教育行政机关审查其服务状况，服务期满并无过失者给予服务期满证明书，并转报其本省市教育行政机关发给毕业证书。

第二五条　师范学校对于各该校之毕业生就业或失业状况，应随时报告主管教育行政机关。对于失业及未服务之师范毕业学生，应设法予以工作。

第二六条　省市教育行政机关每届师范毕业生分配服务终了，应照部颁师范学校毕业生分配服务处所报告表按期填报教育部备查。

第二七条　师范学校指导委员会，应依照省市教育行政机关订定之师范学校新生入学指导办法切实指导，以确定师范生从事教育及协助基层政治工作之认识与志愿。

第二八条　各省市及各省县市视督人员对于初期服务之师范学校毕业生，应特别予以关于改进教学方法及进修等之辅导，藉以培植其服务教育之兴趣与信念。

第二九条　国立师范学校（包括国立中等学校附设师范班科）毕业生服务事项，除适用本规程各条文外，其分配服务事宜应由原校于每届学生毕业前三个月，将应届毕业生服务志愿及地点列表报送所在地省市教育行政机关，以为统筹该省市师范学校毕业生服务之依据，同时并呈报教育部备案。

第三〇条 国立师范学校之属于边地者,其毕业生服务事宜除适用本规程各条文外,应照下列各项办理:

一、在规定服务期内,以在各该校辅导区、各县及实验区服务为原则,其经由学校转呈本部核准变更服务区域者不在此限。

二、师范学校学生将届毕业前三个月,应由原校商同各该省教育行政机关分配服务,并由校造册呈报本部备案,及地方教育行政机关备查。

三、各省市教育行政机关接受国立师范学校毕业生分配服务名册后,应即令行指定之县教育行政机关分配工作并呈报教育部备案。

第三一条 师范学校毕业生服务满一年著有成绩者,得予以加薪晋级之奖励。

第三二条 师范学校学生如有不遵照法令规定,在学时擅自离校者,应由校呈报省市教育行政机关,追缴其在修业期间给予之公费。

前项追缴之公费,如该师范生继续肄业时即予免除追缴。

第三三条 师范生如有不遵照法令规定,在学时擅自离校与服务时期擅自升学或改就他业等情事,各校应呈报主管教育行政机关转行其升学之机关勒令退学,或就业之机关勒令解职。

前项勒令退学或解职事项由主管教育行政机关按照行政手续办理。

第三四条 师范学校毕业生在服务期间有下列各款之一者,应由各省市教育行政机关追缴其在修业期间历年给予之公费全部。

一、无正当理由拒绝服务者;

二、展缓服务时间已满二年仍不服务者;

三、改就他业或擅自升学者。

前项追缴之公费,如该师范学校毕业生继续服务时即予以免除追缴。

第三五条 师范学校毕业生有下列情形之一者,得请由各省市教育行政机关即予恢复原职或另派工作。

一、无正当理由而被解职者;

二、在服务未满期间其所服务之学校因故停办者;

三、展缓服务期间已满者;

四、因受特别情形之影响而失业者；

五、学校聘约已满无故不予继续者；

六、受停职处分已满者；

七、服务期内升学或改就他业之被退学及解职者。

第三六条　师范学校毕业生在被分发之县市如未得服务处所时，省市所属师范学校得呈请省市教育行政机关，国立师范学校得呈请教育部核办。

第三七条　师范学校毕业生无论服务期限业已届满与否如不得服务处所时，均得请由省市教育行政机关，予以登记分配服务。

第三八条　省市教育行政机关每年得于师范学校及简易师范学校毕业生中选择服务期满、成绩优良、有志升学者若干人，报经教育部核准，保送师范学院初级部及师范学院肄业。

第三九条　省市教育行政机关应将本部颁布关于师范生服务各项法令及各省市呈经本部核准之上项有关法令印订成册，颁发给各该省市师范生，并由各该师范学校服务指导委员会于学校集会或个别谈话时予以详细之指导，以利执行。

第四〇条　各省市教育行政机关及各国立师范学校办理师范毕业生服务事宜，由教育部考核各所属省市师范学校及各县市教育行政机关办理。师范毕业生服务事宜由各该省市教育行政机关考核。

第四一条　本规程自修正公布日施行。

《教育法令》，教育部编，中华书局，
1947年5月版，第254—256页

改进师范学院办法

1946年12月9日　教育部修正公布

一、国立大学师范学院内，分设教育、体育两系，必要时得设第二部及教育研究所。原设国文、史地、数学、理化、博物各系均归并文理学院施教，以免重复。但原定之专业科目，仍须修习。公民训育系取消，其原有学生归并于教育系。音乐、艺术、童子军等专修科停办，其原有学生移归音乐院、艺术专科学校及体育专修科或体育系。

二、国立大学师范学院内，设立管训部，辅助院长办理师范生一切特殊训练与管教事宜。

三、师范生无论其主科属于文、理、工、农或教育、体育系者，均应于入学时填具师范生志愿书，履行登记手续。

四、国立大学未设师范学院者，得于文学院内增设教育学系，并在教育系内设置类似管训部之机构，由教育系主任主持办理师范生一切特殊训练与管训事宜。

五、师范生之分系必修科目，均照文、理、工、农学院分系必修科目修习，惟各系专为研究工作而设之科目与中等学校教学关系较少者，应予免修，另应修习教育基本科目二十二学分及分科教材教法、教学实习八学分。

六、前项学生在校修业年限为四年，但离校后须担任实习教师一年，于修毕全部规定科目经考试合格并于实习一年期满，经证实教学成功者，给予学士学位，在实习教学期间，支中等教员初级薪俸。

七、前项学生一律给予师范生公费待遇。

八、独立师范学院之分系，除公民训育系归并于教育系外，余仍照旧规定办理。独立师范学院学生之管训，由训导处办理，不另设管训部。

九、独立师范学院之修业年限、实习教学及学位之授予，均照本办法第六条之规定办理。

一〇、师范学院第二部，仍照原核定办法继续办理，但第二部学生修毕规定科目后，仍须担任实习教师一年，经证实教学成功者，由院校授予毕业证书。

一一、现有之师范学院研究所，改为教育研究所，其招生办法、修业期限，仍照师范学院规程第十二条办理。

一二、师范生均应于主系之外，选择两辅系，以适应中等学校教学之需要。

《教育法令》，教育部编，中华书局，1947年5月版，第187—188页

师范学校规程

1935年6月22日　教育部公布
1947年4月9日　教育部修正公布

第一章　总　纲

第一条　本规程根据师范学校法第十六条之规定订定之。

第二条　师范学校为严格训练青年身心,养成小学健全师资之场所,依照师范学校法第一条之规定,以实施下列各项之训练:

一　锻炼强健身体;

二　陶融道德品格;

三　培育民族文化;

四　充实科学知能;

五　养成勤劳习惯;

六　启发研究儿童教育之兴趣;

七　培养终身服务教育之精神。

第三条　师范学校得附设特别师范科及幼稚师范科;公立中学及高级中学内亦得附设特别师范科。

第四条　专收女生之师范学校称女子师范学校。

以养成乡村小学师资为主旨之师范学校得称乡村师范学校。

第五条　师范学校修业年限三年,幼稚师范科修业年限三年或二年,特别师范科修业年限一年。

第六条　各地方为急需造就义务教育师资起见,得设简易师范学校,或于师范学校及公立初级中学内附设简易师范科,其办法另章规定之。

第七条　师范学校之入学年龄,为十五足岁至二十二足岁。

第二章 设置及管理

第八条 省市(指行政院直辖市)立师范学校之设立、变更及停办,应先由省市教育行政机关拟具计划或理由,呈报教育部核准后办理。县市立及联立师范学校之设立、变更及停办,应先由主管教育行政机关拟具计划或理由,呈报省教育厅核准后办理,并由厅报部备案。师范学校不依照前项规定程序办理者,上级教育行政机关得撤销之。

第九条 师范学校应视地方情形,分设于城市或乡村,于可能范围内应多设在乡村地方。

第十条 各省教育厅得依各该省情形,将全省分划为若干师范区,每一师范区内得设师范学校及女子师范学校各一所。

前项师范学校招收学生,应先就区内各县招收。

第十一条 省市师范学校以所在地地名名之;县市立师范学校,径称某某县市立师范学校;一地有立别相同之师范学校二校以上时,得以数字顺序别之,或以区域较小之地名为校名,联立师范学校称某某数县联立师范学校。

第十二条 师范学校应于每学年第一学期开始后一个月内,开具下列各项径呈或转呈各该省市主管教育行政机关备案。

一 本学年新生,各级插班生、复学生、休学生、退学生及各级学生名册;

二 本学年校长教职员学历、经历、职务、俸给、专任或兼任事项;

三 本年度经费预算;

四 本学年学则、校舍及设备之变更事项;

五 前学年各级学生学业成绩表;

六 前年度决算或收支项目;

七 前学年毕业生服务及学校指导状况。

前项第二款事项应由省市教育行政机关汇报教育部,其第一、三、四、五、六、七各款事项,并应造简表送部。

第十三条 师范学校应于第二学期开始后一个月内,开具下列各项径呈或转呈各该省市主管教育行政机关备案。

一　本学期新生,各级插班生、复学生、休学生及退学生名册;

二　本学期新任教职员学历、经历、职务、俸给、专任或兼任事项,去职教职员姓名及去职原因;

三　上学期各级学生成绩表。

前项第二款事项应由省市教育行政机关汇报教育部,其第一及第三款事项,并应造简表送部。

第十四条　师范学校每届办理毕业应于期前二个月,造具应届毕业学生履历及历年各项成绩表,径呈或转呈省市教育行政机关核准后,举行毕业考试,或参加毕业会考。

第十五条　师范学校每届办理毕业,应于期后一个月内,造具毕业生毕业成绩表及分配服务办法,径呈或转呈省市教育行政机关转报教育部备案。

第十六条　师范学校每学期应由省市教育行政机关派遣督学视察指导至少一次。并将其视察及建议事项,于视察完毕一个月内,呈报教育部备核。

第三章　经　　费

第十七条　省市立师范学校之开办、经常、临时各费,由省市款支给之。县立或联立师范学校经费,由县或联立各县县款支给之。

第十八条　县立师范学校如确因地方贫瘠及成绩优良得受省款补助。

第十九条　省款补助县立师范学校之标准,由省教育厅规定,呈报教育部备案。

第二十条　师范学校经常费之支配,除学生膳食外,俸给至多不得超过百分之七十,设备费至少应占百分之二十,办公费至多不得超过百分之十;其预算款式另定之。

第二十一条　师范学校经费之开支,应力求撙节核实,并须将全部收支情形由经费稽核委员会为公开及缜密之审核,其审核办法,由省市教育行政机关订定,呈报教育部核准施行。

第四章　编　　制

第二十二条　师范学校学生,除特别师范科学生外,依课程进度及各科年限,各分为一年级、二年级及三年级。

第二十三条 每学级学生以五十人为度,但至少须有二十五人。

第二十四条 师范学校各学科,除体育及军事训练得采用其他分组方法教学外,均不得合班教学。

第二十五条 师范学校学生,以男女分校或分班为原则。

第二十六条 新开办之师范学校,第一年不得招收二年级以上学生,第二年不得招收三年级学生。

第五章 课 程

第二十七条 师范学校之教学科目,为公民、体育、军事训练(女生习军事看护)、卫生、国文、算学、地理、历史、生物、化学、物理、论理学、劳作、美术、音乐、教育概论、教育心理、小学教材及教学法、小学行政、教育测验及统计、实习等。

乡村师范学校之教学科目为公民、体育、军事训练(女生习军事看护及家事)、卫生、国文、算学、地理、历史、生物、化学、物理、论理学、劳作、美术、音乐、农业及实习,农村经济及合作、水利概要、教育概论、教育心理、小学教材及教学法、小学行政、教育测验及统计、乡村教育、及实习。

第二十八条 三年制幼稚师范科之教学科目为公民、体育及游戏、卫生、军事看护、国文、算学、历史、地理、生物、化学、物理、劳作、美术、音乐、论理学、教育概论、儿童心理、幼稚园教材及教学法、保育法、幼稚园行政、教育测验及统计、及实习。二年制幼稚师范科之教学科目为公民、体育及游戏、卫生、国文、算学、历史、地理、生物、理化、劳作、美术、音乐、教育概论、儿童心理、幼稚园教材及教学法、保育法、幼稚园行政、及实习。

第二十九条 特别师范科招收高级中学毕业生者,其教学科目为国文、体育、图画、音乐、劳作、教育概论、教育心理、小学教材及教学法、小学行政、教育测验及统计、地方教育行政及教学视导、民众教育及乡村教育、及实习。

特别师范科招收高级职业学校毕业生者,其教学科目为公民、国文、体育、算学、图画、历史、地理、珠算、初中及小学应用农艺、初中及小学应用工艺、初中及小学应用家事、初中及小学应用商业、教学概论、教育心理、教学法、教育测验及统计、职业教育、及实习。

第三十条 需要蒙、回、藏语或外国语之特殊地方所设立之师范学校，其课程得增加所需要之语言学科，酌减其他学科或教学时数。

第三十一条 为养成小学体育、劳作、美术及音乐等专科教员起见，各省市应指定省市立师范学校一二校于施行一般训练外，分组修习专科科目。

第三十二条 师范学校课程标准另订之。

第三十三条 师范学校教科书须采用教育部编辑或审定者，教员自编教材须适合部定课程标准，并须于每学期终将全部教材送呈主管教育行政机关审核，转报教育部备案。

第三十四条 各科教学应活用教本，采用地方性及临时补充之教材，并须注重实验及实习。

师范学校，除外国语教本外，一律采用中文本教科书，不得用外国文书籍。

师范学校教员一律用国语为教授用语。

第三十五条 教员须启发学生观察、思考及自动研究之能力，并须养成其教育者之精神。

第三十六条 师范学校学生实习时，应由其所实习之学科教员、教育学科教员及附属小学教员到场指导。

第三十七条 师范学校学生之实习场所，除自设之附属小学及幼稚园外，并得在附近小学及其他相当学校实习。

第三十八条 师范学校应随时利用余暇领导学生参观邻近小学；最后一学期并应为参观旅行，其时间以两周为限，费用由学校负担。

第六章 训 育

第三十九条 师范学校训育应遵照中华民国教育宗旨及其实施方针所规定，"以最适宜之科学教育及最严格之身心训练，养成一般国民道德上、学术上最健全之师资"。

第四十条　根据实施方针所规定劳动实习，师范学校学生除劳作科作业外，凡校内整理、清洁、消防及学校附近之修路、造林、水利、卫生、识字运动等项，皆须分配担任。学校工人须减至最低限度。

第四十一条　师范学校校长及全体教员均负训育责任，须以身作则，采用团体训练及个别训练，指导学生一切课内课外之活动。

第四十二条　师范学校每一学级设级任一人，择该级一专任教员任之，掌理各该级之训育及管理事项。

第四十三条　校役及专任教员均以住宿校内为原则，与学生共同生活。

第四十四条　师范学校学生宿舍须有教员住宿，负管理之责。

第四十五条　师范学校学生应照学生制服规程规定，一律穿着制服。制服之重制，须视一般学生穿着损坏情形，不得于每学期或每学年令学生新制。

第四十六条　师范学校学生旷课及怠于自修或劳动作业等情事，应于操行成绩内减算。

第四十七条　师范学校之训育标准另定之。

第四十八条　师范学校学生训育管理及奖惩办法，由各省市教育行政机关规定大纲呈报教育部核定施行。各师范学校于其学则内，根据是项大纲，订定详细规则，呈请主管教育行政机关核定施行。

第七章　设　　备

第四十九条　师范学校校址，须具有相当之面积，且其环境须适合道德及卫生条件。

第五十条　师范学校应具备下列各重要场所：

一　普通课室；

二　特别课室（物理、化学、生物、图画、音乐等教学用）；

三　工场（尽先设置木工、金工场）、农场、合作社或家事实习室（视应所设劳作科种类及学校环境酌量设置）；

四　运动场（如属可能，应备体育馆）；

五　图书馆；

六　仪器、药品、标本、图表室；

七　体育器械室；

八　自习室；

九　会堂；

十　学生成绩陈列室；

十一　课外活动作业室；

十二　办公室（职员同室办公，并不得占用校内优良屋宇）；

十三　学生寝室；

十四　教职员寝室（如属可能，应备教职员住宅）；

十五　膳堂；

十六　浴室；

十七　储藏室；

十八　校园；

十九　其他。

第五十一条　校舍之建筑，须坚固、朴实、适用，并应采用本国式样与本国材料。

第五十二条　各科教学之仪器、药品、标本、图表、机械、器件等须具备足敷各科教学之用。

前项设备中之仪器、标本、图表等，其有能自制者，应尽量由教员学生共同制作。

第五十三条　师范学校图书馆之图书，须足供教员及学生参考阅览之用，其常供学生参考者，尤须具备多数复本。

第五十四条　师范学校应具备下列各表簿：

一　关于师范学校之法令、统计等项；

二　学则（包含学校一切章程、规则、办法等）；

三　各年级课程表、每学期各班每周教学时间表、各班教科用图书一览表；

四　教职员履历表、担任学科及教学时间表、教学进度预计簿、教学进度记录簿；

五　学生学籍簿、出席簿、请假簿、操行考查簿、奖惩登记簿、学业成绩表、身体检查表；

六　图书目录、仪器、标本、器械、药品目录；

七　财产目录；

八　预算表、决算表、各项会计表簿；

九　学校日记簿、各级日记簿；

十　各项会议记录；

十一、其他。

第五十五条　师范学校设备标准另定之。

第八章　成绩与考查

第五十六条　师范学校学生成绩，分学业、实习、操行及体育成绩四项。

第五十七条　考查学生成绩，分下列四种：

一　日常考查；

二　临时试验；

三　学期考试；

四　毕业会考或毕业考试。

师范学校学生毕业会考规程另定之。

第五十八条　日常考查之方式如下，各科依其性质酌用之：

一　口头问答；

二　演习练习；

三　实验实习；

四　读书报告；

五　作文；

六　测验；

七　调查采集报告；

八　其他工作报告；

九　劳动作业。

第五十九条 临时试验,由各科教员随时于教学时间内举行,不得预先通告学生。每学期每科至少举行二次以上。

第六十条 学期考试于学期终各科教学完毕时,就一学期内所习课程考试之,考试前得停课一日至二日,备学生复习。

第六十一条 毕业考试于规定修业期满后,就全部课程考试之,考试前得停课三日至四日,备学生复习。

参考毕业会考之学生免除毕业考试。

第六十二条 各科日常考查成绩与临时试验成绩,合为各科平时成绩。日常考查成绩,在平时成绩内占三分之二,临时试验成绩占三分之一。

第六十三条 各科平时成绩与学期考试成绩,合为各科学期成绩。平时成绩在学期成绩内占五分之三,学期考试成绩占五分之二。师范学校最后一学年第二学期,得免除学期考试,而以各科平时成绩作为学期成绩。但参加毕业会考之学生,仍须举行最后学期考试。

第六十四条 每学生各科学期成绩之平均,为该生之学期成绩。每学生一二两学期成绩之平均,为该生之学年成绩。

第六十五条 每学生各学年成绩平均与其毕业考试成绩合为该生之毕业成绩。各学年成绩平均在毕业成绩内占五分之三,毕业考试成绩占五分之二。

第六十六条 学生实习、操行或体育成绩不及格者,不得进级或毕业。

第六十七条 每学期各科缺席时数达该科教学总时数三分之一以上之学生,不得参与该科之学期考试。

第六十八条 无学期成绩之学科或成绩不及格之学科在三科以上之学生,或虽二科无学期成绩或不及格,但其科目为公民、国文、算学、理化、劳作及各种教育学科等科中之任何二科之学生,均应留级一学期,连续留级以二次为限,如本校无相当学级,可发给转学证书,转入其他师范学校,插入相当班次。

第六十九条 无学期成绩之学科或成绩不及格之学科仅有一科之学生,或虽有二科无学期成绩或不及格,但其科目非如前条所规定者之学生,均应令于次学期仍随原学级附读;一面设法补习各该科目,经补行学期考试成绩及格后,准予正式进级,如仍不及格,应于次学年仍留原年级肄业,但此项补考以二次为限,连续留级亦以二次为限,如仍不能进级,发给修业证书,令其退学。

第七十条 毕业考试成绩内,不及格学科在三科以上或仅二科不及格,但其科目为公民、国文、算学、理化、劳作及各种教育学科等科中之任何二科之学生,均应令留级一学年(有春季始业班级之学校得留级一学期),但此项留级以二次为限。如仍不能毕业,发给修业证书,令其退学。

第七十一条 毕业考试成绩内有一科不及格或虽有二科不及格,但其科目非如前条所规定者之学生,均应令补行考试二次,如仍不能及格,应照前条办法办理。

第七十二条 实习、操行及体育成绩考查办法另定之。

第七十三条 学业成绩计算方法,由各省市教育行政机关规定,呈报教育部核准施行。各师范学校为实验教育起见,得于主管教育行政机关规定计算方法外,采用其他方法,但须经转呈教育部核准施行。

第九章 学年学期及休假日期

第七十四条 学年度始于八月一日,终于次年七月三十一日。

第七十五条 一学年分为两学期,自八月一日至次年一月三十一日为第一学期或上学期,自二月一日至七月三十一日为第二学期或下学期,春季始业之学级以本学年第二学期为上学期,下学年第一学期为下学期。各省应指定地点适当之省立师范学校数校,兼办春季始业学级。

第七十六条 师范学校之休假日期另定之。

第七十七条 师范学校除法令规定休假日期外,不得休假,每星期六下午,并不得停止授课。

第十章 入学转学休学复学退学及毕业

第七十八条 师范学校及幼稚师范科入学资格为初级中学毕业,特别师范科入学资格为高级中学或高级职业学校毕业,均须经入学试验及格。

师范学校、乡村师范学校、幼稚师范科、及特别师范科入学试验,均应免试外国语。

第七十九条　师范学校学生于学期或学年终了考试成绩及格,如必须转学其他师范学校,或有第六十八条规定情形时,得请求学校发给转学证书。

第八十条　师范学校第二学期以上之学级,如有缺额,得于学期或学年开始前收受插班生。此项插班生须有其他师范学校学期衔接之转学证书,或成绩单,仍须经编级试验。

第八十一条　师范学校最后一年级不得招收插班生。

第八十二条　师范学校学生因身体或家庭之特殊情形得请求休学一学期或一学年。

第八十三条　休学期满之学生得请求复学,编入与原学期或学年衔接之学级肄业。

第八十四条　经学校开除学籍之学生,不得发给转学证书及修业证书。

第八十五条　师范学校学生因身体或家庭之特殊情形经保证人证明确属理由正当并经调查属实者,得请求学校准予退学。

第八十六条　学生修业年限期满,毕业成绩及格,或经会考成绩及格者,准予毕业,由学校给予毕业证书。

第十一章　待遇及奖学金额

第八十七条　师范学校学生一律免收学费,各省市应斟酌情形免收学生膳费之全部或一部。

免向学生征收之膳费应核实收支专案呈报。

第八十八条　师范学校学生入学时得征收保证金五元至十元,毕业时应予发还,无故退学或被开除学籍者概不发还。

上项保证金由学校专款存储,不得挪用。其不发还之保证金,作添购图书之用,并应专案呈报主管教育行政机关备案。

第八十九条　师范学校不得征收图书及体育等任何费用,其学生用书、制服、及一切工艺材料费,由学生自备或由学校发给,或由学校或所在地教育行政机关组织学生消费合作社,廉价发售。如由学校代办时,应按实价向学生征收。

前项工作材料及制服,必须采用国货,尤以本地产品为主。

第九十条　师范学校应设置奖学金额,由省、市、县教育行政机关规定办法,分别径呈或转呈教育部备案。

第九十一条　师范学校学生无故退学或被开除学籍者,应追缴其学费,如免膳费者并追缴其膳费。

第十二章　服　　务

第九十二条　师范学校毕业生服务年限须照其修业年限加倍计算。

第九十三条　师范学校每届毕业生应由省、市、县教育行政机关分配于各地方充任小学或相当学校教员。

第九十四条　师范学校及特别师范科毕业生得充任小学教员;幼稚师范科毕业生得充任幼稚园及初级中学教员。

第九十五条　师范学校毕业生在规定服务期内,不得升学或从事教育以外之职务。违者除照第九十一条追缴学膳费外,如系升学仍由其升入之学校令其退学。但有特殊情形,经省市教育行政机关核准者,得展缓其服务期限。

第十三章　教职员及学校行政

第九十六条　师范学校设校长一人,综理校务,并须担任教学,其时间不得少于专任教员教学时间最低限度二分之一,并不得另支俸给。

第九十七条　师范学校各科教员由校长开具合格人员详细履历径呈或转呈省市教育行政机关核准后,由学校备具聘书,于学年开始前二月或学期开始前一月送达受聘教员,遇有不合格人员,主管教育行政机关应令原校更聘。

第九十八条　教员之初聘任期以一学年为原则,以后续聘任期为二学年。

第九十九条　师范学校各学科均应聘请专任教员。如一学科之教学时数不足聘请一专任教员时,得与性质相近之学科时数合并,聘请专任教员,但如事实上确有困难情形,得聘请兼任教员,但以限于音乐、图画、劳作等科为原则。

专任教员不得在校外兼任任何职务。

第一百条　六学级以下之师范学校,其专任教员人数平均每学级不得超过二人,七学级以上之师范学校,其专任教员人数平均每两学级不得超过三人。

第一百零一条　师范学校之兼任教员人数,不得超过全体教员人数四分之一。

第一百零二条　师范学校及特别师范科之专任教员,每周教学时数为十六至二十二小时。

兼任主任及训育职务之专任教员,其每周教学时数得酌减,但不得少于规定最低限度三分之二,并不得另支俸给。

第一百零三条　专任及兼任教员,均应轮值指导学生自习。

第一百零四条　专任教员每日在校时间至少七小时。

第一百零五条　师范学校设教导主任一人,协助校长处理教务、训育事项。六学级以上之师范学校经主管教育行政机关之核准,得设教务、训育主任各一人,协助校长分别处理教务、训育事项。六学级以上之师范学校得设事务主任一人,掌理教务及训育以外之事务。

第一百零六条　师范学校设校医一人,会计一人,图书馆、仪器、药品、标本及图表管理员二人至三人。六学级以下之师范学校设事务员及书记二人至四人。七学级以上之师范学校每增二学级,平均得增设事务员或书记一人。

第一百零七条　师范学校各主任皆由专任教员兼任。校医由校长聘任,其余职员由校长任用,均应呈报省市教育行政机关备案。

省及直辖市立师范学校会计,由省市教育行政机关指派充任。

第一百零八条　师范学校设置下列二种委员会:

一　训育指导委员会　由校长、各主任、各教员及校医组织之,以校长为主席,负一切指导学生之责。每月开会一次。

二　经费稽核委员会　由专任教员公推三人至五人组织之,委员轮流充当主席,负审核收支帐目及单据之责。每月开会一次。

第一百零九条　师范学校举行下列四种会议:

一　校务会议　以校长、全体教员、校医及会计组织之,校长为主席,讨论全校一切兴革事项。每学期开会一次或二次。

二　教务会议　以校长及全体教员组织之,校长为主席,校长缺席时,教导主任或教务主任为主席,讨论一切教学、实习及图书设备购置事项。每月开会一次。

三　训育会议　以校长、各主任、各级任及校医组织之,校长为主席,校长缺席时,教导主任或训育主任为主席,讨论一切训育及管理事项。每月开会一次或二次。

四　事务会议　以校长、各主任及全体职员组织之,校长为主席,校长缺席时,事务主任为主席,讨论一切事务进行事项。每月开会一次。

第一百十条　师范学校校长须品格健全,才学优长,毕业于师范大学、大学教育学院、教育科系,或其他院系而曾习教育学科二十学分,或高等师范学校,且合于下列资格之一者:

一　曾任国立大学教育学院教授,或专任讲师一年以上者;

二　曾任省及直辖市教育行政机关高级职务二年以上著有成绩者;

三　曾任高级中学校长一年或初级中学校长三年以上著有成绩者。

第一百十一条　有下列情形之一者,不得任用为师范学校校长:

一　违犯刑法证据确凿者;

二　曾任公务员交代未清者;

三　曾任校长或教育行政职务成绩平庸者;

四　患精神病或身有痼疾不能任事者;

五　行为不检或有不良嗜好者。

第一百十二条　师范学校教员须品格健全,其所任教科,为其所专习之学科,并于初等教育具有研究,且合于下列规定资格之一者:

一　经师范学校教员考试或检定合格者;

二　国内外师范大学或大学教育学院、教育科系毕业者;

三　国内外大学本科、高等师范本科或专修科毕业后,有一年以上之教学经验者;

四　国内外专科学校或专门学校本科毕业后,有二年以上之教学经验者;

五　有有价值之专门著述发表者;

六　具有精练技能者（专适用于劳作科教员）。

第一百十三条　有下列情形之一者，不得任用为师范学校教员：

一　违犯刑法证据确凿者；

二　成绩不良者；

三　旷废职务者；

四　怠于训育及校务者；

五　患精神病或身有痼疾不能任事者；

六　行为不检或有不良嗜好者。

第一百十四条　师范学校教员继续在一校任职满九年后，得休假一年，从事研究考查，并须将成绩送由学校径呈省市教育行政机关，或呈由县市教育行政机关转呈省教育厅备核。

前项休假教员，应仍支原俸，但以不兼任任何有给职务者为限。

第一百十五条　各省市教育行政机关应为师范学校教员力谋进修便利订定办法，呈报教育部核准施行。

第一百十六条　师范学校教员之检定、任用及保障，另以规程定之。

第一百十七条　师范学校教员俸给等级表，年功加俸办法，由各主管教育行政机关规定径呈或转呈教育部核准施行。

前项教员俸给等级表之最低级，应参照地方情形以确能维持适当生活为标准。

第一百十八条　师范学校女教职员在生产时期内，应予以六个星期之休息假。其代理人之俸给，应由学校呈请主管教育行政机关另行支给。

第一百十九条　师范学校校长视专任教员进三级或五级支俸，由主管教育行政机关定之。

第一百二十条　师范学校教职员养老金及恤金办法，照国民政府公布之学校职教员养老金及恤金条例办理。

第十四章　附属小学及幼稚园

第一百二十一条　师范学校为便利学生实习及实验初等教育起见，应设附属小学并得附设幼稚园。

第一百二十二条　附属小学设校长一人，由师范学校校长聘请合格人员，呈请主管教育行政机关备案。

第一百二十三条　附属小学及幼稚园，应设于师范学校附近。

第一百二十四条　附属小学应领导附近各县小学对教育问题研究及实验，以谋改进。

第一百二十五条　附属小学依照小学法及小学规程办理之。

第十五章　简易师范学校及简易师范科

第一百二十六条　简易师范学校及简易师范科，依本规程第六条之规定设置之。此项简易师范学校及简易师范科，俟地方小学师资足敷分配时，应即停止办理。

第一百二十七条　简易师范学校入学资格为小学毕业生，修业年限四年。

简易师范科之入学资格为初级中学毕业生，修业年限一年。

简易师范学校及简易师范科入学试验均应免试外国语。

第一百二十八条　简易师范学校以县市设立为原则。

第一百二十九条　简易师范学校应于可能范围内设在乡村地方。

设在乡村之简易师范学校得称简易乡村师范学校。

第一百三十条　简易师范学校之教学科目为公民、体育、卫生、国文、算学、地理、历史、植物、动物、化学、物理、劳作（农艺、工艺、家事）、美术、音乐、教育概论、教育心理、乡村教育及民众教育、教育测验及统计、小学教材及教学法、小学行政、及实习。

简易乡村师范学校之教学科目为公民、体育、卫生、国文、算学、地理、历史、植物、动物、化学、物理、劳作（工艺）、美术、音乐、农业及实习、水利概要、农村经济及合作、教育概论、教育心理、小学教材及教学法、教育测验及统计、乡村教育、小学行政、及实习。

第一百三十一条　简易师范科之教学科目为体育、国文、算学、地理、历史、自然、劳作（农艺）、图画、音乐、教育概论、教育心理、小学教材及教学法、小学行政、及实习。

第一百三十二条　简易师范学校及简易师范科之课程标准另定之。

第一百三十三条　简易师范学校及简易师范科得缩短休假日期。

第一百三十四条　简易师范学校及简易师范科学生之实习，如无附属小学及幼稚园者，得在附近公私立小学及幼稚园实习之。

第一百三十五条　简易师范学校及简易师范科学生毕业后，充任简易小学、短期小学及初级小学教员。

简易师范学校及简易师范科学生毕业后，服务期满，成绩优良，可入师范学校及幼稚师范科肄业，但仍须经入学试验及格。

第一百三十六条　简易师范学校设校长一人，主持校务，并担任教课，其时间不得少于专任教员教学时间最低限度二分之一。

简易师范学校及简易师范科之专任教员，每周教学时数为十八至二十四小时。

第一百三十七条　简易师范学校设教导主任一人，校医一人，会计一人，事务员及书记二人至四人，由校长分别聘任及任用，呈报主管教育行政机关备案。

第一百三十八条　简易师范学校校长须品格健全，才学优良，于初等教育具有研究，且合于下列规定资格之一者：

一　国内外师范大学、大学教育学院、教育科系毕业，或其他院系毕业而曾习教育学科二十学分，均经于毕业后，从事教育职务二年以上著有成绩者；

二　国内外大学本科或高等师范本科毕业后，从事教育职务三年以上著有成绩者；

三　国内外高等师范专修科、专修学校或专门学校本科毕业后，从事教育职务四年以上著有成绩者。

第一百三十九条　简易师范学校教员须品格健全，于初等教育具有研究，其所任教科为其所专习之学科，且合于下列规定资格之一者：

一　经师范学校教员考试或检定合格者；

二　国内外师范大学或大学教育学院、教育科系毕业者；

三　国内外大学本科、高等师范本科、专修科、专科学校或专门学校本科毕业

后,有一年以上之教学经验者;

四　与高级中学程度相当学校毕业曾任中等学校教员有三年以上之教学经验,于所任教科确有研究成绩者;

五　有有价值之专门著述发表者;

六　具有精练技能者(专适用于劳作科教员)。

第一百四十条　有规程第一百十一条及第一百十三条情形者,不得任用为简易师范学校校长及教职员。

第一百四十一条　除本章所特别规定外,本规程其余部分均适用于简易师范学校及简易师范科。

第十六章　附　　则

第一百四十二条　本规程得由教育部于必要时修改之。

第一百四十三条　本规程于中华民国二十四年六月二十一日修正公布施行。

《教育法令汇编》第一辑,教育部编,商务印书馆,
1947年10月版,第197—210页

师范学院规程

1942年8月17日　教育部公布
1948年12月25日　教育部修正公布

第一章　总　　纲

第一条　师范学院遵照中华民国宪法第一五八条之规定,以养成中等学校健全师资为目的。

第二条　师范学院单独设立,或于大学中设置之。

第三条　独立师范学院或大学师范学院由教育部审察全国各地情形分区设立之。

第四条　师范学院应与所划区内教育机关密切合作,研究辅导该区内之中等教

育,并视该区内中等教育师资需要,为有计划之招生。

第五条 师范学院应请由所在区内教育行政机关指定办理成绩优良之中小学为其实习、实验之场所,必要时得附设中小学。

第六条 师范学院学生修业年限一律五年(学科四年实习一年),期满考试及格,经教育部核准者,由(院)校授予学士学位。

第七条 师范学院入学资格,须曾在公立或已立案之私立高级中学或同等学校毕业,或师范学校毕业服务三年期满,或具有高级中学毕业同等学力,经入学试验及格者。

招收同等学力学生办法另订之。

第八条 师范学院得设第二部,招收大学及专科学校毕业生,授予教育专门科目及专业训练,修业二年(学科一年实习一年),期满考试及格,经教育部核准者,由院(校)授予高级中等学校某科教员证书。

第九条 师范学院得附设专修科,招收高级中学或同等学校毕业生,或具有高级中学毕业同等学力者,修业年限三年(学科二年实习一年),期满考试及格,经教育部核准者,由院(校)授予初级中等学校某科教员证书。

前项毕业生毕业总成绩在八十分以上,并服务二年期满成绩优良,有志深造者,得投考师范学院三年级。

第十条 师范学院得设教育研究所,招收教育学系毕业之非师范生及师范学院毕业服务两年,或大学其他院系毕业而有两年以上教学经验者,研究期限二年,期满经硕士学位考试及格,授予硕士学位。

第十一条 师范学院得招收转学生,转学资格须在其他师范学院肄业有转学证明书,于学年开始以前经转学试验及格者。师范学院第四学年不得招收转学生。

第二章 组织及课程

第十二条 独立师范学院分国文、英语、史地、数学、理化、博物、教育、体育、音乐、家政等学系,及体育、音乐、劳作、图画、家政等专修科。

大学师范学院分设教育、体育、艺术等学系,并得在文理学院相当学系内招收师范生。

第十三条　独立师范学院行政组织,依大学法关于独立学院之规定。

第十四条　大学师范学院须专设师范生管训部,置主任一人,主持师范生管训事宜,由院长商请校长聘任之。

第十五条　师范学院课程分基本科目、专门科目、及教材教法研究暨教学实习等三类,基本科目及教材教法研究暨教学实习为各学系共同必修,专门科目依其性质为各学系必修或选修。

师范学院各类课程及学分另订之。

第十六条　大学文理学院师范生之分系必修及选修科目,均照文理学院分系必修及选修科目修习,惟各学系专为高深研究而设置之科目与中等学校教学关系较少者,应予免修,另修习教育专门科目以补充之。

第十七条　师范学院学生应于主系外选择一辅系。

大学师范学院学生应以文理学院有关中等学校教学之学系为辅系。

第三章　训　导

第十八条　师范学院须施行严格训练,养成优良学风,各教员除授课外,须负责辅导学生之品格修养、专业训练及学术研究。

第十九条　师范学院学生生活训练采严格统一管理办法,所有膳宿处所应分别集中一舍,不得分散。

大学师范学院在文理学院相当学系内招收师范生者,应与师范学院学生同一集中管理。

第二十条　师范学院各教员对学生之操行、思想、学业、生活规律、身体状况等,应详密考核记载,每月报告训导处或师范生管训部汇办。

第二十一条　训导处或师范生管训部应每月举行会议一次,报告训导实施情形,及研究关于训导之共同问题。

第四章　学生待遇及服务

第二十二条　师范学院学生待遇另定之。

第二十三条 师范学院学生无故退学或被开除学籍者,应追缴其在学期间之全部待遇。

第二十四条 师范学院学生毕业后服务年限为五年,专修科毕业生服务三年,第二部毕业生服务二年。

第二十五条 师范学院学科修业期满学生,应由院(校)将学生学业操行各项成绩函送所划区内教育行政机关核予分发各中等学校充任实习教师,其有特殊情形不克分发或分发不足时,得呈报教育部统筹办理。

上项学生实习期满后,由各该省市分别正式聘用。

第二十六条 师范学院毕业生在规定服务期间内,不得从事教育以外之职务,否则应追缴其在学期间之全部待遇,但有特殊情形经教育部核准者,得展缓其服务期限。

第五章 考试及成绩

第二十七条 师范学院考试分下列四种:

一、入学考试;

二、平时考试;

三、学期考试;

四、毕业考试。

第二十八条 师范学院之入学考试,除体格检查与笔试外,应注重口试,注意受试者之思想、仪容及应对、演说之能力。

第二十九条 平时考试由各学系教员随时举行之,每学期内至少举行一次,平时考试成绩须与听讲笔录读书札记参观报告及练习实习实验等成绩分别合并核计,作为平时成绩。

第三十条 学期考试由院长会同各学系主任及教员于每学期之末举行之,学期考试成绩须与平时成绩合并核计,作为学期成绩。

第三十一条 学科毕业考试由院(校)长聘请校内教员,及该区内教育行政机关长官,校外专门学者组织委员会举行之,院(校)长为主席,必要时教育部得派员监试,学科毕业考试分笔试口试两种,笔试就所修三类科目分类综合命题,口试注重其思想、学力、态度、修养与说话技术。

第三十二条　师范学院学生应于第四学年第一学期开始时选定毕业论文题目,受系主任及任课教员之指导,自行选述,于学科毕业考试期前提交毕业考试委员会评定。

第三十三条　各学期平均成绩,毕业考试成绩,毕业论文成绩及实习成绩合并核计,为毕业总成绩。

第三十四条　师范学院学生须于暑假或寒假期间,院(校)所在师范区内研究辅导工作,或择定专题自行参观研究,于开学时提出报告,经审核后,以平时成绩计算之。

第三十五条　国立大学未设师范学院,而于文学院内设有教育学系并设有师范生管训部负造就师资任务者,该学系及文理学院相当学系内得招收师范生,照本规程规定办理,其师范生管训部主任,由教育学系主任兼任之。

第六章　附　　则

第三十六条　本规程自公布日施行。

《教育法规汇编》(增订本)(二),"教育部法规委员会"编,
台北正中书局　1981年2月初版,第735—749页

八 职业教育

实业学校令

1913年8月4日 教育部公布

第一条 实业学校以教授农工商业必需之知识技能为目的。

第二条 实业学校分甲种乙种：甲种实业学校施完全之普通实业教育；乙种实业学校施简易之普通实业教育，亦得应地方需要授以特殊之技术。

第三条 实业学校之种类为农业学校、工业学校、商业学校、商船学校、实业补习学校等。蚕业学校、森林学校、兽医学校、水产学校，均视作农业学校。艺徒学校视作乙种工业学校，亦得参照工业补习学校办理。女子职业学校得就地方情形与其性质所宜，参照各项实业学校规程办理。

第四条 省行政长官，视地方需要分别设立甲种实业学校。县及城镇乡或农工商会，得设立乙种实业学校，亦得酌量情形设立甲种实业学校。省及县设校地点，由省行政长官及县行政长官定之。

第五条 实业学校以省经费设立者为省立实业学校，其以县经费或城镇乡经费设立者，为县立或城镇乡立实业学校。农工商会设立之实业学校，视该会性质系法律所认为公法人者，称公立实业学校；为私法人者称私立实业学校。

第六条 实业学校以私人或私法人设立者，为私立实业学校。

第七条 省立实业学校之设立、变更或废止，应呈报教育总长。县立城镇乡立及其他公立私立之实业学校，其设立、变更或废止，均须呈请省行政长官认可，转报教育总长；但在实业补习学校只须呈报省行政长官。

第八条 实业学校之编制、设备及修业年限、学科程度等，别以规程定之。

第九条 农业工业等专门学校，依本令规定，附设甲种程度之学科者，为甲种实业讲习科。农业工业等专门学校或甲种实业学校附设乙种程度之学科者,为乙种实业讲习科。

第十条　实业学校学生应纳学费,但得视地方情形酌量减免。

第十一条　本令自公布日施行。

《教育杂志》第5卷第6号,1913年9月

实业学校规程

1913年8月　教育部公布

第一章　通　则

第一条　设立实业学校,依实业学校令第七条呈报教育总长或省行政长官时,须开具事项如下:一、名称,二、位置,三、学则,四、学生定额,五、地基房舍之平面图,六、经费及维持之方法,七、开校年月,八、校长教员之姓名及履历。前项第五款之平面图,应备载面积地质及各场所之区域面积,并附近状况,饮用水之性质。

第二条　实业学校之学科,关于实习及实验时间,须占总授业时间五分之二以上,但在商业学校得酌量减少。

第三条　甲种实业学校教员之资格如下:一、在国立专门学校毕业者,二、在外国专门学校毕业者,三、在高等师范学校毕业者,四、在教育部认定之公立私立专门学校毕业者,五、有中等学校教员之许可状者,六、在甲种实业学校毕业、积有研究者。

第四条　乙种实业学校教员之资格如下:一、在甲种实业学校毕业者,二、在师范学校毕业者,三、有高等小学校正教员或副教员之许可状者,四、在乙种学校毕业、积有研究者。具有前条第六款及本条第四款之资格者,非先任副教员至三年以上,不得任为正教员。

第五条　实业学校于校地、校舍、校具及其余需要者,均须设备。

第六条　校地须具有相当之面积,并须于道德及卫生上均无妨害。

第七条　校舍宜朴实坚固,并与教授管理卫生适合,其应备各室如下:一、普通教室及各种特别教室,二、事务室、浴室、疗养室等,三、其他必须具备之室,如实验室、实习室、图书室、器械标本室、药品室等。

第八条　校具须备图书器械、标本模型、药物及其他用品。

第九条　实业学校应备各种表簿如下:一、关于实业学校之法令,二、学校日记簿,三、学则课程表、教科用图书分配表、校医诊察表,四、职员名簿、履历簿、考勤簿、担任学科及时间表,五、学生学籍簿、出席簿、请假簿、身体检查表、操行考查簿,六、实习记载簿及评案、试验问题簿、学业成绩表,七、资产簿、器物簿、消耗品簿、银钱出纳簿、经费之预算决算簿、图书器械标本模型等簿,八、往来文件簿。

第十条　实业学校学则应规定之事项如下:一、学科课程及教授时数,二、实习事项,三、学年学期及休业日,四、学生学业成绩考查事项,五、学生入学退学及儆戒事项,六、学费及其他杂费事项,七、管理学生事项,八、其他必要事项。

第十一条　实业学校变更或废止,依实业学校令第七条呈报教育总长或省行政长官时,须详具理由及处置学生之方法。

第十二条　自第一条至第十一条事项,在实业补习学校得由校长酌量省略之。

第二章　农业学校

第十三条　农业学校分甲乙两种:甲种农业学校之学科,分为农学科、森林学科、兽医学科、蚕学科、水产学科等。乙种农业学校之学科,分为农学科、蚕学科、水产学科等。前二项学科或全设,或酌设一二科以上,得因地方情形定之。仅设一科之学校,其名称以科定之,如森林学校、蚕业学校、水产学校等。

第十四条　甲种农业学校修业期,预科一年,本科三年,但得延长一年以内。乙种农业学校修业期三年。

第十五条　农业学校得视地方情形酌设别科,其修业期二年。

第十六条　甲种农业学校预科科目,为修身、国文、数学、理科、图画、体操,并得酌加地理、历史、外国语、唱歌等科目。甲种农业学校本科通习科目,为修身、国文、数学、物理、化学、博物、经济、体操、实习,并得酌加地理、历史、外国语、法制大意、簿记、图画等科目。农学科之科目,为土壤学、肥料学、作物学、园艺学、农产制造学、畜产学、养蚕学、病虫害学、气象学、农业经济、农业法规、森林学大意、兽医学大意、水产学大意等。

森林学科之科目,为造林学、森林保护学、森林利用学、森林测量学、森林工学、测树术及林价算法、林产制造学、林政学及森林法规、森林经理学、狩猎论、气象学、农学大意等。兽医学科之科目,为解剖及组织学、生理及病理学、药物及调剂法、蹄铁法及蹄病论、内科学、外科学、寄生动物学、外科手术、产科及眼科学、兽医、警察法、卫生学、兽疫学、马学、畜产学、畜产法规、牧草论、农学大意等。蚕学科之科目,为养蚕学、蚕体生理学、蚕体病理学、蚕体解剖学、制种学、细菌学、制丝法、桑树栽培法、土壤及肥料学、气象学、蚕业经济、蚕业法规、农学大意等。水产学科之科目,为水产动物学、水产植物学、渔捞法、养殖法、制造法、细菌学、制造化学、船舶卫生及救急疗法、航海及渔船运用术、应用机械学、气象及海洋学、渔具制造大意、渔业经济、渔业法规等。

第十七条 乙种农业学校通习科目,为修身、国文、数学、博物、理化大意、体操、实习,并得酌加地理、历史、经济、图画等科目。农学科之科目,为土壤学、肥料学、作物学、园艺学、病虫害学、养蚕学、家畜学、农产制造学、气象学、林学大意等。蚕学科之科目,为养蚕学、蚕体生理及解剖学、蚕体病理学、制丝法、桑树栽培法、土壤及肥料学、气象学、蚕业法规、农学大意等。水产科之科目,为水产生物学、渔捞法、养殖法、制造法、船舶卫生及救急疗法、渔船运用术、气象及海洋学、渔具制造大意等。

第十八条 甲种农业学校授业时数,除实习外,每周不得过二十八小时。乙种农业学校授业时数,除实习外,每周不得过二十四小时。各科实习时数,以作业之繁简定之,但农学科每周须在十六小时以上,蚕学科在养蚕时期得停课三周以内。

第十九条 农业学校别科科目,由校长酌定呈报省行政长官。

第二十条 甲种农业学校预科入学资格,须年在十四岁以上,高等小学校毕业或经试验有同等学力者。乙种农业学校入学资格,须年在十二岁以上,有初等小学校毕业之学力者。

第二十一条 农业学校除遵照第七条设置外,应分别具备作业场、农具室、种子贮藏室、实习林、养鱼场、畜牧场、养蚕缫丝室等。

第三章 工 业 学 校

第二十二条 工业学校分甲乙两种：甲种工业学校之学科，分为金工科、木工科、土木工科、电气科、染织科、应用化学科、窑业科、矿业科、漆工科、图案绘画科等。乙种工业学校之学科，分为金工科、木工科、藤竹工科、染织科、窑业科、漆工科等。前二项学科，或全设，或酌设一二科以上，得依地方情形定之。

第二十三条 甲种工业学校修业期，预科二年，本科三年，但得延长一年以内。乙种工业学校修业期三年。

第二十四条 工业学校得视地方情形酌设别科，其修业期二年。

第二十五条 甲种工业学校预科科目，为修身、国文、数学、理科、图画、外国语、体操，并得酌加地理、历史等科目。甲种工业学校本科通习科目，为修身、国文、数学、物理、化学、图画、机械工学大意、工业卫生、工业经济、工业簿记、外国语、体操、实习，并得酌加历史、地理等科目；但在木工、漆工、图案绘画三科，得缺机械工学大意。金工科之科目，为应用力学、工场用具及制作法、制造用机械、发动机大意、制图等。木工科之科目，为应用力学、房屋构造学、建筑材料学、工场用具及制作法、建筑沿革、施工法、装饰法、制图及绘画等。土木工科之科目，为应用力学、测量学、铁道学、河海工学、道路学、土木材料学、桥梁计画、施工法、制图等。电气科之科目，为应用力学、工场用具及制作法、发动机大意、电磁学、电气工学、制图等。染织科之科目，为应用化学、应用机械学、化学分析、染色法、机织法、纺绩法大意、织物整理、制图及绘画等。应用化学科之科目，为特别应用化学、电气化学大意、矿物学大意、化学分析等。窑业科之科目，为地质及矿物学大意、陶瓷品制造法、绘画法、燃料及筑炉法、化学分析、制图等。矿业科之科目，为地质学、矿物学、采矿学、冶金学、试金术、矿山机械学、化学分析、测量及制图、坑内实习等。漆工科之科目，为博物学、漆器制作法、颜料调制法、绘画法、雕刻术、应用化学大意等。图案绘画科之科目，为博物学、美术工艺史、图案法、绘画法、装饰法、美术解剖学大意、建筑沿革大意、制版化学等。

第二十六条 乙种工业学校通习科目，为修身、国文、数学、理化大意、图画、体操、实习,并得酌加历史、地理、外国语等科目。金工科之科目,为金工材料、工具使用法、金属细工等。木工科之科目,为木工材料、工具使用法、房屋构造法、家具制作法、制图等。但专授大工者,得缺家具制作法;授细工者,得缺房屋构造法。藤竹工科之科目,为藤工材料、竹工材料、工具使用法、家具制造法、制图等。染织科之科目,为染色法、机织法、应用机械学大意、织物整理、制图及绘画等。窑业科之科目,为陶瓷品制造法、绘画及制图、燃料及筑炉法等。漆工科之科目,为漆器制作法、颜料调制法、绘画法等。

第二十七条　甲种工业学校授业时数,除实习外,每周不得过二十四小时。乙种工业学校授业时数,除实习外,每周不得过二十一小时。各科实习时数,以作业之繁简定之,但每周与授课时数合计不得过四十五小时。

第二十八条　工业学校别科科目,由校长酌定,呈报省行政长官。

第二十九条　甲种工业学校预科入学资格,须年在十四岁以上、高等小学校毕业或经试验有同等学力者;本科入学资格,须预科毕业或经试验有同等学力者。乙种工业学校入学资格,须年在十二岁以上,有初等小学校毕业之学力者。

第三十条　工业学校除遵照第七条设置外,应具备实习工场及各种应用器械,并宜就附近工场考察练习。

第四章　商业学校

第三十一条　商业学校分甲乙两种:甲种商业学校修业期预科一年,本科三年,但得延长一年以内。乙种商业学校修业期三年以内。

第三十二条　商业学校得视地方情形酌设别科或专修科,其修业期,别科二年,专修科一年以上。

第三十三条　甲种商业学校预科科目,为修身、国文、数学、图画、外国语、体操,并得酌加地理、历史、理科等科目。甲种商业学校本科科目,为修身、国文、数学、外国语、地理、历史、理科、法制、经济、簿记、商品、商事要项、商业实践、体操,并得酌加他科目。

第三十四条　乙种商业学校之科目,为修身、国文、数学、地理、簿记、商事要项、体操,并得酌加他科目。

第三十五条　商业学校别科及专修科科目,由校长酌定,呈报省行政长官。

第三十六条　甲种商业学校授业时数,每周不得过三十三小时。乙种商业学校授业时数,每周不得过三十小时。

第三十七条　甲种商业学校预科入学资格,须年在十四岁以上、高等小学校毕业或经试验有同等学力者;本科入学资格,须预科毕业或经试验有同等学力者。乙种商业学校入学资格,须年在十二岁以上,有初等小学校毕业之学力者。

第三十八条　商业学校除遵照第七条设置外,应具备商业实践室及商品样本等。

第五章　商船学校

第三十九条　商船学校分甲乙两种:

第四十条　商船学校之学科,分为航海科、机关科。

第四十一条　甲种商船学校修业期,预科一年,本科三年,但得因实习延长期限。乙种商船学校修业期三年以内。

第四十二条　商船学校得为曾业航海及曾习机械工学、志愿航海者设专修科;其修业期在一年以上。

第四十三条　甲种商船学校预科科目,为修身、国文、数学、理科、外国语、图画、体操,并得酌加历史、地理等科目。甲种商船学校本科通习科目,为修身、国文、外国语、数学、物理、地理、图画、体操、实习,并得酌加化学、法制等科目。航海科之科目,为航海术、商船运用术、机关术大意、海上气象学、造船学大意、船舶卫生及救急疗法、商事要项等。机关科之科目,为力学及应用力学、机关术、机械制图、电气工学大意、船舶卫生及救急疗法等。

第四十四条　乙种商船学校通习科目,为修身、国文、数学、体操,并得酌加他科目。航海科之科目,为商船运用术大意、航海术大意、海上气象学大意等。机关科之科目,为机关术大意、机械制图、物理、化学等。

第四十五条　商船学校专修科科目,由校长酌定呈报省行政长官。

第四十六条　甲种商船学校授业时数,除实习外,每周不得过二十七小时。乙种商船学校授业时数,除实习外,每周不得过二十四小时。各科实习时数依各科之种类定之。

第四十七条　甲种商船学校预科入学资格,须年在十四岁以上、高等小学校毕业或经试验有同等学力者;本科入学资格,须预科毕业或经试验有同等学力者。乙种商船学校入学资格,须年在十二岁以上、有初等小学校毕业之学力者。

第四十八条　商船学校除遵照第七条设置外,须具备实习用船及船舶模型等,并宜就附近船坞考察练习。

第六章　实业补习学校

第四十九条　实业补习学校为已有职业或志愿从事实业者授以应用之知识技能,并使补习普通学科。

第五十条　实业补习学校应标明种类,如农业称农业补习学校,工业称工业补习学校等。

第五十一条　实业补习学校,得附设于小学校、实业学校或其他学校之内。

第五十二条　实业补习学校之科目,为修身、国文、算术及关于实业之各科目。前项修身、国文,得合并教授。视学校情形,得缺国文、算术,加授他项科目。国文得分为读书、作文、习字三项,算术得分珠算、笔算二项,任学生志愿择一项或数项习之。

第五十三条　实业补习学校,关于实业之各科目如下:关于农业者,为物理、化学、博物、土壤、肥料、作物、病虫害、园艺、水产、养蚕、家畜、丈量、种树等。关于工业者,为物理、化学、图画、模型、几何制图、图案、力学、材料、工具、各种制造法等。关于商业者,为商业算术、商业书信、商事要项、商业地理、商品、簿记、外国语、商业法规等。

第五十四条　实业补习学校教授时间,不拘寒暑昼夜,择学生修业最便宜者定之,但系附设他校者,以不妨害该校之授课时间为限。

第五十五条　实业补习学校之入学资格,须年在十二岁以上,有初等小学校毕业之学力,或初等小学校虽未毕业,而已过就学年龄者。

第五十六条　实业补习学校之教授科目、修业期限、授业时数及季节,在公立者由管理人订定,在私立者由设立人订定,均须呈报县行政长官转报省行政长官。

第五十七条　实业补习学校教员，依乙种实业学校教员之资格，但其补习学业有甲种程度者，其教员资格亦依甲种实业学校定之。

第五十八条　实业补习学校，如系附设他校者，其场室器械皆得借用，但不得妨碍该校之使用时间。

第七章　附　则

第五十九条　本规程所列各学科及关于实业之科目，得由各校视地方情形选择设置，或分合之，并得因特别需要酌量添设。

第六十条　本规程自公布日施行。

《教育法规汇编》，教育部总务厅文书科编，
1919年5月，第252—265页

职业学校法
1932年2月17日　国民政府公布

第一条　职业学校应遵照中华民国教育宗旨及其实施方针，以培养青年生活之知识，与生产之技能。

第二条　职业学校分为初级职业学校、高级职业学校。

第三条　职业学校之设立，以单科为原则。但有特殊情形时，得设数科。

第四条　初级职业学校招收小学毕业生，或从事职业而具有相当程度者。修业年限一年至三年。高级职业学校，招收初级中学毕业生，或具有相当程度者，其修业年限为三年；招收小学毕业生，或具有相当程度者，其修业年限为五年或六年，职业学校招收学生，均应经入学试验及格。

第五条　职业学校得酌量情形，附设各种补习班。

第六条　职业学校按所设科别，称高级或初级某科职业学校；其兼设二科以上者，称高级或初级职业学校；合设两级者，称职业学校。

第七条　职业学校由省或直隶于行政院之市设立之。但以地方之需要得由地

方设立,或两县以上联合设立之。私人或团体亦得设立职业学校。

第八条 职业学校由省市或县设立者,为省立、市立或县立职业学校。由两县以上合设者,为某某县联立职业学校。私人或团体设立者,为私立职业学校。

第九条 职业学校之设立、变更或停办,其由省或直隶于行政院之市设立者,应由省市教育行政机关,呈请教育部备案。其余呈由省市教育行政机关核准,转呈教育部备案。

第十条 各级职业学校之教学科目、设备标准、课程标准及实习规程,由教育部定之。

第十一条 职业学校设校长一人,总理校务。省立职业学校,由教育厅提出合格人员,经省政府委员会议通过后任用之。直隶于行政院之市,设立职业学校,由市教育行政机关选荐合格人员,呈请市政府核准任用之。县市立职业学校,由县市政府选荐合格人员,呈请教育厅核准任用,均不得兼职。前项职业学校校长之任用,均应由省市教育行政机关按期汇案,呈请教育部备案。私立职业学校校长,由校董会遴选合格人员聘任之,并应呈请主管教育行政机关备案。

第十二条 职业学校教员由校长聘任之,应为专任。但有特别情形者,得聘请兼任教员,职业学校职员,由校长任用之,均应呈请主管教育行政机关备案。

第十三条 职业学校校长教员之任用规程,由教育部定之。

第十四条 职业学校学生修业期满,实习完竣,成绩及格,由学校给予毕业证书。

第十五条 职业学校以不征收学费为原则。

第十六条 职业学校规程由教育部定之。

第十七条 本法自公布之日施行。

《教育法令》,教育部编,中华书局,
1947年5月版,第257页

各省市县教育行政机关暨中小学
施行升学及职业指导办法大纲

1933年7月4日　教育部颁发

第一条　为增进中小学各级教育效能指导学生之升学与就业起见。应由各省市县教育行政机关,督令所属中小学实施升学及职业指导。

第二条　小学自五年级起,初中高中自二年级起,均应实施升学及职业指导。

第三条　中小学升学及职业指导之实施,以学校为主体,由教育行政机关负责督促进行。

第四条　各省市教育行政机关应遵照本大纲,拟具实施升学及职业指导详细办法,呈请教育部备案。

各县市教育行政机关拟定之实施办法,应呈请省教育厅核准转报教育部备案。

第五条　各省市县教育行政机关,实施升学及职业指导之要点如下:

一、应组织实施中小学升学及职业指导委员会,聘请富有职业指导学识经验者三人,中小学校长三人,当地各业领袖三人,各该主管行政机关职员二人为委员,负指导及研究之责。

二、就可能范围内设立职业指导及介绍机关。

三、督促所属中小学实施升学及职业指导。

四、调查辖境内社会、经费及职业状况,并编制统计颁发各学校参考。

五、编制所属各学校各项统计。

六、举行各学校智力及体力测验。

七、各省市教育行政机关,应聘请专员,负计划及督促各级学校实施升学及职业指导之责。各县市教育行政机关,应指定人数,负责办理。

八、各省市教育行政机关,于二十二年度暑假起,分期举办关于升学及职业指导之讲习会,召集各县市教育局局长及学校校长等出席听讲。

九、各省市教育行政机关,于每学年终了时,应考核所属各机关学校办理升学及职业指导成绩。并将情形呈报教育部审核备查。

十、各省市教育行政机关应令所属各中小学校校长对于每届毕业生之升学与就业负完全指导之责任,于每学年终了时,应呈报各校毕业生预定升学与就业之估计。

十一、各省市应于每学期终了时,根据全省中小学校毕业生升学与就业之估计,规定此后设置中等学校数量之分配。

第六条　小学之升学及职业指导实施要点,规定如下:

一、由校长教员组织学生指导委员会,研究关于指导方面之一切问题。

二、调查学生家庭职业及经济状况。

三、调查当地社会状况。

四、调查学生普通智力,与特殊能力。

五、检查学生体格,并调查其父母兄弟姊妹之健康状况。

六、就常识学科中,灌输普通职业常识。

七、利用劳作及实际活动学科,培养其勤劳习惯。

八、考察学生读书兴趣,及其行动嗜好。

九、考察学生习惯,及其特殊变迁。

十、调制完善之学籍簿(须包括家庭状况、学科成绩、操行、体格、疾病、嗜好及教员评语等等)。

十一、调查各中等学校之办理情形,及其旨趣,并蒐集章则规程等,以供学生之参考。

十二、随时聘请当地各业领袖及中等学校校长或主任教员,到校讲演。

十三、征求学生家长意见。

十四、实施指导。

十五、设立暑期升学补习班。

第七条　初级中学升学及职业指导之实施,除依照小学实施各点外,应补充如下:

一、调查学生对于学科与职业之兴趣。

二、调查学生课外活动之嗜好。

三、考察学生之行为、思想及其变迁。

四、利用修学旅行、职业演讲,灌输学生职业知识。

五、指导学生举行当地普通职业之初步调查。

六、设置完善之图书馆。聘请常识丰富者,充当主任,指导学生读书。

七、充实劳作设备,并增加其学科内容。

八、利用手工、图书、音乐,及其他有关职业之学科,启发学生职业兴趣与知能。

九、由各级主任教员,随时举行团体及个别谈话,以观察学生之抱负及思想。

十、设置奖学金或贷学金名额。

十一、联络职业界及各学校以求学生服务及升学之便利。

第八条 高级中学升学及职业指导之实施,除依照小学及初级中学各点外,应补充如下:

一、尽量参观学校及银行、商店、公司、工厂、农场等职业机关。

二、努力提倡课内自修课外活动,以培养各种生活之能力。

三、充实图书馆及实验室内容,供给学生之阅读及研究。

四、指定职业问题令学生调查研究,并制作报告。

五、教员学生组织职业调查团,调查当地各种职业,编制图表,以备参考。

六、令学生拟具自己求学与服务方针,提交指导委员会,讨论研究。

第九条 各中小学校应将每学年毕业生之升学及就业详情,按期呈报主管教育行政机关审核,汇报教育部备核。

第十条 各中小学校,应随时调查毕业生状况,以确知指导之是否适当。

第十一条 本大纲自教育部公布之日施行。

《教育法令汇编》第一辑,教育部编,商务印书馆,
1936年10月版,第178—180页

职业补习学校规程

1933年9月6日 教育部公布

第一条 职业补习学校,为实施补充生产教育之场所,其主要目的如下:

一　对于已从事职业者,补充其现有职业应具之知识技能,或增进其他职业之知识技能,并予以公民之训练。

二　对于志愿从事职业者,授以职业之知识技能,并予以公民之训练。

第二条　省市县应根据地方需要,设立职业补习学校或职业补习班(以下简称职业补习学校),并奖励农、工、商团体及私人设立之。

前项职业补习学校,各级学校均得附设之。

第三条　职业补习学校之设立、变更及停办,在省行政区域内者,应呈经主管县市教育行政机关核准,转呈教育厅备案;在直隶于行政院之市区域内者,应呈请市教育行政机关核准备案,其由省及直隶于行政院之市或县市教育行政机关直接办理者,应呈报该管上级教育行政机关备案。

第四条　设立职业补习学校时,应将设科、修业期限、设备、经费等详细计划及理由,呈请主管教育行政机关核准备案。

第五条　职业补习学校,每学期内或每学科结束时,应将教职员一览、学生名册、学业成绩、经费收支、及实施概况,呈请主管教育行政机关备案。

第六条　职业补习学校入学资格,须曾受相当识字教育,年在十二足岁以上者。

第七条　职业补习学校修业期限,由学校依照地方情形及职业性质订定,呈请主管教育行政机关核准。

第八条　职业补习学校之编制,分为下列两种:

一　学期制:以学期为单位,以修完若干学期为终了。

前项学期之起讫,不受一般学期起讫之限制。

二　学科制:以学科为单位,以修完某某学科为终了。

第九条　职业补习学校分下列数种:

一　关于农业及农艺者:如改良种子、病虫害、制种、养蜂、养鸡、畜牧、园艺、普通农作等。

二　关于工业及工艺者:如电镀、汽车驾驶、汽车修理、印刷、制图、摄影、印花、染织、编织、制革等。

三　关于商业者:如打字、速记、簿记、汇兑、保险、广告、广告图案等。

四　关于家事者：如烹饪、造花、刺绣、缝纫、看护、保姆、理发、佣工等。

五　关于其他职业者：视地方需要情形定之。

第十条　职业补习学校，除每日每星期指定日间或夜间一部分时间授课外，得于任何季节、寒暑假期、业余时间，或其他特定时间办理之，但均须呈报主管教育行政机关核准备案。

第十一条　职业补习学校之设科及每周授课时数与时间，由学校依照地方情形及职业性质订定，呈请主管教育行政机关核准。

前项之授课时数及时间，对于已从事职业者，以不妨碍其现有职业之工作为原则。

第十二条　职业补习学校之学科，分普通与职业两种，普通学科，以公民体育为必修科；职业学科包含职业知识技能，与职业事务。

前项公民科内容，得较普通学校之公民科为广泛。

第十三条　职业补习学校之职业学科及实习，至少应占全数百分之七十，普通学科，至多只能占全数百分之三十。

第十四条　职业补习学校之课程、设备及经费标准，由各省市参照地方情形订定之。

第十五条　职业补习学校于必要时，得随时招收新生。

第十六条　职业补习学校学生修业期满或修完应习科目时，经学校考试及格者，由校给予学业成绩证明书。

学业成绩，由考试成绩与平时成绩合并计算。平时成绩，占学业成绩三分之二，考试成绩占三分之一。

前项学业成绩证明书，应注明修业时期及职业学科。

第十七条　公立职业补习学校，不收学费，私立职业补习学校，经主管教育行政机关之核准，得酌量征收之。

第十八条　私人办理之职业补习学校，其成绩优异者，省市县教育行政机关，应酌予补助。

第十九条　职业补习学校设校长或主任一人综理校务。

第二十条 职业补习学校校长、主任或教员，须具有下列资格之一者。

一 高初级职业学校专科或专门学校毕业后有一年以上之职业经验者。

二 具有专门技能之匠师。

普通学科教员资格，得依照中小学校教员资格之规定办理。

第二十一条 职业补习学校校长或主任，除前条规定外，凡曾任人民团体职业机关主要职务者，均得充任之。

第二十二条 本规程于必要时由教育部修正之。

第二十三条 本规程自公布日施行。

《教育法令汇编》第一辑，教育部编，商务印书馆，1936年10月版，第399—401页

各省市县推行职业教育程序

1933年10月3日 教育部颁发

一 各省市厅局应会同建设厅局、县市政府及各实业机关，调查各县市主要工业、商业之种类、额量及其工作待遇情形，主要农产物之产额价值，以及各种实业机关容纳实习生之数量。

二 聘请专业技术人员及富有职业教育经验者。组织职业教育设计委员会，议定推行职业教育之方案，并会同建设厅局拟定建教合作办法，呈部核定。

三 各省市各区域内职业学校（包括职业补习学校）设置科目之种类，应注意于：（一）改良当地旧有手工业；（二）利用当地已有之企业或原料发展新工业。

四 各省市推行职业教育，其经费之分配应依照部颁"各省市各类中等学校设置及其经费支配标准"，至少占中等教育经费百分之三十五，并须规定逐年递增办法，使如期达到此项标准。

五 在区镇方面，应注重设立职业补习学校；在县市方面，应注重设立职业补习学校及初级职业学校；在省市方面，应注重设立初级职业学校及高级职业学校。

六 各省市原有职业学校之设备简陋者，应设法充实。遇必要时，得停招各科

或单科新生之一次,将其余款指拨充实设备之用。新设职业学校之开办费如不易筹措时,得移用其经常费之一部或全部,但以一次为限。

七　现有职业学校之科系及班级,应重加核定,并应尽量利用其已有设备,以容纳学生。

八　督促各县市酌就原有公私立中学改办职业学校或职业补习学校。

九　督促并奖励私人及职业团体办理职业学校及职业补习学校。

十　各区镇县市原有小学之办理完善者,应酌令其附设职业班。

十一　各省市厅局平时对于中小学在学学生家庭职业、经济状况、以及毕业生升学与就业之人数及其百分比,应有精密之调查,以为实施职业指导之准则。

十二　各省市应根据各该省市需要,依本部附颁办法,设立职业学校师资训练机关。

《教育法令汇编》,教育部编,商务印书馆,
1936年10月,第261—262页

各省市教育行政机关设置职业指导组暂行办法

1935年11月30日　教育部训令

一、各省市教育行政机关,应斟酌实际需要情形,设置职业指导组。

二、各省市教育行政机关,除设置职业指导组外,并应遵照各省市教育行政机关及中小学校施行升学及职业指导办法大纲第五条之规定,组织升学及职业指导委员会,负职业指导事业之讨论、计划及建议之责。

三、职业指导组,附设于各该省市教育行政机关内,并指定专任人员主持之。各组办事员,指定厅局职员兼任,或酌雇用专职人员,其人数视事务繁简酌量规定。

四、职业指导组之组织,按事业范围繁简,酌分为下列四股:

(1) 文书股　掌理文书、印刷及不属其他各股之一切事务。

(2) 介绍股　办理求职人登记,接洽求人机会,介绍供求接洽,及代办招考事宜。

（3）研究股　调查各种职业内容及学校概况，编辑刊物，编定各级学生必读图书目录，施行智力及职业测验，统计各种参考材料，研究特别问题。

（4）推广股　举行职业指导演讲，代各校设计，视察及指导工作。

五、职业指导组之工作范围，暂定如下：

（1）实施指导　凡有下列各种问题者，得请求职业指导组之指导：

（a）择业问题

（b）训练问题

（c）就业问题

（d）改业问题

（e）修学问题

（f）升学问题

（2）调查职业　调查当地主要职业内容状况，以为职业指导之参考。

（3）调查学校　调查与当地学生升学有关之学校状况，以为升学指导之参考。

（4）试行智力及各项职业测验　选择智力及各项职业测验施行试验，并研究其结果。

（5）研究统计　研究求人、求职统计，以作供求之比较。并根据学校、学生与社会各机关容量之调查，以作人才统制之依据，供教育行政机关之参考。

（6）辅导各校　对于各级学校实施指导者，应与以切实之协助，或代拟计划，或随时视察，或对于有问题之学生，代施指导。

（7）代办招考　凡各机关团体选用人员时，指导组可代办招考事宜，或代为选择人员。

（8）职业演讲　指导组应聘请各业专家轮流赴各级学校演讲职业内容。并聘请职业指导专家，演讲职业指导问题。

（9）搜集图书　凡关于职业指导之书籍刊物，及职业状况、学校情形等印刷品，均应尽量搜集，以供参考。

（10）出版刊物　凡关于职业及学校内容调查材料，或其他指导性质之文字，均应编成刊物，以供参考。并随时发表各种统计研究。

六、职业指导组之工作手续，暂定如下：

(1) 指导与介绍之重要手续：

(a) 指导

（一）登记

（二）初步面洽

（三）个别调查

（四）测验

（五）面洽指导

(b) 介绍

（一）登记

（二）初步面洽

（三）测验或考试

（四）介绍接洽

（五）任用

(2) 实施职业指导主要手续，为个人调查表，内载学业成绩、操行、体格、家境、兴趣等。此种调查，应由各校负责主持，作为各校实施指导之一部分工作。

(3) 介绍工作最主要之表式为求人与求职卡片，求人卡片应列职务性质、需要资格、报酬数目等。求职卡片应列个人资格、愿就职务、希望报酬等。

《教育法令汇编》第一辑，教育部编，商务印书馆，
1936年10月版，第262—264页

各省市推行职业补习教育办法大纲

1936年2月5日　教育部颁发

一、各省市教育行政机关，均应遵照本办法大纲之规定，切实推行职业补习教育，并须拟具体详细实施办法，呈报教育部备案。

二、关于职业补习学校之设置者：

（一）凡大学与农工商学等科学校（以下简称专科学校）、职业学校、乡村师范学

校、以及中学、师范学校及中学师范之有特殊劳作设备者，均应利用其原有之设备人才，尽力办理与学校设科性质相同之各项职业补习学校。

（二）大学及专科学校，应举办高级职业科目补习班或短期职业训练班，对于已有职业者，予以高深学科之补习。

（三）凡各职业团体均应与职业学校及其相当学校合作，利用学校之设备，举办与本业有关之职业补习学校或职业训练班。其各业未组织团体者，应速督促组织，举办此项事业。

（四）凡大学、专科学校、乡村师范学校办理职业补习教育，应列为推广事业。其办理之班级数，视学校设备之容量定之。办理地点，不限于本校。

（五）各级学校附设职业学校补习之科目，除应与学校设科同性质外，并应切实注意于当地之需要。其附设科目，如农业职业学校及乡村师范学校，应办理农艺、畜牧、合作等科，女子职业中等师范学校，应办理家政、保姆、缝纫、雇工等科。

（六）各职业补习学校及职业训练班之设立顺序，均应遵照部颁职业补习学校规程及短期职业训练班暂行办法之规定。

三、关于职业补习学校之教学者：

（一）各级学校附设之职业补习学校或职业训练班，除由学校指定教员担任教学外，并可选择成绩优良高年级学生助理教学，必要时并得聘各专业技术人员及匠师担任教学。

（二）各职业补习学校及职业训练班之教学科目，应分别遵照部颁职业补习学校及短期职业训练班暂行办法之规定。

四、关于职业补习学校之经费者：

（一）各级学校办理职业补习学校或职业训练班之经费，以就原有预算撙节开支为原则；其实习材料及聘请专任教员等费，于必要时得呈请主管机关，酌量补助。

（二）职业团体办理职业补习学校职业训练班之经费，由各该团体自行筹措。如办理有成绩时，得呈请主管机关酌予补助。

五、关于职业补习学校之推行步骤者：

（一）各省市先就省市内工商业繁盛区域，择要指定相当学校办理职业补习学校或职业训练班,俟有成效后再逐渐推广设立。

（二）民国二十六年度内,凡各职业学校、乡村师范学校及职业团体、各专科以上学校,除因特殊情形,经主管教育行政机关准予展缓者外,均应举办。

（三）各省市应举办各职业技术人员登记及检定事宜,必要时并应集中予以短期之训练,以作职业补习学校师资之准备。

《教育法令》,教育部编,中华书局,
1947年5月版,第265—266页

职业学校与建设机关协作大纲

1936年3月26日　教育部颁发

一、各职业学校,应与实业机关商定学生实习详细计划及工作程序,尤应力谋校外实习与学校所受训练有密切联络之关系。

二、职业学校学生校外实习,应限于高年级学生,其实习时间,或可采用集中办法以资便利。

三、学生校外实习,由实习机关方面指定人员担任指导,必要时得由学校酌送津贴,惟学校原任该项实习学科之教员,应负责参加指导,以资联络。

四、学生校外实习终了时,应由实习机关指导人员,将各生实习情形及成绩,分别摘要评定分数,送交学校,并入学业成绩计算。

《教育法令》,教育部编,中华书局,
1947年5月版,第270页

创设县市初级实用职业学校实施办法

1938年7月5日　教育部颁发

一、教育部为谋养成实用技术人员,以解决一县人民食、住、行、日常生活必需之供给起见,设置各县初级实用职业学校。

二、关于初级实用职业学校之设置者：

（一）各省教育厅应会同建设厅民政厅调查各县市主要农业及日常生活必需品物之产销与供求实况，分类编制统计，呈送教育部。

（二）根据前项调查统计，选择一地生活需要最切要而最感缺乏之职业，分别缓急，决定办理学校地点及设置科目。

（三）学校之设置，以与生产机关合作办理为原则，如某项职业尚无具有规模之生产机关，应与当地从事该业者，联络办理。

（四）学校之设科，暂定如下：

（甲）农艺科　　包括各种农作物之改良，及果瓜菜蔬、日常必需食品之生产。

（乙）农产制造科　　包括农产品之加工制作，保藏，及油、盐、酱、醋、烟、糖、茶、烟草等之制造。

（丙）畜殖科　　包括畜养猪、牛、羊、鸡、鸭、鱼、蜜蜂农家副产。

（丁）纺织科　　包括日用衣料及服品之纺织制作，如半机械纺织手工纺织，及棉、毛、丝纺织等。

（戊）应用化学科　　包括印染、制革、制皂、制肥料、油漆等及其他日用化学品之制造与改良。

（己）木工科　　包括家具、农具、工具、舟、车、轿舆之制作与改良。

（庚）机工科　　包括农具、日用家具及简单机器之制作。

（辛）土木科　　包括房屋、公路、桥梁之修造，及陶瓷、石灰、水泥、砖瓦、石料等之制造。

（壬）印刷科　　包括各项铅印、石印、木刻等工艺品之制作。

上列科目，系属举例，各地尽可依照需要，斟酌设置相当科目。

（五）各校办理之科目，视各地方需要而定，但以相关之科目得依实际情形，酌量增设之。

（六）学校须有同时足供全部学生工作之实习设备，此项实习设备，除依照第（三）项办理外，一切出品务求精良适用，并应充分商业化。

（七）学校应设置出品售卖部，并将每种出品编制养殖、制作或种植等程序图表，公开展览。

（八）二十七年度,先就川、滇、黔、桂、陕、甘等省指定一县,或数县试办,俟战争平定后,再由其他各省分别先后普遍推行。

三、关于初级实用职业学校之师资者：

（一）教育部及各省教育厅应即依照教育部规定办法（办法另订）举行技术人员登记,凡高级职业学校以上毕业人员及各业原有小作工艺技师,均应尽量甄拔。

（二）凡登记合格之人员,经甄别任用者,应先由教育部召集举行一周至二周之讨论会,指示办理学校方针。

（三）校长资格,以在专科以上学校毕业（所习学系须与学校设科相同）有三年以上教授经验著有成绩者或在高级职业学校毕业（所习科别与学校设科相同）担任职业专科教员五年以上著有成绩者为合格。

（四）教员资格,除前项规定人员充任外,并得聘请各业熟谙技术之技师或技匠,充任工作指导员。

四、关于初级实用职业学校之教学者：

（一）学生修业年限,以所习科目技术进程之难易,酌量规定之,自一年起至三年为度。

（二）教学科目,应先注重实习,俟技能娴熟,再予以学理之印证。各科课业分配之百分数另定之,但实习至少占百分之五十。

（三）实习时,教员应共同工作,以为学生表率。

（四）学校除切实训练学生知识技能外,并应充分培养其自力经营能力,俾毕业后可在社会独立发展。

五、关于初级实用职业学校之推广事业者：

（一）学校所在地县市内,对于学校设科相同之职业,应尽量密切联络,并随时指派教员前往指导改进,或分派学生实习。

（二）学校应指导县市内,办理各业急要任务,如农业方面之推行合作事业,指导垦荒,组织农村仓库,节制粮食消耗,指导防除虫害,扶助失业农民等。工业方面如指导节省原料增加生产办法,指导发达地方特产方法,指导实施分工合作办法,扶助失业工人等。应择要次第实施。

（三）学校为办理推广事业起见,得在县市内各乡村,举行短期讲习会,办理改进各业讨论会,或设置短期职工训练班等。

（四）毕业学生,应以在本市县内服务为原则,每月应制作服务工作报告,送交学校查核,并由学校利用假期召集毕业生,举行二周至四周训练,改善工作方法并灌输新知能。

六、关于初级实用职业学校之组织者：

（一）初级实用职业学校为求建教合作起见,应组织顾问委员会（可参照教育部颁行之办法）,协助学校规划一切进行事宜,其会议记录应按月送呈教育厅转呈教育部备案。

（二）各校规定为○立○○市县初级实用职业学校。

七、关于初级实用职业学校之经费者：

（一）每校开办设备费,暂定六万元。

（二）每校经常费,暂定每年四万元。

（三）每校添置设备及举办推广事业等费,暂定二万元。

（四）关于各项经费之支配,应先由学校就规定范围内拟具预算,呈送教育部核定施行。

《教育法令》,教育部编,中华书局,1947年5月版,第263—265页

各省市实施分区辅导职业学校办法大纲

1939年2月15日　教育部颁发

一、各省市应依照省内职业、物产、交通、文化,及已设与拟设各科职业学校分布情形,划分职业学校区。

二、各省市教育厅应会同本省或省外公私立大学及专科学校,就其地域及所设科系之便利,分负辅导各区职业学校教学实习之改进。并得商请有关之生产建设军

事工业机关,协同辅导。

三、各公私立大学专科学校及生产建设军事工业机关,应将辅导职业学校之改进,列为主要工作之一。其辅导工作范围,暂定如下:

1. 辅导各科职业学校教学事项:如编订教材、选择教本、改进教学方法等。

2. 辅导各科职业学校实习技术工作事项:如拟定工作进度、指示实习方法及生产材料与成品处理等。

3. 辅导各科职业学校教员进修事项:如通讯问答、指导研究方法、介绍书籍图表及仪器机件、选修有关教学之课程、办理讨论及讲习会等。

4. 供给各科职业学校教材教具事项:如借用教学用书用具及参考资料等。

5. 供给各科职业学校员生试验及实习事项:如借用试验用具及实习场所等。

四、各省市组织辅导委员会,由教育厅局长、主管科长、督学、各专科学校校长、大学农工商医等学院院长,及生产建设军事工业机关主管人员为委员,每学期至少开会二次,拟订该省辅导工作进行计划。其组织人选及章程,应呈报教育部备案。

前项委员会开会时,得由教育厅局指定职业学校校长列席。

五、各大学专科学校之辅导工作,由学院院长或校长科系主任及教授,会同各区内生产建设军事工业机关主管技术人员,组织实施辅导工作委员会处理之。

六、各区辅导工作,应于每学期开始、中间、及结束时,分期举行。

七、实施辅导时所需之经费由各省市教育厅局担任之。

八、各辅导学校或机关在学期结束前,应将实施辅导情形连同学校之考核成绩,列表报告教育厅局,并呈报教育部备查。

九、各区职业学校之兴革及人事之调整,各省教育厅应会同各该区辅导学校或机关决定之。

十、各省教育厅应会同实施辅导之大学专科学校及生产建设军事工业机关,根据本大纲之规定,商拟各项详细施行办法,呈送教育部备案。

《教育法令》,教育部编,中华书局,
1947年5月版,第264—265页

教育部协助职业学校
生产资金暂行办法

1940年5月23日　教育部颁发

一、本部为协助职业学校资金,成立生产组织,实行生产起见,订定本办法。

二、凡实习设备较有基础,及办理尚佳之职业学校,经本部考查,认为应迅速实行生产,并成立生产组织者,得受本项生产资金之协助。

三、生产资金协助数额,视其科别及实习设备情形定之。

四、凡受本部协款之学校,各省市应同时拨款协助,其数额不得少于部款,惟经费特别困难之省市,得酌量情形呈请变更。

五、部省协款,应专款存储稳妥银行或钱庄,不得移作别用。

六、受协助之学校,应即成立生产组织,并将生产组织概况,及生产计划,呈厅转部核准后施行。

七、于学期终了时,各校应将生产经过、出品数量、价值、销售及盈余,列表报厅转部核准。

八、实行生产成绩显著者,得于下年度请求增加协款。

九、办理不善,或生产成绩低劣者,得中途停付协款。

《教育法令》,教育部编,中华书局,
1947年5月版,第271页

公私营工厂矿场农场
推行职业补习教育并利用设备
供给职业学校学生实习办法纲要

1941年8月4日　农林部、经济部、教育部公布

一、教育部、经济部、农林部为谋增进矿工农各业职工之知识技能工作效率及改善其生活起见,订定本办法纲要。

二、公私营工厂矿场农场（以下简称厂场）实行本办法纲要时，应依照下列规定进行。

（一）自本办法纲要颁行之日起，凡公私营工厂矿场职工人数在五百人以上，农场职工在三百人以上者，应于一年内一律遵照本办法纲要办理。

（二）其在二百名以上者，应督饬办理或联合数场厂办理。

（三）其在二百名以下者，由附近教育机关办理巡回职业补习班，定期分赴各场厂训练之。

三、凡不能按期举办职业补习教育之厂场，应筹措职工补习教育费，每名每月一元，委托其他厂场代办之。

四、公私营厂场实行本办法纲要分为下列二项：

（一）附设职业补习学校或职业训练班，以教育本厂场职员艺徒为主，必要时，并得招收附近现正从事或有志从事工矿农业务之成年及青年；

（二）接受政府命令或公私机关委托供给设备人才办理短期职业训练班。

五、公私营厂场实行本办法纲要，其经费之负担规定如下：

（一）附设职业补习学校或职业训练班，其经费由本厂场自行筹措。

（二）接受政府命令或公私机关委托办理职业训练班，其经费由政府或委托机关负担。

六、公私营厂场实行本办法纲要，关于设置教学等，应依照教育部颁行之职业补习学校规程、短期职业训练班实施办法及其他有关之教育法令办理。

七、公私营厂场除依照本办法纲要第二条实施外，并应依照教育部颁发之职业学校与建设机关协作大纲规定，供给学生实习。

八、公私营厂场供给学生实习时，得另设实习场所，供给学生练习。

九、公私营厂场应指定专职人员办理职业补习及训练事宜。

十、公私营厂场实行本办法纲要，得与附近学校合并，并得商请当地主管教育行政机关代为规划。

十一、各级主管教育行政机关应会合各级经济建设主管机关随时考核公私营厂场办理职业补习及训练情形，其成绩优良者，并酌予奖励。

《教育法令》,教育部编,中华书局,
1947年5月版,第270—271页

短期职业训练班实施办法

1945年7月20日　教育部公布

一、短期职业训练班以训练某项业务之技术人才为目的,凡培养技术人才之各种传习所、养成所、讲习所等均属之。

二、短期职业训练班办理之方式分(1)委托办理(2)指定办理(3)自行举办三种,其得委办、指办或举办该项训练班之主体如下:

1. 各高级职业学校及专科学校如鉴于社会需要某项技术人才时,得自行举办之。

2. 各地方政府如鉴于地方建设上需要某项技术人才时,除自行举办外,得委托或指定学校办理之。

3. 各行政机关如因所属行政范围内需要某项技术人才时,除自行举办外,得委托或指定学校办理之。

4. 私人或团体如因社会或其所兴办之企业需要某项技术人才时,得自行举办或委托学校办理之。

三、短期职业训练班之训练限期定为三个月至一年,视教材之多寡及技术之难易斟酌订定,但必要时,得延长或缩短之。

四、短期职业训练班之学员暂分为下列二种:

1. 招收初级中学毕业程度或具有同等学力者,予以相当时期之训练。

2. 招收高级中学毕业程度或具有同等学力者,予以相当时期之训练。

五、短期职业训练班之课程以专授技术学科为限,其教材除由教育部编订外,并得由地方政府或学校编订,地方性教材或特种技术教材呈请教育部审定后采用之。

六、设立短期职业训练班时,应将设科课程设备、经费等详明计划,及教员资格、学生纳费等项,呈请主管教育行政机关核准备案。

七、短期职业训练班之经费应由指办委办或举办该项训练班之主体负担,但得呈请教育行政机关补助。

八、短期职业训练班之由省私立各高级职业学校及专科学校,各地方政府、各行政机关主办者,应由省市教育行政机关查明呈报教育部备案;由教育部主办者,应由教育部呈报行政院备案,私人或团体主办者,则由私人或团体呈报当地主管教育行政机关转报教育部备案。

九、短期职业训练班开始上课时,应将教员及学生名册并将入学考试成绩呈报主管教育行政机关备案。

十、短期职业训练班每届结束时,应将修业期满学生名册、学业成绩及实施概况等呈报主管教育行政机关备案。

十一、短期职业训练班学生训练期满考试及格者得发给某项技术学科学业成绩证明书。

《教育法令》,教育部编,中华书局,
1947年5月版,第265页

工业职业学校学生利用工厂设备实习办法

1945年12月27日　教育部颁发

第一条　工业职业学校之专设工厂,或已设工厂而设备不全者,得请求利用所在地公私营同性质之工厂设备,供给学生实习。

第二条　工业职业学校请求利用所在地工厂设备供给学生实习者,应将工厂主管机关及工厂负责人姓名、经费、日数、职工数、设备及出品、概况等,查明列表,连同实习科目、时期、人数等,备文呈报主管教育行政机关,转请主管工厂行政机关核准。

第三条　工业职业学校利用工厂设备实习,经核准者得由学校与工厂就设备状况,商定实习进行方法,并以不妨碍工厂之生产工作为范围。

第四条　工业职业学校学生至工厂实习时,应受工厂负责人指挥,与工人同样工作并严格遵守一切厂规。

第五条　工业职业学校学生曾在工厂实习者,毕业时该工厂得优先录用。

第六条 工业职业学校利用工厂设备实习时,所需特殊材料其经费由学校负担之。

第七条 本办法自公布日施行。

《教育法令》,教育部编,中华书局,
1947年5月版,第270页

实业机关或职业团体
办理职业学校或职业训练班奖励办法

1946年4月3日　教育部公布

第一条 教育部为谋推广培养中级经济建设人才,策动实业机关或职业团体办理职业学校或职业训练班起见,特订本办法。

第二条 实业机关或职业团体办理职业学校或职业训练班,应依照教育部颁行之修正《职业学校规程短期职业训练班实施办法》及其他有关之教育法令办理。

第三条 实施机关或职业团体办理之职业学校,其名称可称为"某某机关或团体附设高级或初级某科(或某业)职业学校",职业训练班可称为"某某机关或团体某某职业训练班"。

第四条 实业机关或职业团体办理或受托办理职业学校或职业训练班时,应将校或班之名称、编制、校舍、设备、经费情形、主要教职员履历表等,报由主管部会署转送教育部备案。凡核准者由教育部令知当地教育厅局,准照公立及立案私立学校处理学生学籍及其他行政事宜。省级之实业机关或职业团体办理或受托办理时,报告省级主管机关转送教育厅备案,并由教育厅转报教育部备案。

第五条 前项备案学校由教育部派员视察,认为成绩优良者,得由部或饬厅予以下列一项或数项奖励。

(一)核给补助费;

(二)核给教职员奖助金;

(三)核给学生公费名额;

（四）核发经费指办职业班级；

（五）奖励其机关团体主管人员。

第六条　实业机关或职业团体，对于筹办职业学校或训练班有困难或疑义时，可请求当地教育行政机关或向教育部主管司予以规划协助。

第七条　实业机关或职业团体具有充分之设备人才，可供设校利用，愿筹设学校而缺乏经费时，亦得将详细情形呈报教育部由部酌予补助举办。

第八条　本办法自公布日施行。

《教育法令》，教育部编，中华书局，
1947年5月版，第271页

职业学校规程

1947年4月9日　教育部修正公布

第一章　总　纲

第一条　本规程依职业学校法第十六条之规定订定之。

第二条　职业学校，为实施生产教育之场所，依照职业学校法第一条之规定，以实施下列各项之训练：

一、锻炼强健体格；

二、陶融公民道理；

三、养成劳动习惯；

四、充实职业知能；

五、增进职业道德；

六、启发创业精神。

第三条　职业学校分为初级职业学校、高级职业学校。

第四条　初级职业学校授与青年较简易之生产知识与技能，以养成其从事职业之能力。

第五条 高级职业学校授与青年较高深之生产知识与技能,以养成其实际生产及管理能力,并培养其向上研究之基础。

第六条 初级职业学校入学资格,须曾在小学毕业或具有相当程度,年在十二足岁至十八岁者。修业年限一年至三年,遇必要时,得酌量缩短之。

第七条 高级职业学校入学资格,须(一)曾在初级中学毕业或具有相当程度,年在十五足岁至二十二岁者,修业年限除法令别有规定者外,均为三年;(二)曾在小学毕业,或具有相当程度,年在十二足岁至二十岁者,修业年限五年或六年。

第八条 职业学校以就某业中之一科单独设置为原则(如工业中之陶瓷、制革、染织、丝织、棉织、毛织等,农业中之畜牧、森林、蚕桑等),但经主管教育行政机关之特别核准,得兼设同一业之数科,或合设数业(如农工商家事等)。

第九条 职业学校之单设一科者,称初级或高级某科职业学校;兼设二科者,称初级或高级某某科职业学校;兼设二科以上者,称初级或高级某科职业学校。合设数科者称初级或高级职业学校;合设初高两级者,称职业学校。

第十条 职业学校得视地方需要,附设职业补习班或职业补习学校。

第十一条 各地初级职业学校在尚未充分设置以前,暂得就小学附设职业班,视地方需要情形设置科目,其办法另定之。

第二章 设置及管理

第十二条 初级职业学校以县立、市立为原则。其设立、变更及停办,应先由县市主管教育行政机关根据学校所在地及附近之经济、教育、实业原料等实际状况,将计划或理由呈请省教育厅核准后办理,并呈转教育部备案。

前项之初级职业学校,得因地方特别情形,由两县或数县联合设立之。

第十三条 高级职业学校以省或直隶于行政院之市设立为原则,其设立、变更及停办,应由省市教育行政机关,根据学校所在地及附近之经济、教育、实业原料等实际状况,将计划或理由呈请教育部核准后办理。

前项之高级职业学校,得因地方特别情形,经教育厅呈请教育部核准后,由县市设立之。

第十四条　社团或工厂商店、农业等职业机关或私人,均得设立职业学校,但须依照私立学校规程所规定之程序,并将计划或理由呈请省市教育行政机关核准后,始得办理,并呈报教育部备案。公私立专科以上学校附设职业学校之设置与管理,与公私立职业学校同。

第十五条　省立职业学校以所在地名名之。县市立职业学校径称某某县市立某某职业学校。一地有成立相同之公立职业学校二校以上时,得以数字之程序别之,或以区域较小之地名为校名。联立职业学校称某某数县联立某某职业学校。私立职业学校应采用专有名称,不得以地名为校名。

第十六条　公私立职业学校应于每学期开始后一个月内,将下列各项径呈或转呈各该省市主管教育行政机关备案。

一、本学期校长教职员学历、经历、职务、俸给、专任或兼任事项(遇必要时,得仅呈报新旧教职员之变更事项);

二、本学期新生、插班生、复学生、休学生、退学生及各级学生名册;

三、本学期经费、预算、学则、校舍及设备之变更事项;

四、前学期各级学生毕业成绩表;

五、毕业生服务状况;

六、前学期经费项目,实习出品数量,及销售状况。

前项第一款事项,应由省市行政机关汇报教育部,其第二、三、四、五、六各款事项,并应造简表送部。

第十七条　公私立职业学校应于每届办理毕业时期前二个月内,造具应届毕业学生履历及历年各项成绩表呈请主管教育行政机关核准后,举行毕业考试。并于每届办理毕业后一个月内,造具毕业生学业成绩表,呈请主管教育行政机关转报教育部备案。

第三章　经　　费

第十八条　省市立职业学校之开办经常、临时各费,由省市款支给之;县市立或联立职业学校经费由县市款或联立各县县款支给之;私立职业学校经费,由校董会支给之。

第十九条 职业学校各科各业开办费,须以能具有相当建筑物及充分设备为原则,其标准另定之。

第二十条 初级及高级职业学校单科一学级之每年经常费,应参照当地省立初级及高级中学,各以增加百分之五十为原则。

第二十一条 职业学校每年扩充设备费,至少须占经常费百分之二十。

第二十二条 县立私立职业学校如系经费支绌,得视其办理成绩,由省市酌给补助金。其补助标准,并得较高于补助中学之标准。

前条补助金之用途,以供给指定职业设备及职业学科教员俸给为限。

第二十三条 前项补助标准,由省市教育行政机关规定,呈请教育部备案。

第二十四条 职业学校每年须有实习材料费,其款额视职业性质定之。如学校已有营业收入时,得消去实习材料费之一部或全部。

第二十五条 职业学校学生实习或营业所得之盈余,应列入预算之内。

第四章 设 备

第二十六条 职业学校校址,选择适于所设学科之地点。

一、各项农业职业学校,应设在农村;

二、各项工业职业学校,应设在有是项职业可资发展及改良之地方;或富有是项职业之原料可供制造,或有是项工厂可供实习之地方;

三、各项商业职业学校,应设在商业较繁盛之都市;

四、其他各科职业学校之校址,均须以适合所设学科之环境而便于实习为原则。

第二十七条 职业学校须有充分场所、图书、机械、工具、仪器、标本、工作模型、消防设备等。

前项设备中之仪器、标本、机械、工具模型及校具等,其有能自制者,应尽量由教员学生共同制作。

第二十八条 职业学校须具备下列各项重要表簿:

一、关于职业学校之法令统计等项;

二、学则(包含学校一切章程、规则、办法等);

三、各年级课程表、各班每周教学时间表、教科用图书一览表;

四、教学进度预计表,实习方案;

五、学籍簿、出席缺席登记簿、操行考查簿、学业成绩表、身体检查表;

六、图书、机械、工具、仪器、标本等目录;

七、产品登记簿、产品销售登记簿、营业概况簿;

八、财产目录;

九、预算表、决算表、各项会计表簿;

十、各项会议记录;

十一、其他。

第二十九条　职业学校必需之场所如下:

一、课室;

二、实习室(包括仪器药品标本等室);

三、实习场所;

四、营业及推广部合作社;

五、货样及成绩陈列室;

六、运动场及体育器械室;

七、图书室;

八、营业室及货品室;

九、成绩陈列室;

十、办公室;

十一、浴室;

十二、其他。

第三十条　职业学校各科之设备标准另定之。

第五章　编　　制

第三十一条　职业学校学生依课程进度分为各年级。

第三十二条　职业学校每学级学生人数依实习设备之容量而定,以十五人至四十人为度。

第三十三条　职业学校之实习及训练学科,得视教学便利,合级上课。

第三十四条　职业学校学生,以男女分校为原则。

第六章　科别及课程

第三十五条　初级职业学校暂分为下列各科:

一、关于农业者:如普通农作(稻、棉、麦等),蚕桑,森林,畜牧,养殖,园艺及其他;

二、关于工业者:如藤竹工,木工,钣金工,电镀,简易机械工,电机,电气装制及修理,钟表修理,汽车驾驶及修理,摄影,印刷,制图,染织,丝织,棉织,毛织,陶瓷,简易化学工业及其他;

三、关于商业者:如普通商业,簿记,会计,速记,打字,广告及其他;

四、关于家事者:如烹饪,洗濯,造花,缝纫,刺绣,理发,育婴,佣工及其他;

五、关于其他职业者:视地方需要,酌量设立。

第三十六条　高级职业学校分为下列各科:

一、关于农业者:如农业,森林,蚕桑,畜牧,水产,园艺及其他;

二、关于工业者:如机械,电机,实用化学,染织,丝织,棉织,毛织,土木,建筑,测量及其他;

三、关于商业者:如银行,簿记,会计,文书,速记,保险,汇兑,运输及其他;

四、关于家事者:如缝纫,刺绣,护士,助产及其他;

五、关于其他职业者:视地方需要,酌量设立。

第三十七条　职业学校每周教学四十至四十八小时,以职业学科占百分之三十,普通学科占百分之二十,实习占百分之五十为原则。但商业等科得酌减实习时间。

前项教学时间之百分比,得视各科性质以各学年或各学期全部教学时间计算之。

第三十八条　职业学校每日教学及实习时间之起讫,得由学校酌量规定,呈请主管教育行政机关核准。

第三十九条　职业学校之教学科目及课程标准，由教育部另定之。

第七章　实　　习

第四十条　职业学校之实习场所，应视环境及实际情形采用下列方式：

一、由学校自设场所、工场、商店等，及其他可供学生实习之场所。

二、由学校与同性质之农场、工厂、商店等联络合作，供给学生实习之场所。

三、由学校指定广大场所，学生自行计划、组织、营业、耕种、收获或其他工作。

第四十一条　职业学校每次实习时间，以继续三小时或四小时为度。

第四十二条　职业学校各科之教学，应以先实习后讲授为原则。

第四十三条　职业学校实习方式，分下列三种：

一、个别实习，如划区耕种、点件制作、指定事件等；

二、分组实习，如同级或异级学生分组合作；

三、共同实习，如同级或异级学生合作。

第四十四条　实习时须依照预定工作方案，次第实施，并记录其实习经过。

第四十五条　实习教材之分配，应先基本练习，次应用练习。

第四十六条　实习教材之实用练习，总以正确精细含有商品代价为主，但须避免过度之重复。

第四十七条　实习时，教员应实际参加工作及指导。

第四十八条　职业学校应就每级学生修业期间最后之暑假举行假期作业，将平时所学习之各种技术方法，为最有效之总练习。

第八章　训　　练

第四十九条　职业学校应注意学生之职业知能、职业道德、公民训练、体格锻炼、劳动习惯及职业之精神。

第五十条　初级职业学校应注意学生熟练技术能力之培养。

第五十一条　高级职业学校应注意学生锻炼技术、经营及管理能力之培养。

第五十二条　职业学校之训练,应适合将来实际职业环境。

第五十三条　职业学校学生训育标准另定之。

第九章　成绩考查及毕业

第五十四条　考查毕业成绩分下列三种:

一、临时试验由教员随时举行之,每学期至少二次;

二、学期考试于学期终举行之;

三、毕业考试于修业期满时举行之。

第五十五条　学生平时成绩,由日常作业成绩(即实习、制图、报告、计划等)与临时试验成绩合并计算。日常作业成绩占平时成绩三分之二,临时试验成绩占三分之一。

第五十六条　学生各科学期成绩,由各科平时成绩与学期考试成绩合并计算,平时成绩占学期成绩三分之二,学期考试成绩占三分之一。

每学生各科学期成绩之平均,为该生之学期成绩。

第五十七条　学生毕业成绩,由各学期成绩平均与毕业考试成绩合并计算,各学期成绩平均占毕业成绩三分之二,毕业考试成绩占三分之一。

第五十八条　实习学科得免除各种试验,其成绩以平时成绩累积计算之。

第五十九条　学生实习、操行或体育成绩不及格者,不得进级或毕业。

第六十条　职业学校学生修业期满,成绩及格,由学校发给毕业证书,并得由校分配至职业机关见习。

第六十一条　操行成绩考查办法及学业成绩计算方法,由省市教育行政机关规定,呈请教育部核准施行。

第十章　学年学期及休假日期

第六十二条　学年度始于八月一日,终于次年七年三十一日。

第六十三条　一学年分为两学期,自八月一日至次年一月三十一日为第一学期或上学期,自二月一日至七月三十一日为第二期或下学期。春季始业之学级,以本年第二学期为上学期,下学年第一学期为下学期。

第六十四条　职业学校之休假日期另定之。

第六十五条　职业学校在规定假期中,为实习需要,应停止放假或缩短变更假期,实施假期作业。

第六十六条　职业学生假期作业办法,由省市教育行政机关参照地方情形拟定,呈报教育部核准施行。

第六十七条　职业学校实施假期作业,学生须一律参加,其成绩并入平时成绩内计算。

第十一章　纳费及待遇

第六十八条　职业学校以不收学费为原则,但遇必要时,得呈请主管教育行政机关核准征收,公立初级职业学校每学期以四元为度,私立者以六元为度,公立高级职业学校以八元为度,私立者以十元为度。

第六十九条　职业学校得根据实际情形,酌量征收最低额之实习材料费,初级职业学校每学期不得过四元,高级职业学校每学期不得过八元,均须列入预算之内。但征收学费之职业学校,其实习材料费每学期不得过学费额之半,均须列入预算内,并请主管教育行政机关核准。

第七十条　职业学校除依照第六十八条及六十九条得征收费用外,不得征收任何费用。

第七十一条　职业学校应联络职业机关组织职业介绍部,介绍毕业生就业。

第七十二条　职业学校对于毕业生所就职业发生困难问题时,应随时予以指导。

第七十三条　职业学校出品如经发售,成本以外之盈余得提成奖给成绩优良或一般学生,以资鼓励。

第十二章　教职员

第七十四条　职业学校设校长一人,综理校务,并担任教学,其时间不得少于专任教员教学时间最低限度二分之一,并不得另支兼俸。

第七十五条　职业学校教员由校长开具合格人员详细履历,呈请主管教育行政机关核准后,由学校聘任。

第七十六条　职业学校教员应以专任为原则,但遇有特别情形时,得呈请主管教育行政机关之核准,酌聘兼任教员,惟人数不得超过专任教员四分之一。

前项专任教员均须兼任训育事宜,并以住宿校内为原则。

第七十七条　初级职业学校专任教员,每周教学时数为十八至二十四小时,但担任实习学科者应为二十六至三十小时。高级职业学校专任教员每周教学时数为十六至二十二小时,担任实习学科者,应为二十四至二十八小时。

兼任主任或训育员之专任教员,其教学时间得酌减,但不得少于规定最低限度三分之二,亦不得另支兼俸。

第七十八条　职业学校设教导主任一人,学级较多者经主管教育行政机关之核准,得分设教务、训育主任各一人。

第七十九条　专任教员在校时间每日至少七小时。

第八十条　职业学校设实习主任一人。

第八十一条　职业学校设科较多者,得设事务主任一人。

职业学校营业主任由事务主任兼任之。

第八十二条　职业学校之兼设数科者,得设科主任若干人。

第八十三条　职业学校各主任均由专任教员兼充之。

第八十四条　职业学校应设校医一人,并得视其事务之繁简,酌设事务员及书记若干人,但其人数不得超过教员人数四分之一。

第八十五条　职业学校职员由校长任用,呈报主管教育行政机关备案。

第八十六条　公立职业学校会计,由主管教育行政机关指派充任。

第八十七条　职业学校举行下列四种会议:

一、校务会议　以校长、全体教员、校医及会计组织之,校长为主席,讨论全校一切兴革事项,每学期开会一次或二次。

二、教务会议　以校长及全体教员组织之,校长为主席,校长缺席时,教导主任或教务主任为主席,讨论一切教学、实习、及图书设备购置等项,每月开会一次。

三、训育会议 以校长各主任及校医组织之，校长为主席，校长缺席时，教导主任或训育主任为主席，讨论一切训育及管理事项，每月开会一次或二次。

四、事务会议 以校长各主任及全体职员组织之，校长为主席，校长缺席时，事务主任为主席，讨论一切事务进行事项，每月开会一次。

第八十八条 职业学校设置下列三种委员会：

一、训育指导委员会 由校长、主任、专任教员及校医组织之，以校长为主席，负一切指导学生之责，每月开会一次或两次。

二、职业指导推广委员会 由校长、主任及实习科教员组织之，以校长为主席，负指导毕业生及推广职业知能之责，每学期开会一次或两次。

三、经费稽核委员会 就专任教员中公推三人或五人组织之。由委员轮流充当主席，负审核收支帐目及实习出品销售情形之责，每月开会一次。

第八十九条 初级职业学校校长，须品格健全，对于所任学校同性质之学科，确有专长，且具有下列资格之一者：

一、职业师资训练机关毕业后，从事职业教育一年以上著有成绩者；

二、国内外大学毕业后，从事职业教育一年以上著有成绩者；

三、国内外专科学校、专门学校或高等师范专修科毕业后，从事职业教育二年以上著有成绩者；

四、具有专门技能或热心职业教育，曾在教育机关服务二年以上者。

第九十条 高级职业学校校长，须品格健全，对于所任学校同性质之学科，确有专长，除具有前条规定资格之一外，并合于下列资格之一者：

一、曾任公私立专科以上学校教员二年以上者；

二、曾任规模较大职业机关高级职务二年以上著有成绩者；

三、曾任初级职业学校校长三年以上著有成绩者；

四、曾任高级职业学校教员四年以上著有成绩者。

第九十一条 有下列情事之一者，不得充任校长：

一、违犯刑法证据确凿者；

二、曾任公务员交代不清者；

三、曾任校长或职业机关职务成绩平庸者；

四、患精神病或有痼疾不能任事者；

五、行为不检或有不良嗜好者。

第九十二条　高级职业学校职业学科教员，须品格健全，对于所任教科，有专长学识，且合于下列资格之一者：

一、职业师资训练机关毕业后，有一年以上之职业经验者；

二、国内外专科学校专门学校或高等师范专修科毕业后，有二年以上之职业经验者；

三、有专门之职业技能，曾任职业机关相当职务四年以上著有成绩者。普通学科教员依照高级中学教员资格之规定办理。

第九十三条　初级职业学校职业学科教员，须品格健全，对于所任教科有专长学识，且合于下列资格之一者：

一、具有高级职业学校教员规定资格之一者；

二、国内外大学、专科学校、专门学校或高等师范专修科毕业后，有一年以上之职业经验者；

三、高级职业学校或与高级职业学校程度相当学校毕业后，有二年以上之职业经验著有成绩者。

普通学科教员依照初级中学教员资格之规定办理。

第九十四条　有下列情事之一者，不得充任教员：

一、违犯刑法证据确凿者；

二、成绩不良者；

三、旷废职务者；

四、患精神病或身有痼疾不能任事者；

五、行为不检或有不良嗜好者。

第九十五条　各省市教育行政机关，应随时派遣职业学校教员，分往各地职业机关参观或学习。

第九十六条　职业学校校长及教员之任用、待遇及保障，另以规程定之。

第十三章 附 则

第九十七条　本规程得由教育部于必要时修正之。

第九十八条　本规程自修正公布日施行。

《教育法令》，教育部编，中华书局，
1947年5月版，第258—263页

社会教育

通俗教育研究会章程

1915年7月　教育部公布

第一章　总　则

第一条　本会以研究通俗教育事项、改良社会、普及教育为宗旨。

第二条　本会由教育部设立,受教育总长之监督。

第二章　职　务

第三条　本会研究事项分下之三股:(一)小说,(二)戏曲,(三)讲演。

第四条　小说股所掌事项如下:(一)关于新旧小说之调查事项,(二)关于新旧小说之编辑改良事项,(三)关于新旧小说之审核事项,(四)关于研究小说书籍之撰译事项。

第五条　戏曲股所掌事项如下:(一)关于新旧戏曲之调查及排演之改良事项,(二)关于市售词曲唱本之调查及搜集事项,(三)关于戏曲及评书等之审核事项,(四)关于研究戏曲书籍之撰译事项,(五)关于活动影片、幻灯影片、留声机片之调查事项。

第六条　讲演股所掌事项如下:(一)关于讲演材料之搜集审核事项,(二)关于讲稿之选择及编辑事项,(三)关于画报、白话报、俚俗图画等之调查、及改良事项,(四)其他不属于各股事项。

第三章 会 员

第七条 本会以下列会员组织之：（一）教育部职员若干人，由教育总长指定；（二）学务局职员二人，由学务局选派，详请教育总长认定；（三）直辖学校职员各一人，由各校选派，详请教育总长认定；（四）京师劝学所职员二人，由学务局选派，详请教育总长认定；（五）京师警察厅职员四人，由教育部函商警察总监选派；（六）京师教育会会员二人，由教育部饬知该会会长选派；（七）京师通俗教育会会员二人，由教育部饬知该会会长选派；（八）其他对于本会研究事项有专长者若干人，由本会延聘。

第四章 职 员

第八条 本会设会长一人，综理本会事务。

第九条 本会设干事若干人，承会长之指挥，分任各股调查编译审查事宜及本会庶务会计事宜。第七条第八款之延聘员，专任编辑译述事宜。

第十条 本会各股设主任一人，承会长之指挥，办理各该股内事务，仍兼干事之职务。

第十一条 会长及各股主任，由教育总长指定，干事由会长于会员中推选，详请教育总长核定。

第十二条 本会得雇用书记，掌文件之缮写、保存、收发等事项。

第五章 会 议

第十三条 本会会议分二种：（一）定期会议，（二）临时会议。

第十四条 定期会议每股每星期至少一次，临时会议于有特别事故时，由会长召集之。

第六章 经 费

第十五条 本会经费由教育部支给之。

第十六条 本会会员为名誉职。

第十七条 本会职员，除延聘员及雇员外，均不支薪。

第十八条 本章程如有未尽事宜,或应行增改之处,由本会随时修正,详请教育总长核定。

《教育公报》第二年第四期,1915年7月

通俗教育讲演规则

1915年10月 教育部公布

第一条 通俗教育讲演,以启导国民改良社会为宗旨。

第二条 通俗讲演分普通特别二种,不得涉及通俗教育以外之事项。

第三条 普通讲演要项如下:(1)鼓励爱国,(2)勤勉守法,(3)增进道德,(4)灌输常识,(5)启发美感,(6)提倡实业,(7)注重体育,(8)劝导卫生。

第四条 特别讲演要项如下:(1)关于临时事变者如国内国际之天灾事变等,(2)关于特别地点者如工场、监狱、看守所、惠济所、感化院等。

第五条 讲演员有不遵前各条之规定而借端讲演者,得由该管官厅禁止或处分之。

第六条 讲演稿本应由各讲员按照第三第四条要项分别拟编,禀由该管长官详送最高级行政官厅选印成册,随时汇送教育部审核。

第七条 通俗讲演得酌量情形,置备下列各种辅助品:(1)理化试验之仪器标本,(2)幻灯及活动影片,(3)各种教育图画,(4)风琴、留声机、军乐等。

第八条 本规则之规定,巡回讲演得适用之。

第九条 本规则自公布日施行。

《教育公报》第二年第八期,1915年11月

通俗教育讲演所规程

1915年10月 教育部公布

第一条 通俗教育讲演所依本规程设置之。通俗教育讲演规则另定之。

第二条 通俗教育讲演所在省会地方须设置四所以上;在县治及繁盛市镇须设

置二所以上；在乡村各地方，由地方长官酌量推行。

第三条　通俗教育讲演所，私人或私法人均得设立，但须禀请地方长官核准，详报该地方最高级行政长官备案。

第四条　通俗教育讲演所无论公私设立，于成立一月后，应由地方长官详请该管最高级行政长官咨陈教育部查核。

第五条　凡通俗教育讲演机关，应一律称为通俗教育讲演所，并标明公立或私立字样。

第六条　通俗教育讲演所设职员如下：1. 所长一人；2. 讲演员若干人；3. 办事员一人或二人。

第七条　所长综理全所事务。讲演员、办事员，承所长之指挥分任讲演及各项庶务。

第八条　所长除综理所务外，仍担任讲演，但系名誉职者不在此限。办事员亦得兼任讲演。

第九条　所长及讲演员须年在二十五岁以上，具有下列资格之一者：1. 讲演传习所、或通俗教育研究所毕业者；2. 曾任讲演一年以上著有成绩者；3. 曾任小学校以上之教员或简易师范毕业者；4. 教育会劝学所各职员；5. 地方绅董夙有学望者。

第十条　所长、讲演员由地方长官委充，详请该管最高级行政长官汇报教育部备案。

第十一条　私立之讲演所，其所长、讲演员经地方长官核准后，仍须详请该管最高级行政长官汇报教育部备案。

第十二条　所长讲演员薪金额数，由地方长官酌定之。

第十三条　所长讲演员如有奉职不力者，得由地方长官撤换之。

第十四条　私立之讲演所，如有不遵通俗教育讲演规程办理者，得由地方长官停止或解散之。

第十五条　本规程之规定，巡回讲演所得适用之。

第十六条　本规程自公布日施行。

《教育公报》第二年第八期，1915年11月

露天学校简章及规则

1916年3月 教育部转发

北京通俗教育会创办露天学校,已阅二年;历加考察,成绩颇著。兹特检同该会章程咨请分饬各属体察地方情形参酌办理。

北京通俗教育会实施露天教育简章

第一条 本会为补助学校教育、救济失学儿童起见,特办露天教育,定名曰北京露天学校。

第二条 露天学校设施地点,拟就京师学务局所定学区每区各设一处。至现时先于某区试办,应于开会时适宜酌定,并于开办期前报知京师学务局备案,并报知京师警察厅。

第三条 露天学校课程,悉遵教育部初等小学校教则,用简易方法教授之。

第四条 露天学校开学之时期,暂定为每周一次或二次,每次共教二小时;于所定开校日期遇有大风雨雪时以次顺延。

第五条 露天学校学生,以失学儿童为限。

第六条 开办露天学校,各按设施、地点,分别推定经理员、教员以专责成。

第七条 经理员教员由本会会员、各学区劝学员、各公立学校职教员及宣讲员中推定。

第八条 本会办理露天学校人员,均佩带京师学务局核准并在京师警察厅存案之徽章,以便识认而资保护。

第九条 于露天学校无一定职务人员,不得阑入学校界线以内。

第十条 露天学校管理、教授各项细则,由经理员教员另行拟订。

第十一条 本简章于议决后施行,如有未尽事宜,随时改订。

露天学校暂行规则

第一条 男女儿童凡年在十四岁以下、六岁以上,未经读书者,均可入席听讲;

学额以所设之席为限。惟身患癣疥传染等病者不得入席。

第二条 本校备有课篇、浅说篇及各种印刷品,入席各生均可领受;若年在六岁以下者概不发给。

第三条 学生听讲,不得起立、更位、交谈、食物,以及妨害他人听讲之动作;违者立令退席。

第四条 本校所备之茶水净面水等,入席各生均可领用,惟领用时间须听先生指定。

第五条 开课散课时,各生以次出入,不得拥挤;违者禁止入席听讲,或追缴所得之课篇。

第六条 学费讲义费杂费一概不收。

第七条 本校男女各生,能遵守师训、专心向学者,可由本校介绍送入就近公立学校肄业,以资深造。

第八条 本校开课时,无论男女皆得在外旁观,惟不得喧嚣戏斗,以及有害讲授之行为,违者知会照料警士送区惩办。

《教育公报》第三年第四期,1916年3月

劳工教育实施办法大纲

1932年2月1日 教育部实业部公布

第一条 实业部及教育部为增进工人之知识、技能及其工作效率,并谋工人生活之改进起见,制定劳工教育实施办法大纲(以下简称本办法大纲)。

第二条 劳工教育分识字训练、公民训练及职业补习三种,各地方应于最短期内按工人教育程度,分别实施。

第三条 农、工、商各界劳工应受前条之三种训练,由各地方教育行政机关,督促当地农、工、商及其他各业之厂场、公司、商店等负责完成之。

第四条 各厂场、公司、商店等雇用工人在五十人以上二百人以下者,应设劳工学校或劳工班。工人每增二百人,应即递增一班。其不满五十人者,得与附近各厂

场、公司、商店联合办理之。

前项每班学生额数以三十人至五十人为准。

第五条　劳工学校之教学科目如下：

一　关于识字训练者：

三民主义千字课；

常识；

珠算或笔算；

乐歌。

此外得兼授历史、地理、自然及其他浅近读物。

二　关于公民训练者：

三民主义；

地方自治浅说；

本国大势；

公民道德。

以上所列课目得用演讲及浅近读物教授学生，并得在课外指导学生组织各种集会实际训练。

三　关于职业补习者：

服务道德；

农工或商业常识；

专门职业知识、技能之科目（视各业工人之需要酌设之）。

第六条　劳工学校或劳工班，除教授前条各课目外，应兼顾学生课外生活，举行工友访问、讲演会、同乐会及展览会等。

第七条　劳工学校或劳工班之教学须在工作时间以外，每班每周至少八小时；至各训练之完成时期，在识字及公民训练，限于一年。在职业补习，应视需要及地方情形，由各校拟定，呈经市县教育行政机关核定后施行之，但最长不得过二年。

第八条　劳工学校或劳工班之学生，每种修习期满试验及格者，由学校或原设立机关给予证书，其成绩优良者，酌予奖励。

第九条　劳工学校或劳工班,对于毕业生应作校外修学之指导,并设法尽量供给其自修教材。

第十条　劳工学校之校长主任教员,由原设立机关延聘,呈报当地市县教育行政机关备案。

在仅设劳工班者,应由原设立机关添设主任一人。

第十一条　校长或主任应就在原设立机关任职,或与原设立机关有关之热心教育深谙该职业情形或具有关于该职业之专门学识者选任之。识字及公民训练教员,应就各地小学以上教职员、社会教育机关服务人员、中等学校毕业生及其他确能胜任之人员选任之。职业补习教育教员教授专门科目者,应就有专门知识或技术人员选任之。

劳工学校教员除担任专门科目者外,以专任为原则。

第十二条　除专门科目之教员外,校长或劳工班主任及教员之待遇,应由各原设立机关按照当地生活程度,参照一般民众学校或职业学校校长教员之待遇标准,自行拟定。于取得当地市县教育行政机关同意后施行。

校长、主任、教员,如由原设立机关职员兼任者,应为义务职。

第十三条　劳工学校或劳工班之经费,由原设立机关负担,其联合办理者,应共同负担之。

第十四条　劳工学校或劳工班,应有相当之设备,以利教学。

第十五条　劳工学校或劳工班,除识字训练,应以教育部颁行之三民主义千字课为基本教材外,余得由教员自行编制,或选用适当课本,但须呈由当地市县教育行政机关核定之。

第十六条　劳工学校或劳工班不收学费及其他费用,所有书籍、文具等,均由学校供给之。

第十七条　各市县教育行政机关对于劳工教育,应负指导督促及考查之责。省主管机关并应依照本办法大纲会同制定适合当地情形之施行细则,呈由实业、教育两部核定之。

第十八条　劳工学校或劳工班开办时,应将成立经过及一切章则,连同本校经费表、设备表等,呈报当地主管机关备案。

第十九条　劳工学校或劳工班每半年应将经过情形,呈报当地市县主管机关汇报省主管机关转呈实业、教育两部备查。

第二十条　各主办劳工教育机关办理劳工教育特别热心成绩优良者,由当地市县主管机关胪举事实及证明文件,会同呈请省主管机关转呈实业、教育两部奖励之。

前条及本条之呈报或呈请事项,在行政院直辖市由市主管机关直接呈部。

第二十一条　各厂场、公司、商店等于本办法大纲公布后六个月内,不遵照设置劳工学校或劳工班者,除依工厂法第七十一条之规定办理外,仍限令于二个月内筹设成立。

第二十二条　对于本办法大纲有疑义时,应呈请实业、教育两部会同解释之。

第二十三条　本办法大纲如有未尽事宜,由实业、教育两部随时会同修正之。

第二十四条　本办法大纲自公布日施行。

《教育法令汇编》第一辑,教育部编,商务印书馆,
1936年10月版,第387—389页

各省市失学民众强迫入学暂行办法
1937年8月4日　教育部公布

第一条　本办法根据实施失学民众补习教育大纲第六条及施行细则第六第七两条之规定订定之。

第二条　各省市在施行强迫入学办法时,应制发失学民众调查表,督饬所属县市于一定期内,先将超过义务教育年龄之失学民众调查竣事依据实施。

第三条　各县市除设置县市强迫入学委员会外,应分区设置区强迫入学委员会,主持强迫入学事宜。其组织、人选,得依照学龄儿童强迫入学暂行办法第五、第六、第七、第八各条之规定办理(但应加入当地民众教育馆馆长、各种民众学校校长)。

上项委员会,各县市得斟酌情形,与学龄儿童强迫入学委员会合并办理。

第四条　失学民众强迫入学事宜,应由县市长督策全县市教育行政人员、各种

小学、各种民众学校、及警察自治等人员协同办理，上项人员考核时，得将此项事宜视为特别注意事项。

第五条 各县市失学民众，应分期强迫入学：第一期为十六岁至三十岁，第二期，为年龄之较长及较幼者。每期以三年为限。但有情形特殊者，得将限期缩短或呈准酌量延长之（乡村施行强迫教育时应避免农忙时节）。

第六条 施行强迫入学办法地方之失学民众，除已核准缓学免学者外，应一律入当地所办之各种民众学校，如不遵从，应强迫其入学。

第七条 失学民众之强迫入学，依照下列程序办理之：

一 劝告 凡应入学而不入学之失学民众，由强迫入学委员会用书面或口头劝告，限期入学。

二 警告 劝告无效时，将其姓名榜示警告，并仍限期入学。

三 罚锾 经榜示警告后，仍未遵行者，得于限满后之十日内，由强迫入学委员会，呈由县市政府处以三角以上一元五角以下之罚锾，并仍限期入学。

前项罚锾，应拨充办理当地民众学校之经费。

四 征工 无力缴纳罚锾者，得按罚锾数目代以相当之征工日数，并仍限期入学。

第八条 凡已入学之民众，如不经学校之许可，任意缺课或中途辍学者，应由学校及强迫入学委员会共同劝导督促，如不遵从，得斟酌情形呈由县市政府，比照第七条第三第四两项之规定标准处罚之。

第九条 凡属雇佣性质之失学民众，在施行强迫入学期内，雇主不得藉词阻止其入学，或因入学而减扣其工资。如有上项情形发生，得由当地强迫入学委员会，斟酌情形呈报县市政府予该雇主以警告或罚锾之处分。并仍令其准许该雇工入学及不得藉词解雇。

第十条 在实施失学民众补习教育限期内，凡超过义务教育年龄之失学民众，其已在民众学校及短期义务学校毕业，或普通小学肄业一年以上者，均认为业经完成其补习教育。在私塾，家庭，场厂，公司，商店，或其他机关场所，受有与民众学校相当之教育，经当地民众学校考查及格予以证明者，均以曾受民众补习教育论。

上项考查手续，应由各省市制发识字测验表办理之。

第十一条 失学民众之有疾病或有其他原因一时不能入学者,得依照下列规定,分别请求缓学或免学。

一 凡身心衰弱,经指定医师证明并经当地强迫入学委员会证明属实者,得准其缓学。但健康恢复时,仍应督令入学。

二 凡身有痼疾或肢体残废,经指定医师证明不堪入学,并经当地强迫入学委员会证明属实者,得准其免学。如当地或邻近各地有特殊教育机关,仍应劝令其入学受特殊教育。

第十二条 凡已入学之民众,如因事迁移时,应取具转学证明书,向迁移所在地之民众学校继续入学,完成其应受之补习教育。

第十三条 各地如有生活流动之失学民众,应酌量举办流动教学。

第十四条 本办法由教育部公布并呈请行政院备案施行。

《社会教育法令汇编》第二辑,教育部社会教育司编,
商务印书馆,1940年6月版,第12—15页

修正民众学校规程

1939年5月17日 教育部令

第一条 民众学校应遵照中华民国教育宗旨及其实施方针与社会教育目标,授与失学民众以公民之基本训练及简易之知识与技能。

第二条 民众学校分为两级,初级班得单独设立,高级班须与初级班合并设立。

第三条 民众学校以一保或数保单独设立一所为原则,亦得与小学合并办理之。

各级行政机关教育机关民众团体工厂商店及私人,均得设立民众学校,惟须受当地主管教育行政机关之管辖。

第四条 单独设立之公立民众学校以所在地地名名之,一地有立别相同之公立民众学校二校以上时,得以数字之顺序别之。私立民众学校,应采用专有名称,不得以地名为校名。

第五条 民众学校之设立、变更及停办,应呈报主管教育行政机关核准备案。

第六条　凡超过义务教育年龄(十二足岁)之失学民众,应由办理失学民众补习教育机关,依各省市失学民众强迫入学办法之规定,分期督令入民众学校。其修毕民众学校初级班课程或具相当程度者,得入高级班。

第七条　民众学校学级之编制,以学习能力为标准,但于必要时得依年龄、职业、性别分班教学。

第八条　民众学校每班学额以五十人为度,在城市不得少于四十人,在乡村不得少于三十人;人口稀少,学额不足时,应实施巡回教学办法,分设巡回教学班。

第九条　民众学校在人口密集失学民众较多之地方,每年至少办两期,单独设立者每期至少办两班。

第十条　单独设立之民众学校,其班数仅有一班者,设校长兼教员一人,两班以上者得增设教员,但以每一班增设教员一人为原则。

第十一条　民众学校教员,以具有小学教员资格或曾受民众教育师资训练者充任之。

第十二条　县市立民众学校校长由县市教育行政机关任用之,各级行政机关、教育机关、民众团体、工厂、商店及私人设立之民众学校校长,由设立者任用之,呈报主管教育行政机关备案。民众学校教员,由校长聘任之。

第十三条　民众学校初级班学生受课总时数,不得少于二百小时。高级班学生受课总时数,不得少于三百小时。民众学校每日教学时间,以二小时为原则,得在日间或晚间行之。

第十四条　民众学校学科,初级班为国语(包括公民及常识等)、算术(珠算或笔算)、音乐、体育等;高级班为国语(包括公民及常识等)、算术、音乐、体育及关于职业科目,各科份量,分配如下:

各科百分数　科目　级别	国　语	算　术	音　乐	体　育	职业科目
初　级	六六	一八	八	八	
高　级	五〇	一二	八	八	二二

施行自卫训练者,得不设体育。

第十五条　民众学校课程,应依照教育部所规定之课程标准。

第十六条　民众学校教科书,应采用教育部编辑或审定者。民众学校为适当环境需要,得另编补充读本。

第十七条　民众学校学生修业终了成绩及格者,由学校给予学业成绩证明书。

第十八条　民众学校学生修业终了后,应斟酌情形,予以继续教育(如同学会读书会青年励志团等)。

第十九条　民众学校须于每班开始教学一个月内,造具教职员履历、俸给表,连同学生名册、教学时间表、教学用书表等,呈报主管教育行政机关备案。

第二十条　民众学校须于每班修业终了一个月内,给各生姓名、性别、年龄、籍贯,及学业成绩等,造册呈报主管教育行政机关备案。

第二十一条　民众学校应于每年度开始前一个月内造具事业进行计划及经费预算书,呈报主管教育行政机关查核备案。

第二十二条　民众学校应于每年度终了后一个月内造具工作报告及经费计算书,呈报主管教育行政机关查核备案。

第二十三条　单独设立之民众学校,得斟酌地方需要,举办下列各种简单社会教育事业:

一　举办通俗演讲;

二　置备通俗图书,公开阅览;

三　编写壁报,传播时事消息;

四　办理民众体育及卫生事宜;

五　办理礼俗改良,提倡正当娱乐;

六　接受民众教育馆之指导,办理生计教育;

七　协助民众教育馆之巡回施教工作;

八　办理其他有关社会教育事业。

第二十四条　民众学校经费,以就地筹措为原则,亦得由省县市教育行政机关统筹补助之。

第二十五条　民众学校不收学费及其他费用,经费充裕时,并得供给贫寒学生所用之书籍及文具。

第二十六条　各县市教育行政机关,得指定联合小学区内民众学校一所,为中心民众学校。

前项中心民众学校,应充分以研究所得,供给该学区内之民众学校参考实施。

第二十七条　民众学校应接受省县市立民众教育馆之辅导。

第二十八条　本规程得由教育部于必要时修改之。

第二十九条　本规程自公布之日施行。

《社会教育法令汇编》第二辑,教育部社会教育司,
商务印书馆,1940年6月版,第6—11页

各级学校办理社会教育办法

1943年12月21日　教育部公布

第一条　各级学校办理社会教育,依照本办法之规定。

第二条　大学各学院及专科学校应参酌下列规定,各就专长办理二种以上社会教育工作(例如农学院应办理农业推广及合作指导;医学院应办理救护训练及公共卫生指导等,余类推):

(一)学术讲座;

(二)补习学校;

(三)函授学校;

(四)民众读物编辑;

(五)农业推广;

(六)合作指导;

(七)民众法律顾问;

(八)地方自治指导;

(九)电影及播音科学技术传习;

(十) 防空防毒知能传习；

(十一) 救护训练；

(十二) 公共卫生指导；

(十三) 地方水利及土木工程指导；

(十四) 各种展览会；

(十五) 其他为各学校所专长而切合社会需要之教育。

第三条 中学校除应推行通俗科学教育及抗敌宣传外，并应就下列规定，酌办二种以上社会教育工作：

(一) 通俗演讲；

(二) 戏剧歌咏团；

(三) 补习学校；

(四) 民众卫生指导；

(五) 救护训练；

(六) 成绩展览会；

(七) 壁报；

(八) 其他切合社会需要之教育。

第四条 中等农业学校应一律举办农事指导及农业补习班；中等工商业职业学校应一律举办工商业职业补习班。

第五条 小学校除应举办民众识字教育及抗敌宣传外，应就下列规定，酌办二种以上社会教育工作：

(一) 通俗演讲；

(二) 壁报；

(三) 民众卫生指导；

(四) 学生家庭访问；

(五) 恳亲会；

(六) 协助保甲编组；

(七) 协助兴办地方建设事业；

（八）协助合作社之组织；

（九）其他切合社会需要之教育。

第六条　各级学校应依照各级学校德育日工作大纲，推行各种德育活动。

第七条　各级学校办理社会教育，教职员及学生均应参加，小学应以教职员为主体推行各种工作。

第八条　中等以上学校得组织社会教育推行委员会，隶属于教务处，主持社会教育事宜，委员会之组织，由各级学校自定之，但须呈报主管教育行政机关备案。

第九条　各级学校于每年度开始时，应拟具办理社会教育计划呈报主管教育行政机关核准施行。

年度终了时，将办理情形编造报告，呈报主管教育行政机关备案。

第十条　各省市县于编制预算时，应于社会教育经费项下酌列成数，为支给及奖励补助所属各校办理社会教育之用。

第十一条　各级学校办理社会教育所需经费，应于各该学校经常费内动支，不足之数，得呈请主管教育行政机关酌予补助。

第二十条　本办法自公布日施行。

《教育法令》，教育部编，中华书局，
1947 年 5 月版，第 342—343 页

省市立艺术馆规程
1944 年 9 月 25 日　教育部公布

第一条　省市立艺术馆应遵照中华民国教育宗旨及其实施方针与社会教育目标，实施民众艺术教育，并辅导学校艺术教育。

第二条　各省市（行政院直辖市以下仿此）至少应各设置省市立艺术馆一所，其人口众多经费充裕地域辽阔之省份应设置数所，其名称得各冠以所在地地名。

第三条　省市立艺术馆设置时应开具下列各事项，由各省市政府咨请教育部核准备案。

（一）名称。

（二）地址。

（三）经费（分开办费及经常费两项并注明其来源）。

（四）艺术品及有关艺术教育之设备（详报现有种类及件数）。

（五）建筑（建筑图式及其说明）。

（六）章则。

（七）事业计划。

（八）职员（馆长馆员之学历、经历、职务、薪给等）。

第四条　省市立艺术馆之变更停办，应由省市政府咨请教育部核准备案。

第五条　省市立艺术馆设置下列各部：

一、美术部　关于美术部分之调查，征集研究，编辑审定，陈列展览，宣传表演，视察辅导，巡回施教等事项属之。

二、戏剧部　关于戏剧部分之调查，征集研究，编辑审定，陈列展览，宣传表演，视察辅导，巡回施教等事项属之。

三、音乐部　关于音乐部分之调查，征集研究，编辑审定，陈列展览，宣传表演，视察辅导，巡回施教等事项属之。

四、总务部　文书、出纳、庶务及其他不属于各部之事项属之。

以上各部得视地方情形全部设立或合并设置，并得附设戏剧美术或音乐等教育队，其工作实施办法另定之。

第六条　省市立艺术馆设会计室置会计主任（或会计员）一人，并得视事实需要酌设佐理员及雇员，均由各省市政府会计处室依法呈请任用，办理岁计会计事宜。

第七条　省市立艺术馆设馆长一人，综理馆务，省立者由教育厅遴选合于本规程第九条资格之人员提请省政府会议核定后派充之，市立者由市教育行政机关遴选合于本规程第八条资格之人员呈请市政府核准后派充之，均应报请教育部备案。

第八条　省市立艺术馆每部设主任一人，干事若干人，各附设教育队设队长一人，队员若干人（干事及队员由主管教育行政机关视各馆事务之繁简规定最高或最低员额)由馆长遴选合于本规程第十条第十一条资格之人员任用之,并呈报主管教育行政机关备案。

省市立艺术馆馆长应兼一部主任,但不得兼薪。

第九条　省市立艺术馆馆长须品格健全,才学优良,且具有下列资格之一者:

(一)国内外大学艺术、戏剧、美术、音乐院系毕业曾任艺术教育或社会教育职务一年以上著有成绩者;

(二)师范学院教育学院或教育系毕业曾任艺术教育或社会教育职务二年以上著有成绩者;

(三)艺术、戏剧、美术、音乐专科学校或专修科毕业曾任艺术教育或社会教育职务三年以上著有成绩者;

(四)在学术上确有贡献并对艺术素有研究者。

第十条　省市立艺术馆各部主任,各教育队队长须品格健全;其所任职务为其所擅长,且具有下列资格之一者:

(一)文学、艺术、戏剧、美术或音乐院系科毕业者;

(二)师范学院教育学院或教育科系毕业曾任艺术教育或社会教育职务一年以上著有成绩者;

(三)艺术、戏剧、美术或音乐专科学校或专修科毕业曾受艺术教育训练,并曾任艺术教育或社会教育职务一年以上者。

第十一条　省市立艺术馆干事及各附设教育队队员须品格健全,且具有下列资格之一者:

(一)具有前条各款资格之一者;

(二)中等学校毕业曾任艺术教育或社会教育职务二年以上者;

(三)对于艺术教育职务有相当学识及经验者。

第十二条　省市立艺术馆得酌用助理干事。

第十三条　省市立艺术馆应举行下列会议:

(一)馆务会议　由馆长及各主任队员组织之,以馆长为主席,讨论全馆一切兴革事项,每月开会一次。

（二）辅导或推广会议　由馆长各主任队长及各该地方内有关之教育行政机关及艺术团体代表组织之,以馆长为主席,讨论艺术馆办理辅导或推广事业之兴革事项,每半年开会一次。

第十四条　省市立艺术馆应设置下列各会：

一、小组讨论会　由各主任队长干事队员助理干事等分别组织之,以部主任或队长为主席,负研究有关学术及讨论改进工作之责,每二周开会一次。

二、经费稽核委员会　由各主任队长干事、队员助理干事互推三人至五人为委员（总务主任会计主任或会计员庶务不得为委员）组织之委员轮流充当主席,负审核收支帐目及单据之责,每月开会一次。

第十五条　省市立艺术馆为谋事业之发展起见,得联络地方党政机关各学校社会团体及热心艺术教育事业人士组织各种委员会。

第十六条　省市立艺术馆应辅导或协助各该地区社会教育机关及中小学校推行艺术教育,其辅导办法另订之。

第十七条　省市立艺术馆应于每年度开始前一个月内造具下年度事业,进行计划及经费预算书呈报主管教育行政机关查核备案并转报教育部备查。

第十八条　省市立艺术馆应于每年度终了后一个月内造具上年度工作报告及经费计算书,呈报主管教育行政机关查核备案并转报教育部备查。

第十九条　省市立艺术馆经常费分配之标准如下：薪工费不得高于百分之五十,事业及设备费不得低于百分之四十,办公费占百分之十。

第二十条　省市立艺术馆设备标准另定之。

第二十一条　省市立艺术馆之章程及办事细则由馆订定呈报省市教育行政机关核准并转报教育部备案。

第二十二条　省市立艺术馆应备齐各种财产目录及事业记录表册以备查核。

第二十三条　省市立艺术馆休假得采用例假之次日补行办法,寒暑假期应比照当地学校假期,分职员为两组更番休假,事业照常进行。

第二十四条　省市立艺术馆每日工作时间以八小时为原则,但陈列室亦可酌量地方情形于晚间开放。

第二十五条 本规程自公布之日施行。

《教育法令》，教育部编，中华书局，
1947年5月版，第328—329页

补习学校法

1944年10月7日 国民政府公布

第一条 补习学校以补充应用知识、提高学业程度、传授实用技术、增进生产能力为目的。

第二条 补习学校分普通补习学校及职业补习学校，各依其所补习科目或采用教材之程度，分初、中、高三级：初级补习学校相当于中心国民学校之高级部；中级补习学校相当于初级中等学校；高级补习学校相当于高级中等学校。

第三条 补习学校由公立学校教育机关或公营事业机构附设，省、市、县政府或私人亦得设立之。

第四条 补习学校之设立、变更及停办，系省或院辖市设立者，由省市教育行政机关呈请教育部备案，其余呈由主管教育行政机关核准，转呈上级教育行政机关备案。

第五条 补习学校上课，得采用按日制或间日制。采用按日制者，每日上课时间不得少于两小时；采用间日制者，每日上课时间不得少于三小时。

补习学校每一科目，教学总时数，不得少于同级正式学校课程标准内规定总时数三分之二，每一科目修业期限不得少于两个月。

第六条 补习学校学生，修业完毕，经试验及格者，由学校给与及格证书。

第七条 补习学校学生，修毕与同级正式学校相当年级之主要科目，经试验及格者，得以同等学力，投考正式学校程度相衔接之班级；其已在各级补习学校修业完毕，试验及格者，并得以同等学力，投考与原补习学校程度相衔接之正式学校。

第八条 补习学校学生，修毕与同级正式学校相当各种主要科目，经试验及格者，得由主管教育行政机关举行考验，其办法由教育部定之。

前项考验及格者，由主管教育行政机关给与资格证明书，证明其具有同级正式

学校毕业同等之资格。

第九条 各级补习学校之教学科目、课程标准、设备标准及实习规则,由教育部定之。

第十条 补习学校置校长或主任一人,综理校务。

公立学校教育机关或公营事业机构,附设补习学校之校长或主任,得由各该学校机关、机构主管人员兼任。

第十一条 补习学校教员,由校长或主任聘请合格人员充任,以专任为原则,职员由校长或主任任用。

第十二条 补习学校不收学费,但得酌收讲义费,职业补习学校并得酌收实习费,均须呈经主管教育行政机关核准。

第十三条 公立或已立案之专科以上学校,得依实际需要,设置与各该学校程度相当之补习科目,选取合格学生,其修业完毕,经试验及格者,由学校给与各该科目之学分证明书。

第十四条 补习学校规则,由教育部定之。

第十五条 本法自公布日施行。

《教育法令》,教育部编,中华书局,
1947年5月版,第313页

全国各县市普及教育文化事业实施办法

1944年11月22日 教育部公布

第一条 教育部为普及全国各县市教育文化事业,特制定本办法实施之。

第二条 各县市政府应办理之普及教育文化事业如下:

一、召集当地中小学校教员及知识分子举行座谈会,研究推进乡村文化运动,并分组赴各乡村举行时事演讲、公民常识演讲、军事常识演讲,并责成在乡知识分子教导民众。

二、酌设无线电收音室,以最迅速之方法,将时事消息及中央政令传播于各乡村。

三、普遍实施政治训练。

四、其他关于普及教育文化事项。

第三条 乡镇公所及保办公处应办理之普及教育文化事业如下：

一、联合外县及本县市知识分子，召集本地知识分子及民众，举行时事演讲、公民常识演讲、军事常识演讲。

二、每年应办理民众学校数班，必要时得将成年妇女儿童分班教学。

三、设立图书室或图书库，购买通俗图书，并搜集中央各部会及省府各厅处出版之通俗读物及宣传刊物。

四、切实推行政治训练。

五、随时将收到之时事消息及中央政令传播于民众。

六、其他关于普及教育文化事项。

第四条 各级学校各社会教育机关，依照部颁及省颁法令办理普及教育文化事项时，应与县市政府及地方自治机关取得密切联络，避免分歧而增进效率。

第五条 县市政府及地方自治机关，自奉命后，应依照本办法拟具实施计划，径呈或转呈教育厅备案。

第六条 各省市教育厅局，应随时派督学及社会教育督导员，视察指导各县市实施普及教育文化事业之状况。

第七条 本办法自公布日施行。

《教育法令》，教育部编，中华书局，1947年5月版，第349页

普及全国图书教育办法

1944年11月22日　教育部公布

第一条 教育部为普及全国图书教育以提高文化水准起见特订定本办法。

第二条 各省市（院辖市以下仿此）已设置省市立图书馆者应即设法充实其设备发挥其效能，其未设置者应即一律设置。各省市至少应先设立一所，并须依经济

能力地方需要逐渐设增。

第三条　各县市（省辖市以下仿此）依照经济能力应设置县市立图书馆或在民众教育馆内附设图书馆。经费困难之县市得呈由省市政府依照实际情形酌予补助。

第四条　各乡镇应即设置书报阅览室一所，并应逐渐增设以期每保有书报阅览室一所，其经费以乡镇自筹为原则，贫瘠乡镇得由县市政府补助。

第五条　各级图书馆应尽量于集镇或人口稠密之处设置分馆或书报阅览室，以利阅览。

第六条　各级学校及各机关团体附设之图书馆应一律开放供民众阅览。开放办法另订之。

第七条　各级图书馆除遵照图书馆工作实施办法之规定辅导图书教育事业外，并得设置书报供应站办理各该下级图书馆室及书报阅览室。书报供应事宜其办法另定之。

第八条　各级图书馆书报供应站，得酌量情形受私人委托代向书局或其他图书馆订购或借阅书报事宜。

第九条　各级图书馆书报供应站，由各级图书馆馆长兼任主任，并指派馆内职员协助办理，必要时得设置专人。所需经费应在各该图书经费预算内增列专项开支。

第十条　图书馆经常费省市立者每年不得少于五万元，县市立者每年不得少于一万五千元，乡镇书报阅览室每年不得少于二千元，其分配标准应依照图书馆规程第二十六条办理。

第十一条　乡镇书报阅览室得附设于乡镇中心学校及保国民学校办理。

第十二条　图书馆设备标准表另行订定。在未颁布以前，县市立图书馆及乡镇书报阅览室选购书报应以合于下列各项原则者为准。

一、阐扬三民主义者；

二、适应抗战建国之需要者；

三、有关一般民众之职业之生活者；

四、有益于一般民众个人修养及社会风俗文化之提高增进者；

五、文字通俗条达内容切要充实印刷清楚者。

第十三条　各省市教育厅局及国立图书馆对于图书馆干部人员应积极设法训练以应各方面需要。

第十四条　各级教育行政机关应尽量鼓励私人或私法人设立图书馆，并得依照捐资兴学褒奖条例予以奖励。

第十五条　本办法自公布之日施行。

《教育法令》，教育部编，中华书局，
1947年5月版，第320—321页

教育部教育播音办法

1945年8月11日　教育部公布

一、本部为增强教育播音效率，特订定本办法。

二、本部教育播音工作与中央广播电台合作实施。

三、教育播音之项目为：(一)儿童教育；(二)青年教育；(三)公民教育；(四)科学教育；(五)卫生教育；(六)国体教育；(七)艺术教育；(八)国语教育；(九)边疆教育；(十)战区教育；(十一)史地教育；(十二)及教育消息。

四、教育播音材料须富有兴趣，切合实用。讲稿字数以二千字左右为原则，概用国语播讲，力求简明通俗，易于了解。每节播讲前并得将有关资料向听众介绍。

五、教育播音时间定为每周三节，每节十五分钟，必要时得变更之。

六、本部各单位应按照工作性质及实际设施状况每月轮流播音一次，其播音材料有连续性或时间性者得连续播音一次。

七、本部各单位应依照排定时间于播讲前将讲稿送社会教育司，派员赴中央广播电台准时播讲，或转请中央广播电台代播。

八、本办法自奉部长核定之日施行。

《教育法令》，教育部编，中华书局，
1947年5月版，第338—339页

推行家庭教育办法

1945年8月17日　教育部公布

第一条　各省市县教育行政机关应督导所属各学校、社会教育机关及文化团体、妇女团体,积极推行家庭教育。

第二条　各省市教育厅局应于主管社会教育之科股,指定职员一人,办理家庭教育行政事宜。

第三条　各县市推行家庭教育,由各该县市社会教育推行委员会主持办理。

第四条　各市县所属区署乡镇公所及保办公处,应分别责成教育指导员、文化股主任及文化干事等,协同当地教育机关团体,推行家庭教育。

第五条　各级学校推行家庭教育,由各校社会教育推行委员会主持办理,其负责实验家庭教育工作之学校,得另组家庭教育推行委员会主持办理之,各社会教育机关推行家庭教育,由办理教导工作部分主持办理之。

第六条　各级学校及社会教育机关推行家庭教育,教职员学生均应参加,并得以女教职员学生为主体,推行各项工作。

第七条　专科以上学校,除各师范学院及设有教育科系之大学或独立学院,应办理下列事项,两种以上外其他各院校,得就性质所近酌量办理。

1. 家庭教育公开讲演;
2. 家庭教育通讯研究;
3. 家事技术之指导;
4. 家事指导人员之训练;
5. 家庭教育问题之研究;
6. 家庭教育图书杂志之编译;
7. 其他。

第八条　中等以下学校以举办家庭教育班为主要工作,各中等学校除举办家庭教育班外,应就性质所近,办理下列事项两种以上:

1. 恳亲会;

2. 家庭教育讲习会；

3. 家事公开讲演；

4. 儿童健康比赛；

5. 各项家事比赛；

6. 儿童教育指导；

7. 育婴指导；

8. 家庭医药卫生指导；

9. 家政管理指导；

10. 家庭副业指导；

11. 家庭实行新生活指导；

12. 家庭教育通讯研究；

13. 其他。

第九条 国民学校中心国民学校小学幼稚园及民众学校，除必须举办家庭教育班外，应各就学校班级数及教职员数之多寡，斟酌办理下列事项两种以上：

1. 家庭访问；

2. 恳亲会；

3. 特约模范家庭；

4. 主妇会；

5. 各项家事比赛；

6. 儿童教育指导；

7. 育婴指导；

8. 家庭医药卫生指导；

9. 家政管理指导；

10. 子女婚姻指导；

11. 礼俗改良指导；

12. 家庭消费合作指导；

13. 家庭副业指导；

14. 家庭实行新生活指导；

15. 其他。

第十条 全国各级民众教育馆，一律以推行家庭教育为主要工作，除必须举办家庭教育班外，国省市县立民众教育馆，应依其等级分别按照第七八九条所列各项办理四种以上。

其他各级社会教育机关，均应各就所长推行家庭教育，除必须举办家庭教育班外，国省市立社会教育机关，应依其等级分别按照第七八九条所列各事项，办理两种以上。

第十一条 各级学校及社会教育机关于年度开始时，应将推行家庭教育计划，编附学校办理社会教育计划及本机关工作进行计划内，呈报主管教育行政机关核准施行，年度终了时，应将办理情形编附呈报备案。

第十二条 各级学校及社会教育机关推行家庭教育所需经费，应于各该学校、机关经常费内动支，不足之数，得呈请主管教育行政机关酌予补助。

第十三条 各地方文化团体妇女团体推行家庭教育，应参照本办法之规定，商承各县市社会教育推行委员会单独办理各项工作，或参加各级学校及社会教育机关协同工作。

第十四条 本办法自公布日施行。

《教育法令》，教育部编，中华书局，
1947年5月版，第340—341页

家庭教育实验区设施办法

1945年9月10日 教育部公布

第一条 各省市县教育行政机关为试验实施家庭教育方法起见，得指定所属有关学校设立家庭教育实验区。

第二条 家庭教育实验区应组织家庭教育推行委员会主持规划本区事宜，委员由校长聘请下列人员担任之：

一、学校教务主任或教导主任；

二、学校担任教育学科教员一人或二人；

三、家庭教育实验区主任；

四、当地县政府代表一人；

五、当地有关学校团体机关代表及其他热心家庭教育之人士。

前项委员会设常务委员一人，由教务主任或教导主任担任之。

第三条　家庭教育实验区设主任一人，干事若干人办理日常事务，由校长聘任之。

第四条　家庭教育实验区各项工作，学校教职员均应参加，学生除年龄幼小者外，一律以推行家庭教育作为办理社会教育及从事社会服务之主要工作，其参加办法，由各该家庭教育推行委员会订定之。

第五条　家庭教育实验目标：暂分政治、经济、教育、卫生等四方面，各校得依本校情况及地方环境，分别实验之，务使民众能达到下列之标准：

甲、政治方面：

一、能了解并信仰三民主义；

二、具有注意时事之习惯；

三、能积极参与地方自治活动及各种民众组织。

乙、经济方面：

一、能有节俭储蓄之良好习惯；

二、能选择正当职业，并具有乐业精神；

三、能置备家庭簿记，作简单日用之计算。

丙、教育方面：

一、能明了家庭伦理关系，并能和善相处；

二、能知培养幼儿品德等方法；

三、能注意个人之进修及其他家属之自我教育。

丁、卫生方面：

一、能预防传染疾病，施行预防接种；

二、能具有家庭看护,及急救之常识与技能;

三、能注重居住、衣服、饮食卫生。

第六条　家庭教育实验区之事业设施,应注意下列各点:

一、指导学生举行家庭访问及社会调查,藉以明了当地居户家庭之实际状况,及政治、经济、教育、卫生与娱乐等环境情形;

二、根据社会调查之统计结果,将当地一般家庭按其性质分为若干类,如佃农家庭、自耕农家庭、地主家庭、工人家庭、劳动者家庭、商人家庭、教育者家庭、公务员家庭等,每种家庭中,择其与理想家庭标准比较符合者二三家,作为模范家庭,藉作施教对象之中心。

三、本区应尽量利用各种有效教育工具及方法,以推行家庭教育,如公演话剧、放映电影幻灯、收听教育播音、举行歌咏演奏、及各种展览与比赛等,宜分别定期举办。

四、本区推行家庭教育时,对于本区政治、经济、教育、卫生及娱乐环境之设计改善,及全体人民之组织与训练,应积极协助当地主管行政机关进行。

五、参加工作之学生,应各认定负责推行之家庭若干家,并须定期比赛,至每期结束时,由家庭教育委员会逐项至各户考查,以为评定各负责指导学生成绩之依据。

六、本区工作开始时,应统盘筹划,将全部实验工作订定分期进度,呈经主管教育行政机关核定后施行。

七、本区于每年度开始前及结束后,应依照分期工作进度及实际工作情形,分别拟编详细工作计划及报告,呈报主管教育行政机关备查。

第七条　家庭教育实验区所需开办费,由主管教育行政机关核拨,经常费由各该校经常费内匀支,不足时,得呈由主管教育行政机关酌予补助。

第八条　家庭教育实验区之工作,主管教育行政机关,应随时派员指导并作为各该校考成事项之一。

第九条　承办家庭教育实验区之学校,其遵章应办之其他社会教育事项,得酌予减免其一部或全部。

第十条 本办法自公布日施行。

《教育法令》,教育部编,中华书局,
1947年5月版,第341—342页

促进注音国字推行办法
1945年10月4日　教育部公布

一、国民学校成人班、妇女班及初级补习学校之课本,其文字均用注音国字。

二、国民学校初级小学、中心国民学校、高级小学国语科课本生字,均用注音国字。

三、国民学校初级小学一年级上学期应以国语科全部教学时间一半以上先行或同时教学注音符号,而与国语课文取得联络,以期由注音而识文字,提高文字教学之效率。

四、嗣后编辑国民学校初级小学国语教科书,应另编首册,专用注音符号编成。其教学方法以先综合后分析为原则。

前项规定在教授注音符号之师资缺乏之地方,得由当地教育行政机关变通办理之。

五、自战事结束后一年起,凡新编或再版之国民学校小学及各种成人班教科图书,须一律遵照本办法办理,否则不予审定或撤消其审定。

六、各省市各级师范学校应切实遵照国文课程标准之规定,于第一学年略读时间内加强注音符号教学,并于课外组织研究会经常练习,使师范毕业生均有教学国语及注音符号之技能。

七、自战事结束后一年起,凡编辑儿童读物及民众读物者,一律用注音国字。

八、由本部及各省市教育行政机关劝令各新闻纸、各杂志,在可能范围内尽量用注音国字。

《教育法令》,教育部编,中华书局,
1947年5月版,第339页

补习学校规则

1946年3月2日 教育部公布

第一章 总 纲

第一条 本规则依补习学校法第十四条之规定订定之。

第二条 补习学校分普通补习学校及职业补习学校,各依其所补习科目或采用教材之程度,分初、中、高三级;初级普通及职业补习学校,相当于中心国民学校之高级部;中级普通及职业补习学校,相当于初级中学及初级职业学校,高级普通及职业补习学校,相当于高级中学及高级职业学校。

前项各类各级补习职业学校,得单设或合设。合设者简称补习学校,其仅设一种学科之补习学校,得冠以学科之名称。为应社会需要,公私机关团体、学校及公营事业机关,并得附设短期补习班。

第二章 设置及管理

第三条 省(市)立补习学校之设立、变更及停办,应先由省市教育行政机关,拟具计划或理由,呈报教育部核准后办理。县(市)立补习学校之设立、变更及停办,应先由主管教育行政机关拟具计划或理由,呈报省教育厅核准后办理,并由教育厅转报教育部备案。

私立补习学校之设立、变更及停办,应依照私立学校规程内所规定程序办理,并应转报教育部备案。

各公私机关、团体、学校及公营事业机构,附设补习学校之设置及管理,与公私立补习学校同。

公私立补习学校之设立、变更及停办,不依前项规定程序办理者,上级教育行政机关得撤销之。

第四条 省(市)立补习学校以所在地地名名之,县(市)立补习学校,径称某某县(市)立补习学校,一地有立别相同之公立补习学校二所以上时,得再冠以数字区别之。私立补习学校应采用专有名称。

第五条 公私立补习学校应行呈报事项如下：

一、每学年开始后一个月内，应再将本校本年度经费预算、业务进行计划、上年度经费决算、教职员更动情形，呈报主管教育行政机关备案。

二、每期或一学科开始时，应将设置学科、教材、教学时数、教学进度、教员一览表、学生名册，呈报主管教育行政机关备案。

三、每期或每一学期结束时，应将毕业学生成绩、教材、各学科最后进度办理经过、教职员更动情形，呈报主管教育行政机关备案。

第六条 省（市）立、县（市）立补习学校，开办经常临时各费，分别由省（市）、县（市）款内支给，私立补习学校开办经常临时各费，由校董会支给，附设补习学校之开办经常临时各费，由其设立机关、学校、机构或团体或其校董会支给。

第七条 补习学校应具备教学上必要之设备，职业补习学校并应具备或特约实习场所。

第三章 编 制

第八条 各级补习学校学生得依程度分设班次：

一、初级普通补习学校及初级职业补习学校。

各分第一、第二两班，其补习学科或教材程度，分别相当于中心国民学校高级部之五年级、六年级。

二、中级普通补习学校或中级职业补习学校。

各分第一、第二、第三三班，其补习学科或教材程度，分别相当于初级中学或初级补习学校之一年级、二年级、三年级。

三、高级普通补习学校及高级职业补习学校。

各分第一、第二、第三三班，其补习学科或教材程度，分别相当于高级中学或高级职业学校之一年级、二年级、三年级。

四、短期补习班 视其补习学科或教材程度，分班教学，分别相当于各学校之年级。

第九条 补习学校每学级人数，以三十人至五十人为度。

第十条　补习学校学生,以男女分班或分校教学为原则。

第四章　分科及课程

第十一条　补习学校采用学科制,得分科教学。

第十二条　各级补习学校学科,应照下列规定分别设置：

一、初级普通补习学校,为国语、算术、常识(即社会自然)等科；

二、中级普通补习学校,为公民、国文、数学、自然科学(包括博物生理卫生化学物理)、历史、地理、外国文等科；

三、高级普通补习学校,为公民、国文、外国文、数学、生物、矿物、化学、物理、历史、地理等科；

四、各级职业补习学校,分普通学科及职业学科二种。初级职业补习学校普通学科：为国语、常识(即社会自然)、算术等科；职业学科,得依据实际需要,自行拟订,呈经主管教育行政机关核准后行之。中级及高级职业补习学校,普通学科：为公民、国文、数学、外国文、史地、理化(中级为生物)等科；职业学科应依照教育部规定之各该级职业学校课程办理,经呈准后并得增设实际需要之其他科目。

五、短期补习班学科,由设立人视实际需要自定之,但须事先呈经主管教育行政机关核准备案。

第十三条　补习学校课程标准,除初级职业补习学校另行颁订外,其余均适用同类、同级正式学年之课程标准。

第十四条　职业补习学校实习,应占全教时间百分之二十至三十,惟生产机关附设者,得将实习时间酌量减少。

第十五条　补习学校应实施公民训练,并应斟酌情形,实施体育及音乐活动。

第五章　学生及入学

第十六条　补习学校学生不分性别,入学年龄,初级、中级须在十二足岁以上,高级须在十四足岁以上。

第十七条　各级补习学校学生入学资格如下：

一、初级普通补习学校及初级职业补习学校学生,须具下列资格之一:

(1) 高级成人班或妇女班毕业者;

(2) 国民学校或中心国民学校中级部修业期满者;

(3) 有同等学力者。

二、中级普通补习学校及中级职业补习学校学生,须具备下列资格之一:

(1) 初级普通补习学校或初级职业补习学校毕业者;

(2) 中心国民学校高级部毕业者;

(3) 有同等学力者。

三、高级普通补习学校及高级职业补习学校学生,须具备下列资格之一:

(1) 中级普通补习学校或中级职业补习学校毕业者;

(2) 初级中等学校毕业者;

(3) 有同等学力者。

四、短期补习班学生,具有同等学力者,均可入学。

第十八条　补习学校学生入学须经编级试验及格,初级、中级、普通及职业补习学校编级试验,以国文、公民、本国史地、数学(或算术)为必试科目;职业补习学校及短期补习班,并得选定与修习学科有关之科目一种至二种试验之。

第六章　成绩考查及结业

第十九条　补习学校学生平时应由教员举行临时试验,结业时应举行结业试验。

第二十条　每学科缺习时数,达该科教学总时数三分之一以上之学生,不得参与该科结业试验。

第二十一条　补习学校学生在每一班修习某一学科期满,或在校将某一学科或将全部学科修业完毕,经试验成绩及格,由校发给某科、某班、某级学业及格证书。

学业及格证书式样另订之。

第七章　教　学　时　间

第二十二条　补习学校上课时间,采用下列方法之一:

一、按日制　每日上、下午或晚间上课,至某种学科授毕为止,按日教学并不间断者;

二、间日制　在星期日上课,或每星期内某几日上课,其余日期并不教学者,上项补习学校上课时间,除每日、每星期指定日间或夜间一部分时间授课外,并得于寒暑假或其他特定时间办理之。

第二十三条　补习学校上课采用按日制者,每日上课时间不得少于两小时;采用间日制者,每次上课时间不得少于三小时。

其每周授课时数与时间,得由学校依地方情形及补习学科性质订定,呈请主管教育行政机关核准。

第二十四条　补习学校每一种学科教学总时数,不得少于同级正式学校课程标准内规定总时数三分之二;每一种学科修业期限,不得少于两个月。

其编制并得采行学月制与学科制。前者以学期为单位,以修满若干学月为终了;后者以学科为单位,以修满某某学科为终了。

第八章　转学及升学资格

第二十五条　各级补习学校,得收同级正式学校程度相当或程度相衔接之学生(如中级普通补习学校第三班,得收受曾在初级中学三年级肄业,或在初级中学修毕二年级课程之学生)。

前项学生入学时,须缴验正式学校成绩单,成绩及格者,得除入学试验。

第二十六条　补习学校各班学生,修毕同级正式学校与该班程度相当之年级之主要学科,并经试验及格者,得以同等学力,投考正式学校程度相衔接之班次肄业(如中级普通补习学校第一班学生,在补习学校内将初中一年级主要学科修习完毕,成绩及格,得考入初级中学二年级肄业)。

第二十七条　各级补习学校学生,修毕规定学科,并经试验及格者,得以同等学力,投考与原补习学校程度相衔接之正式学校(如中级普通补习学校学生,在补习学校内,修毕规定学科,成绩及格,得投考高级中学一年级)。

第二十八条　补习学校学生,修毕同级正式学校各种主要学科,并经试验及格,得由主管教育行政机关举行考验,及格者由主管教育行政机关给予资格证明书,其所证明之资格与同级正式学校之毕业资格同。

前项考验办法另订之。

短期补习班学生,不适用本条之规定。

第二十九条　公立或已立案之专科以上学校,得依实际需要,开设与各该校程度相当之补习科目。选取合格学生其修业完毕,经试验及格者,由学校给予各该科目之学分证明书。

第九章　待　遇

第三十条　补习学校不收学费。

第三十一条　补习学校得酌收讲义费、灯油费;职业补习学校并得酌收实习费。寄宿学生并得核实征收膳费,但须呈经主管教育行政机关核准。

第十章　教职员及学校行政

第三十二条　补习学校设校长或主任一人,综理校务。下设总务及教导两组,各设主任一人,组员若干人。

第三十三条　补习学校教员,由校长或主任开具合格人员详细履历,呈请主管教育行政机关核准后由学校聘任。职员由校长或主任任用,呈报主管教育行政机关备案。

第三十四条　补习学校应设置经费稽核委员会,由教员中公推三人至五人组织之(校长或主任、总务主任、事务员,均不得参加),轮流充当主席,负审核收支帐目及单据之责,每月开会一次。

职业补习学校并应设置职业指导委员会,以校长或主任、各组主任及有关教员组织,以校长或主任为主席,负指导结业学生就业之责,每半年至少开会一次。

补习学校于必要时,得增设其他各种委员会,或举行各种会议。

第三十五条　补习学校校长(或主任)及教员,须分别具备同级正式学校校长及教员之资格,其待遇标准,亦分别适用同级正式学校之待遇办法。

第十一章 附 则

第三十六条 其他与补习教育有关之业余补习班、升学预备班、讲习会、传习所等,均应一律改为补习学校或短期补习班,适用本规则有关各条之规定。

第三十七条 本规则自公布日施行。

《教育法令》,教育部编,中华书局,
1947年5月版,第313—316页

科学馆规则

1946年7月6日 教育部公布

第一条 科学馆应遵照中华民国教育宗旨及其实施方针与社会教育目标推行通俗科学教育并辅导学校科学教育。

第二条 各省市应设省市立科学馆一所或数所,设两所以上者,应冠以所在地地址名称。

各县市人口众多或地域辽阔者,应设县市立科学馆,地方自治机关私法人或私人亦得设立科学馆。

第三条 科学馆之设置变更及停办,应由主管教育行政机关核准并转呈上级教育行政机关备案。

第四条 科学馆设置下列各部或组:

一、总务部(组);

二、展览部(组);

三、推广部(组);

四、研究部。

省级称部,县级称组(县市立者不设研究组)。各部或各组得视地方情形全设或合并设置,其工作实施办法另定之。

第五条 各县市如尚未单独设立科学馆者,应于县市立民众教育馆内附设科学室,其办法另定之。

第六条 科学馆设馆长一人综理馆务,由主管教育行政机关遴选合格人员,呈请上级机关核定后派充之,并呈报上级教育行政机关备案,地方自治机关私法人或私人设立者,由设立机关私法人或私人遴选,呈请县市政府或教育局核定后派充或聘任之,并须呈报上级教育行政机关备案。

第七条 科学馆每部或每组设立主任一人,干事若干人,并得酌用助理干事及雇员(由主管教育行政机关视各馆事务之繁简规定最高或最低员额),由馆长遴选合格人员任用之,并呈报主管教育行政机关备案。

科学馆馆长应兼一部或一组主任,但不得兼薪。

第八条 科学馆职员资格如下:

一、省市立科学馆馆长须专科以上学校毕业曾任科学教育或社会教育职务三年以上著有成绩者,或在学术上确有特殊贡献、对科学教育素有研究者;

二、省市立科学馆各部主任、县市立科学馆馆长须专科以上学校毕业,曾任科学教育职务二年以上、著有成绩者;

三、省市立科学馆干事,县市立科学馆各组主任、干事须中等以上学校毕业,曾任科学教育职务一年以上、著有成绩者或有专门技术者。

第九条 地方自治机关私法人或私人设立之科学馆,其内部组织及职员资格应比照省或县市立科学馆之规定办理之。

第十条 省市立科学馆设会计员、人事管理员各一人,由教育部厅局会计室、人事室分别依法呈请任用,受馆长之指挥,分别办理会计岁计及人事管理事项。

第十一条 科学馆应举行下列各会议:

一、馆务会议由馆长及主任组织之,以馆长为主席,讨论馆内一切兴革事项,每月开会一次;

二、经费稽核会议由全体职员互推三人至五人为委员(总务主任、庶务会计不得为委员)组织之,委员轮流担任主席,负审核收支帐目及单据之责,每月开会一次;

三、其他有关业务推进各种会议。

第十二条 科学馆于必要时得呈准主管教育行政机关附设科学仪器制造所或

修理所。

第十三条　科学馆章程及办事细则由馆长拟呈主管教育行政机关核准施行,并转呈上级教育行政机关备案。

第十四条　本规定自公布之日施行。

《教育法令》,教育部编,中华书局,
1947年5月版,第326页

民众教育馆规程

1939年4月17日　教育部公布
1947年4月1日　教育部修正公布

第一条　民众教育馆应遵照中华民国教育宗旨及其实施方针与社会教育目标,实施各种社会教育事业,并辅导各该地社会教育之发展。

第二条　各省应依照现有行政督察专员区,或地形交通状况,划分若干民众教育辅导区,每区设省立民众教育馆一所。

各县应设县立民众教育馆一所,以全县为施教区域,其人口众多、经费充裕、地域辽阔之县份,得依照现有自治区域或地形交通状况,划分若干民众教育施教区,每区设县立民众教育馆一所。

各市(行政院直辖市及普通市)应设立民众教育馆一所。

地方自治机关或私人,亦得设立民众教育馆。

第三条　民众教育馆由省市(行政院直辖市以下仿此)设立者,应由省市政府开具下列各事项,咨请教育部核准备案;由县市(普通市以下仿此)设立者应由县市政府开具下列各事项呈报教育厅核准并转呈教育部备案;由地方自治机关设立者,应由地方自治机关开具下列各事项,呈报县市政府核准并转呈教育厅备案;由私人设立者,应由私人开具下列各事项,呈报主管教育行政机关核准备案:

(一)名称;

(二)地址;

(三）经费（分开办、经常两门，并注明来源）；

(四）章则；

(五）计划。

已经设立之民众教育馆，自本规程公布后，亦须补行前项手续。

第四条　民众教育馆之变更及停办，由省设立者，应由省市政府咨请教育部核准备案；由县市设立者，应由县市政府呈报教育厅核准并转呈教育部备案；由地方自治机关设立者，应由地方自治机关呈报县政府核准并转呈教育厅备案；由私人设立者，应由私人呈报主管教育行政机关核准备案。

第五条　省市立民众教育馆设置下列各部：

(一）总务部　文书、庶务及其他不属于各部之事项属之；

(二）教导部　民众学校、补习学校、图书阅览、健康活动、家事指导及通俗演讲等属之；

(三）生计部　职业指导、农业推广、工艺改良及合作组织等属之。

(四）艺术部　电影、幻灯、播音、戏剧、音乐及各项展览等属之。

(五）研究辅导部　调查、统计、研究、实验、视察、辅导及民教工作人员之进修与训练等属之。

以上各部得视地方情形全设或合并设置，其工作大纲另定之。

第六条　县市立民众教育馆设置下列各组：

(一）总务组　文书、会计、庶务及其他不属于各组之事项属之；

(二）教导组　民众学校、补习学校、图书阅览、健康活动、家事指导、通俗讲演及调查辅导等属之；

(三）生计组　职业指导、农业推广、工艺改良及合作组织等属之；

(四）艺术组　电影、幻灯、播音、戏剧、音乐及各项展览等属之。

以上各组得视地方情形全设或合并设置，其工作大纲另定之。

第七条　省立民众教育馆应附设乡村实验区，以为各县实施乡村民众教育之示范。

第八条　各县市如尚未单独设立图书馆及体育场者，民众教育馆应附设图书室及运动场。

第九条　民众教育馆设馆长一人,综理馆务,省立者由教育厅遴选合于本规程第十一条资格之人员,提请省政府会议核定后派充之;市(行政院直辖市)立者由市教育行政机关遴选合于本规程第十一条资格之人员,呈请市政府核准后派充之,均应呈报教育部备案。县市立者由县市政府遴选合于本规程第十四条资格之人员,呈请教育厅核准后派充之,但教育厅于必要时得直接遴选合格人员派充之;地方自治机关设立者,由设立之机关遴选合格人员,呈请县市政府核准后派充之;私立民众教育馆馆长,由设立人兼任或聘任之,但须呈报主管教育行政机关核准备案。

民众教育馆馆长,应兼一部或一组主任,但不得兼薪。

第十条　民众教育馆每部或每组设主任一人,干事若干人(由主管教育行政机关视各馆事务之繁简规定最高或最低员额)由馆长遴选合于本规程第十二、第十三、第十五各条资格之人员任用之,并呈报主管教育行政机关备案。

第十一条　省市立民众教育馆馆长须品格健全、才学优良且具有下列资格之一者:

(一)师范学院、教育学院或教育科系毕业,曾任社会教育职务二年以上,著有成绩者;

(二)大学或教育专修科毕业,曾任社会教育职务三年以上,著有成绩者;

(三)专科学校或专修科毕业,曾受社会教育训练并曾任社会教育职务四年以上,著有成绩者。

第十二条　省市立民众教育馆各部主任须品格健全,其所任职务为其所擅长,且具有下列资格之一者:

(一)师范学院、教育学院或教育科系毕业者;

(二)大学或教育专修科毕业者;

(三)专科学校或专修科毕业曾受社会教育训练者;

(四)师范学校毕业并曾任社会教育职务二年以上者。

第十三条　省市立民众教育馆干事,须品格健全,且具有下列资格之一者:

（一）具有前条各款资格之一者；

（二）师范学校或乡村师范毕业者；

（三）中等学校毕业曾任社会教育职务二年以上者；

（四）具有精练技能者（专适用于艺术教育）。

第十四条　县立民众教育馆馆长，须品格健全、才学优良，且具有下列资格之一者：

（一）师范学院、教育学院或教育科系毕业者；

（二）大学或教育专修科毕业者；

（三）专科学校或专修科毕业曾受社会教育训练者；

（四）师范学校毕业曾任社会教育职务一年以上者。

第十五条　县市立民众教育馆各组主任及干事，须品格健全，且具有下列资格之一者：

（一）具有前条各款资格之一者；

（二）师范学校、乡村师范或简易师范毕业者；

（三）中等学校毕业，曾任社会教育职务一年以上者；

（四）具有精练技能者（专适用于艺术教育）。

第十六条　民众教育馆得酌用助理干事。

第十七条　省市立民众教育馆各设会计员一人，委任，依国民政府主计处设置各机关岁计、会计、统计人员条例之规定掌理各该馆岁计、会计事务，受各该馆馆长之指挥，并分别受各该馆上级机关主办会计人员之监督指挥。

第十八条　地方自治机关或私人设立之民众教育馆，其内部组织及职员资格，应比照县市立民众教育馆之规定。

第十九条　民众教育馆应举行下列会议：

（一）馆务会议　由馆长及各主任组织之，以馆长为主席，讨论全馆一切兴革事项，每月开会一次；

（二）辅导会议　由馆长各主任及该区内县市教育行政机关代表组织之，以馆长为主席，讨论本区内社会教育一切兴革事项，每半年开会一次。

第二十条　民众教育馆应设置下列各会：

（一）社会教育研究会由馆长各主任及全体干事组织之，以馆长为主席，负研究社教工作改进之责，每月开会一次。

（二）经费稽核委员会由各主任及全体干事互推三人至五人为委员组织之，委员轮流充当主席，负审核收支帐目及单据之责，每月开会一次。

第二十一条　民众教育馆为谋事业之发展起见，得联络地方党政机关，社会团体及热心社会教育人士组织各种委员会。

第二十二条　民众教育馆应辅导或协助各该区内社会教育机关及公私立中小学兼办社会教育，并谋事业之联系，其辅导方法另定之。

第二十三条　民众教育馆应于每年度开始前一个月内造具下年度事业进行计划，及经费预算书，呈报主管教育行政机关查核备案。

第二十四条　民众教育馆于每年终了后一个月内，造具上年度工作报告及经费计算书，呈报主管教育行政机关考核备案。

前项事业进行计划及工作报告，县市立者应转报教育厅备查，省市立者应转报教育部备查。

第二十五条　民众教育馆经常费分配之标准、薪工不得高于百分之五十，事业费及设备费不得低于百分之四十，办公费占百分之十。

第二十六条　民众教育馆之章程及办事细则，由馆长定之，县市立者应呈报县市教育行政机关核准并转呈教育厅备案，省市立者应呈报省市教育行政机关核准并转报教育部备案。

第二十七条　民众教育馆应备齐各种财产目录及施教记录簿册以备呈核。

第二十八条　民众教育馆休假，得采用例假之次日补行办法，或按事业之性质，分职员为两组，于例假日及次日更番休假，寒暑假期，应比照当地学校假期分职员为两组，更番休假，事业照常进行。

第二十九条　民众教育馆每日工作时间，以八小时为原则，并须酌量地方情形，于晚间开放。

第三十条　本规程得由教育部于必要时修改之。

第三十一条　本规程自公布之日施行。

《教育法令》，教育部编，中华书局，
1947年5月版，第321—323页

边疆教育　华侨教育

（一）边疆教育

蒙藏学校章程

1913年2月　教育部公布

第一条　本学校以开发蒙藏青海人民学识、增进蒙藏青海人民文化为宗旨。

第二条　本学校以旧有之咸安宫学、唐古忒学、托忒学及前理藩部所办之蒙古学为基础，力图扩充改良。

第三条　本学校收学生本不分种族，惟因西北闭塞，而办此学，故重在多收蒙藏青海学生。

第四条　本学校收初入学之学生，其学额划作二十分计算：内外各蒙古占二十分之十，西藏占二十分之三，青海及其左近各回部占二十分之二；其余二十分之五，专收汉满学生。

第五条　本学校先设预备科，俟毕业后另行开办专门科；其附设之补习专科，毕业后不再设置。

第六条　本学校经费由蒙藏局列入预算，函请财政部按期发给。

第七条　本学校直隶于蒙藏事务局，由教育部考核。

（附）补习专科章程

第一条　旧有之咸安宫学、唐古忒学、托忒学及前理藩部所属蒙古学之学生，惟略习普通，并无专科科学，与民国教育宗旨不合。本学校特设补习科，令该学生等补习法律、政治、经济等科学，储为共和民国人才。

第二条　本科专收咸安宫学、唐古忒学、托忒学及前理藩部所属蒙古学旧有之学生,其他蒙藏人愿旁听者,但以教室能收容者为限。

第三条　旁听生中如有学力充足愿与本补习科学生一体受试验,经评定合格者,得给与修业文凭以资鼓励。

第四条　肄业年限定为三年,一年分为三学期。

第五条　本科补习科目:汉文、法学通论、宪法、民法、刑法、商法、行政法、国际公法、国际私法、中国地理历史、外国地理历史、统计学、外交史、外交政策、经济政策、政治学、财政学、交通政策、殖民政策、簿记学。其每学期分配学科,别以表定之。

第六条　本科学生无多,则开一班,合诸生一堂教授之。

第七条　本科学生不纳学费,其膳宿自备;至原有之膏火,仍照旧章办理,本校概不过问。

第八条　本补习专科学生卒业后,不再继续开办,即照本总章第五条办理。

(附)预备科章程

第一条　本科以完足普通教育,造成健全国民为宗旨。

第二条　本科肄业年限照教育部所定中学校章程定为四年。

第三条　本科学额,至少以二百名为限。

第四条　一年分为三学期,自八月一日至十二月三十一日为第一学期,自元月一日至三月三十一日为第二学期,自四月一日至七月三十一日为第三学期。

第五条　本科入学资格,以年满十五岁至二十五岁之男子身体健全者为合格。

第六条　如所收学生程度太低,科学全未肄习者,得于入预备科之前,由校长分别程度高低,令其在校内补习小学功课一年或二年。

第七条　征集蒙藏青海学生时,由各盟长、将军、都统,各办事长官挑选咨送其来京。路费由本旗酌量补助。

第八条　各地咨送学生额数,每年斟酌情形公平派定之。

第九条　本科学生依入学前后分班教授,每班至多不得过五十人。

第十条　本科所授课目如下:汉文、汉语、蒙文、藏文、修身、本国地理历史、外国地理历史、算术、代数、几何、三角、博物、生理卫生、物理、化学、图画、体操、乐歌、手工、法制经济。其每学期功课别以表定之,但第一学年须多学汉语汉文,以备后来听讲之用。

第十一条 蒙藏青海学生概不收纳学费,其膳宿费亦由公家备办以示提倡。本学校之修业、放假、及学生赏罚、试验进级、卒业等章程及教室规则,容后续订之。

《中华教育法令》,第91—92页

推进边疆教育方案

1939年4月 第三次全国教育会议决议案

一 确定推进边疆教育方针及各级教育中心目标

一、边疆教育应以融合大中华民族各部分之文化,并促其发展,为一定之方针。

二、边疆教育之设施应遵照中华民国教育宗旨及其实施方针、抗战建国纲领暨三民主义教育实施原则第六章之规定,为边疆各级教育实施之标准。

三、边疆教育得适应当地特殊环境及其生活习惯相同之边民,如汉回子弟所入之学校,除学校设备得酌量适应宗教生活外,其余均照内地普通学校办理。

四、初等教育应以公民训练与语文训练职业训练并重,并养成其卫生习惯。

五、中等教育应照中学师范学校及职业学校各规程之规定,但特别注重生活技能之训练及国家民族意识之养成。

六、高等教育应以养成国家建设之各项专门人才为目的。

七、社会教育使人民了解国家民族意义,认识国际情况,并备具近代科学常识,增进知能及养成其优良之生活习惯。

八、边疆教育经费,应逐年增拨义教及社教经费,各以中央补助义社教全部经费百分之五十,补助边区各省。

二 培养边疆教育师资

一、初等教育师资之培养,由教育部筹办国立边区师范学校若干所,设立于边省适中之地点,至各省设立之边疆学校及师范班,应分别扩充或归并,由教育部视其需要定之。

二、中等教育之师资,由教育部特设师范学院,或指定各师范学院,中央政治学校附设边疆学校及师范专修科培养之。

蒙藏委员会及边疆最高教育行政机关得向教育部保送合格之学生,经教育部核准后分发各院校肄业。

三、训练边疆师资之课程,除照各级师范学校之规定外,应特别注意下列各点:1.边疆历史地理;2.边疆语言文字;3.边疆政策;4.卫生、垦殖、测量、气象、地质、统计,及其他专门职业之训练;5.宗教哲学。

四、训练边疆各级学校不合格之现任教师及塾师。

三 编译边疆教科图书

一、由教育部商同关系各机关,订正边疆各种语文符号,以利教学。

二、边疆各级学校教科书及参考图书由教育部设立编译机关办理之。

三、编译宗旨除照三民主义教育实施原则规定外,应加入最高领袖言论,抗战意义,垦殖卫生及边疆必要之知识。

四、初级及中级小学教科书,以国语为主体,以蒙藏回等语文为副。高级小学以上学校,以国语国文编订为原则。

五、编译图书时,应多编印与教育有关之彩画歌曲,分发边疆各教育机关及寺庙等应用。

四 推进边疆学校教育

一、初等教育以小学为主,分固定式及流动式两种,以适应边疆之环境。

二、小学以地方设立为原则,得由中央酌予补助。但教育部为实验及辅导边区初等教育起见,得在边疆适当地点,酌设边区实验小学。

三、中小学应兼收当地各族学生,并以所在地地名为校名。

四、边疆中学之各种设施,应照教育部各种法令之规定。但为适应边疆情形起见,初中高中均得酌量延长一年,予以简易师范、简易职业、地方自治、卫生行政、合作及垦殖组合等训练。

五、贫瘠省份不能设立中学者,由教育部设立或补助其设立,并得请关系机关,(如庚款管理机关等)酌量补助之。

六、边省教育行政机关为适应地方之需要,得设立各级职业学校。教育部为应内地青年愿赴边省工作起见,亦得在适宜地点设立各级职业学校。其设备及开办等费,由中央宽予补助之。

七、在边疆适当地点,设立大学独立学院或专科学校。

八、教育部得指定国立大学酌量增设有关建设边疆之科系,及边疆语文之选修科目;已立案之专科以上学校,增设此项科系,于事前商得教育部或地方教育行政机关之同意者,得请其酌量补助。

九、边疆青年,升入内地专科以上学校者,准另举行入学考试,其不能学习全部课程者,准予选习数种必修科目。

十、举办边疆干部人员训练班,以培养边教干部工作人员。

五 推进边疆社会教育

一、由教育部设边疆巡回教育工作团若干团,分别巡回于边地,以医药、音乐、电影、图画等为施教之工具。各省应视需要亦得酌量设立边地巡回教育工作团。

二、教育部为实验边疆教育整个设施起见,得将边地划分为若干边教实验区,先指定一二区施行边疆实验教育,以次推广之。

三、设立边疆文化馆,搜集边疆各种政治、经济、文化、科学、史料、统计、图表、照片、标本、模型、书籍等,以供研究边疆问题者之参考,并以启发国人建设边疆之兴趣。

四、寺庙应附设民众学校或半日学校,并利用讲经时间,作识字运动及精神讲话。对于阿文学校应令增加国语每日一小时,常识及算术,每日各半小时。

五、增发边疆各地无线电收音机,及教育电影放映机等。

六、边区各省县应遵照规定设立图书馆教育馆等,其经费由地方筹拨,教育部酌予补助。

六　确立边疆劝学制度

一、边疆各级学校，经教育部特准者，于校长外，得设监督一人。

二、边疆地方教育行政机关，得视当地之需要，酌聘地方热心教育人士充任劝学员。劝学员为义务职，成绩优良者予以相当之奖励。

三、边疆学生得酌给津贴及奖金，或免除其相当徭役。

四、专科以上学校应多设边疆学生公费名额。

五、对边疆各级学校学生津贴补助费，应统筹从优拨发，俾维最低生活，以便安心向学，并提高边疆各级学校教职员之待遇，以鼓励有志青年踊跃参加边疆工作。

六、边教服务人员之考核与奖励，应订定办法，俾收成效。

《边疆教育法令汇编》第一辑，教育部蒙藏教育司编印，
1941年5月，第3—7页

边远区域劝学暂行办法

1940年7月27日　教育部公布

一、教育部为谋边远区域教育之发展起见订定本办法。

二、边远区域各级主管教育行政机关，得视各地方之需要，酌聘当地负责政教人员或地方热心教育人士，充任劝学员。劝学员为无给职。

三、劝学员之职务如下：

（一）关于边远区域教育法令之解答及宣传事项；

（二）关于地方政教人士之联络及劝导兴学事项；

（三）关于地方教育经费来源之调查及劝募事项；

（四）关于地方学龄儿童之调查及劝募就学事项；

（五）关于学生待遇之考查及建议事项；

（六）关于当地师资之调查报告事项；

（七）关于主管机关委办事项；

（八）关于其他有关劝学事项。

四、劝学员工作成绩优良者依下列之规定奖励之：

（一）每年劝导学生三十人以上入学者，授与铜质奖章；

（二）每年劝导学生六十人以上入学者，授与银质奖章；

（三）每年劝导学生一百人以上入学并劝募经费达二千元以上者授与五等奖状；

（四）每年劝导学生一百五十人以上入学并劝募经费达三千元以上者授与四等奖状；

（五）每年劝导学生二百人以上入学并劝募经费达四千元以上者授与三等奖状；

（六）每年劝导学生二百五十人以上入学并劝募经费达五千元以上者授与二等奖状；

（七）每年劝导学生三百人以上入学并劝募经费达六千元以上者授与一等奖状；

（八）成绩特别优良或连得一等奖状二次以上者，题给匾额；

（九）各机关职员受有五等以上奖状者，得由各该机关酌量予以记功加俸或进级。

劝学员如有酌给奖金必要者，由地方教育行政机关呈明教育部核准后办理。

五、旗宗县政府设治局主管长官，寺庙主持教主、土司、土官及地方文化团体兴办各项教育事业，依下列之规定奖励之：

（一）设立单级小学或民众学校一班自筹经费每年达六百元以上者，授与五等奖状；

（二）设立小学或民众学校四学级自筹经费每年达二千四百元以上者授与四等奖状；

（三）设立小学或民众学校六学级自筹经费每年达三千元以上者授与三等奖状；

（四）设立小学或民众学校达十五学级自筹经费每年达一万元者授与二等奖状；

（五）设立中学或民众学校达三十学级自筹经费每年达二万元者，授与一等奖状。

（六）设立小学或民众学校达五十学级，自筹经费每年达三万元者，除授与一等奖状及题给匾额外，并由教育部明令嘉奖；

（七）设立小学或民众学校达五十学级，并办有中等以上学校，自筹经费每年达五万元以上者，除授与一等奖状及题给匾额外，并由教育部呈请国民政府明令嘉奖。

六、以私有财产创立或捐助各级学校及社会教育机关者，依捐资兴学褒奖条例补充办法办理。但各省教育厅得径呈教育部核办，教育部于办理后函蒙藏委员会备查。

七、奖章由旗宗县政府设治局核明授与，四等以下奖状由省政府核明授与；三等以上奖状及题给匾额，由省教育行政机关列明事实，呈请教育部核办，或由蒙藏委员会咨请教育部查酌办理。

八、边远区域学生就学内地酌照下列规定优待之。

（一）就学小学及民众学校之学生，得酌给津贴奖金或免除相当徭役，由地方主管教育行政机关酌量当地情形订定规章，并分呈教育部蒙藏委员会核准备案；

（二）就学中等学校之学生，由各教育行政机关酌予补助；

（三）升学专科以上学校之学生，照修正教育部补助蒙藏回升学内地专科以上学校办法大纲之规定办理。

九、边远区域教育工作人员，照下列之规定优待之：

（一）学校附设于寺庙者，得就学行优良之阿訇喇嘛中选充为教职员，其薪额得视学生人数多寡规定之；

（二）边远区域各级学校及民众学校教职员之俸薪，应酌量提高，由各地主管教育行政机关就实际需要定之，并呈报教育部审核备案；

（三）边远区域各级学校及社会教育机关工作人员之年功加俸办法，由各该省主管教育行政机关就当地情形拟定，呈报教育部审核备案；

（四）边远区域各级学校及社会教育机关工作人员工作满四年者，准以公费进修，其期间以一年为限，仍支原薪，由各该省主管教育行政机关视其需要酌量定之。

十、本办法自呈准行政院公布施行。

《边疆教育法令汇编》第一辑，教育部蒙藏教育司编印，1941年5月，第10—13页

各边远省份边地教育委员会组织纲要

1941年3月13日　教育部颁发

一　本部为推进各边远省份边地教育,调整边教设施起见,特规定分别组织边地教育委员会。

二　各边地教育委员会组织章程,由各该省斟酌情形,依照本纲要规定原则拟订。

三　边教会委员由各该省教育厅遴聘有关机关人员及当地熟悉边地教育之专家充任之,并指定主管边教之科长、督学等为当然委员。

四　边教会设主任委员一人,由各该省教育厅厅长充任之。

五　边教会之任务如下:

(一)研究边地教育之办理原则及各项实际问题。

(二)筹拟并审议推进边地教育各种方案。

(三)建议调整各边地教育事业机关。

(四)建议调整边教经费。

(五)指导边地青年升学及就业。

六　边教会委员均为无给职,但居住外埠者到会开会时,得由各该省教育厅酌致川旅费。

七　边教会议决事项,由各该省教育厅商同关系机关采择施行,并由教育厅转报本部备查。

八　边教会设秘书一人,秉承主任委员处理会中日常事务,并得设干事一人至二人、书记一人,均由各该省教育厅派充或指定职员兼任之。

《教育法令》,教育部编,中华书局,
1947年5月版,第360页

边地教育视导应特别注意事项

1941年4月　教育部通令

一、边地教育视导人员，除应遵照本部督学处规程办事细则、边远区域教育督导员暂行规则及劝学暂行办法外，尤应注意下列各点：

（一）当地主管教育行政机关是否注重边教；

（二）当地行政长官对于治理边地之政策是否符合中央规定之方针；

（三）调查当地边胞之社会生活及风俗；

（四）搜集当地教材及有关边教之文物；

（五）建议适合当地边胞之教育设施及教学方法；

（六）研究当地边胞之固有教育及其改进办法。

二、应特别注意事项分下列各点：

甲　关于一般边教行政者：

（一）宣传边教政策其要点如下：

1. 边教设施乃在不同文化现象中求其相同；
2. 边教应努力融合各地民族；
3. 边教应推行国语教育；
4. 边教应配合国民训练与生产训练。

（二）各省教育厅对于边教之计划及其实施成绩。

（三）边教之基本在于国民教育，故边教经费不能恃边教费为挹注，换言之边胞应有受同等教育之权利，而且，各省当局须同情边胞之文化落后，优予分配国民教育经费，本部所补助之边教费，仅能作为边教某一种特殊设施之用（如优待边教人员津贴、边校充实设备等）。

（四）各边省有无边教委员会、视导人员及科股等之设立（以上均由部通令在案）。

（五）听取各方对于边教之意见，并留意有关边疆研究现况。

（六）听取边校教职员关于现用教材之意见。

（七）各边地师资供求待遇及进修情形。

（八）边校环境及与地方融洽之程度。

乙　关于国立各边校一般事项者：

（一）各校校舍建筑情形及其实在需要添建情形（请将平面图带回）；

（二）各校教职员实在人数、资历等按册谈话（眷属人员附带调查）；

（三）各校学生数按册点名；

（四）各校学生待遇及膳食情形；

（五）附设农场、工场、牧场、合作社、医院等，组织生产收支成绩状况及地方人士之观感；

（六）各校兼办社教情形及其困难原因。

丙　关于环境调查者：

（一）本区边胞之分布情形（历史的考据，地理的分布与类别）；

（二）本区各地土著边胞之社会生活；

（三）本区各地土著边胞之经济概况；

（四）本区各地土著边胞之文化概况；

（五）本区各地土著边胞之宗教信仰；

（六）本区各地土著边胞之苦痛及其需要；

（七）王公、土司、头人、喇嘛、阿訇等之访问及其印象。

丁　关于文物搜集者：

（一）各种图书经典及其他文字、歌谣、故事之纪录；

（二）各种艺术品及乐器；

（三）各种生活用品；

（四）各种生活及社会环境之照片；

（五）各种武器、祭器；

（六）其他文献有关之实物及照片。

《边疆教育法令汇编》第一辑，教育部蒙藏教育司编印，1941年5月，第15—18页

划一国立边地中等学校各项章则办法

1941年6月　教育部颁发

一　各国立边地中等学校须具备下列各项基本章则：

(一) 关于行政组织及一般者：

1. 学校组织章则　应遵照部颁有关法规，参酌地方情形，加以变通，由学校拟订呈部核备。

2. 学则　同(1)项。

3. 学校历　应遵照部颁有关法规，参酌学校环境，由校拟订呈部核备。

4. 教职员服务守则　(须附请假办法)同(1)项。

5. 各处组织及办事细则　应遵照部颁有关法规，参酌学校情形，由校拟订呈部核备。

6. 各种委员会章则(同上)。

7. 各种会议章则(同上)。

8. 协助地方政府编整保甲办法　应由学校与地方政府商洽拟订，呈部核备。

9. 边地文化研究会章则　应由学校根据边地情形拟订呈部核备。

10. 社会教育推行委员会章则及办事细则　同(1)项。

11. 精神总动员宣传纲要　同(1)项。

(二) 关于教学者：

1. 各科教学实施办法　应遵照部颁有关法规，参酌边地情形，由校拟订呈部核备。

2. 学业成绩考查办法　同(1)项，并应订入学则内。

3. 生产劳动训练实施办法　同(1)项。

4. 各科教学研究会章程及办法　同(1)项。

5. 教生实习指导办法(限师范学校)　同(1)项。

6. 辅导边地国民教育办法　同(1)项。

7. 学校兼办社会教育实施办法　同(1)项。

8. 各课室图书室等规则　同(1)项。

9. 毕业生服务指导办法　同(1)项。

(三) 关于训育者：

1. 训导实施办法　应遵照部颁有关法规，参酌边地情形，由校拟订呈部核备。

2. 课外活动膳宿等各项守则　同(1)项。

3. 导师制施行细则　同(1)项。

4. 学生自治会组织办法　同(1)项。

5. 学生请假规则　同(1)项。

6. 学生操行训练成绩考查办法　同(1)项。

(四) 关于体训者：

1. 体格训练实施办法　应遵照部颁有关法规，参酌边地情形，由校拟订呈部核备。

2. 体格训练成绩考查办法　同(1)项。

3. 童子军训练成绩考查办法　同(1)项。

4. 童子军管理规则　同(1)项。

5. 军事管理规则　同(1)项。

6. 课外运动规则　同(1)项。

(五) 关于其他者：

1. 边地调查研究办法　应参酌边地情形，由校拟订呈部核备。

2. 农牧场管理办法及产品经营办法　同(1)项。

3. 当地边胞联络办法　同(1)项。

二　学校组织大纲内容要点如下：

(一) 名称

(二) 学校科别及班级之设置

(三) 行政组织

1. 校长

2. 附属小学校长(边地师范学校属之)

3. 各科处主任

4. 各组组长及组员或干事

5. 各级级任导师

(四)各处组职掌事权

三 边地中等学校行政组织应遵照部颁各项法令办理,关于教导分掌办法应照下列规定:

(一)六学级以下之中等学校分设教导、事务等处。教导处分设教务、训导、体育、卫生、研究实验等组。事务处分设文书、庶务二组。

(二)七学级以上之中等学校得分设教务、训导、事务、研究推广等处。教务处分设教学、注册、设备三组。训导处分设训育、管理、体育、卫生四组。事务处分设文书、庶务二组。研究实验处分设调查、编辑、实验三组。推广处分设卫生、辅导、营业、毕业生指导及场务管理五组。

(三)六学级以下之中等学校设会计员一人。七学级以上之中等学校设会计室,置会计员一人,会计助理一人。

(四)各处组之职务除遵照部颁中等学校行政组织补充办法第七项之规定外特再规定如下:

1. 调查组掌管边地社会及自然状况之调查统计及收集各种文物等事项。

2. 编辑组掌管汇编本校各科教材,收集各项有关材料,编辑边地小学教材及民众读物等事项。

3. 实验组掌管边地教育设施、教学方法及其他边教特殊问题之实验事项。

4. 辅导组掌管边地国民教育、社会教育视察辅导推广等事项。

5. 毕业生指导组掌管毕业生升学就业指导等事项。

6. 场务管理组掌管农工牧林等场材料用具之添置保管、生产品运销、储蓄及学生劳作实习指导等事项。

(五)各处组之设置视各校情形得分别先后设置之。

四 学则内容要点如下:

(一) 总纲 （说明各校训练目标设置科别及修学年限）

(二) 学级编制

(三) 课程

(四) 训育

(五) 成绩考查

(六) 学年学期及休假日期

(七) 入学转学休学复学退学及毕业

(八) 待遇及奖学金

(九) 服务

五　其他各项章则由各学校参照各项有关法规，自行拟订，呈部核准后施行之。

六　各边地中等学校各项章则，应于接到本办法后一月内妥为拟订呈部核备。

《教育法令》，教育部编，中华书局，
1947年5月版，第358页

边远区域师范学校暂行办法

1941年6月　教育部公布

第一条　边远区域师范学校（以下简称边师）除依照师范学校法、修正师范学校规程，并参照有关师资训练之法令办理外，依本办法之规定办理之。

第二条　边师学生之训练目标，除照修正师范学校规程第一条之规定外，更受下列各项之训练：

一　使学生深切了解国族之意义及中华整个民族意志集中与力量集中之必要；

二　陶冶刻苦耐劳之精神，启发服务边地之志趣；

三　养成边地生产建设之技术与实际工作之能力；

四　培养边地地方行政之知能；

五　授予公共卫生及简易之医学知识；

六　增进边地田野工作之知识。

第三条 教育部（以下简称本部）为统筹培养边地师资起见，规定边师以国立为原则。

第四条 边师应分区设立，每区以设立一校为原则，（男女师范必要时得分设之）有特殊情形者，得酌设分校，学区之划分及学校之设置，不限省界，视训练之对象与实际需要由教育部以命令定之。

第五条 边师学校应与本区所在地之省县设治局及盟旗宗土司等地方主管教育行政机关取得密切联系，俾能配合边远区域初等教育之进展，使边地师资之供求相适应。

第六条 边师为推进边教之中心机关，其中心工作如下：

一　指导监督本区内实验中心小学；

二　辅导本区内各小学及社教机关（参照各省市师范学校辅导地方教育办法办理）；

三　调查研究本区内社会及自然情况；

四　协助本区地方教育行政机关设计推进边地教育；

五　实验边地教育制度研究边地教育各项问题；

六　搜集编订边师及边小教材；

七　倡导公共卫生工作；

八　提倡合作事业；

九　协助地方改良农业，兴修水利，提倡造林与垦荒；

十　指导农林产品加工制造及副产品之利用；

十一　改良畜牧及其产品之利用；

十二　当地手工业之提倡与改良；

十三　推进社会教育（依照各级学校兼办社会教育办法办理）；

十四　宣传中华民族整个性，并传达中央德意，推行民众组织及训练；

十五　协助本区推广教育及劝学事项（依照边远区域劝学暂行办法办理）。

第七条 边师教学科目及课程标准，在本部未制定公布以前，可参照乡村简师课程标准依下列规定编订，呈报本部备案。

一　公民　须依据中华民族为一整个国族之理论讲解民族主义,以阐发爱国精神,泯除地域观念与狭义的民族观念所生之隔阂,随时引证内地及边地之政教礼俗、说明其利弊,培养学生对于社会国家及国际之正确态度。

二　体育　特别注重机巧运动自卫运动及合于环境之团体游戏,同时对于地方流行之优良运动如骑乘、爬山、冰上运动、雪上运动、土风舞等,并设法提倡与改良之,小学适用之唱游教材,应于最后二学年内充分教学。

三　军事训练（女生习军事看护）　注重国防知识。

四　卫生及医事　注重公共卫生训练,对于医药方面每一学生至少能运用若干种常用及特效药品。

五　国文　使学生通晓国语及注音符号,所选文字应注意民族团结及现代伟人传记,表扬中国之文化,并注重应用文。同时将边地固有之文艺故事等加以整理与改编。

六　算术　可照课程标准酌予减少,增加珠算、简明簿记及简易测量,注重度量衡制度及日常生活之数的常识。

七　地理　应注重边地与内地地文、人文、经济等各方密切关系,并尽量采用建国方略中之材料,说明最近我国建设之进步,对于边地形势、乡土地理尤须特别注意,教师须随时率领学生实地考察。

八　历史　注意讲解民族融洽史实（其有伤民族情感部分一律删除）,国民革命史、帝国主义侵略史、及抗日战争之形势以阐明国内整个民族意志与力量集中之必要。

九　博物科　可采用审定乡村简师课本,惟须注重当地教材并使每一学生均能熟练采集与制造标本之技术。

十　物理化学两科　可采用审定乡村简师标本,并使学生学习简单仪器之制造法。

十一　工艺　注重教学之用具、农牧生产用具之制造,当地手工业之改良及农牧副产品之利用。

十二　农业　包括农业畜牧、水利概要、农村经济合作等科,应采教、学、做合一之原则,工读并进,期能实现学校自养之目的,并养成其开发边地之实际技能与能力。

十三 教育 包括教育概论、教育心理、课程教材及教学法、社会教育、边地教育之理论与实施教育行政及实习等,对于教育理论与方法,均须切合边地实际情形。

注重考察实验,以树立边地教育之理论、方法与制度,并须养成每一学生有创造学校环境之能力。

十四 边地知识 须包括边地问题、边地政策、总理遗教、总裁言论中对于边地问题之提示、中央历次有关边地部分之决议案、边地各种法令、边地研究及田野工作等。

十五 美术及音乐 以发扬振作为主,乡土教材民间歌谣,尤须尽量搜集改编。

十六 政治 包括中央及地方现行法制及国势概要,关于地方自治法规,须斟酌边地地方情形讲解,对于地方现有制度宜作比较讨论,以供改进,但不得妄加攻讦。

十七 边地语文 除当地必要语文外,须加习比较语言学。

十八 必要时得酌设哲学一科。

以上各科特别教材在本部未编辑公布以前,准由各校自行编订,呈部审定。

第八条 边师为加强学生生产劳动训练起见,其教学训练得依下列规定办理:

一 增加农牧工之教学实习时数。

二 得分组轮流半日上课、半日工作或间日上课、间日工作。

三 每一学生须就农牧工各科内选择一科,尽量学习实际工作,务求精确娴熟。

四 学生除参加生产劳动外,举凡学校内教务、事务上各事,可以不假手于人者,均由教师领导高年级学生工作。雇用工友,以最必要者为限。一切日常操作及农场、工场各项操作,均由学生担任之。

第九条 边师之训育,照训育纲要(四)戊项一类各条及其他有关训育章则之规定办理。

第十条 边师校舍应力求简单适用,其设备除照修正师范学校规程第七章及三民主义教育实施原则第六章第一节三项之规定外,应有下列场所设备:

一 农场、牧场之面积及设备,以学生自给自足为原则。

二 林场(视需要酌量设置之)。

三　诊疗室。

四　文物陈列室。

五　特种厨房、食堂、及浴室（以招收回教学生之各校为限）。

第十一条　国立边师招生,得呈部核准,酌量提高同等程度学生之比例。

第十二条　边师应缩短放假期间,各种例假得视地方情形参照本部规定,由校另订,呈部核备。

但利用假期推行生产劳动或调查宣传及其他田野实习者,得由各校酌量变通订定办法,呈部核备。

第十三条　边师得附设各种补习班、初中或职业补习科及边小教员短期训练班,招收当地私塾教师予以六个月至一年之师范及政治训练,俾得充任边小教员或改良私塾之教师,增进边胞国家民族观念。其教学科目及时间另订之。

第十四条　边师得附设简师科及特师科,其教学科目及时数另订之。

第十五条　农林畜牧工艺等科,得按学生志愿及年龄,另行分组,以利教学。

第十六条　边师学生为公费待遇,成绩优良者,并酌给奖学金,其办法另定之。

第十七条　边师毕业生由本部暨该生原籍省县设治局及盟旗宗主管教育行政机关分配工作。

第十八条　边师毕业应在边地服务,服务期间为三年,如有特殊情形申请在其他地方工作,或展缓服务者,须经本部核准。

第十九条　边师校长担任教学时间,得照专任教员三分之一计算。

第二○条　边师教职员须依照修正师范学校规程第一一二条之规定,并由校长开具履历,呈经本部核定后,方得聘任。

第二一条　边师职员之设置,依照修正师范学校规程第一○五及一○六两条及中等学校行政组织补充办法规定外,并得酌设推广处及研究实验处,各处设主任一人,秉承校长办理本办法第六条规定各事项；推广处应分设"卫生""社会""辅导""营业"及"毕业生指导"各组；研究实验处应分设"调查""编辑""实验"各组,每组各设组长一人,合作社、农场、牧场、工厂等视其规模各设社长、场长或管理员。

第二二条　边师教职员得利用寒暑假期间组织边地考察团,分组赴边地调查,其经费得在各该校预算内酌列。

第二三条　边师招生，以籍隶本区为限，不分族别，混合教学，每次招生，须先拟具详细计划分配表及说明书，呈部备案。

第二十四第　边师每学期呈报事项除照国立中等学校各项报告表格式填报外，并须将教学、训育情况、生产劳动成绩及各项研究、调查、推广、辅导、实验等工作，详报本部，如有各项刊物须与其他边师互相交换，每学期并须将全校概况及设备财产目录等报部备查。

第二五条　本办法自呈奉行政院核准之日施行。

《教育法令》，教育部编，中华书局，
1947年5月版，第356—358页

边疆学生待遇办法

1944年6月2日　教育部公布

第一条　边疆学生之待遇，除法令别有规定外，依本办法之规定。

第二条　本办法所称边疆学生，谓蒙古、西藏及其他语言文化具有特殊性质地方，而其家庭居住于原籍者之学生。

第三条　边疆学生升学内地中等以上学校时，除应参加入学考试外，得于学年开始前，备具升学申请书及籍贯证明书，连同学历证件，由下列各机关或学校之一保送教育部审核，入学申请书及籍贯证明书格式另定之：

一、蒙古盟旗机关；

二、西藏各地方机关；

三、各边省主管教育行政机关；

四、国立边地中等以上学校。

蒙藏学生之保送，得经由蒙藏委员会核转。

第四条　前条保送之边疆学生，经教育部审查合格者，得令饬其升学学校依下列规定办理之：

一、从宽录取。

二、入学试验不及格者,得收为旁听生;其不能随班旁听者,得呈请教育部指定学校补习。

前项旁听生旁听满一年成绩及格时,应改为正式生;其不及格者,得请求继续旁听;如届满一年仍不及格时,取消其旁听资格。

第五条　边疆学生应免收学费,其设有公费待遇者,应依非常时期国立中等以上学校及省私立专科以上学校规定公费生办法,给予公费。

第六条　边疆学生未受公费待遇或机关团体之补助者,得于入学时,填具补助费申请书,呈由所在学校核转教育部,申请常年补助,补助费申请书格式另定之。

前项申请补助之边疆学生,如其升学未经保送者,应附具籍贯证明书。

第七条　常年补助费按学业成绩等第,分甲、乙、丙三等,其数额以命令定之,其第一学期申请补助不能检送成绩证明文件时,得照乙等发给。

第八条　边疆学生有下列情事之一者,停止其常年补助费:

一、于领受常年补助费后复受有公费待遇或团体补助费者;

二、学期成绩不及格予以留级者;

三、品行不良或违反学校纪律者。

前项各款情事消灭时,得呈由所在学校检同证明文件,向教育部申请恢复补助。

第九条　边疆学生肄业内地专科以上学校师范、医药、工、畜牧各科系,受有公费待遇而经济情形特殊困难者,得依照本办法第六条规定之手续,请求发给特别补助费,但每人每年以一次为限,其数额由教育部视实际情形定之。

第十条　边疆学生有下列情形之一者,除开除其学籍外,并由所在学校向保证人追缴其在校一切费用及补助费:

一、假冒学籍者;

二、伪造学历者;

三、冒名顶替者。

第十一条　边疆学生经各校录取或收为旁听生后,每学期均应由所在学校册报教育部备查,关于蒙藏学生并应分报蒙藏委员会备查。

边疆学生经核准发给常年补助费者,应于每学期结束时,将学业成绩呈由所在学校转报教育部备查,并请发次期补助费。

第十二条 教育部得视边疆各地之需要,指定各边省主管教育行政机关及国立边地中等学校,考选合于规定资格之边疆学生,分发内地专科以上学校肄业。

前项边疆学生,教育部于分发时,得酌予补助其旅费。

第十三条 边疆学生在内地初中以下学校肄业者,不适用本办法之规定。

第十四条 本办法自公布之日施行。

《教育法令》,教育部编,中华书局,
1947年5月版,第361—362页

边疆初等教育设施办法

1945年9月13日　教育部公布

第一条　边疆小学之设施,除法令另有规定外,依本办法办理。

第二条　边疆小学以地方设立为原则,私人团体亦得设立。

第三条　边疆小学以所在地地名为校名,不得冠以宗族或宗教为名词。

私立边疆小学应采用专有名称。

第四条　边疆小学应兼收当地各族学生,混合编入各班级教学。

第五条　边疆小学得招收当地失学民众,实施失学民众补习教育,在受补习教育之民众,得酌给津贴或免除相当徭役。

第六条　边疆小学应兼办社会教育,侧重巡回施教方法,深入边民集居区域,宣导劝学。

第七条　边疆小学课程暂照国民学校法规之规定,但国语与边地语文得视地方需要,同时教学或任择一种教学。

第八条　边疆小学各科教材内容,须力谋切合边地情形,并依据中华民族为一整个国族之理论,激发爱国精神,泯除地域观念与狭义的宗族观念所生之隔阂。

第九条　边疆小学训育,应依照部颁训育纲要及其他有关小学训育法令之规定办理。

第十条　边疆小学寒暑假及例假期，得视地方特殊情形酌量变通，呈报主管机关备案，惟每学年开学期内，总日数不得少于二百九十五天。

第十一条　边疆小学之设备，除依照国民学校法规之规定，斟酌地方情形办理外，须有下列各项之设备：

（一）与边疆有关之书籍图表；

（二）内地文物挂图；

（三）党、国旗，国父遗像、国民政府主席肖像。

第十二条　边远游牧地方或人烟稀少区域，得设流动性之学校或学级，其设备如下：

（一）帐幕及驮马或车船等；

（二）折合写字架、坐毡或椅桌；

（三）图书仪器、标本之装箱（其形式须能一经适当之堆叠即成陈列架，不必时常翻动）；

（四）预备充分之药品；

（五）乐器及小型幻灯、收音机等；

（六）第十一条一至三各项设备；

（七）其他必要之教学用具、简单生产用具、运动用具、旅行用具、学校应备之簿籍、图表、民教读物及其他生活用具之设备等。

第十三条　边疆小学教职员应为专任，每日在校时间最少八小时，教员任课每周至少一零八零分钟，如兼校外无给职务，应先征得校长同意。

第十四条　边疆小学教职员之任期，初聘应为一年，期满续聘应为二年，其成绩优良者，以久任为原则，不受校长更迭之影响，非确有重大过失者，校方不得予以解聘。

第十五条　部辖边疆小学设校长一人，综理全校校务，其下设教导主任一人，秉承校长主持教务、训育、辅导等事项，并分配教职员担任研究实验及社教等工作，其编制六学级以上者，并得酌设推广主任一人及事务员一人或二人。

第十六条　部辖边疆小学设校医或护士一人，必要时得增添人员扩充为诊疗所，兼办民众治疗事宜。

第十七条　部辖边疆小学教职员,除校医或护士外,以边疆师范学校(科)毕业或普通师范学校(科)毕业有志边教者为合格,在职不合格之教职员,得分别于所在区域边疆师范学校调训之。

第十八条　部辖边疆小学教职员待遇,分下列各级:

月薪额	280	260	240	220	200	180	160	140	130	120	110	100	90	80	70
等级	一	二	三	四	五	六	七	八	九	十	十一	十二	十三	十四	十五

第十九条　边疆小学每学级设级任教员一人,并得酌聘专科教员,但平均每两学级之教员人数,以三人为限。

第二十条　部辖边疆小学,初任教职员之起薪,与久任教职员之最高额,以命令另订之。

第二十一条　部辖边疆小学教职员实行年功加俸制,凡在一校继续服务满二年,教学著有成绩者,为第一年功级,满四年者为第二年功级,余类推。

第二十二条　部辖边疆小学教职员,在一校继续服务满四年教学著有成绩并历经专案报部者,得呈由服务学校转报本部,准予公费进修半年或一年,照支原薪,但不得兼其他有给职务。

每年准予各校公费进修之员额,最多以各该校实有员额总数五分之一为限。

第二十三条　部辖边疆小学教员遇有下列事项请假时仍领原薪,代课教员之薪给由校方另行支给之:

(一)本人婚嫁得给假两星期;

(二)父母或配偶丧得给假一个月;

(三)女教员生产得给假两个月。

前第二十、二十三两条所需费用,得由各校另编预算,呈报本部核拨之。

第二十四条　国立边疆师范附属小学,除主任(或校长)应由所隶师范学校校长,遴荐报部核准聘用外,其余得比照部辖边疆小学之规定办理。

第二十五条　地方设立之边疆小学,以普设为原则,对以上十七至二十四各条之规定,得视地方人力财力所及,参酌办理。

第二十六条 地方设立及私立之边疆小学,应自筹定经费,但设备不足时,得呈请上级教育行政机关补助。

第二十七条 本办法自公布日施行。

《教育法令》,教育部编,中华书局,
1947年5月版,第355—356页

教育部设置边疆教育督导员办法

1945年11月13日 教育部公布

第一条 本部为切实推进边疆教育并便利随时督察指导起见,特设边疆教育督导员(以下简称督导员)。

第二条 督导员以分区设置为原则,依边疆交通情形暂分下列六区:(一)察绥区;(二)甘宁青区;(三)新疆区;(四)西藏区;(五)川康区;(六)云贵区。

第三条 督导员分专任、兼任两种,由本部就熟习边疆教育人员选聘或派充之,专任督导员名额定为六人至八人。

第四条 兼任督导员为无给职,并不支办公费,惟因公出差时,得按本部规定核给旅费,如有特殊需要,得于呈准后另拨特别费用。

第五条 督导员之任务如次:

(一) 关于边疆教育法令及计划之督促推行事项;

(二) 关于边疆教育兴革事宜之建议事项;

(三) 关于边疆教育经费收支分配之考查事项;

(四) 关于边疆各级教育机关之视导事项;

(五) 关于边疆教育工作人员之考查指导事项;

(六) 关于边疆教材及有关边教文献之搜集事项;

(七) 关于边疆劝学及学生升学之指导事项;

(八) 关于本部交办事项。

第六条 督导员应于每学期或每年视导指定区域内各级边教机关一次,如区域辽阔不能一次视察完毕时,得分期视察。

第七条　督导员于出发视导前,应先行拟定视导计划及旅费预算,呈报核定。

第八条　督导员出发视导得适用本部各种视导章则之规定。

第九条　督导员每次视导工作完毕后,应编具详细报告并附改进意见呈报核夺,其呈报项目应与第五条规定任务符合,并检附有关表册。

第十条　督导员于必要时得召集指定区域内各教育机关人员,举行小组会议,商讨教育改进事宜。

第十一条　督导员对于指定区域内临时发生事项及处理意见,应随时呈报。

第十二条　督导员对于边疆教育之视导,均须遵照本办法之规定,不得发表越出其职务范围以外之言论。

第十三条　本办法自公布日施行。

《教育法令》,教育部编,中华书局,
1947年5月版,第360页

国立各级边疆学校教员服务奖励办法

1946年3月23日　教育部公布

一、凡在各边远省份国立各级边疆学校(以下简称各边校)服务教员之奖励,除法令另有规定外,依本办法之规定办理。

二、凡在国立各级边校业经教育部核定合格之在职专任教员得申请奖励,校长、各处科主任、医师护士及部派有案之会计人员,亦得比照办理。

三、国立各级边校教员,有眷属在学校所在地居住者,各校应设法免费供给房舍及煤水,如无适当房舍及不能随时供给煤水时,得改发津贴。

四、自本办法施行之日起,凡国立各级边校单身外省教员,在一校继续服务,每满二年得还乡一次;有眷属随在学校所在地者,一校继续服务每满三年,得还乡一次,并得申请往返旅费。单身者以一人计,有眷属者至多连本人不得超过三人。

前项还乡时间以假期为限,还乡去程旅费,于离校时,由校支给之;回校旅费,应

于回校后,报请学校核发。

五、凡在国立各级边校服务教员,其薪俸得加百分之十支给,并按其服务成绩予以年功加俸。

六、边地国立各级边校之图书、仪器及各种教学设备,应力求充实,并尽量供给教员研究学术之一切便利。

七、自本办法施行之日起,凡在国立各级边校一校继续服务每满五年,并合于下列规定,得申请休假或进修。

(一)曾受检定合格并报经本部核准聘用者;

(二)系专任者;

(三)品格健全,无不良嗜好者。

前项休假进修之期限为半年,休假进修期内仍支原薪及各项补助或津贴,由所在学校报请核发,其职务由校聘合格人员代理(校长申请休假时,应自行委托校内处主任代行校务)一并报部核准。

凡应休假而不愿休假者,得另核给奖助金。

八、本办法所列举之各项奖励办法,其所需经费,由各校专案报请教育部核发。

九、边疆学校及国立海疆学校服务之教员不适用本办法。

十、本办法自公布之日起施行。

《教育法令》,教育部编,中华书局,
1947年5月版,第361页

国立边疆文化教育馆组织条例

1946年6月5日　国民政府公布

第一条　国立边疆文化教育馆隶属教育部,掌理边疆文化教育之研究及发展事宜。

第二条　国立边疆文化教育馆设下列各组:

一　研究组　研究边疆民族宗教、历史、地理、政治、经济、社会风俗、语言、卫生

等有关教育应用事项。

二　编译组　编译边文、辞书、教材、及民众读物,翻译边文及有关边疆问题之外文名著。

三　文物组　调查搜集并陈列边疆文物及有关资料。

第三条　国立边疆文化教育馆置馆长一人,简派,综理馆务,并监督所属职员。

第四条　国立边疆文化教育馆置组主任三人。研究员及编纂各六人,聘任;助理研究员及编译各五人,其中各二人荐派,余委派。

前项组主任,由研究员或编纂兼任。

第五条　国立边疆文化教育馆置秘书一人,荐派;干事四人,委派,分掌文书、人事、出纳及庶务,并得酌用雇员三人至五人。

第六条　国立边疆文化教育馆置会计员一人,依国民政府主计处组织法之规定,办理岁计、会计、统计事务。

第七条　国立边疆文化教育馆每届年度终了,应将全年工作概况及下年度工作计划,分别造具报告书及计划书,呈报教育部备案。

第八条　本条例自公布之日施行。

《教育法令》,教育部编,中华书局,
1947年5月版,第11页

（二）侨民教育

侨民中小学校董会组织规程

1933年2月20日　教育部、侨务委员会修正公布

第一条　本规程依据修正侨民中小学规程第二、三条订定之。

第二条　侨民中小学校董会为学校设立者之代表。

第三条　侨民中小学校董会,应一律冠以校名,称为某某中学或小学校董会,其有特殊情形另定名称者,于请求立案时呈明之。

第四条　凡属中国人民而具有下列各项资格之一者,得被选为侨民中小学校董会校董:

一　设立学校者;

二　对于学校曾经捐助款项者;

三　当地教育专家及热心提倡教育者;

四　当地教育团体职员。

第五条　侨民中小学校董会设置下列各职员:

一　董事长一人;

二　副董事长一人至二人;

三　财务一人;

四　稽核二人;

五　会计一人;

六　文牍一人。

附项一:校董选举方法及任期,由校董自定之。

附项二:校董人数过多时,得设常务校董五人至九人。

附项三:如设有常务校董者,上列各职员由常务校董分兼之。

第六条　侨民中小学校董会之职权规定如下:

一　募捐及保管基金;

二　购置及保管校产;

三　筹划常年及建筑设备等临时费;

四　选聘及改聘校长;

五　审核预算决算;

六　办理学校立案事项;

七　代表学校办理与所在地政府交涉事项。

第七条　关于学校行政,由校董选任之校长负责主持之。

校董会校董得随时巡视学校,对于校务之兴革有所建议时,应提出于校董会议议决,交由校长酌量处理之。

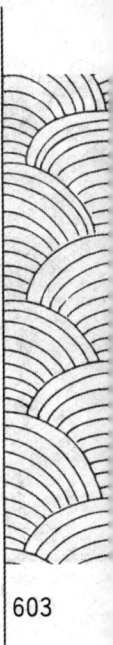

第八条　侨民中小学校董会会议，以董事长为主席，董事长缺席时，由副董事长为主席。

第九条　侨民中小学校董会职员，不得兼任所办学校教职员。

第十条　侨民中小学校董会于所办学校呈请立案时，应依照侨民学校立案用表式样"校董会一览表"所开各项详细填注，请由主管领事馆，转呈侨务委员会商同教育部一并立案。

第十一条　侨民中小学校董会改组时，应将改组情形呈报主管领事馆，核转侨务委员会及教育部备案。

第十二条　侨民中小学因事解散时，其校董会应于一星期内，将经过情形，呈报主管领事馆，转呈侨务委员会及教育部备案。

第十三条　侨民中小学，如有特殊情形不能设置校董会，得由学校设立者，呈请侨务委员会商同教育部准予免设，校董会之职权，由设立者行使之。

第十四条　本规程由教育部、侨务委员会会同公布施行。

《教育法令》，教育部编，中华书局，
1947年5月版，第367页

侨民教育实施纲要

1933年4月　教育部、侨务委员会公布

一　实施方针：

（甲）以中华民国教育宗旨及其实施方针为标准。

（乙）依各地之特殊环境实施方式，以不受事实之牵制，务达到培养民族意识，训练自治组织能力及改善生活，增进生产能力为目的。

（丙）以文化合作之精神，与各居留地政府共谋侨民教育之发展。

二　关于教育行政者：

（甲）关于教育行政事项，依据侨务委员会组织法第八条之规定。由侨务委员会与教育部商同办理之。

（乙）关于侨民教育之指导监督，依据侨务委员会组织法第九条第二项之规定，得由侨务委员会指挥驻外领事办理。

（丙）督促海外各地组织华侨教育会。

（丁）侨民教育会议每年开会一次，由侨务委员会召集之。

（戊）华侨学校立案，由各该管驻外领事转呈侨务委员会；再由侨务委员会征求教育部同意办理之。

三　关于学校教育者：

（甲）设立侨民教育师资养成所，并订检定侨校教员办法。

（乙）征集侨校教材，编订侨校适用教科书。

（丙）拟订侨校活用课程标准及训育标准之办法。

（丁）订定普及侨民教育计划并调查学龄侨童。

（戊）提倡侨民职业教育及扩充侨民补习教育。

（己）各地实行各校临时会考及毕业会考，并随时举行各种学业成绩比赛。

（庚）各校以国语统一教授。

四　关于社会教育及文化事业者：

（甲）订定普设图书馆、阅书报社、巡回文库、通俗讲演所、博物院等。

（乙）一切刊物、周报、月报、年报、丛书、专著、报告书之类，积极提倡举办。

（丙）举办教育的、艺术的、商品的展览会。

（丁）积极举办侨民学术团体及学术研究会等。

（戊）运往海外之书报杂志及影片唱片，其有诲淫诲盗或导人迷信等作用者：出口时应予取缔，其在海外发行者，亦设法禁止。

五　关于教育经费者：

（甲）侨民教育基金，依中央训练部召集之华侨教育会议议决案，定为一千万元。由中央政府闽、粤两省政府及华侨分担筹足。

（乙）侨民教育补助费，依中央训练部召集之华侨教育会议议决案，每年定为五十万元，由庚款或国库拨给之。

（丙）补助侨民教育经费，由侨务委员会拟具办法，征求教育部同意办理之。

（丁）侨民教育基金，另设委员会保管之。

《教育法令汇编》第一辑，教育部编，商务印书馆，
1936年10月版，第325—326页

侨民中小学规程

1934年2月20日　教育部、侨务委员会修正公布

第一章　总　　则

第一条　侨民中小学，应遵守中华民国教育宗旨及其实施方针中普通教育原则，根据侨民特殊环境，并按照学生身心发育之程序，培养民族意识、自治组织能力、及改良生活发展生产之知识技能。

第二条　侨民中小学，以当地侨民筹款自办为原则。

第三条　侨民中小学之设立，应依照本国现行学制，小学修业年限六年，前四年为初级小学，后二年为高级小学，初级小学，得单独设立；中学修业年限，初级中学三年，高级中学三年，均得单独设立。

前项修业年限，依照地方特殊情形，呈经侨务委员会商同教育部核准者，得变通办理之。

第四条　侨民小学，得附设幼稚园；侨民中小学，均得附设补习学校，及其他社会教育机关。

第五条　侨民中小学，应遵照修正侨民学校立案规程第一条之规定，呈请立案。

第六条　侨民中小学，应受该管领事或教育部及侨务委员会派往调查或办理侨民教育之人员，监督指导。

第二章　经　　费

第七条　侨民中小学经费，由设立者，酌量当地情形，采用下列办法筹集之：

一　侨民营业税附加税；

二　出入口土产捐或百货捐；

三　侨民特种营业捐；

四　侨民团体、及商店、或个人，月捐、年捐、特别捐；

五　其他捐款。

第八条　侨民中小学，得受本国政府补助金。

第九条　侨民中小学，经济应公开，其会计方法、校产管理法、经济公开办法，均由校董会订定，缮具三份，内一份呈请该管领事馆备案，余二份呈请该领事馆，转呈侨务委员会及教育部。

第十条　侨民中小学，经济分配等项，凡经教育部或侨务委员会或该管领事馆定有标准可依据者，均应依据之。

第三章　设　备

第十一条　侨民中小学地址，应选择无碍卫生道德，并便利教学之处。

第十二条　侨民中小学之校舍体育场，及一切设备，均须适合于教育卫生之原则。

第十三条　侨民中小学之建筑设备，凡经教育部或侨务委员会定有标准及办法可依据者，均应依据之，但因地方情形，亦得采用所在地政府对于一般中小学所订之标准及办法。

第四章　课　程

第十四条　侨民中小学课程，应依照教育部制定中小学课程标准办理，但因地方特殊情形，得呈请侨务委员会商同教育部变通之。

第十五条　侨民中小学教科书，应由该管领事或教育部、侨务委员会派往办理侨民教育之人员，会同当地侨民教育团体，及侨民中小学教职员代表，组织中小学教科用书编选委员会，就教育部审定之教科书中，选定若干种，任各校采用，为适合地方情形起见，并得由该委员会加以修改，或另行编辑。

前项修改或另行编辑之侨民学校专用教科书，应呈送侨务委员会商由教育部审定之。

第十六条　侨民中小学,采用外国教科书时,应由中小学教科用书编选委员会选定或审查教材,分别取舍。

第十七条　侨民中小学,除外国语外,一律以国语为教授用语,小学不得采用文言教科书。

第十八条　侨民中小学之教务,凡经教育部及侨务委员会定有标准及办法可依据者,均应依据之。

第五章　训　　育

第十九条　侨民中小学之管理学生,应一律平等待遇,并不得施行体罚。

第二十条　侨民中小学,以师生共同生活为原则,一切规律,均应共同遵守。

第二十一条　侨民中小学之训育,应由全体教职员,共同负责;凡指导学生自修自治,考核学生品性行为,联络家庭,服务社会等,全体教职员均应取协同一致之态度。

第二十二条　侨民中小学之训育,凡经教育部或侨务委员会定有标准及办法可依据者,均应依据之。

第六章　校　董　会

第二十三条　侨民中小学,应设校董会,其职权如下:

一、捐募及保管基金。

二、购置及保管校产。

三、筹划常年经费,及建筑设备等临时费。

四、选聘及改聘校长。

五、审核预算决算。

六、办理学校立案事项。

七、代表学校,办理与所在地政府之交涉事项。

侨民中小学校董会之组织规程,另定之。

第二十四条　侨民中小学校董,对于校务之兴革,有所建议时,应提出于校董会议议决,交由校长酌量处理之。

第二十五条　侨民中小学,如因地方特殊情形,不能设置校董会者,得由学校设立者,呈请侨务委员会商同教育部准免设立,本规程第二十三条所列之校董会职权,由设立者行使之。

第七章　教　职　员

第二十六条　侨民中小学,每校设校长一人,均应专任,但级数较少之初级小学,得以本校专任教员兼任之。

第二十七条　侨民中小学校长之职权如下:

一、主持全校校务。

二、聘任教职员。

三、编造预算及决算。

第二十八条　侨民中小学校长,得列席校董会议,并得提出议案;但无表决权。

第二十九条　侨民中小学校长,以服膺三民主义,人格健全,能与学生共同生活,并具备下列资格之一者为合格。

(一)中学校长:

甲、专科以上学校毕业,对于教育素有研究,并曾任教育职务一年以上者。

乙、专科以上学校毕业,其专长与所办学校性质相符,并曾任教育职务一年以上者。

丙、对于中学教育,或某种学术,有特殊贡献,可以成绩证明;并曾任教育职务五年以上者。

(二)小学校长:

甲、与高中程度相当之师范以上学校毕业者。

乙、高级中学以上学校毕业,对于教育有研究者。

丙、旧制中学毕业,曾任小学教员二年以上者。

丁、对于小学教育有特殊贡献,可以成绩证明;并曾任小学教员三年以上者。

第三十条　侨民中小学教员,均以专任为原则,除教学外,并应分任本校其他一切校务。

第三十一条　侨民中小学教员,以服膺三民主义,品性良善(如无不良嗜好等),学力相当(如国语教员须国语文通顺等),并具下列资格之一为合格。

(一)中学教员:

甲、专科以上学校毕业,其专长与所任教科相当者。

乙、对于某种学科,有专门研究,可以成绩证明者。

(二)小学教员:

甲、三年以上师范学校毕业者。

乙、初级中学以上学校毕业者,对于教学方法有经验者。

丙、对于小学教育,有特殊贡献,可以成绩证明,并曾任小学教员二年以上者。

第三十二条　侨民中小学,得视事务之繁简,酌设书记、会计、庶务等职员。

第三十三条　侨民中小学校长教职员之聘任,一律用聘书,聘任期内,非确有失职,或其他不得已事故,双方不得中途解约。

第三十四条　侨民中小学校长教员,每年薪俸,作十二个月计算,膳宿以由校供给为原则,其在国内聘请者,往返川资,由校供给,但解职后,并不回国,仍在本地或附近二百里内就职者,得追缴其回国川资。

第三十五条　侨民中小学专任教员之最低薪给,以相当于每人每月在各该地方普通膳食费之五倍至十倍为准。

第三十六条　侨民中小学教职员之年功加俸、恤金、养老金、子女教育金等,由该管领事,会同所在地侨民教育团体,参照教育部所定标准或办法,另订之。

第三十七条　侨民中小学教职员之进修,依照教育部所订中小学教职员进修办法办理之。

第八章　学　　生

第三十八条　侨民子女,年满六周岁,应就侨民小学肄业,小学毕业,得升入中学,当地未设中学者,得升入近地侨民中学或回国升学。回国升学办法另定之。

第三十九条　学生在侨民中小学修业期满,除由各该校举行毕业考试外,应将毕业考试及格之学生,于十日内造具名册,及各科成绩表,呈报该管领事馆,听候会考。会考委员会组织规程及办事细则另定之。

凡有特殊情形,及未设领事馆,距离领事馆过远地方,得由当地或附近会经教育部及侨务委员会立案之侨民教育团体,代表会考职权,召集会考,若侨民教育团体也未成立,或该地及附近仅有侨校一所者,得免会考,但准免会考之中学毕业试卷,须汇送侨务委员会复核。会考或复核及格者,由各该校给予毕业证书,均须呈经该管领事馆,或会考委员会验印,中学毕业证书,并须送侨务委员会验印。

初级小学修业期满,成绩及格,由各该校给予毕业证书,可免会考。

第四十条 学生纳费,及贫寒学生免费办法,由该管领事会同所在地侨民教育团体规定之,呈请教育部或侨务委员会备案施行。

第九章 学年学期及休假日期

第四十一条 侨民中小学,学年学期,及休假日期,在气候与本国相同地带,遵照教育部所定《修正学校学年学期及休假日期规程》办理;在气候与本国不相同地方,其学年学期例假,得依照所在地各外国学校之学年学期及例假日期办理。

第四十二条 侨民中小学所在地特殊纪念日,经所在地政府决定必须休假者,得照例休假。

第四十三条 侨民中小学,除星期例假、纪念假、所在地特殊纪念日、本校纪念日休假外,不得任意休假,各种集会应于星期日举行;革命纪念日,除有特别情形外,应遵照国民政府公布之革命纪念简明表(民国十九年七月国民政府颁行)办理。

第十章 研 究 会

第四十四条 侨民中小学,经设中学教育,或小学教育研究会,以校长为主席,全体教职员为会员。

第四十五条 侨民中小学,得联合本地各学校成立各校联合研究会,以各校校长教员为会员,依"学科"、"训育"、"学校行政"等项,分组研究,每月各组至少开会二次,每年由各组推举代表,开代表会议一次,其组织细则,由该管领事会同各学校代表拟定,呈准教育部及侨务委员会备案施行。

第四十六条　侨民中学教育,或小学教育研究会,及各校联合研究会,均以研究教育为目的,以"课程"、"教材"、"教学训育方法"及"学校行政"为研究中心,不得涉及教育以外之问题。

第四十七条　侨民中学教育或小学教育研究会,及各校联合研究会,开会形式,均适用民权初步。

第十一章　附　　则

第四十八条　侨民依所在地情形,得办理简易小学,其办法另定之。

第四十九条　本规程由教育部、侨务委员会会同公布施行。

《教育法令》,教育部编,中华书局,
1947年5月版,第365—367页

侨民学校立案规程

1934年3月20日　教育部、侨务委员会修正公布

第一条　凡中华民国人民侨居他国者,在侨居地设立学校,须由设立者或其代表,备具立案呈文,及附属书类二份,呈由该管领事,转呈侨务委员会,由侨务委员会,会同教育部核办之。

在未设领事地方之侨民学校呈请立案时,请当地或附近之侨民教育团体,转呈或径呈侨务委员会,由侨务委员会,会同教育部核办之。

第二条　凡侨民学校,须具有下列各项资格,方得呈请立案。

甲、经费:有确定之资金资产,或其他确实收入,足以维持学校之常年经费者。

乙、设备:有相当之设备者。

丙、教职员:

(1)各教职员均能合格胜任者。

(2)每学级有专任教员一人以上者。

（3）校长由本国人充任者，但有特殊情形，必须聘外国人充任时，须由该管领事或该校校董会全体，呈请侨务委员会商同教育部核准。

第三条 凡侨民学校呈请立案时，须开下列事项，连同学校平面图，及说明书，呈送核准。

一、学校名称（如有外国文名称者亦应列入）。

二、学校种类。

三、校址（中外文）。

四、开办经过。

五、经常费来源，及经常临时预算表。

六、组织、编制、课程及各项规则。

七、教科书及参考书目录。

八、图书、仪器、标本、校具及关于体育卫生各种设备一览表。

九、教职员履历表。

十、学生一览表，及历年毕业生一览表。

第四条 凡立案之侨民学校，其组织课程及一切事项，除有特殊情形，呈经侨务委员会，商同教育部准予变通外，须遵照现行教育法令办理。

第五条 凡已立案之侨民学校，如教育部或侨务委员会，认为办理不善，得令其改进。如屡经令饬改进，而仍未遵办者，由侨务委员会商得教育部同意，得撤销立案。

第六条 凡已立案之侨民学校，如欲变更或停办时，须呈经该管领事，转呈侨务委员会，由侨务委员会会同教育部核办之。

在未设领事地方，得请当地或附近之侨民教育团体，转呈、径呈侨务委员会，由侨务委员会会同教育部核办之。

第七条 本规程由教育部、侨务委员会会同公布施行。

《教育法令》，教育部编，中华书局，1947年5月版，第368—369页

资助侨民学校教员出国旅费及代办出国手续暂行办法

1945年11月28日　教育部公布

一　教育部为鼓励国内教员出国服务侨校起见,特订定本办法。

二　下列侨民学校教员得请求出国旅费之资助或护照之代领、外汇之代请:

1. 由教育部特别派往各侨校服务者。

2. 国内侨民师范学校毕业生,或曾受侨民教育师资训练毕业学员由教育部介绍出国服务者。

3. 由侨校聘定,请由领事馆呈外交部核转本部,代为请求者。

4. 已受聘之出国教员,自行请求者。

三　旅费资助护照代领外汇代请之标准,规定如下:

1. 属于第二条第一、二两款情形之一者,核给全程旅费之全数或一部分,并代领护照代请外汇。

2. 属于第二条第三款者,酌予补助全程旅费之一部分,经特殊许可者,并得由部代领护照或代请外汇。

3. 属于第二条第四款者,酌予补助全程旅费之一部分,其出国护照及外汇,由其本人自行申请。

四　请求核给旅费代领护照,及代请外汇者,除第二条第一、二两款外,余均须呈明理由,附缴侨校证书,及本人履历等,方予审核办理。

五　旅费之资助,一律给予国币,均在本部每年概算所列侨民教育项下开支,至无款可给时,即停止之。

六　经本部资助,或代领护照代请外汇之侨校教员,应于到职两周内,将到达日期请由学校报请领事馆,呈外交部转本部备查。其久未到职,或到职不满一学期即擅行他去者,本部得追回所给旅费及外汇等。

七　本办法经核定之日施行。

《教育法令》,教育部编,中华书局,

1947年5月版,第369页

回国升学华侨学生奖学金办法

1946年3月26日　行政院备案
1946年4月19日　教育部公布

第一条　教育部与侨务委员会（以下简称本部会）为奖励成绩优异之回国升学华侨学生（以下简称侨生），藉便侨生精研学业起见，特设置侨生奖学金。

第二条　关于侨生奖学金之保管支配核发等事项，由本部会组织回国升学华侨学生奖学金委员会（以下简称奖委会）办理，其组织章程另订之。

第三条　侨生奖学金名额定为五十名，每学期核给一次，其分配比率如下：

专科以上学校侨生奖学金占百分之四十；

中等学校侨生奖学金占百分之六十。

第四条　侨生奖学金金额规定如下：

专科以上学校每名八千元；

中等学校每名五千元。

第五条　凡在国内公立或曾经立案之私立中等以上学校肄业之华侨学生，其学期成绩各科均及格，体育及操行成绩均在乙等以上，并具下列条件者，得请求给奖：

甲、中学生国文、历史、地理、物理、化学、公民、数学、外国语等主要科之成绩，有半数以上列入甲等（八十分以上），其余为乙等（七十分以上）者；

乙、师范生国文、历史、地理、数学、公民、自然科学、教育学科之成绩有半数以上列入甲等，其余均为乙等者；

丙、专科以上学校学生，对于专习科目成绩优异，或有价值之著作，或有特别贡献，能提出证明者。

第六条　适合受奖条件之侨生，应由所在学校于每学期结束后，造具申请给奖名册，并检附各该生学习成绩单，及华侨身份证件，汇送奖委会核办，申请名册先应注明本校侨生总数，并填明下列各项：1.请奖侨生姓名；2.性别；3.年龄；4.籍贯；5.原侨居地；6.肄业科系及年级；7.家庭经济状况；8.测验证件；9.备注等项。凡曾经侨委会登记华侨身份，或核发侨生有特救金有案者，免缴华侨身份证件，所

缴证件如有须退还者,得预先声明,经审核完毕退还之,此项请奖学生每校之名额规定如下:

甲、专科以上学校有侨生每十五人以内,得选送一人;

乙、中等学校有侨生每三十人以内,得选送一人,余照推算,逾额人成绩相同时,应尽先择家境清寒者列送。

第七条 侨生每学期申请给奖人数过多,奖学金不敷分配时,得择优先奖,其余保留下学期再予审核。

第八条 侨生奖学金定于每年三月及十月各核给一次,申请过迟者,不予受理。

第九条 奖学金经审核决定后,即分别径寄各该受奖人所在学校转发,各转发学校取具领奖,侨生奖学金领据寄奖委会存查。

第十条 侨生连续受奖四次者,并得由奖委会核给成绩卓巽之奖状。

第十一条 受奖人之成绩及证件,如有冒报、假造情弊,一经查确,除追还奖金外,并予以相当处分。

第十二条 本办法由教育部、侨务委员会核定后施行。

《教育法令》,教育部编,
中华书局,1947年5月版,第370页

留学教育

选派留学外国学生规程

1916年10月18日 教育部公布

第一条 教育总长认为必要时,得就下列各项人员中选派留学外国学生,研究必须留学外国之学术技艺:

一、曾任本国大学教授或助教授继续至二年以上者;

二、曾任本国专门学校、高等师范学校教授继续至二年以上者;

三、曾经留学外国大学、高等专门学校、高等师范学校本科毕业者;

四、本国大学本科毕业生;

五、本国专门学校、高等师范学校本科毕业生。

前项留学生以检定试验选拔之。但有前项第一、第二、第三各款资格者,得免试验之全部或一部。

第二条 前条试验分第一试、第二试:

第一试由各省行政长官行之,其试验科目如下:

一、国文;

二、外国文。

第二试由教育部在京行之,试验科目如下:

一、国文;

二、外国文;

三、调验成绩;

四、口试。

国文、外国文之试验,视其派赴留学地方及研究科目,酌量命题。

成绩之调验，以历年研究之著述及一切学业状证为据。

口试就其所学及志愿发问。

第一试不及格者，不得与第二试。其第一试合格之试卷，由省行政长官咨送教育部复核。

第三条　每届选派学生，先期由教育部议定应派名数、留学地方、留学年限、研究科目，及各省应送备选学生名数，并第二试在京举行日期，列表公布。

教育部议定前项应派名数，即以民国三年六月以后各省咨报教育部有案之核定留学名额为范围。

每届选派学生，应就前项定额内所出缺额议定名数；但留学日本名数，应先尽每年考入特约学校各生充补缺额后，就所余缺额议定之。

每届议定名数时，应先期咨询各部院、各省需要人材，折衷配定。

第四条　留学生由教育部特派监督管理之。

留学生遇须实习等各种请求事项，应呈由监督核办。

监督遇有留学生事务关系外交者，应商承驻外公使办理。

第五条　留学生应支治装费往返川资及每月学费数目，定如下表：

治装费及出国川资，由教育部在京发给。

每月学费，由监督查明各该生行抵留学国之日起算，按月发给，不得预领。

留学国	治装费	出国川资	每月学费	回国川资
英　国	本国币200圆	本国币500圆	英国币16镑	英国币50镑
法　国	同	同	法国币400法郎	法国币1250法郎
德　国	同	同	德国币320马克	德国币1000马克
比　国	同	同	比国币400法郎	比国币1250法郎
奥　国	同	同	奥国币400法郎	奥国币1250法郎
义　国	同	同	义国币400法郎	义国币1250法郎
瑞士国	同	同	瑞士国币400法郎	瑞士国币1250法郎
俄　国	同	同	俄国币135卢布	俄国币450卢布
美　国	同	同	美国币80圆	美国币250圆
日本国	本国币100圆	本国币70圆	日本国币46圆	日本国币70圆

回国川资,由监督于填发证明书时发给之。

留学生因研究学术,必须巡历地方,或经指定转学他国等特别情形时,得另酌给旅费。但应先具预算书,呈由监督呈部核准。

留学中罹疾确有医证者,于学费之外,得酌给医药费。但通留学期内,不得过国币三百圆之数,并应将医药各收据,呈送监督核验。

留学中罹疾至四个月尚未痊愈者,得免其留学,酌给回国川资。但不得超过表定数目。

留学中死亡者,得由监督设法就地殡葬。殡葬之费不得超过表定回国川资数之一倍。其家属愿自费运柩回国者听。

第六条　选拔合格之学生,须于揭晓后一个月内,连同最近半身像片三纸,缴具留学愿书,呈部领凭出国。

留学生行抵留学国时,应将在部所领凭证,缴由监督汇送教育部。

第七条　留学生自出国之日起,至归抵本国之日止,每月应将留学日记呈部,或转由监督送部考核。其有取得学位之论文或他项著述及考察报告,并应随时送部考核。

前项留学日记除特别名称外,应用本国文字按日记载,毋得间断,尤应特重所学事项。

前项留学日记及著述、报告等,应由部摘要编印成书,分送各部院各省参考。

留学生有成绩特优者,应由部给予褒状,并得酌奖书籍费。

第八条　留学生除亲丧外,不得请假回国。其请假期限不得逾一年。

前项请假回国,得支表定川资十分之三。

第九条　留学生留学毕业后,应将学业凭证送请监督验明。如果年限、成绩查核相符,方许发给留学毕业证明书。

留学生取得前项证明书后,应即依限回国,连同证明书送部验凭注册。

留学生归国后,有听从教育总长指派职务,或各部院咨调任用之义务。

前项义务年限,视其留学期间之久暂酌定之。

第十条　留学生有违背教育总长命令,旷误学业,或其他不端行为时,得免其留学。其情节过重者,应由部取销其已往资格之全部或一部。归国后不服指派职业者同。

附则:

本规程自公布日施行。其民国三年教育部颁行之《各省留学官费生缺额选补规程》,即行废止。

本规程公布以前所派留学生及日本特约学校按约录取各生,应准仍照《管理留欧学生事务规程》、《管理留学日本学生事务规程》,暨其他部定办法,分别办理。

前经教育部根据前项选补规程准予存记有案各生,一律准与本规程第二条第二项之试验。其在本规程公布以前已入外国大学者,应由部调取各该生最近成绩,择优准免试验,一并指派。但此项学生,不给出国川资。其学费应自训令监督文到之日起算。

《教育法规汇编》,第六类专门教育,
1919 年 5 月

选派留学生应注重理工二科

1929 年 1 月 16 日　教育部训令

当兹训政伊始,建设事业,经纬万端,实用人材,尤为需要。此后各省区选派留学,务于理工两科特加注意,并严加考试,在本部选派留学规程未颁布以前,应将派遣规程,呈送本部,以备考核。除分令外,合行令仰该大学区省教厅遵办具报。此令。

《教育法令汇编》,教育部编,
1933 年 8 月版,第 749—750 页

派遣公费留学生
对于留学国语言文字须严加考试

1930年2月11日　教育部训令

查留学各国学生，往往于到达留学国后，补习该国语文。耗费时间，殊为可惜。此后派遣公费留学生，不论采取何种考验方法，对于留学国语言文字，务须严加考试，以阅读写作会话及听讲，均无窒碍为及格，庶免补习费时，徒耗公费。除分令外，合行令仰该厅遵照。

《教育法令汇编》，教育部编，
1933年3月，第750页

国外留学规程

1933年4月29日　教育部公布
1933年6月30日　教育部修正公布

第一章　总　则

第一条　凡赴国外留学者，均须依照本规程之规定办理。

第二条　由各省市教育行政机关（以下简称省市）考取或由公共机关遴选派赴国外研究专门学术供给其研究期间全部费用者，称为公费生。

凡自备留学费用或由私法人遣派赴国外研究专门学术供给其费用者，称为自费生。

第三条　各省市应就其留学教育经费项下设留学奖学金，以鼓励其本省、市留学自费生之成绩优良者。

奖学金名额及办法，由各省市规定呈部核准施行。

第四条　公自费生有损辱国体或荒怠学业及其他不法行为，得由所在国之管理留学机关报告本部，取消其留学资格，勒令返国，如系公费生，并追还其以前所领之一切费用。

管理留学机关，指留学监督处及使领馆而言。

第二章 公 费 生

第五条 各省市考选派赴国外研究专门学术者，应注重理、农、工、医等专科。

研究科目之种类、公费名额、留学国别、年限及经费状况等，须由各省市依其地方情形之需要及所研究科目之性质，于每届招生前详为规定，呈部核准施行。但留学年限至少二年，至多不得过六年，实习及考察期间在内。

第六条 各省、市公费生经各省市考试后，由本部复试决定之。

前项考试之举行，在同一省市区内每年一次，自二月一日起至三月一日止为报名日期，四月一日起至十五日止为各省、市考试日期，七月一日起至七月十五日止为本部复试日期。

但距京辽远或有其他特殊情形之省市，得由主管教育行政机关呈部核准，就初试所在地由部派员或指定机关举行复试。

第七条 各省、市考选公费生详细章则由各该省市教育行政机关依照本规程之规定制订呈部核准施行。

复试办法由本部另定之。

第八条 凡具有下列资格之一者，得报名考试：

一 国内外公立或已立案之私立专科以上学校毕业，并曾任与所习学科有关之技术职务二年以上者。

二 国内外公立或已立案之私立专科以上学校毕业后曾继续研究所习学科二年以上，而有有价值之专门著作或其他成绩者。

三 国内外公立或已立案之私立大学或独立学院毕业而成绩优良者。

第九条 报名时除呈缴毕业证书及最近四寸半身相片二张（一张存各省市一张送部）外，其具有前条第一款资格者，并须呈缴履历书及服务证明书各两份（一份存各省市一份送部）。具有前条第二款资格者，并须呈缴专门著作或其他成绩。具有前条第三款资格者，并须呈缴学校成绩证明书。

服务证明书或学校成绩证明书须由服务处所最高主管人员或学校校长签名盖章。

第十条　前条各件经省市审查合格后,方得参与考试。

第十一条　考试事项如下:

一　初试

(甲)检验体格

体格不及格者不得参与乙、丙二项考试。

(乙)普通科目

一、党义　二、国文　三、本国史地　四、留学国国语(作文、翻译、会话)

(丙)专门科目

专门科目视所考各学科而定,但最少须考三种科目。

二　复试

(甲)留学国国语(作文、翻译、会话)

(乙)专门科目

专门科目由初试之专门科目中选考二种。

投考人对于留学国国语程度较差而于他国国语(日语除外)熟习者,得以他国国语代之。

第十二条　初试成绩之计算,以普通科目中之党义、国文及本国史地共占总分数百分之二十五,留学国国语占百分之二十五,专门科目占百分之五十。

复试成绩,以三种科目平均计算。

第十三条　凡经省市考试及格者,给予初试及格证明书,并须于五月十五日前将考取生各项成绩连同第九条所举各项证件,送部备查。经复试及格者,予以复试及格证明书,不及格者不得更请复试。

各省市初试得于每学科应遣派名额加倍录取,送部复试。

第十四条　复试考取各生,须于三个月内出国,逾期者得取消其资格。

第十五条　出国及回国川资,由各省市视留学国路程及其他情形规定之。

川资及学费发给手续,由各省市规定,但出国时须预给三个月学费。留学经费暂以留学国国币为标准。

第十六条　各省市于每公费生出国时,应拨存其留学国管理留学机关准金一千元,以供灾害、救济、疾病治疗等意外之用,其详细办法由各省市规定之。

第十七条　公费生于留学期内,非有特别情形经各本省市转呈本部许可者,不得变更其所研究科目及留学国。违者取消其留学资格,勒令返国。并追还其以前所领一切费用。

第十八条　公费生于留学期内,须于每学期开始前将上学期之经过及研究之成绩,连同主任教授证明文件,呈请管理留学机关证明,并须分别呈部及各本省市审查备案。

第十九条　公费生于每学期开始后一个月内,尚未呈报前条所规定各项一次者,予以记过。二次者援用第十七条办法办理之。

第二十条　公费生在留学期内,有办理政府所委托事件之义务。

第二十一条　公费生实罹重病不能继续学业者,得由管理留学机关报告各本省市,令其返国,并由各本省市报部备案。

第二十二条　公费生遇家庭重大变故,得呈由管理留学机关向各本省市请假返国,但须经许可后方得起程,此项假期不得超过一年。假期内不给学费,并不给来回川资。

第二十三条　公费生毕业后须将毕业证件送请管理留学机关验印证明。

第二十四条　公费生回国后两个月内,须到各本省市报到,如本省市需要其服务时,至少须依照其留学年限在本省市服务,违者得追还其以前所领一切费用,其详细办法由各本省市定之。

第二十五条　公费生回国后,须于两个月内将毕业证件送部登记,其办法另定之。

第三章　自　费　生

第二十六条　赴国外留学之自费生,须具有下列资格之一:

一　公立或已立案之私立专科以上学校毕业者;

二　公立或已立案之私立高级职业学校毕业者,并曾在国内任技术职业二年以上者。

第二十七条　自费生每学期须将第十八条所规定之各项,呈请管理留学机关审核后转部备案。一学期不报者,管理留学机关应予以警告,两学期不报者,取消其留学资格,并勒令回国。

第二十八条　自费生留学经费,须依照附表保证书说明栏内所举约数筹备。

第二十九条　自费生有特别成绩者,得请留学学校及管理留学机关证明,径将特别成绩连同证明文件、学历及最近四寸半身相片二张呈送各本省市审查,暨本部审定认可者,得享受各本省市奖学金补助。

第三十条　自费生自得奖学金之日起,应受第十七、十八、十九、二十各条之限制。

第三十一条　自费生毕业后,须将毕业证书送请管理留学机关验印证明。

第三十二条　自费生回国后应于两个月内将毕业证书呈部审查登记,其办法另定之。

第四章　留学证书

第三十三条　公自费生出国,均须依照本规程之规定,请领留学证书。

第三十四条　公费生请领留学证书,须呈缴最近四寸半身相片一张,证书费二元,印花税一元。

经公共机关遣派者,并须呈缴毕业证书及履历书。

第三十五条　自费生请领留学证书,须呈缴毕业证书,保证书,最近四寸半身相片二张,证书费二元,印花税一元。

具有第二十六条第二款资格者,并须呈缴履历书及服务证明书(服务证明书须由服务处所最高主管人员签名盖章)。

第三十六条　由公共机关或私法人遣派者,应由遣派机关代请发给留学证书,并须呈缴第三十四条所规定各件。

第三十七条　公自费生取得留学证书后,须持向外交部或外交部委托发给护照机关呈请发给护照,并向有关系国之领事馆申请签字。

第三十八条　自费生取得留学证书后,其出国日期以三个月为限,倘至期因故不能出发,须开具理由检同留学证书,呈请本部复加签注,得延期三个月,但以一次为限。

第三十九条 自费生取得留学证书后,在未出国前,如欲改往他国,须将原领证书呈部注销,请求换发改往留学国留学证书。呈请时并须另呈缴保证书及相片一张,印花税一元。

第四十条 留学甲国之自费生,欲改往乙国留学者,须呈请本部核发往乙国留学证书,并须呈缴最近四寸半身相片一张,印花税一元。

第四十一条 公自费生行抵留学国二星期内,应将所领留学证书,向驻在该国管理留学机关呈验报到。

第四十二条 华侨自费生经管理留学机关考试国文及本国史地及格者,方得由该管理留学机关转请本部发给留学证书。

第四十三条 未领留学证书径赴国外留学者,应受下列之制裁:
一 不得以留学生名义,请领护照;
二 不得请求管理留学机关介绍入学;
三 不得呈请奖学金补助;
四 回国时呈验毕业证书,不予登记。

第五章 附 则

第四十四条 边远各地,如陕、甘、云、贵、蒙、藏、青海、宁夏、新疆、热、察、绥等处,因有特别情形,可酌量从宽办理。

第四十五条 本规程得由教育部于必要时修改之。

第四十六条 本规程自公布之日起施行。

附:国外留学生毕业证件登记办法

(一)公费生毕业回国后两个月内,须将毕业证书或其他证明文件,连同最后学期之成绩及四寸半身相片二张,验印费二元,印花税一元,呈部办理登记。

(二)自费生毕业回国后两个月内,须将毕业证书连同四寸半身相片二张,验印费二元,印花税一元,呈部办理登记。得硕士博士学位者,须呈缴毕业论文一本;私法人所遣派者,依本办法第一条办理。

《教育法令汇编》第一辑,教育部编,上海商务印书馆,
1936年10月三版,第453—457页

教育部复试各省市考选国外留学生办法

1933年9月7日　教育部公布

一、教育部根据国外留学规程第七条第二款之规定,组织各省、市考选国外留学生复试委员会,办理复试事宜。

二、复试委员会委员,由教育部部长于每届复试时指派及聘请专门人员若干人充任,并以主管司司长为主任委员。

三、审查各省、市呈送初试考取生各项成绩及复试命题阅卷等事宜,由复试委员会办理审查。初试考取生各项证件,由主管司办理。

四、复试成绩由复试委员会评定后,送请教育部部长核定。

五、复试日期地点及科目,由复试委员会登报公布之。

六、本办法由教育部公布施行。

《教育法令汇编》第一辑,教育部编,
1936年10月,第459页

限制留学暂行办法

1938年6月17日　教育部颁发

一、凡选派公费留学生及志愿自费留学生,研究科目,一律暂以军工理医各科有关军事国防为目前急切需要者为限。

二、凡公费生或私费留学生,须具有下列资格之一:

1. 公私立大学毕业后,曾继续研究或服务二年以上,著有成绩者。

2. 公私立专科学校毕业后,曾继续研究或服务四年以上,著有成绩者。

三、现在国外留学生,领有留学证书,出国已满三年以上者,一律限令在本年九月以前回国,逾期不回国者,一律不发外汇证书,其有特殊成绩,确需继续在国外研究,或其所习学科为军工理各科有关军事国防者,经肄业学校及驻外各大公使馆证明后,得以通融延长。

四、现在国外留学生,未领留学证书者,请求外汇时教育部一律不予证明,其愿即行回国,经驻外各大公使馆证明属实者,得呈请教育部发给回国旅费外汇证明书。

五、本办法呈由行政院核准公布施行。

《教育法令汇编》第四辑,教育部编,
1939年1月,第121页

大学教授副教授自费出国进修办法

1944年4月1日　教育部颁发

一、现任各大学教授副教授,其资格曾经本部审查认可,并任职满五年以上,所教授或研究之学科确有出国进修之必要,而自行筹足经费者,准予出国进修(本条在抗战期内研究社会学科之教授副教授暂缓适用)。

二、教授副教授申请出国进修,应呈缴下列证件:

(一)国内外大学毕业证书。

(二)服务证件。

(三)最近体格检验表一份。

(四)出国进修计划一份。

(五)出国进修费用证明书。

(六)最近四寸半身相片一张。

(七)履历书一份。

三、教授副教授出国进修期间以两年为限,并应如期返国服务。

四、教授副教授在国外进修期间,应受本部驻外监督处之管理。在监督未设置前,由驻外大使馆代行管理。

《教育法令》,教育部编,中华书局,
1947年5月版,第159—160页

教育部国外留学生奖助金办法

1944年6月1日　教育部颁发

一、教育部为奖励国外留学生努力研究高深学术起见,设置国外留学生奖助金(以下称本奖助金)。

二、本奖助金设置,以在英、美两国为限。在英国设廿名,在美国设四十名,每名每年美金五百元。

三、申请本奖助金须具备下列条件:

(1) 国内公立或已立案之私立专科以上学校毕业,领有教育部留学证书赴英美留学者;

(2) 在英美大学研究满一年以上成绩优良而学业尚未成功者;

(3) 未得其他任何超过本奖助金数之补助者。

四、本奖助金申请手续与核发办法:

(1) 本奖助金由教育部委托中国驻英美大使馆核发;

(2) 凡具有第三条规定之资格者,得附具肄业学校证明文件及学业成绩单,按照各大使馆规定之手续与时期,向大使馆申请本奖助金。

(3) 英美大使馆将申请人名单,连同各项证件并加注意见汇送教育部,由教育部审核决定后通知大使馆核发给奖助金。

五、本奖助金每年核发一次,已得本奖助金之学生得继续申请。

六、本办法遇必要时得随时修改之。

《教育法令》,教育部编,中华书局,
1947年5月版,第198页

教育部在国外各大学设置中国文化奖学金办法

1944年6月1日　教育部颁发

一、教育部为奖励国外人士研究中国语文历史与文化起见,特在国外设有中文课程之大学内设置中国文化奖学金(以下称本奖学金)。

二、本奖学金之设置暂以下列各校为限:

美国

1. 芝加哥大学
2. 哈佛大学
3. 哥伦比亚大学
4. 耶鲁大学
5. 密西根大学
6. 加利福尼亚大学
7. 斯丹福大学
8. 南加利福尼亚大学
9. 华盛顿大学
10. 米尔女子学院

英国

11. 牛津大学
12. 剑桥大学
13. 伦敦大学

印度

14. 加尔各答大学
15. 印度国际大学

三、本奖学金名额暂定为七十二名。第二条所列各校,每校五名,每名每年给予美金一千五百元。

四、第二条所列各校非中国籍学生合于下列条件之一者,得向各该校申请本奖学金:

(1) 曾选习中国语文、历史、文学、艺术、政治、经济、地理等任一科目一年以上,经肄业学校考核认为成绩优良者;

(2) 有关于前项所列任一科目之论著,经肄业学校审查,认为确有价值者。

五、本奖学金之领受人,由第二条所列各校根据申请审查决定之。

六、本奖学金由中国教育部汇由中国驻外大使馆或专员公署转发第二条所列各大学,给予审查合格之学生。

七、第二条所列各大学,按年将领受本奖学金学生名单、成绩报告书交由各该国中国大使馆或专员公署,转送中国教育部备查。

八、第一年领得本奖学金者,第二年得继续申请,但连续得三年奖学金者不得续请。

九、此项奖学金办法由外交部转达各有关驻外使馆或专员公署,转商规定设置之学校,获取其赞同后施行。

十、本办法遇必要时得随时修改之。

《教育法令》,教育部编,中华书局,1947年5月版,第199—200页

专科以上学校教员应约出国讲学或研究办法

1945年11月15日 教育部公布

第一条 专科以上学校教员,应国外大学或学术机关之约出国讲学或研究,依本办法之规定。

第二条 应约出国讲学人员,须任审查合格教授或副教授五年以上,并有专门著述,在学术上有重要贡献者;应约出国研究人员,须任审查合格讲师二年或助教五年以上,著有成绩者。

第三条　应约出国讲学或研究,须所任课务有人担任,经原学校之同意,并填具申请书,检附被约文件,及资历成绩等证明文件,送由原服务学校转呈教育部核办。

第四条　前条出国讲学或研究之教员,得由教育部于核准前提交学术审议委员会审议。

第五条　各校每年应约出国讲学人员,不得逾全校教员人数百分之二,应约出国研究人数不得逾全校教员人数百分之四。

第六条　应约讲学科目,以有关本国文化或足以沟通中外学术者为主;应约研究科目,以经教育部审核为确有需要者为限。

第七条　应约出国讲学期间,以一年为限;研究期间,以一年以上二年以下为限,如必须延长时,须申请教育部核定之。

第八条　经教育部核准出国讲学或研究人员,于到达国外后,应随时将讲学或研究状况报告教育部备查。

第九条　本办法自公布之日施行。

《教育法令》,教育部编,中华书局,
1947年5月版,第160页

南洋学生奖学金办法

1947年3月11日　教育部公布

一、教育部为奖励南洋学生研究中国文化起见,特设置南洋学生奖学金(以下称本奖学金)。

二、本办法所称南洋学生为越南、暹罗、缅甸、马来亚、婆罗洲、爪哇、苏门答腊、菲律宾等地之各族学生。

三、本奖学金设于国立中央大学、国立中山大学、国立北京大学、国立清华大学及国立暨南大学,每届共计五十名内,越南、暹罗、缅甸各九名;马来亚五名;婆罗洲二名;爪哇及苏门答腊九名;菲律宾七名。

四、凡南洋学生已在中等学校毕业,年在二十五岁以上,略通中国语文,对中国文化感有兴趣，经当地政府保荐者，均得申请本奖学金。

五、本奖学金每名每年暂定国币十万元，并免缴肄业学校学杂各费，但学生来回旅费应各自理。

六、本奖学金定期四学年，但领受本奖学金之学生，在校期间操行不良或学业成绩过差者，得由肄业学校报请本部停止发给。

七、本奖学金由本部委托中国政府派驻南洋各地使馆审核，每二年举办一次，以五月为审核时期。

八、申请本奖学金之学生，应将下列证件于审核前一个月径送当地中国使领馆。

1. 申请书三份；
2. 二寸半身相片三张；
3. 中等学校毕业证书；
4. 当地政府保荐书。

九、各使领馆应于审核后，将申请书照片各二份连同毕业证书于六月内转送本部复核，经本部核准，再通知各该使领馆转知各生来华入学。

十、本办法自公布日起施行。

（表略）

《教育法令》，教育部编，中华书局，
1947年5月版，第200页

国外留学规则

1947年4月　教育部公布

第一条　凡赴国外留学者均应依本规则之规定。

第二条　凡赴国外研究专门学术或实习技术学科者均为国外留学生。国外留学生其留学费用，全部由教育部或各省市教育行政机关（以下简称各省市）供给，或国际学生交换由留学国给予公费者为公费留学生。

国外留学生留学费用由私人或私法人供给者，为自费留学生。

第三条　国外留学生在出国前均应经教育部考试及格。

前项考试章程由教育部订定于考试前公布之。

第四条　各省市考选省市公费留学生,应先拟定办法送请教育部备案公布。

前项考选之初试,得由各省市自行办理,复试统由教育部办理。

第五条　凡经教育部指定医院检验体格合格,并具有下列资格之一者,得应国外留学学生考试。

一、公立或立案私立大学或独立学院毕业得有证书者。

二、公立或立案私立大学或独立学院之专修科或公立或立案私立专科学校毕业,并曾任与所习学科有关之职务二年以上有证明文件者。

三、高等考试及格者。

第六条　国外留学生考试科目如下:

甲、普通科目

一、国文

二、本国史地

三、留学国文字或英文

乙、专门科目

公费生三种,自费生二种。

第七条　国外留学生考试及格后,凭教育部颁留学证书自向有关机关洽办出国手续。

第八条　国外留学生取得留学证书后应于六个月内出国,必要时得呈请延长一年。

第九条　国外留学或实习期限公费留学生定为二年,必要时得呈准延长一年。自费留学生最多不得超过四年。

第十条　国外留学生于达到留学国时,应即向驻在国之留学生辅导机关或使领馆呈验留学证书并办理登记手续。

前项手续得以通信方式行之。

第十一条　国外留学生辅导办法由教育部另订之。

第十二条 公费留学生非经呈奉教育部核准,不得变更其研究科目及留学国,违者取消公费。

第十三条 国外留学生毕业或得学位后,应即报告留学生辅导机关或使领馆转报教育部备查。

第十四条 国外留学生返国后即检同毕业证书及研究证件,呈请教育部备案。各省市公费留学生并应向各该省市报到。

第十五条 本规则自公布日施行。

《教育法令》,教育部编,中华书局,
1947年5月版,第198—199页

教 职 员

大学教员资格条例

1927年6月15日 教育行政委员会公布

第一章 名 称

第一条 大学教员名称分一、二、三、四四等：一等曰教授，二等曰副教授，三等曰讲师，四等曰助教。

第二条 以上四种名称惟大学之教员得用之。

第二章 资 格

甲 助教

第三条 国内外大学毕业，得有学士学位，而有相当成绩者。

第四条 于国学上有研究者。

乙 讲师

第五条 国内外大学毕业，得有硕士学位，而有相当成绩者。

第六条 助教完满一年以上之教务，而有特别成绩者。

第七条 于国学上有贡献者。

丙 副教授

第八条 外国大学研究院研究若干年，得有博士学位，而有相当成绩者。

第九条 讲师满一年以上之教务，而有特别成绩者。

第十条 于国学上有特殊之贡献者。

丁 教授

第十一条　副教授完满二年以上之教务,而有特别成绩者。

第三章　审　　查

第十二条　凡大学教员均须受审查,审查时,须呈验:(一)履历,(二)毕业文凭,(三)著作品,(四)服务证书于审查机关。

第十三条　大学之评议会为审查教员资格之机关,审查时由中央教育行政机关派代表一人列席。

第十四条　前项教员之资格审查合格后,由中央教育行政机关认可给予证书。

第十五条　凡私立大学审查合格之教员,必须经该大学呈请中央教育行政机关立案报由认可,给予证书,方为有效。

第四章　附　　则

第十六条　除国内外国立大学外,其他大学所给予之学位经中央教育行政机关认可方为有效。

第十七条　工程师学位与学士学位或硕士学位相等者,可由大学评议会指定之。

第十八条　国内外大学同等级之学位而取得之程度有差别者,可由大学之评议会特别指定之。

第十九条　凡于学术有特别研究而无学位者,经大学之评议会议决,可充大学助教或讲师。

第二十条　大学教员以专任为原则,如有特别情形不能专任时,其薪俸得以钟点计算。

附大学教员薪俸表

1927年9月12日前教育行政委员会修正公布

类　别	月　俸　数
教　授	四百元至六百元
副教授	二百六十元至四百元

(续表)

类　别	月　俸　数
讲　师	一百六十元至二百六十元
助　教	一百元至一百六十元

附注

一、大学教员分为四等：一等曰教授，二等曰副教授，三等曰讲师，四等曰助教。

二、大学教员之薪俸如上表。

三、以上各教员之薪俸，得因各大学之经济情形，而酌量增减之，外国教员同。

四、曾经政府认可或授与大学教员资格，而不在大学服务者，不支薪俸。

《教育法令汇编》第一辑，教育部编，商务印书馆，
1936年10月版，第145—146页

小学教员薪水制度之原则

1928年7月30日　大学院颁发

一、订立最低限度之薪水

（原则）两倍衣食住（以舒适为度）三事之所费，为最低限度之薪水。譬如江宁县城每月每人舒适之膳食需费十元，每月房屋需费六元，每月添置衣着（以一件土布衣服为标准）需费二元，共计十八元；两倍之得三十六元，年薪四百三十二元。此即为江宁县小学教师最低限度之薪水，凡合教师之资格者，其所入薪金不能短于此数。

二、订立根据学历之薪金表

（原则）教师之学历有超过规定标准者，得估其所费多给薪水；反之不及规定标准者，得酌量减至最低限度之薪金，假定以初中以上二年为最低度之资格，则此后每一年之学历，当按其在校之费用，给以百分之六之利率。譬如每年所用学膳宿等费为二百元，其一年时间之所值比照不入学之教师为四百三十二元，两共得六百三十二元，以百分之六之利率计算，几于三十八元。（两年当为七十六元，以此类推，至六年为止。）将全数加入最低限度之年薪中，其不及规定之学历者，则减去此数，至多以

两年为限。

三、订立根据经验之加薪数

（原则）教师经验年有增加，薪水亦随之而加，可以劝其久任。顾此项原则，不易决定。但亦可比照学历原则，取其所加数之五分之三。譬如每年学历所加之数为三十八元，取其五分之三，几于二十三元，加入最低限度之年薪中。

（附）其他如教师之效率、教师之课务等，当然亦有影响于薪水之增加，但其标准必须专家审慎考订，一时不易实行。故从缓议。

《教育法令汇编》第一辑，教育部编，商务印书馆，
1936年10月版，第293页

中等学校教职员服务及待遇办法大纲

1932年11月4日　教育部公布

一、中等学校应由教职员协助校长共同治理校务。所有学校行政及训育事项，由校长指定专任教员及兼任教员分别担任。

二、中等学校废除钟点计薪制。教职员之月薪应分别等级，依次递进；兼任教员得依时计薪，统由各省市厅局酌量地方生活程度，比照现制较优办法分别规定。

三、各省市应尽力推行年功加俸制与职教员养老金及恤金条例所规定办法。

四、初中专任教员每周课内教学时间为二十二至二十六小时；高中专任教员课内教学时间为二十至二十四小时。各地如有特殊情形须增加者，高初中均得酌量增加。

五、中等学校校长必须担任教学，其时间不得少于专任教员教学时间最低限度二分之一，并不得另支薪给。

六、教务主任训育主任担任教学时间得视专任教员酌减，但不得少于规定最低限度三分之二。若有设事务主任者，应担任教学时间亦依此规定。

七、中等学校每科教学时数，如足一专任教员规定时数者，或一科教学时数不足，而与性质相近之他科时数并合足一专任教员规定时数者，应即聘请专任教员。

八、一校之兼任教员不得超过全体教员数五分之一；兼任教员应限于音乐图画劳作等课程为原则。

九、专任教员绝对不得在校外兼任职务。

十、专任教员须分担指导学生课外自习之责；兼任教员每周亦应指导学生课外自习一二次。

十一、校长及全体教员均须负训育责任。其训育主任及训育员等专职须由专任教员兼任。

十二、专任教员兼任教务训育等职务者，应分别支较高级之月薪。

十三、中等学校除会计应用专员，庶务及缮写事项得用极少数之事务员及书记外，不得滥设任何职员。

十四、中等职业学校如为事实上必不可省，得用极少数有关技术之助理人员。

附训令

查中等教育之目的，一方在养成健全之国民，使成为社会之中坚分子；一方在培植高等教育之基础，并为就业之预备，语其重要，实与各级教育均有密切之关系。我国现时办理中等教育成效犹颇鲜少，揆厥原因，固非一端，而学校行政之失宜，与夫学生训育之废弛，要为最大症结所在，兹分言之：

学校行政上一切设施，其唯一之鹄的，即为增进教育之效率，以我国各地教育经费之困难，学校设施，尤须权衡缓急，而采取最节省最有效之方法，今日各地中等学校，校长则不兼教学，俨同行政机关之长官，教员则计时支薪，薪金又多微薄，任课时间，惟恐不多，既无从容进修之余暇，而薪给所入，犹不足以赡其家室，事务方面，则滥设职员，虚糜公帑，使教员薪给无由提高，一切设备无由举办，此种弊病，公立学校为尤甚，夫欲增进教育效率，而转障碍之，停滞之，此亟应改善者一也。

年来中等学校学风陵替，群责管理训育不得其法，不知实亦不得其人。自教员计时支薪之制行，其最不良之影响，即为时间以外，非教员之职责，举训育重任委诸所谓训育人员之手。此项人员，类皆资格较低，不能担任教学者也。学生对之，既少信仰之心，纵有良善规约，亦难生效力，而弁髦校章，不受约束。种种不良行为，由之以起。其思想情意，则更受时代潮流之支配，一任固有气质之反应，激荡演变，莫为指导。教育所以变化气质,克制环境之功效,至是荡焉俱尽。夫为人师者,固将以人己立达为职志,初不仅授业解惑已也。今之教员,既只以传授知识一端自限,不兼训育之重任,使一般学生亦徒知入学校专为求知识,此外更无所事,积习相沿,学风乌得而不陵替,此亟应改善者二也。

本部兹特订定中等学校教职员服务及待遇办法大纲,随令颁发,于学校行政,则力求合理化,竭力节省已往滥费;于教职员之薪给,废除钟点计薪制,增高教员待遇,校务由教员分配担任,实现由教员协助校长共同治校精神;于学生训育,则力革从前训育与教学分离之弊,使全体教员,皆负训育责任,由校长指定若干教员兼任训育,专责树立人格教育之基础,惟以我国版图辽阔,各地情形互异,所有各省市中等学校教职员薪给等级,教员分任校务及兼任训育事项,应由各厅局按照地方情形,迅即依据本大纲分别厘定单行法规报部候核。期于下学期起,全国中等学校之训育办法,即可改正,下学年起,教员薪给办法,亦一律照改,庶几中等学校效率增弘,而全部教育亦藉以推进,仰各厅局切实遵照。并转饬所属一体遵照!

《教育法令汇编》,教育部印行,1933年3月

各省市职业学校职业学科师资登记检定及训练办法大纲

1933年10月3日　教育部颁发

一、各省市教育厅局应调查本省市现在及最近将来各职业学校所需要职业学科师资之种类,分别举行登记、检定及训练。

二、职业学科师资分甲乙两种:

甲种:高级职业学校职业学科师资。

乙种:初级职业学校及补习学校职业学科师资。

三、职业学科师资之登记,分下列两种:

(1)凡国内外专科以上学校毕业后具有二年以上之职业经验者,或职业界高等技术人员,继续任职四年以上者,得请求登记,充当甲种职业学科师资。

（2）凡高级职业学校、甲种实业学校或高级中学农工商科毕业后具有二年以上之职业经验者，或职业界中级技术人员继续任职四年以上者，得请求登记，充当乙种职业学科师资。

前两项之登记，应特别注重担任职业学科之种类及其经验。

四、各省市教育厅局对于无前两项资格而有擅长技术之匠师，志愿充当高级或初级职业学校技术学科师资者，应就其技术种类及程度，分别予以检定。

五、各省市职业技能学科师资之检定，分下列两种：

（1）具有职业技术及经验，其证明文件，经审查属实者，得受无试验检定。

（2）凡具有职业技术及经验，但其证明文件未能确实或有其他疑问时，应受职业技能之试验检定。

六、检定合格之职业技术学科师资，各省市厅局应利用假期，或定期予以职业教学及管理方法等之训练。

七、各省市教育厅局对于本省市各级职业学校职业学科师资如无前两项合格人员时，在该省市如有办理具有成绩之专科以上学校，应委托其原有之设科及设备，分别训练或补充训练相当之职业学科师资。

如本省市无相当专科以上学校时，得委托他省市相当学校办理之。

八、职业学科师资训练班分下列两种：

（1）高级职业学科师资。招下列两种学生：

甲　高级中学、旧制中学、师范、高级职业学校、甲种实业学校毕业生，予以三年至四年之训练。

乙　高级职业学校、甲种实业学校毕业生，对于原习职业学科为继续之研究者，予以二年之训练。

（2）初级职业学科师资，招收下列两项之学生：

甲　初级中学及三年制毕业之乡村师范学校，或初级职业学校毕业生予以三年之训练。

乙　初级职业学校毕业生，对于原习职业学科为继续之研究者，予以一年至二年之训练。

前项之初级职业学科师资,得视学科性质,酌量缩短其训练时限。

九、职业学科师资之训练科目及时间,支配如下:

(1) 适用于八项甲款资格者

普通学科	百分之十
职业理论学科	百分之三十
职业技术学科	百分之五十
教育学科(如教育学、教育心理、职业教育、职业教学法、教育实习等)	百分之十

(2) 适用于八项乙款资格者

普通学科	百分之十
职业理论学科	百分之三十
职业技术学科	百分之五十
教育学科	百分之十

十、职业学科师资训练科学生之待遇得参照师范生优待办法,免除学费及膳费。

《教育法令汇编》,教育部编,商务印书馆,
1936年10月版,第264—265页

小学教员检定规程

1936年12月 教育部公布

第一条 小学教员除具有修正《小学规程》第六十二条规定资格外,由各省市教育行政机关组织小学教员检定委员会依照本规程检定之。

第二条 小学教员之检定,分无试验检定与试验检定二种:无试验检定,由检定委员会审查其各项证明文件决定之;试验检定,除审查其各项证明文件外,并加以试验。

第三条 试验检定至少每三年举行一次;无试验检定,每学期开始前举行之。

第四条 小学教员检定,得就所属地方,酌量情形,分区举行。

第五条 具有下列资格之一者,得视其学历或经验,分别受初高级小学级任教

员或专科教员无试验检定：

一、毕业于简易师范学校或简易师范科者；

二、毕业于旧制中学，或现制高级中学以上学校，或与旧制中学现制高级中学同等之学校，曾充小学教员一年以上或曾在教育行政机关或大学教育学院系或师范学校等所办暑期学校补习教育功课满二暑期者；

三、毕业于旧制乡村师范学校或县立师范学校或二年以上之师范讲习科，曾充小学教员二年以上或曾在上述暑期学校补习满三暑期者；

四、曾充小学教员三年以上，经教育行政机关认为确有成绩或曾在上述暑期学校补习满四暑期者；

五、曾充小学教员三年以上，有关于小学教育之专著发表，经主管教育行政机关认为确有价值者。

具有前项第一款资格者，以受初级小学教员无试验检定为限。具有前项第二、三、四、五各款资格之一者，如曾任高级小学或初级小学教员年限与各该款规定相合者，得分别受高级小学或初级小学教员无试验检定。初级小学教员无试验检定合格后，任职四年以上有相当成绩者，得受高级小学教员无试验检定。

第六条　具有下列资格之一者，得依其志愿分别受高级或初级小学级任教员或小学专科教员试验检定：

一、曾在旧制中学或高级中学毕业者；

二、曾在师范学校或高级中学修业一年并充小学教员一年以上者；

三、曾在师范讲习科毕业者；

四、曾任小学教员三年以上者；

五、学有专长并充小学教员一年以上者。

第七条　小学教员请求检定时，须呈缴下列各件：

一、毕业证书或修业证书；

二、服务证明书；

三、本人履历书、志愿书及最近照片。

如有教育行政机关所给予关于教学训育等成绩之评语，及关于小学教育之著作等，应一并附缴。

第八条　各省市举行小学教员试验检定，至少须于两个月前，由各该省市教育行政机关将日期及办法，登报公布。

前项日期办法及试验检定、无试验检定之结果，均须分别呈报教育部备案。

第九条　试验检定，分笔试及口试或实习。各该省市教育行政机关认为必要时，并得举行体格检查。

第十条　小学级任教员之试验科目为公民（包括党义）、国语（包括文字口语及注音符号）、算术、自然、卫生、历史、地理、教育概论、小学各科课程标准，小学教材及教学法。但初级小学级任教员之试验，除公民、国语、教育概论外，其余各科目，得酌量减低其程度。

第十一条　专科教员之试验检定不分初高级。其试验科目，除请求试验之某种专科（如音乐、体育、美术、劳作等）须试验外，并试验国语、教育概论及受试验科目之小学教材及教学法。

第十二条　受级任教员试验检定者，以各科目平均分数满六十分者为及格。

第十三条　受专科教员试验检定者，以受试验科目及某科之教学法均满六十分者为及格。

第十四条　试验之结果，笔试分数占十分之七，口试或实习分数占十分之三。

第十五条　检定合格者，由省市教育行政机关分别给予检定合格证书。

第十六条　检定合格教员有效期间，自发给检定合格证书之次学期第一日起，定为四年。在检定有效期间：教学成绩特别优良，经省市督学查报有案，或经县教育局长，切实呈报，或服务期间在暑期学校得有成绩证明书者；期满后仍给予有效期间四年之合格证书；连续得二次合格证书者，期满后，给予长期合格证书。其成绩不良者，在合格证书期满后，须重受检定。

第十七条　受试验检定未能及格，而某科成绩满六十分以上者，给予该科及格证明书。以后再请检定时，得免除该科目之试验。

第十八条　各省市因特别情形，须展缓其区域内一部分小学教员之检定者，应由教育行政长官，呈报教育部核定之。

第十九条　本规程自公布日施行。

《教育法令汇编》第一辑，教育部编，商务印书馆，
1936年10月版，第296页

国立中学教职员暂行服务细则

1938年3月3日　教育部颁发

第一章　总　纲

第一条　本细则依照两立（注：国立和私立）中学暂行简章第六条之规定订定之。

第二条　各教职员之俸给等级，依据部颁国立中学教职员俸给及出差旅费支给暂行办法办理。

第三条　国立中学科部呈文，由主席校务委员及校长共同署名，其余校内外行文，均以校长名义行之。

第二章　校务委员

第四条　校务委员除照两立中学暂行简章第五条规定执行职务外，并须担负下列任务：

一、全体校务委员得分别担任指导各训育小组及学生训育事项；此项训育小组由全校训育人员分别组织。约以十人至十五人为一组。每周开会一次，由指导之校务委员主席，遇必要时，得开临时会议。

二、全体校务委员得分别主持相当科目之教学研究会。

第五条　校务委员得兼任学校各部处主任。

第三章　校长及各主任

第六条　国立中学校长之职权如下：

一、根据部定方针，主持本校校务。

二、执行校务委员会议决案件。

三、督导教职员工作。

四、主持并办理学校日常行政事项。

第七条　总务主任之职权如下：

一、秉承校长办理一切总务事项。

二、督同文书、会计、庶务、卫生各组组长及全体职员办理各该组事项。

三、办理学生一切衣食住各种供应事项。

第八条　教导主任之职权如下：

一、秉承校长厘定全校学生之教导方案及其实施事项。

二、会同各部主任办理各该部学生教导事项。

三、督同教务、训导、体育各组组长及全体职员办理各该组事项。

第九条　各部主任之职权如下：

一、秉承校长会同教导主任及各级任导师，办理各该部学生之教导实施事项。

二、辅导各该部教员实施教学工作。

三、主持并召集各该部教导会议。

四、秉承校长会同教导主任办理各该部学生升降及奖惩事项。

第四章　教　职　员

第十条　总务教导二处，所设各组组长均秉承各该处主任执行各该组工作，其各组工作大致分配如下。

一、文书组　关于 1. 撰拟并收发公文；2. 缮写文件；3. 保管校铃；4. 保管文件；5. 其他关于文书事项。

二、会计组　关于 1. 造具预算及决算书；2. 造报各项帐簿；3. 出纳及保管经费；4. 其他关于会计事项。

三、庶务组　关于 1. 校舍修缮及整理；2. 环境布置；3. 物品购置；4. 员生膳食管理；5. 校工管理；6. 杂务处理；7. 其他关于庶务事项。

四、卫生组　关于 1. 环境卫生；2. 膳食检查；3. 医药管理；4. 健康检查；5. 防疫；6. 其他关于卫生事项。

五、教务组 关于1. 学籍表簿；2. 课表支配；3. 教室支配；4. 员生出席缺席；5. 统计；6. 其他关于教务事项。

六、训导组 关于1. 学生生活指导；2. 劳动服务；3. 学生告假；4. 学生奖惩；5. 军训及童军管理；6. 关于其他训导事项。

七、体育组 关于1. 军训及童训；2. 课内外体育活动支配；3. 运动器械与场所之管理；4. 其他关于体育事项。

第十一条 各年级设级任导师一人，下设导师若干人，每一导师负责分组指导学生十人至十五人。其职权如下：

一、关于各该级分组学生之教学及训管事项。

二、关于各该级分组学生之监护与奖惩事项。

三、关于各该级分组学生告假之审核事项。

第十二条 女生指导员襄同各级级任分组导师办理关于女生之教导事项。

第十三条 各教职员以专任为原则，遇特殊情形必须兼任校外职务者，应得校长之许可，并酌量变更其工作与俸给。

第十四条 各教职员均以住宿校内为原则。

教员除授课外，办公时间须督导学生作业。

第五章 附 则

第十五条 国立中学日常处理各项校务办法，由各校依据部颁各项法令自订扼要规定，呈部备案。

第十六条 凡本细则未规定事项，均依照修正中学、师范、职业各规程办理之。

第十七条 本细则于必要时由教育部修正之。

第十八条 本细则自公布之日施行。

《教育法令汇编》第四辑，教育部编，
1939年11月版，第74—76页

大学及独立学院教员聘任待遇暂行规程

1940年8月　教育部公布

第一条　大学及独立学院教员之聘任及待遇依照本规程办理。

第二条　大学及独立学院聘请教员,应按照教员审查合格之等别聘任之。

各校聘请教员时,得验其审查合格之证书。

第三条　教员资格等别,未经审查核定者,得于聘任后办理审查手续;但此项聘任期间不得超过一年。

第四条　大学及独立学院教员之聘任期间:第一次试聘一年,第二次续聘一年,以后每次续聘为二年,各于聘约载明之。

第五条　各校应于每学年开始两个月内,造具教员名册呈报。

教育部审核备案名册,应报项目另定之。

第六条　在教员聘约有效期间,除违反聘约之规定外,非有重大事故,经呈准教育部者,学校不得解除教员之聘约。

第七条　在教员聘约有效期间,教员欲辞职者,须于辞职三个月前提出,经学校同意后,于学年终了时方可解除职务。

第八条　大学及独立学院专任教员薪俸暂定如下:

等级 \ 月薪 \ 级别	第一级	第二级	第三级	第四级	第五级	第六级	第七级	第八级	第九级
助　　教	160	140	120	110	100	90	80		
讲　　师	260	240	220	200	180	160	140		
副 教 授	360	340	320	300	280	260	240		
教　　授	600	560	520	480	440	440	370	340	320

第九条　大学及独立学院初任教员以自最低级起薪为原则,曾任教员或有特殊情形者得酌自较高级起薪,其任教著有成绩者由学校酌予晋级。

第十条　第八条及第九条所规定教员薪俸,各校得斟酌学科需要及当地生活程度与本校经济状况,酌量增减。

第十一条　教员以专任为原则,应于学校办公时间在校服务。教授副教授讲师授课时间每周以九小时至十二小时为率,不满九小时者照兼任待遇。但担任行政事务或实际上须以充分时间从事实验或研究,经学校允许,得酌量减少授课时间。

教学实验之时间,以两小时作一小时计算。

第十二条　专任教员不得在校外兼课或兼职,但有特别情形经兼课学校先商得原校同意者,每周至多得兼课四小时。兼课以与原校所授课目性质相同者为限,兼课薪金并得由原校具领支配。

第十三条　专任教员之薪给概以每年十二个月计算,在校内兼任职务者不另兼薪。

第十四条　兼任教员之待遇标准另定之。

第十五条　教授连续在校服务七年成绩卓著者,得离校考察或研究半年或一年。离校期内仍领原薪,但不得担任其他有给职务。

第十六条　专科学校教员之聘任及待遇,得比照本规程办理,惟教授月薪以第六级为最高额。

第十七条　本规程呈奉行政院备案后施行。

《教育法令》,教育部编,中华书局,
1947 年 5 月版,第 155—156 页

教育部设置部聘教授办法

1941 年 6 月 3 日　行政院通过

第一条　教育部设置部聘教授,适用本办法。

第二条　部聘教授须具备下列条件:

一、在国立大学或独立学院任教十年以上者;

二、教学确有成绩声誉卓著者;

三、对于所任学科有专门著作且有特殊贡献者。

第三条　部聘教授须由教育部提经学术审议委员会全体会议出席委员三分之

二以上之可决后聘请之。

第四条　部聘教授候选人,除由教育部直接提出者外,国立大学及独立学院或经教育部备案之具有全国性之学术团体得就各该学校或团体中合于第二条规定之人员,呈请教育部提出之。

第五条　部聘教授任期五年,期满后经教育部提出学术审议委员会通过续聘者,得续聘之。

第六条　部聘教授薪俸以大学及独立学院教员聘任待遇暂行规程第八条规定之专任教员薪俸表教授月薪第三级为最低薪,由教育部拨交指定服务之学校转发。

第七条　部聘教授,由教育部于公立及已立案之私立专科以上学校特设讲座,从事于讲学及研究,其服务细则另定之。

第八条　部聘教授讲座设置处所,得由教育部根据需要,于学年终了时调动之。

第九条　部聘教授名额暂定三十人。

第十条　本办法自呈准后公布施行。

《教育法令》,教育部编,中华书局,
1947年5月版,第158页

国立音乐院附设音乐教员讲习班简章

1941年8月　教育部公布

第一条　本院奉教育部令特于民国三十年夏季设立音乐教员讲习班(以下简称本班)。

第二条　本班学员定额一百名由教育部分令下列各机关保送。

(一)四川、贵州、云南、陕西、西康、湖北等省教育厅及重庆市社会局就现任省市立师范学校中小学及民众教育馆音乐教员中选送。

(二)国立师范中学教师服务团及社教机关就现任音乐教员保送(各机关保送名额另定)。

第三条　本班讲习期间自三十年七月十六日起至八月三十日止。

第四条 本班讲习科目如下：

（一）精神讲话；

（二）音乐教材及教法；

（三）声乐原理并另加声乐（个别训练）；

（四）钢琴风琴弹奏法；

（五）合唱；

（六）作曲指导；

（七）音乐通论；

（八）专题演讲；

（九）歌词研究；

（十）音乐欣赏；

（十一）指挥法；

（十二）视唱练耳；

（十三）小组会议；

（十四）音乐教育讨论。

第五条 本班各项行政职务由本院院长指派各处室人员兼任之。

第六条 本班讲师由本院院长聘请本院教员及国内专家担任之。

第七条 学员在班讲习期满经考试及格者由本班给予证明书。

第八条 学员来往旅费概由各保送机关支给之。

第九条 学员在班讲习期内之膳宿由本班供给之。

第十条 学员在班讲习期间及来往旅途中仍支原校原薪，讲习期满仍回原学校机关服务，学校机关不得解聘学员亦不得另就他职。

第十一条 本班设重庆青木关。

第十二条 本简章呈由教育部核准后施行。

《艺术教育重要法令》，教育部社会教育司编印，
1942年1月

教育部奖励师范学校教员
进修及学术研究暂行办法

1941年12月9日 教育部颁发

一、本部为奖励师范学校教员进修及学术研究起见,参照修正师范学校规程第一一四条,订定本办法。

二、本办法所称师范学校,包括国立省立市立及联立师范学校或简易师范学校。

三、师范学校教员进修,分休假研究及参观考察两种,于校外行之,进修期限暂定半年,其奖励金额另定之。

四、进修范围,以能增进与所任学科教学有关之专门知识及技能为主。

五、凡申请进修奖励金之教员,须曾经检定合格,并继续担任师范学校专任教员五年以上著有成绩者。

六、凡申请进修奖励金之教员,须在每年五月间由现任学校校长依照本部规定之师范学校教员进修奖励金申请表分别填明,连同进修计划(各项计划书应列项目附后)呈部核办。省市县立师范学校呈由主管教育厅局于六月十五日以前核转本部,国立师范学校于同期以前径呈本部办理。

七、申请进修奖励金之教员经本部核定后,休假研究者,送至本部指定之学校或研究机关从事研究;参观考察者,依前经本部核定之地区,按期进行工作。

八、休假研究之教员,由指定之学校或机关指定人员负责指导,并考核其成绩呈送本部;参观考核者,其参观报告分别呈送或由主管教育厅局核转本部。

九、休假研究或参观考察期满之教员,应回原校服务。

十、受本部进修奖励金之教员,其原有薪金仍得照支;如中途无故停止进修或不回原校服务时,应追还其所有奖励金之全额。

十一、师范学校教员学术研究,在校内进行,不得停止原有工作研究,期限暂定一年。其奖励金额另定之。

十二、学术研究范围,以能增进与所任学科教学有关之专门知识及技能为主。

十三、凡申请学术研究奖励金之学校,应具有下列条件之一:

甲、根据本部视察人员报告认为成绩优良堪任学术研究者；

乙、各省市教育厅局根据视察人员报告认为成绩优良堪任学术研究呈经本部核定者。

十四、担任学术研究之学校，其参加研究之教员以第五项所列资格为准。但无第五项合格人员时，亦得须曾经检定合格，服务师范学校三年以上著有成绩者充之。担任学术研究之教员人数，每校以一人至三人为准，最多不得过五人。

十五、凡依本办法第十三、十四项之规定申请学术研究奖励金之学校，须在每年四月间由现任学校校长，依照本部规定之师范学校申请学术研究奖励金表分别填明，连同研究计划（各项计划书应列项目附后）呈部核办，省市县立师范学校呈由主管教育厅局于五月十五日以前核转本部，国立师范学校于同期以前径呈本部办理。

十六、学术研究报告，应按原计划内规定之日期分别呈送，或由主管教育厅局核转本部审核。

十七、学术研究之奖励金，应以半数津贴参加研究之教员，其余半数充研究材料等项之用。

十八、各省市应将各师范学校休假进修教员、代理人员之薪津，列入师范教育支出预算，统筹支配。

十九、凡休假进修或参加学术研究，曾受本部奖励金之教员，经本部审查其研究或参观成绩，认为优良者，应予以保障。非有修正师范学校规程第一一三条所列情形报经本部核准者，不能解聘。

二〇、本办法由教育部公布施行。

附各项计划书应列项目

一、师范学校教员参观考察计划书项目：

（一）参观目的；

（二）拟往地区（包括行程）；

（三）参观机关及考察要项；

（四）应用表格；

（五）预定期限。

二、师范学校教员休假研究计划书项目：

（一）研究题目；

（二）研究旨趣；

（三）研究方法及程序；

（四）所需材料；

（五）预定期限。

三、师范学校学术研究计划书项目：

（一）研究题目；

（二）研究旨趣；

（三）参加教员；

（四）工作分配；

（五）研究方法及程序；

（六）所需材料；

（七）预定期限。

《教育法令》，教育部编，中华书局，
1947年5月版，第148—250页

教育部给予中等学校教员奖助金办法

1942年11月14日　教育部颁发

第一条　本部为奖励并补助中等学校教员起见特订定本办法。

第二条　凡公立及已立案之私立中等学校业经检定合格之在职专任教员，品格健全，在校继续服务三年以上著有成绩且合于下列各项规定之全部或一部（至少三项以上）者，得依本办法之规定申请奖助。

一、勤于职守，在学校上课期间未曾请假者；

二、教学认真，每学期课程均能按照预定进度授毕者；

三、训导有方，并能以身作则足为学生楷范者；

四、努力进修，并有专门著述发表者；

五、热心公务，对于学校确有贡献者；

六、生活艰难，直系亲属超过五口以上者。

第三条 中等学校教员奖助金依照前条各项之规定分为甲乙丙三种：

甲种（合于六项规定者）给与国币五百元；

乙种（合于四项规定者）给与国币四百元；

丙种（合于三项规定者）给与国币三百元。

第四条 凡申请奖助金之教员应于每学年开始时填具申请书，送由服务学校转呈主管教育行政机关审查。

第五条 各省市教育行政机关应组织各该省市中等学校教员奖助金审查委员会，除由各该机关长官为主任委员外，并就所属主要职员中指派四人至六人为委员。国立各中等学校及国立各大学或学院附属中学或附设职业学校教员申请奖助金，由部长指派本部职员五人至七人为委员，并指定一人为主任委员，组织审查委员会审查之。

第六条 各省市中等学校教育奖助金审查委员会，应将审查结果报由各该省市教育行政机关造册，连同申请书转呈本部核发奖助金。

第七条 中等学校教员奖助金以给与在职教员为限，分两期发给。其在发给奖助金时已去职者不予发给。

第八条 本办法自令行之日施行。

《教育法令》，教育部编，中华书局，
1947 年 5 月版，第 234—235 页

教育部奖励中等学校教员休假进修办法

1942 年 11 月 17 日 教育部颁发

第一条 本部为奖励中等学校教员休假进修起见特订定本办法。

第二条 休假进修之教员,以在一校继续服务满九年并合于下列各项条件者为限。

一、曾受检定合格者;
二、服务于公立或已立案之私立学校者;
三、系专任者;
四、曾经本部或各省市教育行政机关视导人员认为成绩优良者;
五、品格健全并无不良嗜好者。

第三条 合于前条规定之中等学校教员,应填具休假进修申请表,由服务之学校呈送主管教育行政机关核定后,于每学期开始两个月造册,连同申请表汇呈本部审查。

第四条 休假进修之期限为一年,仍支原薪及各项补助或津贴,由各省市教育行政机关,每年核计应行休假进修教员人数,细列各该省市教育文化费概算内,本部另予核给奖金分甲乙两种,其数目及每年核给名额另以命令定之。

第五条 中等学校教员休假进修分为研究及考察两种,以与所任教课或职务有关者为限。

前项研究之处所或考察之地区,得由各省市教育行政机关或由本部指定之,必要时并酌予补助旅费。

第六条 休假进修之教员,应就志愿或指定研究考察之事项拟具计划书,呈送主管教育行政机关核定后转呈本部备查。

第七条 休假进修之教员,应于每半年及进修完毕时,分别将研究或考察情形及结果缮具书面报告,呈由主管教育行政机关转呈本部备查,本部给予奖金分两期核发,如中途停止进修或转任其他职务应予停发。

第八条 休假进修教员进修期满应仍回原校服务,非经主管教育行政机关核准不得转往其他学校服务。

第九条 休假进修教员之奖励,除依本办法规定外,仍得享受其他优待及奖励。

第十条 本部直辖各中等学校休假进修教员之奖励,适用本办法各条之规定,由各校径呈本部核奖。

第十一条　本办法自令行之日施行。

《教育法令》，教育部编，中华书局，
1947年7月再版，第235页

奖励师范学校教员学生研究实施要点

1943年10月2日　教育部颁发

一、师范学校教员继续在一校任职满五年成绩优良者，其学术研究依照部颁奖励师范学校教员进修及学术研究暂行办法办理之。

二、师范学校教员继续在一校任职达规定年限者，除应依照规定给予休假外，其成绩特优者并得选送国内外学术机关参观研究。

三、前项服务成绩优良之教员，对于教育学术且有高深研究并撰有著述呈经本部审查合格者，得发给专科以上学校教员合格证书，分发师范学院担任教师。

四、师范学校服务成绩优良之教员，有专门研究或著述经本部审查合格者由本部核发奖金或奖状。

五、以上应受奖励之师范学校教员以曾受检定合格者为限。

《教育法令》，教育部编，中华书局，
1947年5月版，第251页

国立中等学校教职员薪级表

1943年10月12日 教育部颁发

级别	薪额	职别											
1	400	校长											
2	380	校长											
3	360	校长											
4	340	校长											
5	320	校长	分校长或分部主任										
6	300		分校长或分部主任	处主任									
7	280		分校长或分部主任	处主任	课主任	高中导师							
8	260		分校长或分部主任	处主任	课主任	高中导师	高中专任教员						
9	240		分校长或分部主任	处主任	课主任	高中导师	高中专任教员	初中导师	初中专任导师				
10	220		分校长或分部主任	处主任	课主任	高中导师	高中专任教员	初中导师	初中专任导师		校医		
11	200		分校长或分部主任	处主任	课主任	高中导师	高中专任教员	初中导师	初中专任导师	组长	校医		
12	180							初中导师	初中专任导师	组长	校医	护士	
13	160								初中专任导师	组长	校医	护士	干事
14	140									组长	校医	护士	干事
15	130											护士	干事
16	120											护士	干事
17	110												干事
18	100												干事
19	90												书记
20	80												书记
21	70												书记
22	60												书记

《教育法令》，教育部编，中华书局，1947年5月版，第234页。

教育部设置优良中心国民学校国民学校校长教员奖励金办法

1943年10月24日 教育部颁发

第一条 本办法为奖励优良中心国民学校、国民学校校长、教员努力服务起见订定之。

第二条 各省市（行政院直辖市）中心国民学校、国民学校校长、教员，以具有法定资格继续服务小学教育三年以上，而有下列事实三项以上经查明属实者，得核发奖励金：

一、处理校务能迅速有条理；

二、筹集学校基金及最低限度设备能努力完成；

三、所任教课能运用教学方法指导学生认真作业并能适合小学课程标准规定之进度与成绩；

四、训导学生能运用小学训育标准所指示之方法，以养成其优良之习性，处事之能力，强健之体魄；

五、办理民教部能如期进行，每期并有三分之二以上学生毕业；

六、能遵照（中心国民学校、国民学校设施要则第十四条）规定举办各种社会教育著有成绩；

七、能制作适用之教具或编辑适合程度之地方性教材，在本校应用有成绩；

八、能充分利用课余时间协助乡镇保之自治工作。

前项各款事实应以上一学年内之服务成绩为准。

第三条　中心国民学校、国民学校校长、教员奖励金之名额，凡实施国民教育之市（包括行政院直辖市）县每年暂各核给一名。

第四条　中心国民学校、国民学校校长、教员之奖励金暂定每名五百元。

第五条　各县市每年应将具有第二条领受奖励金之校长、教员三名，分别开具姓名、性别、年龄、籍贯、学历经历、到职年月、现在职务、通讯处，连同优良事实详细记录表制作及编辑之教具、教材及本人像片二张，于六月十五日以前送省审核。

第六条　各省应将县市所呈报三名优良校长、教员之成绩，详细审核遴选最优者一名，次优者二名，连同前条所附表件，于每年七月底以前汇报本部审核。

第七条　各省选送优良校长、教员，经本部审查核定其最优之一名，给予奖励金五百元，其次优之二名由省传命嘉奖以资鼓励。

第八条　行政院直辖市准用本办法第五条至第七条之规定分别办理。

第九条　受奖之校长、教员得由本部随时委托研究或实验指定之问题另给酬金。

第十条　本办法自公布之日施行。

《教育法令》，教育部编，中华书局，
1947年5月版，第303页

大学及独立学院教员资格审查
暂行规程施行细则

1940年9月　教育部公布

1943年11月4日　教育部修正公布

第一条　本细则依大学及独立学院教员资格审查暂行规程（以下简称暂行规程）第十五条之规定订定之。

第二条　各校所聘教员，未经教育部审查合格者，应于学年开始后九个月内，由校呈请审查。

各校拟聘及现不在职之教员，得由学校或其本人随时呈请审查之。

第三条　学校呈请或教员自请审查资格，须呈缴下列各件：

一、履历表：载姓名、别号、性别、籍贯、生平、学历、经历、现任职务、著作、擅长科目及请予审查之等别各项；

二、毕业证书或学位证书或学历证书；

三、著作：须印刷成品者，无著作者缺，著作甚多者得择份缴还；

四、服务证书：服务学校或机关之原聘约或任用状，其因故遗失者须有原学校机关或其主管官署查案证明之文件；

五、其他足资证明资格之文件（如服务成绩证明书等）；

六、相片：二寸半身像片三张，一张粘贴履历表上，余二张随缴。

第四条　教员呈送之履历表及照片，概不发还，其余各件于审查竣事后发还。

第五条　暂行规程第七条规定之审查办法，除由学校呈请审查者外，其经学术审议委员会委员三人以上之联名荐举者，得径提学术审议委员会投票表决之。

第六条　暂行规程公布前曾任教员者资格之审查，如援用暂行规程第十三条之规定时，应于该规程公布后三年内送审，逾期即不得援用该条。

第七条　暂行规程公布前教员之服务年资得照计算，惟以公立及已立案之私立大学或独立学院专任教员为限。该规程公布后之服务年资，应照规定资格相当等别计算。

第八条 暂行规程第三条至第六条各条款所称之成绩,应行审查之要项如下:

一、国内外大学毕业成绩,审查其毕业考试成绩及名次;

二、学术机关研究或服务成绩,审查其研究报告著作,或成绩证明书;

三、得有博士硕士学位或其同等学历证书者成绩之审查,审查其论文及授予学位或证书之学校或机关之地位;

四、教员服务成绩之审查,审查其教学期间之著作研究或成绩证明书。

五、执行专门职业者成绩之审查,审查其业务成绩或著作。

第九条 教授、副教授、讲师、助教,由教育部于审查合格后分别发给证书。

第十条 在职之专任副教授、讲师、助教完满定期教务,经学校考查其成绩确属优良而有专门著作者,由校呈请为升等之审查时,须呈缴下列各件:

一、履历表:项目与第一款同,惟须注明前审查年月,已领证书等别之号数;

二、毕业证书或学位证书或学历证书:限于前次审查后继续深造所得之证书;

三、著作品:限于前次审查后续出之著作;

四、服务证书:限于前次审查后继续服务之证书;

五、其他足资证明资格之文件;

六、相片:与第三条六款同。

第十一条 大学及独立学院兼任教员资格之审查手续与专任教员同。

第十二条 专科学校教员资格之审查,适用本细则。

第十三条 本细则自公布日施行。

《教育法令》,教育部编,中华书局,
1947年5月版,第157页

学校教职员退休条例

1944年6月22日 国民政府公布

第一条 学校教职员之退休依本条例行之。

第二条 教职员有下列情形之一者得声请退休:

一、服务十五年以上年龄已达六十岁者；

二、服务二十五年以上成绩昭著者。

前项服务年数以在公立学校依规定资格任用而有证明者为限，并至少应连续在同一学校服务五年。

第三条　教职员有下列情形之一者应即退休：

一、年龄已达六十五岁者；

二、心神丧失或身体残废致不胜职务者。

教职员已达前项退休年龄如尚堪任职务者，学校得依事实之需要，报请主管教育行政机关延长之。

第四条　教职员有下列情形之一者给予年退休金：

一、服务十五年以上已达声请退休年龄而声请退休者；

二、服务二十五年以上成绩昭著而声请退休者；

三、服务十五年以上已达退休年龄而应即退休者；

四、服务十五年以上心神丧失或身体残废致不胜职务而应即退休者；

五、因公伤病致心神丧失或身体残废不胜职务而应即退休者。

前项第五款之教职员如服务未满十五年者，其年退休金之给予以满十五年论。

第五条　教职员有下列情形之一者给予一次退休金：

一、服务五年以上十五年未满，已达退休年龄而应即退休者；

二、服务五年以上十五年未满，因心神丧失或身体残废不胜职务而应即退休者。

前项服务年数，以在公立学校依规定资格任用而有证明者为限。

第六条　年退休金之数额，专任教职员按其退职时之月薪额合成年薪，兼任教员按其最后三年内年薪平均数，依下列百分比率定之：

一、服务十五年以上二十年未满，声请退休者百分之四十，应即退休者百分之五十；

二、服务二十年以上二十五年未满，声请退休者百分之四十五，应即退休者百分之五十五；

三、服务二十五年以上三十年未满，声请退休者百分之五十，应即退休者百分之六十；

四、服务三十年以上声请退休者百分之五十五，应即退休者百分之六十五。服务十五年以上之教职员因公伤、病致心神丧失或身体残废不胜职务而应即退休者，依前项规定外再加百分之十。

第七条　一次退休金之数额，按该教职员服务年资计算，每满一年给予退职时月薪一个月之退休金，其未满一年而达六个月以上者以一年计。

第八条　在非常时期，学校教职员之退休金除依前二条给予外，并应按现任教职员之待遇比例增给之，但一次退休金其增给额不得超过其待遇一年总额百分之四十。

第九条　教职员领受年退休金后再任教职员者，于再退休时得依第六条之规定改定其年退休金。

第十条　教职员领受一次退休金后再任教职员者，再退休时其第一次退休前之服务年数不得合并计算。

第十一条　教职员之退休金在国立省立院辖市市立学校，由国库支给；在县市区乡镇保立学校，由县市经费支给。

第十二条　年退休金之给予，自该教职员退职之次月起至权利消灭之月止。

第十三条　有下列情形之一者，丧失其领受退休金之权利：

一、死亡；

二、褫夺公权终身者；

三、背叛中华民国经通缉有案者；

四、丧失中华民国国籍者。

第十四条　有下列情形之一者，停止其领受年退休金之权利：

一、褫夺公权尚未复权者；

二、领受年退休金后，再任有俸薪职务者。

第十五条　请领退休金之权利，自该教职员退职之次日起，经过五年不行使而消灭。

第十六条　领受退休金之权利不得扣押、让与或供担保。

第十七条　退休教职员本人、配偶及其直系血亲属随在服务处所者,于回籍时,得视其路程远近、亲属年龄,由最后服务学校给予旅费。

第十八条　社会教育机关服务人员之退休,由主管教育机关比照本条例行之。

第十九条　受政府聘任之学术机关,有给职员之退休,由教育部比照本条例核定之。

第二十条　私立学校教职员应领之退休金,由各该学校参照本条例,依其经费情形酌量支给之。其退休金经费有不足时,由主管教育机关补助之。

第二十一条　本条例施行细则,由教育部定之。

第二十二条　本条例自公布日施行。

《教育法令》,教育部编,中华书局,
1947年5月版,第64页

学校教职员抚恤条例

1944年6月22日　国民政府公布

第一条　学校教职员之抚恤依本条例行之。

第二条　教职员有下列情形之一者,给予遗族年抚恤金:

一、服务十五年以上病故者;

二、依法领受年退休金中而死亡者;

三、因公死亡者。

前项服务年数以在公立学校依规定资格任用而有证明者为限,并至少应连续在同一学校服务五年。第三款之教职员如服务不满十五年者,其遗族年抚恤金之给予,以满十五年论。

第三条　教职员服务三年以上十五年未满在职病故者,给予遗族一次抚恤金。

前项服务年数以在公立学校依规定资格任用而有证明者为限。

第四条　遗族年抚恤金之数额:专任教职员按其死亡时或退休时之月薪额合成年薪;兼任教员按其最后三年内年薪平均数,依下列百分比率定之:

一、服务十五年以上二十年未满者百分之三十；

二、服务二十年以上二十五年未满者百分之三十五；

三、服务二十五年以上三十年未满者百分之四十；

四、服务三十年以上者百分之四十五。

服务二十五年以上之教职员因公死亡者，其遗族年抚恤金除依前项规定外，再加百分之十。

第五条 遗族一次抚恤金按该教职员死亡时之月薪，服务三年以上六年未满者给四个月，六年以上十五年未满者每满三年加给两个月。

第六条 在非常时期，学校教职员遗族抚恤金除依前二条给予外，并应按现任教职员之待遇比例增给之。但遗族一次抚恤金其增给额不得超过其待遇一年总额百分之三十。

第七条 教职员遗族抚恤金在国立省立院辖市市立学校，由国库支给；在县市区乡镇保立学校，由县市经费支给。

第八条 教职员遗族领受抚恤金之顺序如下：

一、妻或残废之夫、未成年子女及已成年而残废不能谋生之子女；

二、未成年之孙子及孙女，但以其父死亡或残废不能谋生者为限；

三、父、母；

四、祖父、母；

五、未成年之同父弟妹。

前项第一款未成年子女或第二款未成年孙子及孙女超过三人者，其遗族年抚恤金应按第四条之规定，再加百分之十。

第九条 法定领受抚恤金之遗族在同一顺序有数人者，其抚恤金应平均领受之。如有一人或数人愿抛弃其应领部分，或因法定事由，其领受权消灭时，该部分抚恤金匀给其他有权领受之人。

第十条 第八条第一款至第四款遗族之抚恤金领受权因法定事由消灭时，其抚恤金得依次移转于其余各款遗族领受。

第十一条 遗族年抚恤金之给予，自该教职员死亡之次月起至下列事由发生之月止：

一、其妻死亡或改嫁；

二、其子女已成年；

三、残废之夫或残废之成年子女能自谋生活或死亡；

四、其孙子及孙女或弟妹已成年；

五、其父母、祖父母死亡。

第十二条 有下列情形之一者，丧失其抚恤金领受权：

一、褫夺公权者；

二、背叛中华民国经通缉有案者；

三、丧失中华民国国籍者。

第十三条 请领抚恤金之权利，自该教职员死亡之次日起经过五年不行使而消灭。

第十四条 领受抚恤金之权利，不得扣押、让与或供担保。

第十五条 教职员在职死亡无力殓葬者，应由最后服务学校给予殓葬补助费。

第十六条 社会教育机关服务人员之抚恤，由主管教育机关比照本条例行之。

第十七条 受政府聘任之学术机关有给职员之抚恤，由教育部比照本条例核定之。

第十八条 私立学校教职员之抚恤金，由各该学校参照本条例，依其经费情形酌量支给之。其抚恤金经费有不足时，由主管教育机关补助之。

第十九条 本条例施行细则，由教育部定之。

第二十条 本条例自公布日施行。

《教育法令》，教育部编，中华书局，
1947年5月版，第67—68页

教员服务奖励规则

1940年4月29日 教育部公布

1945年6月29日 教育部修正公布

第一条 教员服务之奖励除别有规定外依本规则行之。

第二条　本规则所称之教员,系指各级公立及已立案之私立学校校长及专任教员而言。

第三条　凡连续服务十年以上成绩优良并经检定或审查合格之教员,经查明属实者,分别授与服务奖状。

第四条　教员服务奖状分为下列三种:

一、"智"字服务奖状。

二、"仁"字服务奖状。

三、"勇"字服务奖状。

前项"智"字服务奖状以淡红色纸,"仁"字服务奖状以淡黄色纸,"勇"字服务奖状以白色纸印制。

第五条　教员服务奖状之给与标准如下:

一、在同一学校连续服务在十年以上十五年未满者授与"勇"字服务奖状。

二、在同一学校连续服务十五年以上二十年未满者授与"仁"字服务奖状。

三、在同一学校服务在二十年以上者授与"智"字服务奖状。

第六条　教员服务年数自到职之日起算,在本规则公布前或在学校立案前之服务年数得照追计,但以有确据者为限。

第七条　学校改组或变更校名者,各教员在改组或变更校名前之服务年数得照追计。

第八条　教员经主管教育行政机关调任他校服务,或因特殊情形在同一学校离职后而重复任职者,其前后服务年数得合并计算。

第九条　领受服务奖状之教员以在职者为限。

第十条　应授与服务奖状之教员,由各该校开列姓名、性别、年龄、籍贯、担任学科、学历、经历、所服务学校名称、到校年月、连续服务年数等项,连同证件依照下列规定呈请核明授与。

一、"智"字服务奖状依照规定经呈或转教育部核明授与。

二、"仁"字服务奖状及"勇"字服务奖状呈请主管教育行政机关核明授与。但县市国民学校、中心国民学校及私立小学教员"仁"字服务奖奖应由主管教育行政机关转呈教育厅核明授与。

第十一条　各县市教育行政机关应于每年四月底以前将授与"勇"字服务奖状之教员姓名、所服务学校名称、担任学科、到校年月、连续服务年数等汇报教育厅转呈教育部备案。

第十二条　各省市教育行政机关应于每年六月底以前将授与"仁"字及"勇"字服务奖状之教员姓名、所服务学校名称、担任学科、到校年月、连续服务年数等汇报教育部备案。

第十三条　侨民学校教员连续服务在十年以上者,其请奖手续由各驻外领事馆开列姓名、性别、年龄、籍贯、担任学科、学历、经历、所服务学校名称、到校年月、连续服务年数等项连同证件呈请教育部核办。

第十四条　服务奖状如有遗失时得声叙原因呈请补给。

第十五条　各省市县教育行政机关授与服务奖状之教员、姓名、所服务学校名称及奖状种类,每月由主管教育行政机关定期公布一次。全国授与服务奖状之教员姓名、所服务学校名称及奖状种类由教育部定期公布之。

第十六条　服务奖状之式样如附图(略)。

第十七条　本规则自公布之日施行。

《教育法令》,教育部编,中华书局,
1947年5月版,第63—64页

国民学校教职员任用待遇保障进修办法

1945年12月1日　行政院核定
1946年1月5日　教育部公布

第一条　本办法依国民学校法第二十三条之规定订定之。

第二条　县市政府及院辖市主管教育行政机关,每学期应举办国民学校及中心国民学校教职员之登记,并于学年开始两个月前公布其姓名、学历,如遇人数过多,得分期公布之。

第三条 凡具有国民学校及中心国民学校规则第十九条所定资格及经检定合格之教职员,均得声请登记。

第四条 凡依本办法登记公布之教职员,均应尽先任用之。

第五条 合格人员不敷时,得遴委合格教导主任或服务未满二年之合格教员为代理校长,遴聘服务未满一年之合格教员为代理教导主任,具有得受国民学校及中心国民学校教员试验检定之资格,或曾受短期师资训练者,为代用教员。

第六条 国民学校教职员应由校长于学年或学期开始一个月前聘任之。初聘以一学期为原则,以后续聘,任期为一学年,聘定后应即呈报主管教育行政机关备案。教职员中途自请退职,须商得校长同意。如有因故解职,应由校长呈报主管教育行政机关备案。

第七条 国民学校教职员之薪给,应由各省、市教育厅、局依照下列各款之规定,斟酌地方情形另订实施办法,呈准教育部备案施行。

一、薪给以每年十二个月计算,按月十足发给,不得折扣。

二、最低薪津应以当地个人食、衣、住三者所需生活费之三倍为标准,并得比照当地县市级公务人员薪给标准支给。

三、最低薪额之外应按照教职员资历高下、服务久暂、职务繁简,分别增加其薪额。

四、薪额以发给国币为原则、但得以米麦等主要食粮代替其折算,价格应依市价。

第八条 国民学校教职员遇有下列事项请假时,仍得享受原有待遇。其代课教员之薪津,由校呈请教育行政机关另行支给之。

一、本人婚嫁得给假二星期。

二、父母或配偶丧亡得给假一个月。

三、女教职员生育得给假六星期。

四、在一县市区域内连续服务满十年者得给休息假一年。

五、在一县市区域内连续服务满十五年者每年得给休息假二星期。

第九条 现任国民学校教职员家境清贫者,其子女肄业,各级学校得按其服务年限之久暂,依照下列各款分别免缴各项费用:

一、现任教职员之子女肄业于本县市立之中等学校者免其学费;

二、教职员服务满五年,其子女肄业于公立中等学校者,免其学宿费;

三、教职员服务满十年,其子女肄业于公立中等学校或公立专科以上学校者,免其学宿费;

四、教职员服务满十五年,其子女肄业于公立中等学校者,免其学宿膳费;

五、教职员服务满二十年,其子女肄业于公立中等学校或公立专科以上学校者,免其学宿膳费。

前项声请免费手续,除专科以上学校之免费手续由教育部另行规定外,余均由各省市教育厅局定之。

第十条 国民学校教职员之服务成绩特别优良者,得就下列各项分别予以奖励,其实施办法由各省市教育厅局定之。

一、发给奖金或奖状;

二、升任简易师范学校或简易师范科及同等程度之学校教员,担任其所特长学科之教学;

三、考升专科以上学校,肄业时得补助或贷予半数以上之升学费用。

第十一条 省市主管教育行政机关,应视国民学校及中心国民学校教职员待遇情形及地方教育经济状况,提倡福利事业,如:办理储蓄合作社等。其实施办法由各省市教育厅局定之。

第十二条 国民学校教职员应依法保障,不得随校长或主管教育行政人员之更迭而进退,非有下列情形之一者不得解职:

一、违犯刑法证据确凿者;

二、行为不检或有不良嗜好者;

三、任意旷废职务者;

四、成绩不良者;

五、身体残废或身有痼疾不能任事者。

第十三条 国民学校教职员非有前条各款情形之一而解职者,得声叙理由,呈请主管教育行政机关或上级教育行政机关查明纠正。

第十四条 国民学校教职员之进修,应随时注意其教导知识技术之增进,道德之修养,体魄之锻炼以及其他学术之研究,并参加下列各种研究进修机关:

一、主管教育行政机关举办之假期训练班;

二、依照部令组织之各级国民教育研究会;

三、师范学院或国立师范学校附设之进修班及函授学校。

第十五条 幼稚园职员之任用、待遇、保障、进修,适用本办法之规定。

第十六条 本办法自公布日施行。

《教育法令》,教育部编,中华书局,
1947年5月版,第294—295页

中学及师范学校教员检定办法

1944年7月7日　教育部颁发
1947年4月9日　教育部修正公布

第一条 中学及师范学校教员资格之检定依本办法之规定。

第二条 前条检定事项由各省市教育行政机关组织中学及师范学校教员检定委员会办理,其组织规程另定之。

第三条 中学及师范学校教员之检定分无试验检定与试验检定两种。无试验检定由检定委员会审查其各项证明文件决定之;试验检定除审查其各项证明文件外并加以试验。

第四条 试验检定每学年举行一次,于第一学期开始前举行之。无试验检定每学期举行一次,于每学期开始前举行之。

第五条 具有下列资格之一者得受无试验检定:

一、高级中学教员

1. 国内外师范学院或师范大学毕业者。

2. 国内外大学研究院所研究期满得有硕士或博士学位者。

3. 国内外大学教育学院系毕业或其他各院系毕业曾修习教育学科二十学分以上有证明书者。

4. 国内外大学各院系高等师范本科或专修科毕业后有一年以上之教学经验者。

5. 国内外专科学校（修业年限在三年以上并系招收高中毕业生者）专门学校本科并大学专修科毕业后有二年以上之教学经验者。

6. 曾任高级中学或其同等学校教员五年以上，经主管教育行政机关考核，认为成绩优良并有专门著述发表者。

7. 具有精练技术者（专适用于劳作科教员）。

二、初级中学教员

1. 具有高级中学教员于试验检定规定资格之一者。

2. 国内外大学各院系高等师范本科或专修科师范学院初级部或师范专科学校毕业者。

3. 国内外专科学校（修业年限须在三年以上并系招收高中毕业生者）专门学校本科或大学专科毕业后有一年以上之教学经验者。

4. 曾任初级中学或其同等学校教员五年以上经主管教育行政机关考核认为成绩优良者。

5. 具有精练技术者（专适用于劳作科教员）。

三、师范学校教员

1. 国内外师范学院或师范大学毕业者。

2. 国内外大学研究院所研究期满得有硕士或博士学位者。

3. 国内外大学教育学院或其他各院系毕业曾修习教育学科二十学分以上有证明书者。

4. 国内外大学各院系高等师范本科或专修科毕业后有一年以上之教学经验者。

5. 国内外专科学校（修业年限须在三年以上并系招收高中毕业生者）专门学校本科或大学专修科毕业后有二年以上之教学经验者。

6. 曾任师范或其同等学校教员五年以上经主管教育行政机关考核认为成绩优

良并有专门著述发表者。

7. 具有精练技术者(专适用于劳作科教员)。

四、简易师范学校教员

1. 具有师范学校教员于试验检定规定资格之一者。

2. 国内外大学各院系高等师范本科或专修科师范学院初级部及师范专科学校毕业者。

3. 国内外专科学校(修业年限须在三年以上并系招收高中毕业生者)专门学校本科或大学专修科毕业后有一年以上之教学经验者。

4. 曾任简易师范或其同等学校教员五年以上经主管教育行政机关考核认为成绩优良者。

5. 具有精练技术者(专适用劳作科教员)。

第六条　具有下列资格之一者得受试验检定:

一、高级中学教员

1. 国内外大学各院系毕业者。

2. 国内外专科学校(修业年限须在三年以上并系招收高中毕业生者)专门学校本科或大专修科毕业后有一年以上之教学经验者。

3. 检定合格之初级中学教员在检定后有一年以上之教学经验者。

4. 曾任高级中学教员三年以上者。

5. 具有精练之艺术技能者(专适用于图书音乐教员)。

二、初级中学教员

1. 国内外专科学校(包括五年制专科学校)、专门学校或大学专修科毕业者。

2. 与高级中学程度相当学校毕业后有二年以上之教学经验并对所受检定学科确有研究成绩或有专门著述发表者。

3. 曾任初级中学教员三年以上者。

4. 具有精练之艺术技能者(专适用于图书音乐教员)。

三、师范学校教员

1. 国内外大学各院系毕业者。

2. 国内外专科学校(修业年限须在三年以上并系招收高中毕业生者)专门学校本科或大学专修科毕业后有一年以上之教学经验者。

3. 检定合格之简易师范学校教员在检定后有一年以上之教学经验者。

4. 曾任师范学校教员三年以上者。

5. 具有精练之艺术技能者(专适用于图书音乐教员)。

四、简易师范学校教员

1. 国内外专科学校(包括五年制专科学校)、专门学校或大学专修科毕业者。

2. 与师范学校程度相当学校毕业后,有二年以上之教学经验并对所受检定学科确有研究成绩或有专门著述发表者。

3. 曾任师范学校教员三年以上者。

4. 具有精练之艺术技能者(专适用于图书音乐教员)。

第七条　中学及师范学校教员申请检定时须呈缴下列各件：

一、毕业证书或修业证书。

二、服务证明书。

三、著作(无著作者缺)。

四、本人履历书、志愿书及最近照片。

第八条　各省市举行中学及师范学校教员试验检定,须于三个月前由各省市教育行政机关将日期及办法登报公布。

第九条　中学及师范学校教员试验检定之科目如下：

甲、共同应度科目

1. 教育概论

2. 教学法

3. 总理遗教及总裁言论

乙、专科应试科目

一、公民科

1. 党义

2. 法学通论

3. 政治学

4. 经济学

5. 社会学

6. 论理学

二、体育科

1. 体育原理

2. 各种运动法则及原理

3. 健康教育及健康检查

4. 运动裁判法及指导

5. 体育教学法

三、国文科

1. 作文（一篇）

2. 文法及修辞

3. 中国文学史

4. 文字学

5. 国文教学法

四、英语科

1. 作文（一篇及翻译）

2. 英国文学

3. 英语文法及修辞

4. 英语教学法

五、数学科

1. 普通数学（包括算术、代数、几何及三角）

2. 立体几何

3. 高级代数

4. 微积分

5. 平面及立体解析几何

6. 数学教学法

六、生物科

1. 植物学

2. 动物学

3. 遗传学及进化论

4. 生物教学法

七、矿物科

1. 矿物学

2. 地质学

3. 矿物地质教学法

八、博物科

1. 动物学

2. 植物学

3. 地质矿物概要

4. 博物教学法

九、生理及卫生科

1. 生理学

2. 病理学

3. 传染病

4. 急救

5. 卫生

6. 生理及卫生教学法

十、化学科

1. 有机化学

2. 无机化学

3. 分析化学

4. 理论化学

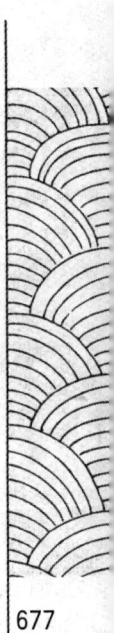

5. 工业化学概论

6. 化学教学法

十一、物理科

1. 物性学及热学

2. 力学

3. 光学

4. 电学

5. 近世物理学

6. 物理学教学法

十二、历史科

1. 本国史

2. 外国史

3. 历史教学法

十三、地理科

1. 本国地理

2. 外国地理

3. 自然地理

4. 地图书法

5. 地理教学法

十四、图书科

1. 作书（中国画一幅、木炭画一幅、石膏模型一幅）

2. 美学概要

3. 西洋画概论

4. 透视学

5. 图画教学法

十五、音乐科

1. 普通乐学

2. 和声学

3. 各种乐器奏法（钢琴、提琴及中国乐器中之任何一种）

4. 音乐教学法

5. 唱奏

十六、师范学校教育科

1. 教育心理

2. 教育史

3. 教育统计及测验

4. 教育行政

5. 社会教育

6. 教育辅导

7. 小学各科教材及教学法

十七、幼稚教育科

1. 儿童心理

2. 保育法

3. 教育测验及统计

4. 幼稚园行政

5. 幼稚园教材及教学法

十八、师范学校地方自治科

1. 地方自治

2. 地方行政

3. 地方建设

4. 农村经济及合作

5. 地方自治教学法

丙、口试

各省市如有特殊情形，对于本条所列各项专科应试科目得酌量减试一、二种。其初中及简易师范学校各科教员试验科目均应比照前列科目酌量减少及减低其

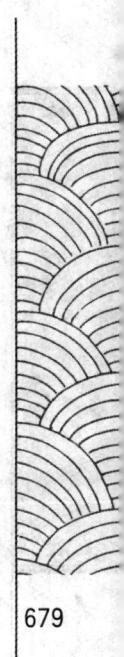

程度。

第十条　受试验检定者以各科目及口试内满六十分为及格。

第十一条　检定合格者由各省市教育行政机关给予检定合格证书（填明科目），检定合格证书有效期限为六年，期满重行检定。

第十二条　检定合格者由各省市教育行政机关给予该科目及格证明书。以后再请检定时得免除该科目之试验。

第十三条　无试验检定或试验检定不合格而学力或经验尚可之现任中等学校教员，一俟参加进修班经过相当时期进修习满指定之进修科目，领得证书后，视同试验检定合格，发给试验检定合格证书。

第十四条　本办法自公布日施行。

《教育法令》，教育部编，中华书局，
1947年5月版，第230—233页

抗战教育

总动员时督导教育工作办法纲领（节录）

1937年8月27日　教育部公布

一、战争发生时，全国各地各级学校暨其他文化机关，务力持镇静，以就地维持课务为原则。

二、比较安全区域内之学校，尽可能范围内，设法扩充容量，收容战区学生。

三、各级学校之训练，应力求切合国防需要，但课程之变更，仍须遵照部定范围。

四、各级学校之教职员暨中等以上学校之学生，得就其本地成立战时后方服务团体，但须严格遵照部定办法，不得以任何名义妨害学校之秩序。

五、为安定全国教育工作起见，中央及各省市教育经费，在战时仍应照常发给，倘至极万不得已有量予紧缩之必要时，在中央应由财教两部协商呈准行政院核定后办理，在地方应由主管财教厅局会商呈准省市政府核定后办理。

六、中央及各地方主管教育行政机关，对于战区内学校之经费，得为财政紧急处分，酌量变更其用途，必要时并得对于其全部主管教育经费，为权宜之处置，以适应实际需要。

《第二次中国教育年鉴》第1编第2章

战时各级教育实施方案纲要（节录）

1938年3月30日　中国国民党临时全国代表大会通过

九大方针：

（一）三育并进；（二）文武合一；（三）农村需要与工业需要并重；（四）教育目的

与政治目的一贯;(五)家庭教育与学校教育密切联系;(六)对于吾国文化固有精粹所寄之文学哲艺,以科学方法加以整理发扬,以立民族之自信;(七)对于自然科学,依据需要,迎头赶上,以应国防与生产之急需;(八)对于社会科学,取人之长,补己之短,对其原则整理,对于制度应谋创造,以求一切适合于国情;(九)对于各级学校教育,力求目标之明显,并谋各地平均之发展,对于义务教育,依照原定期限以达普及,对于社会教育与家庭教育,力求有计划之实施。

十七要点:

(一)对现行学制大体应仍维现状,唯遇拘泥模袭他国制度过于划一而不易施行者,应酌量变通,或与以弹性之规定,务使因事制宜,因材施教,而收实际效果。

(二)对于全国各地各级学校之迁移与设置,应有通盘计划,务与政治经济实施方针相呼应。每一学校之设立,及每一科系之设置,均应规定其明确目标与研究对象,务求学以致用,人尽其才,庶几地尽其利,物尽其用,货畅其流之效可见。

(三)对师资之训练,应特别重视,而亟谋实施。各级学校教师之资格审查与学术进修之办法,应从速规定,以养成中等学校德智体三育所需之师资,并应参酌从前高等师范之旧制而急谋设置。

(四)对于各级学校各科教材,应彻底加以整理,使之成为一贯之体系,而应抗战与建国之需要;尤其尽先编辑中小学公民、国文、史、地等教科书及各地乡土教材,以坚定爱国爱乡之观念。

(五)对于中小学教学科目,应加以整理,毋使过于繁重,致损及学生身心之健康。对于各大学各院科系,应从经济及需要之观点,设法调整,使学校教学力求切实,不事铺张。

(六)计定各级学校训育标准,并切实施行导师制,使各个学生在品格修养及生活指导与公民道德之训练上,均有导师为之负责,同时可重立师道之尊严。

(七)对于学校及社会体育应普遍设施,整理体育教材,使与军训童训取得联贯,以矫正过去之缺点;强迫课外运动,以锻炼在学青年之体魄,并注意学生卫生方法之指导及食物营养之充足。

(八)对于管理应采严格主义,尤注意于中学阶段之严格管理。中等以上学校一律采军事管理方法,养成清洁、整齐、确实、敏捷之美德,劳动服务之习惯,与负责任守纪律之团体生活。

(九)对于中央及地方之教育经费,一方面应有整个之筹集与整理方法,并设法逐年增加;一方面务使用得其当,毋使虚縻。

(十)对于各级学校之建筑,应只求朴实合用,不宜求其华美,但仪器与实习用具之设备,应尽量充实,期达到规定之标准。

(十一)各级教育行政机构,应设法使其完密,尤应重视各级督学工作之联系与效能;对各级教育行政人员之人选,以德行与学识并重,特别慎重权衡。

(十二)全国最高学术审议机关应即设立,以提高学术标准。

(十三)考计留学制度,务使今后留学生之派遣,为国家整个教育计划之一部分;对于私费留学,亦应加以相当之统制,革除过去分歧放任之积弊。

(十四)中小学中之女生应使之注重女子家事教育,并设法使学校教育与家庭教育相辅推行。

(十五)督促改进边疆教育与华侨教育,并分别编订教材,养成其师资,从实际需要入手。

(十六)确定社会教育制度,并迅速完成其机构,充分利用一切现有之组织与工具,务期于五年内普及识字教育,肃清文盲,并普及适应于建国需要之基础训练。

(十七)为谋教育行政与国防及生产建设事业之沟通与合作,应实施建教合作办法,并尽量推行职业补习教育,使各级干部人员均有充分之供给,俾生产机构早日完成。

《第二次中国教育年鉴》第1编第2章

抗战建国纲领(节录)

1938年4月1日 中国国民党临时全国代表大会通过

中国国民党领导全国从事于抗战建国之大业,欲求抗战必胜,建国必成,固有赖于本党同志之努力,尤须全国人民戮力同心,共同担负。因此本党有请求全国人民捐弃成见,破除畛域,集中意志,统一行动之必要,特于临时全国代表大会制定外交、

军事、政治、经济、民众、教育各纲领,议决公布,使全国力量得以集中团结,而实现总动员之效能。纲领如下:

甲、总则(略)

乙、外交(略)

丙、军事(略)

丁、政治(略)

戊、经济(略)

己、民众运动(略)

庚、教育

(二十九)改订教育制度及教材,推行战时教程,注重于国民道德之修养,提高科学的研究与扩充其设备。

(三十)训练各种专门技术人员,与以适当之分配,以应抗战需要。

(三十一)训练青年,俾能服务于战区及农村。

(三十二)训练妇女,俾能服务于社会事业,以增加抗战力量。

《第二次中国教育年鉴》第1编第2章

收复区各县市国民学校教员登记甄审训练办法

1945年12月1日 教育部颁发

第一条 收复区各县市国民学校教员之登记甄审训练依本办法行之。

第二条 各县市应设国民学校教员登记甄审训练委员会。置委员五人至七人,以教育局(科)长为主任委员。呈由县市政府(院辖市教育局)聘派督学及当地有关机关主管人员、教育界公正人士为委员。

第三条 各县市教员具有国民学校及中心国民学校规则第十九条所定资格或曾经检定合格而于战时并未参加敌伪工作者,经申请登记甄审认可后,发给登记证,分发国民学校任用。

第四条 凡敌伪设立各级各类师范学校毕业之学生或曾在敌伪学校任教之教员,均应予以甄审并经短期训练考核认可后,方得分发国民学校任用。

第五条 前项训练科目另定之。

凡有下列情节之教员应不予甄审:

一 附逆情节较重犯有危害国家民族利益之事实者。

二 曾经附逆而其道德行为不堪为师表者。

第六条 申请甄审之教员应令填具志愿书。

前项志愿书格式由教育部定之。

第七条 依本办法分发任用各县市应随时查核督导,必要时并得定期抽调续施训练。

第八条 本办法施行细则由各省市教育厅局定之。

第九条 本办法自公布日施行。

《教育法令》,教育部编,中华书局,1947年5月版,第376页

收复区专科以上学校教员职员甄审办法

1945年12月21日 教育部颁发

一、收复区专科以上学校教职员之调查审核依照本办法行之。

二、收复区专科以上学校教职员,由教育部组织收复区各地专科以上学校教职员甄审委员会,作详尽调查并加审核,其组织章程另订之。

三、收复区专科以上学校教职员,如有处理汉奸案件条例第二条第一项所列各款情事之一者,应厉行检举。

四、收复区专科以上学校教职员,非经甄审委员会调查审核认为并无处理汉奸案件条例第二条第一项所列各款情事者,一律不得再担任教育工作。

五、收复区专科以上学校教职员,如有下列事项之一者,除得继续担任教育工作外并得分别予以奖励。

甲、曾负我方特殊任务在原派机关有案足资证明者。

乙、曾参加抗战工作证据确实者,但有处理汉奸案件条例第三条之情形者不在此限。

前项奖励规则另订之。

六、本办法自呈请行政院核准之日起施行。

《教育法令》,教育部编,中华书局,
1947年5月版,第373页

收复区专科以上学校毕业生甄审办法

1945年12月27日　教育部公布

第一条　收复区专科以上学校毕业生学业之甄审依本办法办理之。

第二条　收复区敌伪专科以上学校毕业生之甄审事宜由各区教职员甄审委员会兼办之。

第三条　收复区敌伪专科以上学校毕业生应于三十五年一月二十日起至三月十五日止分别向各区教育职员甄审委员会办理登记手续。

第四条　在敌伪所设具有政治性学校毕业生不得申请登记。

第五条　收复区敌伪专科以上学校毕业生于在学期间或毕业后有下列情形之一经查明属实者不予审核。

(1)曾在敌伪组织担任荐任以上职务者。

(2)曾经担任特种工作或曾受敌伪特种训练有据者。

(3)曾有危害国家妨害抗战或凭藉敌伪势力侵害人民行为者。

第六条　收复区敌伪专科以上学校毕业生申请登记时,应填具登记表取具保证书并呈验原校历年成绩单及毕业证书。

第七条　收复区敌伪专科以上学校毕业生经准予登记后,应将国父遗教(包括三民主义、建国方略、建国大纲)及主席所著《中国之命运》研读完竣,并在书册内加以标点,批注读后心得,再另作报告一份,连同有关所习专门科目之论文一篇(报告及论文字数均应在两万以上),一并于三十五年四月一日起至八月底以前呈送各区教职员甄审委员会,审查后转报本部核定,审核结果定三十六年四月底前公布。

第八条 收复区敌伪专科以上学校毕业生经审核合格者,视为相当于专科以上学校毕业,由本部发给证明书,审核不合格者,得按其成绩准予投考入相当学校及年级肄业。

第九条 本办法自公布之日施行。

《教育法令》,教育部编,中华书局,
1947年5月版,第374页

收复区专科以上学校肄业生学业处理办法

1945年12月27日 教育部公布

第一条 收复区专科以上学校肄业生应经登记合格补习期满并经考核成绩符合本部规定程度者,始得转入其他学校肄业。

第二条 收复区专科以上学校肄业生之登记分南京、上海、武汉、广州、平津五区举行,由本部教育复员辅导委员会兼办之。

第三条 各区得由本部酌量实际情形分设临时大学补习班,其组织规程另订之。

第四条 收复区专科以上学校肄业生应于规定期限分别径向各区申请,登记时须填具登记表,取具保证书并呈验学历证件。具有政治性之敌伪学校肄业生不得予以登记。

第五条 收复区专科以上学校肄业生经登记合格者,由各区教育复员辅导委员会径送临时大学补习班予以补习。

第六条 收复区专科以上学校肄业生登记合格并经补习期满甄试后,依照下列规定程度转入相当学校肄业:

(1)专修补习课程学生补习各科成绩均在七十五分以上者,照原肄业年级分发公私立专科以上学校继续肄业。其愿自行投考较原肄业年级高一学年之转学考试经录取者,取得其录取年级之学籍。

(2)专修补习课程学生补习各科成绩均在六十分以上者,得投考设原肄业年级

高一学年或原肄业年级之转学考试,经录取者取得其录取年级之学籍。

(3) 加修基本课程学生其补习课程及基本课程各科成绩均在六十分以上者,照原肄业年级提升一学年,分发公立专科以上学校继续肄业。

(4) 加修基本课程学生补习课程及基本课程甄试成绩有一科成绩不及格者,照原肄业年级分发公私立专科以上学校继续肄业。

(5) 加修基本课程学生甄试基本课程有二科以上不及格者,依专修补习课程之规定办理。

第七条　加修基本课程之四年级学生,其补习课程及基本课程各科成绩均在六十分以上者,可缴呈研读国父遗教(包括三民主义、建国方略、建国大纲)及主席所著《中国之命运》报告一份及所习专门科目论文一篇,由班连同各生名册、高中毕业证书及原校肄业成绩单专案报部审核,及格后由班发给证明书。该项证明书由部验印并可认为相当于专科以上学校毕业证书。

第八条　东北、台湾两区专科以上学校肄业生学业处理办法另订之。

第九条　本办法由教育部公布施行。

《教育法令》,教育部编,中华书局,
1947年5月版,第374页

修正收复区中等学校学生甄审办法

1946年1月24日　教育部公布

一　各省市教育厅局设置收复区中等学校学生资格甄审委员会,由厅局长派厅局高级职员,并聘定教育专家组织之。委员人数定五人至七人。由厅局长兼任主任委员,主持一切甄审事宜。

二　区域较大或交通不便之各省,得斟酌情形,组织分区甄审委员会,秉承各该省中等学校资格甄审委员会,办理各分区一切审事宜。

三　收复区中等学校学生资格甄审委员会之任务如下:

(1) 规划收复区敌伪所设及其他私立中等学校学生之登记甄试分发事项。

(2) 规定命题开卷及录取标准。

(3) 复核甄审成绩。

(4) 决定及分配录取学生。

(5) 指导各分区甄审委员会甄审事宜。

四 收复区敌伪中等学校毕业生之甄审,应向各该省市甄审委员会呈缴下列各件:

(1) 登记表

(2) 学历证件

(3) 三民主义阅读报告(高中毕业生至少应作二千字)。

《教育法令》,教育部编,中华书局,
1947 年 5 月版,第 376 页

修正收复区中等学校教职员甄审办法

1946 年 1 月 24 日　教育部公布

一　收复区敌伪所设中等学校教职员无处理汉奸案件条例第二条第一项所列各款情事者,均应参加甄审。经甄审合格后,发给证件继续服务。

二　收复区敌伪中等学校教职员之甄审区域即以各该省市区域为单位。

三　各省市教育厅局为甄审敌伪中等学校教职员之主持机关,各该厅局应组织敌伪中等学校教职员甄审委员会,负责办理收复区敌伪中等学校教职员之甄审事宜。

四　各省市敌伪中等学校教职员甄审委员会设委员五人至七人,由教育厅局长为主任委员,教育厅局高级职员、中等学校校长及教育界人士为委员,由主任委员分别聘派之。

五　甄审敌伪所设中等学校教职员时,一面由会详加调查,列举教职员名单;一面通令其登记。登记分通讯与自行登记两种,均须填写登记表,缴验学历证件、经历证件,并黏贴本人最近半身像片。

六　收复区经敌伪立案之私立中等学校教职员适用本办法办理。其经法定手续立案者,免予甄审。未经法定手续立案又未经敌伪立案者,应依法定手续办理立

案,经核准后免予甄审,但原先行参加甄审者依本办法之规定办理之。

七　凡敌伪中等学校教职员未经甄审暂准继续服务者不得认为合格教员。

八　各省市敌伪中等学校教职员之登记表及甄审合格证件之式样由教育部另定颁发之。

九　关于各省市甄审委员会所需各项经费由复员经费项下支拨之。

《教育法令》,教育部编,中华书局,
1947年5月版,第375页

收复区专科以上学校处理办法

1946年2月9日　教育部公布

一、收复区敌伪所设及私立专科以上学校依本办法处理之。

二、收复区敌伪所设之专科以上学校及未经教育部认可之私立专科以上学校,一律由教育部各区特派员分别予以接收。

三、收复区之专科以上学校如系敌伪所设专为教育敌人或带有政治侵略性质者,接收后一律予以停闭。

四、收复区专科以上学校教职员之甄审,依照教育部公布之收复区专科以上学校教职员甄审办法办理之。

五、收复区敌伪专科以上学校毕业生之甄审依照教育部公布之收复区专科以上学校毕业生甄审办法办理之。肄业生依照收复区专科以上学校肄业生学业处理办法办理之。

六、收复区专科以上学校之敌籍学生一律令其返国。

七、收复区敌伪专科以上学校有继续办理必要者,由教育部规定设置地点派员分别改组。

八、收复区敌伪专科以上学校有应改归省办者,由教育部拨交改组办理。

九、收复区私立专科以上学校未经教育部认可接收,后认为可仍继续设置者,应一律依照规定手续呈报教育部立案。

十、本办法自公布之日施行。

《教育法令》，教育部编，中华书局，
1947年5月版，第373页

中等以上学校战时服役学生复学及转学办法

1946年2月22日　教育部颁发

第一条　公立或已立案之私立中等以上学校战时服役学生于退役退职复学时各原校应准其复学不受休学年限之限制。

第二条　公立或已立案之私立中等以上学校战时服役学生系指原在中等以上学校肄业在抗战期间从事下列工作者：

一　在军队服务者；

二　在军事技术机关服务者；

三　参加政府认可之游击队或挺进队工作者；

四　投效空军者；

五　应知识青年从军者；

六　应政府征调担任军事工程及医务工作者；

七　应政府征调充任通讯人员者；

八　从事军中政治工作或担任其他与抗战有关工作者。

第三条　中等以上学校战时服役学生于退役、退职复学时以回原校肄业为原则。其原校已停办或因有特殊情形及正当理由不能返回原校复学而拟转学他校者，得分别呈请各省市教育厅局或教育部酌依志愿予以分发相当学校肄业。

第四条　中等以上学校战时服役学生学业优待办法如下：

一　中等学校

甲　战时服役学生于退役、退职复学时得由学校举行甄别考试，其成绩特优者得酌予升级一学期或一学年；其成绩较差者，暂行随原班肄业，并由校设法予以补习。

乙　应征时原系初中三年级或高三年级第一学期修业期满或应届毕业生而服

役成绩确属优良者,退役时应由原校准予办理毕业手续后,发给毕业证书仍作为原毕业年度毕业。

二 专科以上学校

甲 第二条一、二、三、六、八各款学生退役退职复学时仍入原相衔接之年级肄业。其成绩较差者应由校另予补习,其在服役期间能抽时自修者得由校予以甄别试验,成绩确属优良者得认可其一部分学科之成绩。

乙 第二条四、五两款学生,退役、退职复学时依照志愿从军学生学业优待办法办理。

丙 第二条七款学生退役、退职复学时,其在军中能自修之科目得由原校经考试及格后,酌给学分并准酌予免习英文及体育。

丁 应征时原系大学四年级第一学期修业期或应届毕业学生而服役成绩确属优良者,退役时应由原校准予办理毕业手续后,发给毕业证书,仍作为原毕业年度毕业。

第五条 中等以上学校战时服役学生复学或转学后,其原为公费生者仍给予公费,非公费者申请后得给予公费。

第六条 知识青年从军学生曾在先修班修业期满或高中毕业者,于退役后继续升学时,得由教育部予以登记免试,分发专科以上学校。

第七条 曾在初中二年级或高中二年级肄业期满之战时服役学生,于退役后继续升学高中或专科以上学校时,得以同等学力资格投考,录取时可不受同等学力比额之限制。

第八条 知识青年从军及参加译员工作者均依照原规定优待办法办理,其原规定办法中未规定之优待办法适用本办法办理。

第九条 中等以上学校战时服役学生以及第七条之战时服役学生于申请复学转学或升学时应呈缴服务证件及服役主管机关核发之退职或退役证明书。

第十条 本办法呈奉行政院备案后公布施行。

《教育法令》,教育部编,中华书局,
1947年5月版,第376页

国立专科以上学校战区学生还乡转学办法

1946年3月26日　教育部颁发

第一条　凡复员后仍在陕西、甘肃、四川、西康、贵州、云南各省境内，继续办理之国立专科以上学校之战区学生还乡转学依本办法办理之。

第二条　本办法所称战区学生，系指抗战期间籍隶战区，受战事影响内迁就学，现在前条各校肄业已取得正式学籍之学生而言。

第三条　战区学生志愿还乡而家庭经济不能供给旅费，经所在学校严加考核证明属实者，得于三十五年七月底以前向所在学校申请并由学校造具名册，转请教育部审核酌给返回原籍旅费，前项旅费标准另定之。

第四条　战区学生家长于复员后仍留住第一条各省境内，或家长已领取眷属复员费者还乡时不得申请旅费。

第五条　战区学生志愿还乡转学者，得于三十五年七月底以前声请所在学校发给转学证明书。

第六条　战区学生持有前条转学证明书，得向志愿各校申请转学，不受年级之限制。

收复区各校对于前项学生应在可能范围内予以便利，尽量考收。

第七条　战区学生还乡转学不能录取者，准回原校继续肄业，但不发给回校旅费。

第八条　战区学生原系借读者应回本校复学。

第九条　第一条各省境内原有专科以上学校战区学生还乡转学，得适用本办法之规定。

第十条　本办法自公布日施行。

《教育法令》，教育部编，中华书局，1947年5月版，第377—378页

留日学生召回办法

1947年1月8日　教育部公布

一　留日学生之召回依本办法办理之。

二　留日学生具有下列情事之一者召回之：

1. 学业已告完成或已告一段落者；
2. 无力自行继续留学者；
3. 其他特殊原因者。

三　应行召回之留日学生由日返国之交通工具由教育部统筹之，其无法自筹川资者，得申请教育部予以补助。

四　应行召回之留日学生在未返国前因汇兑不通或津贴不足所必需之生活费，经查属实者，依照实在情形按月核给救济费，救济期限至各该生离日返国时止。

五　应行召回之留日学生不遵本办法之规定返国者，停止核发其救济费，遇必要时得勒令返国。

六　应行召回之留日学生须填具留日学生调查表，送由我国驻日军事代表团转教育部备核。

七　应行召回之留日学生，离日前须向我国驻日军事代表团领取证明文件，于返国后向教育部报到。并依留日学生学业处理办法之规定办理各项甄审手续。

八　经核准继续在日留学之学生，仍应比照留日学生学业处理办法之规定办理。

九　本办法自呈准备案之日施行。

《教育法令》，教育部编，中华书局，
1947年5月版，第379页

抗战期间留日学生甄审办法

1947年1月8日　教育部公布

（一）抗战期间在日留学学生之甄审依本办法办理之。

（二）教育部设留日学生资格甄审委员会，主持留日学生甄审事宜。

（三）召回之留日学生及在抗战期间赴日留学业已回国学生均应从三十六年　月　日起至　月　日止向南京教育部申请登记。

登记时须呈缴下列各件：

1. 登记表

2. 保证书

3. 学历证件

（四）前条登记学生其曾在日本专门以上学校毕业者，应即研读"国父遗教"（包括三民主义、建国方略、建国大纲）及《中国之命运》并在书内加以圈点，另作读书报告一份，於三十六年　月　日以前呈送留日学生甄审委员会。审查合格者，由部按其原毕业学校性质程度分别发给证明书。

（五）召回之留日学生曾在中等以上学校肄业经审查合格而欲继续求学者，得由部给予证明书，自行投考相当学校。

（六）本办法自公布之日起施行。

《教育法令》，教育部编，中华书局，1947年5月版，第380页

十四 附 录

中华民国重要教育法规览目

(1912年—1949年)

1912年
- 1月 普通教育暂行办法

    普通教育暂行课程标准
- 5月 改设京师学务局管理本京中等以下学校令

    审定教科书暂行章程

    临时教育会议章程

    议事规则
- 8月 教育部官制
- 9月 教育宗旨

    学校管理规程

    学校制服规程

    学校仪式规程

    学校系统令

    学校学年学期及休业日期规程

    教育会规程

    审定教科用图书规程

    各省图书审查会规程

    全国儿童艺术展览会搜集条例

    小学校令

　　　　中学校令

　　　　师范教育令

　　　　学校征收学费规程

　　　　尊崇伦常文（袁世凯发布）

　10月　专门学校令

　　　　大学令

　　　　学生操行成绩考查规程

　　　　学生学业成绩考查规程

　11月　法政专门学校规程

　　　　工业专门学校规程

　　　　公立私立专门学校规程

　　　　医学专门学校规程

　　　　小学校教则及课程表

　　　　药学专门学校规程

　12月　读音统一会章程

　　　　中学校令施行规则

　　　　商船专门学校规程

　　　　外国语专门学校规程

　　　　商业专门学校规程

　　　　农业专门学校规程

　　　　派遣陆军测量学生章程

　　　　师范学校规程

　　　　限制各学校学生欠缴学费办法

　　　　教育部分科规程

　　　　教育部办事规则

1913年

　1月　划一现行各省地方行政官厅组织令

	大学规程
	第一次第二次教育部审定教科图书公示
	第三次教育部审定教科图书公示
	私立大学规程
	视学规程
2月	高等师范学校规程
	京师学务局塾师规则
3月	蒙藏学校章程
	师范学校课程标准
	中学校课程标准
	视学支费暂行规则
	高等师范学校课程标准
	视学处务细则
	录事雇用及服务规则
4月	酌定中学校师范学校教员口讲学生笔记办法
5月	私立专门学校及私立大学报部办法
6月	注重德育整饬学风令
	京师学务局教会设学立案办法
	解散私塾善后办法
7月	捐资兴学褒奖条例
8月	各县酌设小学教员讲习所并注意单级教授
	实业学校令
	实业学校规程
	学校发给证书条例
	经理欧洲留学生事务暂行规程
	交通部派赴外国修习实务章程
	审查处办事规则

　　　　编纂处办事规则
　9月　教育部保存文件规则
　　　　教育部图书室规则
　　　　历书条例
　　　　中央观象台办事规则
　　　　各学校试卷须保存备查令
　　　　经理留美学生暂行办法
　11月　修正会议规则
　　　　修正请假规则
　　　　修正教育部分科规程
　　　　修正教育部办事规则
　12月　收受转学生规则
　　　　暂行停派留东学生各办法
　　　　领事经理华侨学务规程
　　　　修正教育部官制案
　　　　留欧官费生规约
　　　　视学留部办事规程

1914年
　1月　经理留学日本学生事务暂行规程
　　　　管理留学日本自费生暂行规程
　　　　修正审定教科用图书规程
　　　　修正小学校令
　　　　修正中学校令
　2月　各学校春节、夏节（端午）、秋节（中秋）、冬节（冬至）休日通令
　　　　学生周年概况报告程式通令
　　　　侨民子弟回国就学规程
　　　　半日学校规程

4月	维持学校令(袁世凯发布)
5月	教育部文官普通惩戒委员会规则
	教育部编审处规程
	教科书编纂纲要审查会规程
	教授要目编纂会规程
	教育公报简章
6月	中小学修身及国文教科书采取经训务以孔子之言为指归令
7月	奖学基金条例
	学术评定委员会组织令
	直辖专门以上学校职员薪俸暂行规程
	直辖专门以上学校职员任用暂行规程
	修正直辖专门以上学校职员任务暂行规程
	修正教育部官制
	各省留学官费生缺额选补规程
8月	经理美洲留学生事务暂行规程
	试办教育统计规则
	学术评定委员会分科设定规程
	学术评定委员会受验毕业证书细则
	学术评定委员会办事规程
	学术评定委员会事务员职务规程
	奖学金出纳细则
	奖学基金管理员职务规程
	学术评定委员会特奖规程
	学术评定委员会除资及停资规程
	修正经理美洲留学生事务暂行规程
9月	修正教育部总务厅会计科出纳规程
	学习员实习部务细则

10月	修正捐资兴学褒奖条例
12月	视学室办事细则
	管理留日学生事务规程
	普通文官甄别委员会执行细则
	教育部整理教育方案草案

1915年
1月	教育纲要(大总统特定)
	政事堂留学生甄拔考验规则
	颁定教育要旨(大总统颁布)
2月	知事办学考成条例
	扩充北京高等师范教育办法
6月	全国师范校长会议规程
	义务教育施行程序
7月	通俗教育研究会章程
	法政讲习所规程
	模范小学设立奖励令(大总统令)
	国民学校令
	高等小学校令
8月	甄别京兆各属小学教员规程
	全国专门以上学校成绩展览会简章
	管理留欧学生事务规程
	地方学事通则
9月	实业教员养成所规程
	视学公费规则
10月	图书馆规程
	通俗图书馆规程
	通俗教育讲演规则

		通俗教育讲演所规程
	11月	预备学校令
		官吏不得兼充学校校长及限制兼任教员办法
	12月	劝学所规程
		学务委员会规程
1916年		
	1月	修正师范学校规程
		国民学校令施行细则
		高等小学校令施行细则
		地方学事通则施行细则
		地方兴学人员考成条例
	3月	管理留美学生事务规程
		教育部奖章条例
		各省使署设立教育整理会章程
	4月	劝学所规程施行细则
		义务教育规程细则
		学务委员会规程施行细则
		检定小学教员规程
		修正审查教科书规程
		征集优良小学成绩办法
	5月	在校就学学生不得应各项考试令
	9月	大学分科外国学生入学规程
	10月	修正高等小学校令
		修正国民学校令
		修正高等小学校令施行细则
		修正国民学校令施行细则
		教育行政会议规则

　　　　选派留学外国学生规程

1917年

1月　施行检定小学教员办法

2月　职教员退职不得于本月外多支薪俸令

　　　博物馆调查会动植物采集法

　　　专门以上学校主要科目教员应定为专任中等学校教员尤应专任

　　　小学教员褒奖规程

　　　小学教员俸给规程

　　　各学校学生不得加入政党令

　　　各学校校长不得兼充他项职务令

　　　编审处译述股规则

　　　修正视学公费规则

3月　编审处译述股办事细则

4月　实业学校校长会议规则

　　　假期修学办法

5月　国立大学职员任用及薪俸规程

　　　专门以上同等学校待遇法

　　　选派留学生第二试试验细则

　　　修正教育统计暂行规则

　　　私立各种学校考核待遇办法

6月　北京大学附设国史编纂处简章

　　　外国留学生医药费发给规则

　　　改订大学学制办法

9月　废止省长公署政务厅内教育实业两科令(大总统令)

　　　教育厅暂行条例

　　　学制调查会规程

　　　全国实业学校校长会议细则

	修正大学令
10月	教育厅职员俸薪等级表
	各省教育厅经费支用标准表
	外交部清华学校董事会章程
11月	教育厅署组织大纲
12月	专门以上学校改科办法
	修正直辖专门以上学校职员任用暂行规程

1918年
3月	学术审定会条例
	奖章条例
4月	学术审定会条例施行细则
	省视学规程
	县视学规程
5月	中学校校长会议规程
6月	蒙藏专门学校规程
9月	修正留日官自费生奖励暂行章程
	留欧官费生呈送学业成绩办法
	学童禁止吸烟令
	孔子圣诞节应放假庆祝令
10月	留日学生监督处简章
	中学校长会议细则
	留美学生监督处限制发给学生旅费办法
	北京大学校长学长正教授派赴外国考察规程
	全国专门以上学校校长会议细则
11月	修正留日官自费生奖励章程
	留日官费生实习暂行规则
	巡历暂行规则

　　　　　注音字母表
　　　　　海军部驻外公使馆海军武官管理海军留学员生规则
　　　　　海军部修正英美海军留学员生规则
　　12月　改订教育部分科规程
　　　　　全国专门以上学校联合会章程
　　　　　留日官自费生奖励章程施行细则
　　　　　国语统一筹备委员会规程
　　　　　教育调查会规程
　　　　　中等以上各校学生于假期内实行调查办法
1919年
　　3月　女子高等师范学校规程
　　　　　全国教育计划书
　　4月　留欧学生监督处简章
　　　　　注音字母次序单
　　5月　女子中学校课程标准
　　　　　女子师范学校课程标准
　　6月　留学外国自费生补给官费办法订定
　　11月　修正教育会规程
1920年
　　1月　修正国民学校令
　　　　　修正国民学校令施行细则
　　2月　新式标点符号
　　3月　各省区设立教育行政人员讲习会案
　　　　　中等以下教育宜注重工艺案
　　　　　改进学校体育案
　　　　　教员许可状规程
　　　　　修正学生学业成绩考查规程

　　　　　国语讲习所章程
　　4月　实施义务教育研究会章程
　　8月　小学教职员给予退隐金规程
　　　　　小学教职员慰劳金规程
　　10月　教育资料采集委员会规程
　　11月　修正管理留日学生事务规程
　　　　　修正教育调查会规程
　　12月　专门以上学校视察委员会规程
1921年
　　1月　国有教育财产处规程
　　2月　专门以上学校视察委员会视察细则
　　　　　修正侨民子弟回国就学规程
　　　　　教育资料采集委员会办事细则
　　4月　教会所设中等学校请求立案办法
　　6月　校改国音字典
　　9月　教育部委任文职叙补办法
1922年
　　3月　筹办退款兴学委员会规程
　　　　　修正国语统一筹备会规程
　　5月　增定注音字母四声点法
　　6月　教育部学制会议章程
　　9月　学制会议议事细则
　　　　　交通部直辖大学通则
　　10月　推行国语教育奖励办法
　　11月　学校系统改革案（大总统黎元洪令）
　　12月　教育基金委员会条例（黎元洪令）
1923年

　　　　国立中等学校教职员薪级表
　　　　国立专科以上学校教员支给学术研究补助费暂行办法
　　　　树立社会风气倡导师范教育实施要点
　　　　奖励师范学校教员学生研究实施要点
　11月　各级学校公利互助社办法
　　　　高级中学实施劳动服务及国防训练办法
　　　　私立学校规程
　　　　教师节纪念办法
　　　　国外留学自费派遣办法
　　　　学生自治会规则
　　　　青年节纪念日办法
　　　　教育部督学服务规则
　12月　专科以上学校理工科系学生分发经济、交通、军政各部所属工厂实习办法
　　　　学生志愿服役办法
　　　　幼儿园设置办法
　　　　民众教育馆工作办法
　　　　小学教员待遇及服务办法
　　　　学校毕业证书发给办法

1944年
　1月　军政部征用法律系毕业生规程
　　　　小学教员检定办法
　　　　省市立科学馆工作实施办法
　　　　学龄儿童及失学民众强迫入学办法
　2月　领事兼办侨民教育行政规则
　　　　修正领事兼办侨民教育行政规则
　　　　教育用品免税规则
　　　　捐资兴学褒奖条例

教育部修正补习教育推行委员会组织规程
师范学院附设中等学校教员进修班办法
南洋各区复校辅导委员会组织章程
8月　师范学校辅导地方教育实施注意事项
国民学校法
国语运动纲领
各级学校学生健康检查及健康比赛办法
专科以上学校实施劳动服务办法
国民学校暂行设备标准
4月　大学教授副教授自费出国进修办法
抗战功勋子女就学免费给予规则
教育部战区学生指导处组织规程
国营铁路运输教育用品减价办法
各级领导人员视导国民教育研究会要点
初小国定教科书实验教学三十三年度实施计划
中等学校体育实施成绩考核办法
中等学校训导人员公民教员资格审查办法
推行职业补习教育办法要点
中等学校训导人员公民教员资格审查委员会组织规程
公私立专科以上学校经费稽核委员会组织办法
5月　机关团体办理民众学校办法
国立各大学师范学院院务处理办法
高中以上学校学生志愿从军办法
6月　教育部国外留学生奖助金办法
教育部在国外各大学设置中国文化奖学金办法
边疆学生待遇办法
中等学校导师制实施办法

   各级国民教育研究会工作考核办法
   教育部指定各省师范学校视导县市国民教育办法
   学校教职员退休条例
   学校教职员抚恤条例
7月 边地国立各级学校教员奖助金办法
   教育部甄送请勋人员办法
   中学及师范学校教员检定办法
   著作发明及美术奖励规则
   修正教育部组织法
   强迫入学条例
   各县市社会教育推行委员会组织规程
   修正学校卫生设施标准
8月 战时公教人员子女就学中等学校补助办法
   中等以下学校协助推行地方自治及领导举办社会服务事业办法
   学校卫生设备标准
   师范学校毕业生服务手册管理办法
9月 大学文、理、法及师范四学院分系必修及选修科目表
   专科以上学校中等学校训育标准
   国民教育实验区考核要项
   省市立艺术馆规程
10月 补习学校法
   各级学校学生学年学期假期办法
   教职员学生义务劳动实施办法
   教育部设置各县市办理国民教育成绩优良奖励金办法
   修正非常时期国立中等以上学校及省私立专科以上学校规定公费生办法
   修正教育会法
   全国师范学校学生公费待遇实施办法

11月　修正各省市师范学校毕业生免试保送升学办法
　　　志愿从军学生学业优待办法
　　　中心国民学校协助办理乡(镇)保合作社社员训练办法
　　　修正省市县社会教育机关工作人员检定规程
　　　普及全国图书教育办法
　　　全国各县市普及教育文化事业实施办法
　　　国立专科以上学校发给教员学术研究补助费应行注意事项
　　　学校协同策进全国知识青年从军运动要点

12月　国外留学办法
　　　电化教育实施要点
　　　第二期充实中心国民学校要项
　　　各级学校办理社会教育办法
　　　全国师范学校学生公费待遇实施办法
　　　彻底改善小学教员待遇办法
　　　师范学院学生教学实习办法
　　　普及失学民众识字教育计划

1945年
1月　大学研究所特种研究补助办法
　　　普及失学民众识字教育计划大纲
　　　普及失学民众识字教育第一年实施计划
　　　中心国民学校暂行设备标准
　　　宽筹边疆教育经费积极推广蒙藏中小学教育与提高员生待遇

2月　国民学校员工消费合作社推进办法
　　　中等以上学校体育教学应行注意事项
　　　国立学校及学术机关聘用外籍人员规程
　　　修正强迫入学条例

3月　学校教职员退休条例施行细则

	学校教职员抚恤条例施行细则
4月	教育部教育研究委员会组织条例
	第六届全国专科以上学校学生竞试办法
5月	医学师资奖学金发给办法
	修正捐资兴学褒奖条例
6月	国民学校及中心国民学校规则
	教育部国民体育委员会组织条例
	教育部国语推行委员会组织条例
	各省市小学教员假期训练实施计划
	修正教员服务奖励规则
7月	短期职业训练班实施办法
8月	教育部教育播音办法
	教育部电化教育工作队组织规程
	战区各省市教育复员紧急办理事项
	推行家庭教育办法
	中等以上学校社会教育推行委员会组织规程
9月	边疆初等教育设施办法
	国民学校及中心国民学校规则
10月	师范学院、教育学院、师范学校及社会教育机关辅导及协助中等以下学校办理社会教育办法
	促进注音国字推行办法
	各省市县推行注音符号办法
	各级学校学年学期假期办法
	教育部训育委员会组织条例
	教育部医学教育委员会组织条例
	设立临时大学补习班办法
	国立北平研究院组织条例

　　　　教育部处务规程
　　　　切实提高小学教员待遇办法
　　　　修正国立中央图书馆组织条例
　　　　修正教育部教育研究委员会组织条例
　11月　教育部设置边疆教育督导员办法
　　　　专科以上学校教员应约出国讲学或研究办法
　　　　资助侨民学校教员出国旅费及代办出国手续暂行办法
　12月　各省市小学教员总登记及检定实施要点
　　　　收复区各县市国民学校教员登记甄审训练办法
　　　　青年复学就业辅导委员会组织规程
　　　　普及失学民众识字教育第二年实施计划
　　　　收复区专科以上学校教员职员甄审办法
　　　　收复区专科以上学校毕业生甄审办法
　　　　收复区专科以上学校肄业生学业处理办法
　　　　工业职业学校学生利用工厂设备实习办法
　　　　战时国立中等以上学校及省专科以上学校学生给予公费办法及补充办法

1946年
　1月　国民学校教员任用待遇保障进修办法
　　　　接收东北教育事业应如何具体规划案
　　　　修正收复区中等学校学生甄审办法
　　　　修正收复区中等学校教职员甄审办法
　2月　收复区专科以上学校肄业生学业处理办法
　　　　收复区专科以上学校处理办法
　　　　中等以上学校战时服役学生复学及转学办法
　　　　专科以上学校复员后不能随校迁移学生转学办法
　3月　国立专科以上学校战区学生还乡转学办法
　　　　补习学校规则

	修正中等学校行政组织补充办法
	三十五学年度各省市国民学校教员进修研究竞赛办法
	国立各级边疆学校教员服务奖励办法
4月	实业机关或职业团体办理职业学校或职业训练班奖励办法
	国立各级学校迁校办法
	回国升学华侨学生奖学金办法
	国立大学及独立学院附设先修班办法
5月	都市机关团体及私人家庭协助地方政府救济失学儿童附设小学或小学班级暂行办法
	教育部三十五年公费留学生考试章程
6月	国立边疆文化教育馆组织条例
	战后各省市五年师范教育实施方案
	各临时大学补习班毕业生毕业证书发给办法
	国立大学及独立学院附设先修班科目表
	三十五年度公私立专科以上学校招生办法
	国立北平图书馆组织条例
7月	科学馆规则
	科学馆工作实施办法
	教育部直属社会教育机关团体工作人员待遇规则
10月	教育部教育影片流通办法
	师范生训练考核办法要点
11月	国民学校教员检定办法
	代用国民学校规程
	实施国民教育第二次五年计划
12月	改进师范学院办法
	修正师范学院规则
	大学研究所暂行组织规程

1947年

1月 中华民国宪法之教育文化专节

留日学生召回办法

抗战期间留日学生甄审办法

儿童节纪念办法

专科以上学校训育委员会组织规程

解决大中学生毕业失业问题办法

2月 各师范学校开展师范教育运动周活动办法

学校毕业证书发给办法

印行国定本教科书暂行办法

修正教育部组织法

国立学校暨学术机关聘用外籍人员规程

教科图书标本仪器审查规则

3月 教育部设计考核委员会办事细则

南洋学生奖学金办法

修正国立中央研究院组织法

奖励编译职业学校技术科教材暂行办法

联合国教育科学文化组织中国委员会筹备委员会组织规程

4月 印行国定本教科书暂行办法施行细则

修正师范学校规程

修正中学及师范学校教职员检定办法

华侨学生优待办法

外国留学生优待办法

修正职业学校规程

修正中学规程

修正师范学校规程

修正教育部中华教育电影制片厂组织规程

	国外留学规则
	实施二部制应行注意之点
5月	修正私立学校规程
	修正边疆学生优待办法
	修正国立编译馆组织条例
6月	修正捐资兴学褒奖条例
	教育部中华教育电影制片厂指导委员会组织规程
7月	私立职业学校立案备案补充办法
	国立中等以上学校及省立专科以上学校学生公费给予办法
	国立专科以上学校暨省立专科以上学校学生奖学金办法
8月	国立专科以上学校教员支给学术研究补助费暂行办法
	国立各职业学校应行注意之点
9月	扩充女子师范教育,鼓励女子终身从事教育事业措施
	回国升学华侨学生奖学金办法
10月	县市教育局编制及局长选用标准
11月	教育部航空教育委员会组织规程
	国立大学及独立学院教授年功加俸办法
	中华文教基金董事会组织规程
12月	学生自治会规则
	教育部分区指定师范学院设置国语专修科及各省市选送学生办法
	公私立专科以上学校经费稽核委员会组织办法(修正)
	大学研究所特种研究补助办法

1948年

1月	大学法
	专科学校法
	边疆学生待遇办法
2月	推进中等职业学校计划

	修正联合国教育科学文化组织中国委员会组织规程
3月	修正回国升学华侨学生奖学金办法
	修正专科以上学校学生学籍规则
	各省市卫生教育委员工作大纲
	各省市卫生教育委员组织规程
	各级国民教育研究会应行调整各点
4月	学校教职员退休条例
	学校教职员抚恤条例
5月	地方国民教育经费整理及增筹办法
	三十七年度公私立专科以上学校招生办法
	修正保国民学校及乡（镇）中心国民学校基金筹集办法
6月	教育部国语推行委员会闽台区办事处组织规程
9月	教育部部务会议规则
	小学课程标准
11月	修正革命抗战功勋子女就学优待条例
12月	修正中学课程标准
	修正初高中教学科目及每周教学时数表
	修正中学教育目标与各科目标关系表
	师范学院规程

书　　名	中华民国教育法规选编(修订本)
编　　者	宋恩荣　章　咸
责任编辑	朱永贞　赵　明
出版发行	江苏教育出版社
地　　址	南京市马家街31号(邮编210009)
网　　址	http://www.1088.com.cn
集团地址	江苏出版集团(南京中央路165号　210009)
集团网址	凤凰出版传媒网 http://www.ppm.cn
经　　销	江苏省新华发行集团有限公司
照　　排	南京水晶山制版有限公司
印　　刷	江苏淮阴新华印刷厂
厂　　址	淮安市淮海北路44号
电　　话	0517 - 3941427
开　　本	787×1092毫米　1/16
印　　张	48.5
字　　数	713 000
版　　次	2005年4月第2版 2005年4月第1次印刷
印　　数	1－2 140册
书　　号	ISBN 7 - 5343 - 0841 - 0/G・744
定　　价	78.00元
邮购电话	025 - 85400774,8008289797
批发电话	025 - 83260747,83260767
盗版举报	025 - 83204538

苏教版图书若有印装错误可向承印厂调换
欢迎邮购,提供盗版线索者给予重奖